攻略問題集

Word 365

2023年リリース版

日経BP

目次

第5章　グラフィック要素の挿入と書式設定　177

第6章　文書の共同作業の管理　241

はじめに

重要なお知らせ

- 本書解説および模擬練習問題の実習と、模擬テストプログラムの実行には、コンピューターに適切なバージョンの Windows と Office がインストールされている必要があります。次ページの「■学習に必要なコンピューター環境」を参照してください。
- 模擬テストプログラムを実行する前に、必ず 276 ページの「模擬テストプログラムの使い方」を確認してください。
- 本書や模擬テストについての最新情報は、本書のウェブページをご参照ください。
https://nkbp.jp/050536

本書は、Microsoft Office Specialist（MOS）に必要なアプリケーションの機能と操作方法を、練習問題で実習しながら学習する試験対策問題集です。試験の出題範囲をすべて学習することができます。
本書は「本誌解説」「模擬練習問題」「模擬テストプログラム」の 3 つの教材で学習を行います。

■ 本誌解説
個々の機能について、練習問題＋機能の説明＋操作手順という 3 ステップで学習します。
学習のために利用する実習用データのインストール方法は（7）ページを参照してください。

■ 模擬練習問題
より多くの問題を練習したい、という方のための模擬問題です。模擬テストプログラムではプログラムの都合上判定ができないような問題も収録しています。問題は 274 ページに掲載しています。解答に使用するファイルは実習用データと一緒にインストールされます。解答が終了したらプロジェクト単位でファイルを保存し、解答（PDF ファイル）および完成例ファイルと比較し、答え合わせを行ってください。

■ 模擬テストプログラム
実際の MOS 試験に似た画面で解答操作を行います。採点は自動で行われ、実力を確認できます。模擬テストのインストール方法は（7）ページ、詳しい使い方は 276 ページを参照してください。

模擬テストには次の 3 つのモードがあります。
・練習モード：　一つのタスクごとに採点します。
・本番モード：　実際の試験と同じように、50 分の制限時間の中で解答します。終了すると合否判定が表示され、タスクごとの採点結果を確認できます。作成したファイルはあとで内容を確認することもできます。
・実力判定テスト：毎回異なる組み合わせでプロジェクトが出題されます。何回でも挑戦できます。

■ 学習に必要なコンピューター環境（実習用データ、模擬テストプログラム）

OS	Windows 10および11（日本語版、32ビットおよび64ビット。ただしSモードを除く）。本書発行後に発売されたWindowsのバージョンへの対応については、本書のウェブページ（https://nkbp.jp/050536）を参照してください。
アプリケーションソフト	Microsoft Office 2021またはOffice 365（Microsoft 365、日本語版、32ビットおよび64ビット）をインストールし、ライセンス認証を完了させた状態。 なお、お使いのOfficeがストアアプリ版の場合、模擬テストプログラムが動作しないことがあります。くわしくは、本書のウェブページ（https://nkbp.jp/050536）の「お知らせ」を参照してください。
インターネット	本誌解説の中には、インターネットに接続されていないと実習できない機能が一部含まれています。模擬テストプログラムの実行にインターネット接続は不要ですが、ダウンロード版の入手および模擬テストプログラムの更新プログラムの適用にはインターネット接続が必要です。
ハードディスク	300MB以上の空き容量。動画解答をハードディスクにインストールする場合はさらに1.48GB以上が必要です。
画面解像度	本誌解説は画面解像度が1366×768ピクセルの環境での画面ショットを掲載しています。環境によりリボンやボタンの表示が誌面とは異なる場合があります。模擬テストプログラムの実行には、横1366ピクセル以上を推奨します。
DVD-ROMドライブ	付属ディスクからの実習用データおよび模擬テストのインストールに必要です。また、動画解答をハードディスクにインストールしないで、動画解答を表示したいときは、DVD-ROMドライブにDVD-ROMが挿入されている必要があります。
サウンド機能	動画解答のナレーションを聞くためには、音声再生（サウンド）機能が必要です。

※模擬テストプログラムは、Microsoft 365またはOffice 2021以外のバージョンやMicrosoft以外の互換Officeでは動作しません。また、複数のOfficeが混在した環境では、本プログラムの動作を保証しておりません。

※Officeのインストールは、模擬テストプログラムより先に行ってください。模擬テストプログラムのインストール後にOfficeのインストールや再インストールを行う場合は、いったん模擬テストプログラムをアンインストールしてください。

■ インストール方法

本書付属 DVD-ROM およびダウンロード版セットアップファイルでは次の 3 つをインストールできます。

・模擬テストプログラム
・動画解答
・実習用データと模擬練習問題

これらは別々にインストールできます（動画解答は模擬テストプログラムがインストールされているときのみ）。

※本書の電子版には付属 DVD-ROM はありません。次ページの「●ダウンロード版の入手とインストール」をお読みください。

●インストール方法

DVD-ROM をドライブに挿入すると、自動再生機能によりインストールが始まります。始まらない場合は、DVD-ROM の中にある MosWord2021_Setup.exe をダブルクリックしてください（ファイルを間違えないようご注意ください）。

インストールウィザードで右の画面が表示されたら、インストールするモジュールの左にあるアイコンをクリックします。インストールする場合は［この機能をローカルのハードディスクドライブにインストールします。］（既定値）、インストールしない場合は［この機能を使用できないようにします。］を選んでください。その他の項目を選択すると正常にインストールされないのでご注意ください。

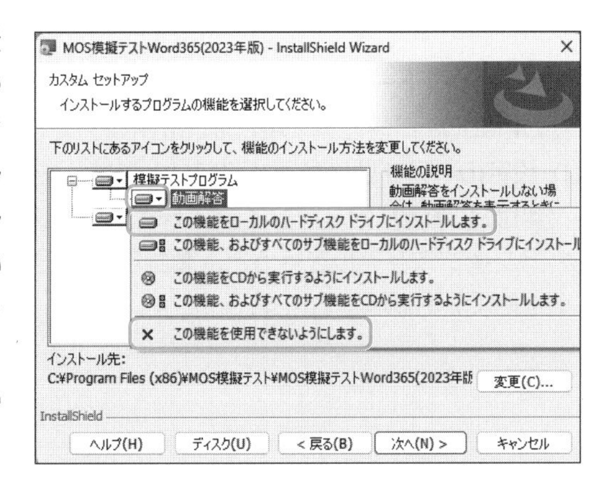

あとから追加でインストールする場合は、［コントロールパネル］の［プログラムと機能］で表示される一覧から［MOS 模擬テスト Word365（2023 年版）］を選び、［変更］をクリックします。右の画面で［変更］を選んで［次へ］をクリックすると、右上と同じ画面が表示されます。

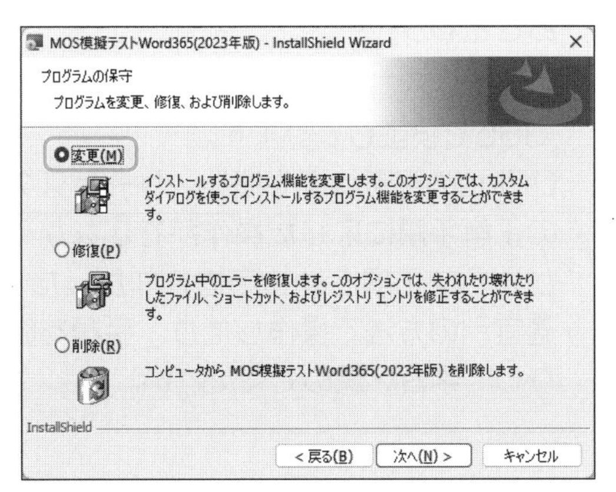

※「インストールしています」の画面が表示されてからインストールが開始されるまで、かなり長い時間がかかる場合があります。インストールの進行を示すバーが変化しなくても、そのまましばらくお待ちください。

●ダウンロード版の入手とインストール

本書の電子版をご利用の場合や、光学ドライブを装備しないパソコンで利用する場合などのためにダウンロード版も用意しています。本書のウェブページ（https://nkbp.jp/050536）の「お知らせ」欄にある「模擬テスト（ダウンロード版）」のリンクを開いてセットアップファイルをダウンロードします。

※ファイルのダウンロードには、日経IDおよび日経BOOKプラスへの登録が必要になります（いずれも登録は無料）。

●インストール場所

模擬テストプログラム：インストールプログラムが提示します。この場所は変更できます。
動画解答：［パブリックのビデオ］-［MOS模擬テスト動画］-［Word365（2023年版）］フォルダー。この場所は変更できません。
実習用データ：［ドキュメント］-［Word365_2023年版（実習用）］フォルダー。この場所は変更できませんが、インストール後に移動させることはできます。

●アンインストール方法

① Windowsに管理者（Administrator）でサインイン/ログオンします。
② 設定の［アプリ］から［アプリと機能］を開き、［MOS模擬テストWord365（2023年版）］を選んで［アンインストール］をクリックします。
※アンインストールを行うと、動画解答、実習用データ（インストール後に作成したものを除く）も削除されます。

おことわり

本書の内容および模擬テストプログラムは、2024年1月現在のMicrosoft 365で検証しています。
Officeの更新状況や機能・サービスの変更により、模擬テストプログラムの正解手順に応じた操作ができなかったり、正しい手順で操作したにもかかわらず正解とは判定されなかったりすることがあります。その場合は、適宜別の方法で操作したり、手順を確認のうえ、ご自分で正解と判断したりして学習を進めてください。

本書の使い方

注意 練習問題によっては、問題を解くときに問題用のファイルに加えて他のファイルも使用する場合があります。

注意 練習問題によっては、解答ファイルを収録せず誌面に画面を掲載しているだけの場合もあります。また、解答ファイルのファイル名は通常「解答 1-1-1」のように付けていますが、「売上データ（解答 1-3-1）」のように、問題で指示されたファイル名を付けたり、別のファイル形式で保存している場合があります。

注意 同じ結果を得るために複数の操作手順がある場合は、そのうちの一つを記載しています。

■ Word 365 の画面

［ファイル］タブ

クリックすると、［新規］［開く］［名前を付けて保存］［印刷］などの画面が表示され、ファイルに関する操作ができる。

タブ

ウィンドウ上の［ホーム］［挿入］…と表示された部分。クリックすると、その下のボタンの内容が変化する。図形やテーブルなどを選択すると、それに関するタブが新たに表示される。

リボン

ウィンドウ上の［ホーム］［挿入］…と表示された部分（タブ）に応じたコマンドボタンが並んでいるエリア。

詳細なダイアログボックスの表示

クリックすると、より詳細な設定ができるダイアログボックスや作業ウィンドウが表示される。

ミニツールバー

文字を選択したとき選択文字の右上に現れるバー。ミニツールバーはマウスを右クリックしても表示される。

表示選択ショートカット

［閲覧モード］［印刷レイアウト］［Web レイアウト］の各表示画面に切り替えるボタンが配置されている。

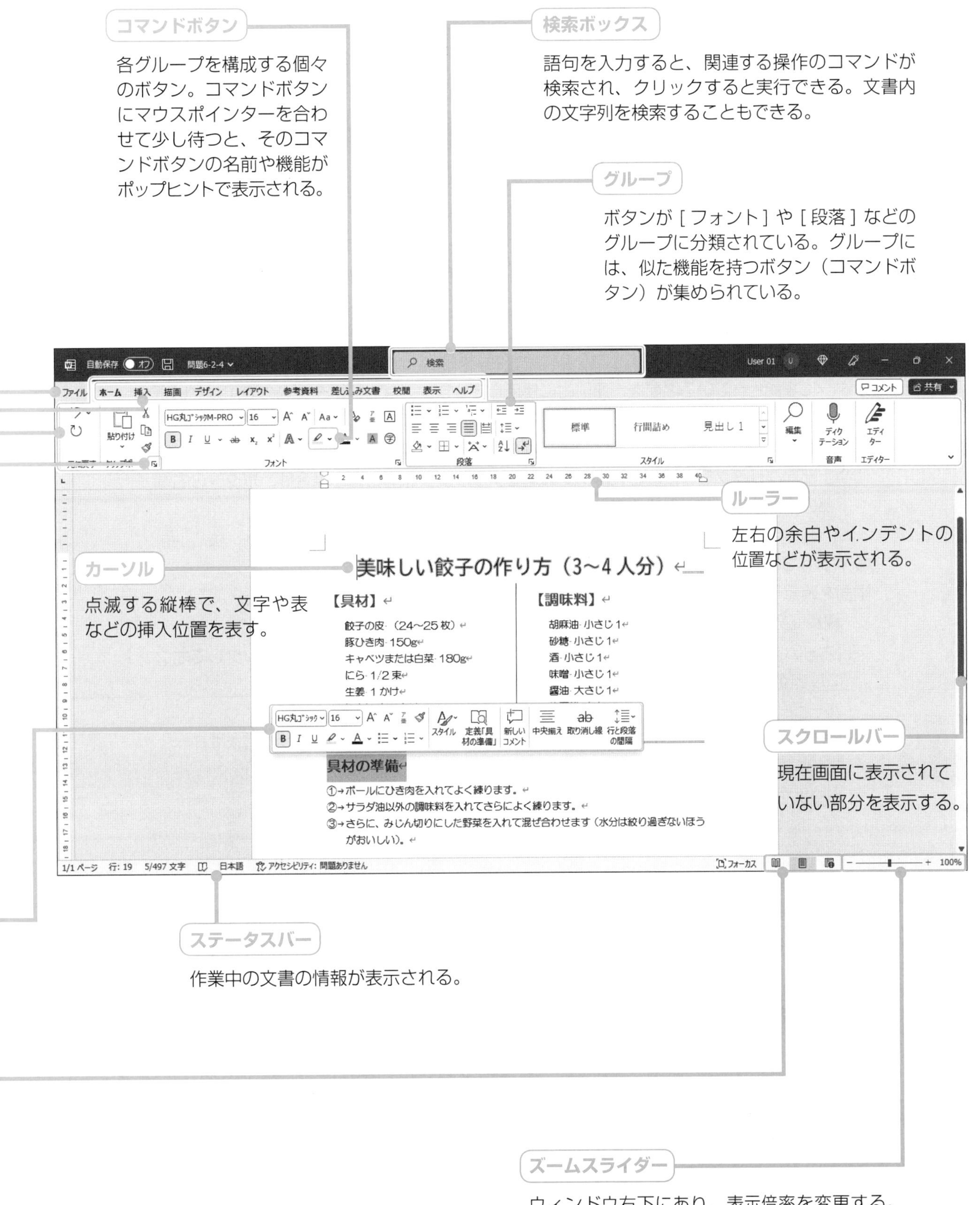
コマンドボタン
各グループを構成する個々のボタン。コマンドボタンにマウスポインターを合わせて少し待つと、そのコマンドボタンの名前や機能がポップヒントで表示される。
検索ボックス
語句を入力すると、関連する操作のコマンドが検索され、クリックすると実行できる。文書内の文字列を検索することもできる。
グループ
ボタンが［フォント］や［段落］などのグループに分類されている。グループには、似た機能を持つボタン（コマンドボタン）が集められている。
ルーラー
左右の余白やインデントの位置などが表示される。
カーソル
点滅する縦棒で、文字や表などの挿入位置を表す。
美味しい餃子の作り方（3～4人分）
【具材】
餃子の皮（24～25枚）
豚ひき肉 150g
キャベツまたは白菜 180g
にら 1/2束
生姜 1かけ
【調味料】
胡麻油 小さじ1
砂糖 小さじ1
酒 小さじ1
味噌 小さじ1
醤油 大さじ1
具材の準備
①→ボールにひき肉を入れてよく練ります。
②→サラダ油以外の調味料を入れてさらによく練ります。
③→さらに、みじん切りにした野菜を入れて混ぜ合わせます（水分は絞り過ぎないほうがおいしい）。
スクロールバー
現在画面に表示されていない部分を表示する。
ステータスバー
作業中の文書の情報が表示される。
ズームスライダー
ウィンドウ右下にあり、表示倍率を変更する。スライダーをドラッグすると表示倍率を変更できる。また、［拡大］、［縮小］をクリックすると10%ずつ拡大、縮小できる。

■ 本書の表記

本書では、Windows 10および 11上でWord 365を操作した場合の画面表示、名称を基本に解説し、次のように表記しています。

●画面に表示される文字

メニュー、コマンド、ボタン、ダイアログボックスなどの名称で画面に表示される文字は、角かっこ（[ ]）で囲んで表記しています。アクセスキー、コロン（:）、省略記号（...）、チェックマークなどの記号は表記していません。

●ボタン名の表記

ボタンに表記されている名前を、原則的に使用しています。なお、ボタン名の表記がないボタンは、マウスでポイントすると表示されるポップヒントで表記しています。また、右端や下に▼が付いているボタンでは、「[○○] ボタンをクリックする」とある場合はボタンの左側や上部をクリックし、「[○○] ボタンの▼をクリックする」とある場合は、ボタンの右端や下部の▼部分をクリックすることを表します。

● Word 365の設定

画面を確認しながら学習する場合は、Word 365を以下の設定にしてください。

・編集記号を表示する

[ホーム] タブの [段落] の ↵ [編集記号の表示 / 非表示] ボタンをクリックしてオンにします。

・ルーラーを表示する

[表示] タブの [表示] の □ルーラー [ルーラー] チェックボックスをオンにします。

・ステータスバーに行番号を表示する

画面の下部のステータスバーを右クリックし、[行番号] をオンにします。

■ 実習用データの利用方法

インストール方法は、(7) ページを参照してください。[Word365_2023年版（実習用)] フォルダーは [ドキュメント] の中にあり、以下のフォルダーとファイルが収録されています。

フォルダー名	内容
[問題] フォルダー	練習問題用のファイル
[解答] フォルダー	練習問題の解答例ファイル
[模擬練習問題] フォルダー	模擬練習問題に関する、解答に必要なファイル、完成例ファイル、問題と解答例

おことわり

Officeのバージョンやエディション、更新状況に伴う機能・サービスの変更により、誌面の通りに表示されなかったり操作できなかったりすることがあります。その場合は適宜別の方法で操作してください。

■ 学習の進め方

本誌解説は、公開されているMOS 365の「出題範囲」に基づいて構成しています。このため、Wordの機能を学習していく順序としては必ずしも適切ではありません。Wordの基本から応用へと段階的に学習する場合のカリキュラム案を以下に示しますが、もちろんこの通りでなくてもかまいません。
本書は練習問題（1-1-1のような項目ごとに一つの練習問題があります）ごとに実習用の問題ファイルが用意されているので、順序を入れ替えても問題なく練習できるようになっています。

1. 文書の作成と編集

1-2　文書の書式を設定する（1-2-3、1-2-4を除く）
2-1　文字列を挿入する
2-2　文字列や段落の書式を設定する
3-3　リストを作成する、変更する

2. 保存と印刷

1-3　文書を保存する、共有する（1-3-4を除く）

3. 表の作成と編集

3-1　表を作成する
3-2　表を変更する

4. グラフィックの挿入

5-1　図やテキストボックスを挿入する
5-2　図やテキストボックスを書式設定する

5. グラフィックの編集

5-3　グラフィック要素にテキストを追加する
5-4　グラフィック要素を変更する

6. 長文作成機能

1-1　文書内を移動する
1-2-3　ヘッダーやフッターを挿入する、変更する
1-2-4　ページ番号を挿入する
2-3　文書にセクションを作成する、設定する

7. 参照資料の作成

4-1　脚注と文末脚注を作成する、管理する
4-2　目次を作成する、管理する

8. 文書の管理

6-1　コメントを追加する、管理する
6-2　変更履歴を管理する

9. 文書を配布するための準備

1-4　文書を検査する
1-3-4　電子文書を共有する

MOS 試験について

●試験の内容と受験方法

MOS（マイクロソフトオフィススペシャリスト）試験については、試験を実施しているオデッセイコミュニケーションズの MOS 公式サイトを参照してください。
https://mos.odyssey-com.co.jp/

● Word365 の出題範囲

より詳しい出題範囲（PDF ファイル）は MOS 公式サイトからダウンロードできます。その PDF ファイルにも書かれていますが、出題範囲に含まれない操作や機能も出題される可能性があります。

文書の管理

- 文書内を移動する
- 文書の書式を設定する
- 文書を保存する、共有する
- 文書を検査する

文字、段落、セクションの挿入と書式設定

- 文字列を挿入する
- 文字列や段落の書式を設定する
- 文書にセクションを作成する、設定する

表やリストの管理

- 表を作成する
- 表を変更する
- リストを作成する、変更する

参考資料の作成と管理

- 脚注と文末脚注を作成する、管理する
- 目次を作成する、管理する

グラフィック要素の挿入と書式設定

- 図やテキストボックスを挿入する
- 図やテキストボックスを書式設定する
- グラフィック要素にテキストを追加する
- グラフィック要素を変更する

文書の共同作業の管理

- コメントを追加する、管理する
- 変更履歴を管理する

試験の操作方法

試験問題の構成や操作方法などは試験開始前に説明画面が表示されますが、なるべく事前に頭に入れておき、問題の解答操作以外のところで時間を取られないよう注意しましょう。

●試験問題の構成

試験は「マルチプロジェクト」と呼ぶ形式で、5 ～ 9 個のプロジェクトで構成されています。プロジェクトごとに 1 つの文書（ファイル）が開き、そのファイルに対して解答操作を行います。タスク（問題）はプロジェクトごとに 1 ～ 7 個、試験全体で 26 ～ 35 個あります。

●プロジェクトの操作

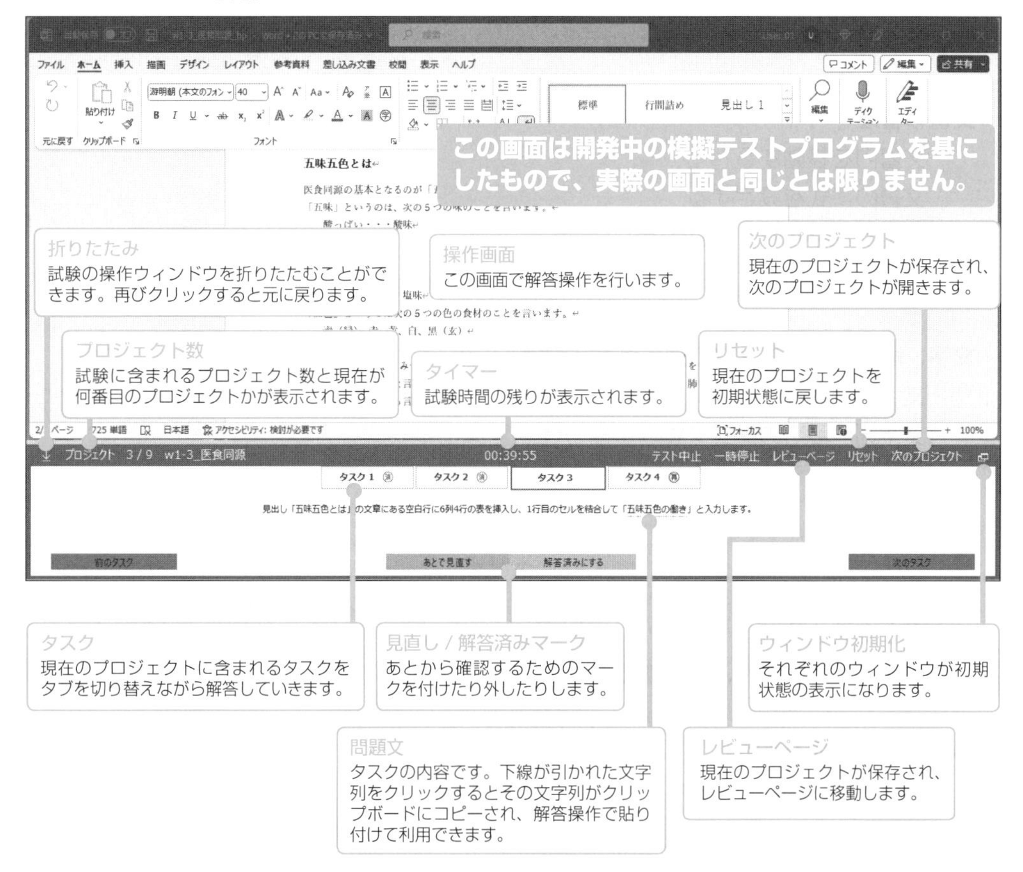

※ 実際の試験では画面のデザインやマークなどが異なります。

試験が始まると上記のような画面が表示されます。上半分がプロジェクトファイルを開いたWordのウィンドウです。下半分が試験の操作ウィンドウ（プロジェクト操作画面）で、問題文の表示、タスク（問題）の切り替え、次のプロジェクトへの移動、[解答済みにする] と [あとで見直す] のマーク付けなどを行います。[プロジェクトの背景] [タスク 1] [タスク 2] …という部分はタブになっていて、選択されているタスクの問題文やプロジェクトの簡単な説明がその下に表示されます。

一つのタスクについて、解答操作を行ったら［解答済みにする］をクリック、解答操作に自信がない（あとで見直したい）場合や解答をいったんスキップする場合は［あとで見直す］をクリックします。なお、［解答済みにする］マークや［あとで見直す］マークは確認のためのものであり、試験の採点には影響しません。その後、ほかのタスクに切り替えます。タスクは番号にかかわらずどの順序でも解答することができます。解答操作をキャンセルしてファイルを初期状態に戻したいときは［リセット］をクリックします。この場合、そのプロジェクトのすべてのタスクに関する解答操作が失われます。
全部のタスクを解答またはスキップしたら［次のプロジェクト］をクリックします。するとそのプロジェクトが保存され、次のプロジェクトが開きます。試験の操作ウィンドウの上部のバーには試験に含まれるプロジェクト数と現在が何番目のプロジェクトかが「1/7」という形式で表示されており、その横に残り時間が表示されています。最後のプロジェクトで［次のプロジェクト］をクリックすると、レビューページが表示されます。

●レビューページ

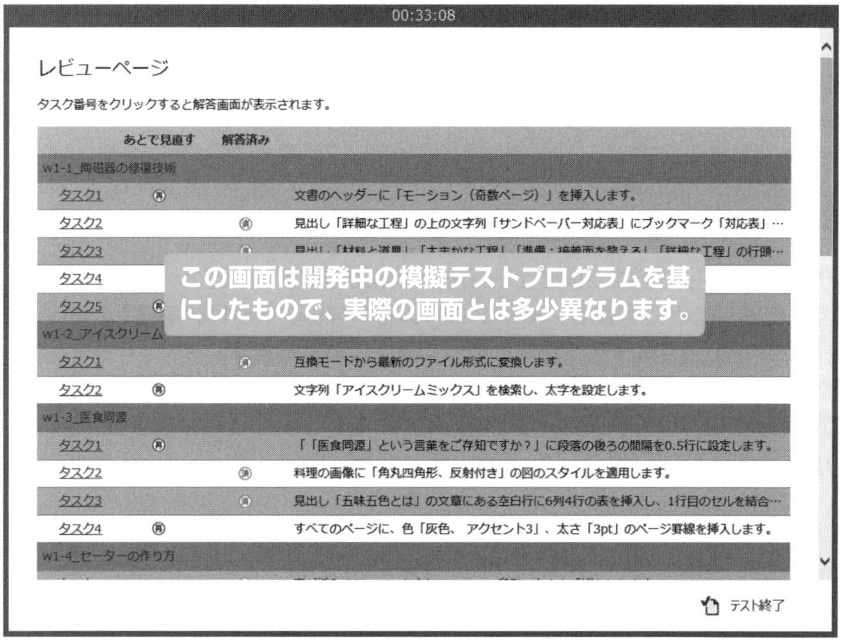

00:33:08

レビューページ

タスク番号をクリックすると解答画面が表示されます。

	あとで見直す	解答済み	
w1-1_陶磁器の修復技術			
タスク1	㊗		文書のヘッダーに「モーション（奇数ページ）」を挿入します。
タスク2		㊗	見出し「詳細な工程」の上の文字列「サンドペーパー対応表」にブックマーク「対応表」…
タスク3		㊗	
タスク4			
タスク5	㊗		
w1-2_アイスクリーム			
タスク1		㊗	互換モードから最新のファイル形式に変換します。
タスク2	㊗		文字列「アイスクリームミックス」を検索し、太字を設定します。
w1-3_医食同源			
タスク1	㊗		「「医食同源」という言葉をご存知ですか？」に段落の後ろの間隔を0.5行に設定します。
タスク2		㊗	料理の画像に「角丸四角形、反射付き」の図のスタイルを適用します。
タスク3		㊗	見出し「五味五色とは」の文章にある空白行に6列4行の表を挿入し、1行目のセルを結合…
タスク4	㊗		すべてのページに、色「灰色、アクセント3」、太さ「3pt」のページ罫線を挿入します。
w1-4_セーターの作り方			

この画面は開発中の模擬テストプログラムを基にしたもので、実際の画面とは多少異なります。

テスト終了

レビューページには、解答操作の際に付けた［解答済みにする］と［あとで見直す］のマークがそれぞれのタスクに表示されます。タスク番号をクリックすると試験の操作画面に戻り、該当するプロジェクトのファイルが開きます。プロジェクトファイルは保存したときの状態で、クリックしたタスクが選択されています。解答の操作、修正、確認などを行ったら［解答済みにする］や［あとで見直す］のマークの状態を更新します。
試験の操作ウィンドウの右上にはこの一覧画面を表示するための［レビューページ］が表示され、クリックするとプロジェクトが保存されてレビューページが表示されます。
すべての操作や確認が完了したら［試験終了］ボタンをクリックして試験を終了します。［試験終了］ボタンをクリックしなくても、試験時間の 50 分が経過したら自動的に終了します。

受験時のアドバイス

▶▶▶ タスクの解答順にはこだわらない

一つのプロジェクト内では同じファイルに対して操作を行いますが、タスクは基本的に相互の関連がないので、前のタスクを解答しないと次のタスクが解答できない、ということはありません。左の「タスク 1」から順に解答する必要はありません。

▶▶▶ 一つのタスクに固執しない

できるだけ高い得点をとるためには、やさしい問題を多く解答して正解数を増やすようにします。とくに試験の前半で難しい問題に時間をかけてしまうと、時間が足りなくなる可能性があります。タスクの問題文を読んで、すぐに解答できる問題はその場で解答し、すぐに解答できそうにないと感じたら、早めにスキップして解答を後回しにします。全部のタスクを開いたら、スキップしたタスクがあっても次のプロジェクトに進みます。

▶▶▶ ［解答済みにする］か［あとで見直す］のチェックは必ず付ける

一つのタスクについて、解答したときは［解答済みにする］、解答に自信がないかすぐに解答できないときは［あとで見直す］のチェックを必ず付けてから、次のタスクを選択するようにします。これらのチェックは採点結果には影響しませんが、あとでレビューページを表示したときに重要な情報になるので、付け忘れないようにします。

▶▶▶ レビューページで未了タスクを確認

どのタスクの解答を解答済みにしたかは、レビューページで確認します。レビューページで［解答済みにする］マークも［あとで見直す］マークも付いていないタスクは、解答し忘れている可能性があるので、そのようなタスクがあればまず確認し解答します。
次に、［あとで見直す］マークが付いているタスクに取りかかります。解答できたら［あとで見直す］マークのチェックを外し［解答済みにする］マークをチェックし直してから、レビューページに戻ります。

▶▶▶ 残り時間を意識し、早めにレビューページを表示する

プロジェクト操作画面とレビューページには、試験の残り時間が表示されています。試験終了間際にならないうちに、すべてのプロジェクトをいったん保存してレビューページを表示するように心がけます。

▶▶▶ ［リセット］ボタンは慎重に

［リセット］ボタンをクリックすると、現在問題文が表示されているタスクだけではなく、そのプロジェクトにあるタスクの操作がすべて失われるので注意が必要です。途中で操作の間違いに気づいた場合、なるべく［リセット］ボタンを使わず、［元に戻す］ボタン（または Ctrl+Z キー）で操作を順に戻すようにしましょう。

▶▶▶ 指示外の設定は変更しない

操作項目に書かれていない設定項目は既定のままにしておきます。これを変更すると採点結果に悪影響を与える可能性があります。

▶▶▶ 文字は直接入力せずコピー機能を利用する

問題文で下線が引かれた文字列をクリックするとその文字がクリップボードにコピーされ、解答操作で Ctrl+V キーなどで貼り付けて利用できます。本文や図形への文字入力のほか、文字列の置換やプロパティの設定などで利用できます。入力ミスを防ぎ操作時間を短縮するために、コピーが可能な場合はできるだけコピー機能を利用しましょう。

▶▶▶ 英数字や記号は基本的に半角文字

英数字や記号など、半角文字と全角文字の両方がある文字については、具体的な指示がない限り半角文字を入力します。

▶▶▶ ファイルの保存は適度に

ファイルをこまめに保存するよう、案内画面には書かれていますが、それほど神経質になる必要はありません。ファイルの保存操作をするかどうかは採点結果には影響しません。何らかの原因で試験システムが停止してしまった場合に、操作を途中から開始できるようにするためのものです。ただし、このようなシステム障害の場合にどういう措置がとられるかは状況次第ですので、会場の試験官の指示に従ってください。

Chapter 1

文書の管理

本章で学習する項目

- □ 文書内を移動する
- □ 文書の書式を設定する
- □ 文書を保存する、共有する
- □ 文書を検査する

1-1 文書内を移動する

文字量が多い文書や複数ページにわたる文書では、目的の文字列を特定することが困難になることがあります。そのような場合は、文書内の移動や検索機能を利用すると便利です。ここでは、ナビゲーションウィンドウでの検索、ハイパーリンクやブックマークの設定、ジャンプなど、文書内の検索方法や移動方法を学習します。

1-1-1 文字列を検索する

練習問題

問題フォルダ
└問題 1-1-1..docx

解答ファイルはありません。本書に掲載した画面を参照してください。

文書内の文字列「ルーム」を検索し、検索結果の 5 番目を選択します。

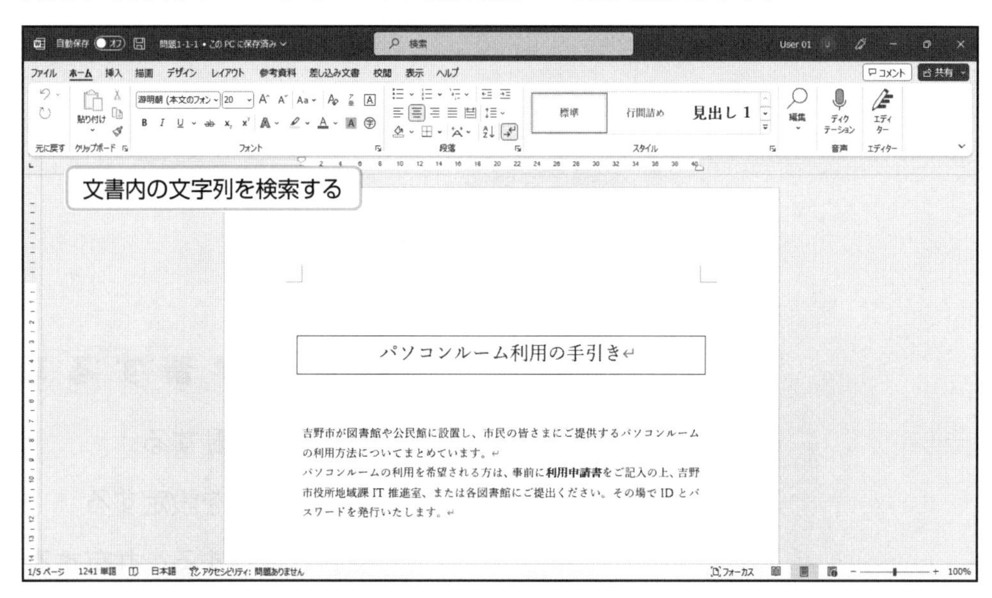

機能の解説

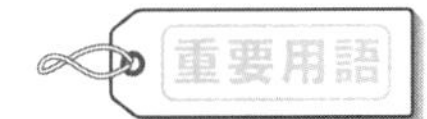

- ナビゲーションウィンドウ
- ［検索］ボタン
- 高度な検索

特定の文字列を検索するにはナビゲーションウィンドウを使用します。ナビゲーションウィンドウは、［ホーム］タブの 検索 ［検索］ボタンをクリックすると表示されます。ナビゲーションウィンドウの［文書の検索］ボックスに検索する文字列を入力するとすぐに検索が実行され、該当件数と検索語を含む箇所がナビゲーションウィンドウ内に表示されます。また、文書中の該当箇所がハイライト表示されます。

ナビゲーションウィンドウ

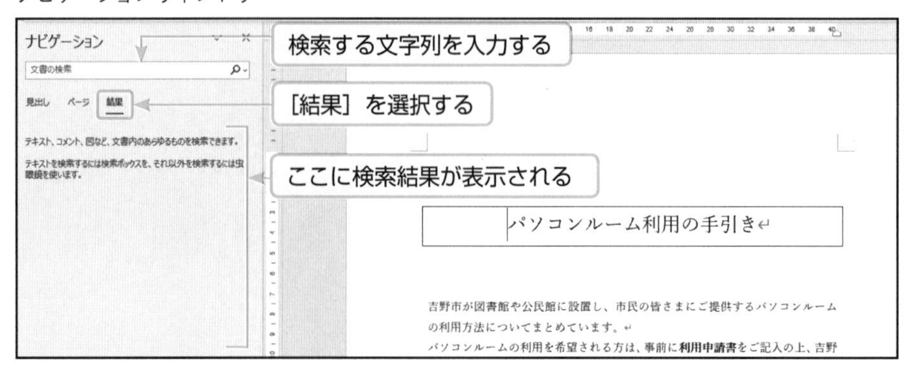

●高度な検索

大文字と小文字、半角と全角を区別するなどのオプションを設定してより高度な検索を行う場合は、ナビゲーションウィンドウの［文書の検索］ボックスの右の▼をクリックし、［高度な検索］をクリックします。［検索と置換］ダイアログボックスが表示されるので、［オプション］をクリックしてダイアログボックスを拡張表示し、［あいまい検索］チェックボックスをオフにすると、大文字と小文字、半角と全角を区別するなどの詳細な検索オプションを設定できます。たとえば半角文字の「ルーム」だけを検索する場合は、［検索する文字列］ボックスに「ﾙｰﾑ」（半角）と入力し、［半角と全角を区別する］チェックボックスをオンにします。［次を検索］をクリックすると、検索結果にジャンプします。

［検索と置換］ダイアログボックスを使用した詳細な検索

操作手順

❶［ホーム］タブの［編集］ボタンをクリックし、［検索］ボタンをクリックします。

❷ナビゲーションウィンドウが表示されます。

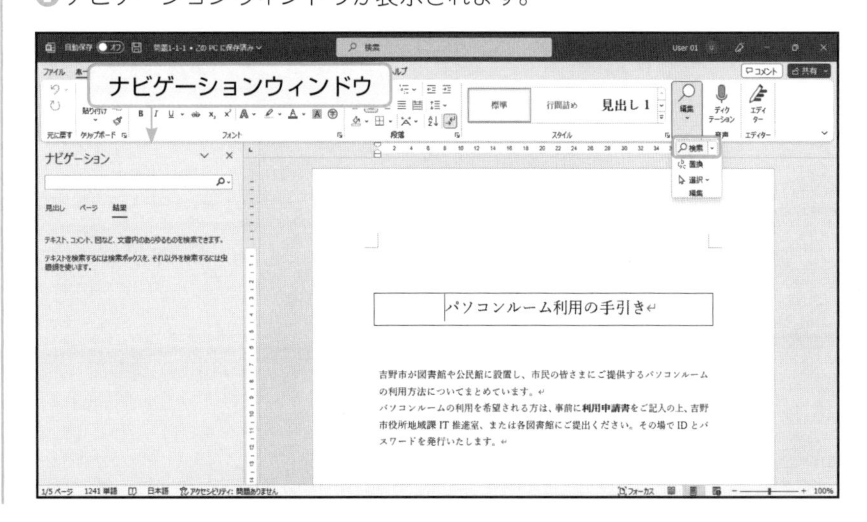

その他の操作方法

ショートカットキー

Ctrl + **F** キー
（ナビゲーションウィンドウの表示）

その他の操作方法

ナビゲーションウィンドウの表示

［表示］タブの［ナビゲーションウィンドウ］をクリックしてオンにしても表示できます。

❸［文書の検索］ボックスに「ルーム」と入力します。

❹該当箇所の件数と検索結果が表示され、文書中の該当箇所がハイライト表示されます。

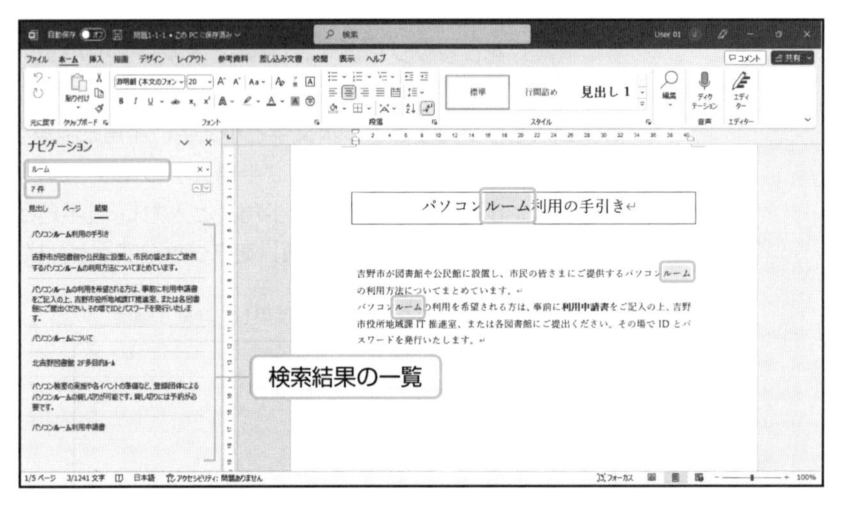

❺ナビゲーションウィンドウの検索結果の一覧の５番目をクリックします。

❻本文中の５番目の「ルーム」の箇所が選択されます。

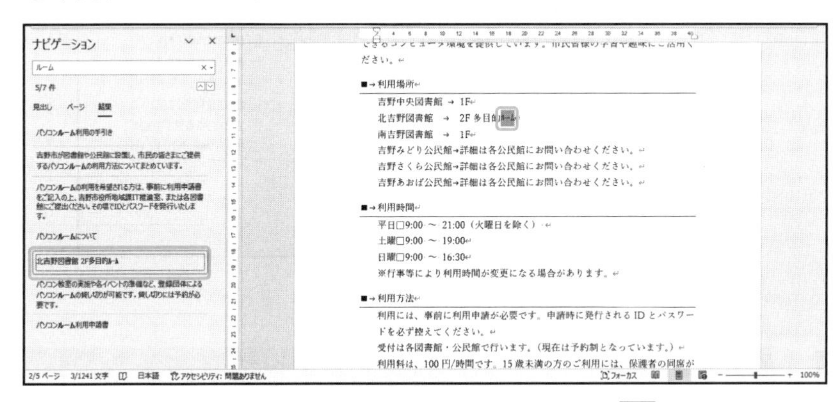

※解答操作が終了したら、ナビゲーションウィンドウの ✕ ［閉じる］ボタンをクリックしてナビゲーションウィンドウを閉じます。

ポイント

検索の終了

ナビゲーションウィンドウの［文書の検索］ボックスの右の ✕ をクリックすると検索内容がクリアされます。

1-1-2 文書内の他の場所にリンクする

練習問題

問題フォルダー
└問題 1-1-2.docx
解答フォルダー
└解答 1-1-2.docx

【操作 1】5 ページ 1 行目の「パソコンルール利用申請書」の行頭に「申請書」という名前のブックマークを設定します。
【操作 2】1 ページ 4 行目の「利用申請書」の文字列に「申請書」のブックマークへのハイパーリンクを設定します。
【操作 3】5 ページの末尾の「トップページへ」の図形に文書の先頭へのハイパーリンクを設定します。

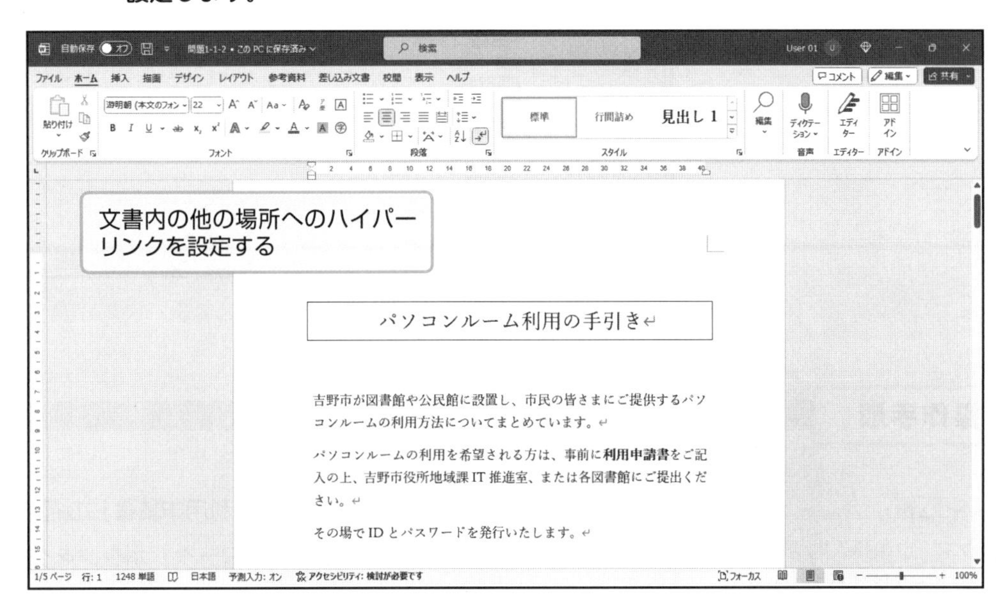

機能の解説

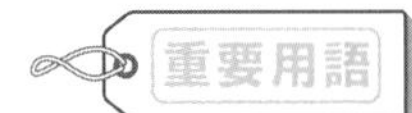

□ ブックマーク
□ ハイパーリンク
□ [ハイパーリンクの挿入] ダイアログボックス
□ [ブックマーク] ダイアログボックス

ブックマークとは、文書中の任意の位置に設定できる「しおり」のようなものです。頻繁に参照する箇所にブックマークを設定しておくと、ハイパーリンクと組み合わせて利用することでその位置へ簡単に移動できるようになります。
ハイパーリンクとは、設定した箇所をクリックするだけで Web ページやメールアドレス、別の文書などにすばやくアクセスできる機能です。同じ文書内では、文書の先頭とあらかじめ見出しスタイル（2-2-5 参照）やブックマークを設定した箇所がリンク先として選択できます。
ブックマークの設定は、[挿入] タブの [ブックマーク] ボタンから [ブックマーク] ダイアログボックスを表示して行います。

[ブックマーク] ダイアログボックス

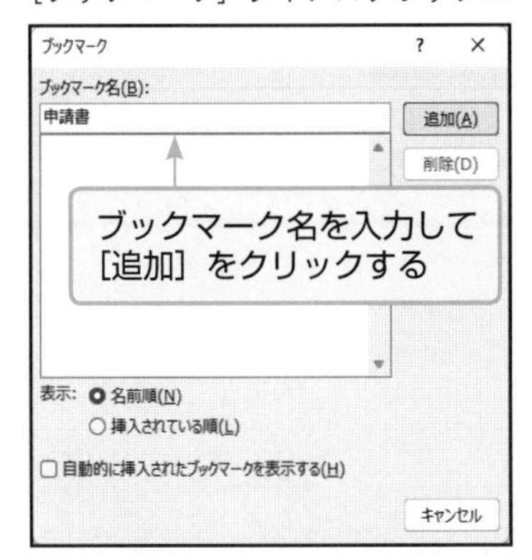

ブックマークを設定し、次にハイパーリンクを挿入するには、[挿入] タブの [リンク] [リンク] ボタンから [ハイパーリンクの挿入] ダイアログボックスを表示して [リンク先] の一覧の [このドキュメント内] をクリックします。右側の [ドキュメント内の場所] ボックスに文書の先頭、見出しスタイルの箇所、ブックマークの一覧が表示され、リンク先として指定できます。

[ハイパーリンクの挿入] ダイアログボックスでブックマークをリンク先に指定する

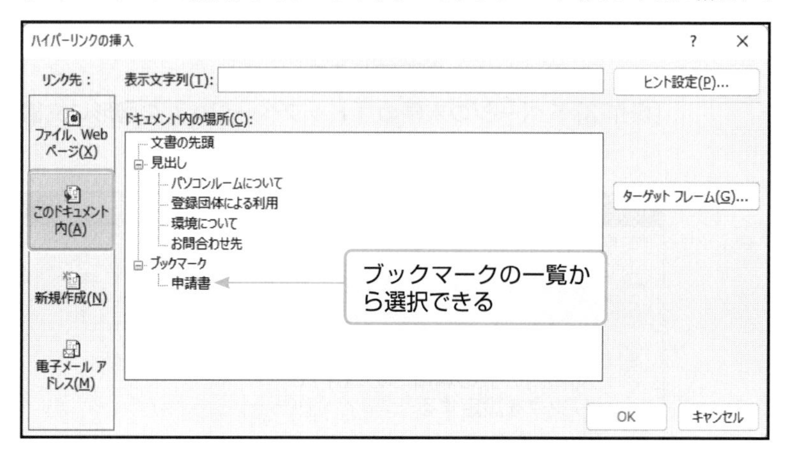

操作手順

ヒント

ブックマークの挿入場所

ブックマークは、行頭だけでなく、行の途中や複数の行や段落などの範囲にも挿入することができます。その場合は、あらかじめ範囲を選択してから、[ブックマーク] [ブックマーク] ボタンをクリックします。

【操作 1】

❶5 ページ 1 行目の「パソコンルーム利用申請書」の行頭にカーソルを移動します。

❷[挿入] タブの [ブックマーク] [ブックマーク] ボタンをクリックします。

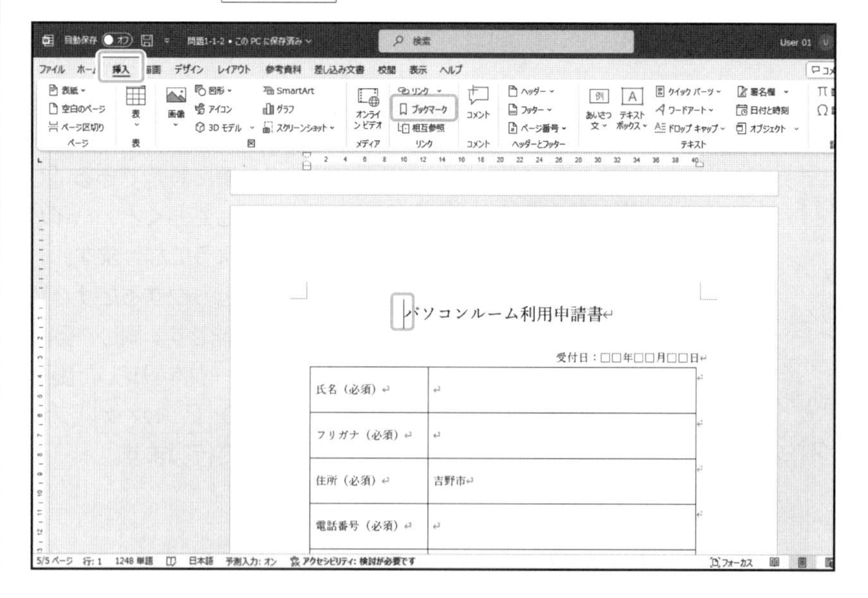

❸［ブックマーク］ダイアログボックスが表示されます。

❹［ブックマーク名］ボックスに「申請書」と入力します。

❺［追加］をクリックします。

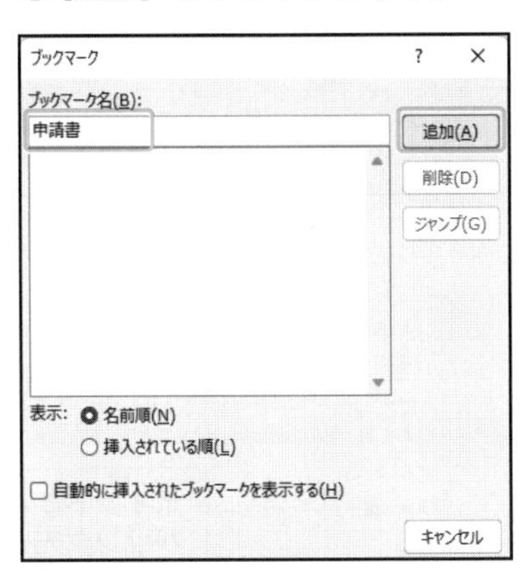

❻カーソルの位置にブックマークが設定され、［ブックマーク］ダイアログボックスが閉じます。

【操作 2】

❼1 ページ 4 行目の「利用申請書」を選択します。

❽［挿入］タブの リンク ［リンク］ボタンをクリックします。

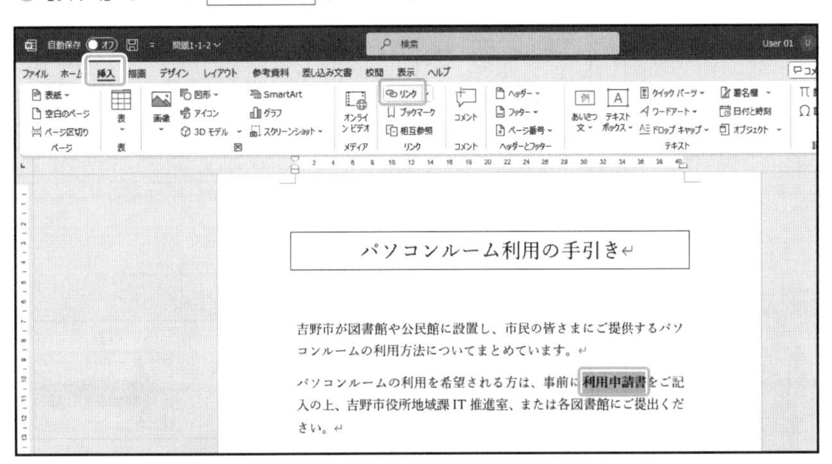

❾［ハイパーリンクの挿入］ダイアログボックスが表示されます。

❿［リンク先］の一覧の［このドキュメント内］をクリックします。

⓫［ドキュメント内の場所］の［ブックマーク］の［申請書］をクリックします。

⓬［OK］をクリックします。

ヒント

ブックマークの操作

設定したブックマークは［ブックマーク］ダイアログボックスに一覧表示されます。ブックマークを選択して［ジャンプ］をクリックすると、その位置へジャンプします。また、［削除］をクリックすると、選択したブックマークが削除されます。

その他の操作方法

ショートカットキー

Ctrl + **K** キー
（［ハイパーリンクの挿入］ダイアログボックスの表示）

⑬選択した文字列にブックマークへのハイパーリンクが設定されます。

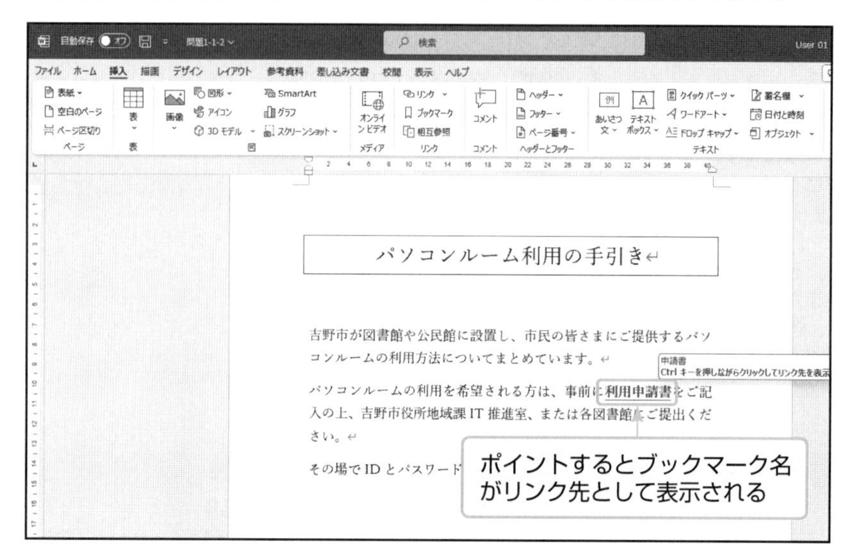

ヒント
ハイパーリンクの実行
本文中に挿入されたハイパーリンクを **Ctrl** キーを押しながらポイントすると、マウスポインターの形状が のように変化し、クリックしてリンク先へジャンプすることができます。

ヒント
ハイパーリンクの解除
ハイパーリンクを設定した箇所を右クリックし、ショートカットメニューの［ハイパーリンクの削除］をクリックすると、ハイパーリンクが解除されます。

【操作 3】

⑭5 ページ目の末尾にある図形を選択します。

⑮［挿入］タブの リンク［リンク］ボタンをクリックします。

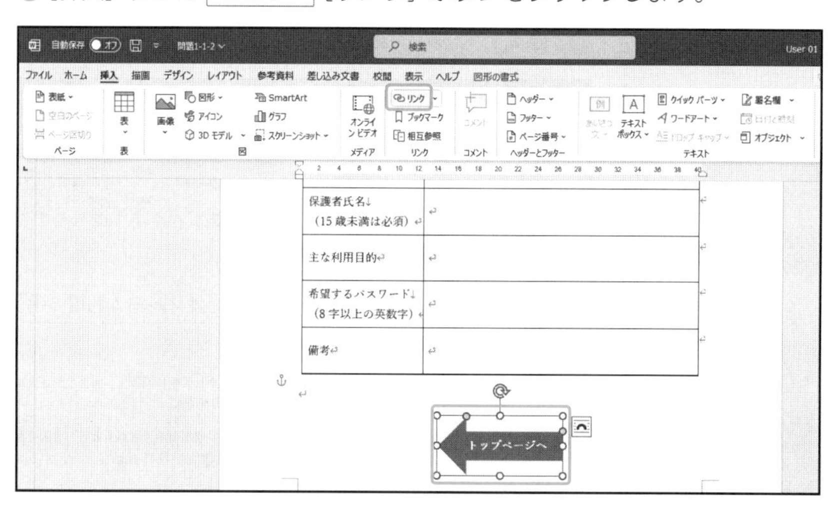

⑯［ハイパーリンクの挿入］ダイアログボックスが表示されます。

⑰［リンク先］の一覧の［このドキュメント内］が選択されていることを確認します。

⑱［ドキュメント内の場所］の［文書の先頭］をクリックします。

⑲［OK］をクリックします。

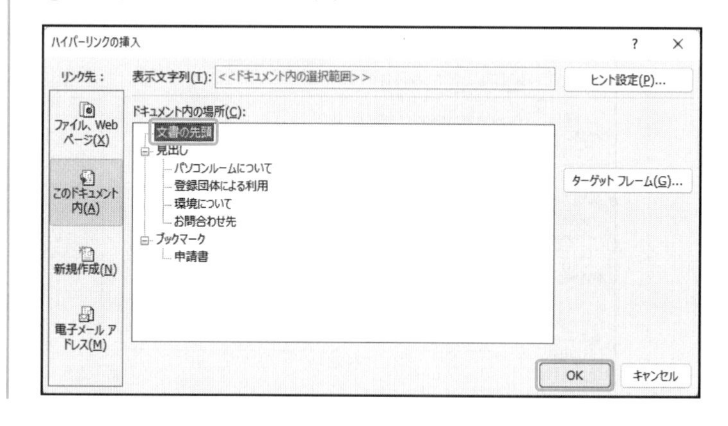

ヒント
文書の先頭へのリンク
［ドキュメント内の場所］の［文書の先頭］を選択すると文頭（1 ページ 1 行目）をリンク先として指定できます。

⑳ 選択した図形に文書の先頭へのハイパーリンクが設定されます。図形の選択を解除してから図形をポイントして確認します。

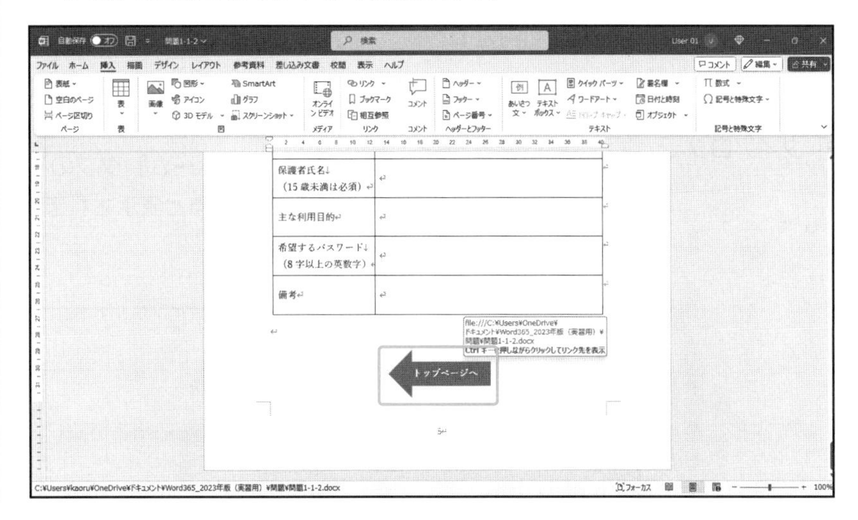

1-1-3 文書内の特定の場所やオブジェクトに移動する

練習問題

問題フォルダー
└問題 1-1-3.docx

解答ファイルはありません。本書に掲載した画面を参照してください。

ジャンプ機能を利用して、文書内の2つ目の脚注に移動します。

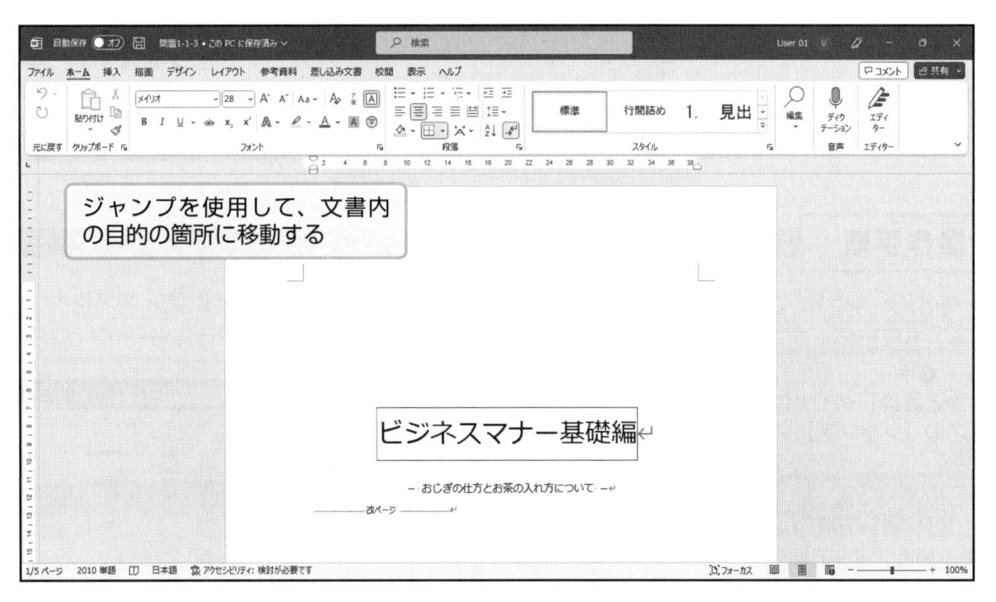

機能の解説

重要用語

- ジャンプ
- [検索と置換] ダイアログボックス
- [ジャンプ] タブ

文書内の特定の箇所にすばやくカーソルを移動するにはジャンプ機能を使用すると便利です。ジャンプ先として、コメントやブックマーク、表や図などいろいろな場所を指定できるため、目視では見つけにくい箇所にすばやく移動することができます。ジャンプは、[検索と置換] ダイアログボックスの [ジャンプ] タブを使用します。[検索と置換] ダイアログボックスの [ジャンプ] タブは、[ホーム] タブの 検索 [検索] ボタンの▼をクリックして [ジャンプ] をクリックすると表示されます。

[検索と置換] ダイアログボックス

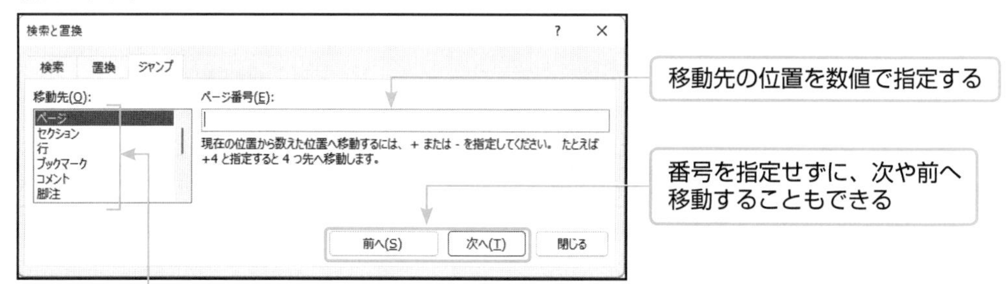

また、ナビゲーションウィンドウの [文書の検索] ボックスの▼をクリックした一覧から画像、表、脚注などを選択して、すばやくジャンプすることができます。

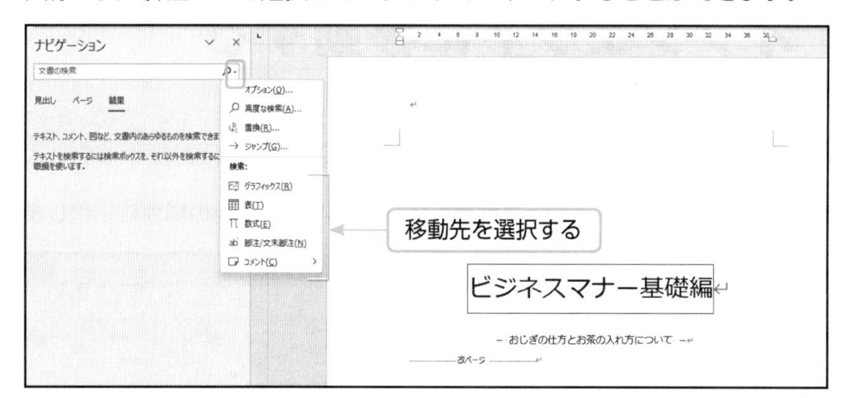

操作手順

その他の操作方法

ショートカットキー

Ctrl + G キー
([検索と置換] ダイアログボックスの [ジャンプ] タブの表示)

その他の操作方法

[検索と置換] ダイアログボックス

ナビゲーションウィンドウの [文書の検索] ボックスの右にある▼をクリックして一覧から [ジャンプ] を選択しても表示されます。

❶ [ホーム] タブの 編集 [編集] ボタンをクリックします。

❷ 検索 [検索] ボタンの▼をクリックし、[ジャンプ] をクリックします。

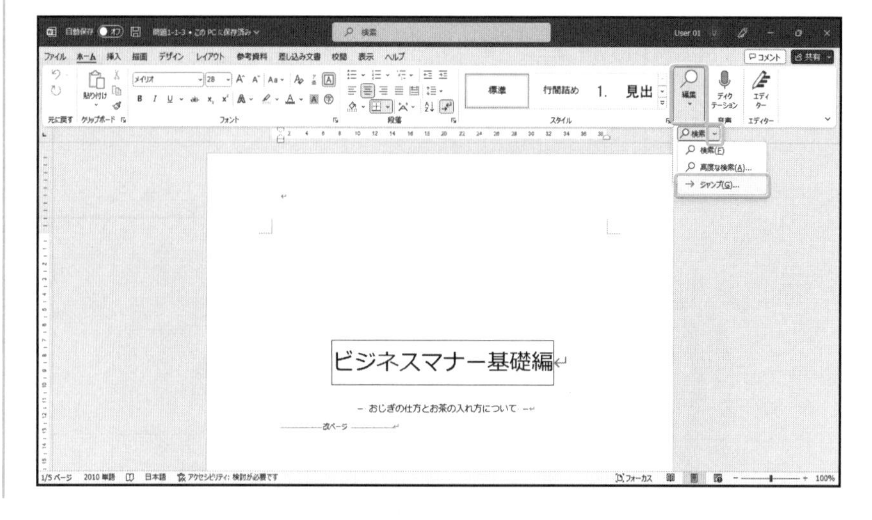

❸［検索と置換］ダイアログボックスの［ジャンプ］タブが表示されます。

❹［移動先］の一覧から［脚注］を選択します。

❺［脚注番号］ボックスに「2」と入力します。

❻［ジャンプ］をクリックします。

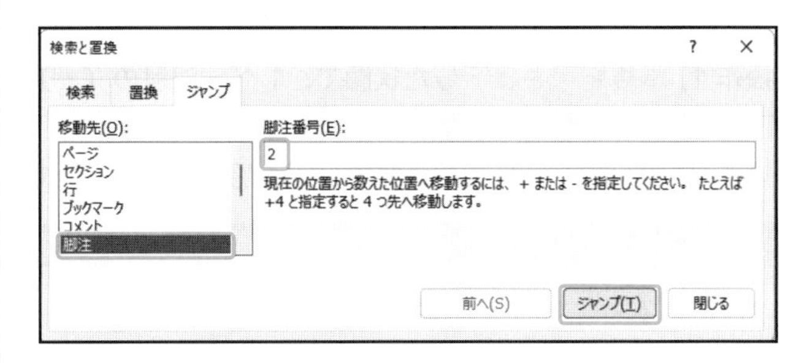

ヒント

前後の位置を指定する

［脚注番号］ボックスに数値を指定すると、カーソルがどこにあっても文書の先頭から順番に数えた位置にジャンプしますが、現在の位置から前や後の位置を指定することもできます。2つ前なら-（マイナス）を付けて「-2」、2つ後なら+（プラス）を付けて「+2」のように指定します。

❼2つ目の脚注の番号にカーソルが移動します。

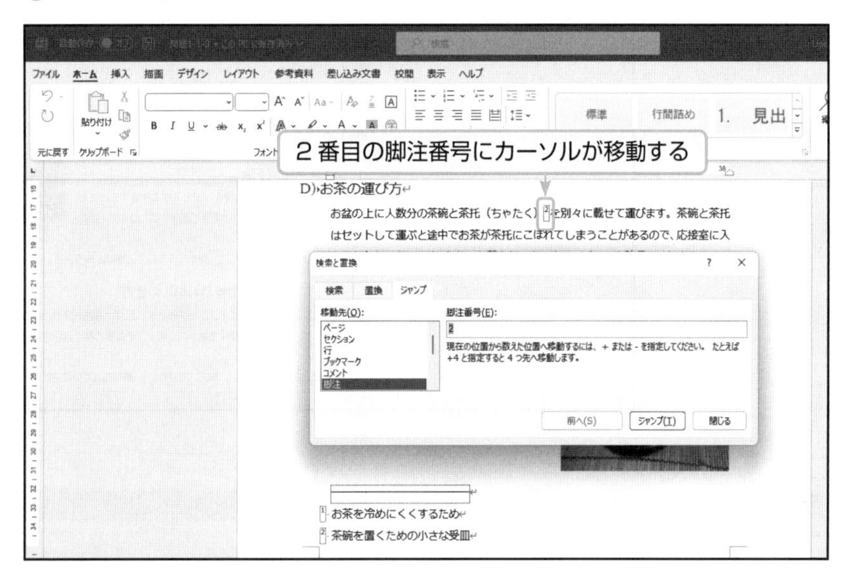

❽［検索と置換］ダイアログボックスの［閉じる］をクリックします。

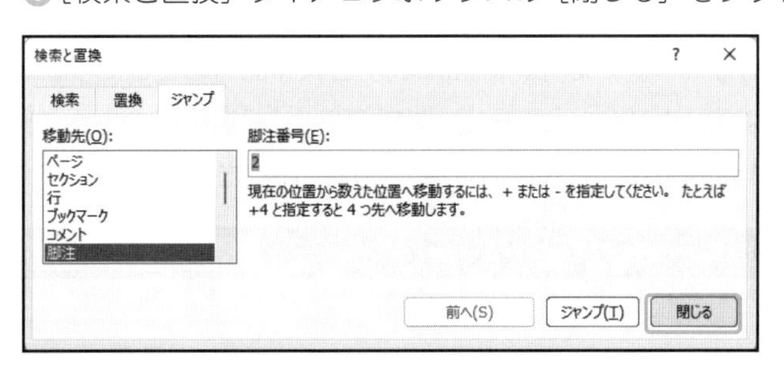

❾「茶托（ちゃたく）」の後ろの脚注番号にカーソルが移動したことを確認します。

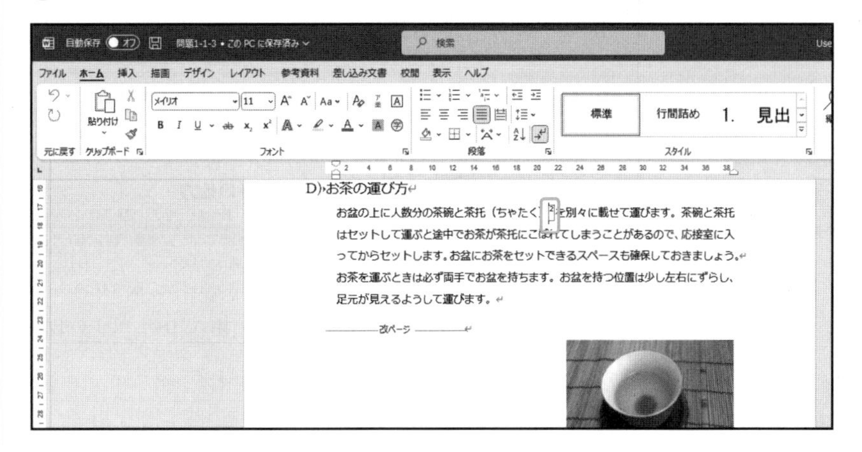

1-1-4 編集記号の表示 / 非表示と隠し文字を使用する

練習問題

問題フォルダー
└問題 1-1-4.docx

解答フォルダー
└解答 1-1-4.docx

【操作 1】編集記号を表示した状態で、1 ページ目の（ ）とその中の文字列をすべて隠し文字に設定します。

【操作 2】編集記号を非表示に変更して、隠し文字を確認します。

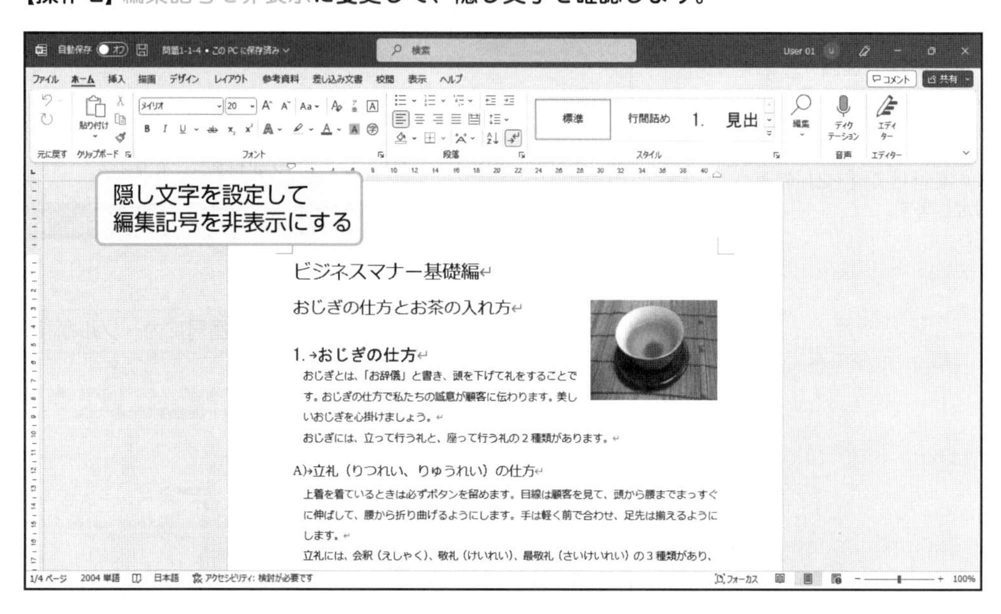

機能の解説

重要用語

- 編集記号
- 隠し文字
- [編集記号の表示 / 非表示] ボタン
- [フォント] ダイアログボックス

編集記号とは、段落の終わりに表示される段落記号（ ↵ ）やスペースやタブを挿入したときに表示される □ や → の記号、画像を選択した時に余白に表示されるアンカー記号（ ⚓ ）など、画面に表示される記号のことです。編集記号は、画面表示のみで印刷はされません。[ホーム] タブの [編集記号の表示 / 非表示] ボタンから、編集記号を表示するかどうかを切り替えることができます。

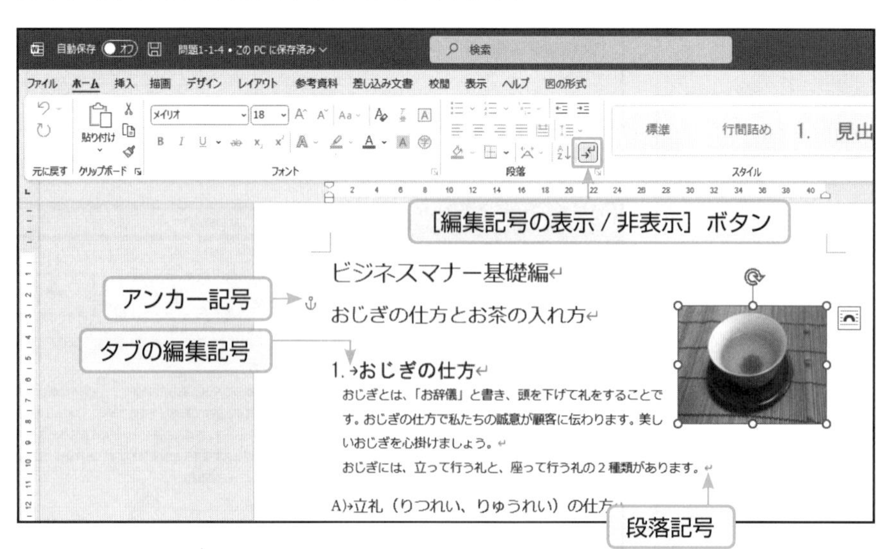

●隠し文字の設定

隠し文字に設定すると、画面にのみ表示され、印刷されない文字を作成することができます。文書にメモや覚え書きなどを付けておきたいときなどに利用すると便利です。初期状態では、隠し文字は編集記号がオンのときには画面上に表示され、オフにすると非表示になり、印刷時と同じ文書のイメージを確認できます。隠し文字の設定は、[フォント] ダイアログボックスの [フォント] タブで行います。

[フォント] ダイアログボックスの [フォント] タブ

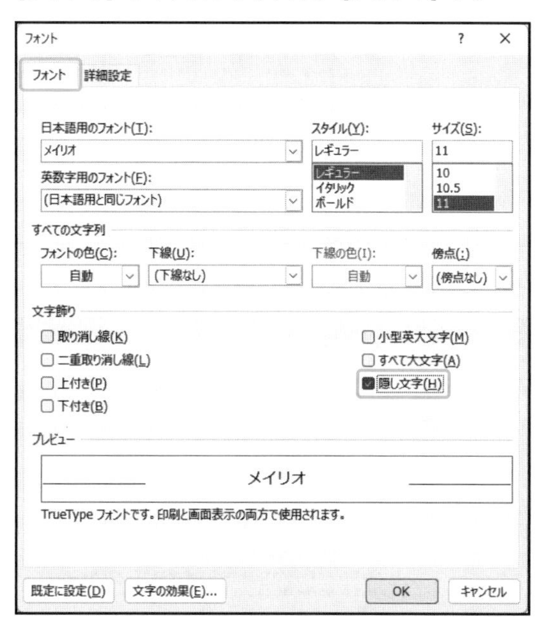

操作手順

【操作 1】

❶ [ホーム] タブの [編集記号の表示 / 非表示] ボタンがオンになっていることを確認します。オンでない場合は、[編集記号の表示 / 非表示] ボタンをクリックします。

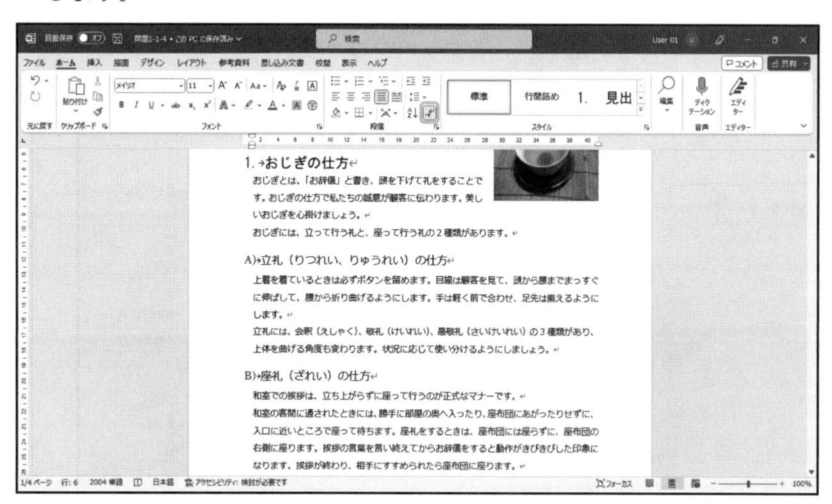

❷1ページ7行目の「(りつれい、りゅうれい)」を選択します。

❸**Ctrl** キーを押しながら、1ページ目の（　）とその中の文字列をすべて選択します。

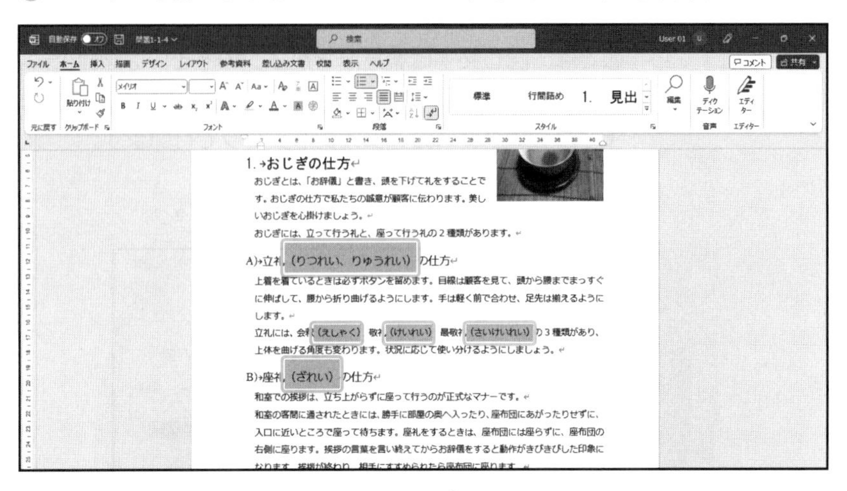

❹［ホーム］タブの［フォント］グループ右下の［フォント］ボタンをクリックします。

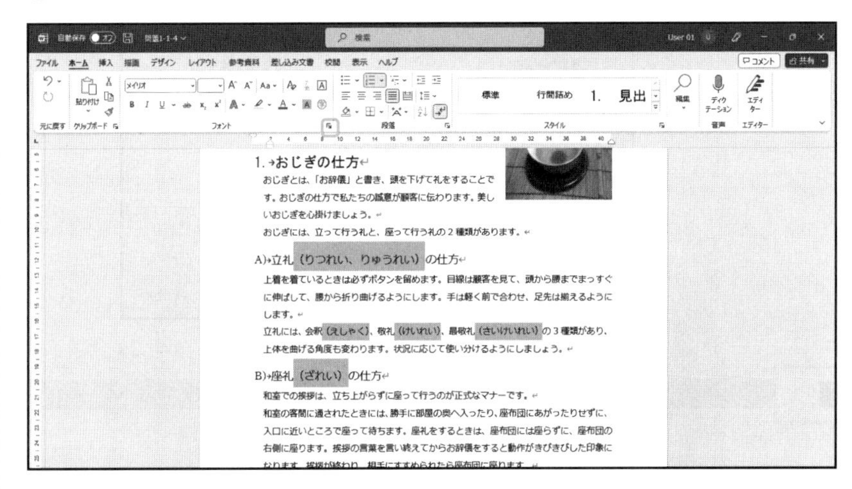

その他の操作方法

ショートカットキー

Ctrl + **D** キー

（［フォント］ダイアログボックスの表示）

❺［フォント］ダイアログボックスが表示されます。

❻［フォント］タブを選択します。

❼［文字飾り］の［隠し文字］チェックボックスをオンにします。

❽［OK］をクリックします。

ポイント
隠し文字
隠し文字に設定すると、文字列の下に点線の編集記号が表示されます。

⑨ 選択を解除して、隠し文字の編集記号を確認します。

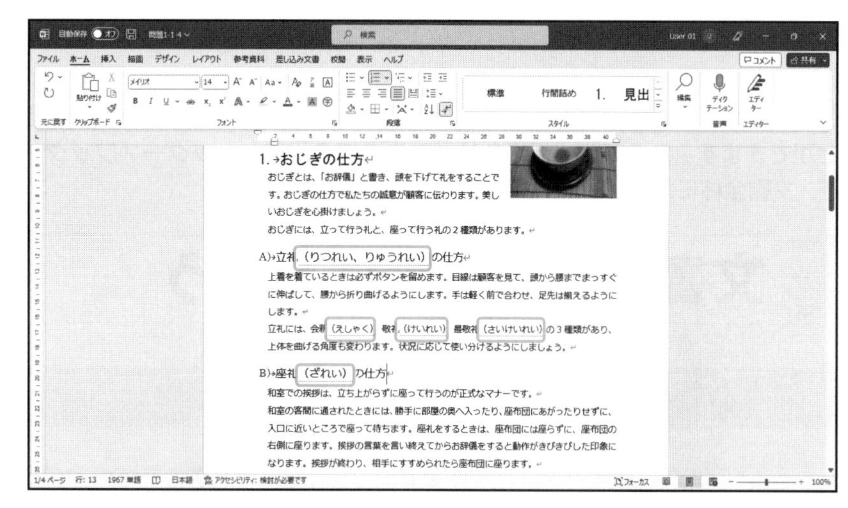

【操作 2】

⑩［ホーム］タブの ［編集記号の表示 / 非表示］ボタンをクリックしてオフにします。

⑪ 段落記号以外の編集記号が非表示になり、隠し文字も非表示になったことを確認します。

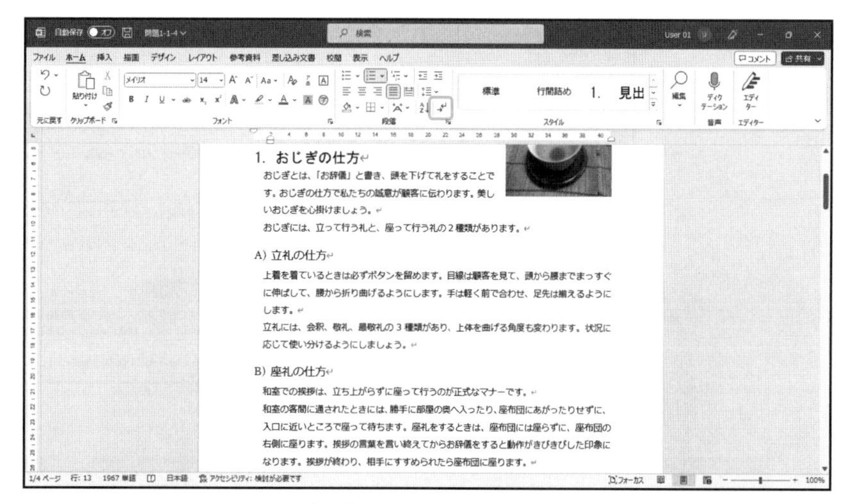

※ 解答操作が終了したら、 ［編集記号の表示 / 非表示］ボタンをクリックして編集記号を表示します。

1-2 文書の書式を設定する

文書の仕上げとして、用紙のレイアウトを整えたり、文書の余白や背面に情報を表示することで、よりわかりやすい文書を作成することができます。ここでは、用紙のサイズや余白の設定、ヘッダー / フッターの設定、ページの背景やページ番号の挿入など、文書全体にかかわる書式設定の方法を学習します。

1-2-1 文書のページ設定を行う

練習問題

問題フォルダー
└問題 1-2-1.docx

解答フォルダー
└解答 1-2-1.docx

文書の用紙サイズを B5、印刷の向きを横、左右の余白を「20mm」に変更し、ページ全体を表示して確認します。

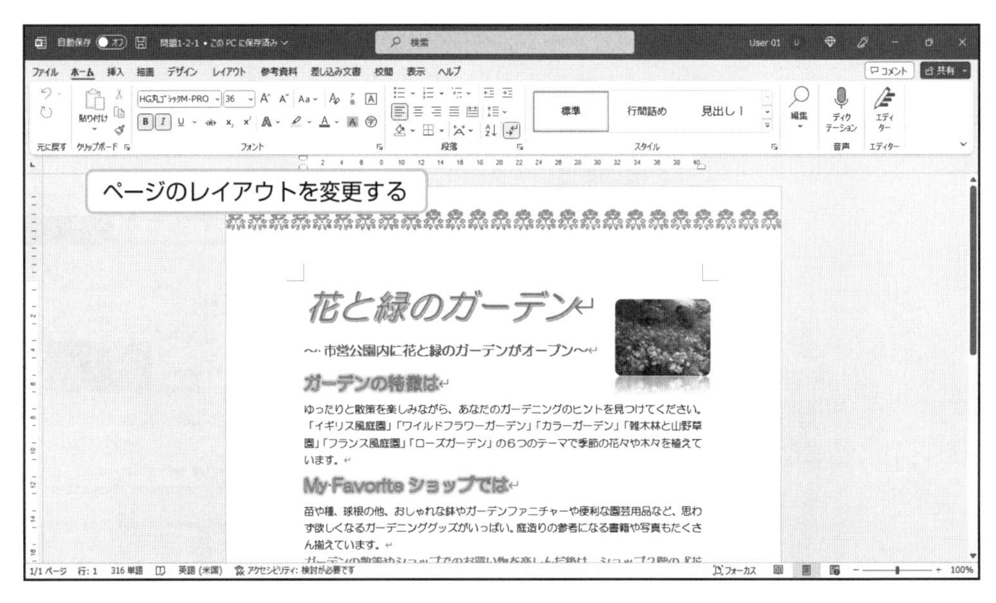

機能の解説

- 用紙サイズ
- 印刷の向き
- 余白
- [ページ設定] ダイアログボックス

Word の新規文書は、初期状態では A4 サイズの用紙の縦のレイアウトで印刷される設定になっています。用紙サイズや印刷の向き、ページの余白などの設定の変更は、基本的には文書を入力する前に行いますが、作業の途中や印刷前などに変更することも可能です。印刷の向きとは、用紙を縦長で使うか横長で使うかの設定です。余白とは、文字領域の外側にある空白部分のことです。
用紙サイズや印刷の向き、余白の設定は、[レイアウト] タブのボタンから行えます。また、[ページ設定] ダイアログボックスを使用すると、ページのレイアウト全般をまとめて設定できます。

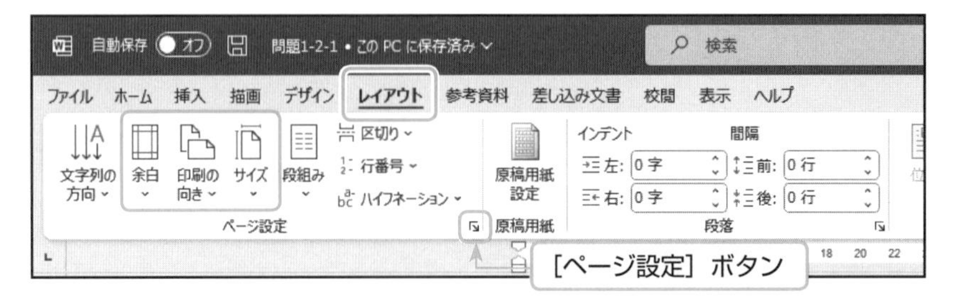

● ［ページ設定］ダイアログボックス

［ページ設定］ダイアログボックスは、［レイアウト］タブの［ページ設定］グループ右下の ［ページ設定］ボタンをクリックすると表示されます。用紙サイズと余白によって 1 行の文字数や 1 ページの行数の範囲が変わるので、設定するときは、［用紙］タブ、［余白］タブ、［文字数と行数］タブの順に設定します。

ヒント
文字数と行数
文字数は左右の余白、行数は上下の余白によって指定できる数値が変わります。指定できる数値の範囲は、［文字数］ボックスと［行数］ボックスの横に［(1-42)］のように表示されています。

ヒント
行数の設定
1 ページの行数を変更する場合は［行数］ボックスで指定します。Word 365 の既定のフォントである「游明朝」を使用した文書では、行数を変更すると行間が広がり、指定した行数にならない場合があります。

［余白］タブ

［文字数と行数］タブ

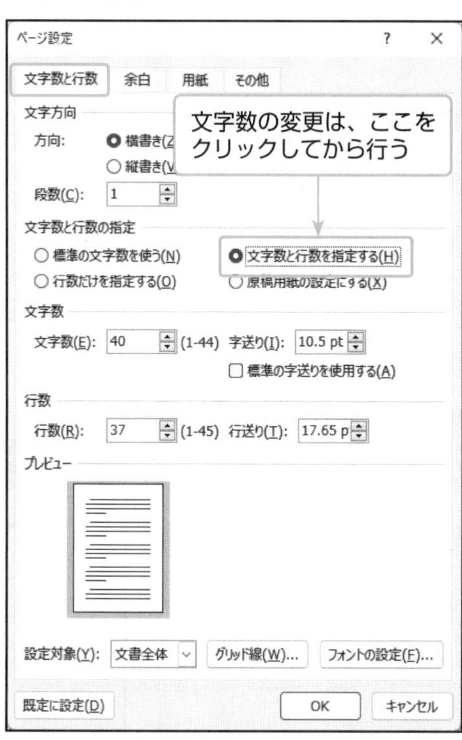

操作手順

ヒント
ページ設定
この操作手順では、［レイアウト］タブの各ボタンから操作を行っていますが、最初から［ページ設定］ダイアログボックスを表示して、用紙サイズ、余白、印刷の向きをまとめて設定することもできます。

❶［レイアウト］タブの ［サイズ］ボタンをクリックします。

❷用紙サイズの一覧の［B5］をクリックします。

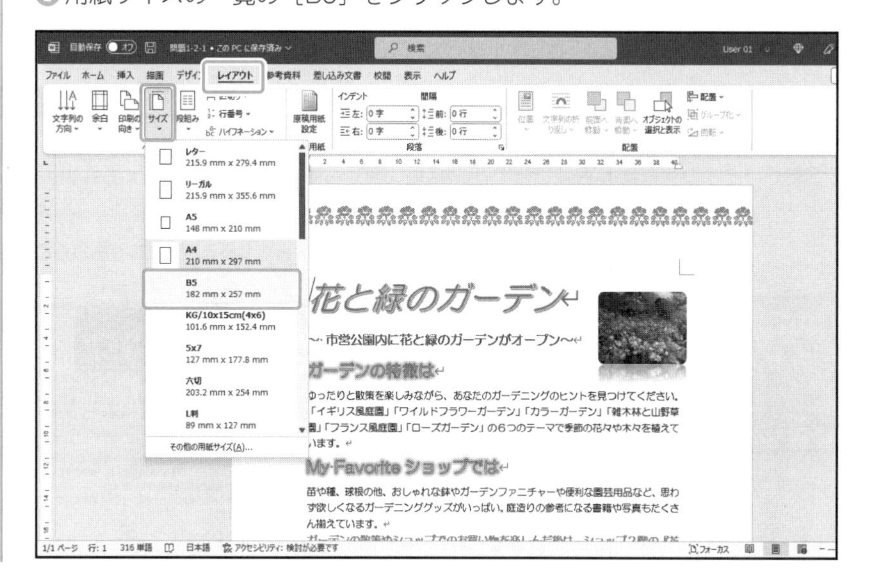

その他の操作方法

ページ設定

［ファイル］タブの［印刷］をクリックして表示される［印刷］画面でも用紙サイズ、印刷の向き、余白の設定ができます。

❸文書の用紙サイズがB5に変更されます。

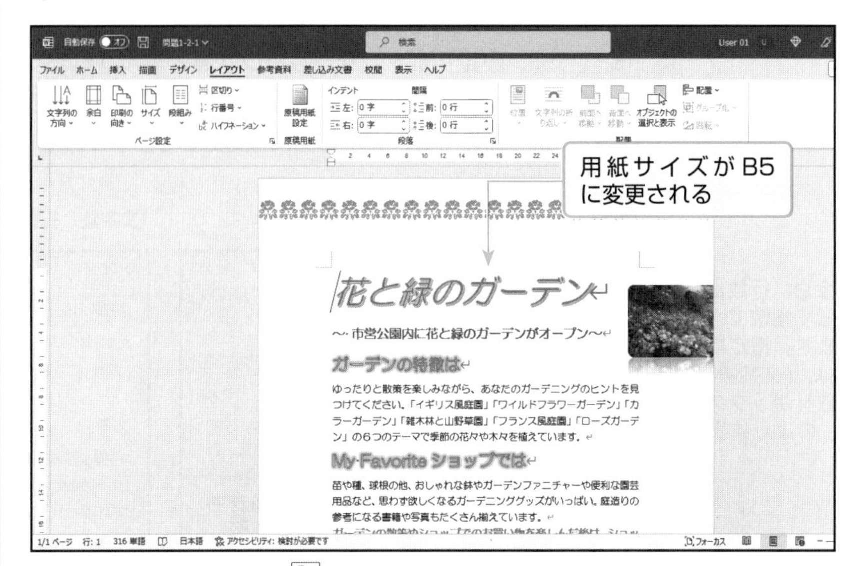

❹［レイアウト］タブの［印刷の向き］ボタンをクリックします。

❺［横］をクリックします。

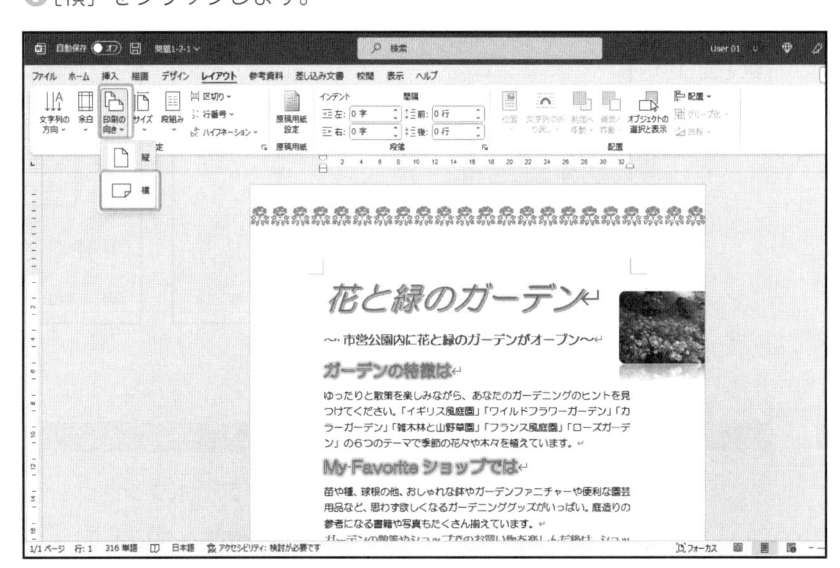

❻用紙の向きが横に変更されます。

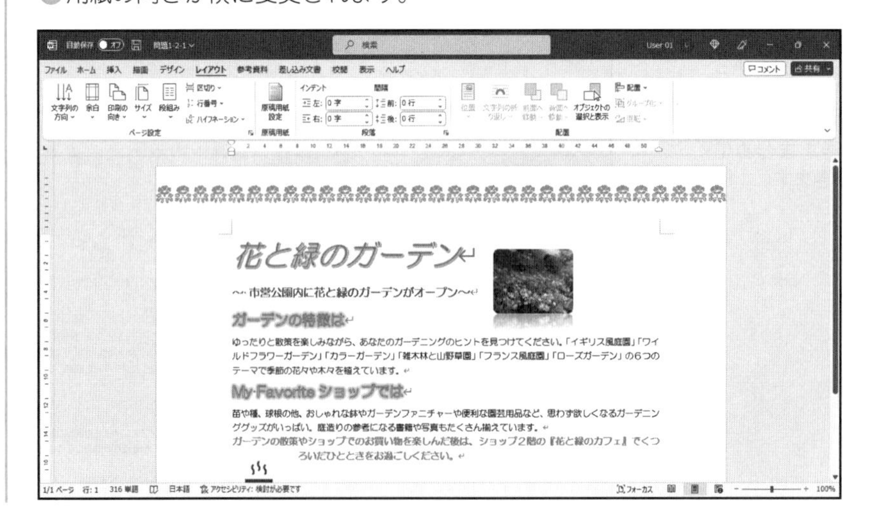

❼［レイアウト］タブの［余白］ボタンをクリックします。

❽一覧の一番下の［ユーザー設定の余白］をクリックします。

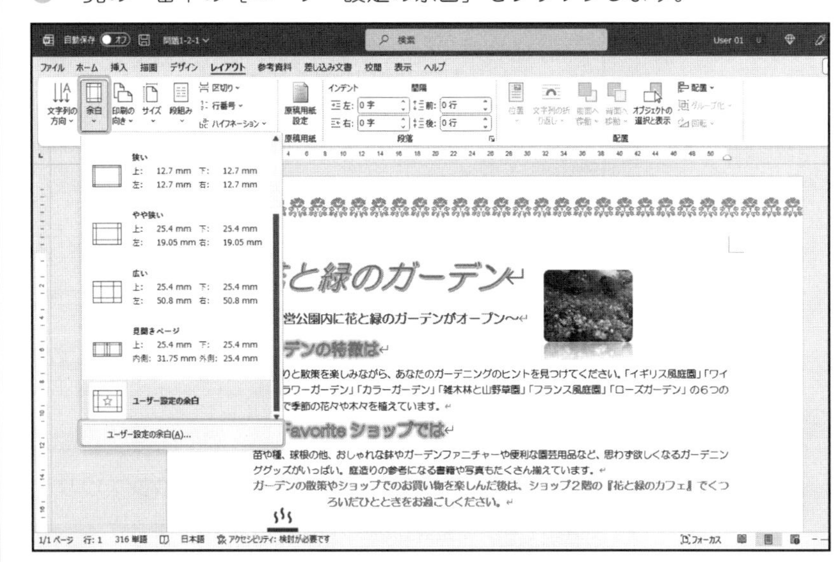

❾［ページ設定］ダイアログボックスの［余白］タブが表示されます。

❿［左］ボックスに「20」と入力するか、右端の▼をクリックして「20mm」に設定します。

⓫［右］ボックスに「20」と入力するか、右側の▼をクリックして「20mm」に設定します。

⓬［OK］をクリックします。

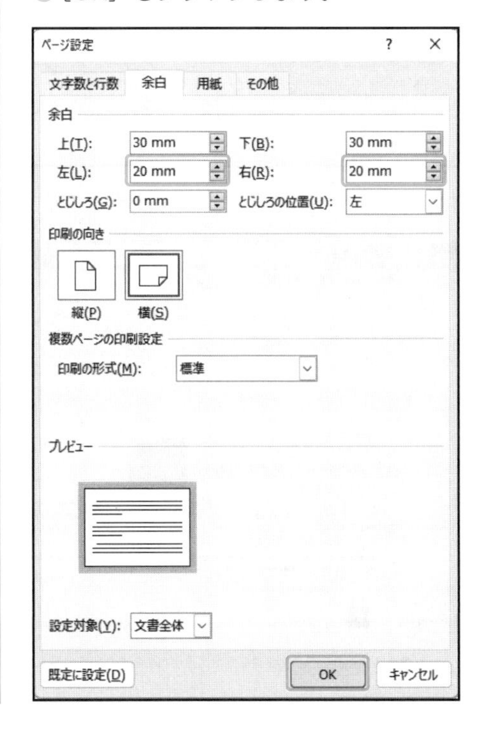

ヒント

［余白］ボタンの一覧

［余白］ボタンをクリックして表示される一覧の「狭い」「広い」などを選択すると、余白全体の設定をまとめて変更できます。

［余白］ボタン

ポイント

余白サイズの入力

［上］［下］［左］［右］ボックス内をクリックして直接余白サイズを入力する場合は、単位の「mm」は省略できます。

ヒント

複数のページ設定

［ページ設定］ダイアログボックスを使用すると、タブを切り替えながらページに関する設定をまとめて行うことができます。用紙サイズは［用紙］タブ、ページの向きと余白は［余白］タブで設定します。

⑬左右の余白が変更されます。

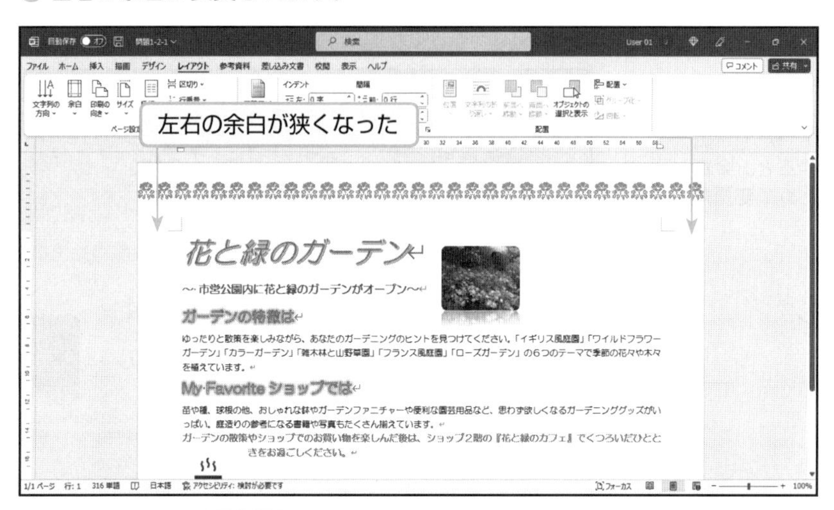

⑭［表示］タブの［1 ページ］ボタンをクリックします。

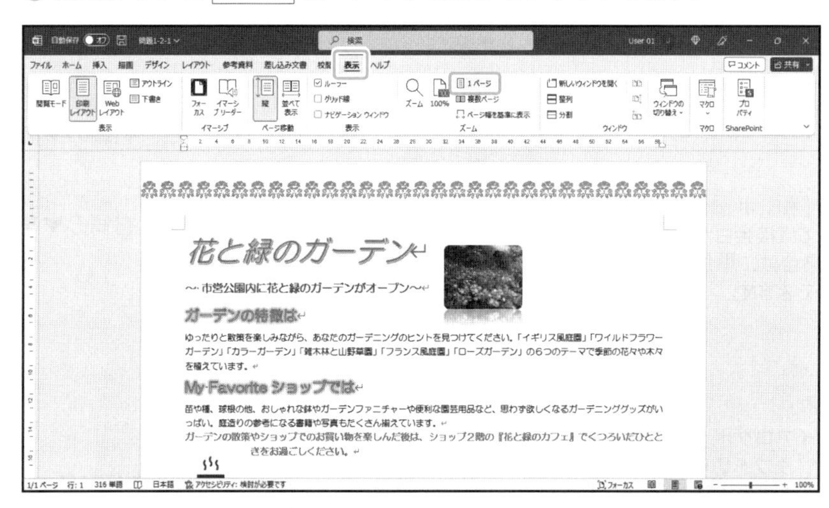

⑮1 ページ全体が表示されるので、印刷の向きと左右の余白を確認します。

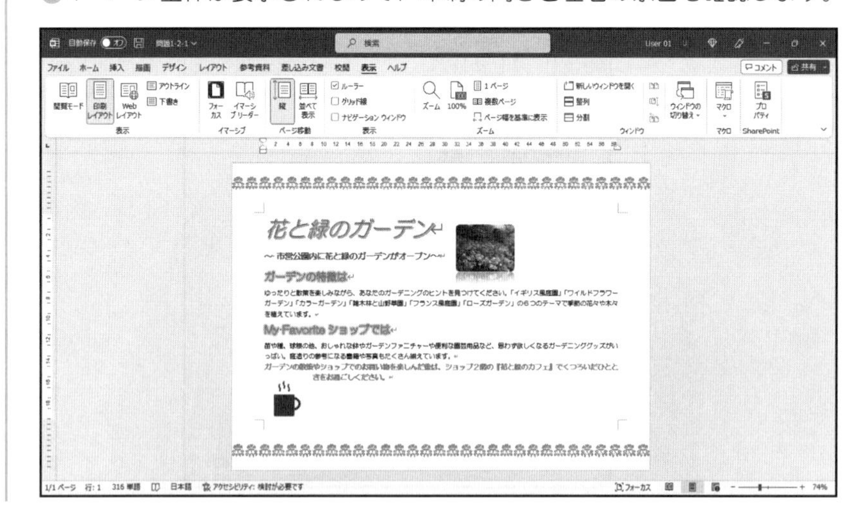

ヒント

1 ページ表示

［表示］タブの［1 ページ］ボタンをクリックすると縮小表示されて 1 ページ全体を確認できます。初期値の表示倍率に戻すには［100%］ボタンをクリックします。

［100%］ボタン

1-2-2 スタイルセットを適用する

練習問題

問題フォルダー
└問題 1-2-2.docx
解答フォルダー
└解答 1-2-2.docx

文書のスタイルセットを「ミニマリスト」に変更します。

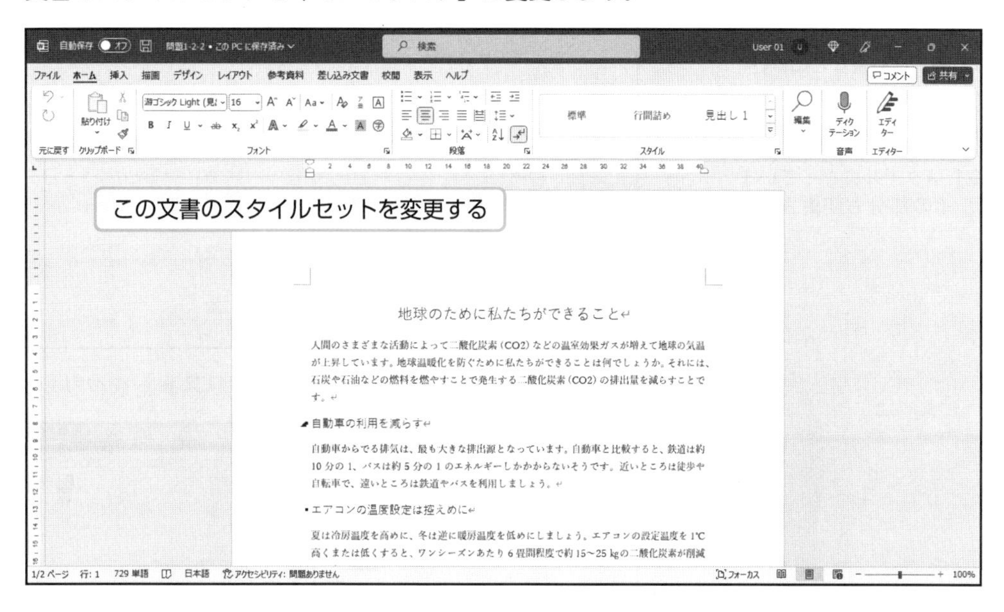

機能の解説

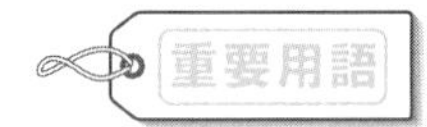

□ スタイルセット
□ スタイル

スタイルセットとは、文書全体の文字列や段落の書式を一括設定する機能です。文書にあらかじめ「表題」や「見出し 1」などのスタイルを設定しておけば、スタイルセットを変更するだけで文書の見た目のイメージを変えることができます。現在のスタイルセットの書式は、[ホーム] タブの [スタイル] グループの一覧で確認できます。スタイルセットを変更するには、[デザイン] タブの [その他] (または [スタイル]) ボタンの一覧から選択します。

[ホーム] タブの [スタイル] グループの一覧

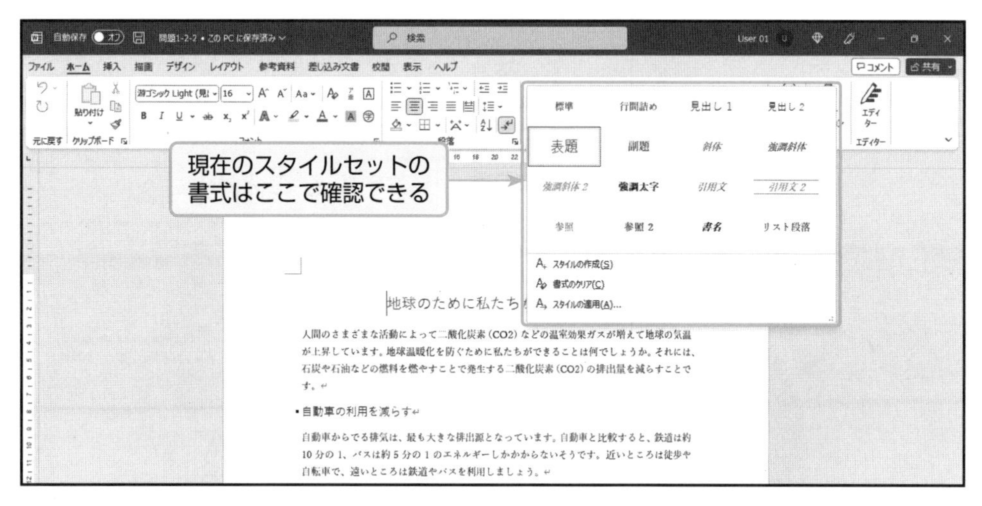

操作手順

ヒント

スタイルのプレビュー

スタイルセットの一覧の候補をポイントすると、文書のスタイルがリアルタイムプレビューで確認できます。この文書では、1行目に「表題」スタイル、6行目、10行目などには「見出し1」スタイルが設定されています。特にスタイルを設定していない箇所は、初期値の「標準」スタイルになっていますが、その部分も変更されます。

❶［デザイン］タブの［その他］（または［スタイル］）ボタンをクリックします。

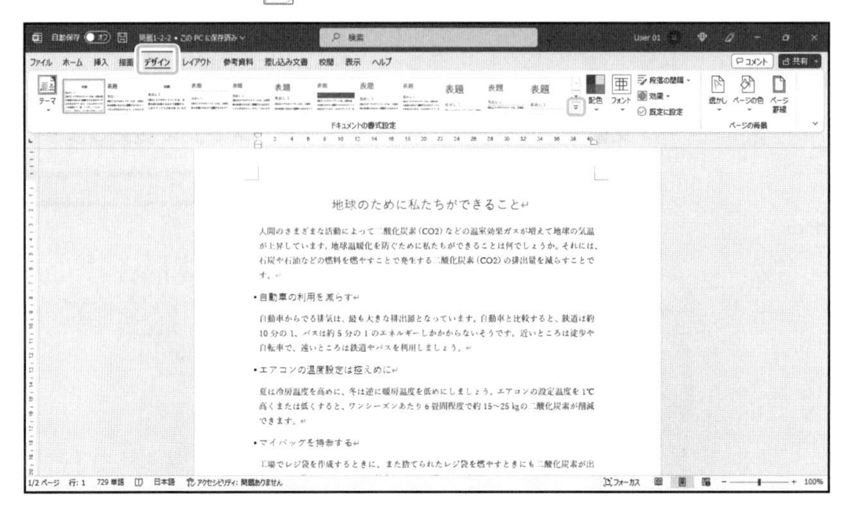

❷スタイルセットの一覧から［ミニマリスト］をクリックします。

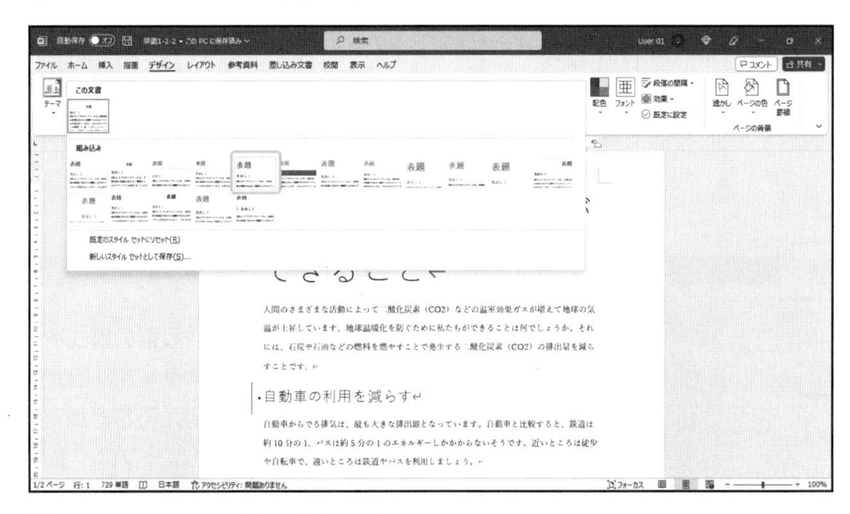

❸スタイルセットが変更されます。

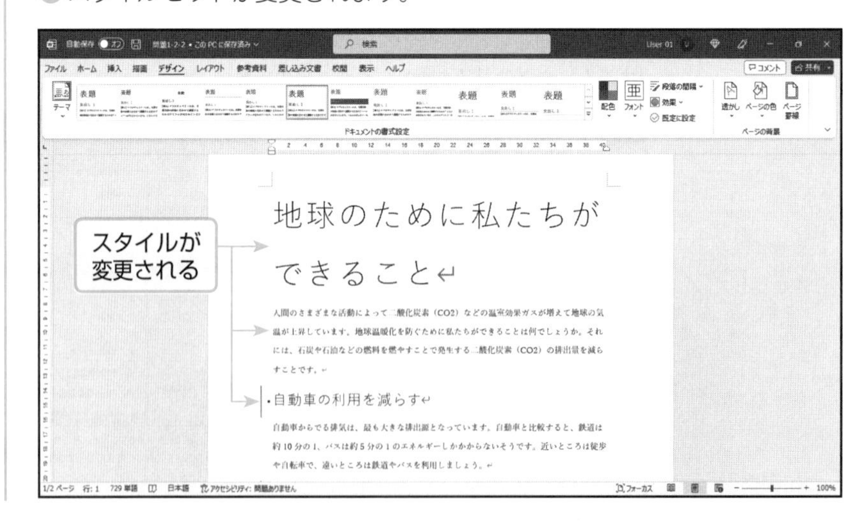

1-2-3 ヘッダーやフッターを挿入する、変更する

練習問題

問題フォルダー
└問題 1-2-3.docx

解答フォルダー
└解答 1-2-3.docx

【操作 1】文書に「オースティン」という名前のヘッダーを挿入し、文書のタイトルとして「マンション広報紙」と入力します。

【操作 2】フッターに文書の作成者を表示するためのプレースホルダーを挿入し、中央揃えにします。

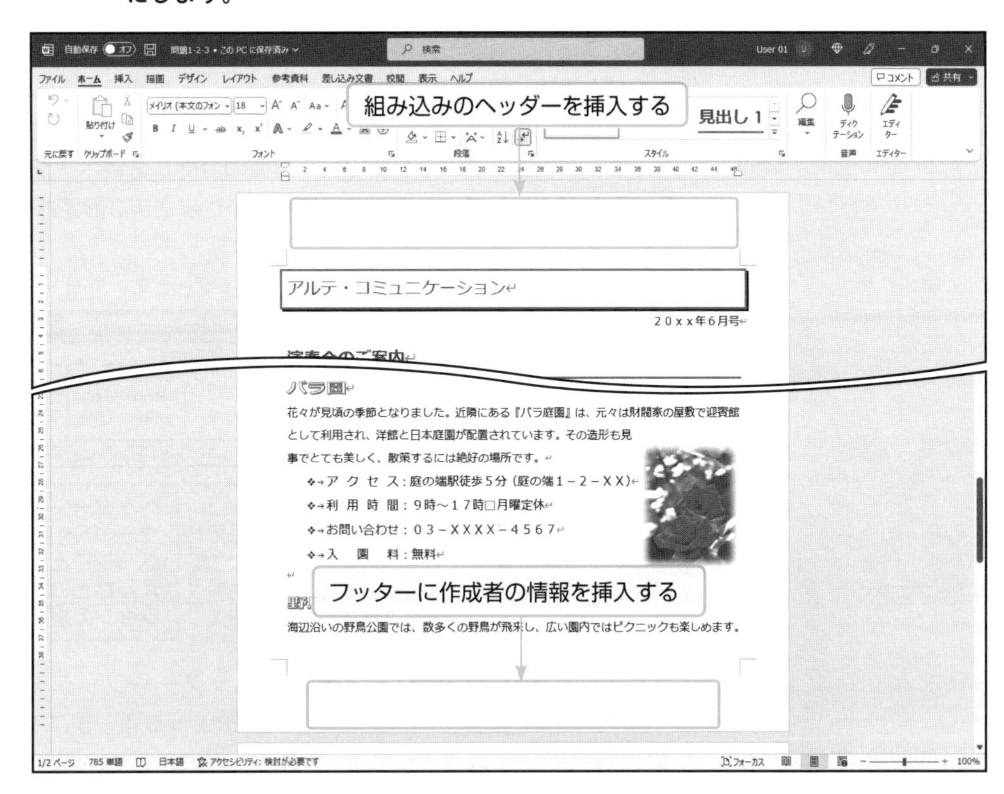

機能の解説

重要用語
- ヘッダー
- フッター
- クイックパーツ
- [ヘッダーとフッター] タブ
- プレースホルダー
- [先頭ページのみ別指定] チェックボックス

ヘッダーやフッターは、1 つの文書（またはセクション）内のすべてのページに共通して表示される内容で、基本的にヘッダーはページの上部、フッターはページの下部の領域を指します（図形やテキストボックスなどはこの領域外に配置して、すべてのページに表示することも可能です）。ヘッダーやフッターには、あらかじめ用意されている組み込みのクイックパーツを挿入することや、ユーザーが自由に文字や画像、プレースホルダー（特定の情報を表示するための枠）などを挿入することができます。

あらかじめ用意された組み込みのヘッダー / フッターは、[挿入] タブの [ヘッダー] ボタンまたは [フッター] ボタンからさまざまなデザインのものを挿入することができます。

任意の文字を挿入したい場合は、ヘッダーやフッターを編集できる状態にして直接入力します。また、[ヘッダーとフッター] タブの [ドキュメント情報] ボタンの一覧から文書のタイトルや作成者などの文書に保存されている情報を挿入できます。

［ヘッダーとフッター］タブの［ドキュメント情報］ボタンの一覧

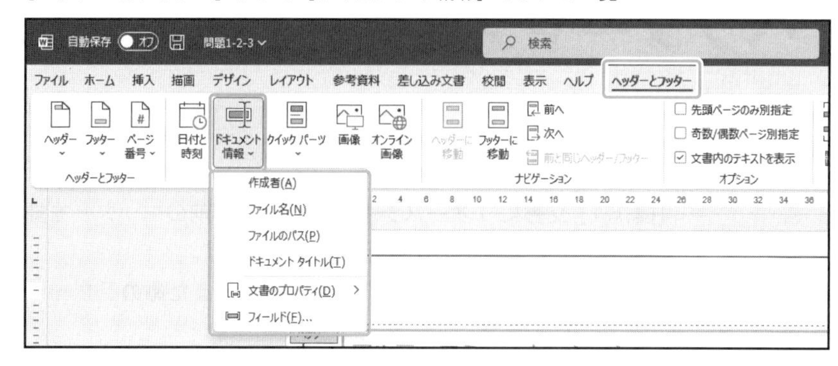

●ヘッダー / フッターの編集

ヘッダーまたはフッターを挿入したり選択したりすると、ヘッダー / フッター領域が表示され、リボンに［ヘッダーとフッター］タブが表示されます。［ヘッダーとフッター］タブでは、ヘッダーやフッターの表示位置の変更、奇数ページと偶数ページで表示内容を変更するなど、ヘッダーとフッターに関するさまざまな設定ができます。

ヘッダー / フッターを選択すると表示される［ヘッダーとフッター］タブ

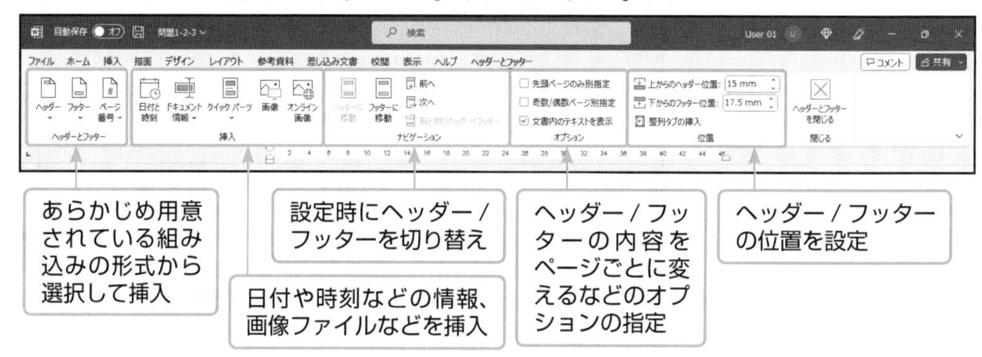

たとえば、表紙を作成して、表紙にヘッダーやフッターを表示したくない場合は、☐ 先頭ページのみ別指定［先頭ページのみ別指定］チェックボックスをオンにします。奇数ページ、偶数ページごとに違うヘッダーやフッターを表示したい場合は、☐ 奇数/偶数ページ別指定［奇数 / 偶数ページ別指定］チェックボックスをオンにします。

操作手順

ヒント

ヘッダー / フッターの編集

ヘッダー / フッター領域が編集状態になると、本文領域は編集不可になるため、薄い色で表示されます。なお、ヘッダー / フッター領域は、［挿入］タブの［ヘッダー］ボタンまたは［フッター］ボタンをクリックし、［ヘッダーの編集］または［フッターの編集］をクリックするか、ヘッダー / フッター部分をダブルクリックしても編集状態になります。

【操作 1】

❶［挿入］タブの ヘッダー［ヘッダー］ボタンをクリックします。

❷［組み込み］の一覧から［オースティン］（上から 6 番目）をクリックします。

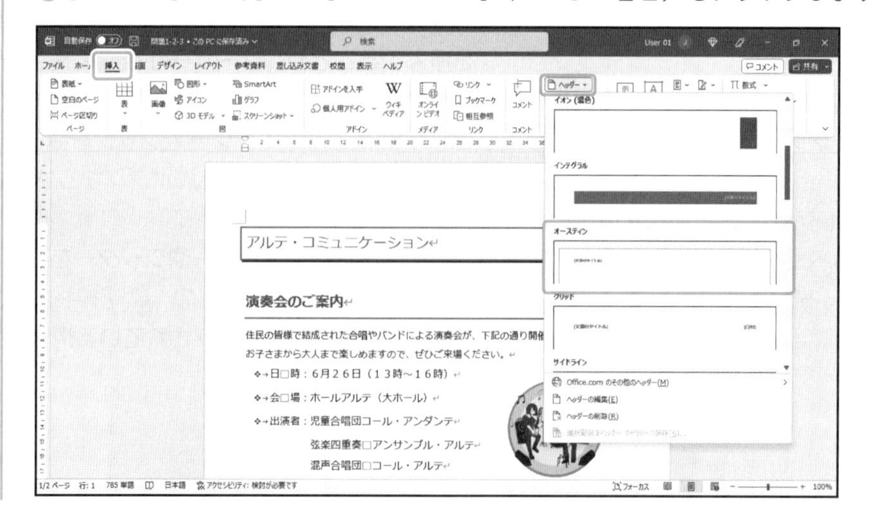

❸ヘッダーに［オースティン］のクイックパーツが挿入されます。

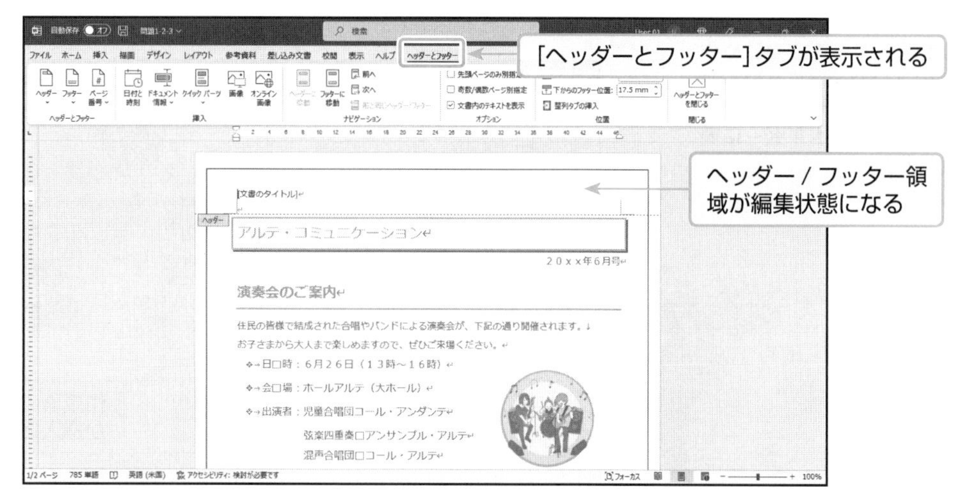

❹［文書のタイトル］と表示されている部分をクリックし、「マンション広報紙」と入力します。

❺［ヘッダーとフッター］タブの［フッターに移動］ボタンをクリックします。

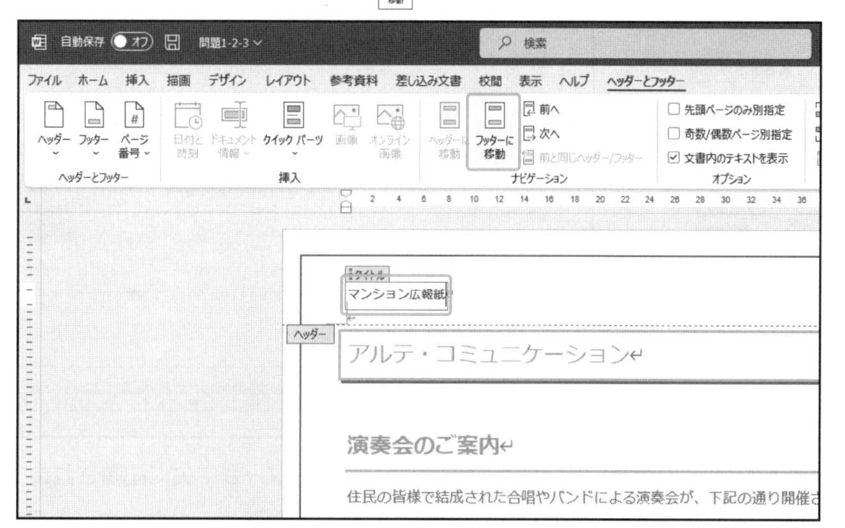

【操作 2】

❻フッター領域にカーソルが移動したことを確認し、［ヘッダーとフッター］タブの［ドキュメント情報］ボタンをクリックします。

❼一覧から［作成者］をクリックします。

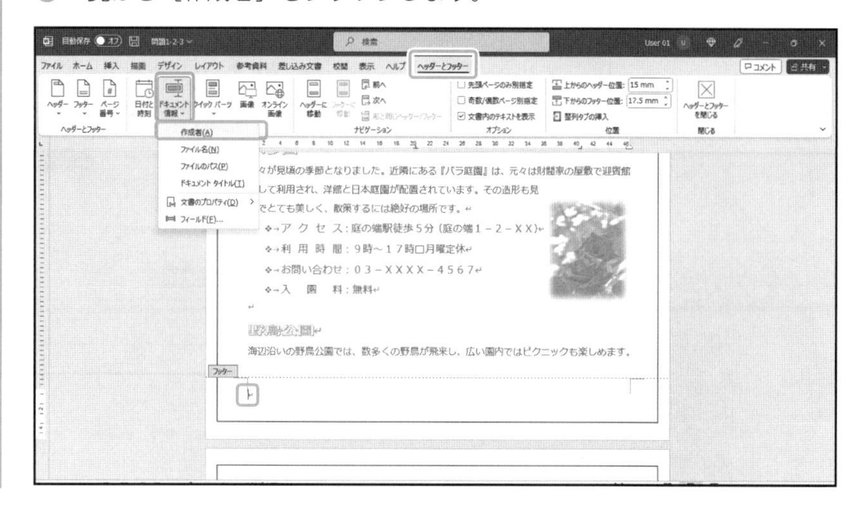

ポイント

文書のタイトル

このヘッダーの［文書のタイトル］は、文書のプロパティ（属性情報）の１つであるタイトルと連動しています。ここにタイトルを入力するとプロパティの設定も変更されます。また、先にプロパティでタイトルを設定していた場合は、そのタイトルが表示されます。
文書のプロパティは［ファイル］タブの［情報］画面で確認できます。

ヒント

プレースホルダー

文書パーツの種類によっては、特定の情報を表示するための枠が挿入されます。この枠をプレースホルダーといい、クリックすると灰色になり、入力可能な状態になります。

ヒント

ヘッダーのページ罫線

ページ全体を囲む罫線はヘッダーの領域の外まではみ出していますが、あくまでもヘッダーに属する図形であり、すべてのページに印刷されます。

その他の操作方法

文書プロパティの挿入

作成者や会社、タイトルなどの文書のプロパティを挿入する場合は、［ドキュメント情報］ボタンの［文書のプロパティ］をポイントした一覧から選択することもできます。

［ドキュメント情報］ボタン

ヒント

手動で入力する

ヘッダー / フッター領域にカーソルがある状態で直接文字を入力することができます。［ホーム］タブで書式や配置を変更することもできます。

ヒント

作成者のプレースホルダー

この文書には、あらかじめ作成者のプロパティに「マンション理事会」と登録しているので、プレースホルダーに表示されます。

ヒント

ヘッダー / フッターの削除

ヘッダー / フッターを削除するには、[挿入] タブの [ヘッダー] ボタンまたは [フッター] ボタンをクリックして、[ヘッダーの削除] または [フッターの削除] をクリックします。ヘッダーやフッターが編集状態の場合は、[ヘッダーとフッター] タブの [ヘッダー] ボタンまたは [フッター] ボタンからヘッダーやフッターを削除できます。

[ヘッダー] ボタン

[フッター] ボタン

その他の操作方法

ヘッダー / フッターの編集の終了

本文領域をダブルクリックしてもヘッダー / フッターの編集を終了できます。

⑧ フッターに作成者を表示するプレースホルダーが挿入され、「マンション理事会」と表示されます。

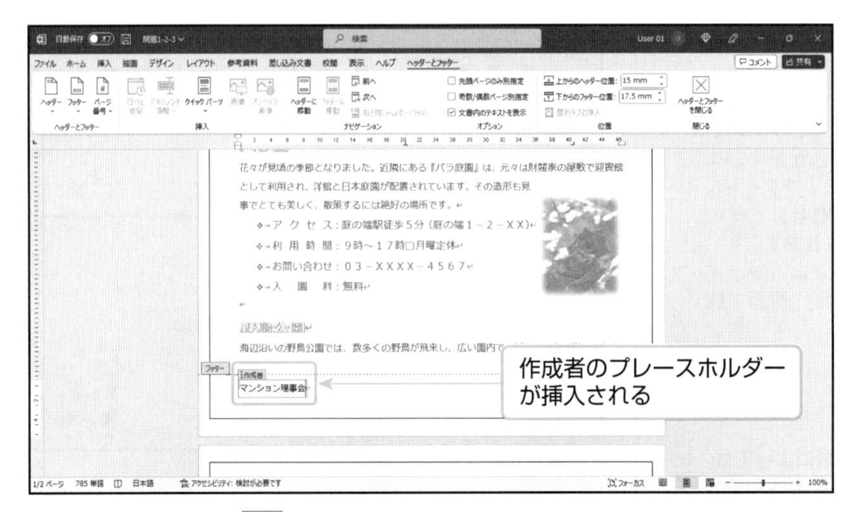

⑨ [ホーム] タブの [中央揃え] ボタンをクリックします。

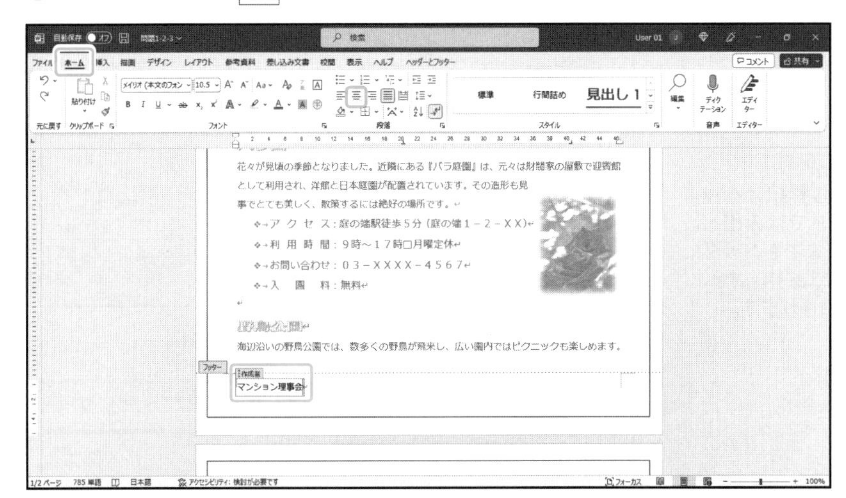

⑩ 「作成者」のプレースホルダーが中央に配置されます。

⑪ [ヘッダーとフッター] タブの [ヘッダーとフッターを閉じる] ボタンをクリックします。

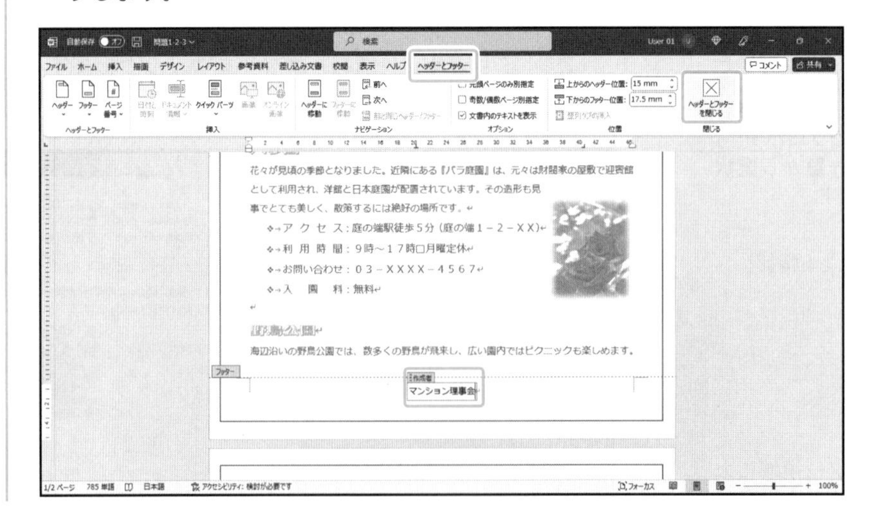

ヒント

前と同じヘッダー / フッター

すべてのページに同じ内容のヘッダー / フッターが表示されます。複数のセクションに分かれている文書でセクションごとに個別のヘッダー / フッターを挿入したい場合は［ヘッダーとフッター］タブの 前と同じヘッダー/フッター［前と同じヘッダー / フッター］ボタンをオフにしてから指定します。

⑫ ヘッダーとフッターが挿入されたことを確認します。

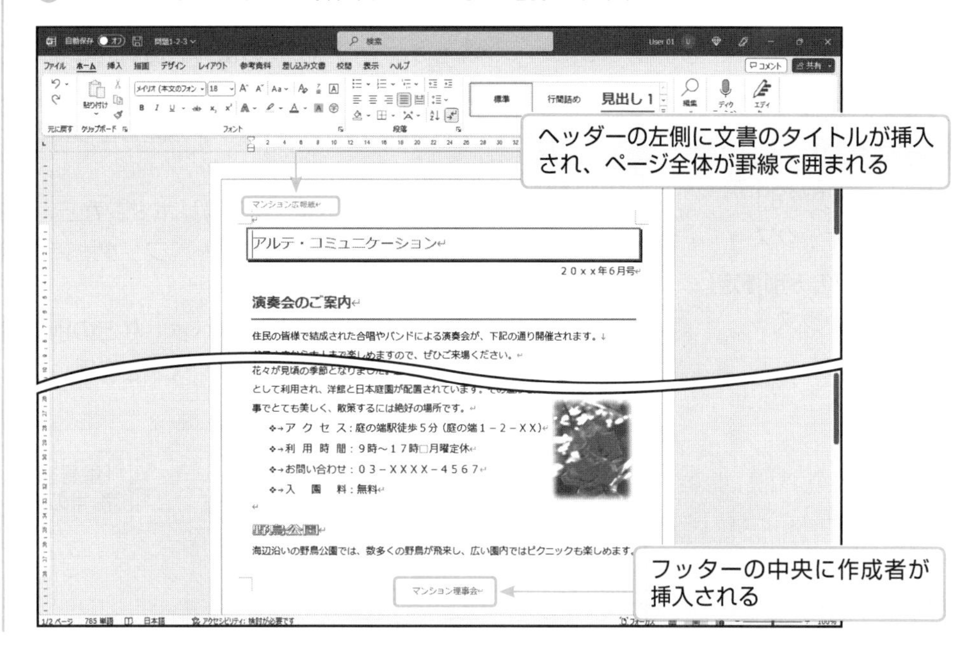

1-2-4 ページ番号を挿入する

練習問題

問題フォルダー
└問題 1-2-4.docx

解答フォルダー
└解答 1-2-4.docx

【操作 1】ページの下部に「番号のみ 2」のスタイルのページ番号を挿入します。

【操作 2】ページ番号の書式を「- 1 -」のように変更します。

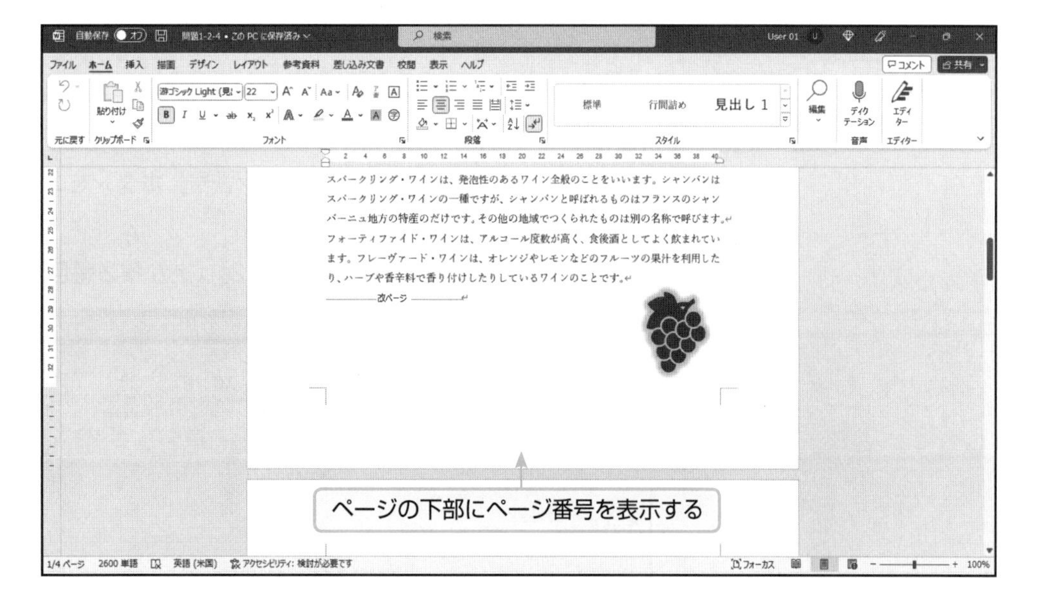

機能の解説

重要用語

- ページ番号
- ［ページ番号の書式］ダイアログボックス
- ［先頭ページのみ別指定］チェックボックス

Word のページ番号は、そのページの番号を自動的に表示する機能です。ページの上部や下部、カーソルの位置などに挿入できますが、ヘッダーまたはフッターに入力することで、通常は同じセクション内のすべてのページの同じ位置に、そのページの番号が表示されるようになります。

［挿入］タブの［ページ番号］ボタンから、文書にさまざまなページ番号を設定できます。また、組み込みのヘッダー / フッターにもページ番号を含むデザインが何種類か用意されています。

ページ番号の書式は、漢数字やアルファベットなどの別の番号書式に変更できます。それには［ページ番号の書式］ダイアログボックスを使用します。

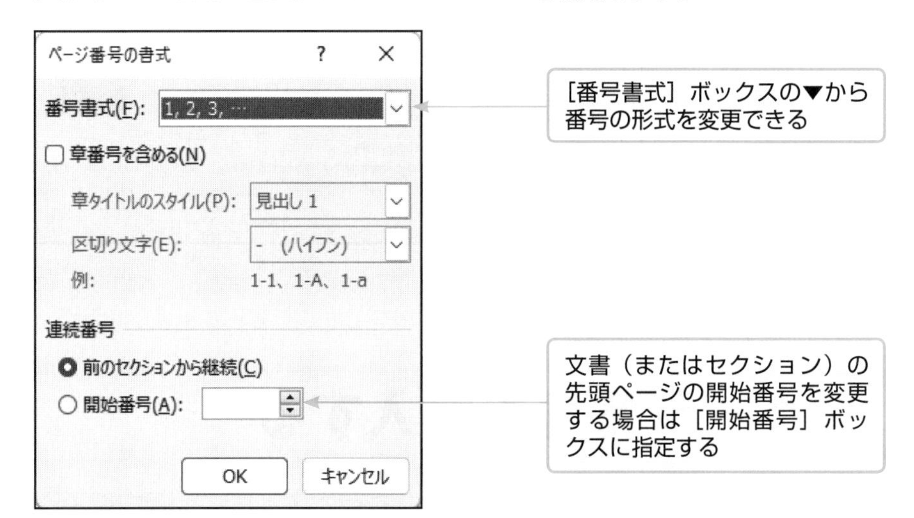

なお、先頭ページにページ番号を挿入しない場合は、［開始番号］ボックスを「0」にして、［ヘッダーとフッター］タブの［先頭ページのみ別指定］チェックボックスをオンにします。

操作手順

【操作 1】

❶［挿入］タブの［ページ番号］ボタンをクリックします。

❷［ページの下部］をポイントします。

❸［シンプル］の一覧から［番号のみ 2］（上から 2 番目）をクリックします。

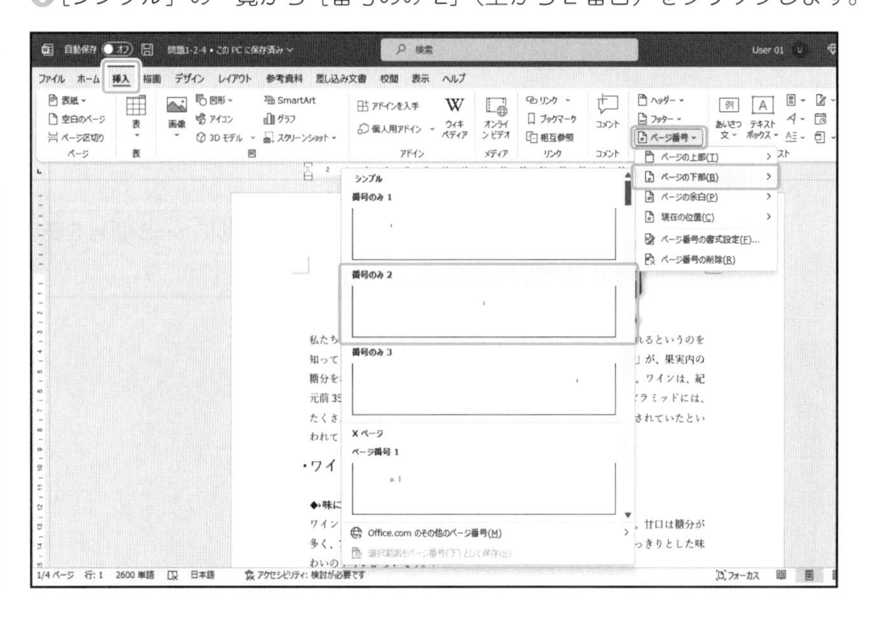

ヒント
[ヘッダーとフッター] タブ
ページ番号を挿入すると、フッター（またはヘッダー）が選択され、自動的に [ヘッダーとフッター] タブが表示されます。この [ヘッダーとフッター] タブを使用して、ページ番号の編集を行います。

ヒント
ページ番号の位置
ページ番号の位置を変更するには、[ヘッダーとフッター] タブの [位置] の [下からのフッター位置] ボックスにページの下端からの距離を指定します。

その他の操作方法
[ページ番号の書式] ダイアログボックス
[挿入] タブの [ページ番号] ボタンから [ページ番号の書式設定] をクリックしても [ページ番号の書式] ダイアログボックスを表示できます。

ヒント
ページ番号の挿入と書式設定
この手順では、先にページ番号を挿入していますが、先に番号の書式を変更してからページ番号を挿入することもできます。

ヒント
開始番号
[連続番号] の [開始番号] を選択すると、この文書（セクション）でのページの開始番号を指定できます。たとえば「3」と指定すると、文書の先頭（または選択しているセクション）の最初のページのページ番号が「3」から始まります。

④ページの下部中央にページ番号が表示されます。

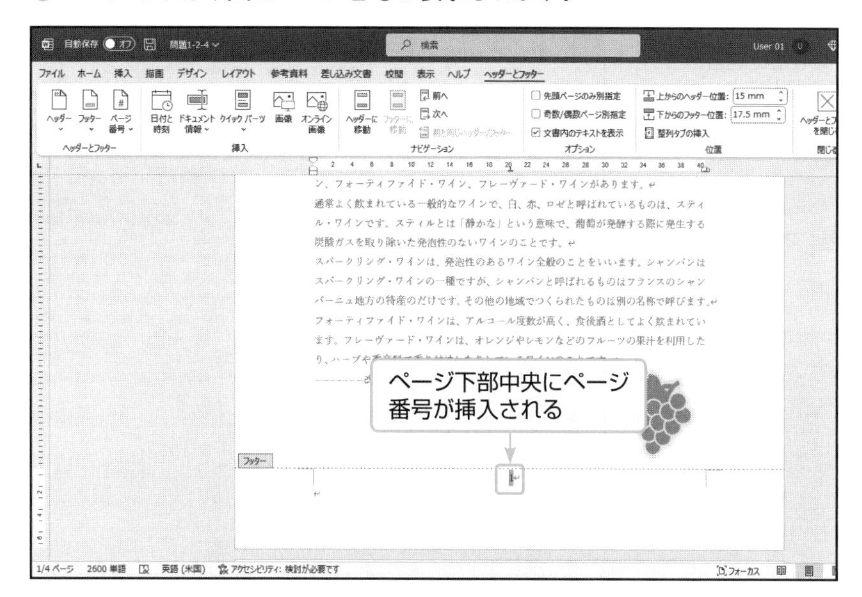

【操作 2】

⑤[ヘッダーとフッター] タブの [ページ番号] ボタンをクリックします。

⑥[ページ番号の書式設定] をクリックします。

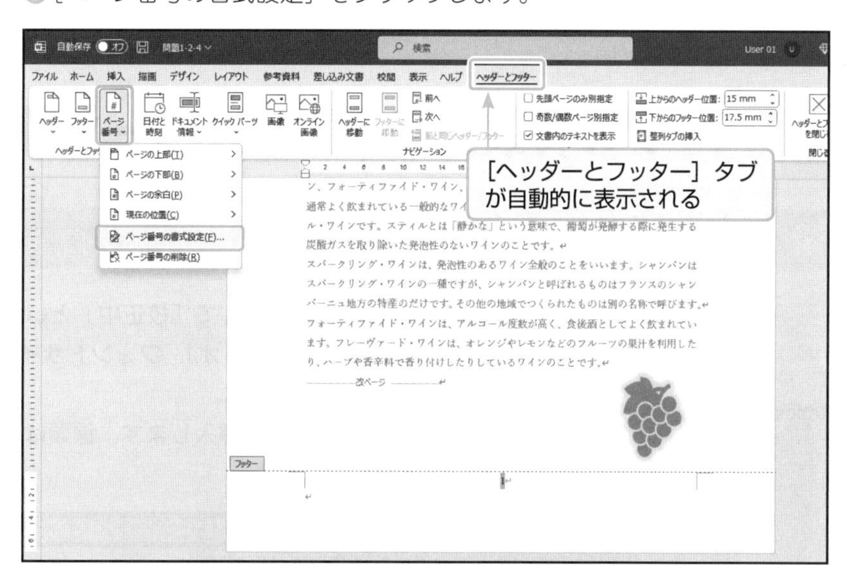

⑦[ページ番号の書式] ダイアログボックスが表示されます。

⑧[番号書式] ボックスの▼をクリックし、[- 1 -,- 2 -,- 3 -,…] をクリックします。

⑨[OK] をクリックします。

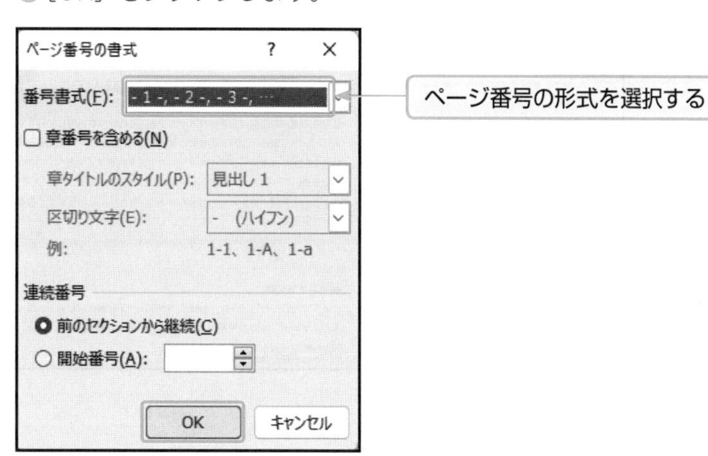

★ヒント

ページ番号の削除

ページ番号を削除したい場合は、同じ［ページ番号］ボタンをクリックし、［ページ番号の削除］をクリックします。

［ページ番号］ボタン

⑩ ページ番号の書式が変更されます。

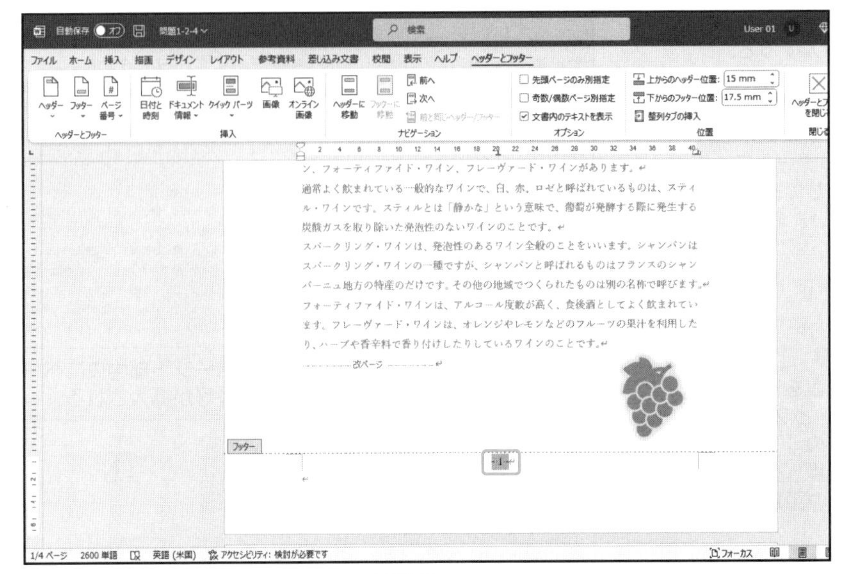

⑪［ヘッダーとフッター］タブの［ヘッダーとフッターを閉じる］ボタンをクリックします。

1-2-5 ページの背景要素(透かし、ページ罫線)を設定する

練習問題

問題フォルダー
└問題 1-2-5.docx

解答フォルダー
└解答 1-2-5.docx

【操作 1】ページの背景に、透かしとして「校正中」という文字を斜め方向に表示します。その際、フォントは「メイリオ」、フォントサイズは「120」、色は初期設定のままとし、半透明にはしません。

【操作 2】ページを囲むページ罫線を挿入します。種類は任意の点線で、色は「紫」、線の太さは「1.5pt」にします。

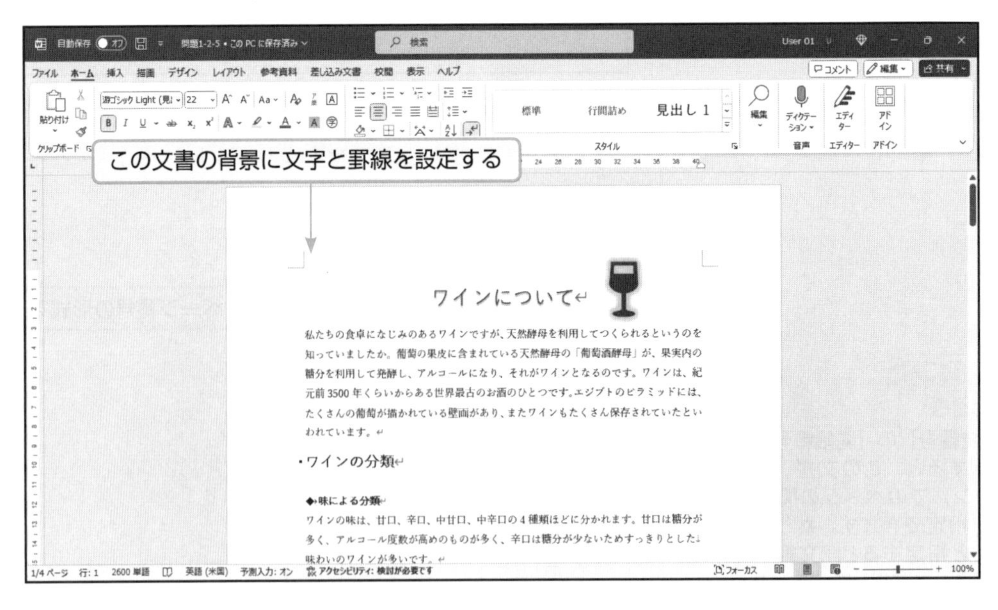

機能の解説

重要用語

- 透かし
- ［透かし］ダイアログボックス
- ページ罫線
- ［線種とページ罫線と網かけの設定］ダイアログボックス

ページの背景に書式を設定する機能として、透かし、ページ罫線、ページの色（1-2-6 参照）があります。

透かしとは、文書の背景として文字や画像などを配置し、その上に本文を重ねた状態で印刷する機能です。すべてのページの背景に特定の文字を表示したい場合に、透かしを使用します。任意の文字列を透かしとして設定するには、［デザイン］タブの［透かし］ボタンをクリックし、［ユーザー設定の透かし］をクリックします。［透かし］ダイアログボックスが表示されるので、透かしにする文字列、フォント、色などを設定して挿入します。

［透かし］ダイアログボックス

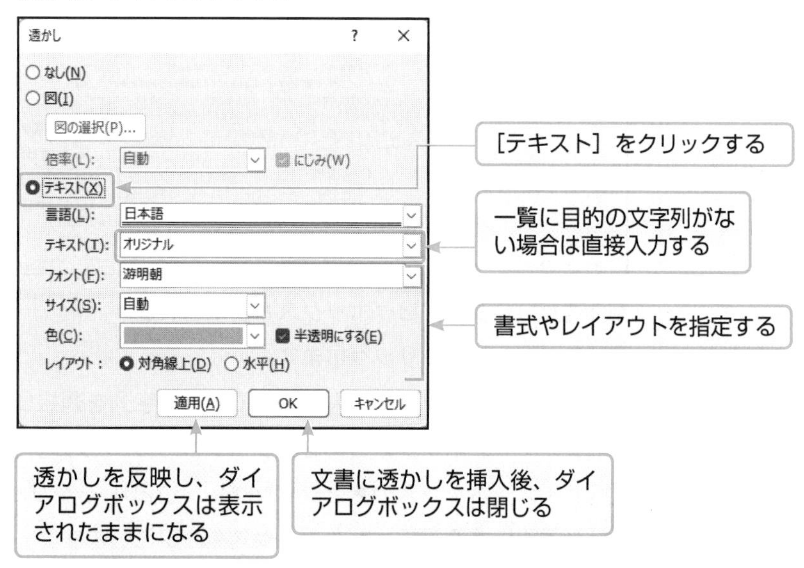

●ページ罫線

ページの周囲の余白部分に枠を挿入することができます。この機能をページ罫線といい、罫線の太さや色、線種を指定したり、絵柄の飾り罫線を引くこともできます。ページ罫線は、［デザイン］タブの［ページ罫線］ボタンをクリックし、［線種とページ罫線と網かけの設定］ダイアログボックスで設定します。

［線種とページ罫線と網かけの設定］ダイアログボックス

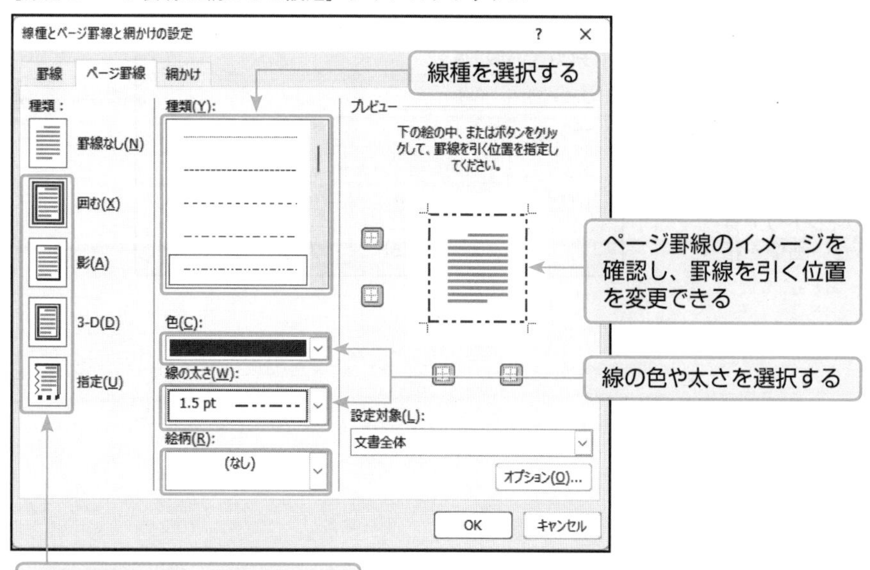

操作手順

【操作 1】

❶ ［デザイン］タブの［透かし］ボタンをクリックします。

❷ ［ユーザー設定の透かし］をクリックします。

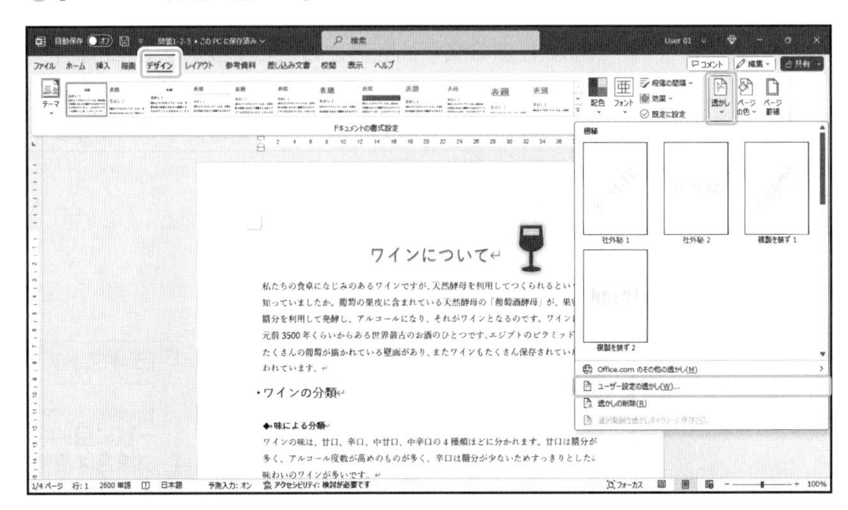

❸ ［透かし］ダイアログボックスが表示されます。

❹ ［テキスト］をクリックします。

❺ ［テキスト］ボックスに入力されている文字列を選択し、「校正中」と入力します。

❻ ［フォント］ボックスの▼をクリックし、［メイリオ］をクリックします。

❼ ［サイズ］ボックスの▼をクリックし、［120］をクリックします。

❽ ［半透明にする］チェックボックスをオフにします。

❾ ［レイアウト］の［対角線上］が選択されていることを確認します。

❿ ［OK］をクリックします。

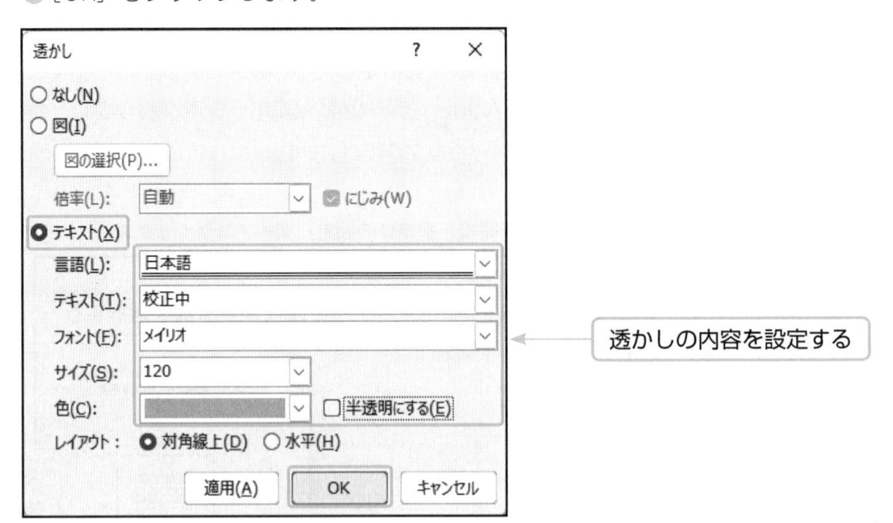

ヒント

組み込みの透かし

［透かし］ボタンをクリックすると「社外秘」や「至急」「下書き」などの組み込みの透かしが表示されます。この一覧に目的の透かしがあれば選択するだけで挿入できます。

［透かし］ボタン

ポイント

［テキスト］ボックス

［透かし］ダイアログボックスの［テキスト］ボックスの▼をクリックすると、透かしによく使用される文字列が表示されます。この一覧にない文字列は、直接入力します。

ポイント

透かしのフォントサイズ

透かしの文字を特定のサイズで表示したい場合は、［サイズ］ボックスで指定します。

ヒント

画像ファイルの透かし

画像ファイルを透かしとして表示する場合は、［透かし］ダイアログボックスで［図］を選択して、［図の選択］をクリックします。次に表示される［画像の挿入］ウィンドウで背景として挿入したい画像を指定します。

⑪ 設定した透かしが文書の背景に表示されます。

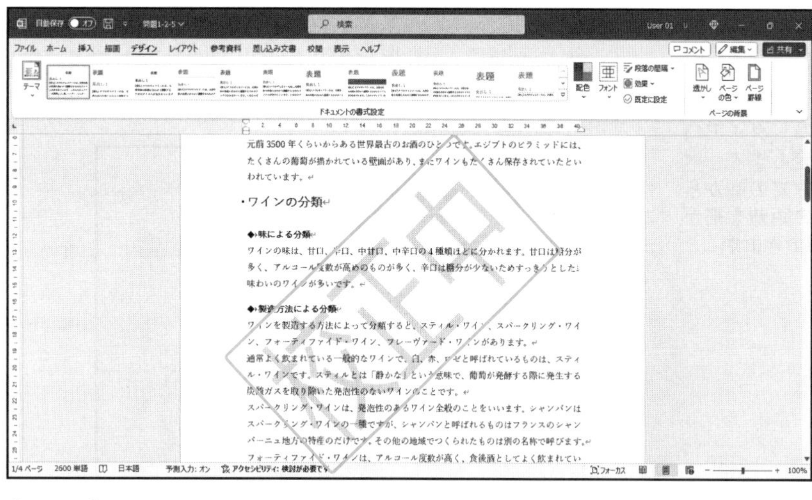

ヒント
透かしの解除
設定した透かしを解除するには、[透かし] ボタンから [透かしの削除] をクリックします。

[透かし] ボタン

【操作 2】

⑫ [デザイン] タブの [ページ罫線] ボタンをクリックします。

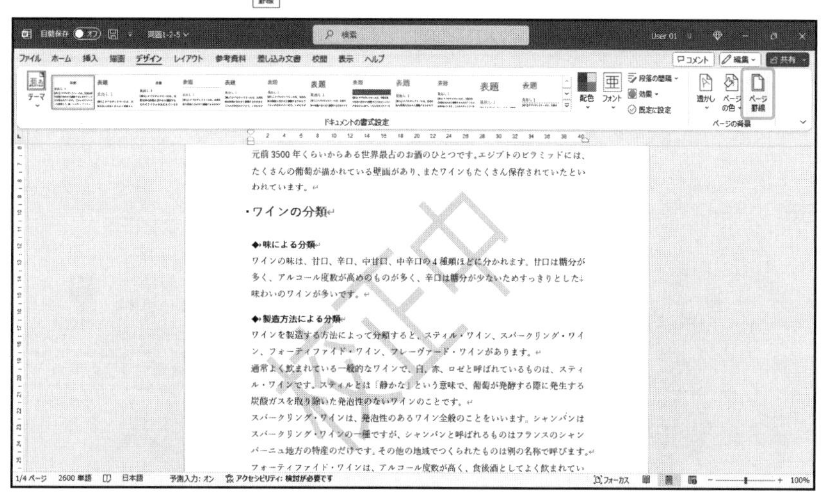

⑬ [線種とページ罫線と網かけの設定] ダイアログボックスの [ページ罫線] タブが表示されます。

⑭ 中央の [種類] の一覧から任意の点線をクリックします。

⑮ 左側の [種類] の [囲む] が選択されます。

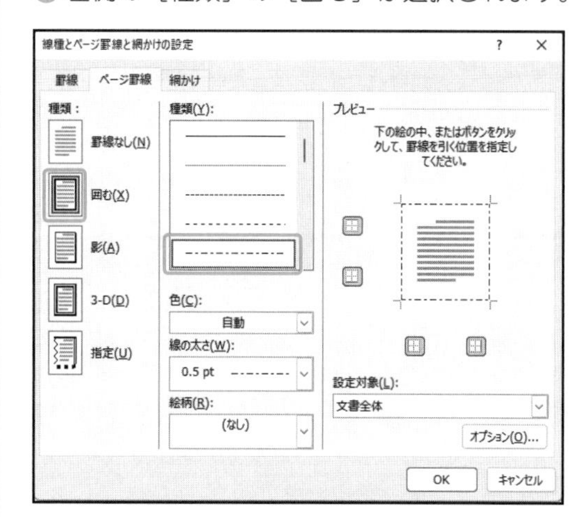

ヒント
ページ罫線の [種類]
ページ全体を囲むのではなく、ページの上下だけのように罫線を引く位置を指定したい場合は、[種類] の [指定] をクリックしてから線の種類を選択します。その後、[プレビュー] の箇所で罫線を引く位置を指定します。

ヒント
ページ罫線の位置
ページ罫線の挿入位置を指定したい場合は、[オプション]をクリックして[罫線とページ罫線のオプション]ダイアログボックスで設定します。ページの端または本文の端からページ罫線までの距離を細かく指定することができます。

⑯[色]ボックスの▼をクリックし、[標準の色]の[紫]をクリックします。

⑰[線の太さ]の▼をクリックし、[1.5pt]をクリックします。

⑱[プレビュー]に指定したページ罫線が表示されていることを確認します。

⑲[OK]をクリックします。

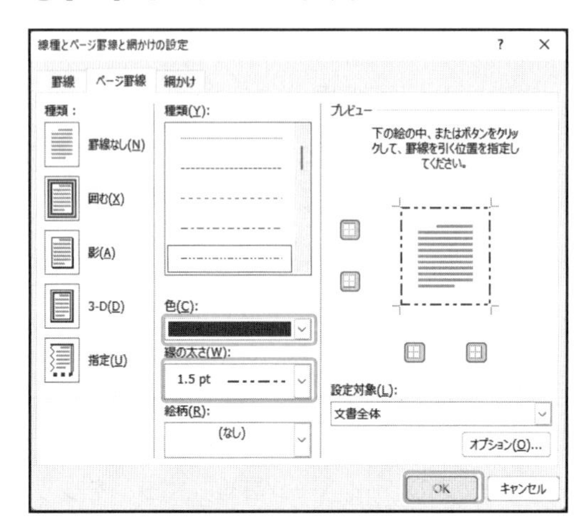

⑳ページの周囲にページ罫線が挿入されます。

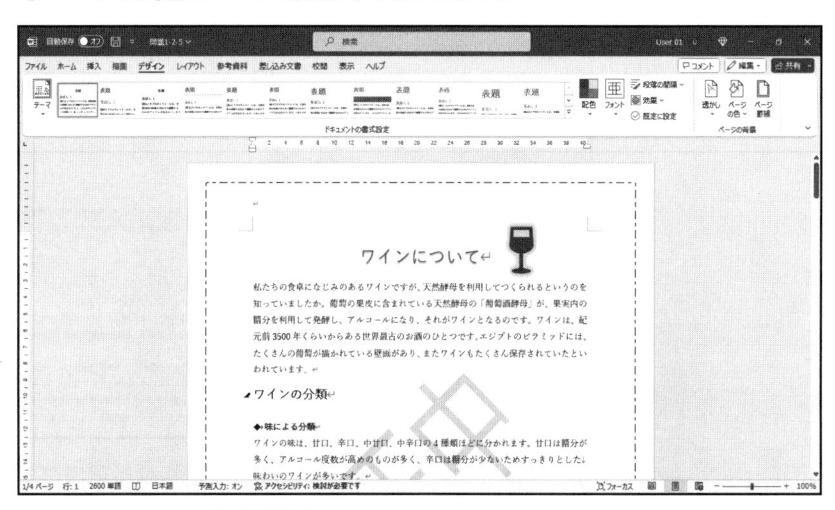

ヒント
複数ページの表示
[複数ページ]ボタンをクリックすると縮小表示されて複数のページを一覧で確認できます（表示されるページ数は解像度によって異なります）。初期値の表示倍率に戻すには[100%]ボタンをクリックします。

[100%]ボタン

㉑[表示]タブの 複数ページ [複数ページ]ボタンをクリックして複数ページを表示して確認します。

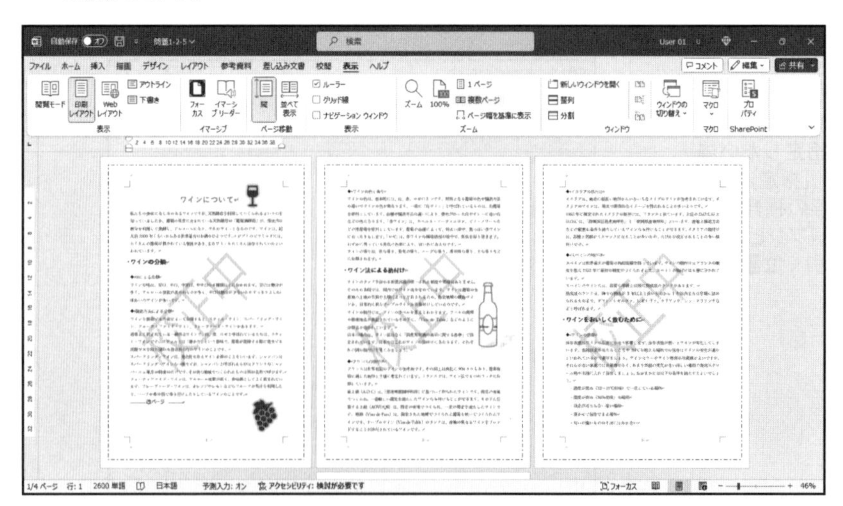

1-2-6 ページの背景要素（ページの色）を設定する

練習問題

問題フォルダー
└問題 1-2-6.docx

解答フォルダー
└解答 1-2-6.docx

ページの背景の色を「ゴールド、アクセント 4、白＋基本色 80%」に変更します。

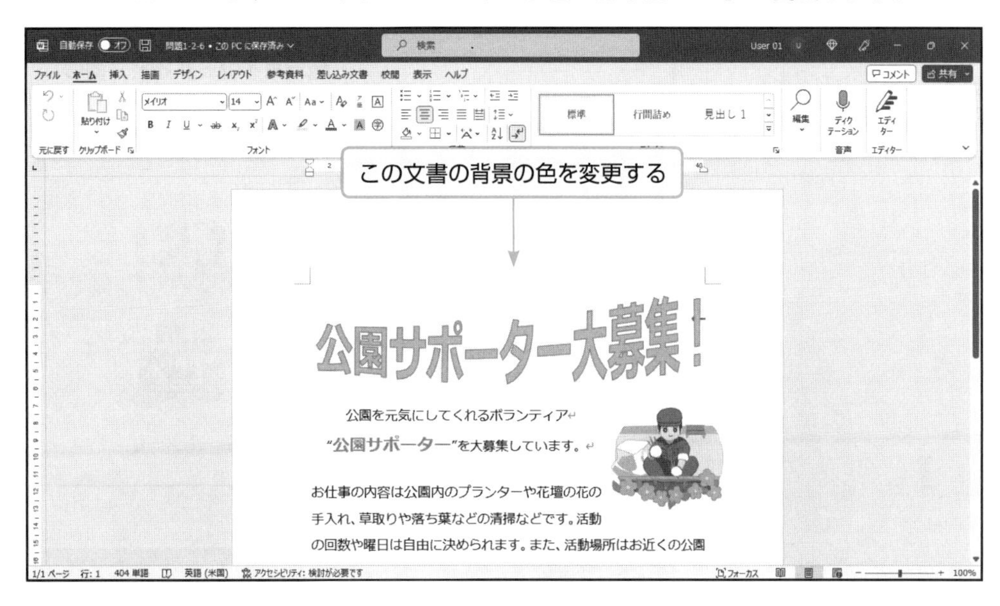

機能の解説

□ ページの背景色
□ ［ページの色］ボタン

文書のページの背景色を変更するには、［デザイン］タブの［ページの色］ボタンをクリックし、［テーマの色］や［標準の色］の一覧から色を選択します。［テーマの色］の一覧には、文書に適用されているテーマの配色が表示されます。［標準の色］の一覧は、テーマにかかわらず、常に選択できる 10 色が表示されています。色をポイントすると、画面に適用された状態が表示されるので、確認しながら選択できます。この問題では単色を設定しますが、［塗りつぶし効果］からグラデーションやテクスチャなどを設定することも可能です。
ページの色は、Word の初期設定では画面にのみ表示され印刷はされません。

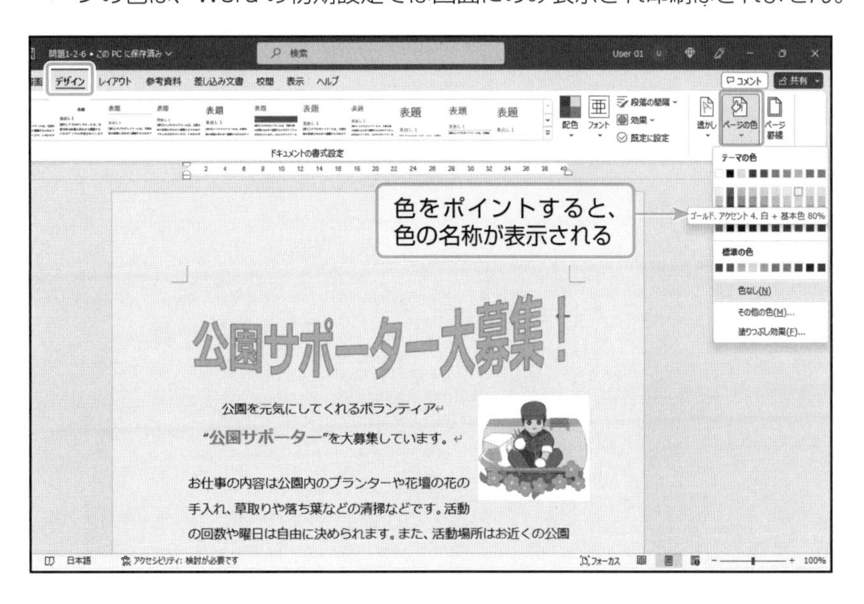

操作手順

ヒント

その他の色やグラデーション

［ページの色］ボタンに表示されない色は［その他の色］から指定できます。また、［塗りつぶし効果］から表示される［塗りつぶし効果］ダイアログボックスでは、グラデーションやテクスチャ、パターンなどを背景色として設定できます。

❶［デザイン］タブの［ページの色］ボタンをクリックします。

❷［テーマの色］の一覧から［ゴールド、アクセント 4、白＋基本色 80%］をクリックします。

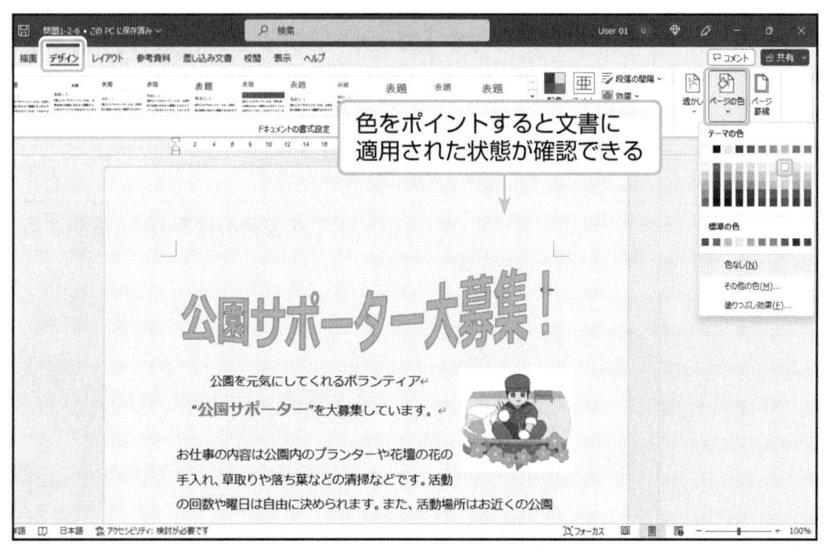

❸ページの背景色が変更されます。

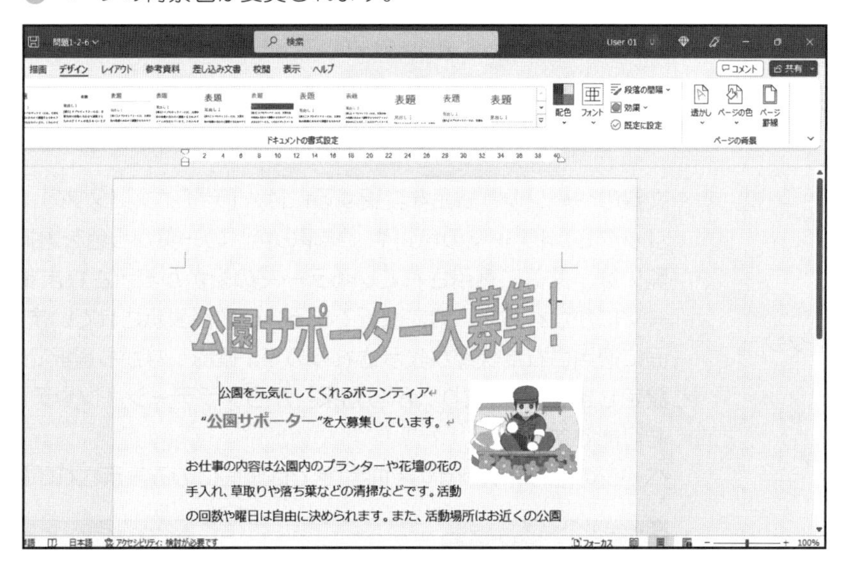

ヒント

ページの背景色の印刷

初期設定ではページの背景色は印刷されません。背景色を付けて印刷したい場合は、［ファイル］タブの［オプション］をクリックし、［Word のオプション］ダイアログボックスの［表示］の［背景の色とイメージを印刷する］チェックボックスをオンにします。

1-3 文書を保存する、共有する

ここでは、文書の保存や印刷、共有の方法を学習したり、文書の仕上げとしてファイルの属性情報を設定します。文書の保存時には、異なる環境でも表示できるように別のファイル形式で保存したり、複数の人と文書を利用する共有の機能も用意されています。

1-3-1 別のファイル形式で文書を保存する、エクスポートする

練習問題

問題フォルダー
└問題 1-3-1.docx

解答フォルダー
└売上データ
（解答 1-3-1）.pdf

文書を「売上データ」という名前で、［Word365_2023 年版（実習用）］フォルダーにPDF 形式で保存します。なお、発行後にファイルは開かないようにします。

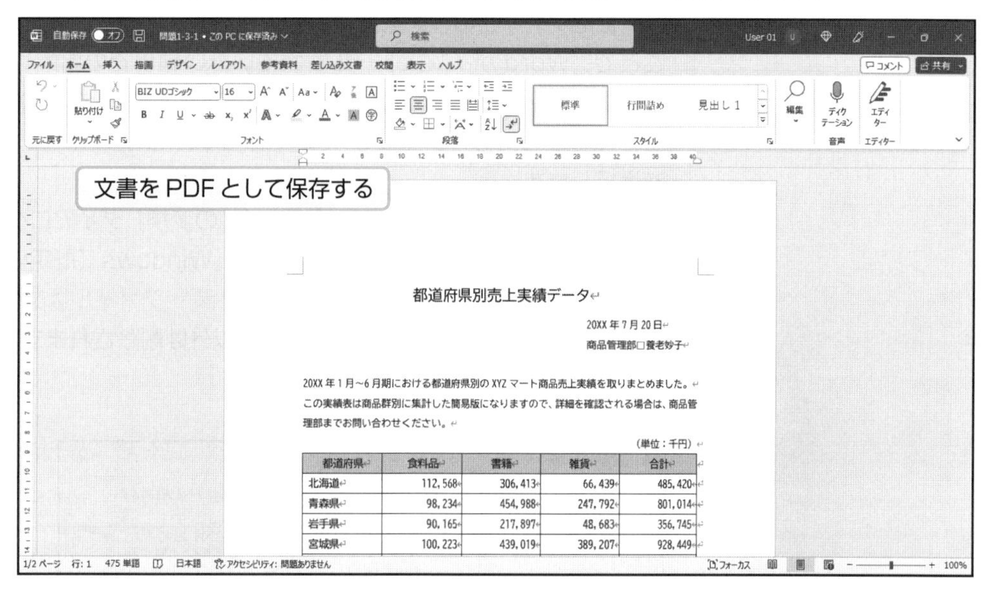

機能の解説

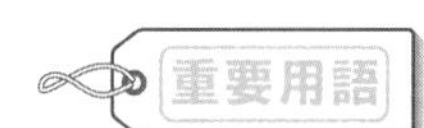

- PDF
- ［PDF/XPS の作成］
- ［エクスポート］画面
- ［ファイルの種類の変更］
- 読み取りパスワード
- 書き込みパスワード
- ［全般オプション］

Word では、文書を他のファイル形式で保存することができます。［ファイル］タブの［エクスポート］画面から［ファイルの種類の変更］をクリックし、右側の一覧からファイル形式を選択して、［名前を付けて保存］をクリックします。目的のファイル形式がない場合は［別のファイル形式として保存］をクリックし、次に表示される［名前を付けて保存］ダイアログボックスの［ファイルの種類］ボックスでファイルの種類を指定します。

PDF（Portable Document Format）は、文字情報や画像情報、レイアウトの情報を持った文書ファイル形式です。Adobe Reader という無料配布されているソフトウェアや Windows 11 標準のブラウザーである Microsoft Edge などで閲覧することができるため、閲覧者の環境がわからない場合など、特にインターネット上で文書を配布する際に多く用いられます。PDF ファイルは、［エクスポート］画面にある［PDF/XPS ドキュメントの作成］の［PDF/XPS の作成］から作成できます。

[エクスポート] 画面

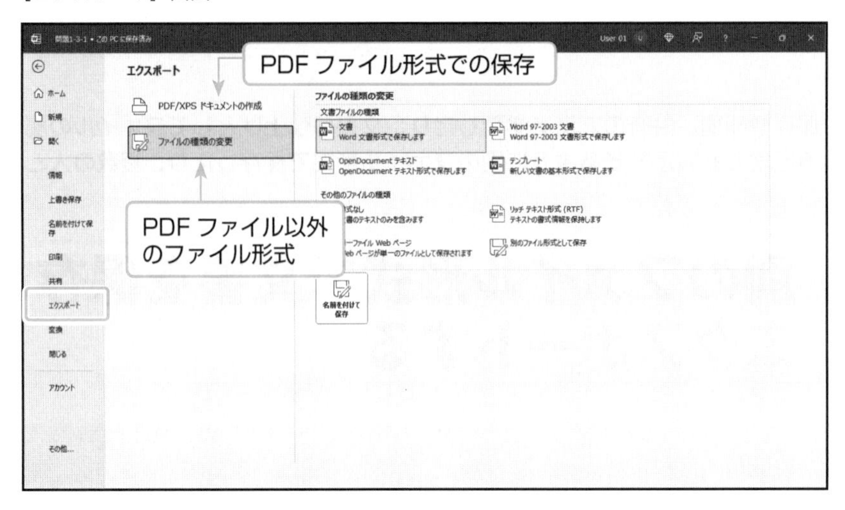

●ファイルの種類の変更

[ファイル] タブの [エクスポート] の [ファイルの種類の変更] では、Word で編集した文書をファイルの種類を変更して保存することができます。ファイルの種類を変更することで、Word がインストールされていない環境での編集や閲覧、Web ページの形式でのインターネット上への公開などが可能になります。文書のひな型となるテンプレートとして保存するには [テンプレート]、テキストファイルとして保存するには [書式なし] を選択します。

[書式なし] を選択すると、次に [ファイルの変換] ダイアログボックスが表示されるので、文字の変換方法の [エンコード方法] に [Windows (既定値)] が選択されていることを確認して [OK] をクリックします。テキストファイルは文字だけのファイルで構成されるため、文書内の書式や画像などの文字以外は削除されます。

[ファイルの変換] ダイアログボックス

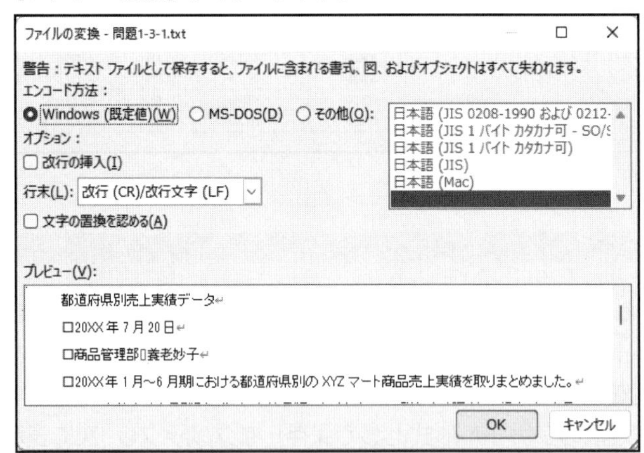

●パスワードの設定と解除

文書を保存するときに、パスワードを設定することができます。パスワードには、文書を開くときに表示される読み取りパスワードと、文書を上書き保存できる状態にするための書き込みパスワードの2種類があります。パスワードの設定は、［名前を付けて保存］ダイアログボックスの［ツール］をクリックし、［全般オプション］をクリックします。次に表示される［全般オプション］ダイアログボックスで設定します。

［全般オプション］ダイアログボックスで文書のパスワードを設定したり解除する

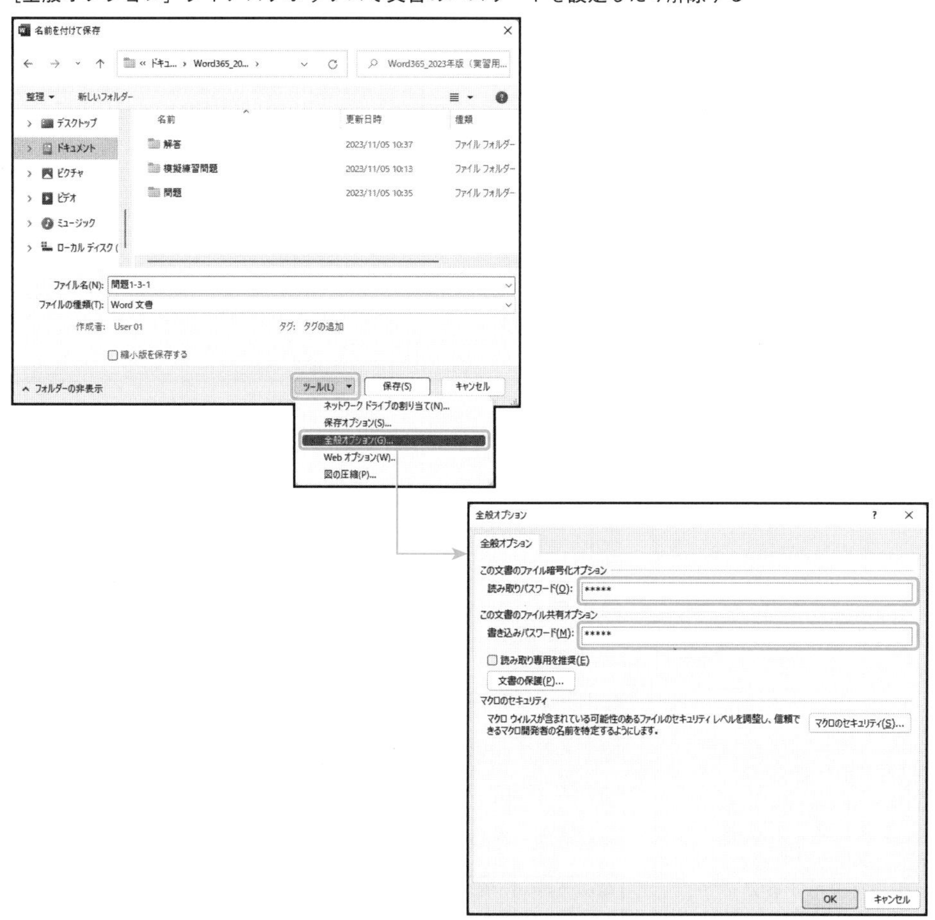

設定されているパスワードを解除するには、同様の操作で［全般オプション］ダイアログボックスを開き、［読み取りパスワード］ボックス、［書き込みパスワード］ボックスに「*」で表示されているパスワードを削除して保存します。

操作手順

ヒント
XPS
XML Paper Specification の略で、電子ペーパー向けフォーマットとして開発されたファイル形式です。

❶［ファイル］タブの［エクスポート］をクリックします。
❷［エクスポート］画面が表示されます。
❸［PDF/XPS ドキュメントの作成］をクリックし、［PDF/XPS の作成］をクリックします。

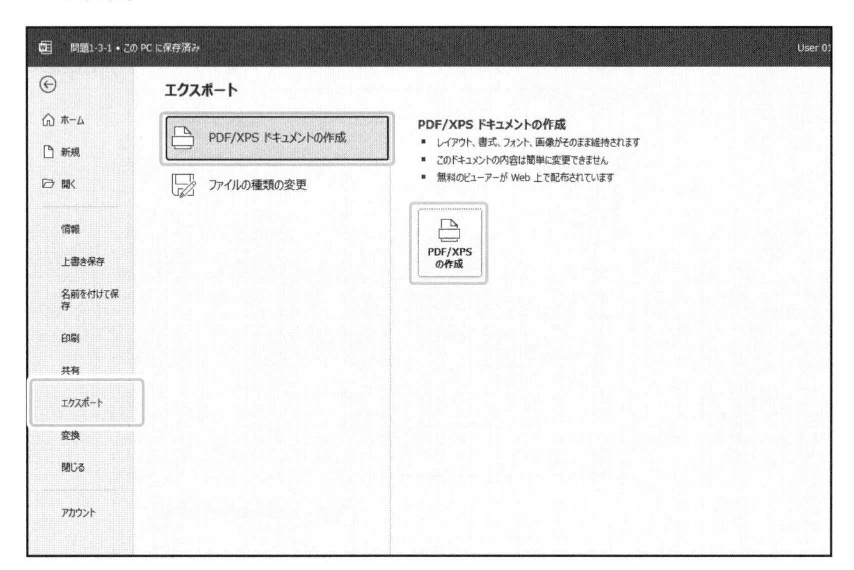

❹［PDF または XPS 形式で発行］ダイアログボックスが表示されます。
❺［ドキュメント］をクリックします。
❻一覧から［Word365_2023 年版（実習用）］をクリックし、［開く］をクリックします。
❼［ファイル名］ボックスに「売上データ」と入力します。
❽［ファイルの種類］ボックスに［PDF］と表示されていることを確認します。
❾［発行後にファイルを開く］チェックボックスをオフにします。
❿［発行］をクリックします。

ヒント
発行後にファイルを開く
［発行後にファイルを開く］チェックボックスがオンの状態で［発行］をクリックすると、PDF ファイルを表示するアプリケーションが自動的に起動して PDF ファイルが表示されます。Windows 11 の場合、初期設定では Microsoft Edge が起動します。

ヒント
パスワードで暗号化する
PDF ファイルにパスワードを設定したい場合は、［PDF または XPS 形式で発行］ダイアログボックスの［オプション］をクリックし、［オプション］ダイアログボックスを表示します。［ドキュメントをパスワードで暗号化する］チェックボックスをオンにし、［OK］ボタンをクリックしてパスワードを入力します。

⑪ PDF ファイルが作成され、[Word365_2023 年版(実習用)] に保存されます。画面は元の Word 文書の表示に戻ります。

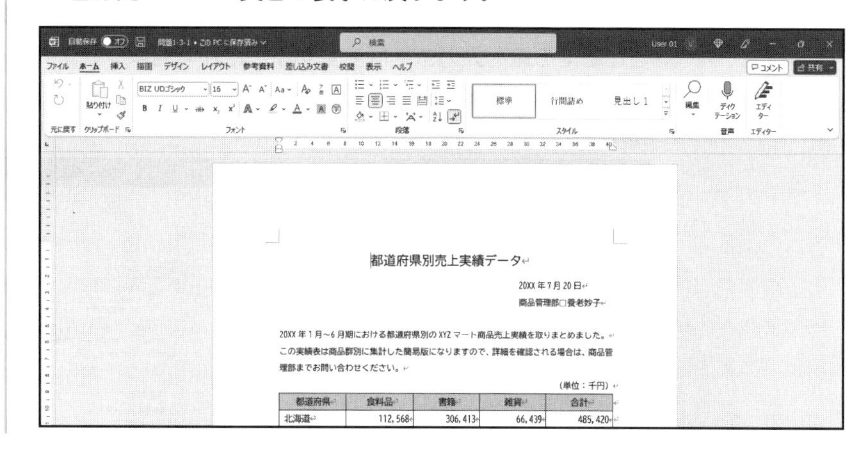

1-3-2 組み込みの文書プロパティを変更する

練習問題

問題フォルダー
└問題 1-3-2.docx

解答フォルダー
└解答 1-3-2.docx

【操作 1】文書のプロパティとして、あらかじめ設定されている[会社]の値を確認し、[分類]の値として「レポート」を設定します。

【操作 2】詳細プロパティを表示して、[キーワード]の値として「全国」と「上半期」の 2 つの値を設定します。

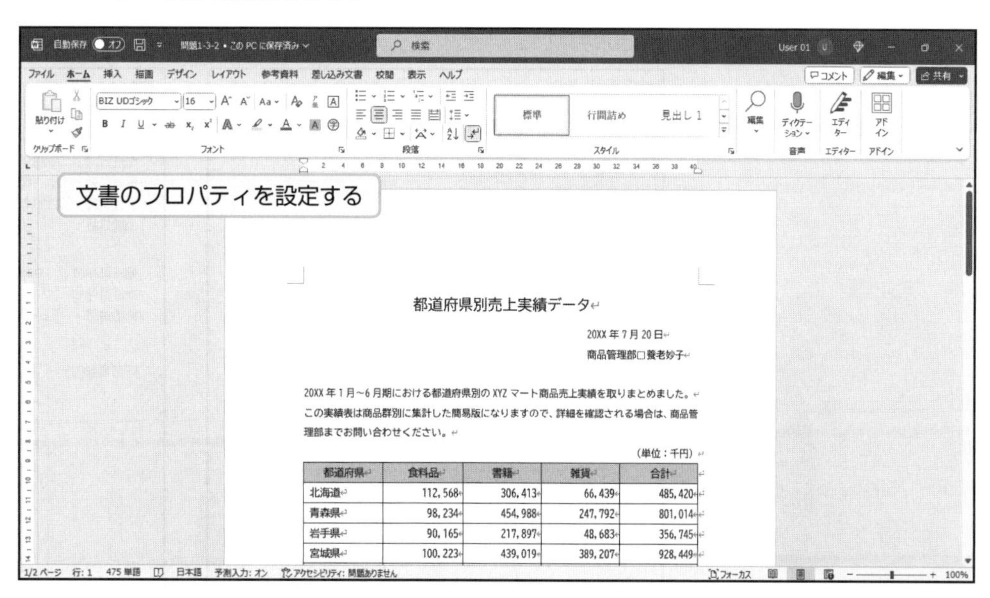

機能の解説

- □ [ファイル] タブの [情報]
- □ プロパティ
- □ [プロパティをすべて表示]

プロパティとは、文書自体に保存されているデータとは別に、文書ファイルの属性として自動的に設定されたり、あるいはユーザーが独自に設定したりできる各種の情報のことです。プロパティにはタイトル、作成日、作成者、キーワードなどがあります。プロパティを設定しておくと、ファイルの検索時やファイル内容の確認に役立ちます。設定される情報によって「タイトル」や「編集時間」といった名前が付いており、それぞれの種類に応じた値が設定されます。

Word 内では、文書のプロパティは、[ファイル] タブの [情報] 画面で確認できます。初期状態ではすべてのプロパティの内容は表示されていません。[プロパティをすべて表示] をクリックすると、すべての情報を表示して確認できます。情報の種類によっては、ここでその値を入力または変更することができます。

[情報] 画面

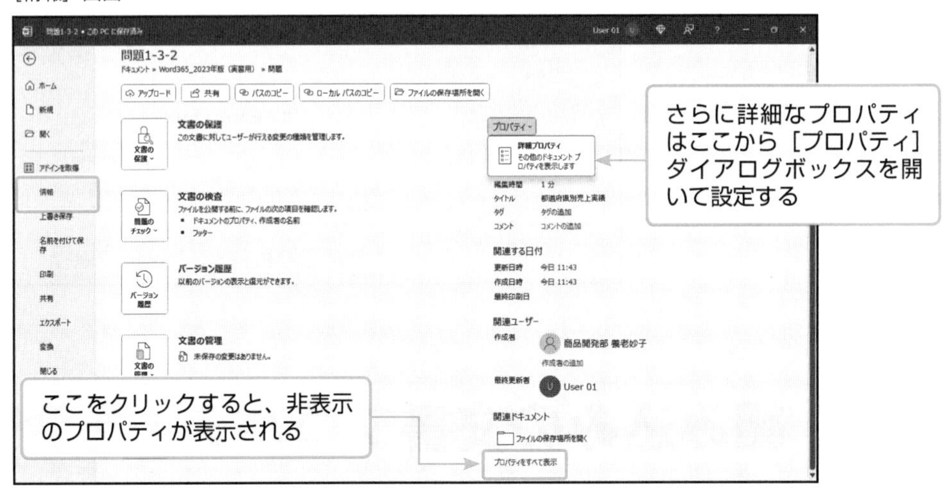

●詳細プロパティ

[ファイル] タブの [情報] 画面には表示されないプロパティもあります。それらは、[情報] 画面の [プロパティ] から表示できます。[詳細プロパティ] をクリックすると、文書の [プロパティ] ダイアログボックスが表示され、[ファイルの概要] タブや [詳細情報] タブで各種のプロパティの確認や変更が行えます。

[プロパティ] ダイアログボックス

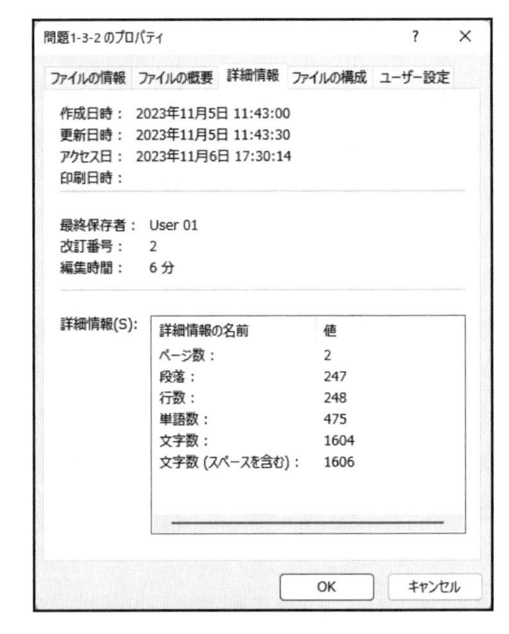

操作手順

【操作 1】

❶［ファイル］タブの［情報］をクリックします。

❷［情報］画面が表示されます。

❸右下の［プロパティをすべて表示］をクリックします。

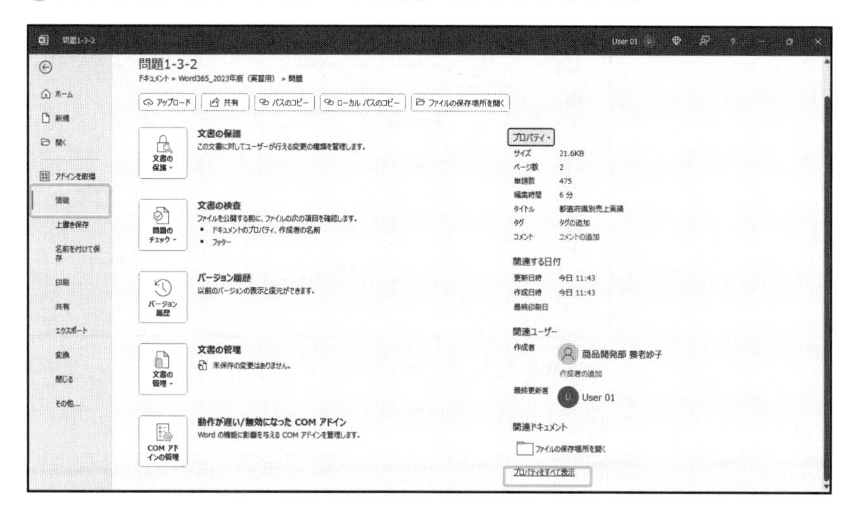

❹文書のすべてのプロパティが表示されます。［会社］ボックスの値を確認します。

❺［分類］ボックスをクリックし、「レポート」と入力します。

❻プロパティの［分類］に値が追加されます。

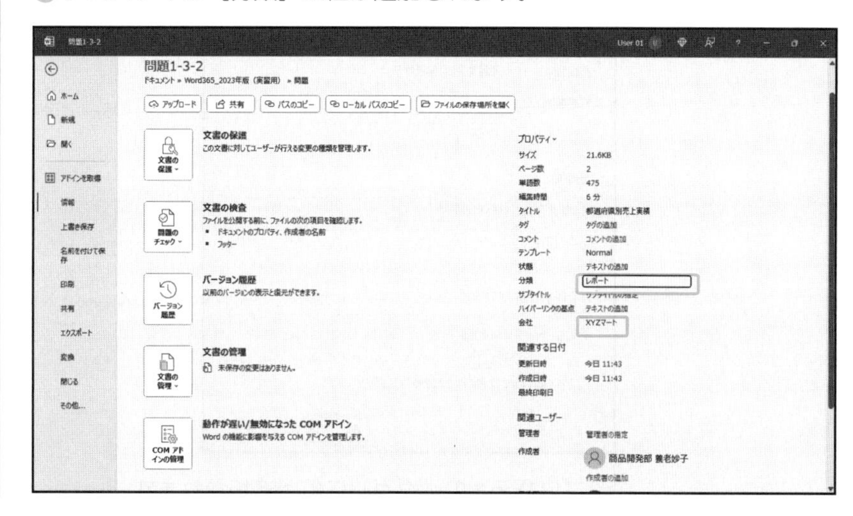

【操作 2】

❼ 上部の［プロパティ］をクリックし、［詳細プロパティ］をクリックします。

❽［問題 1-3-2 のプロパティ］ダイアログボックスが表示されます。

❾［ファイルの概要］タブをクリックします。

❿［キーワード］ボックスに「全国 ; 上半期」と入力します。

⓫［OK］をクリックします。

ポイント

複数値の入力

プロパティに複数の値を入力するには、値と値の間を「;」（半角のセミコロン）で区切って入力します。

⓬ プロパティの［タグ］に値が追加されます。

ポイント

［キーワード］プロパティ

［プロパティ］ダイアログボックスで入力した［キーワード］は「タグ」とも呼ばれ、［情報］画面のプロパティの［タグ］ボックスに表示されます。この［キーワード］または［タグ］の値はファイルの検索時に利用されます。たとえば、複数のファイルの「キーワード」に「上半期」のように付けておくと、同じキーワードを持つすべてのファイルをすばやく検索できるようになります。

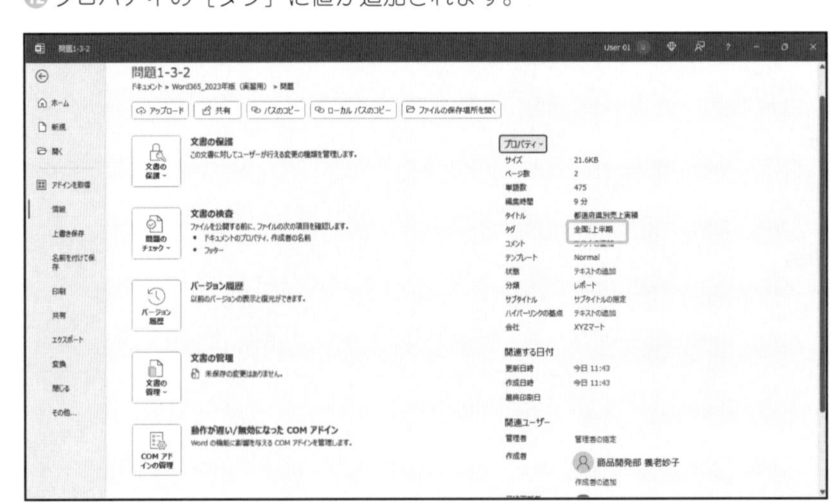

1-3-3 印刷の設定を変更する

練習問題

問題フォルダー
└問題 1-3-3.docx

解答フォルダー
└解答 1-3-3.docx

解答ファイルには【操作 2】の設定は保存されていません。本書に掲載した画面を参照してください。

【操作 1】文書の印刷の向きを「縦」、余白を「やや狭い」に設定します。
【操作 2】文書の 2 から 3 ページだけを A4 用紙 1 枚に横に並べて縮小印刷する設定にします。

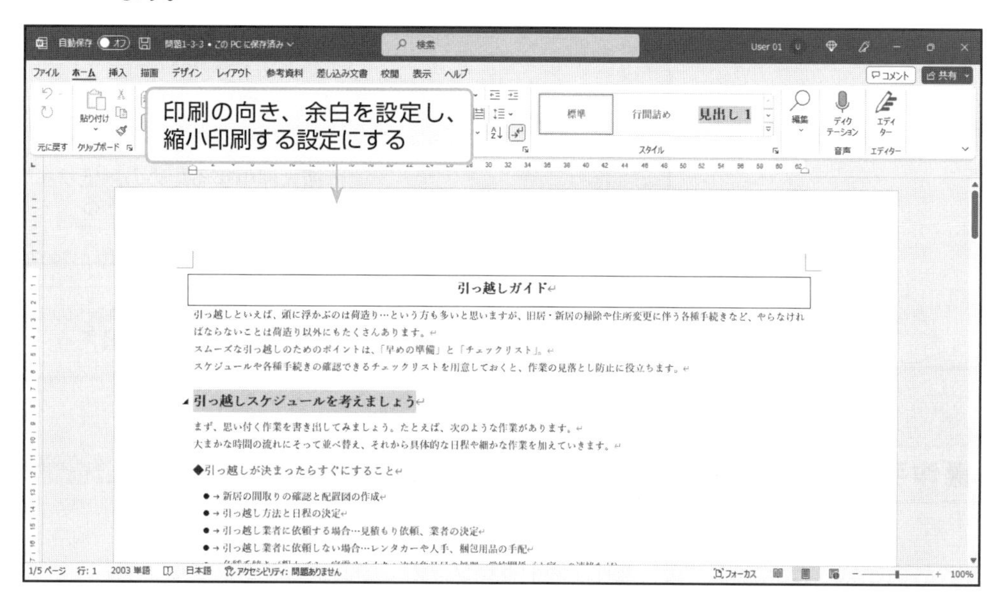

機能の解説

- [印刷] 画面
- 印刷の向き
- 余白
- 特定のページの印刷
- 縮小印刷

[ファイル] タブの [印刷] をクリックすると、[印刷] 画面が表示されます。この [印刷] 画面では、印刷プレビューを確認しながら印刷の設定ができます。[印刷] の [設定] で、印刷の向き、余白、用紙サイズなどの設定ができます。
通常は文書のすべてのページが印刷されますが、特定のページを印刷するには、[印刷] 画面の [ページ] ボックスに印刷するページやページ範囲を指定します。1 ページと 3 ページのような連続しないページは「1,3」のようにカンマ (,) で区切り、2 ページから 4 ページのような連続する範囲は「2-4」のようにハイフン (-) を入力します。
また、[印刷] 画面の [1 ページ / 枚] をクリックすると、1 ページに印刷するページ数を指定できます。[2 ページ / 枚] なら、用紙サイズで指定した用紙 1 枚に 2 ページ分を印刷する設定になります。

［印刷］画面

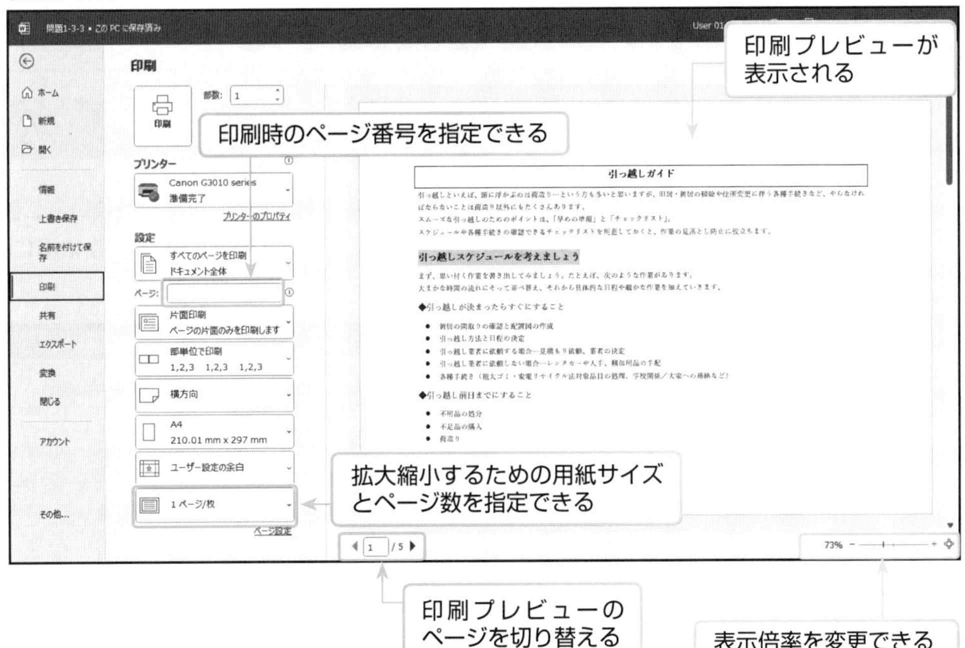

操作手順

その他の操作方法

ショートカットキー

Ctrl + **P** キー
（［印刷］画面の表示）

【操作 1】

❶［ファイル］タブの［印刷］をクリックします。

❷［印刷］画面が表示されます。

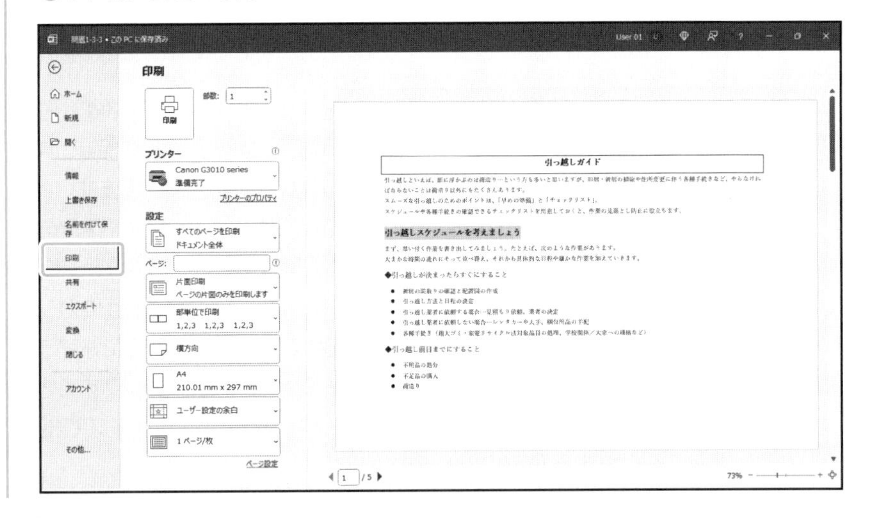

❸［設定］の［横方向］をクリックし、一覧から［縦方向］をクリックします。

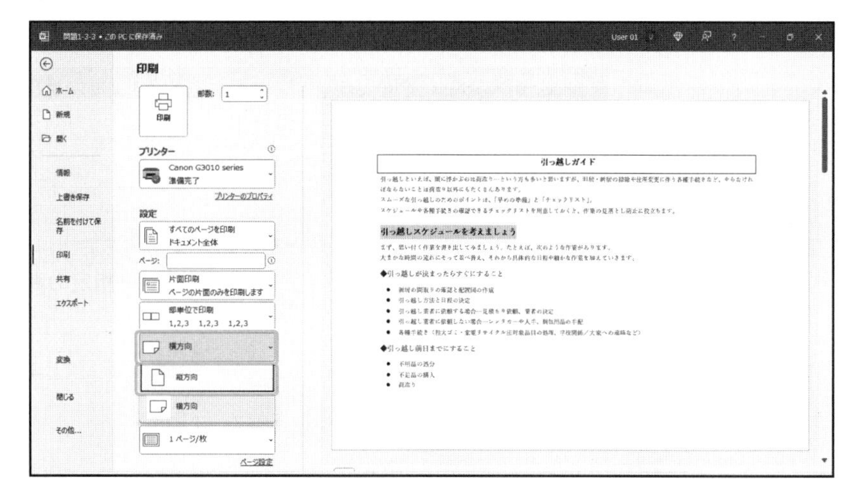

❹［設定］の［ユーザー設定の余白］をクリックし、一覧から［やや狭い］をクリックします。

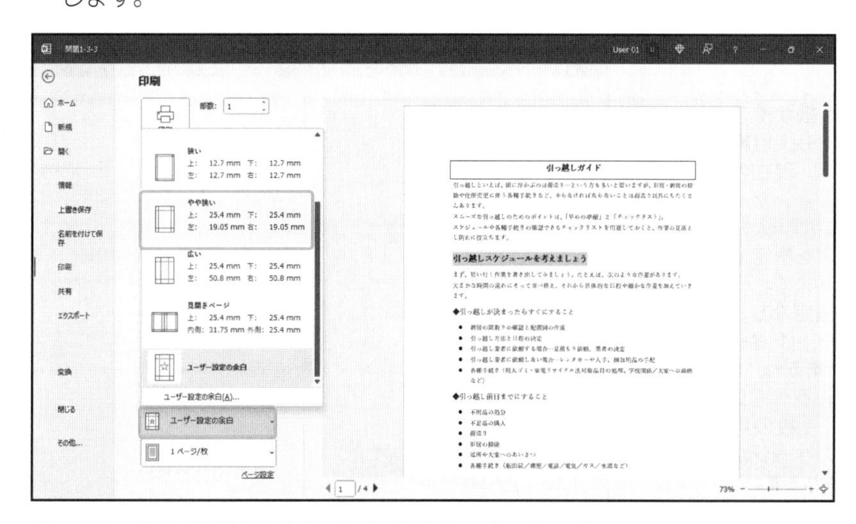

❺用紙の向きが「縦方向」、余白が「やや狭い」に変更されます。

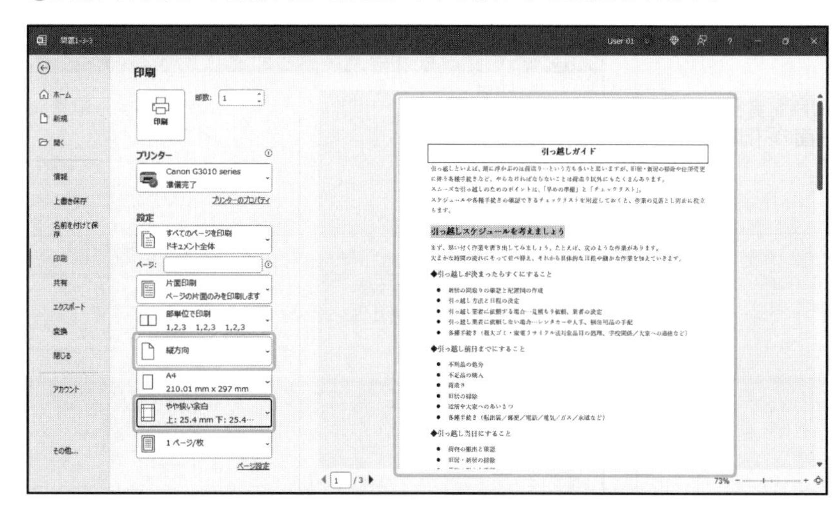

その他の操作方法

印刷の設定

［レイアウト］タブの［ページ設定］の各ボタンでも印刷の向きや余白などの設定ができます。

ヒント

印刷の実行

設定した内容で印刷を実行するには、［印刷］画面の［印刷］をクリックします。接続されているプリンターは［プリンター］で確認できます。印刷する部数が複数の場合は、［部数］ボックスに指定します。

【操作 2】

❻ [設定] の [ページ] ボックスに「2-3」と入力します。

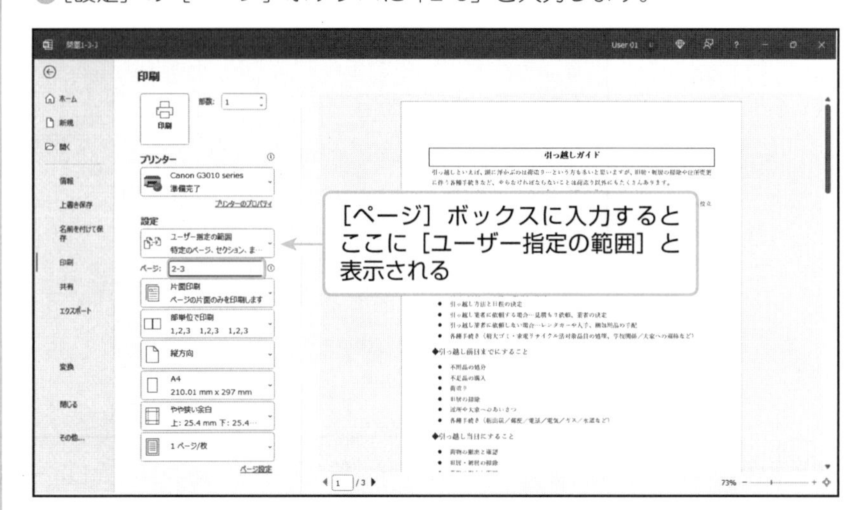

❼ [1 ページ / 枚] をクリックし、[2 ページ / 枚] をクリックします。

❽ 2 から 3 ページだけが 1 枚の用紙に 2 ページ分印刷される設定になります。

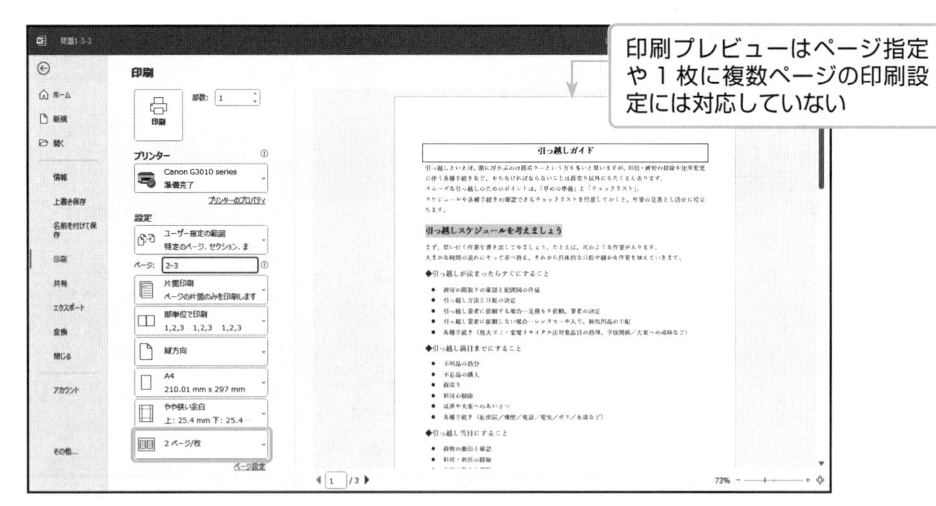

ヒント

拡大縮小印刷

[設定] の [1 ページ / 枚] をクリックして [用紙サイズの指定] をポイントし、用紙サイズを指定します。現在の用紙サイズよりも大きいサイズを指定すれば、拡大印刷され、小さい用紙サイズを指定すれば、縮小印刷されます。元に戻すには [倍率指定なし] を指定します。また、[1 ページ / 枚] をクリックすると、1 枚の用紙に印刷されるページ数を指定できます。1 枚の用紙に縮小した複数のページが並んだ状態で印刷されます。

ヒント

印刷の実行

設定した内容で印刷を実行するには、[印刷] 画面の [印刷] をクリックします。

1-3-4 電子文書を共有する

機能の解説

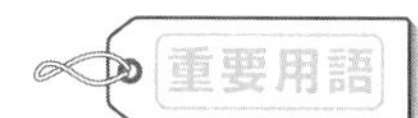

- 文書の共有
- OneDrive
- 電子メールで送信
- ブログの投稿

同じ文書を会社と自宅など異なるパソコンで使用したり、複数の人が共同で文書を編集したい場合には文書を共有する機能を利用すると便利です。あらかじめマイクロソフト社が提供しているWeb上のディスク領域OneDrive(ワンドライブ)に文書を保存しておけば、さまざまな場所からや複数の人が文書にアクセスできます。その他、Wordの画面から電子メールの添付ファイルとして送信したり、OneDriveへのリンクのURLを発行する機能も用意されています。これらは、リボンの右端にある [共有] ボタンからウィンドウを表示して操作します。

● OneDrive上に文書を保存したり、開いたりする

OneDriveに文書を保存するには、通常ファイルを保存するときの［ファイル］タブの［名前を付けて保存］画面からOneDriveを選択して保存することができます。

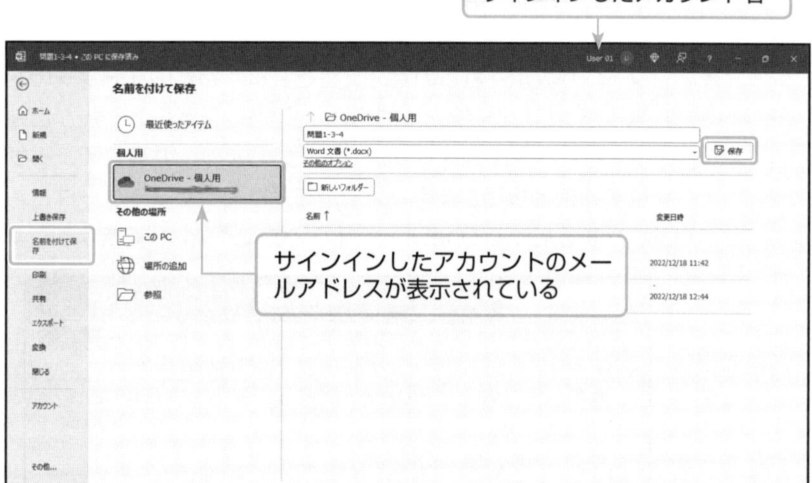

OneDriveに保存した文書を開く場合も、サインインしておけばコンピューターに保存したときと同様の操作で開くことができます。[ファイル]タブの[開く] 画面に［OneDrive - 個人用］が表示されるので、クリックして目的のファイルを開きます。

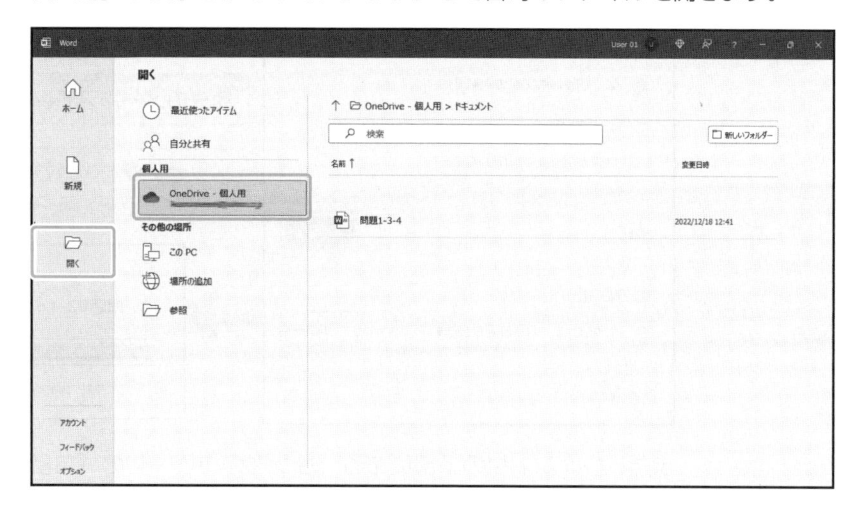

また、OneDrive に文書を保存していない場合に画面右上にある [共有] ボタンをクリックし、[共有] をクリックすると、次のようなウィンドウが表示されます。[OneDrive - 個人用] をクリックすると OneDrive に文書が保存され、続けて共有設定のウィンドウが表示されます。

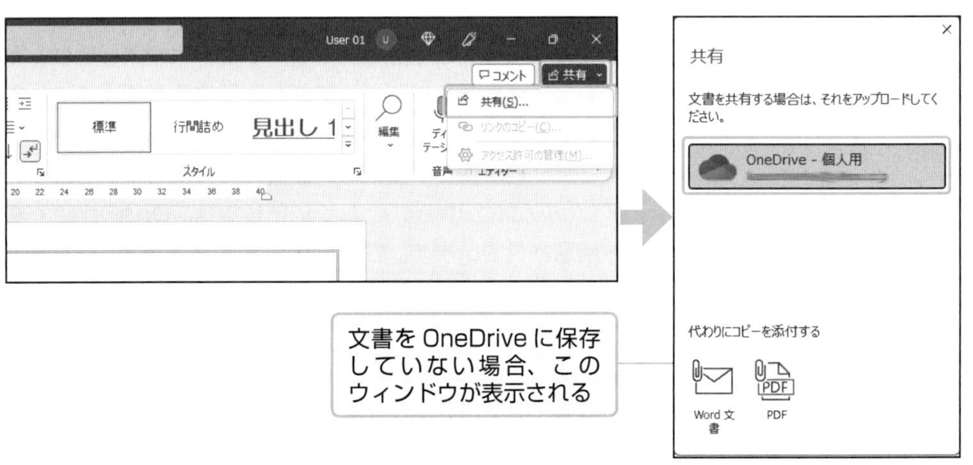

その他の操作方法
共有ウィンドウの表示
[ファイル] タブをクリックし、[共有] をクリックしても表示されます。

●複数のユーザーで文書を共有する

OneDrive に保存した文書を複数の人で編集するには、文書を開き、画面右上の [共有] ボタンをクリックし、一覧から [共有] をクリックします。共有を設定するウィンドウが表示されるので、文書を共有する他のユーザーのメールアドレスを入力して [送信] をクリックすると、指定したアドレス宛にメールが自動送信されます。このウィンドウでは、メールのメッセージを入力したり、共有するユーザーに許可する範囲を設定したりすることもできます。メールを受け取ったユーザーは、メッセージ内の [開く] をクリックするだけで OneDrive 内の文書にアクセスできます。

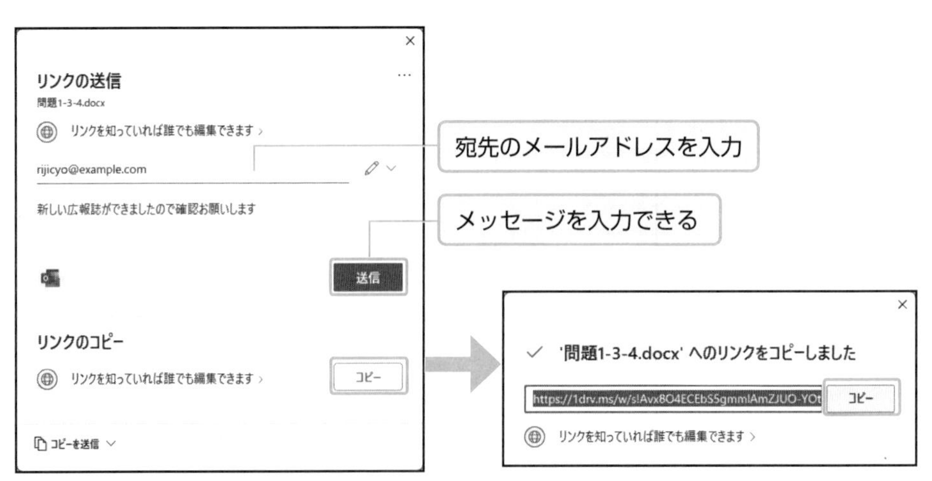

また、ウィンドウの下部にある [リンクのコピー] の [コピー] をクリックすると、共有文書へのリンクの URL が表示されます。[コピー] をクリックして URL をコピーし、メールなどに貼り付けて送ることもできます。

●電子メールに添付して送信する

［共有］画面の［コピーを送信］をクリックすると、Word文書やPDFファイルに変換した文書を添付した電子メールを直接送信することができます。自動的に電子メール用のアプリが起動して、メッセージ画面が表示されます。宛先やメッセージを入力して、［送信］をクリックします。

ヒント
電子メールの送信

電子メールの送信には、あらかじめOutlookなどの電子メール用のソフトウェアのセットアップが必要です。

●ブログの投稿

Wordではブログの文書を作成し、Wordの画面からすぐに投稿することができます。ブログへの投稿は、［ファイル］タブの［新規］画面でブログ用のテンプレートを利用して作成します。ブログを投稿するには、ブログアカウントが必要になります。最初に［ブログアカウントの登録］ダイアログボックスが表示されるので、ブログアカウントを取得している場合は、［今すぐ登録］をクリックして、次に表示される画面でプロバイダーの情報を入力します。

ヒント
ブログアカウントの登録

［今すぐ登録］をクリックすると、［新しいブログアカウント］ダイアログボックスが表示されます。ブログプロバイダーを選択して［次へ］をクリックして登録します。ブログアカウントがない場合は、［後で登録］をクリックしても左図のブログ投稿用の画面を表示できます。

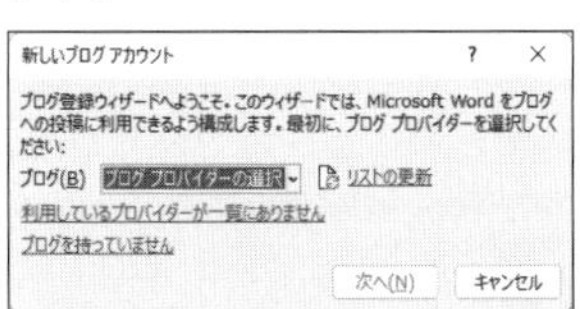

ブログ投稿用の画面が表示されたら、投稿タイトルを入力し、文章や画像を挿入して体裁を整えた後、［ブログの投稿］タブの［発行］ボタンをクリックします。

ブログの投稿画面

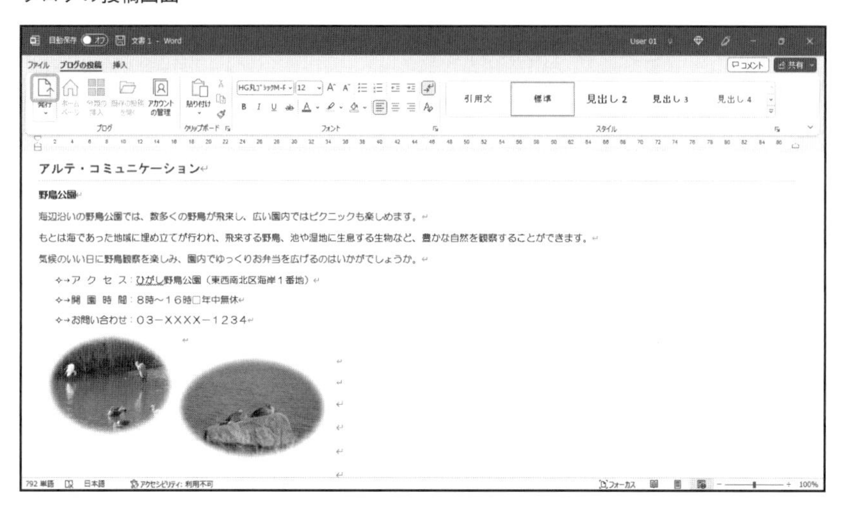

1-4 文書を検査する

Wordには、文書に個人情報やコメントなどの不要な情報が含まれていないか、読みにくい内容になっていないかを検査したり、下位バージョンのWord環境で表示したときに問題点がないかなどを調べる機能があります。仕上がった文書を配布する前に、これらの検査機能を実行して問題点があれば修正することができます。

1-4-1 隠しプロパティや個人情報を見つけて削除する

練習問題

問題フォルダー
└問題1-4-1.docx
解答フォルダー
└解答1-4-1.docx

【操作1】ドキュメント検査を実行します。
【操作2】この文書に含まれているコメント、文書のプロパティ、個人情報を削除します。

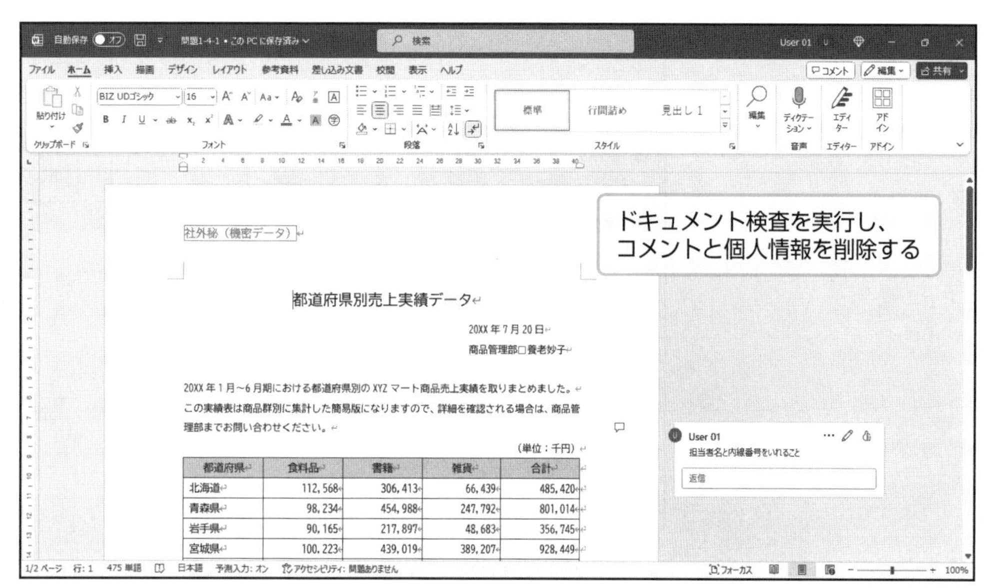

機能の解説

□ ドキュメント検査
□ ［問題のチェック］

ドキュメント検査の機能を使用すると、個人情報や変更履歴、コメント、隠し文字などが文書に含まれているかどうかを調べることができます。ドキュメント検査を実行して、第三者に知られたくないデータが見つかった場合は、必要に応じて削除することができます。文書が完成したら、配布する前にドキュメント検査を実行するとよいでしょう。ドキュメント検査は、［ファイル］タブの［情報］画面の［問題のチェック］の［ドキュメント検査］から実行します。ドキュメント検査で発見できるおもな項目は以下になります。

項目	発見できる内容の例
コメント、変更履歴、バージョン	コメント、文書のバージョン情報、変更履歴や校閲者名が含まれていないかどうかがチェックされます。
ドキュメントのプロパティと個人情報	文書のタイトル、作成者、最終保存者などのプロパティや個人情報が含まれていないかどうかがチェックされます。
ヘッダー、フッター、透かし	ヘッダーやフッターに社名やページ番号が挿入されていたり、「社外秘」などの透かしを入れていたりしないかどうかがチェックされます。
隠し文字	隠し文字が含まれていないかどうかがチェックされます。編集記号をオフにしていると隠し文字が非表示になっている場合があります。
インク	［描画ツール］のペンや鉛筆などで追加された描画が含まれていないかどうかをチェックします。

［ドキュメントの検査］ダイアログボックス

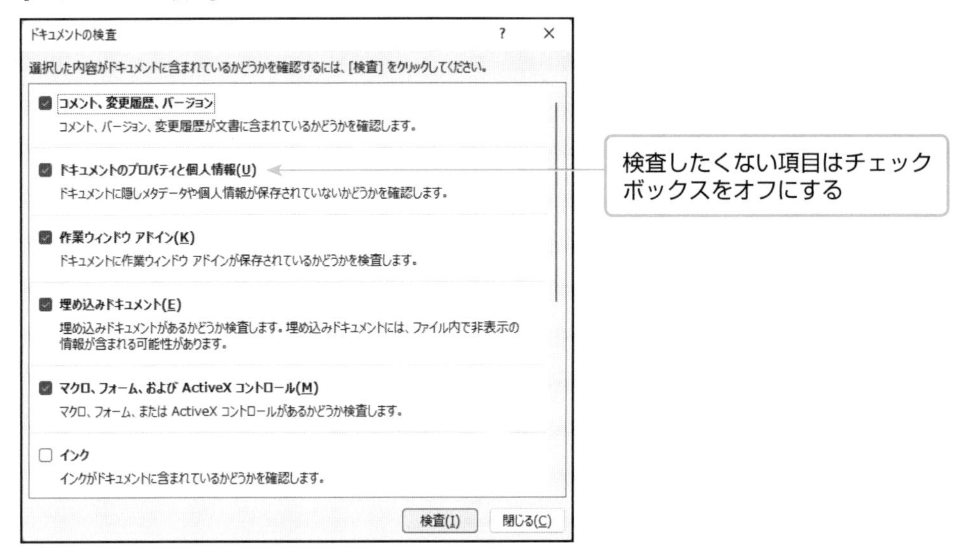

ドキュメント検査で、文書のプロパティと個人情報を削除した場合、それ以降はファイルの保存時に文書プロパティと個人情報が自動的に削除される設定になります。これらの情報を再び保存できるようにするには、［情報］画面で［ドキュメント検査］の［これらの情報をファイルに保存できるようにする］をクリックします。

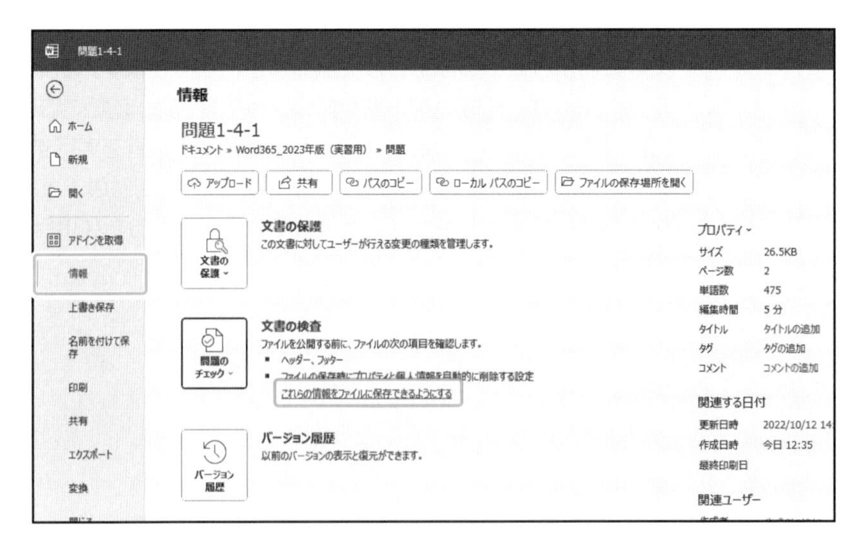

操作手順

【操作 1】

❶文書にヘッダーやコメントが挿入されていることを確認し、［ファイル］タブをクリックします。

> **ヒント**
> **コメントの表示**
> コメントは文書に注釈を付ける機能で、通常は右余白に吹き出しで表示されます。複数のコメントがあるときは［校閲］タブの［コメント］の［次へ］ボタン、［前へ］ボタンでコメント間を移動できます。右図のようにコメントが表示されていない場合は、［校閲］タブの［コメントの表示］ボタンをクリックして表示してください。

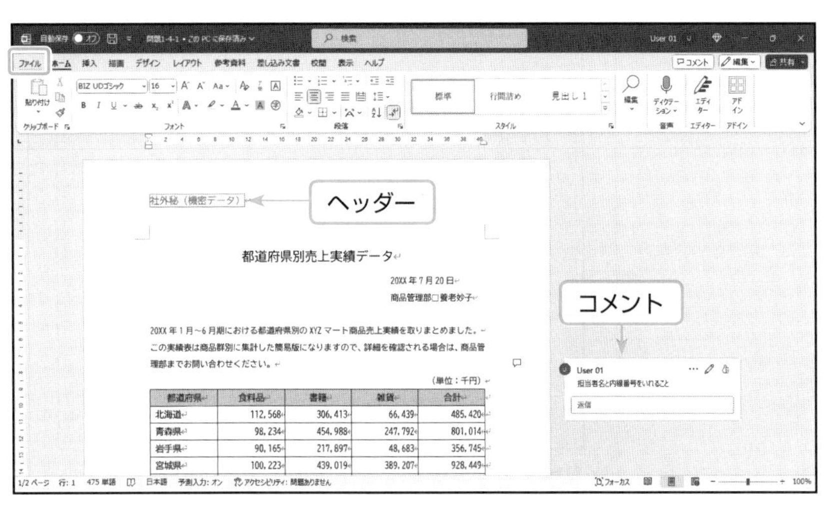

❷［情報］をクリックして［情報］画面を表示します。

❸［問題のチェック］をクリックします。

❹［ドキュメント検査］をクリックします。

> **ヒント**
> **文書のプロパティと個人情報**
> ［ファイル］タブの［情報］画面の右側に、文書のプロパティのタイトルや作成者などの情報が表示されています。

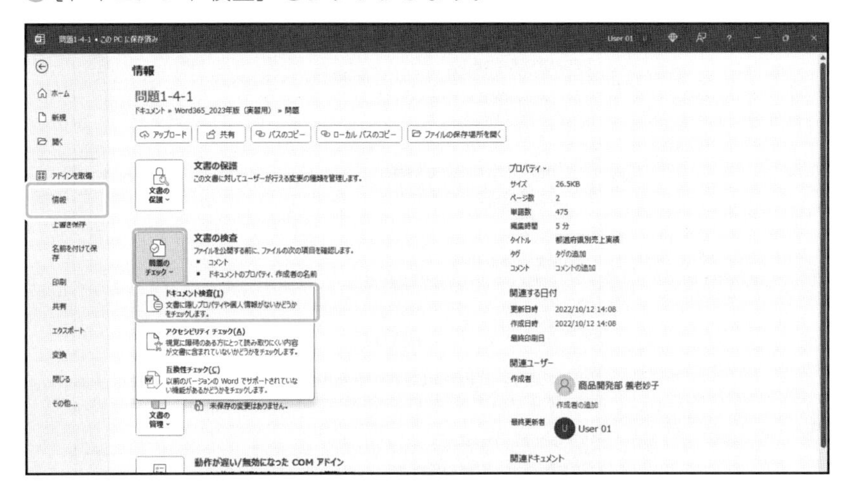

❺［ドキュメントの検査］ダイアログボックスが表示されます。

❻［インク］以外のチェックボックスがオンになっていることを確認します。

❼［検査］をクリックします。

ヒント
ヘッダーとフッター
この文書のドキュメント検査の結果にはヘッダーとフッターも見つかっています。

❽ ドキュメント検査が実行され、検査結果からコメントと文書のプロパティと作成者、さらにヘッダーとフッターが見つかったことを確認します。

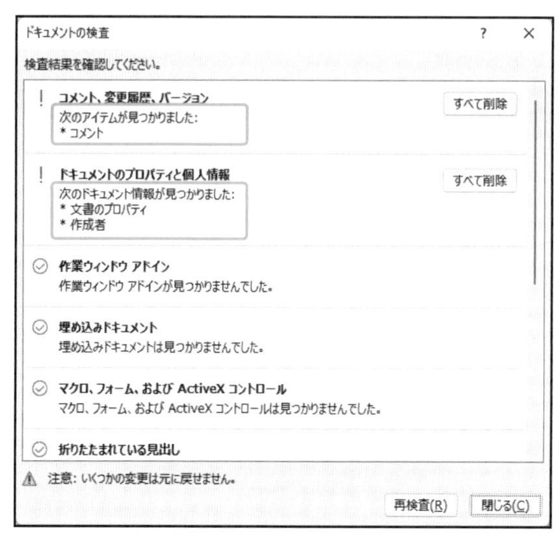

【操作 2】

❾［コメント、変更履歴、バージョン］の右側の［すべて削除］をクリックします。

❿ 続けて［ドキュメントのプロパティと個人情報］の右側の［すべて削除］をクリックします。

⓫ コメントと文書のプロパティと作成者が削除されたことを確認します。

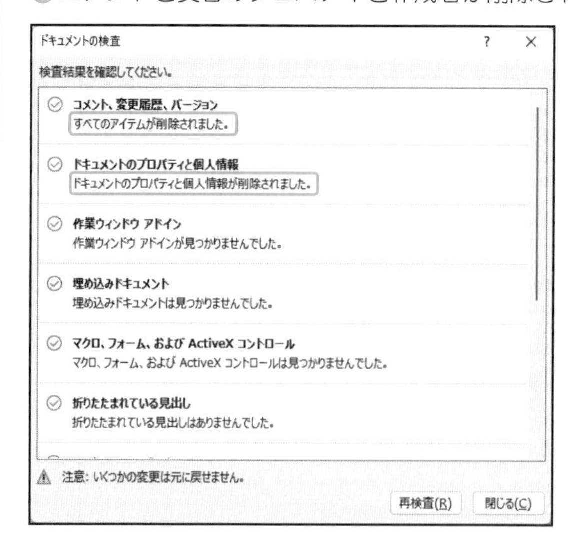

⑫スクロールして、[ヘッダー、フッター、透かし]は削除されていないことを確認します。

⑬[閉じる] をクリックします。

⑭[ファイル] タブの [情報] 画面で作成者情報と最終更新者情報が削除されていることを確認します。

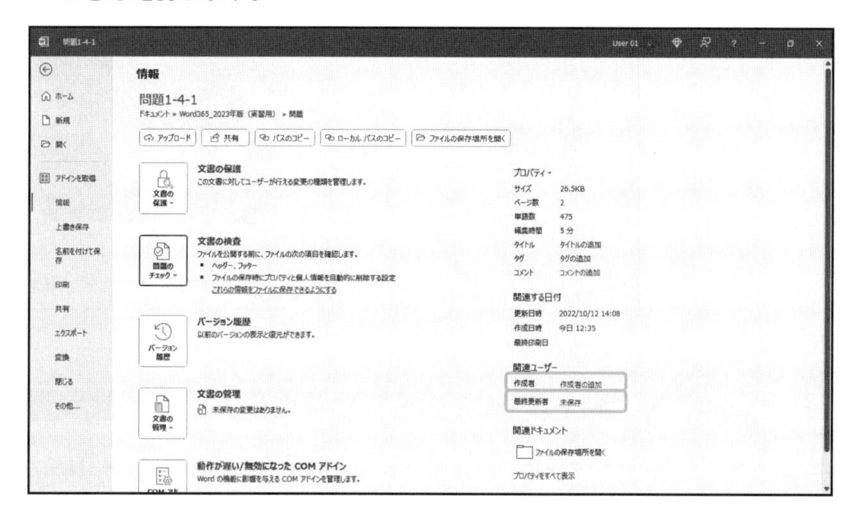

⑮**Esc** キーを押して [ホーム] タブを表示します。

⑯コメントが削除されていることを確認します。

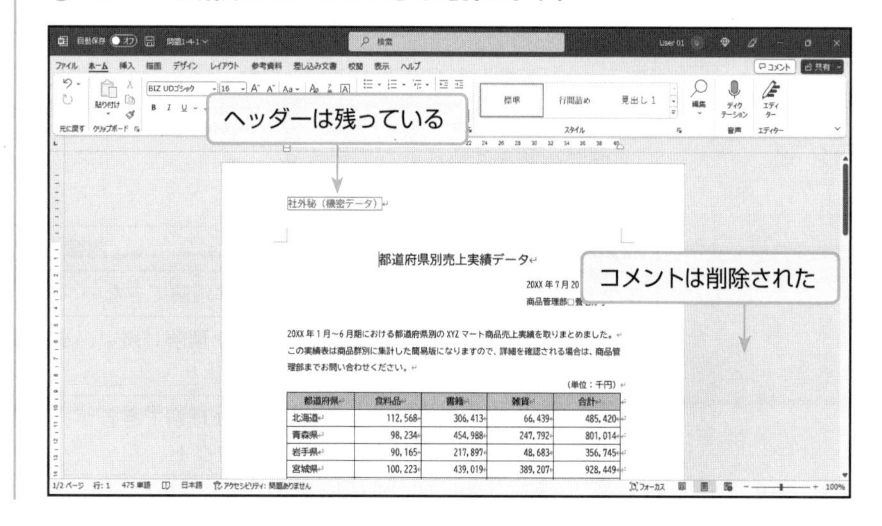

1-4-2 アクセシビリティに関する問題を見つけて修正する

練習問題

問題フォルダー
└問題 1-4-2.docx

解答フォルダー
└解答 1-4-2.docx

【操作 1】アクセシビリティチェックを実行します。
【操作 2】表に関するエラーを修正します。その他のエラーはそのままにします。
【操作 3】自動的に生成された図の代替テキストを「ぶどう畑とワインのイラスト」に変更します。

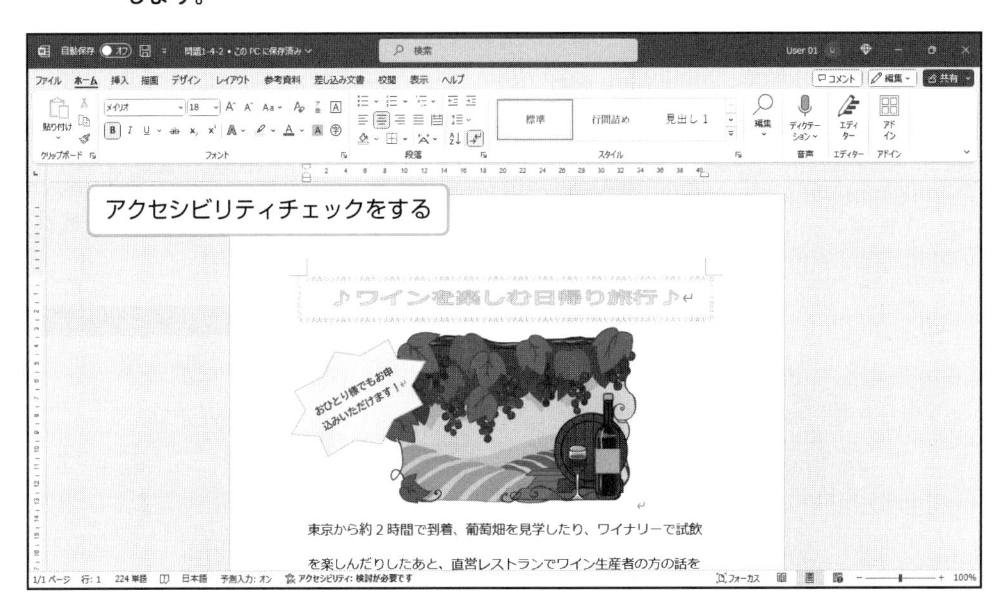

機能の解説

- アクセシビリティチェック
- 代替テキスト
- [おすすめアクション]
- [タイトル行] チェックボックス

アクセシビリティチェックとは、障がいがあるユーザーが文書を使うときに問題が生じないかどうかを調べる機能です。音声読み取りソフトを使用している場合などに図や表などが正しく読み取りできるか、認識しにくいデータが含まれていないかを検査します。
検査は［校閲］タブの［アクセシビリティチェック］ボタンをクリックすると実行されます。検査結果は［アクセシビリティ］作業ウィンドウに表示されます。見つかった問題は、［エラー］［警告］［インテリジェントサービス］の３つに分類されて、項目をクリックすると表示される［おすすめアクション］から選択して変更したり、理由や修正方法を確認して問題を解決することができます。

検査結果の分類	内容
エラー	障がいのあるユーザーが理解できない、または読み取れないオブジェクト
警告	障がいのあるユーザーが理解し難い、または読み取りにくい可能性が高いオブジェクト
インテリジェントサービス	障がいのあるユーザーが理解できるが、よりわかりやすくするために改善したほうがよいオブジェクト

[アクセシビリティ] 作業ウィンドウ

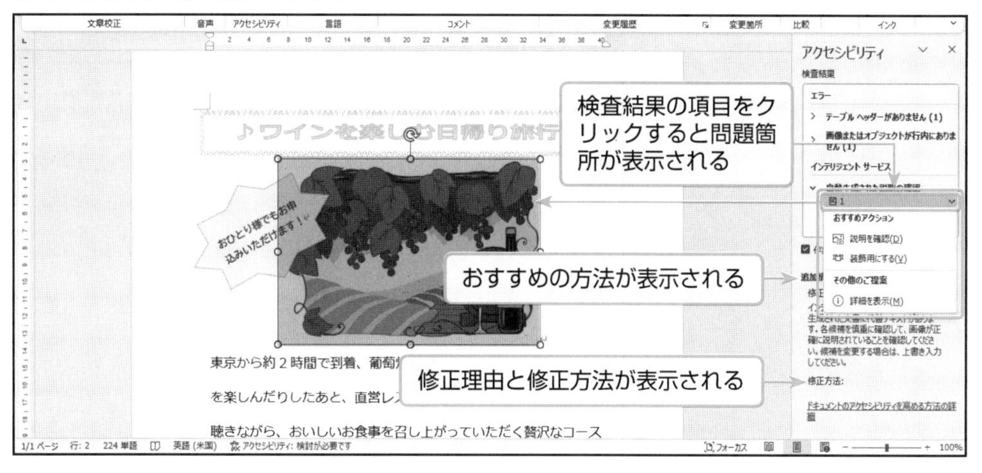

●表に関するエラー

[アクセシビリティ] 作業ウィンドウに「テーブルヘッダーがありません」が表示された場合は、表の列見出しが設定されていないため音声読み上げソフトで認識されないというエラーです。修正するには、クリックすると表示される [おすすめアクション] から選択するか、[テーブルデザイン] タブの [タイトル行] チェックボックスをオンにします。

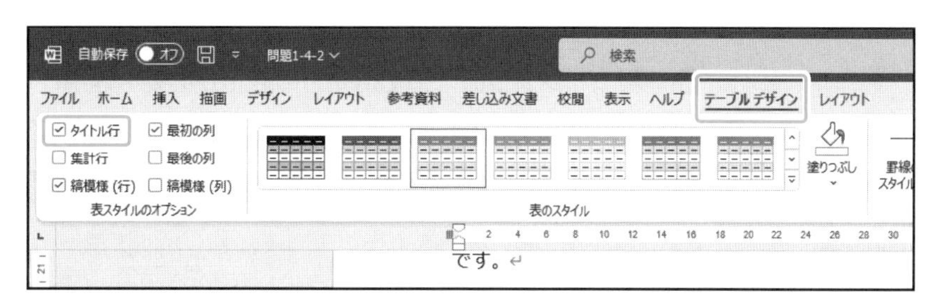

●代替テキストの設定

代替テキストとは、音声読み上げソフトを使用している場合や Web ブラウザーで画像を表示できない場合に画像などの要素の内容を表示する文章のことです。画像や SmartArt などのオブジェクトに自動で代替テキストが追加されているので [代替テキスト] 作業ウィンドウで確認し、必要があれば修正します。

操作手順

その他の操作方法

アクセシビリティチェック

[ファイル] タブの [情報] 画面の [問題のチェック] の [アクセシビリティチェック] をクリックしても実行できます。

【操作 1】

❶ [校閲] タブの [アクセシビリティチェック] ボタンをクリックします。

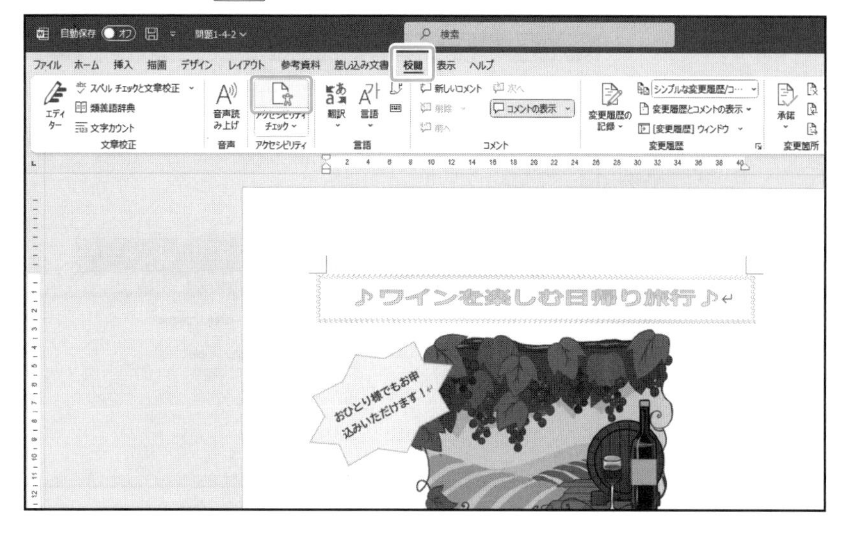

❷［アクセシビリティ］作業ウィンドウに検査結果が表示されます。

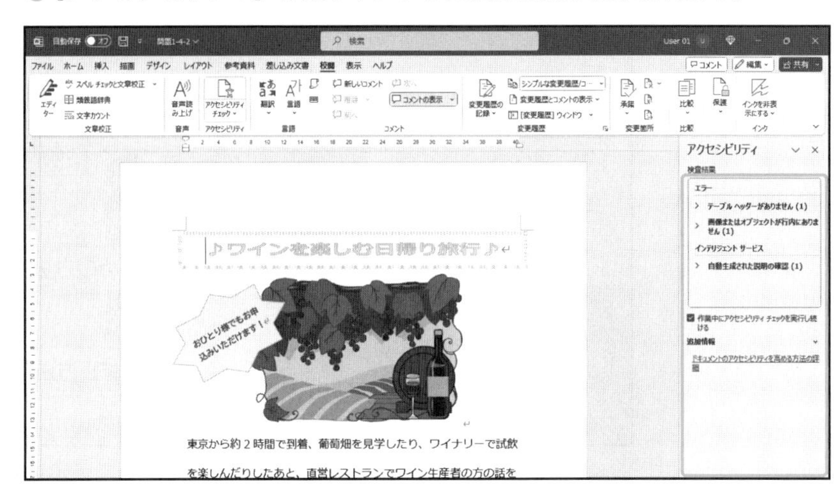

【操作 2】

❸［アクセシビリティ］作業ウィンドウの［エラー］の［テーブルヘッダーがありません（1）］をクリックします。

❹下に表示される［表］をクリックします。

❺対象の表の 1 行目が選択されます。

❻作業ウィンドウの［追加情報］の修正が必要な理由と修正方法を確認します。

❼［おすすめアクション］の［最初の行をヘッダーとして使用］をクリックします。

その他の操作方法

表のタイトル行

表内にカーソルを移動すると表示される［テーブルデザイン］タブの［タイトル行］チェックボックスをオンにします。

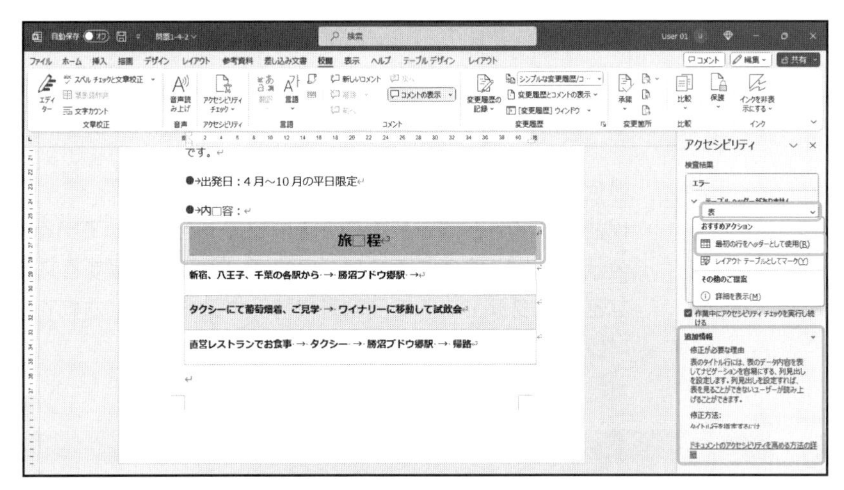

❽表に列見出しが設定され、［アクセシビリティ］作業ウィンドウの［テーブルヘッダーがありません］の表示がなくなります。

ヒント

表の書式

表に罫線や網掛けなどをまとめて設定する表のスタイルを適用している場合は［タイトル行］チェックボックスをオンにすると表の1行目に自動的に書式が設定されます。

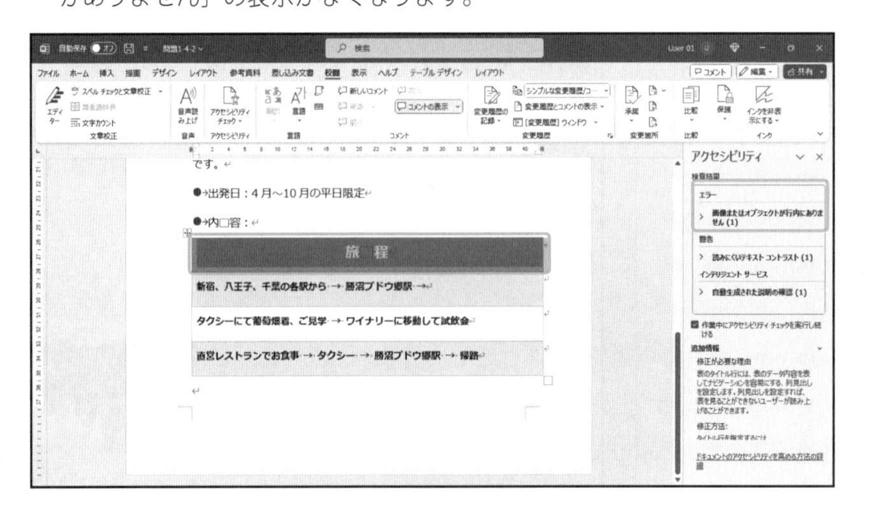

❾［警告］の［読み取りにくいテキストコントラスト（1)］をクリックします。

❿下に表示される［旅程］をクリックします。

⓫表の１行目が選択されます。

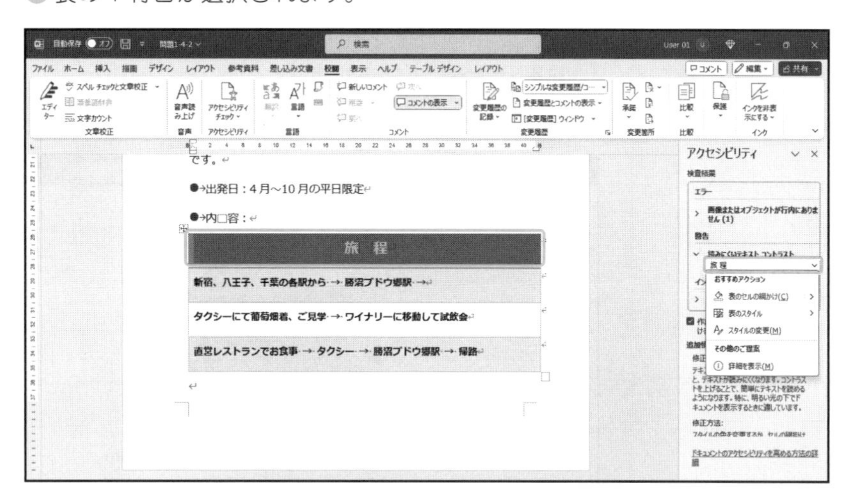

⓬［ホーム］タブをクリックします。

⓭［フォントの色］ボタンの▼をクリックして、［自動］をクリックします。

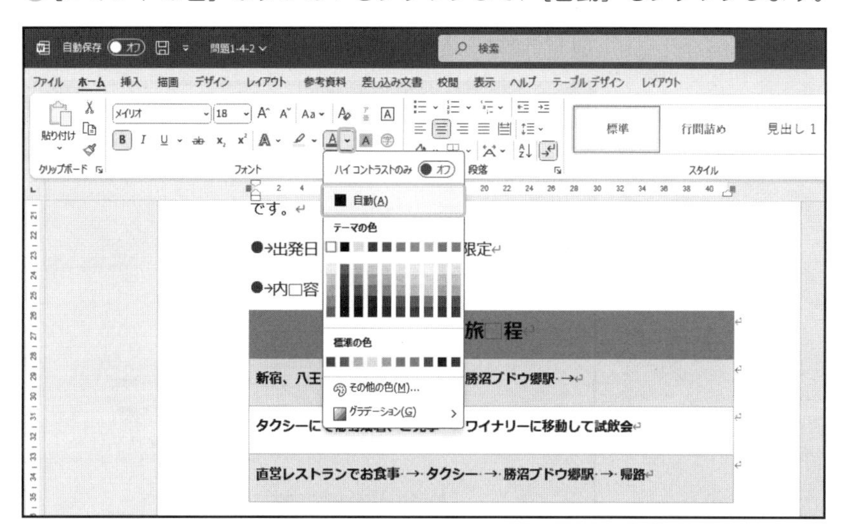

⓮表の１行目の文字の色が変更され、［アクセシビリティ］作業ウィンドウの［警告］の表示がなくなります。

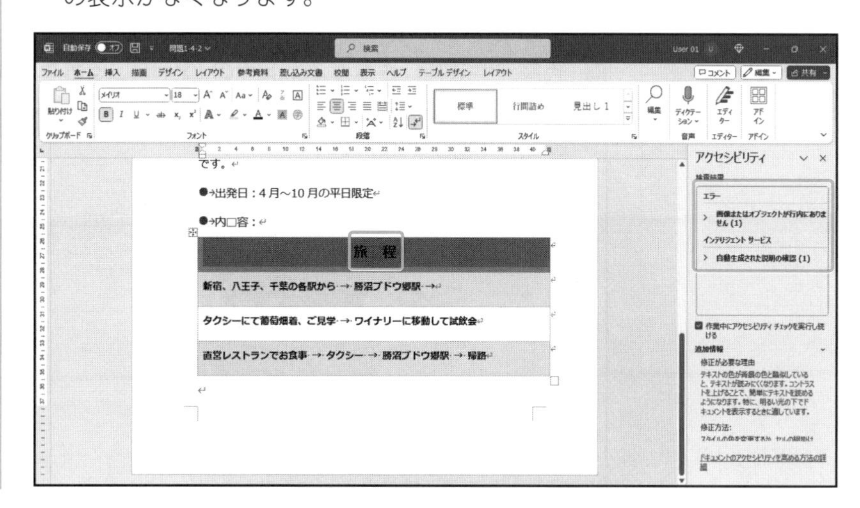

【操作 3】

⑮［アクセシビリティ］作業ウィンドウの［インテリジェント サービス］の［自動生成された説明の確認（1）］をクリックします。

⑯ 下に表示される［図 1］をクリックします。

⑰ 対象の画像が選択されます。

⑱［おすすめアクション］の［説明を確認］をクリックします。

その他の操作方法

［代替テキスト］作業ウィンドウの表示

選択された図を右クリックして、ショートカットメニューの［代替テキストを表示］をクリックしても表示できます。

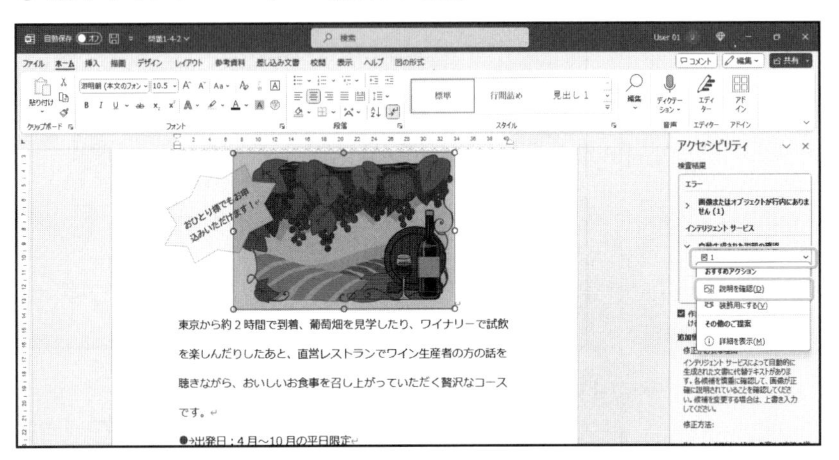

⑲［代替テキスト］作業ウィンドウが表示されます。

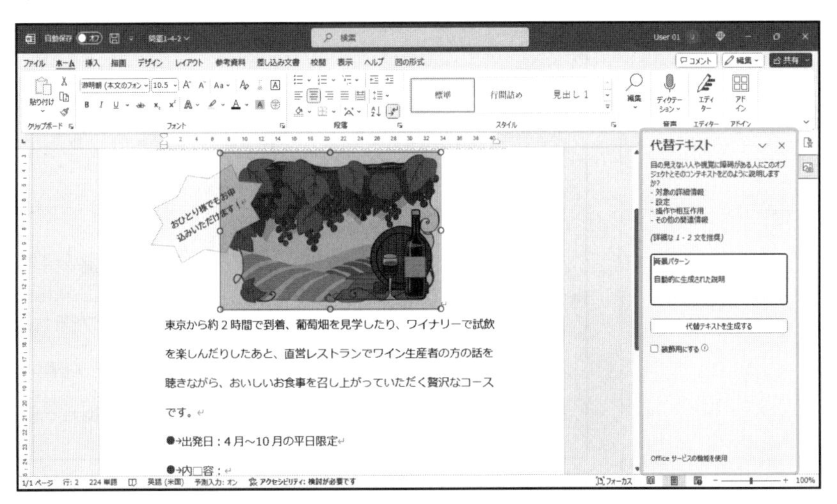

⑳ 作業ウィンドウの自動生成された代替テキストをすべて削除して「ぶどう畑とワインのイラスト」と入力します。

㉑［代替テキスト］作業ウィンドウの ✕ 閉じるボタンをクリックします。

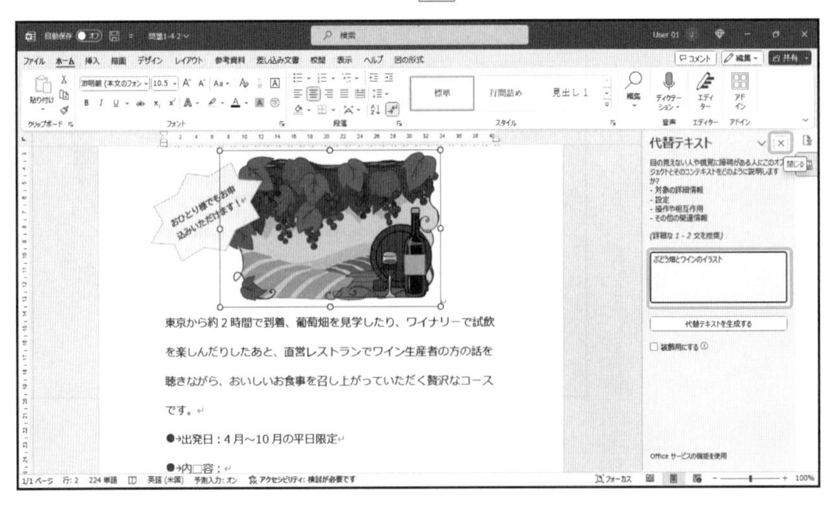

ヒント

エラーの内容

作業ウィンドウの［エラー］に表示されている［画像またはオブジェクトが行内にありません。］とは、図などの文字列の折り返しが［行内］以外に設定されていると表示されます。文字列の折り返しを［行内］に変更すると表示は消えます。

㉒［アクセシビリティ］作業ウィンドウの［自動生成された説明の確認］の表示がなくなります。

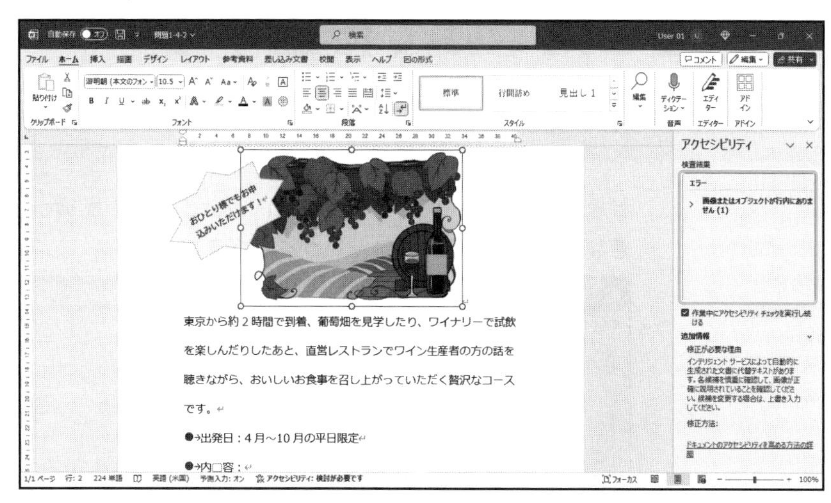

※ 解答操作が終了したら、［×］閉じるボタンをクリックして［アクセシビリティ］作業ウィンドウを閉じます。

1-4-3 下位バージョンとの互換性に関する問題を見つけて修正する

練習問題

問題フォルダー
└問題 1-4-3.docx

解答ファイルはありません。本書に掲載した画面を参照してください。

互換性チェックを実行し、文書に、Word 2007 と Word 2010 のバージョンでは利用できない機能が含まれていないかを調べます。

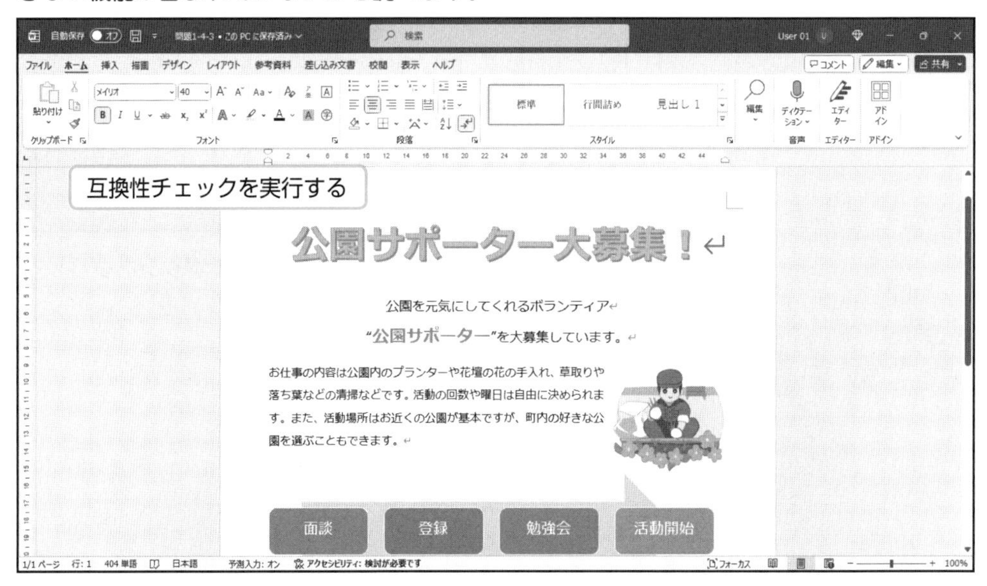

機能の解説

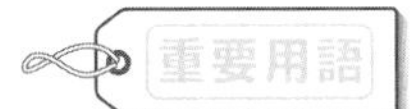

- 互換性チェック
- [Microsoft Word 互換性チェック] ダイアログボックス
- [問題のチェック]
- 互換モードから変換

Word 365 で作成した文書を旧バージョンの Word で開いた場合、サポートされていない機能は自動的に無効になったり、別の機能に置き換えられたりします。互換性チェックを利用すると、事前に旧バージョンの Word で使用できない機能が含まれていないかとその件数を調べることができます。互換性チェックは、[ファイル] タブの [問題のチェック] から実行し、[Microsoft Word 互換性チェック] ダイアログボックスに概要が表示されます。

[Microsoft Word 互換性チェック] ダイアログボックス

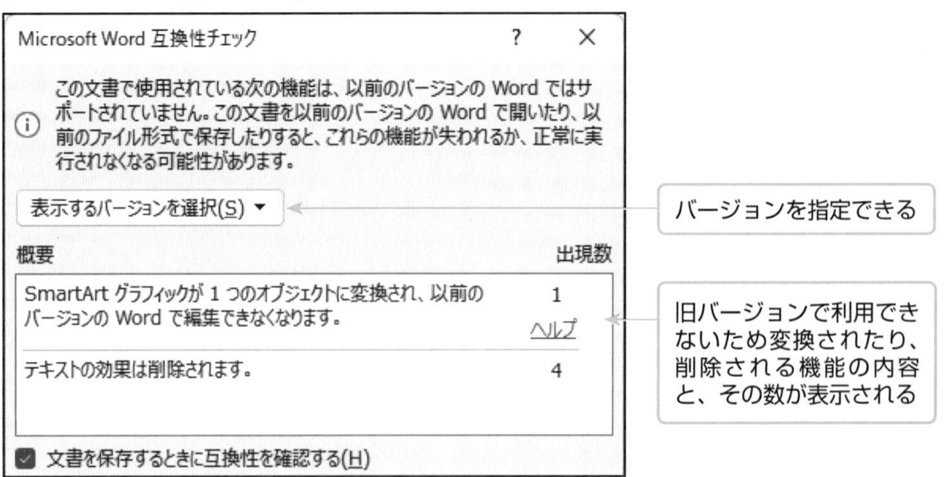

なお、旧バージョンの Word 用に変換される機能がない場合は、「互換性の問題は見つかりませんでした」と表示されます。

●互換モードから変換する

Word 365で、Word 2010以前のバージョンで作成された文書を開くと、通常はタイトルバーに「互換モード」と表示されます。Word 365の新機能が使用できない互換モードのままで文書を利用することはできますが、Word 365のファイル形式に変換することもできます。

［情報］画面の［変換］をクリックして行います。次に表示されるファイル形式の変更に関するメッセージで［OK］をクリックすると、互換モードが解除され、Word 365のレイアウトに変換されます。

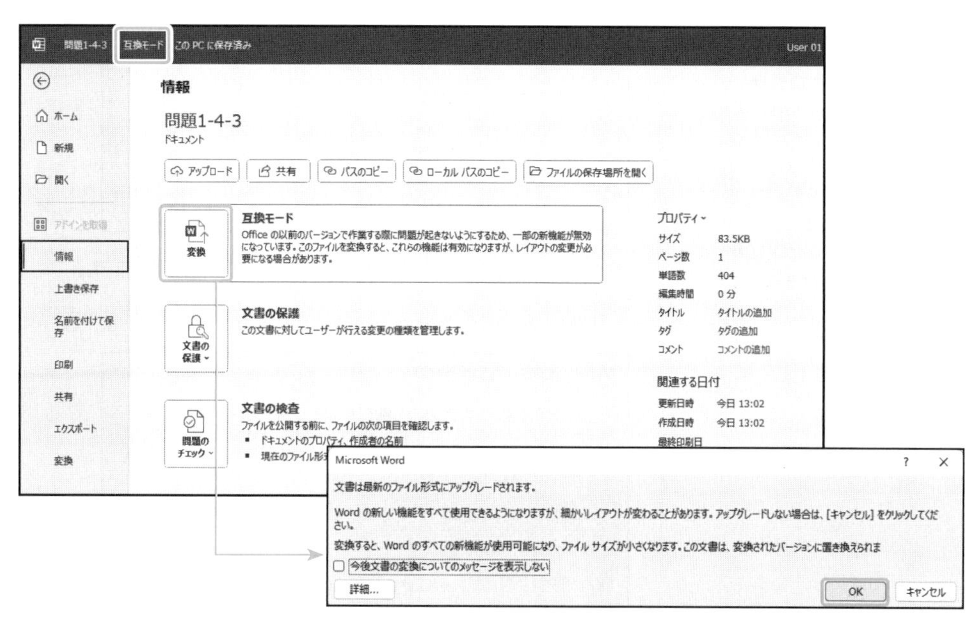

操作手順

❶［ファイル］タブの［情報］をクリックします。

❷［情報］画面が表示されます。

❸［問題のチェック］をクリックします。

❹［互換性チェック］をクリックします。

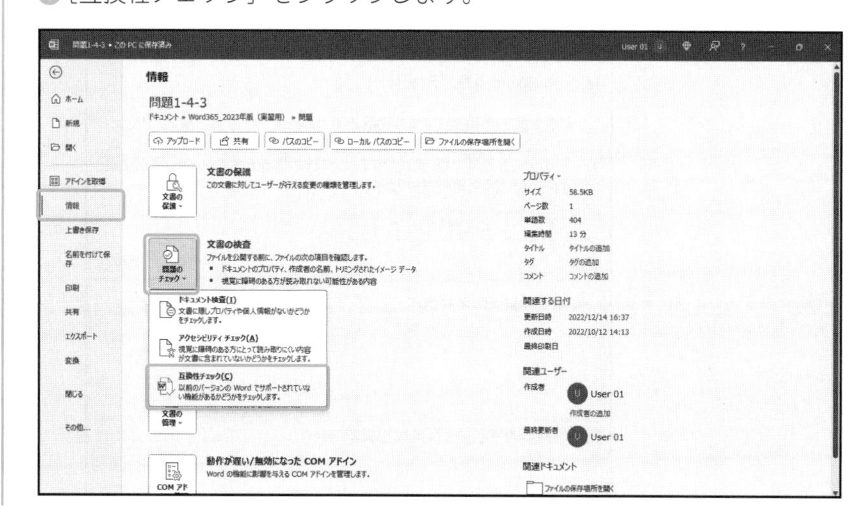

ヒント

［概要］に表示された機能

この文書には、1行目に文字の効果が設定されており、文書の中央部にSmartArtが挿入されています。

ヒント

互換性チェックの自動実行

初期設定では、Word 97-2003形式でファイルを保存する際に使用できない機能が含まれている場合には自動的に互換性チェックが働き、［Microsoft Word 互換性チェック］ダイアログボックスが表示されます。このダイアログボックス内の［文書を保存するときに互換性を確認する］チェックボックスをオフにすると次回から互換性チェックが実行されなくなります。

⑤［Microsoft Word 互換性チェック］ダイアログボックスが表示されます。

⑥［概要］ボックスに旧バージョンでサポートされていない機能が表示されます。

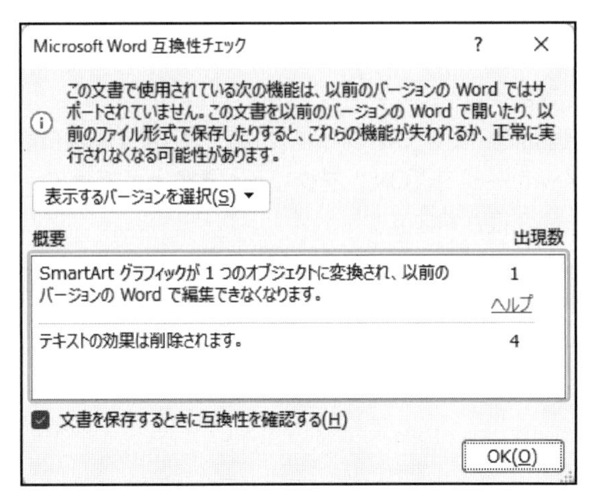

⑦［表示するバージョンを選択］をクリックします。

⑧［Word 97-2003］チェックボックスをオフにします。

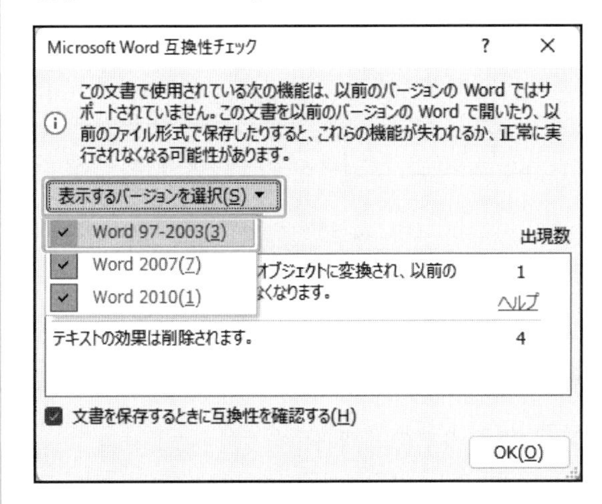

⑨［概要］ボックスにWord 2007とWord 2010で対応していない機能が表示されます。

⑩［OK］をクリックします。

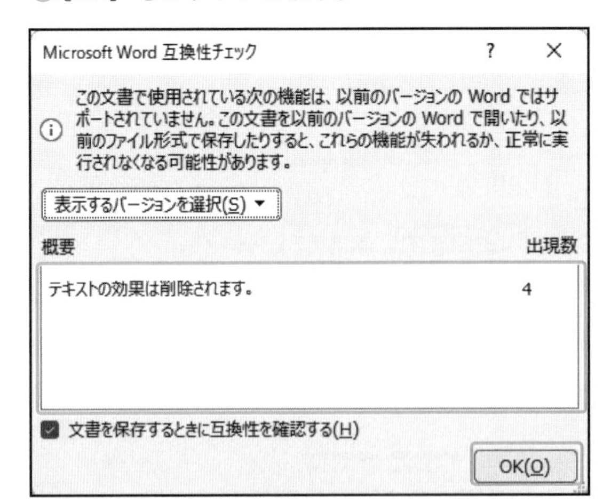

Chapter 2

文字、段落、セクションの挿入と書式設定

本章で学習する項目

- □ 文字列を挿入する
- □ 文字列や段落の書式を設定する
- □ 文書にセクションを作成する、設定する

2-1 文字列を挿入する

ここでは、特定の文字列を検索して別の語句に変更する置換機能と、キーボードからは入力できない記号や機種依存文字や制御文字などの特殊文字を挿入する方法を学習します。

2-1-1 文字列を検索する、置換する

練習問題

問題フォルダー
└問題 2-1-1.docx
解答フォルダー
└解答 2-1-1.docx

【操作 1】「検索と置換」の機能を利用して、文書内の文字列「温度」を順番に検索し、「気温」に置換します。
【操作 2】文書内のすべての「頂上」を太字と二重下線の書式にまとめて置換します。

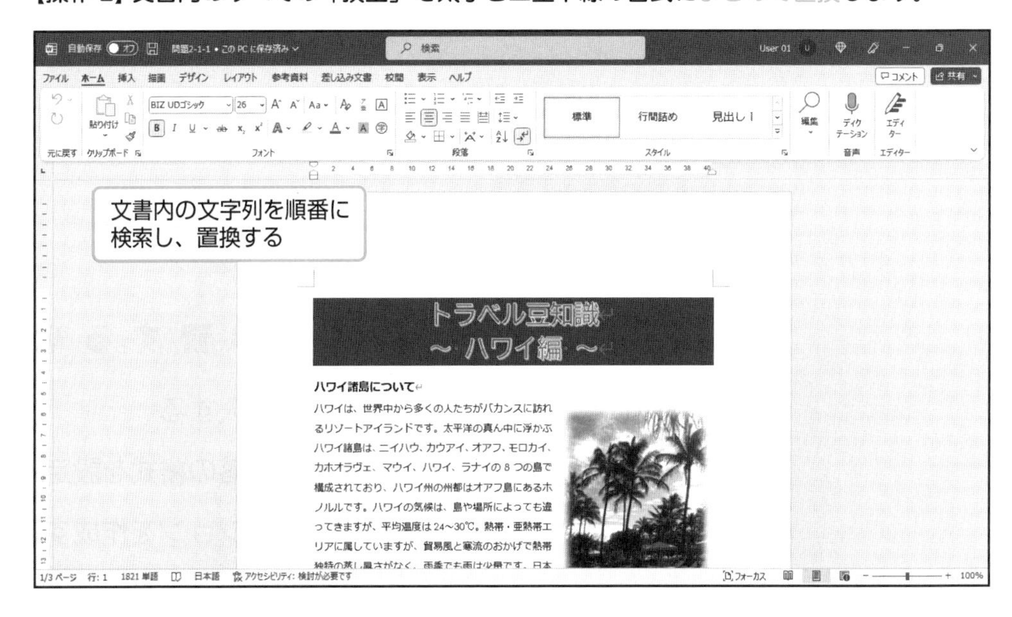

機能の解説

□ 検索
□ 置換
□ [検索と置換] ダイアログボックス

[検索と置換] ダイアログボックスを使用すると、指定した文字列を順番に検索したり、別の文字列に置き換えたりすることができます。[検索と置換] ダイアログボックスは [ホーム] タブの [置換] ボタンをクリックして表示します。[置換] タブの [検索する文字列] ボックスに検索する文字列を入力し、[置換後の文字列] ボックスには変更後の文字列を入力します。順番に検索していくときは [次を検索] をクリックし、[置換後の文字列] ボックスに入力した文字列に変換するには [置換] をクリックします。
また、該当箇所を1か所ずつ確認せずに、すべての該当箇所をまとめて置換することもできます。[検索と置換] ダイアログボックスの [すべて置換] をクリックします。文書全体を対象として置換が実行され、実行結果の件数を表示する画面が表示されます。

●検索された箇所の強調表示

［すべて置換］を実行すると、文書全体から検索する文字列を探し出してすべての該当箇所を置換します。該当する箇所をあらかじめ確認しておきたい場合は、［検索と置換］ダイアログボックスの［検索］タブで［検索する文字列］ボックスに入力し、［検索された項目の強調表示］の［すべて強調表示］を実行しておくとよいでしょう。

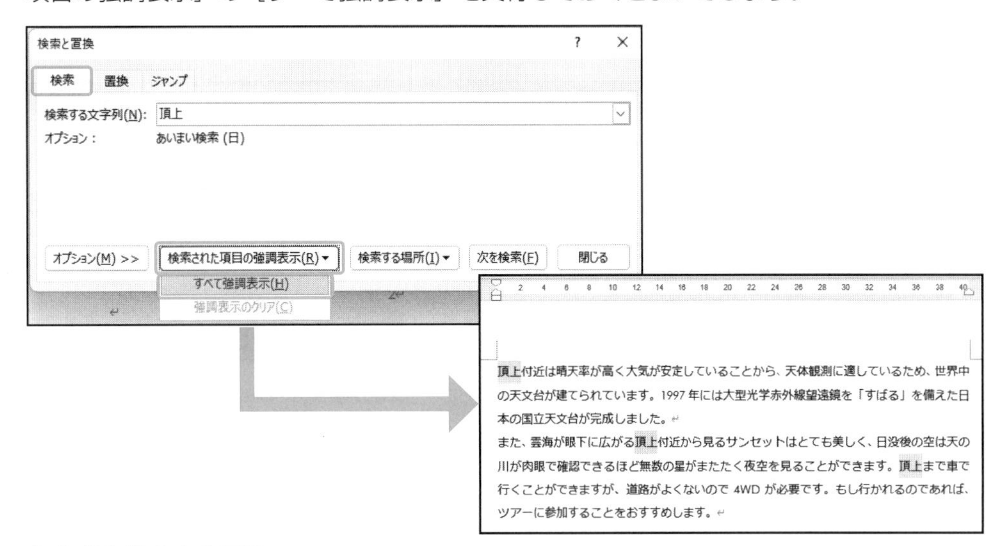

●書式を設定する置換

［検索と置換］ダイアログボックスの［置換］タブでは、特定の文字列を検索して指定した書式を設定することができます。［オプション］をクリックしてダイアログボックスを拡張表示し、［書式］の一覧から書式の種類を指定します。この問題の【操作 2】のように文字書式を設定する場合は、［書式］をクリックして［フォント］を選択し、次に表示される［置換後の文字］ダイアログボックスで追加する書式を指定します。元の［検索と置換］ダイアログボックスに戻ると［置換後の文字列］ボックスに設定した書式が表示されるので、その後、［置換］または［すべて置換］を実行します。

［検索と置換］ダイアログボックスで文字書式を指定する

操作手順

【操作 1】

❶ 1 行目の行頭にカーソルが表示されていることを確認します。

❷［ホーム］タブの［編集］ボタンをクリックし、［置換］ボタンをクリックします。

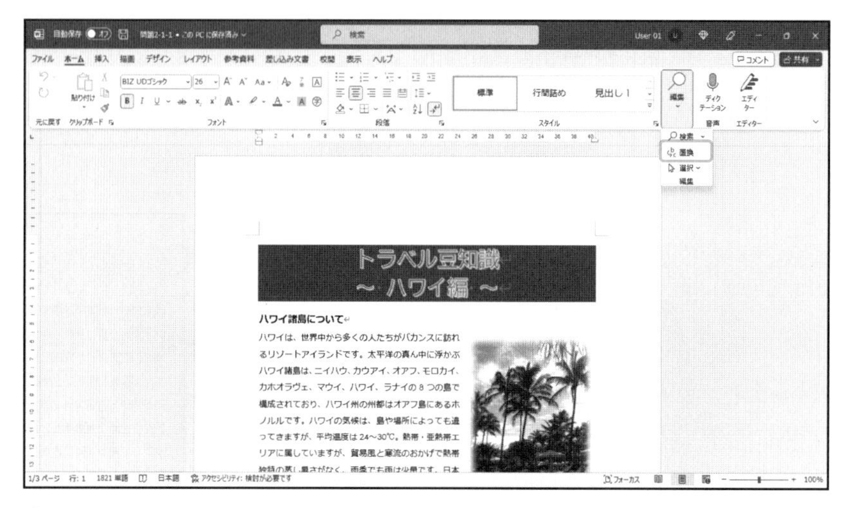

❸［検索と置換］ダイアログボックスの［置換］タブが表示されます。

❹［検索する文字列］ボックスに「温度」と入力します。

❺［置換後の文字列］ボックスに「気温」と入力します。

❻［次を検索］をクリックします。

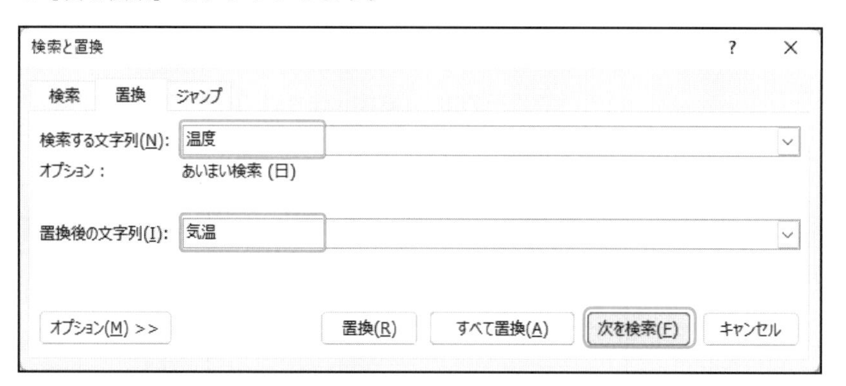

❼ 最初の検索箇所が選択されます。

❽［置換］をクリックします。

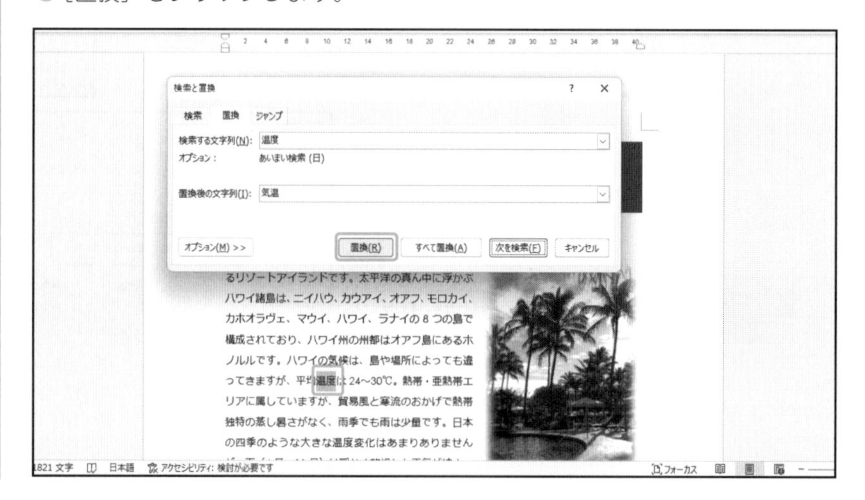

ヒント
検索の方向
カーソルの位置から下方向に検索が実行され、文書の末尾まで検索したら先頭に戻り、引き続きカーソルのある位置の直前まで文書全体が検索されます。

その他の操作方法
ショートカットキー
Ctrl + **H** キー
（［検索と置換］ダイアログボックスの［置換］タブの表示）

ポイント
履歴の文字列が残っている場合は
［検索する文字列］ボックス、［置換後の文字列］ボックス内に以前に入力した文字列が残っている場合は削除してから入力し直します。

ヒント
1 か所ずつ確認する
検索箇所を置換したくない場合は［次を検索］をクリックし、置換してよければ［置換］をクリックします。

❾置換が実行され、次の検索箇所が選択されます。

❿［置換］をクリックしながら、残りの文書内を検索して置換します。

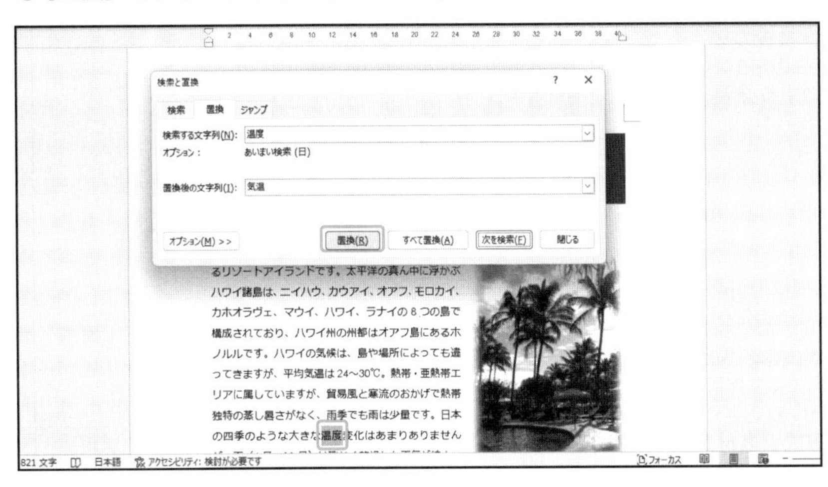

⓫文書の最後まで検索すると、「文書の検索が終了しました。」というメッセージが表示されるので、［OK］をクリックします。

【操作 2】

⓬［検索と置換］ダイアログボックスの［検索する文字列］ボックスに「頂上」と入力します。

⓭［置換後の文字列］ボックス内を削除し、カーソルを表示します。

⓮［オプション］をクリックします。

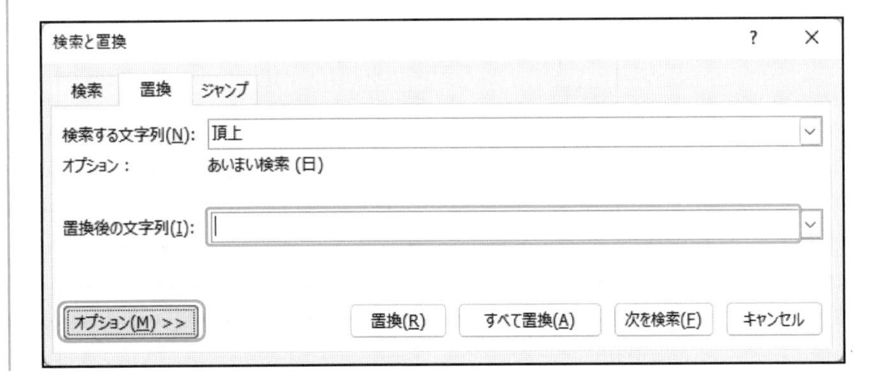

ポイント

置換後の文字列

文字は変えずに書式だけを設定する場合は、[置換後の文字列] ボックスは空白のままにします。文字を入力する必要はありません。

ヒント

履歴の書式が残っている場合

[検索と置換] ダイアログボックスは直前の検索内容が表示されるため、[検索する文字列] ボックスや [置換後の文字列] ボックスの下に書式の名称が表示されていることがあります。その場合はダイアログボックスの下方にある [書式の削除] をクリックして書式内容を削除します。

⑮ ダイアログボックスが拡張表示されます。

⑯ [書式] をクリックし、[フォント] をクリックします。

⑰ [置換後の文字」ダイアログボックスが表示されます。

⑱ [フォント] タブが選択されていない場合は選択します。

⑲ [スタイル] の一覧の [太字] をクリックします。

⑳ [下線] ボックスの▼をクリックし、＝＝＝＝ を選択します。

㉑ [OK] をクリックします。

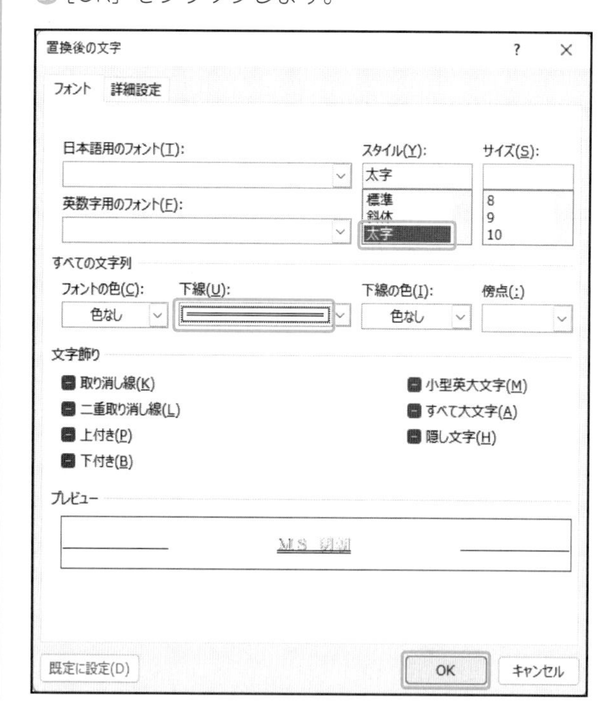

㉒［置換後の文字列］ボックスの下に［フォント：太字，二重下線］と表示されます。

㉓［すべて置換］をクリックします。

㉔すべて置換が終了すると､｢完了しました。4 個の項目を置換しました。」というメッセージが表示されるので、［OK］をクリックします。

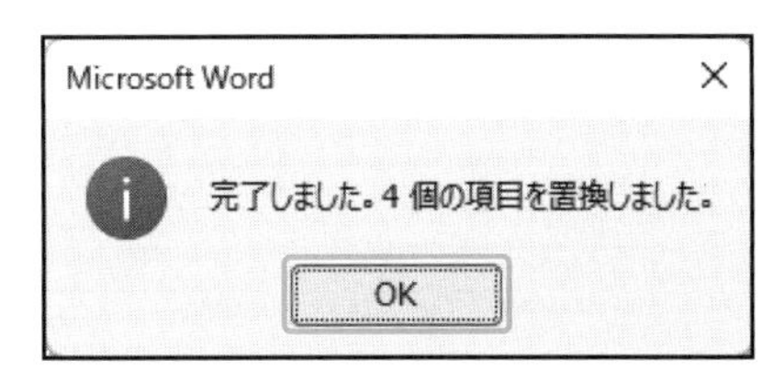

㉕［検索と置換］ダイアログボックスの［閉じる］をクリックします。

㉖ページをスクロールして指定した文字列が置換されていることを確認します。

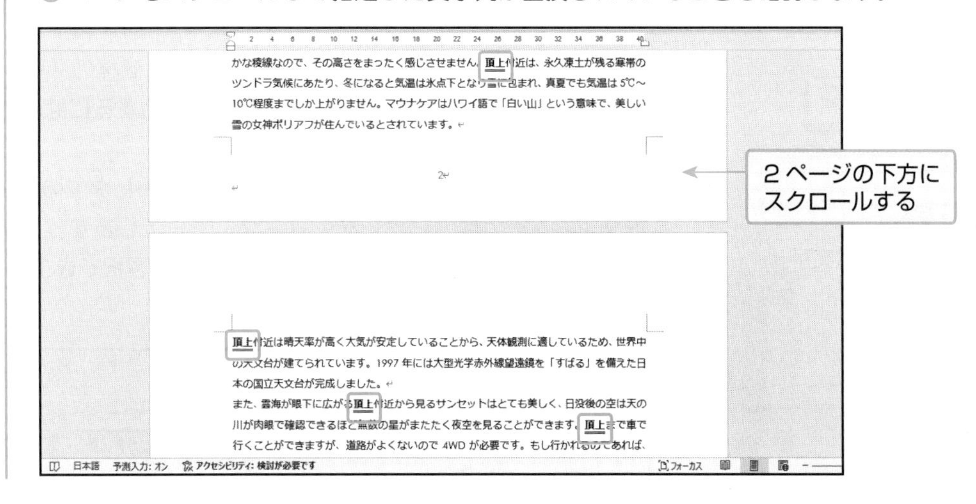

2-1-2 記号や特殊文字を挿入する

練習問題

問題フォルダー
└問題 2-1-2.docx

解答フォルダー
└解答 2-1-2.docx

【操作 1】1 番目の表の左から 2 番目のセルに通貨記号の「€」を記号と特殊文字の一覧から入力します。

【操作 2】2 番目の表の「和亜土」の後ろに商標の「™」を特殊文字で入力します。

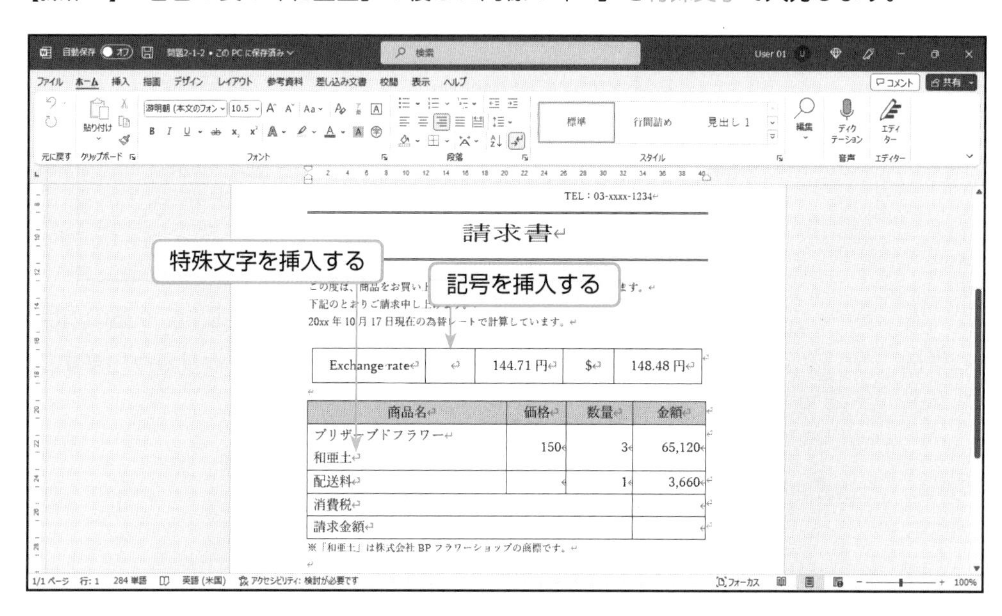

機能の解説

重要用語

- 記号
- 特殊文字
- [記号と特殊文字] ダイアログボックス

著作権を表す「©」や登録商標マークの「®」、商標の「™」、通貨記号の「£」や「€」などのキーボードにはない記号や特殊文字を入力するには、[記号と特殊文字] ダイアログボックスの一覧から選択すると便利です。

[記号と特殊文字] ダイアログボックスは、[挿入] タブの Ω記号と特殊文字 [記号と特殊文字] ボタンの [その他の記号] をクリックして表示します。[記号と特殊文字] タブでは、フォントや種類を指定して一覧から記号や文字を選択できます。

[記号と特殊文字] ダイアログボックス

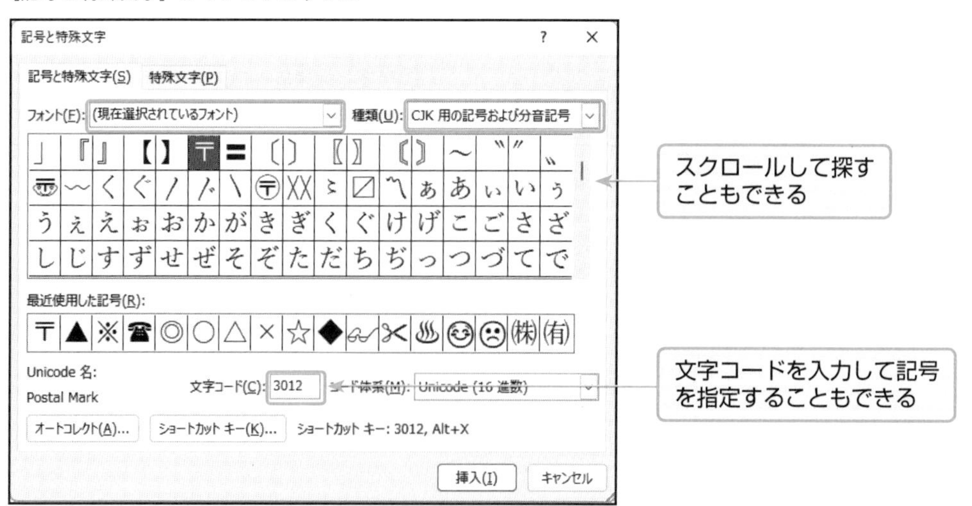

［特殊文字］タブでは、コピーライトや登録商標、商標の記号を選択できます。

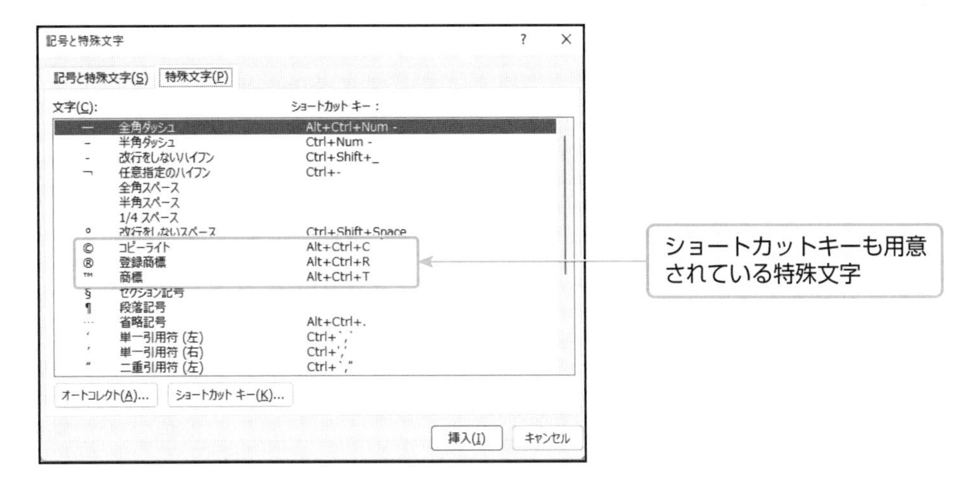

操作手順

ヒント
［記号と特殊文字］ボタン
［記号と特殊文字］ボタンのすぐ下に表示される一覧には、よく使用されるまたは最近使用した記号や特殊文字が表示されます。

ヒント
［フォント］ボックス
［フォント］ボックスの▼からフォントを変更することができます。フォントを切り替えると表示される記号が変わります。

【操作 1】

❶ 1 番目の表の左から 2 番目のセルにカーソルを移動します。

❷［挿入］タブの［Ω 記号と特殊文字］［記号と特殊文字］ボタンをクリックし、［その他の記号］をクリックします。

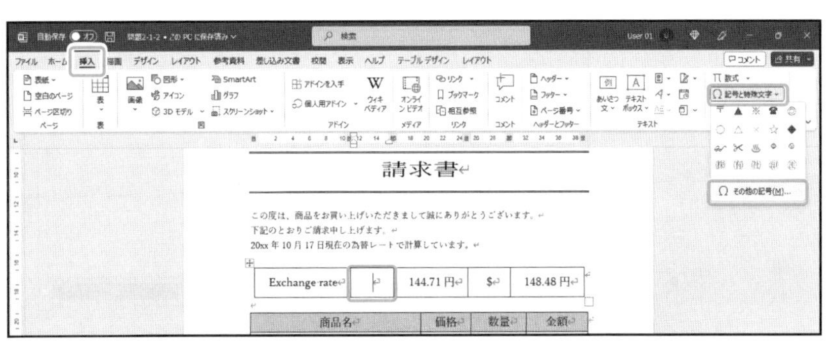

❸［記号と特殊文字］ダイアログボックスの［記号と特殊文字］タブが表示されます。

❹［フォント］ボックスの▼をクリックし、［(現在選択されているフォント)］をクリックします。

❺［種類］ボックスの▼をクリックし、［通貨記号］をクリックします。

❻ 一覧から［€］をクリックします。

❼［挿入］をクリックします。

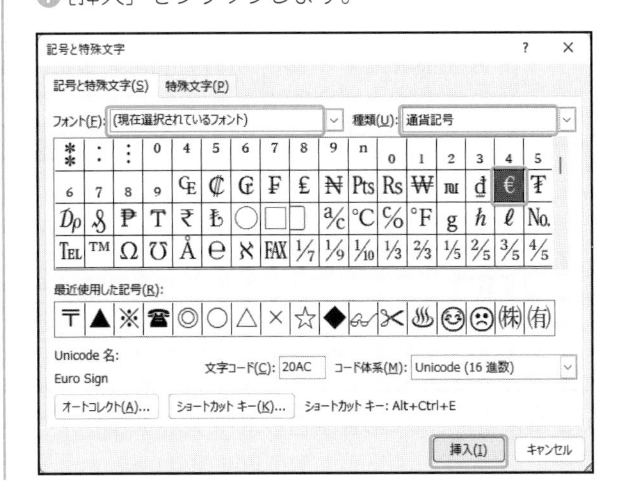

❽カーソルの位置に「€」が挿入されます。

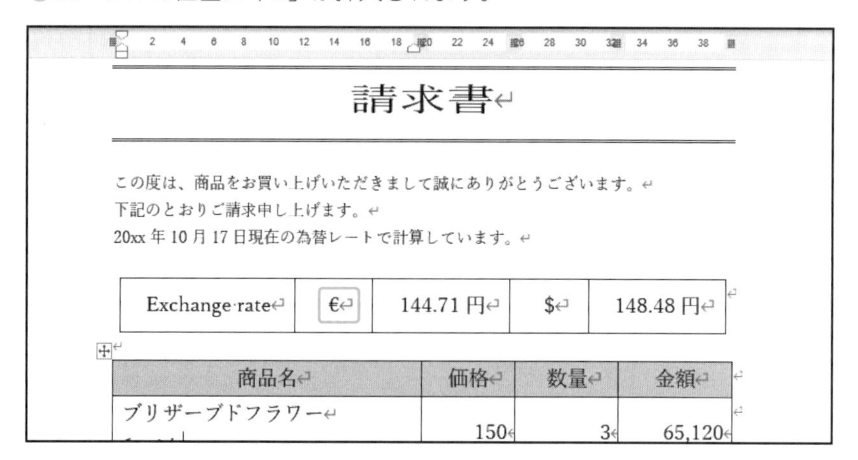

【操作 2】

❾［記号と特殊文字］ダイアログボックスを表示したまま、2 番目の表の「和亜土」の後ろをクリックしてカーソルを移動します。

❿表示されている［記号と特殊文字］ダイアログボックスの［特殊文字］タブをクリックします。

⓫一覧の［TM　商標］をクリックします。

⓬［挿入］をクリックします。

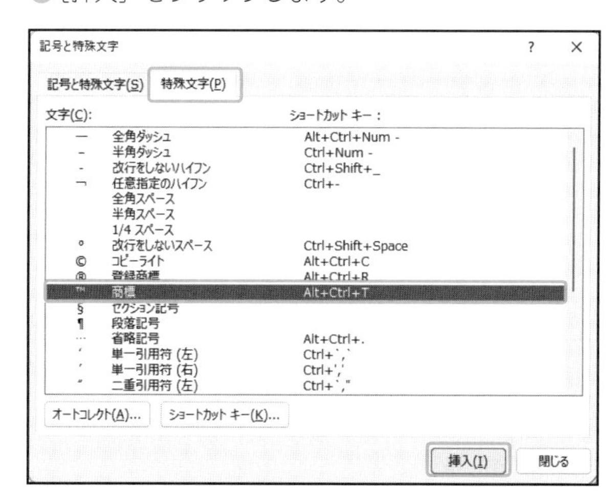

⓭カーソルの位置に商標記号が挿入されます。

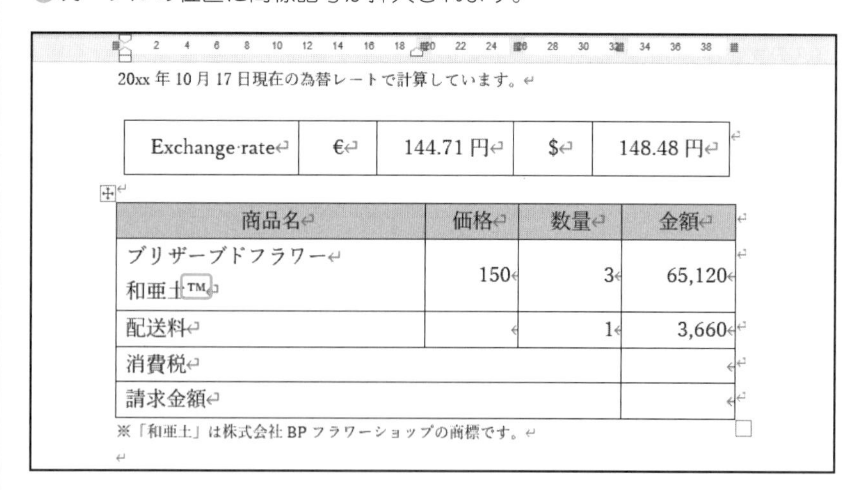

⓮［記号と特殊文字］ダイアログボックスの［閉じる］をクリックします。

その他の操作方法

商標の入力

［特殊文字］タブに表示される一覧の文字は、［ショートカットキー］を覚えて入力すると便利です。商標の入力なら、**Alt** + **Ctrl** + **T** キーです。

2-2 文字列や段落の書式を設定する

文字列や段落にはさまざまな書式が用意されています。影や反射といった効果を設定して文字を目立たせたり、段落の位置や間隔を変更して読みやすくすることができます。また、同じ書式を繰り返し利用したい場合は、書式をコピーして貼り付けたり、書式をまとめて登録したスタイルという機能を利用すると便利です。

2-2-1 文字の効果を適用する

練習問題

問題フォルダー
└問題 2-2-1.docx

解答フォルダー
└解答 2-2-1.docx

【操作 1】3 行目「開講 10 周年」から 4 行目「…のお知らせ」に「塗りつぶし：白；輪郭：青、アクセントカラー 5；影」（または「塗りつぶし - 白、輪郭 - アクセント 5、影」）の文字の効果を設定します。

【操作 2】19 行目「ビンゴ大会などの楽しい催し」に「光彩：5pt；オレンジ、アクセントカラー 2」の文字の効果を設定します。

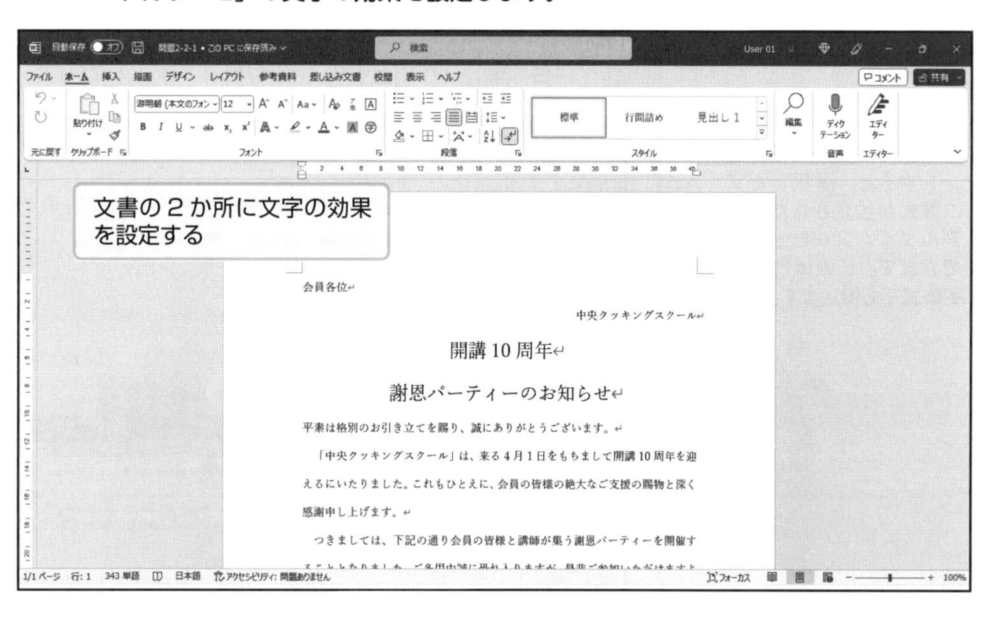

機能の解説

重要用語

- 文字書式
- 文字の効果
- [文字の効果と体裁]ボタン

文字単位で設定する書式を文字書式といい、フォントやフォントサイズ、太字、斜体などさまざまな種類が用意されています。よく使用される文字書式は、[ホーム] タブの [フォント] グループのボタンからすぐに選択ができます。

[ホーム] タブの [文字の効果と体裁] ボタンを使用すると、スタイルの一覧から選択したり、影や反射、鮮やかな色どりの光彩などを個別に設定して、選択した文字列をより引き立たせることができます。

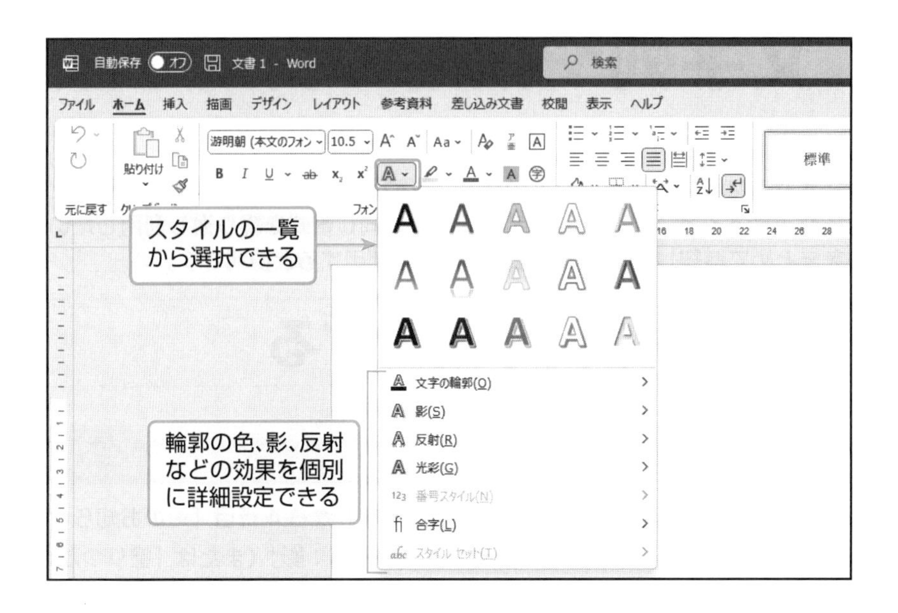

操作手順

ポイント

フォントのプレビュー

文字の効果の一覧から候補をポイントすると、選択した文字列に書式が設定された状態がリアルタイムプレビューで確認できます。この機能は他の文字書式でも働きます。

【操作 1】

❶3 行目「開講 10 周年」から 4 行目「…のお知らせ」を選択します。

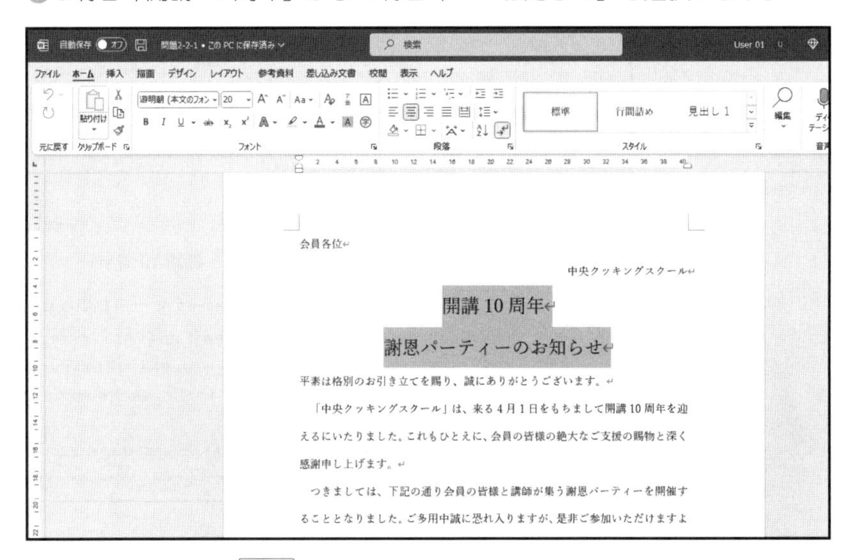

❷［ホーム］タブの［文字の効果と体裁］ボタンをクリックします。

❸［塗りつぶし：白；輪郭：青、アクセントカラー 5；影］（または［塗りつぶし - 白、輪郭 - アクセント 5、影］）の文字の効果をクリックします。

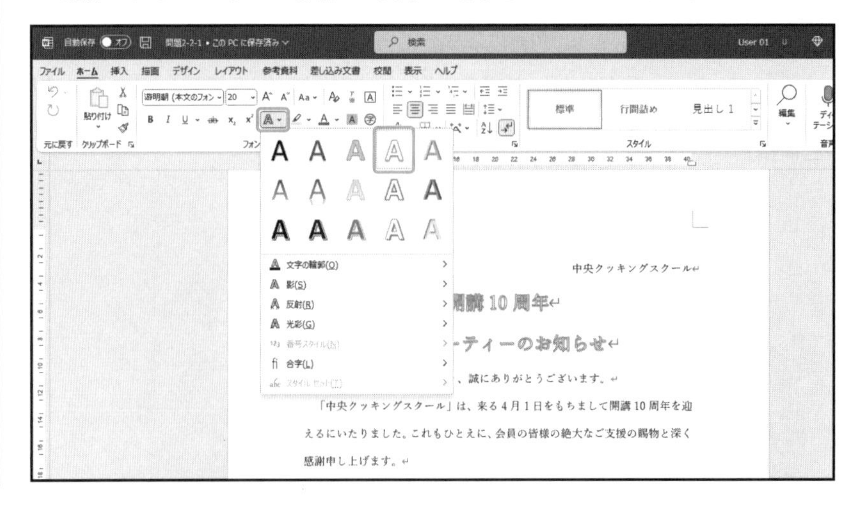

❹範囲選択を解除して、3 行目と 4 行目に文字の効果が設定されたことを確認します。

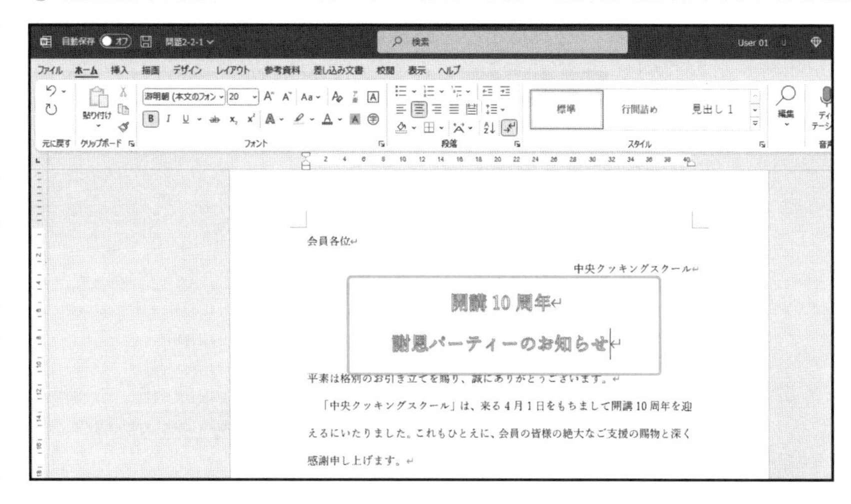

【操作 2】

❺19 行目「ビンゴ大会などの楽しい催し」を選択します。

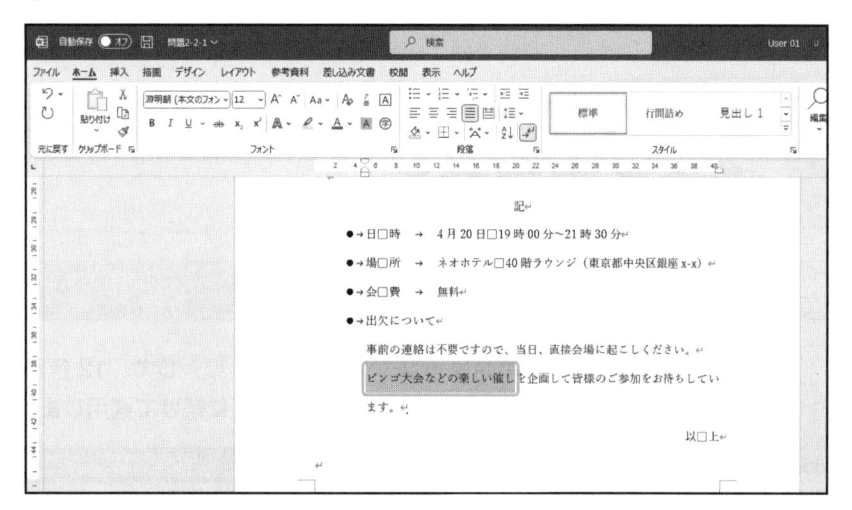

❻［ホーム］タブの［文字の効果と体裁］ボタンをクリックします。

❼［光彩］をポイントし、［光彩の種類］の［光彩：5pt；オレンジ、アクセントカラー 2］をクリックします。

ヒント
光彩
文字列の縁に鮮やかな色をぼかして表示する文字を装飾する効果です。

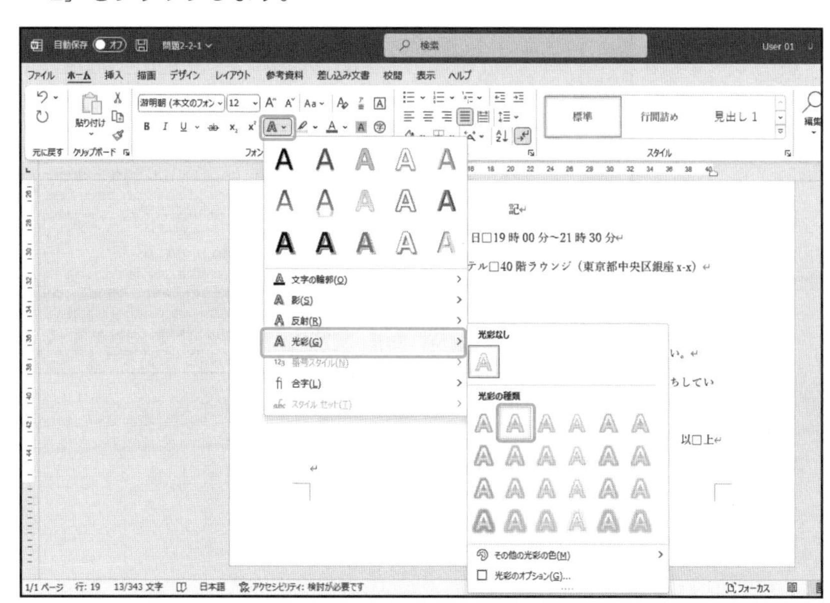

8 範囲選択を解除して、「ビンゴ大会などの楽しい催し」に文字の効果の光彩が設定されたことを確認します。

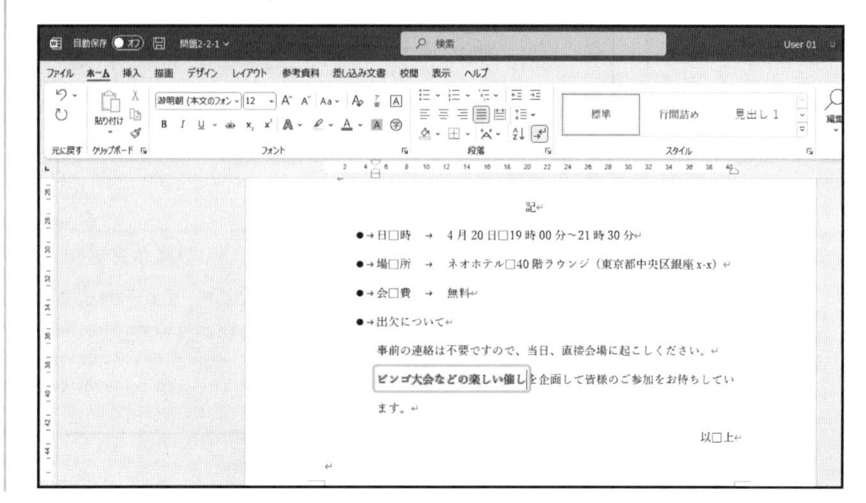

2-2-2 書式のコピー / 貼り付けを使用して、書式を適用する

練習問題

問題フォルダー
└問題 2-2-2.docx

解答フォルダー
└解答 2-2-2.docx

2 行目「■草原ゾーン…」の書式をコピーして、12 行目「小動物ゾーン」の行と 2 ページの 6 行目「鳥類・水系ゾーン」の行に続けて適用します。

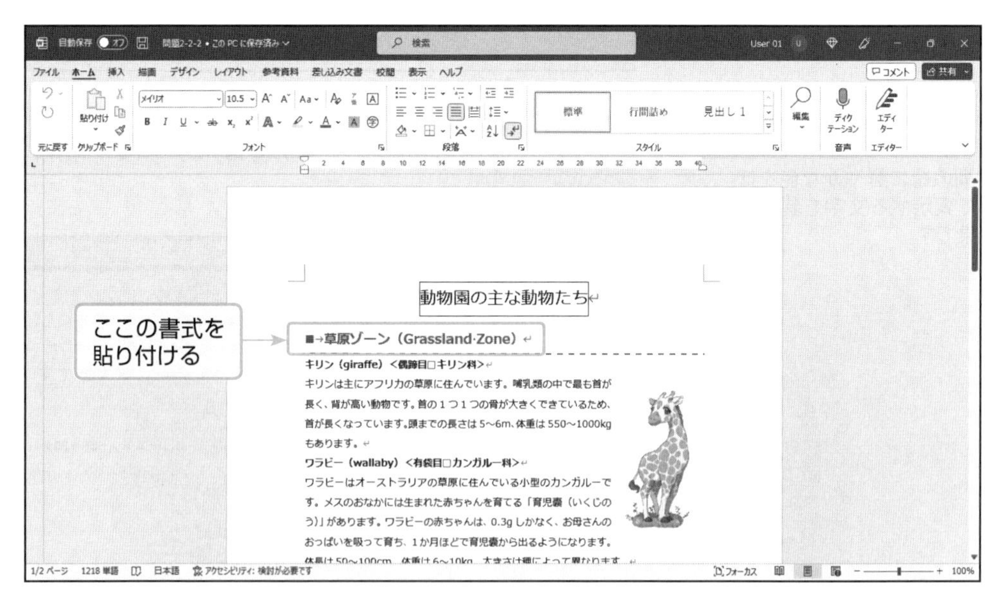

機能の解説

□ 書式のコピー / 貼り付け

文字列や段落に設定されている書式だけをまとめてコピーし、別の場所の文字列や段落に貼り付けることができます。複数の書式を設定するのは手間がかかりますが、すでに書式が設定されている箇所を利用すれば、他の箇所にすぐ適用できます。
書式をコピーするには、範囲を選択して［ホーム］タブの［書式のコピー / 貼り付け］ボタンをクリックします。マウスポインターの形状が に変わるので、次に書式の適用先をドラッグします。

操作手順

ポイント
複数箇所への書式のコピー
複数箇所に書式を貼り付ける場合は、［書式のコピー / 貼り付け］ボタンをダブルクリックします。マウスポインターの形状が のままになり、連続して書式の貼り付けができます。

❶ 2 行目「■草原ゾーン…」を選択します。

❷［ホーム］タブの［書式のコピー / 貼り付け］ボタンをダブルクリックします。

❸ マウスポインターの形状が に変わっていることを確認し、12 行目「小動物ゾーン…」をドラッグします。

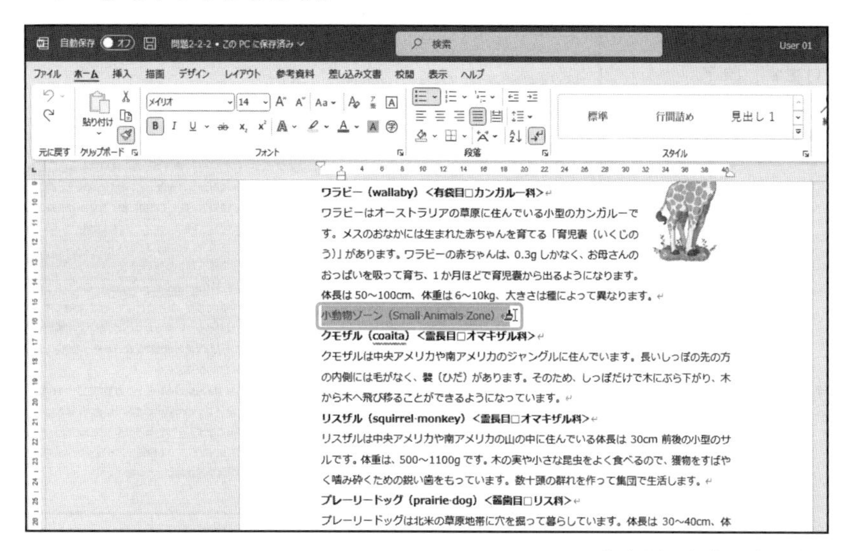

④12 行目に 2 行目の書式が貼り付けられます。

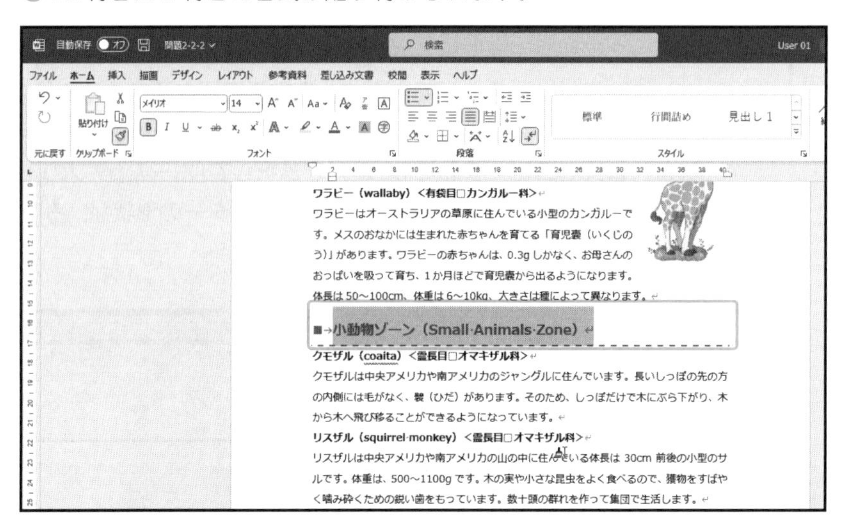

⑤マウスポインターの形状が ![書式のコピー] のままであることを確認して、2 ページの「鳥類・水系ゾーン…」をドラッグします。

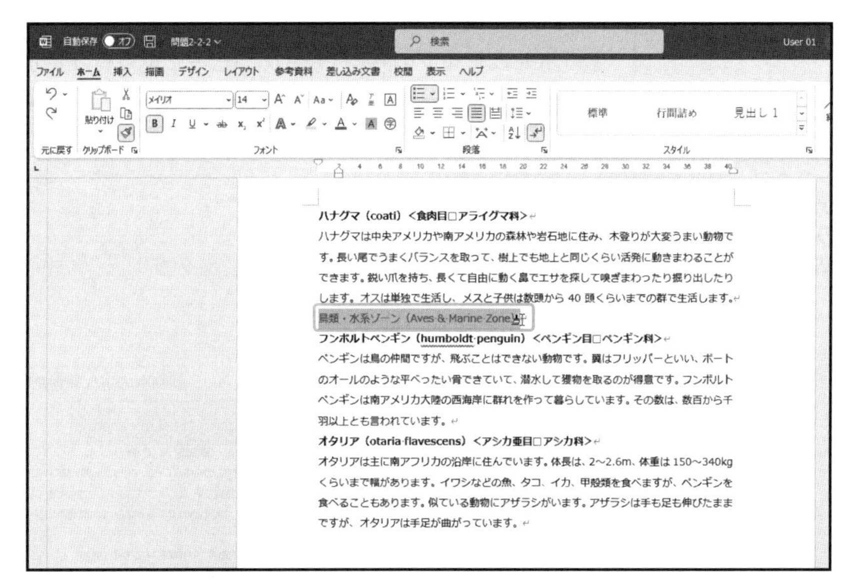

⑥2 ページの「鳥類・水系ゾーン…」にも 2 行目の書式が貼り付けられます。

⑦**Esc** キーを押して終了します。

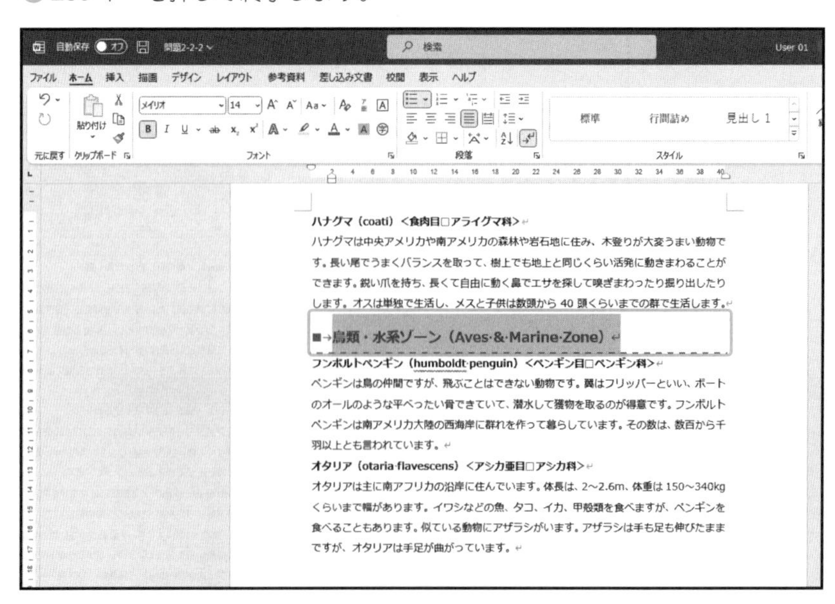

ポイント

書式のコピーの終了

[書式のコピー / 貼り付け] ボタンをダブルクリックすると、マウスポインターの形状が のままになります。終了するには同じボタンを再度クリックするか、**Esc** キーを押します。

2-2-3 行間と段落の間隔を設定する

練習問題

問題フォルダー
└問題 2-2-3.docx
解答フォルダー
└解答 2-2-3.docx

【操作 1】5 行目「平素は…」から 11 行目「…いたします。」までの段落前に「0.5 行」の間隔を追加します。

【操作 2】13 行目「●日　時…」から 16 行目「●出欠について」の行間を「1.5 行」に設定します。

【操作 3】17 行目「事前の連絡…」から 19 行目「ます。」の段落の行間を「15pt」の固定値にします。

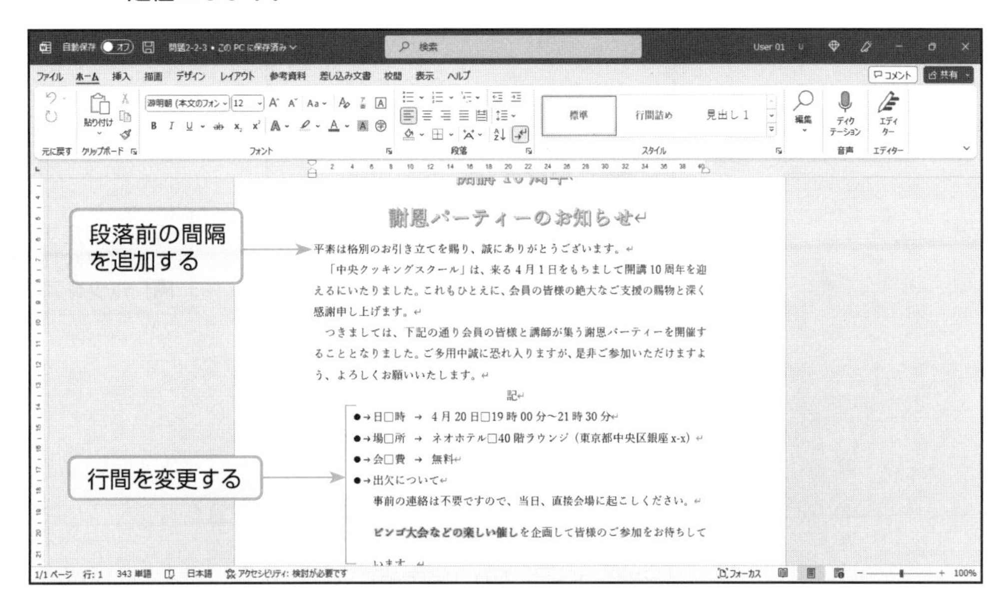

機能の解説

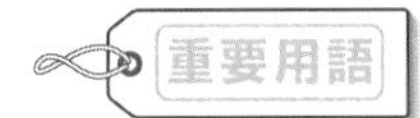

重要用語

- □ 段落の間隔
- □ ［前の間隔］ボックス
- □ ［後の間隔］ボックス
- □ ［行と段落の間隔］ボタン
- □ 行間
- □ ［段落］ダイアログボックス

段落とは、↵ の次の文字から ↵ までのひとまとまりの文章のことです。段落の前後の間隔を設定することにより段落を目立たせたり、文章を読みやすくすることができます。段落の前の間隔は、［レイアウト］タブの 前: 0 行 ［前の間隔］ボックス、段落の後の間隔は 後: 0 行 ［後の間隔］ボックスで行います。ボックスの右側の▲や▼をクリックすると 0.5 行単位で指定できます。

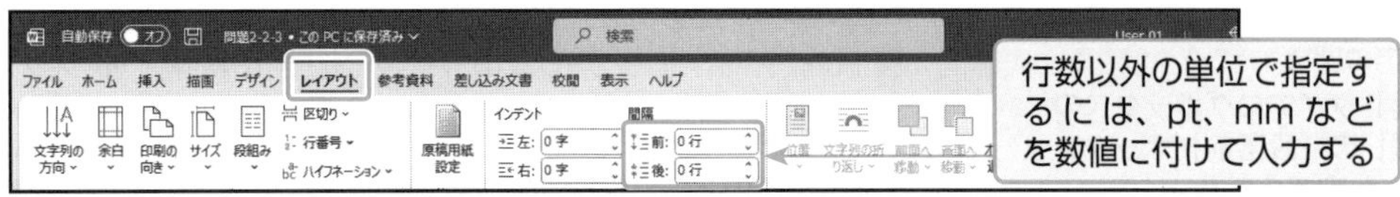

また、［ホーム］タブの ［行と段落の間隔］ボタンを使用しても、段落前と段落後の間隔を挿入できます。

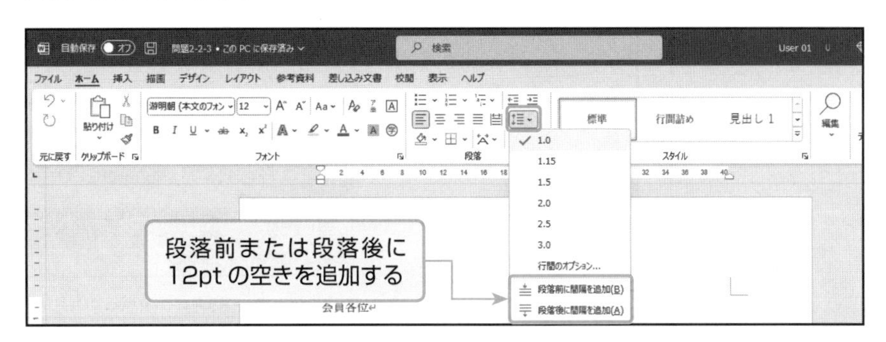

行間とは、行の上端から次の行の上端までの間隔のことです。通常は1行になっていますが、行間を変えて文章を読みやすくすることができます。行間を変更するには、[ホーム]タブの [行と段落の間隔] ボタンの一覧から行間隔の数値を選択します。

●行間の詳細設定

[行と段落の間隔] ボタンの一覧の [行間のオプション] をクリックすると [段落] ダイアログボックスの [インデントと行間隔] タブが表示されます。[間隔] の [行間] ボックスを使用するとより細かい設定ができます。

[段落] ダイアログボックス

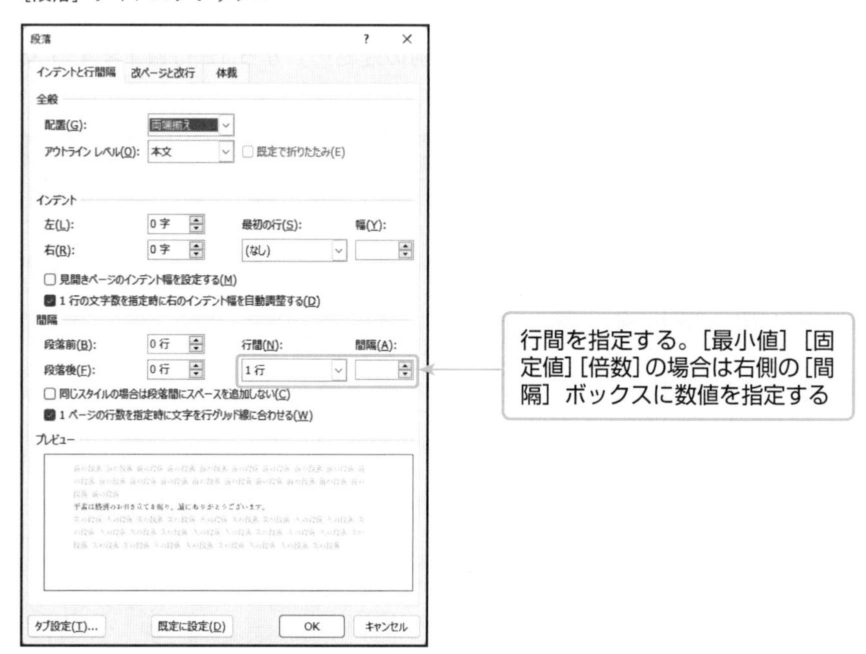

[行間] ボックスの [固定値] は、フォントサイズにかかわらず、[間隔] ボックスで指定した行間に常に固定されます。それに対して [最小値] は、[間隔] ボックスで指定した値よりもフォントサイズが拡大された場合、文字が読めるように行間が自動調整されます。また、[行間] ボックスにない値を設定するには、直接 [間隔] ボックスに数値を入力します。その場合は [行間] ボックスに「倍数」と表示されます。

操作手順

その他の操作方法

段落前の間隔

[段落] ダイアログボックスの [間隔] の [段落前] ボックスからも設定できます。

【操作 1】

❶ 5 行目「平素は…」から 11 行目「…します。」までを選択します。

❷ [レイアウト] タブの [前の間隔] ボックスの▲をクリックし、[0.5 行] に設定します。

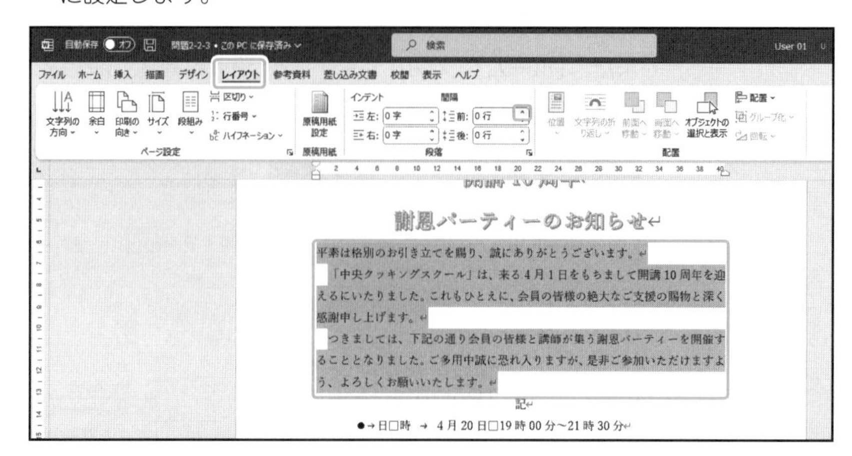

ヒント

段落の前後の間隔の削除

設定したときと同じ [前の間隔] ボックスの▼をクリックして [0 行] に設定します。

❸ 5 行目から 11 行目の段落の前に「0.5 行」の間隔が追加されます。

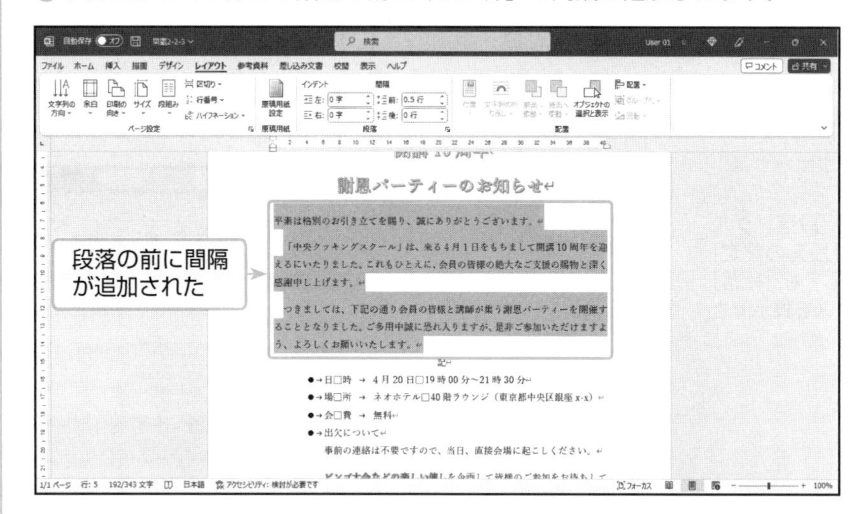

【操作 2】

❹ 13 行目「●日　時…」から 16 行目「●出欠について」の行を選択します。

❺ [ホーム] タブの [行と段落の間隔] ボタンをクリックします。

❻ 一覧から [1.5] をクリックします。

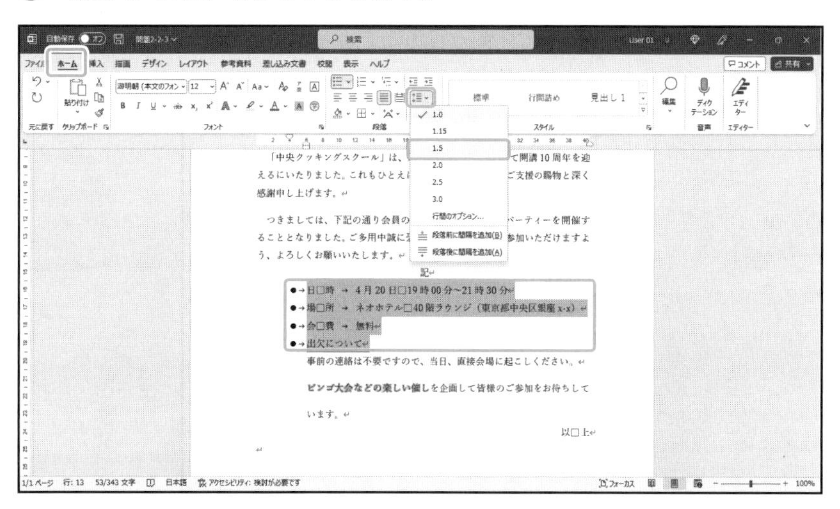

ヒント

行間隔の解除

行間隔を元に戻すには、[ホーム] タブの [行と段落の間隔] ボタンをクリックして [1.0] をクリックします。

❼ 選択した段落の行間隔が 1.5 行に変更されます。

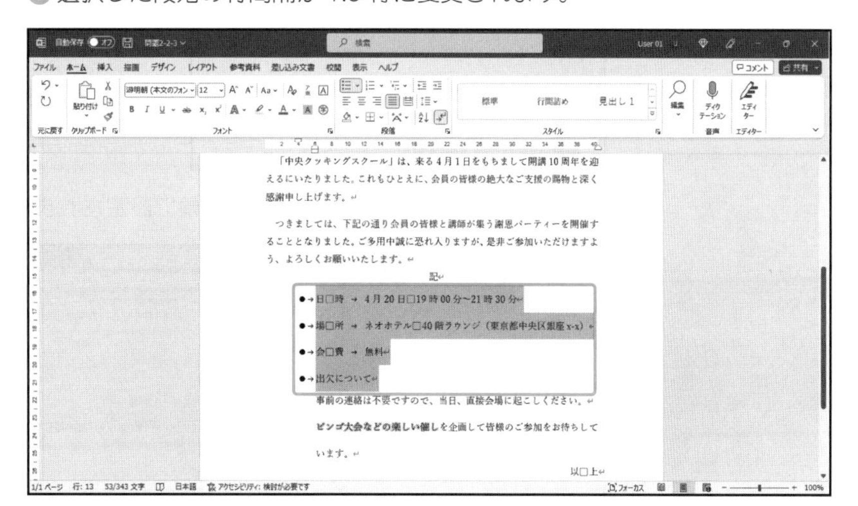

【操作 3】

❽ 17 行目「事前の…」から 19 行目「ます。」の行を選択します。

❾［ホーム］タブの ［行と段落の間隔］ボタンをクリックします。

❿ 一覧から［行間のオプション］をクリックします。

その他の操作方法
［段落］ダイアログボックスの表示
［ホーム］タブの［段落］グループ右下の ［段落の設定］ボタンをクリックしても［段落］ダイアログボックスを表示できます。

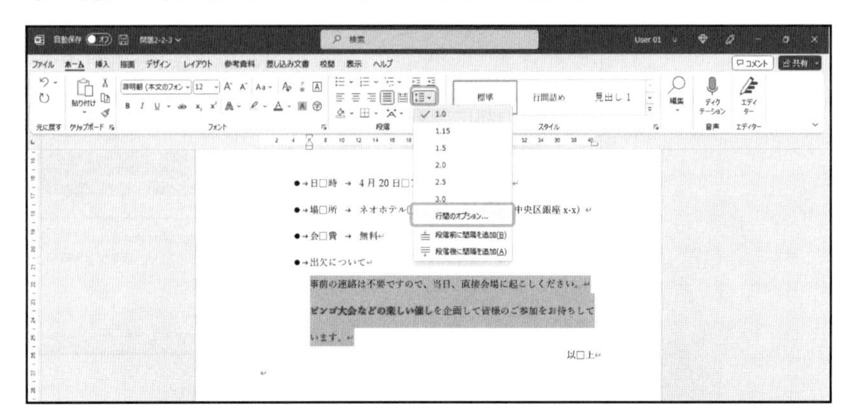

⓫［段落］ダイアログボックスの［インデントと行間隔］タブが表示されます。

⓬［間隔］の［行間］ボックスの▼をクリックし、［固定値］をクリックします。

⓭［間隔］ボックスに「15」と入力するか、▲をクリックし、「15pt」に設定します。

⓮［OK］をクリックします。

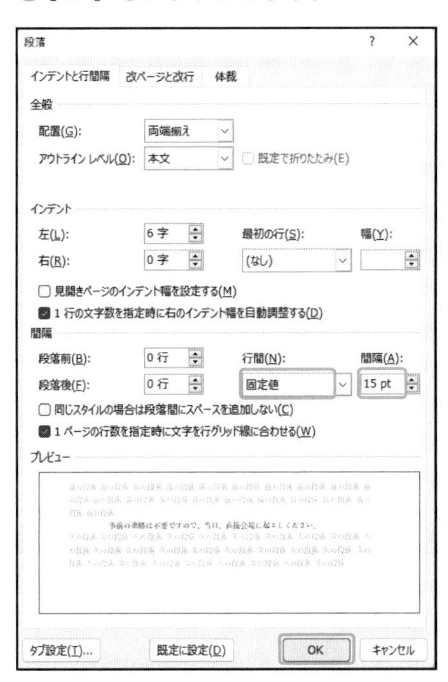

⓯ 選択した段落の行間が 15pt の固定値に設定されます。

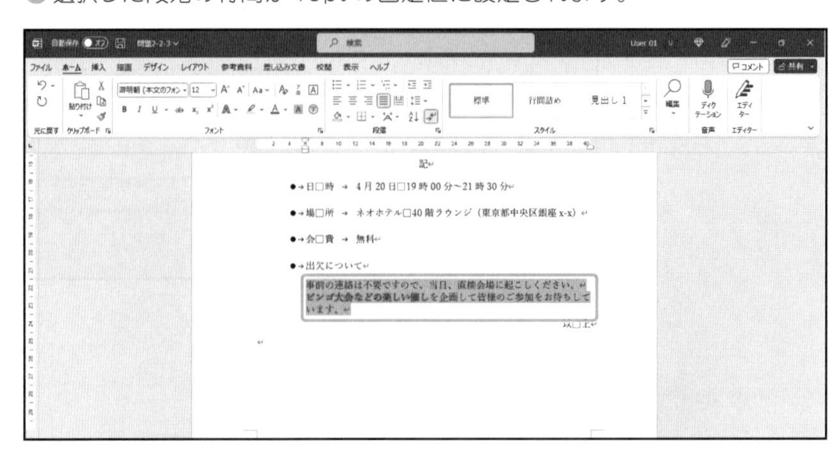

2-2-4 インデントを設定する

練習問題

問題フォルダー
└問題 2-2-4.docx
解答フォルダー
└解答 2-2-4.docx

【操作 1】6 行目「日増しに…」から 9 行目「…いたします。」の段落の最初の行に 1 字分の字下げインデントを設定します。

【操作 2】12 行目「日　時：…」から 16 行目「…お渡しください。」の段落に「4 字」の左インデントを設定し、さらに 15 行目「申　込：…」の段落に「4 字」のぶら下げインデントを設定します。

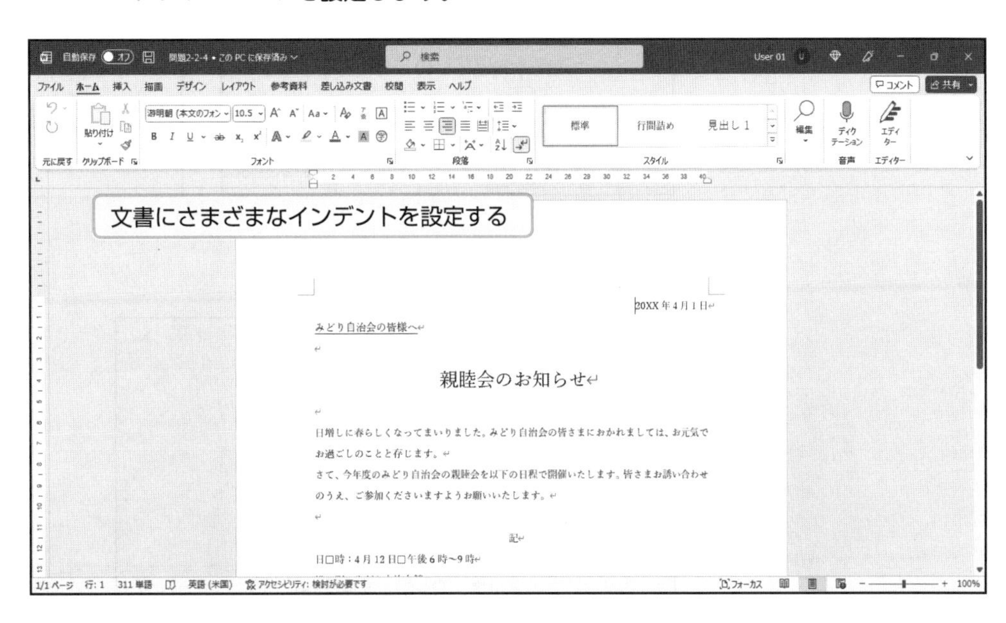

機能の解説

- 左インデント
- 字下げインデント
- ぶら下げインデント
- ［インデントを増やす］ボタン
- ［段落］ダイアログボックス

段落の左端や右端の位置を揃えるには、インデントという機能を使用します。段落のすべての行の左端を指定するには左インデント、段落の最初の行を下げるには字下げインデント、同じ段落で 1 行目と 2 行目以降の左端の位置を変えたい場合はぶら下げインデントを設定します。インデントを設定するには複数の方法があります。数文字分の左インデントには［ホーム］タブの ［インデントを増やす］ボタンが便利です。たくさんの文字数分をインデントするときは、水平ルーラーに表示されているインデントマーカーを目的の位置までドラッグする方法もあります。

水平ルーラーのインデントマーカー

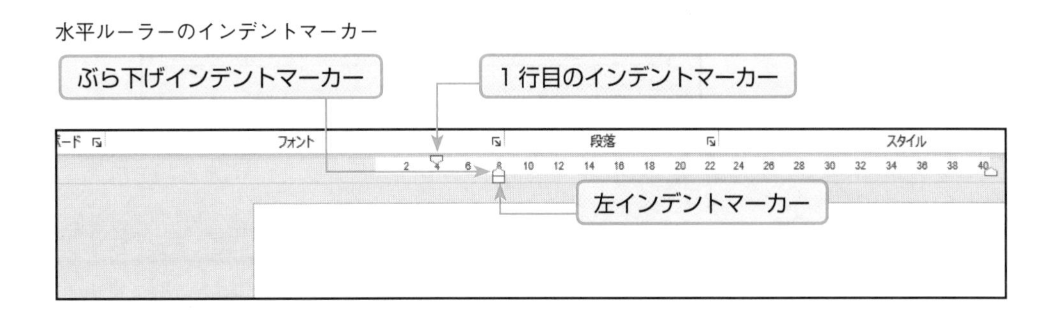

●インデントの詳細設定

[段落] ダイアログボックスを使用すると、すべてのインデントを数値で指定できます。[段落] ダイアログボックスは、[ホーム] タブの [段落] グループの右下の [段落の設定] ボタンをクリックして表示します。

字下げ、ぶら下げインデントを設定するには、[最初の行] ボックスの▼をクリックして [字下げ] または [ぶら下げ] を選択し、すぐ右の [幅] ボックスに文字数を指定します。

字下げインデントの例　　ぶら下げインデントの例

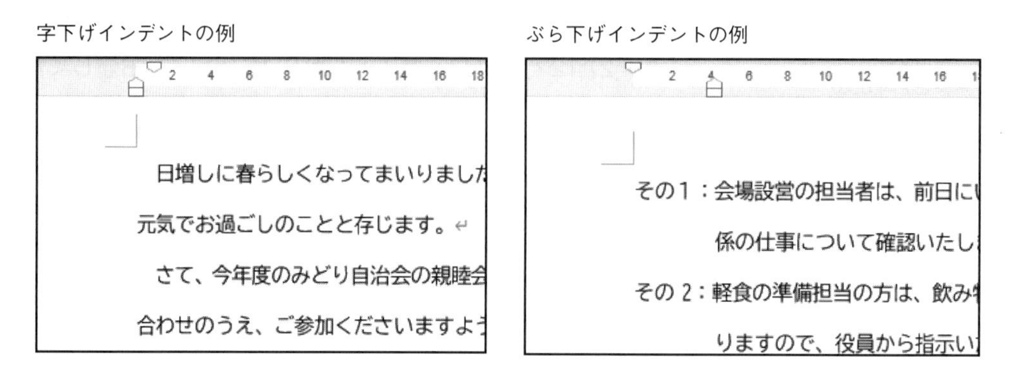

[段落] ダイアログボックス

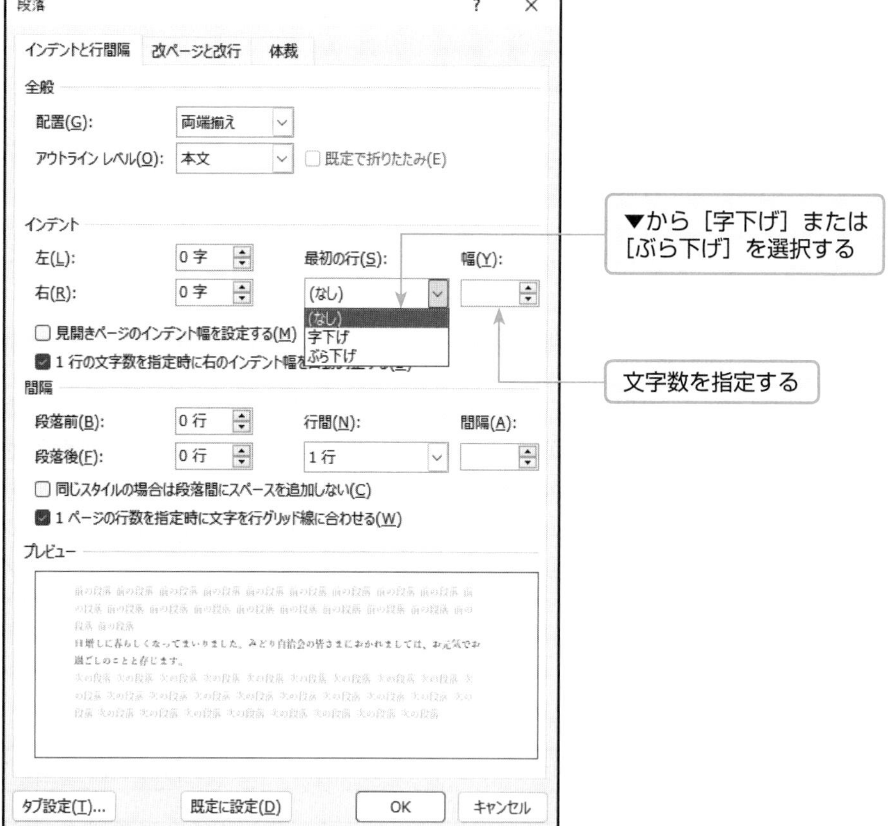

操作手順

【操作 1】

❶6 行目「日増しに…」から 9 行目「…いたします。」の段落を選択します。

❷［ホーム］タブの［段落］グループ右下の ［段落の設定］ボタンをクリックします。

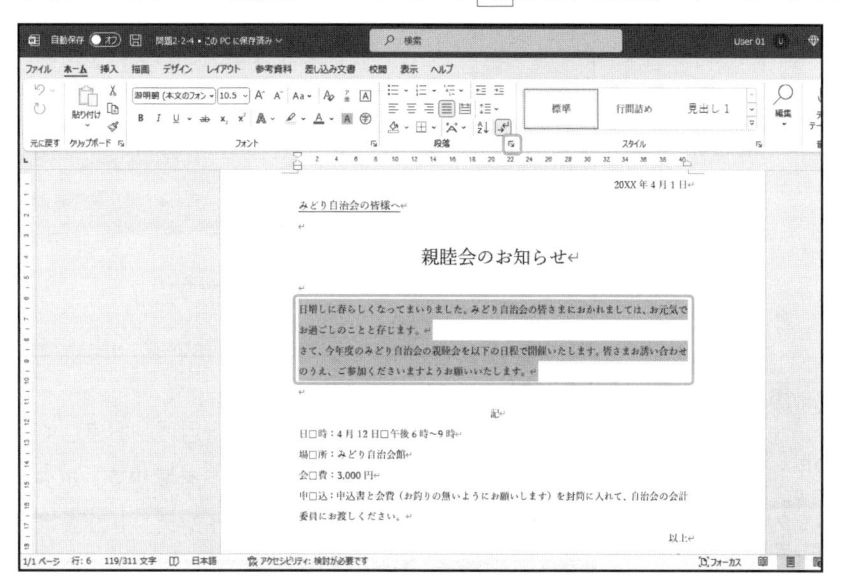

❸［段落］ダイアログボックスの［インデントと行間隔］タブが表示されます。

❹［インデント］の［最初の行］ボックスの▼をクリックして［字下げ］をクリックします。

❺［幅］ボックスに「1 字」と表示されたことを確認して、［OK］をクリックします。

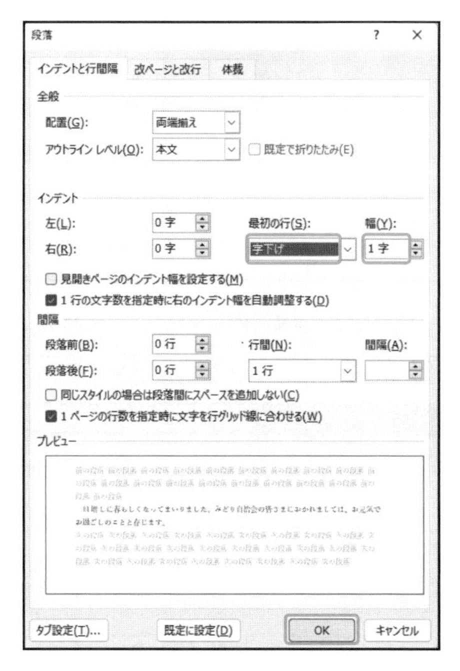

ヒント

［段落］ダイアログボックス

［段落］ダイアログボックスでは、［字下げ］や［ぶら下げ］の設定以外に左右のインデントの設定も行えます。左インデントは［左］ボックス、右インデントは［右］ボックスにインデントの数値を指定します。

❻ 6 行目から 9 行目の段落の最初の行が字下げされます。

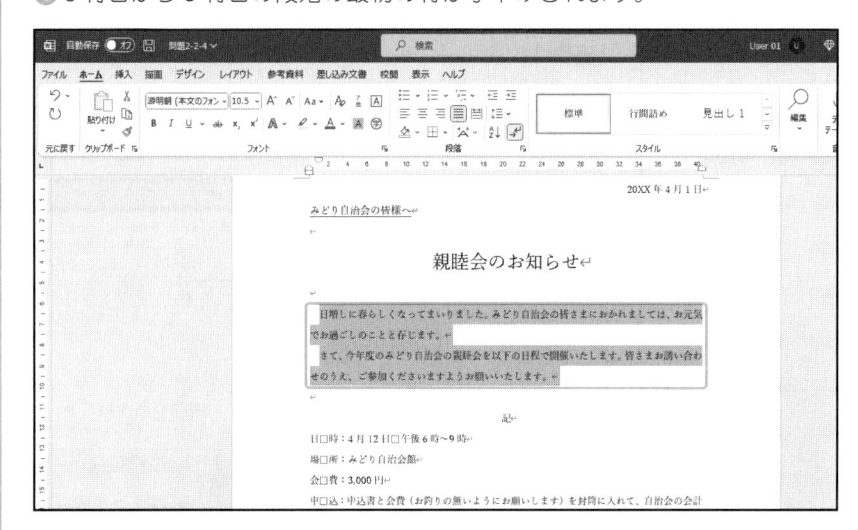

【操作 2】

❼ 12 行目「日　時：…」から 16 行目「…お渡しください。」の段落を選択します。

❽［ホーム］タブの［インデントを増やす］ボタンを 4 回クリックします。

❾ 12 行目から 16 行目の段落に左インデントが設定されます。

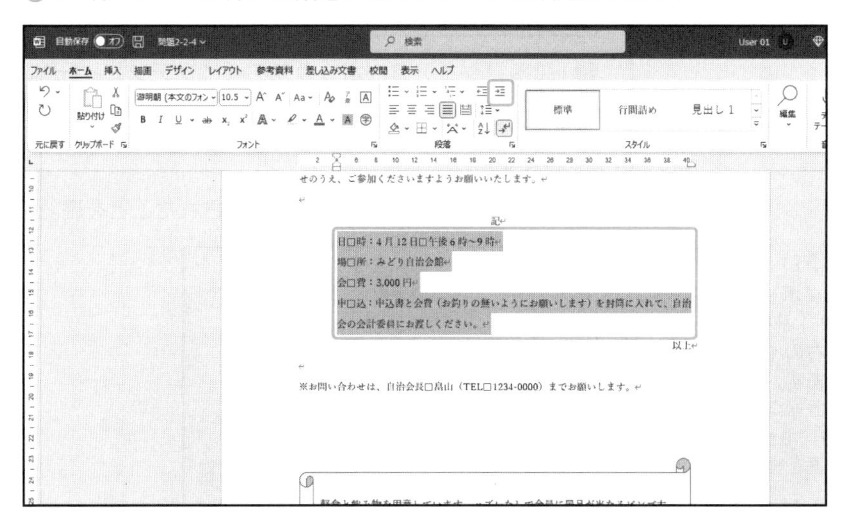

❿ 15 行目「申　込：…」の段落内にカーソルを移動します。

⓫［ホーム］タブの［段落］グループ右下の［段落の設定］ボタンをクリックします。

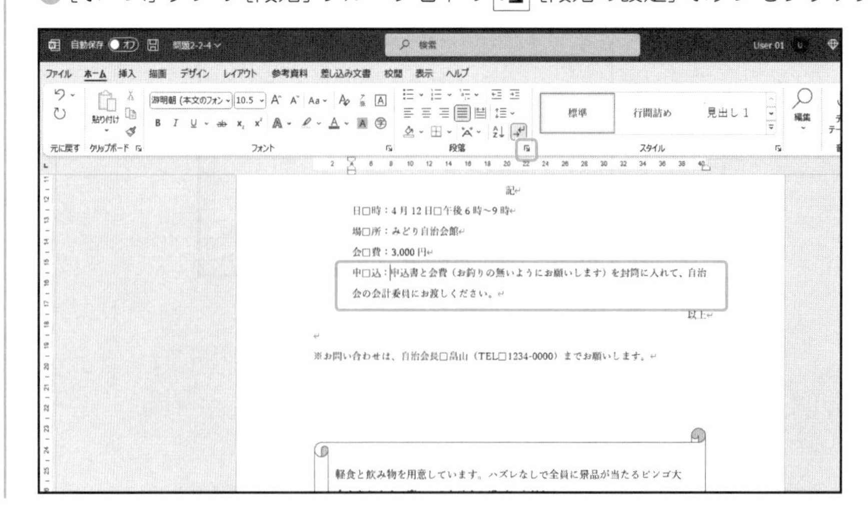

その他の操作方法

左インデント

[レイアウト]タブの［左：0 字］［左インデント］ボックスに「4」と入力するか、▲をクリックして「4 字」に設定します。

ヒント

左インデントの解除

［ホーム］タブの［インデントを減らす］ボタンをクリックすると左インデントが解除されます。

⑫［段落］ダイアログボックスの［インデントと行間隔］タブが表示されます。

⑬［インデント］の［最初の行］ボックスの▼をクリックして［ぶら下げ］をクリックします。

⑭［幅］ボックスに「4」と入力するか、▲をクリックして「4 字」に設定します。

⑮［OK］をクリックします。

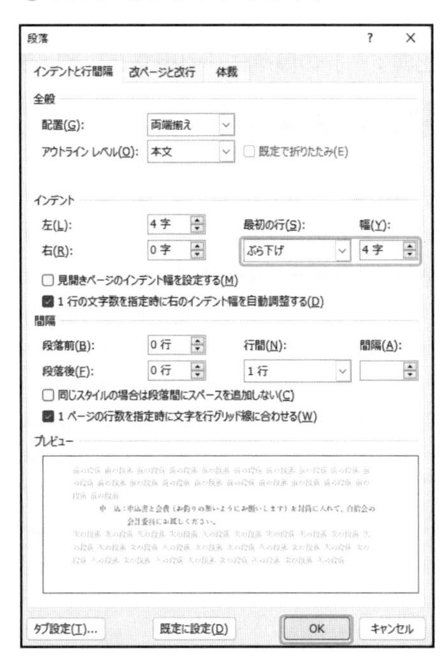

⑯15 行目から 16 行目の段落に 4 字のぶら下げインデントが設定されます。

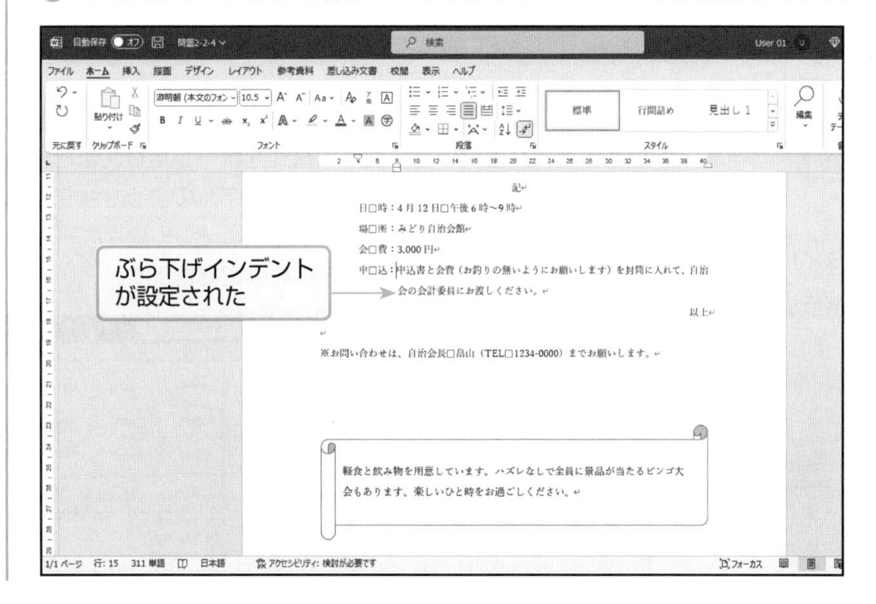

2-2-5 文字列に組み込みスタイルを適用する

練習問題

問題フォルダー
└問題 2-2-5.docx
解答フォルダー
└解答 2-2-5.docx

【操作 1】3 行目「地球温暖化を防ぐ」に「強調太字」という組み込みスタイルを設定します。
【操作 2】文末の「出典：…」の段落に「引用文 2」という組み込みスタイルを設定します。

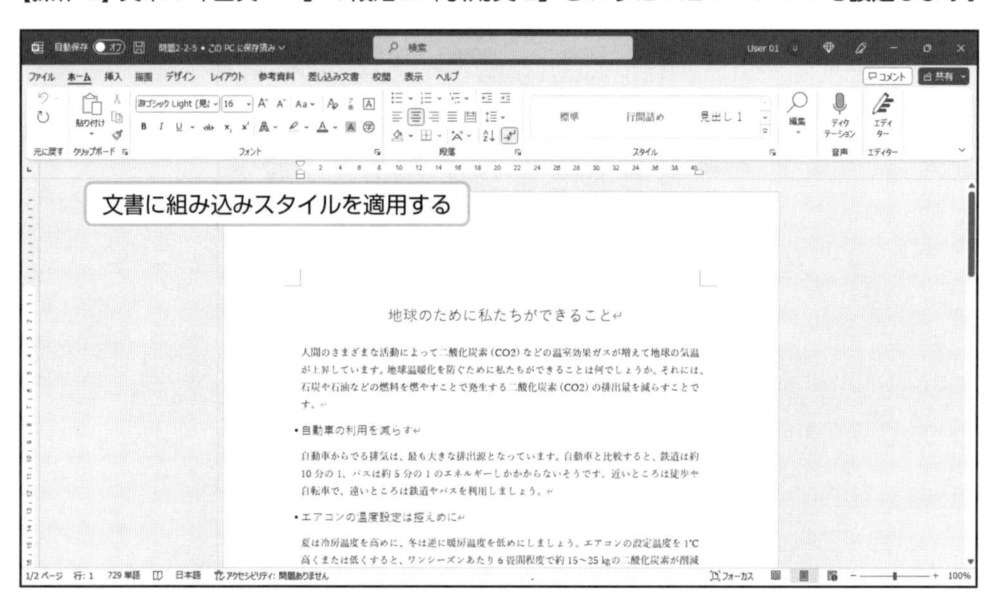

機能の解説

□ スタイル
□ 組み込みスタイル
□ スタイルギャラリー

スタイルとは、複数の書式の組み合わせに名前を付けて登録したものです。スタイルを利用すると、文書内の複数箇所の書式を統一したり、まとめて変更したりすることができます。Word には「見出し 1」、「強調太字」のようなさまざまなスタイルがあらかじめ用意されています。これを組み込みスタイルといい、［ホーム］タブのスタイルギャラリーの一覧から選択するだけでスタイルを設定できます。

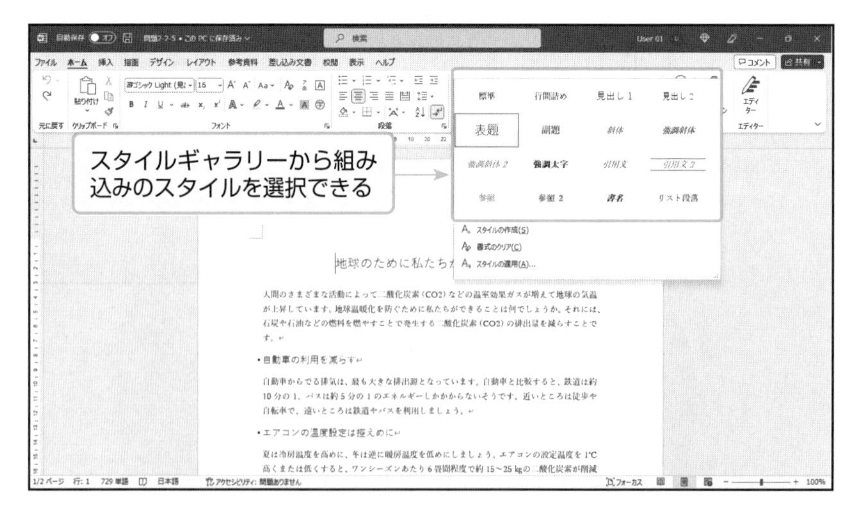

●スタイルの設定箇所の選択

スタイルギャラリーを使用すると、文書に設定したスタイルの箇所をすばやく選択することもできます。スタイルギャラリーの一覧から目的のスタイルを右クリックし、ショートカットメニューの［すべて選択］をクリックします。目的のスタイルが設定されているすべての箇所が選択され、確認することができます。

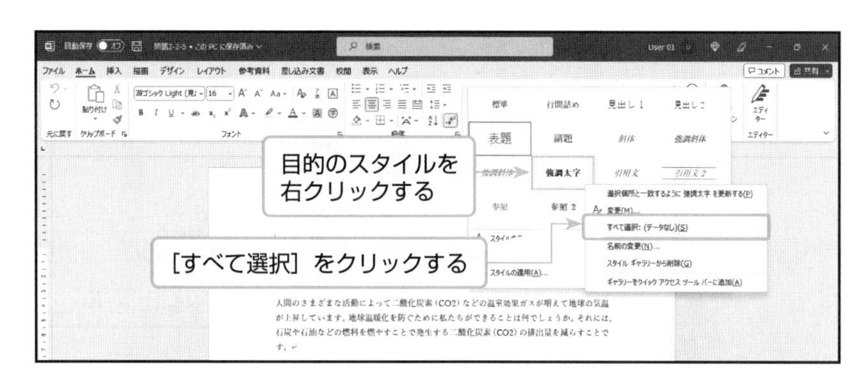

操作手順

【操作 1】

❶ 3 行目「地球温暖化を防ぐ」を選択します。

❷［ホーム］タブの［スタイル］の［その他］（または［スタイル］）ボタンをクリックします。

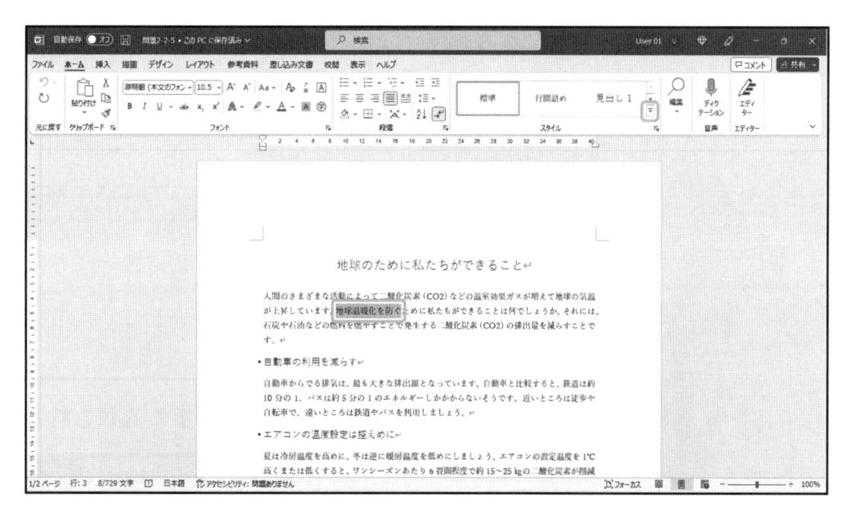

❸ スタイルギャラリーの一覧から［強調太字］をクリックします。

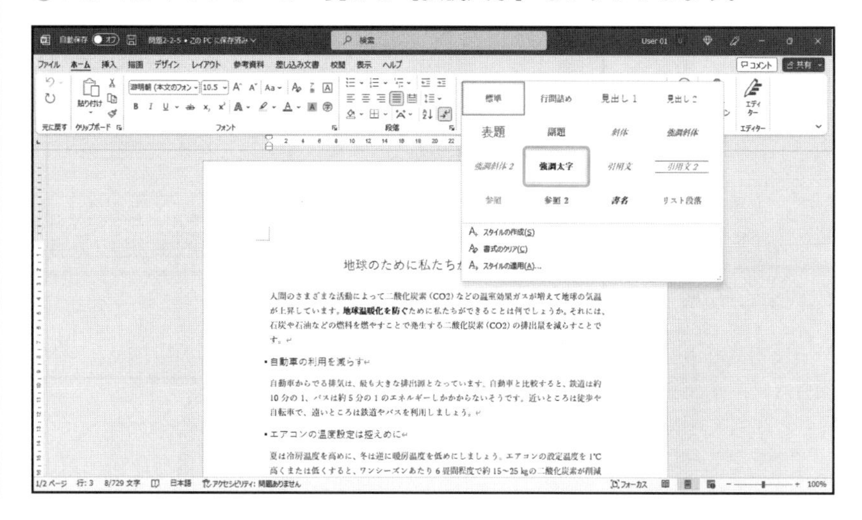

❹ 3 行目にスタイル「強調太字」が設定されます。

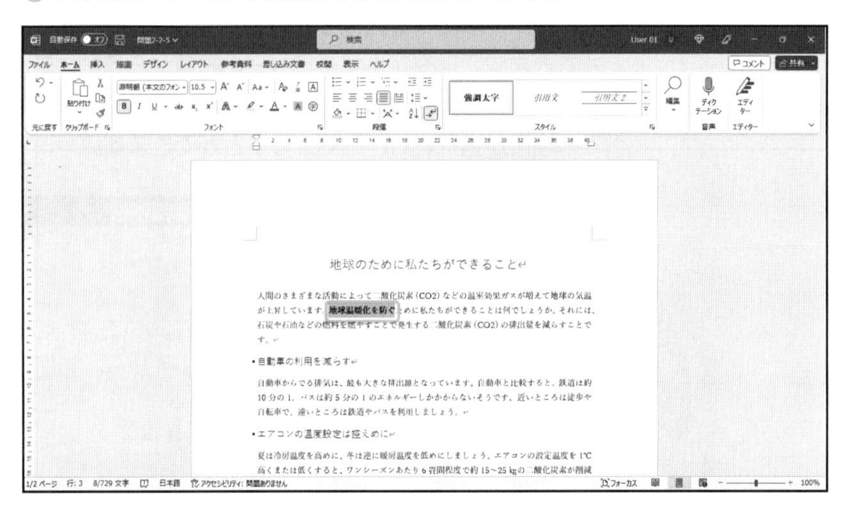

【操作 2】

❺ 文末の「出典：…」の段落にカーソルを移動します。

❻ ［ホーム］タブの［スタイル］の ［その他］（または［スタイル］）ボタンをクリックします。

❼ スタイルギャラリーの一覧から［引用文 2］をクリックします。

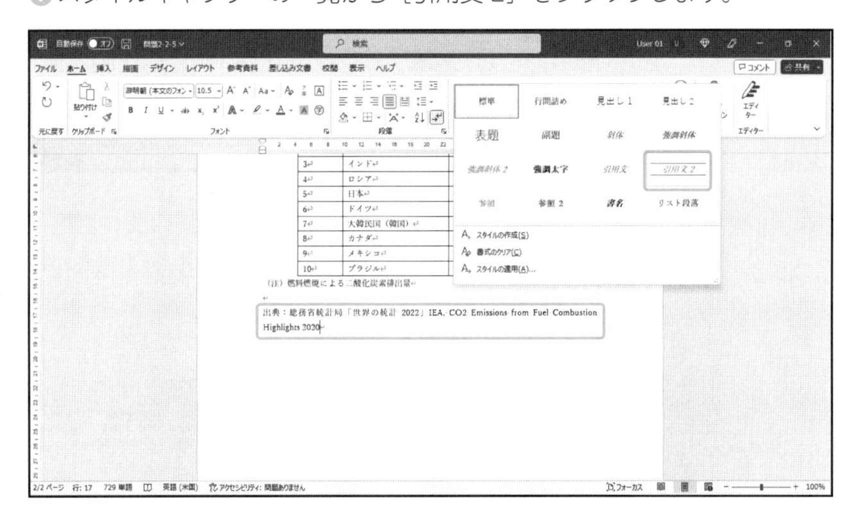

❽ 選択した段落にスタイル「引用文 2」が設定されます。

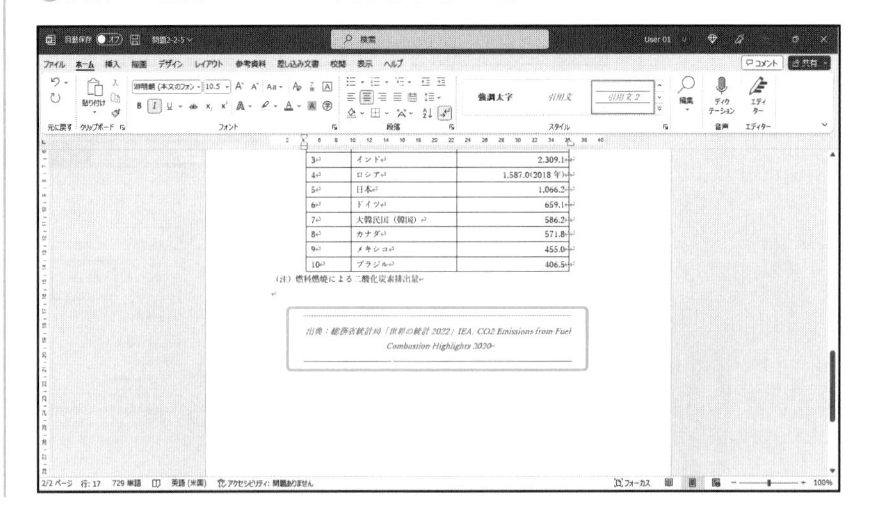

2-2-6 書式をクリアする

練習問題

問題フォルダー
└問題 2-2-6.docx

解答フォルダー
└解答 2-2-6.docx

文書全体の書式を解除します。

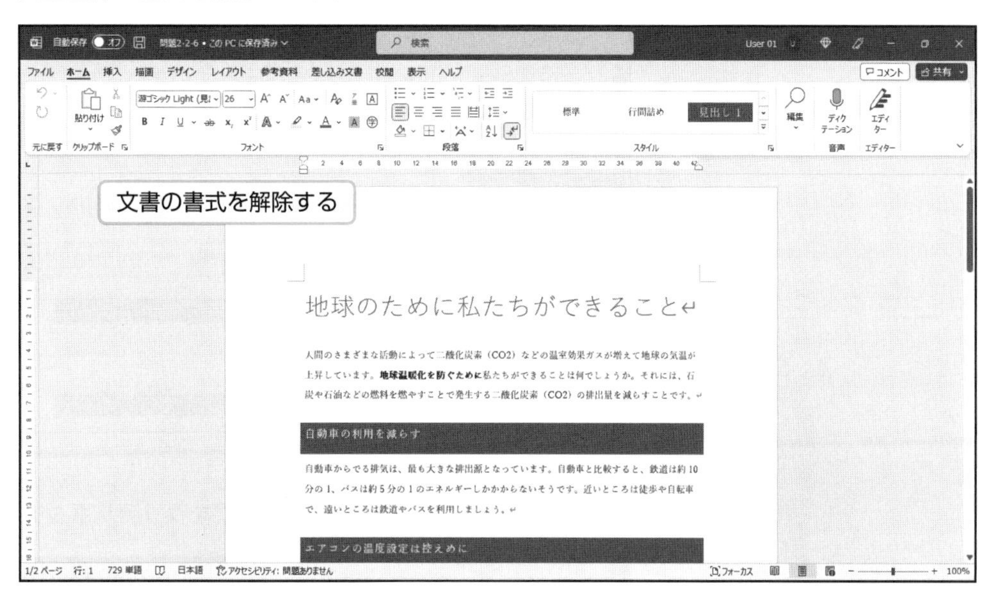

機能の解説

- [すべての書式をクリア]ボタン
- 書式のクリア

文字や段落に設定された書式を解除するには、範囲を選択して［ホーム］タブの ［すべての書式をクリア］ボタンをクリックします。文字書式や段落書式、スタイルをまとめて解除できます。また、スタイルギャラリーの ［その他］（または［スタイル］）ボタンをクリックして一覧の［書式のクリア］をクリックしても同様に書式を解除できます。なお、蛍光ペンの色、ドロップキャップなど書式のクリアでは解除されない書式もあります。

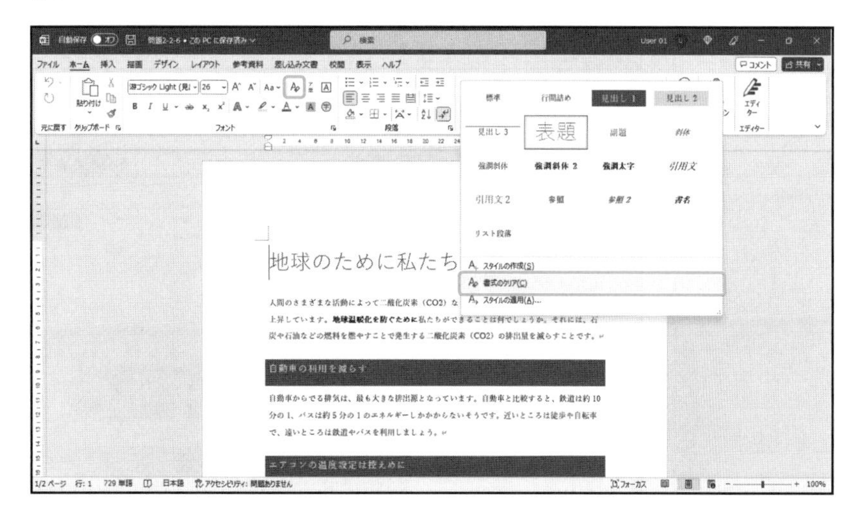

操作手順

その他の操作方法

ショートカットキー

Ctrl + **A** キー
(すべて選択)

❶［ホーム］タブの［編集］ボタンをクリックし、選択［選択］ボタンをクリックします。

❷［すべて選択］をクリックします。

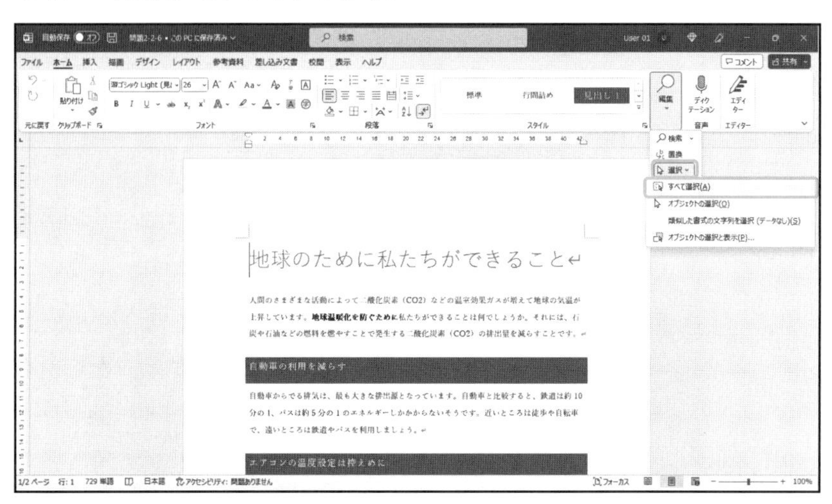

❸文書全体が選択されます。

❹［ホーム］タブの［すべての書式をクリア］ボタンをクリックします。

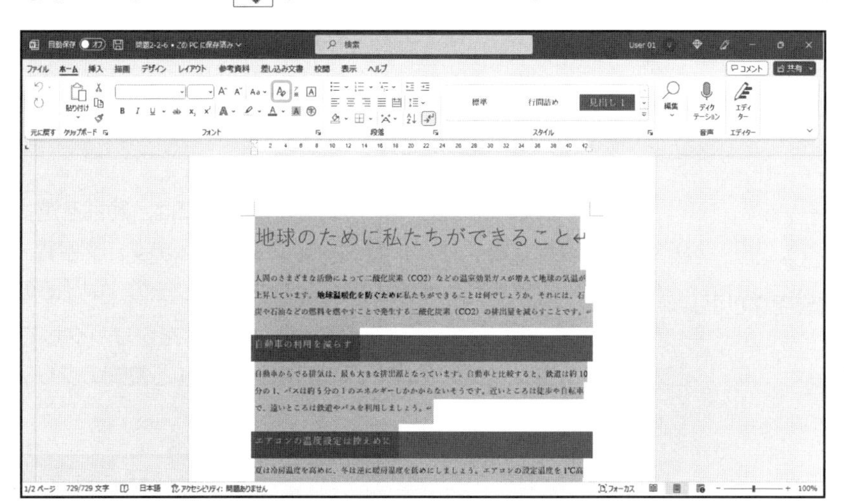

❺書式がすべて解除され、「標準」スタイルになります。

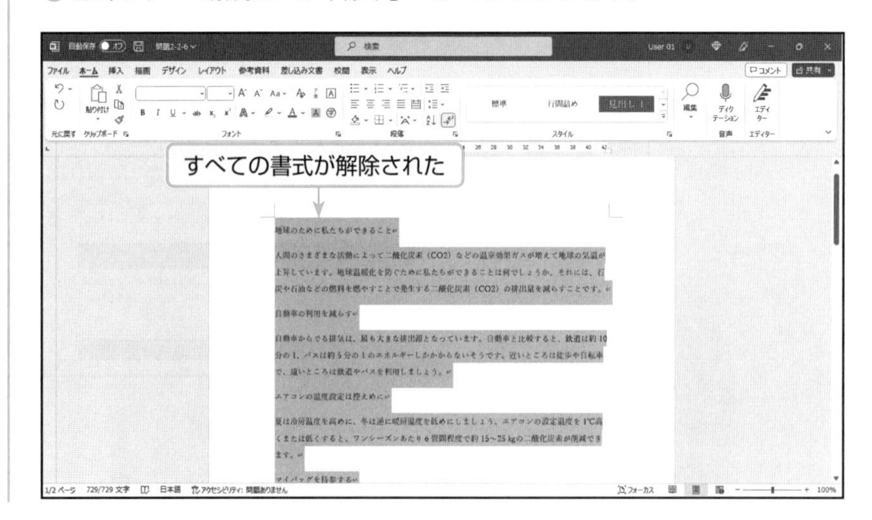

2-3 文書にセクションを作成する、設定する

ここでは、文章をブロックに分けて表示する段組みや、ページや段落に区切りを挿入する方法を学習します。これらは文章を読みやすくするための機能です。挿入後は、セクション区切り、ページ区切りなどの編集記号が挿入されます。

2-3-1 文字列を複数の段に設定する

練習問題

問題フォルダー
└問題 2-3-1.docx

解答フォルダー
└解答 2-3-1.docx

【操作 1】1 ページ 2 行目「【具材】」から 17 行目「サラダ油 適量」までを 2 段組みにします。その際に、2 段目は「【調味料】」の行から始まるようにします。
【操作 2】「●焼き餃子の場合」から文末までを間隔が「3 字」、境界線の引かれた 2 段組みにします。

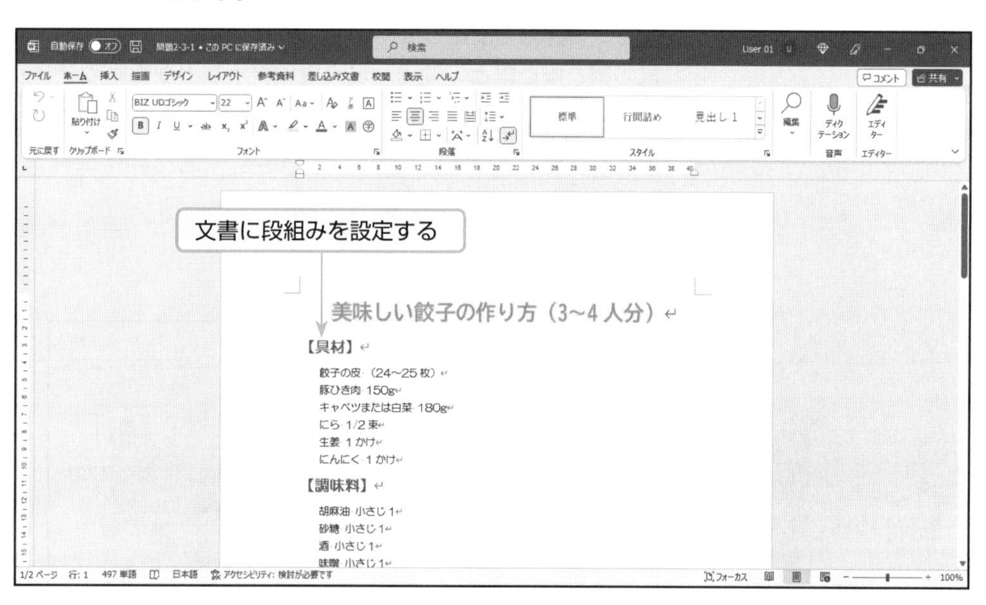

機能の解説

- □ 段組み
- □ ［段組み］ダイアログボックス
- □ 段区切り

段組みとは、文章を複数のブロックに分けてレイアウトする機能です。Word 文書の初期設定は、横書きの場合、各行が余白を除いたページの横幅に「1 段組み」の状態で配置されています。これを 2 段組みに変更すると、1 段組みの半分以下の文字数のブロックが間隔を空けて横に 2 つ並んだ形になります。Word では、文書全体または一部を 2 段以上の多段組みに変更することができ、段と段との間隔や各段の幅も設定できます。また、改段位置を指定して、任意の行を段の先頭にすることもできます。
段組みは、［レイアウト］タブの 段組み ［段組み］ボタンから設定します。

2 段組みの例

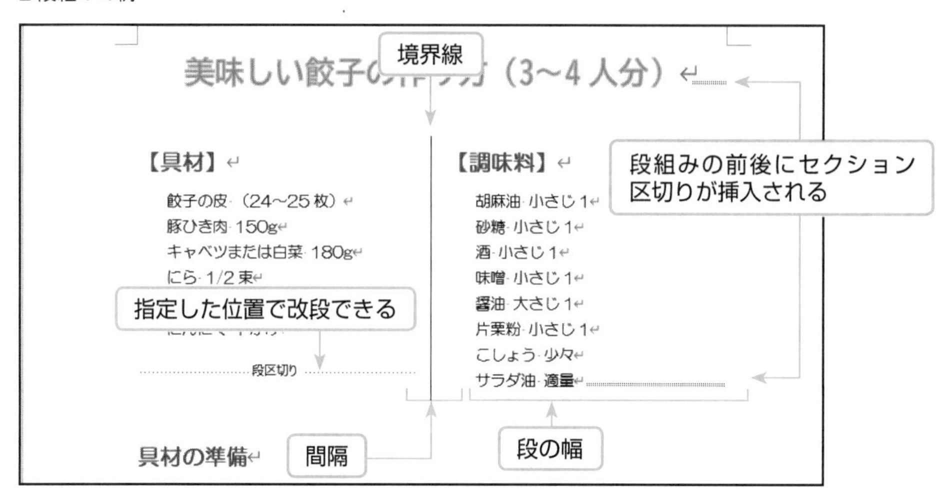

●段組みの詳細設定

段組みの詳細を設定したい場合は［段組み］ダイアログボックスを使用します。段の数や段の幅、段と段との間隔、境界線の表示などが指定できます。［段組み］ダイアログボックスは、［レイアウト］タブの［段組み］ボタンの一覧の［段組みの詳細設定］をクリックして表示します。

［段組み］ダイアログボックス

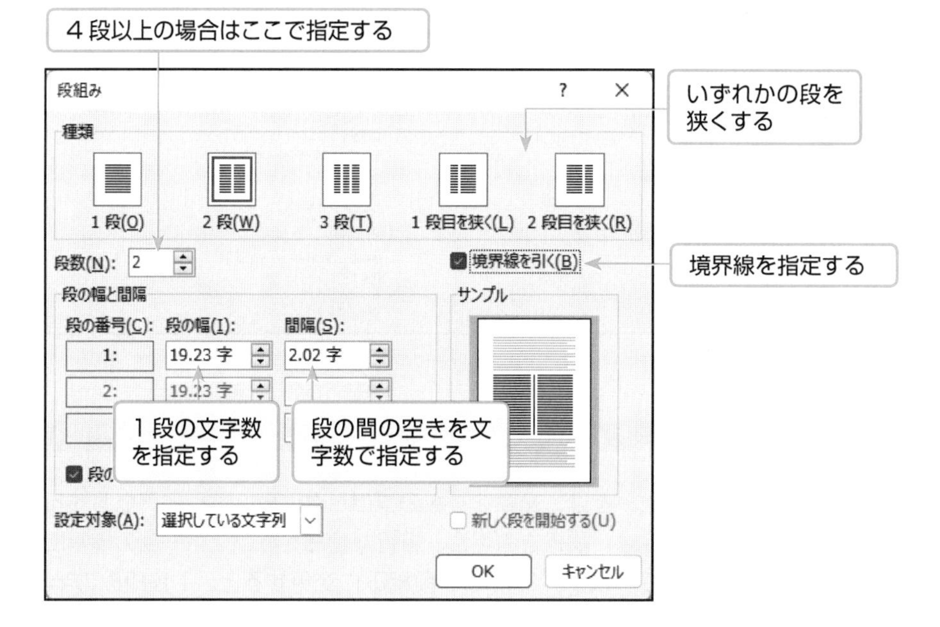

●段の開始位置の変更

段組みを設定後に、2 段目や 3 段目の先頭に表示される文字を変更したい場合は、段区切りを挿入します。段の先頭に移動したい文字の先頭にカーソルを移動し、［レイアウト］タブの 区切り ［区切り］ボタンから［段区切り］をクリックします。

操作手順

ポイント

段組みの範囲選択

文字列を選択せずに段組みを設定すると、文書全体の段組みが変更されます。セクション区切りが挿入されている場合は、カーソル位置のセクションの段組みが変更されます。

【操作 1】

❶ 2 行目「【具材】」から 17 行目「サラダ油 適量」を選択します。

❷［レイアウト］タブの［段組み］ボタンをクリックします。

❸ 一覧から［2 段］をクリックします。

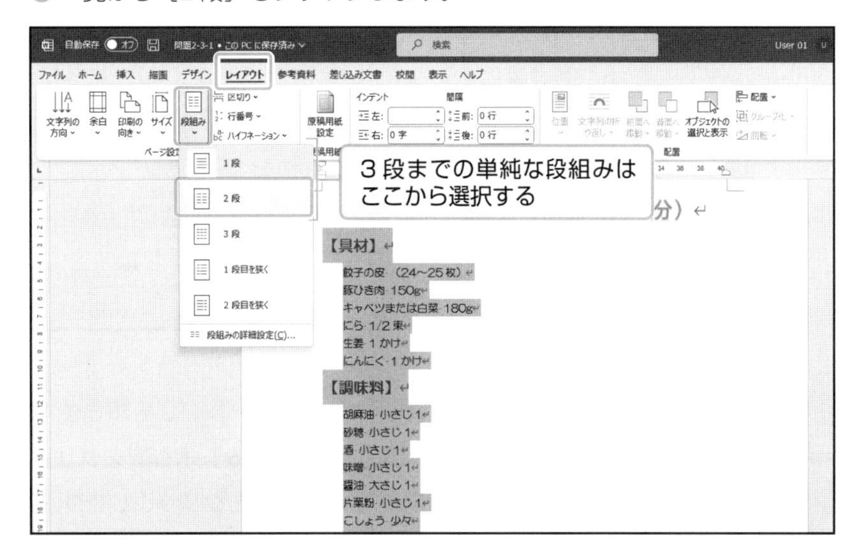

ヒント

段組みの解除

1 段組みに戻すには、［レイアウト］タブの［段組み］ボタンをクリックし、［1 段］をクリックします。セクション区切りが残ったときは、［セクション区切り］の編集記号を選択して **Delete** キーを押します。

［段組み］ボタン

❹ 2 行目から 17 行目までが、「2 段組み」に設定されます。

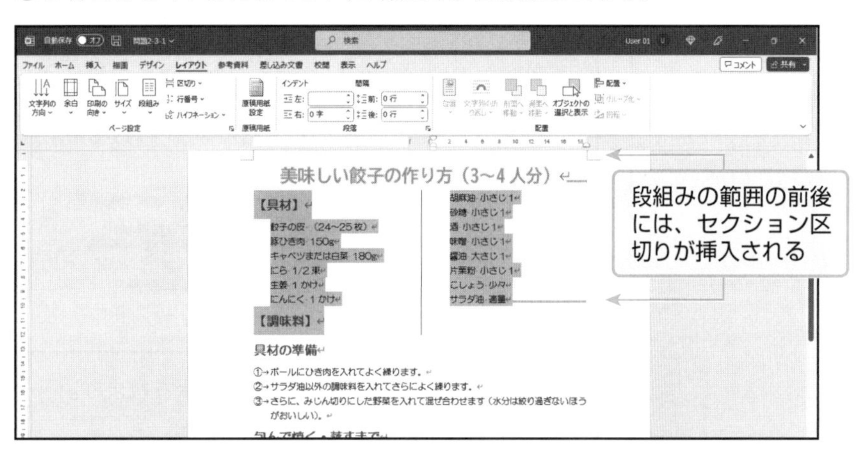

ポイント

段の位置

段組みの 2 段目以降の開始位置を変更する場合は、区切りたい位置にカーソルを移動し、［段区切り］を挿入します。カーソルの位置の文字列が次の段の先頭に移動します。

その他の操作方法

ショートカットキー

Ctrl ＋ **Shift** ＋ **Enter** キー
（段区切りの挿入）

❺「【調味料】」の行頭にカーソルを移動します。

❻［レイアウト］タブの［区切り］ボタンをクリックします。

❼［ページ区切り］の一覧から［段区切り］をクリックします。

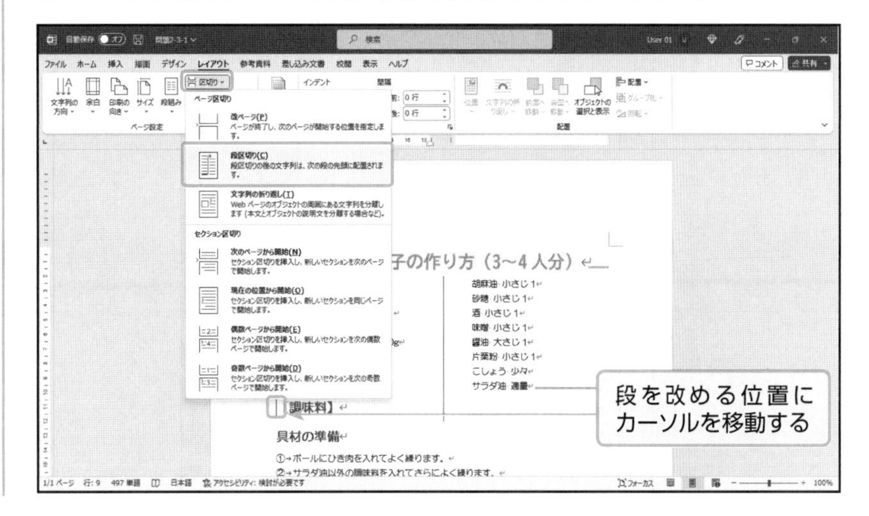

❽カーソルの直前に段区切りが挿入され、「【調味料】」の行が2段目の先頭に移動します。

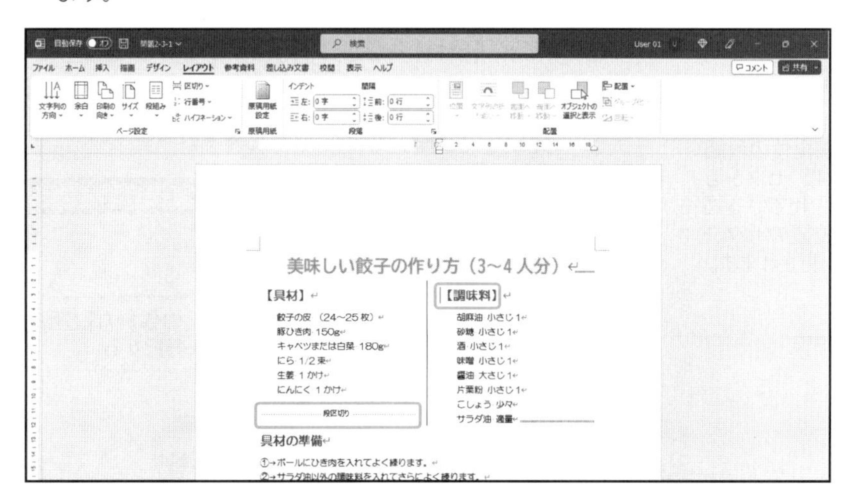

【操作2】

❾「●焼き餃子の場合」から文末の「…10分蒸します。」までを選択します。

❿［レイアウト］タブの［段組み］ボタンをクリックします。

⓫一覧から［段組みの詳細設定］をクリックします。

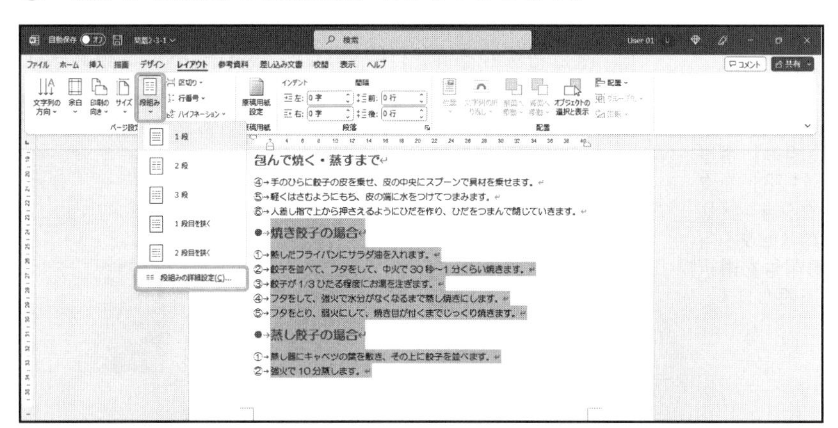

⓬［段組み］ダイアログボックスが表示されます。

⓭［種類］の［2段］をクリックします。

⓮［境界線を引く］チェックボックスをオンにします。

⓯［間隔］ボックスに「3」と入力するか、右端の▲をクリックして、［3字］に設定します。

⓰［設定対象］ボックスに［選択している文字列］と表示されていることを確認し、［OK］をクリックします。

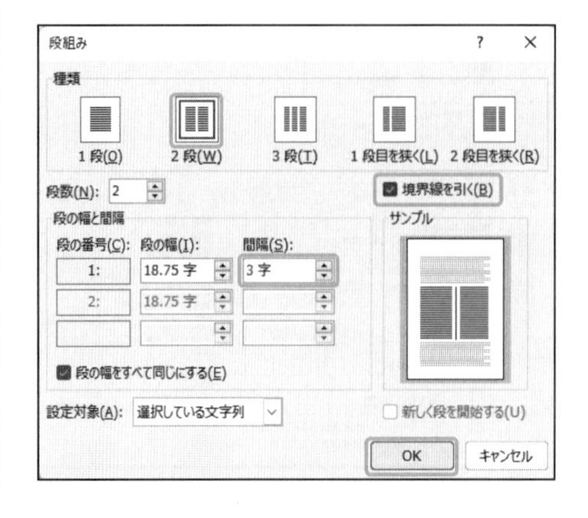

⑰選択した段落が、段の間隔「3 字」の境界線の引かれた 2 段組みに設定されます。

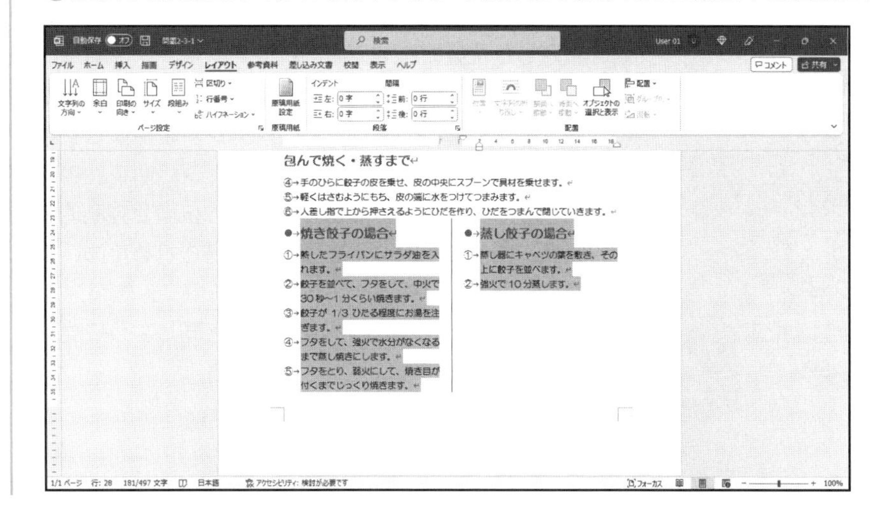

2-3-2 ページ、セクション、セクション区切りを挿入する

練習問題

問題フォルダー
└問題 2-3-2.docx

解答フォルダー
└解答 2-3-2.docx

【操作 1】1 ページ 7 行目「ハワイの気候…」の前にページ区切りの文字列の折り返しを挿入します。

【操作 2】見出し「キラウエア」の前に改ページを挿入します。

【操作 3】見出し「イメージ写真」の前に次のページから始まるセクション区切りを挿入します。

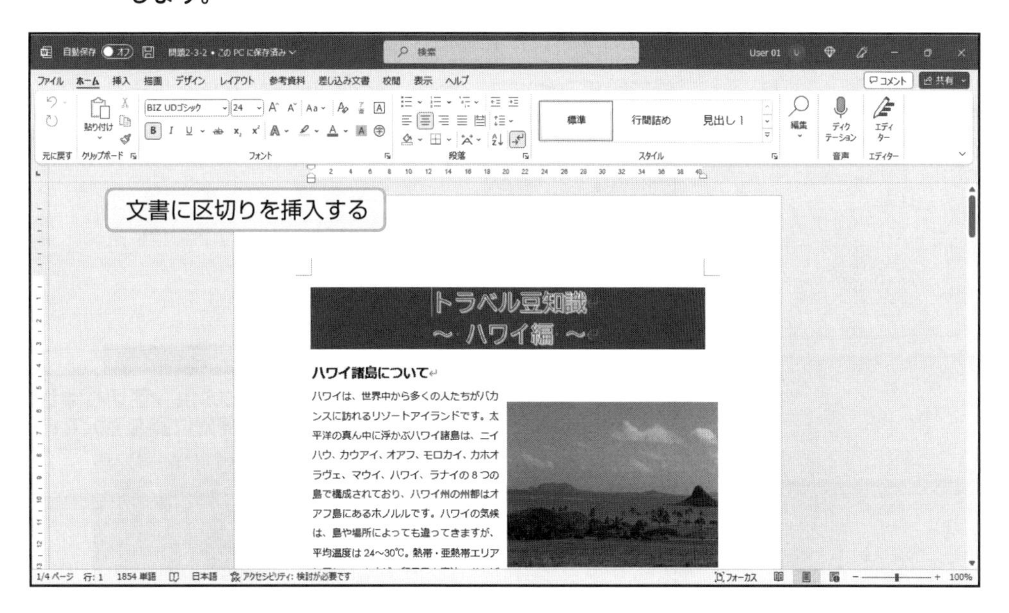

機能の解説

重要用語

- ページ区切り
- セクション区切り
- 改ページ
- 文字列の折り返し
- ［ページ区切り］ボタン
- ［区切り］ボタン

文書の指定した位置にページ区切りやセクション区切りを挿入することができます。

ページ区切りには、改ページ、段区切り、文字列の折り返しがあります。改ページはページの途中で強制的に次のページに改ページする操作です。その方法はいくつかありますが、ここでは［挿入］タブの ページ区切り ［ページ区切り］ボタンをクリックします。

ページ区切りの文字列の折り返しは、その位置で強制的に改行し、図や表の下に文字列が移動します。図や表を避けて文字列が配置されるため、文書を読みやすくすることができます。［レイアウト］タブの 区切り ［区切り］ボタンから［文字列の折り返し］をクリックします。空白行を数行挿入する操作と同じように見えますが、段落内での改行となります。

ページ区切りの文字列の折り返しの例

●セクション区切りの挿入

文書にセクション区切りを挿入したい場合は、同じ 区切り ［区切り］ボタンから［セクション区切り］を選択します。セクションとは文書の編集単位の1つで、セクション単位で段組みやページ番号、印刷の向きなどをそれぞれ異なる設定にすることができます。

操作手順

【操作 1】

❶7 行目「ハワイの気候…」の前にカーソルを移動します。

❷［レイアウト］タブの 区切り ［区切り］ボタンをクリックします。

❸［ページ区切り］の一覧から［文字列の折り返し］をクリックします。

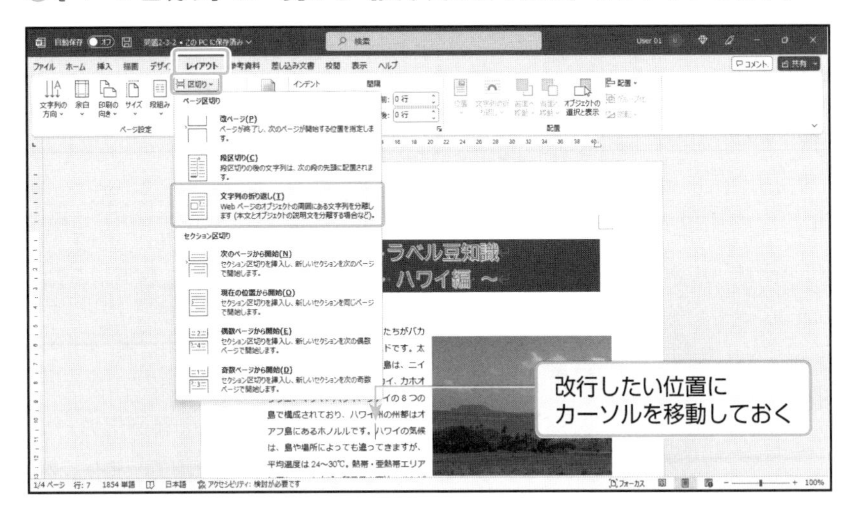

❹カーソルの直前に段落内改行が挿入され、「ハワイの気候…」の行以降は図の下に配置されます。

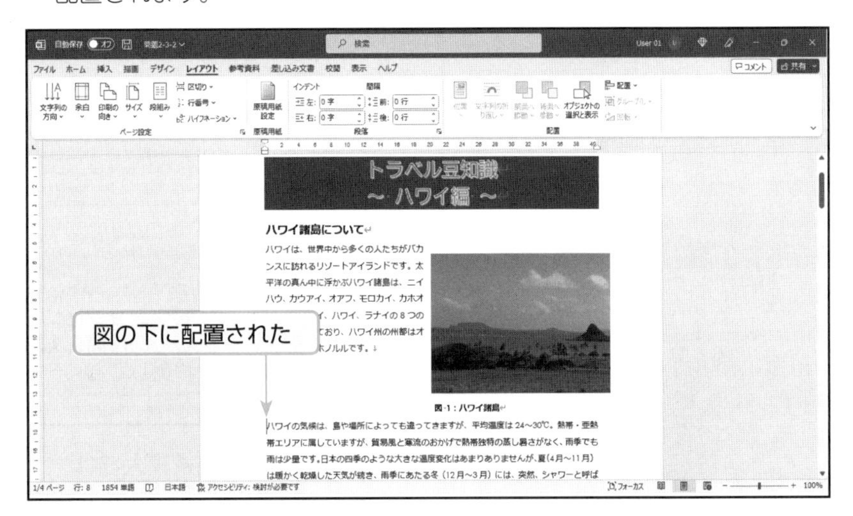

【操作 2】

❺2 ページ目の見出し「キラウエア」の行頭にカーソルを移動します。

❻［挿入］タブの ページ区切り ［ページ区切り］ボタンをクリックします。

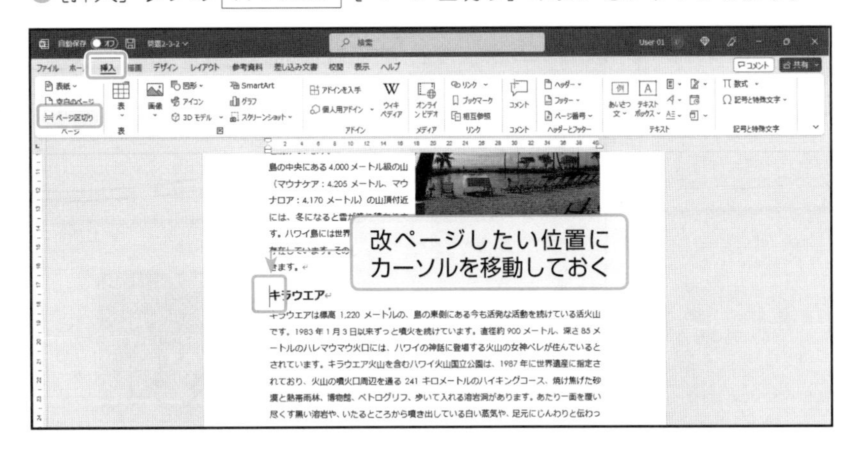

その他の操作方法

ショートカットキー

Ctrl ＋ **Enter** キー
（ページ区切りの挿入）

ヒント
改ページ
改ページを挿入すると、カーソルの位置には「改ページ」という編集記号が挿入されます。

ヒント
改ページの解除
改ページを解除するには、[改ページ] の編集記号を選択して **Delete** キーを押します。

❼カーソルの直前に改ページが挿入され、「キラウエア」の行以降は、次ページに配置されます。

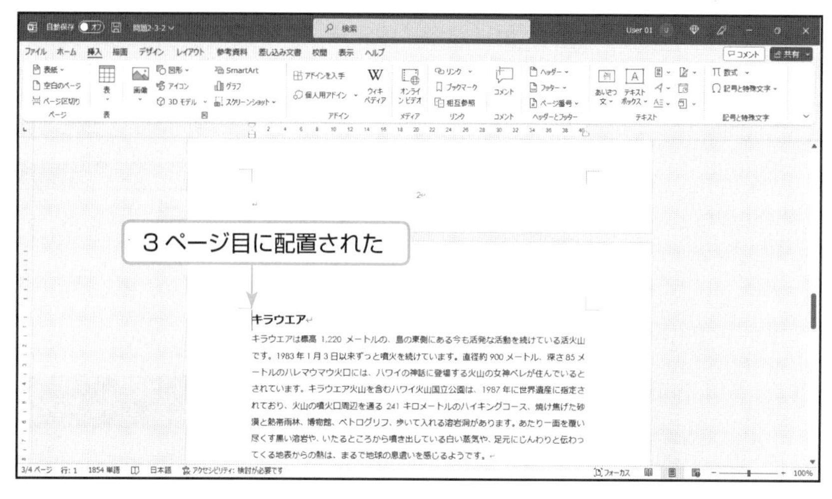

【操作 3】

❽3ページの見出し「イメージ写真」の行頭にカーソルを移動します。

❾[レイアウト] タブの [区切り] ボタンをクリックします。

❿[セクション区切り] の一覧から [次のページから開始] をクリックします。

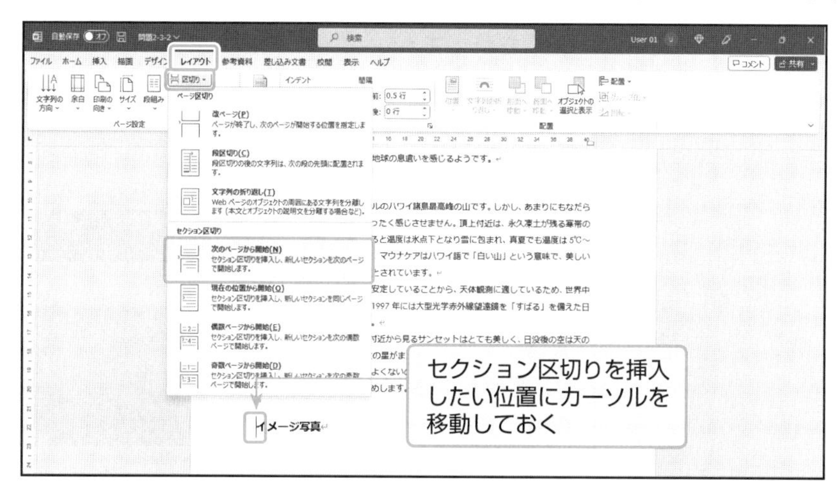

⓫カーソルの直前にセクション区切りが挿入され、「イメージ写真」の行以降は次ページに配置されます。

ヒント
セクション区切りの削除
セクション区切りを削除するには、[セクション区切り] の編集記号を選択して **Delete** キーを押します。

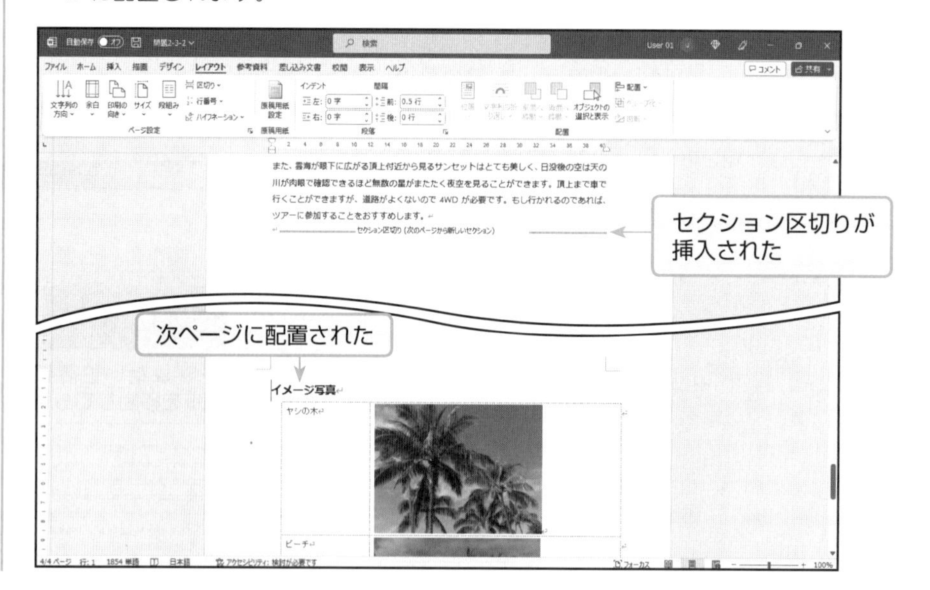

2-3-3 セクションごとにページ設定のオプションを変更する

練習問題

問題フォルダー
└問題 2-3-3.docx

解答フォルダー
└解答 2-3-3.docx

【操作 1】最初のセクションの上余白を「40mm」に変更します。
【操作 2】セクション 2 のページだけ印刷の向きを「横」に変更します。
※ 下記画面は［表示］タブの［複数ページ］ボタンで表示しています。

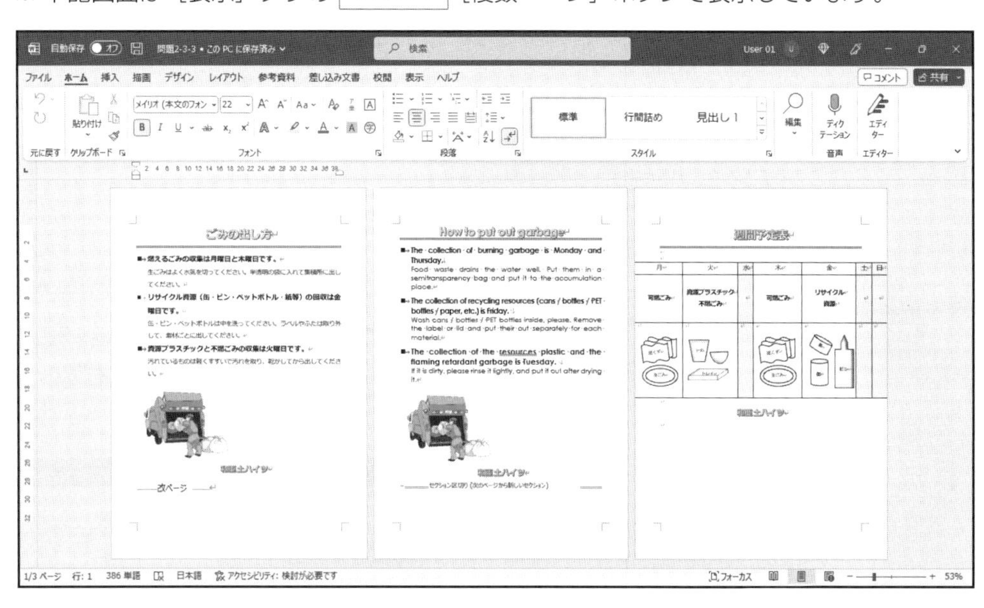

機能の解説

重要用語

□ セクション
□ セクション区切り

セクションとは、文書の編集単位のことで、通常、文書は 1 セクションで構成されます。用紙サイズや印刷の向きなど、文書に複数の異なるレイアウトを混在させたい場合にセクション区切りを挿入し、セクションごとにページのレイアウトを設定します。
文書内のセクションの区切り位置は、「セクション区切り（次のページから新しいセクション）」のような編集記号で確認することができます。また、ステータスバーを右クリックしてショートカットメニューの［セクション］をクリックすると、セクション番号をステータスバーに表示させることができます。

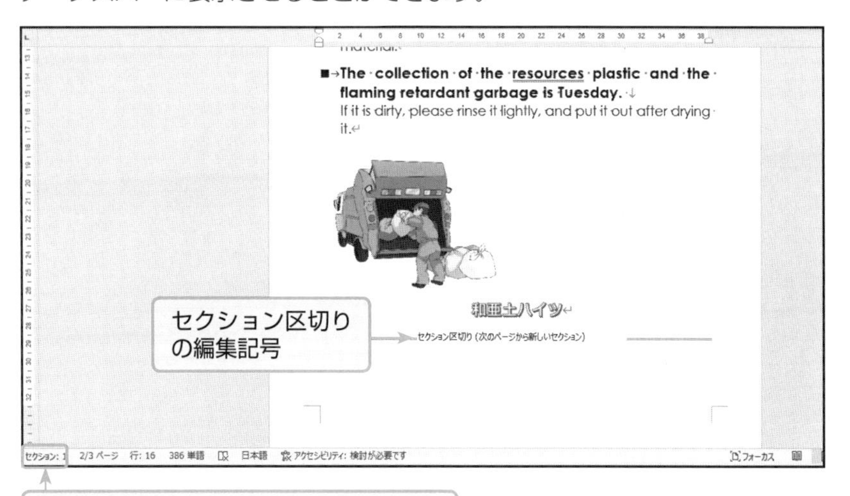

操作手順

ヒント

編集記号の表示

編集記号が非表示の場合は、[ホーム] タブの [編集記号の表示 / 非表示] ボタンをクリックしてオンにします。

【操作 1】

❶スクロールして、2 ページ目の編集記号［セクション区切り（次のページから新しいセクション)］を確認します。

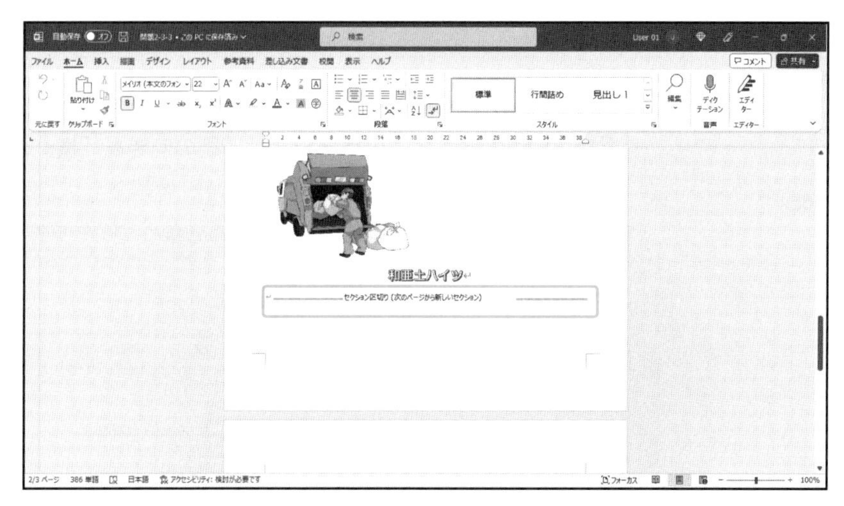

❷セクション 1（1 ページまたは 2 ページ目）のいずれかにカーソルを移動します。

❸［レイアウト］タブの［ページ設定］グループ右下の ［ページ設定］ボタンをクリックします。

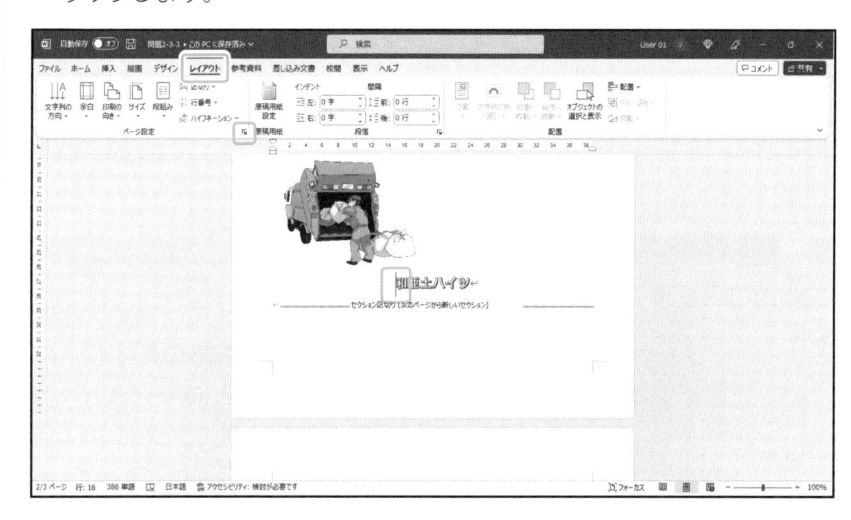

❹［ページ設定］ダイアログボックスが表示されます。

❺［余白］タブの［上］ボックスに「40」と入力するか、▲をクリックして、「40mm」に設定します。

❻［設定対象］ボックスに［このセクション］と表示されていることを確認します。

❼［OK］をクリックします。

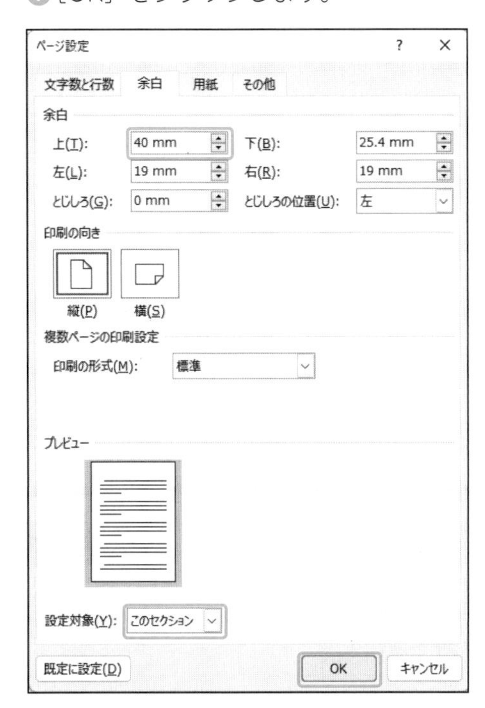

❽最初のセクション（1 ページ目と 2 ページ目）のみ上余白が変更されます。

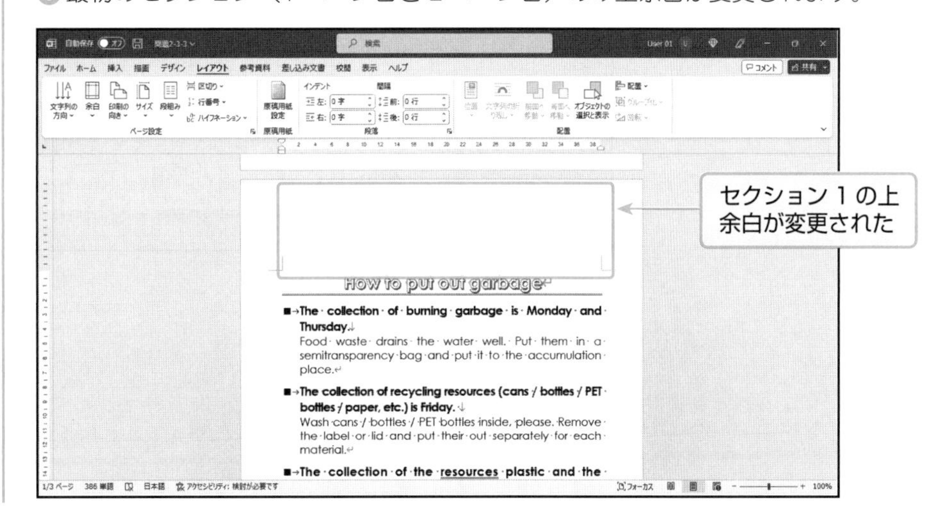

【操作 2】

❾ セクション 2（3 ページ目）のいずれかにカーソルを移動します。

❿［レイアウト］タブの［印刷の向き］ボタンをクリックします。

⓫［横］をクリックします。

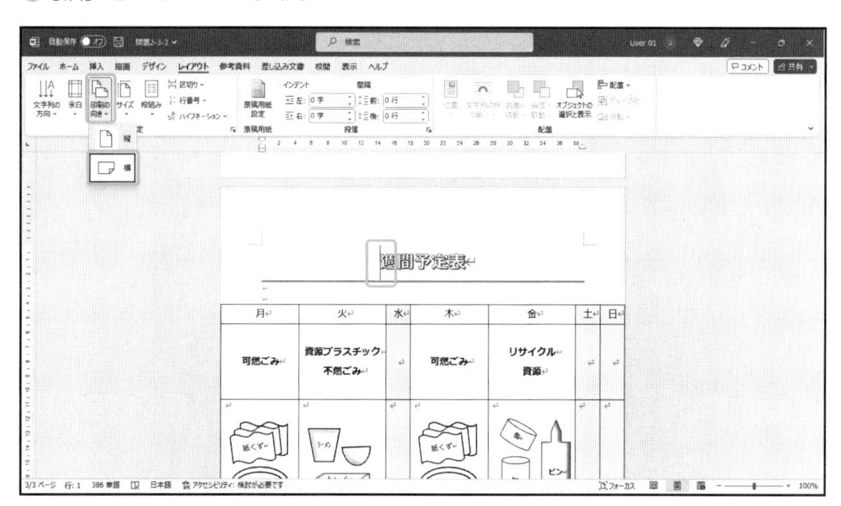

⓬ セクション 2 のみ印刷の向きが横に変更されます。

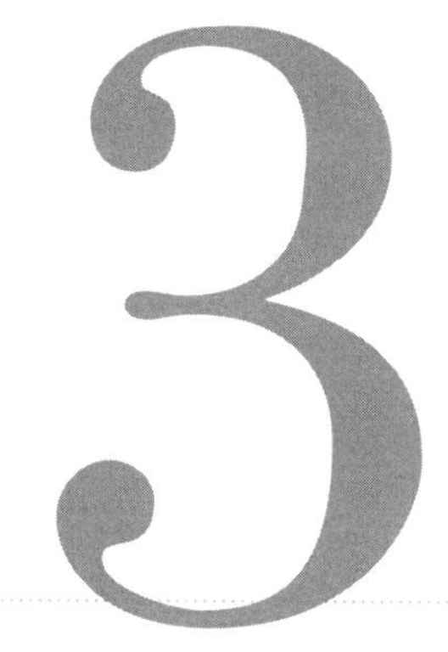

Chapter

表やリストの管理

本章で学習する項目

- □ 表を作成する
- □ 表を変更する
- □ リストを作成する、変更する

3-1 表を作成する

文書内に表を挿入するには、表の行数と列数を指定して挿入するほかに、入力済みの文字列を表に変換することができます。列の幅を指定したり、文字列の幅に合わせたりして表を挿入することもできます。また、表を解除して、文字列だけにすることもできます。

3-1-1 文字列を表に変換する

練習問題

問題フォルダー
└問題 3-1-1.docx

解答フォルダー
└解答 3-1-1.docx

【操作 1】9 行目「吉野中央図書館…」から 14 行目「吉野あおば公民館…」の段落のタブ区切りの文字列を、文字列の幅に合わせた表に変換します。

【操作 2】16 行目「平日…」から 18 行目「日曜…」の段落のタブ区切りの文字列を列の幅が「35mm」の表に変換します。

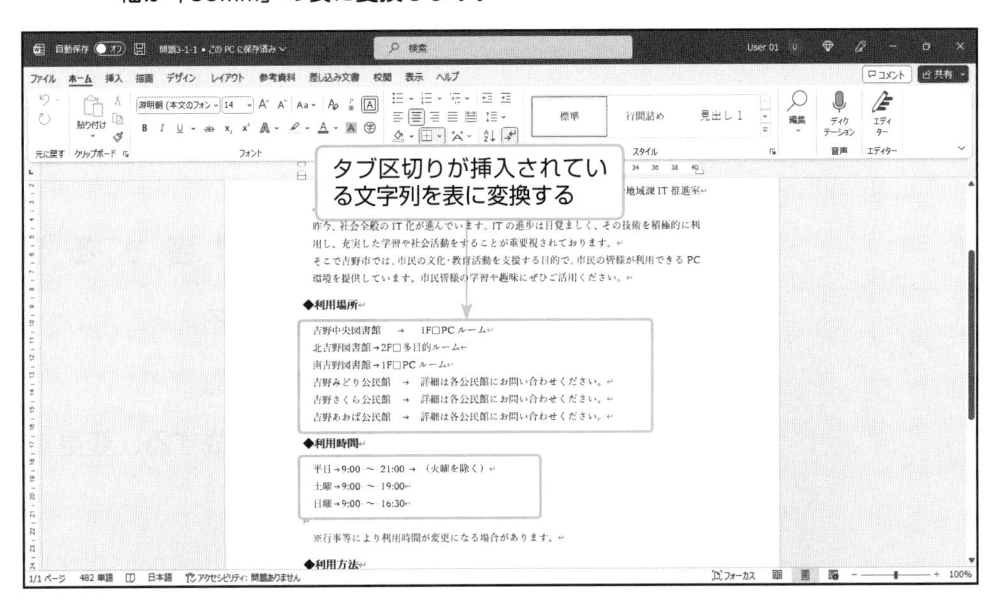

機能の解説

□ [文字列を表にする] ダイアログボックス

□ [自動調整のオプション]

Word では、先に表を作成してから文字列を入力していくほかに、既に入力されている文字列を表に変換することができます。表に変換できるのは、タブやカンマ、段落などで区切られた文字列です。

それには、表に変換したい文字列を選択し、[挿入] タブの [表] ボタンをクリックして、一覧から [文字列を表にする] をクリックします。表示される [文字列を表にする] ダイアログボックスで、列数や列の幅、文字列の区切りなどを指定して、変換を実行します。

［文字列を表にする］ダイアログボックスの［自動調整のオプション］の［列の幅を固定する］が既定の［自動］の場合は、左右の余白を除いた用紙幅分の列の幅が均等の表が挿入されます。列の幅を指定するには［列の幅を固定する］ボックスの右側の▲または▼で数値を指定します。［文字列の幅に合わせる］にすると、同じ列の一番長い文字に合わせた列の幅に調整されます。［ウィンドウサイズに合わせる］は、左右の余白を除いた用紙幅の表に変換され、あとから余白サイズを変更した場合は表のサイズが調整されます。

［文字列を表にする］ダイアログボックス

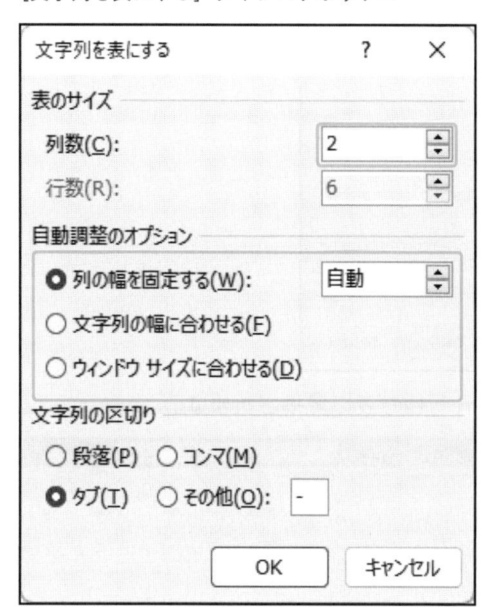

操作手順

【操作 1】

❶ 9 行目「吉野中央図書館…」から 14 行目「吉野あおば公民館…」を行単位で選択します。

❷［挿入］タブの［表］ボタンをクリックします。

❸［文字列を表にする］をクリックします。

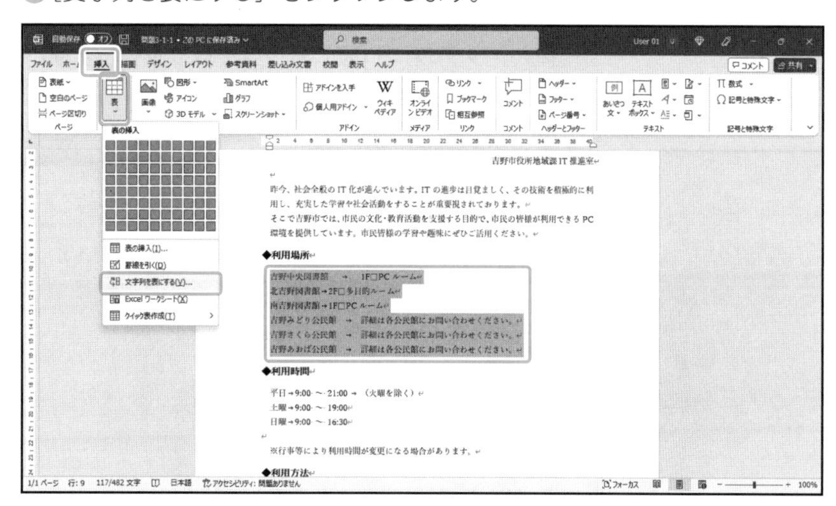

第3章 表やリストの管理

④［文字列を表にする］ダイアログボックスが表示されます。

⑤［列数］ボックスに［2］と表示されていることを確認します。

⑥［自動調整のオプション］の［文字列の幅に合わせる］を選択します。

⑦［文字列の区切り］の［タブ］が選択されていることを確認します。

⑧［OK］をクリックします。

> **ポイント**
> **文字列の区切り**
> 表に変換したときの列と列の区切り位置を［文字列の区切り］から指定します。段落記号、タブ、カンマ以外で区切りられている場合は、［その他］を選択して右側のボックスに区切り文字を入力します。

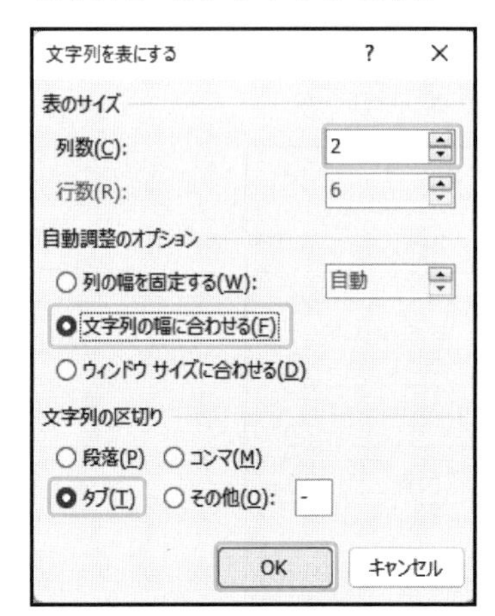

⑨9 行目から 14 行目が表に変換されます。

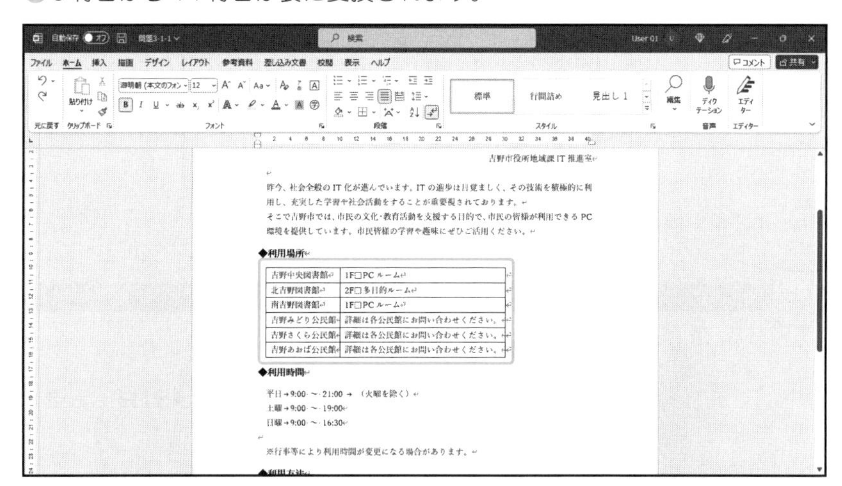

【操作 2】

⑩16 行目「平日…」から 18 行目「日曜…」を行単位で選択します。

⑪［挿入］タブの［表］ボタンをクリックします。

⑫［文字列を表にする］をクリックします。

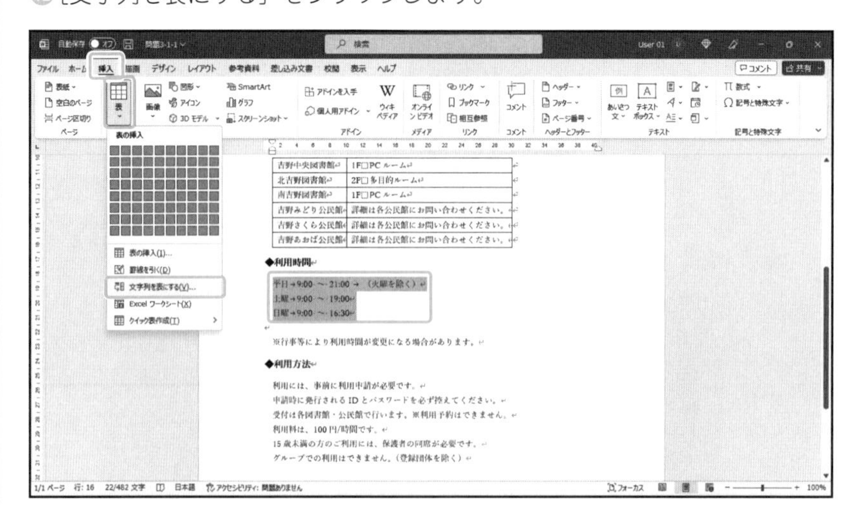

⑬［文字列を表にする］ダイアログボックスが表示されます。

⑭［列数］ボックスに［3］と表示されていることを確認します。

⑮［自動調整のオプション］の［列の幅を固定する］の右側のボックスに「35」と入力するか、▲をクリックして「35mm」に設定します。

⑯［文字列の区切り］の［タブ］が選択されていることを確認します。

⑰［OK］をクリックします。

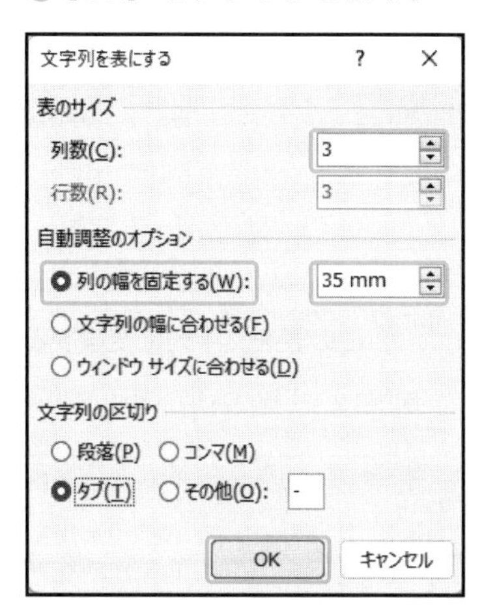

⑱16行目から18行目が、各列の幅が「35mm」の表に変換されます。

⑲表内にカーソルを移動して［レイアウト］タブの［幅］ボックスに「35 mm」と表示されていることを確認します。

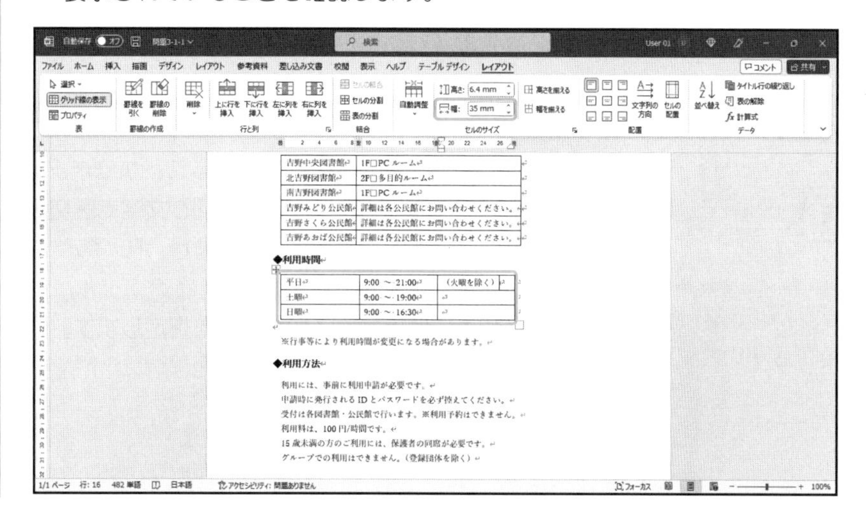

ヒント
列の幅の指定
［自動調整のオプション］で［列の幅を固定する］を選択した場合、右側のボックスに列の幅を数値で指定できます。

ヒント
列の幅
［列の幅を固定する］ボックスに数値を指定すると、既定ではmm単位の幅になります。「30」なら「30mm」の列の表が作成されます。

ヒント
表を文字列にする
この操作とは反対に、入力済みの表を文字列に変換することができます。詳細は、「3-1-2　表を文字列に変換する」を参照してください。

3-1-2 表を文字列に変換する

練習問題

問題フォルダー
└問題 3-1-2.docx

解答フォルダー
└解答 3-1-2.docx

文書の末尾にある表を解除し、文字列に変換します。その際の文字列の区切りには、「タブ」を指定します。

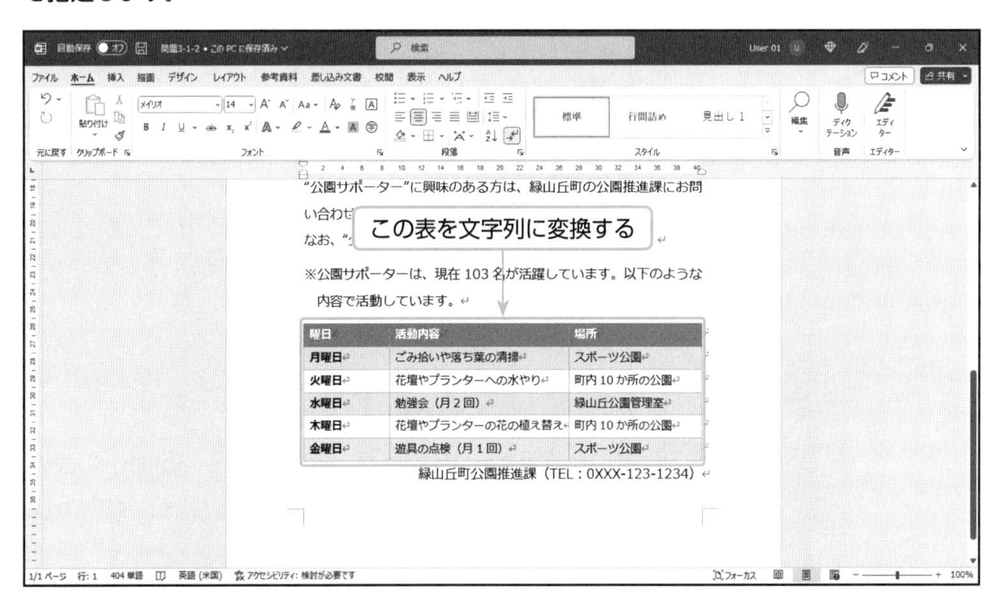

機能の解説

- 表の解除
- [表の解除]ダイアログボックス

表の解除を行うと、表を文字列に変換することができます。この時、表の各セルに入力されていた内容は、タブなどの指定した区切り文字で区切られて表示されます。

表を解除するには、表内にカーソルを移動し、[レイアウト]タブの 表の解除 [表の解除]ボタンをクリックします。[表の解除]ダイアログボックスが表示されるので、セルごとの文字列の区切りに使用する区切り文字を指定します。

[表の解除]ダイアログボックス

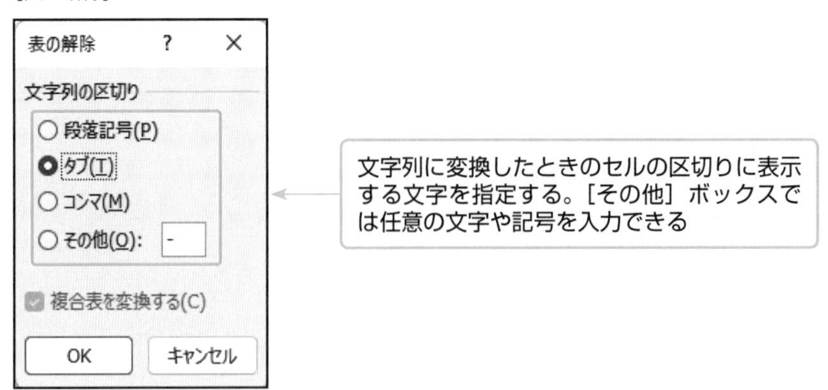

操作手順

❶文書の末尾の表内にカーソルを移動します。

❷［レイアウト］タブの 表の解除 ［表の解除］ボタンをクリックします。

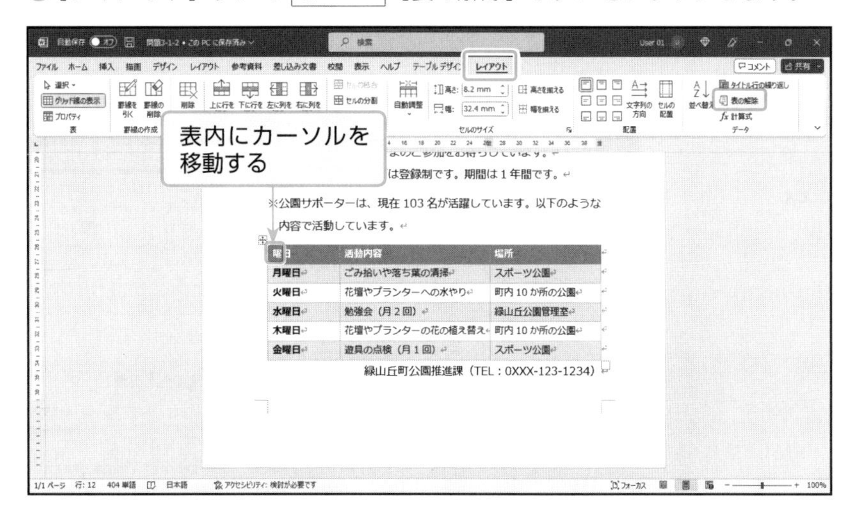

❸［表の解除］ダイアログボックスが表示されます。

❹［文字列の区切り］の［タブ］を選択します。

❺［OK］をクリックします。

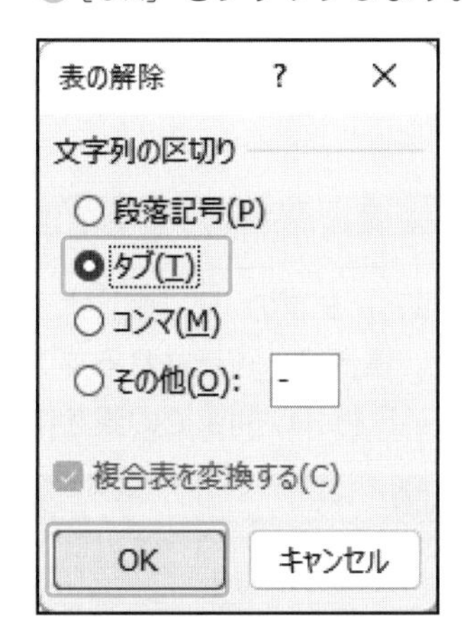

❻表が解除され、文字列に変換されます。

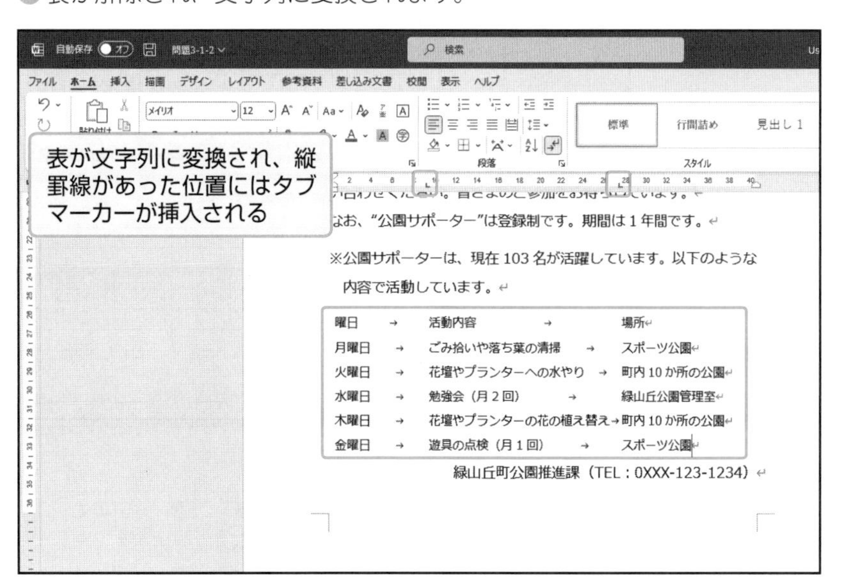

ヒント
表の一部を文字列に変換する
表の一部を文字列に変換する場合は、対象となる表の部分を範囲選択します。

ヒント
表の操作に使用するタブ
表内にカーソルを移動したり、表を選択すると、［テーブルデザイン］タブと［レイアウト］タブが表示されます。

ヒント
その他の区切り文字を指定する
段落記号、タブ、カンマ以外の区切り文字を指定したい場合は、［その他］を選択し、右側のボックスに区切り文字を入力します。

ヒント
タブの挿入
［文字列の区切り］を［タブ］に指定すると、セルの区切り位置には左揃えタブが挿入され、文字位置が揃います。水平ルーラーに、左揃えタブマーカーが挿入されていることが確認できます。

3-1-3 行や列を指定して表を作成する

練習問題

問題フォルダー
└問題 3-1-3.docx

解答フォルダー
└解答 3-1-3.docx

8 行目に列の幅を 30mm に固定した 5 列、48 行の表を作成します。

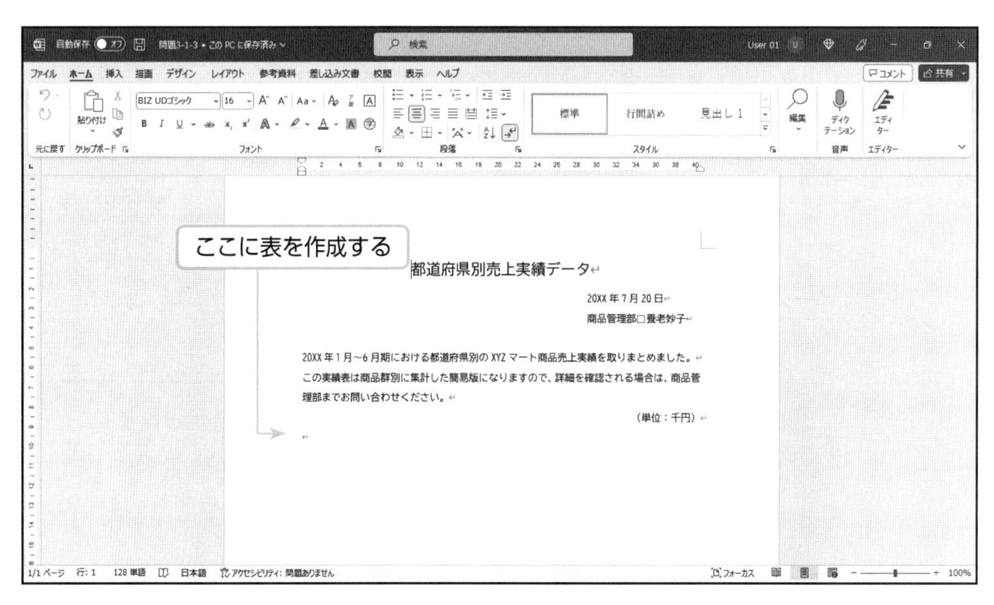

機能の解説

- 表の作成
- ［表の挿入］ダイアログボックス
- ［表のサイズ］
- ［自動調整のオプション］

文書内に表を作成するには、［挿入］タブの［表］ボタンを利用します。単に行数と列数だけを指定して表を作成したい場合は、表示されるマス目の中で、作成したい行数および列数の位置をクリックします。8 行 10 列までの表を作成できます。

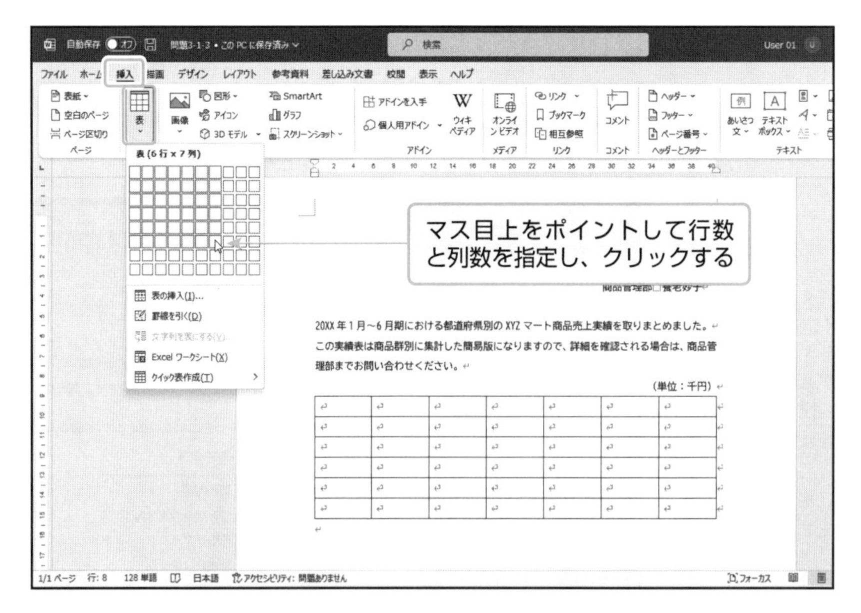

表の列の幅を指定したい場合や、8行10列以上の行数や列数の大きい表を作成したい場合は、[表]ボタンから[表の挿入]を選択し、[表の挿入]ダイアログボックスを利用します。[表のサイズ]で列数と行数を指定し、[自動調整のオプション]の選択肢から表の列の幅を指定します。[列の幅を固定する]が[自動]の場合、左インデントから右インデントまでの幅で、列の幅が均等の表が挿入されます。列の幅を指定するには、右側のボックスに数値で指定します。[ウインドウサイズに合わせる]は、あとから余白サイズを変更した場合は表のサイズが調整されます。

[表の挿入]ダイアログボックス

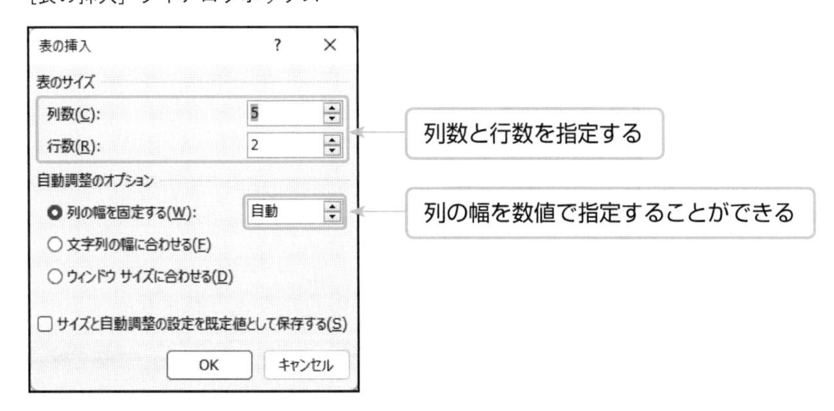

操作手順

❶8行目にカーソルを移動します。
❷[挿入]タブの[表]ボタンをクリックします。
❸[表の挿入]をクリックします。

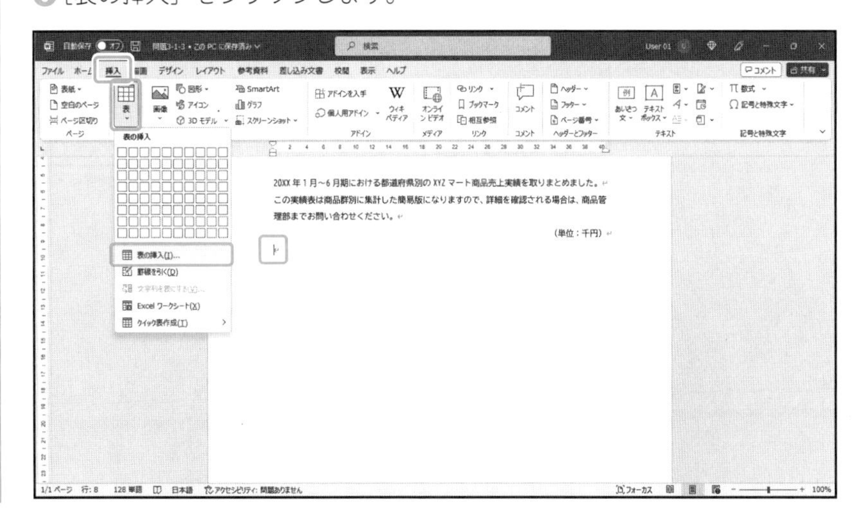

ポイント

行と列

表の横方向の並びを「行」、縦方向の並びを「列」といいます。また、表のマス目1つ1つのことを「セル」といいます。

④［表の挿入］ダイアログボックスが表示されます。

⑤［表のサイズ］の［列数］ボックスに「5」と入力します。

⑥［行数］ボックスに「48」と入力します。

⑦［自動調整のオプション］の［列の幅を固定する］の右側のボックスに「30」と入力します。

⑧［OK］をクリックします。

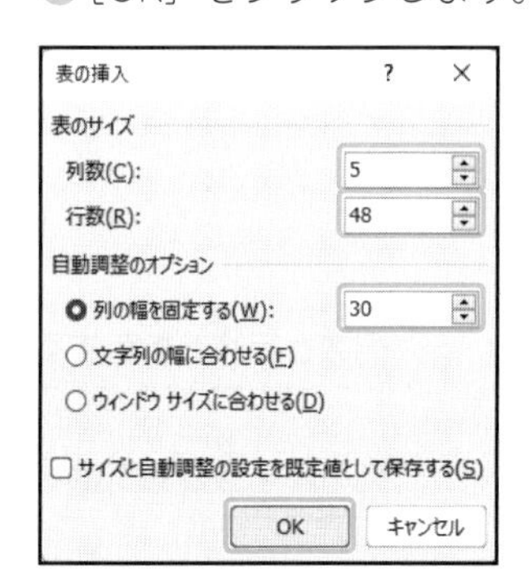

⑨指定したサイズの列の幅の表が挿入されます。

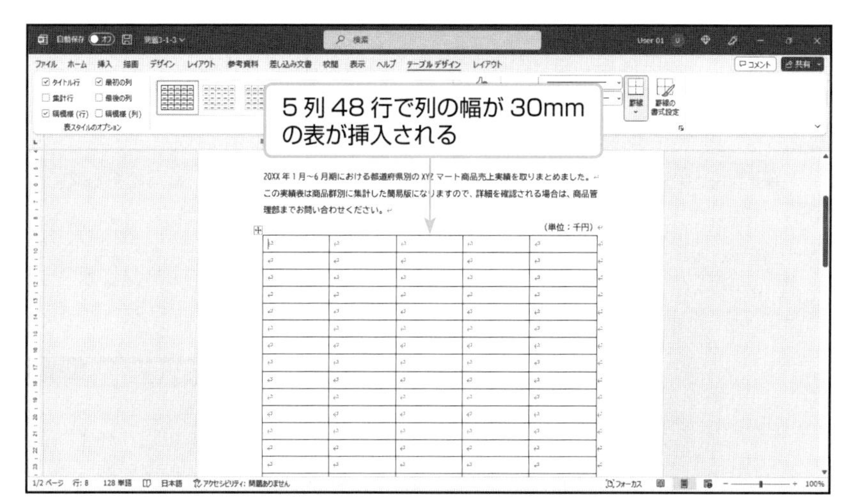

3-2 表を変更する

Word には、作成した表を見やすくするための多数の機能があります。特定の列をキーとして昇順または降順でデータを並べ替えたり、セルの結合や分割、セルの余白の幅やサイズを変更したりなど、後から表のレイアウトを変更できます。表を分割したり、各ページにタイトル行を表示したりするなどの大きな表に便利な機能も用意されています。

3-2-1 表のデータを並べ替える

練習問題

問題フォルダー
└問題 3-2-1.docx
解答フォルダー
└解答 3-2-1.docx

文書内の表を、「総売上高」を基準として降順で並べ替えます。ただし、1 行目のタイトル行と合計の行以降は並べ替えの対象から除きます。

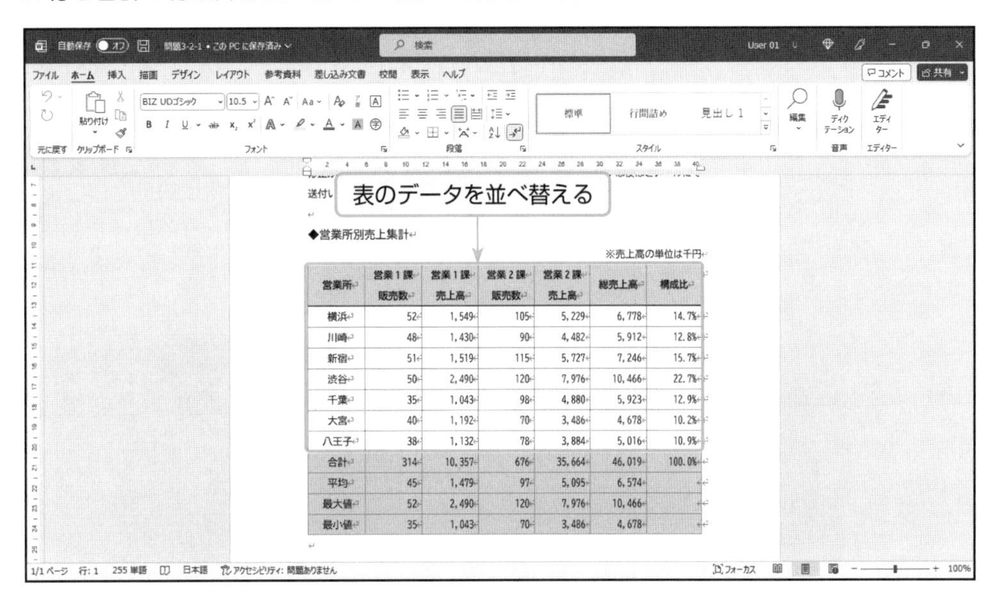

◆営業所別売上集計

※売上高の単位は千円

営業所	営業 1 課 販売数	営業 1 課 売上高	営業 2 課 販売数	営業 2 課 売上高	総売上高	構成比
横浜	52	1,549	105	5,229	6,778	14.7%
川崎	48	1,430	90	4,482	5,912	12.8%
新宿	51	1,519	115	5,727	7,246	15.7%
渋谷	50	2,490	120	7,976	10,466	22.7%
千葉	35	1,043	98	4,880	5,923	12.9%
大宮	40	1,192	70	3,486	4,678	10.2%
八王子	38	1,132	78	3,884	5,016	10.9%
合計	314	10,357	676	35,664	46,019	100.0%
平均	45	1,479	97	5,095	6,574	
最大値	52	2,490	120	7,976	10,466	
最小値	35	1,043	70	3,486	4,678	

機能の解説

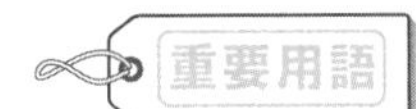

- □ 並べ替え
- □ [並べ替え] ダイアログボックス
- □ キー

表のコンテンツ（タイトル行を除いたデータの行）を、指定した列のデータを基準として並べ替えることができます。表の並べ替えは、[レイアウト] タブの [並べ替え] ボタンをクリックして [並べ替え] ダイアログボックスで行います。

並べ替えの基準として優先するキーを 3 つまで設定でき、さらにそれぞれのキーに対し、データの種類、並べ替えの単位、昇順 / 降順を選択できます。

なお、この問題のように表の一部を並べ替える場合は、列見出しを含むデータの範囲を選択して並べ替えを実行します。表全体を並べ替える場合は、範囲を選択しなくても表内にカーソルがあれば実行できます。

［並べ替え］ダイアログボックス

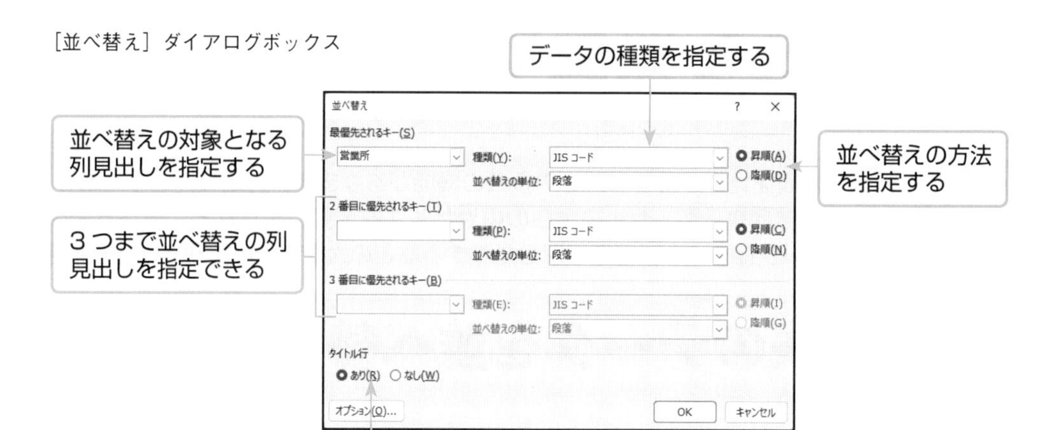

操作手順

❶表の１行目から８行目（「八王子」の行）までを行単位で選択します。

❷［レイアウト］タブの［並べ替え］ボタンをクリックします。

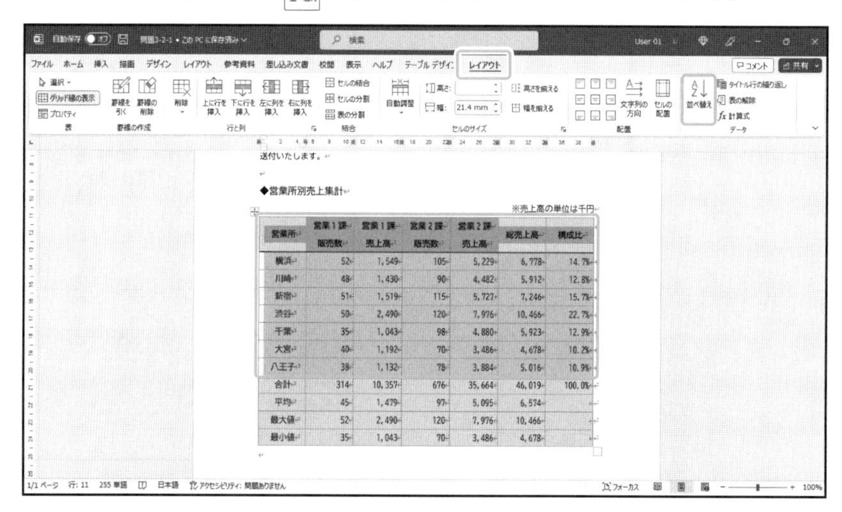

❸［並べ替え］ダイアログボックスが表示されます。

❹［タイトル行］の［あり］をクリックします。

❺［最優先されるキー］ボックスの▼をクリックし、一覧から「総売上高」を選択します。

❻［種類］ボックスに「数値」、［並べ替えの単位］ボックスに［段落］と表示されていることを確認し、右側の［降順］をクリックします。

❼［OK］をクリックします。

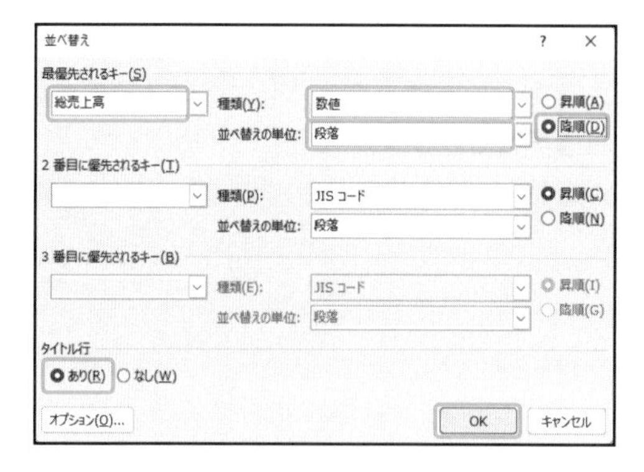

ヒント
１行目の扱い
１行目を並べ替えの対象とする（タイトル行としない）場合は、［タイトル行］で［なし］を選択します。

ヒント
昇順と降順
「昇順」とは、数値の場合は小さい数値から大きい数値に、文字列の場合は五十音順や JIS コード順に並べる方法です。一方、「降順」は、数値の場合は大きい数値から小さい数値に、文字列の場合は五十音や JIS コードの逆順に並べる方法です。

❽選択した範囲が、総売上高を基準として降順で並べ替えられます。

3-2-2 セルの余白と間隔を設定する

練習問題

問題フォルダー
└問題 3-2-2.docx

解答フォルダー
└解答 3-2-2.docx

【操作 1】表の単価、単位、金額のデータを中央揃え（右）に配置します。
【操作 2】表全体のセルの右の余白を「4mm」、セルの間隔を「0.5mm」に設定します。

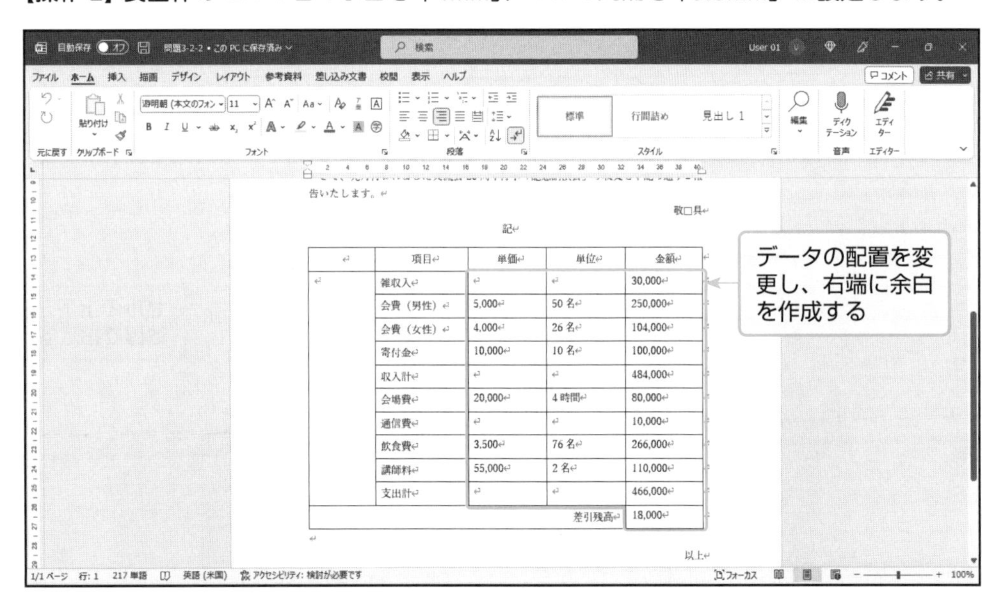

機能の解説

重要用語

- セルの余白
- セルの間隔
- セル内の文字位置
- ［表のオプション］ダイアログボックス

表に文字列を入力すると、初期設定では、セルの両端揃えで高さに対して上の位置に文字が挿入されます。文字列の横方向の位置は、［ホーム］タブの［左揃え］ボタン、［中央揃え］ボタン、［右揃え］ボタンで変更できます。セルの高さと横幅に対しての位置を指定するには、表内にカーソルを移動すると表示される［レイアウト］タブの［配置］グループの各ボタンを使用します。

セル内の文字位置を設定する［レイアウト］タブのボタン

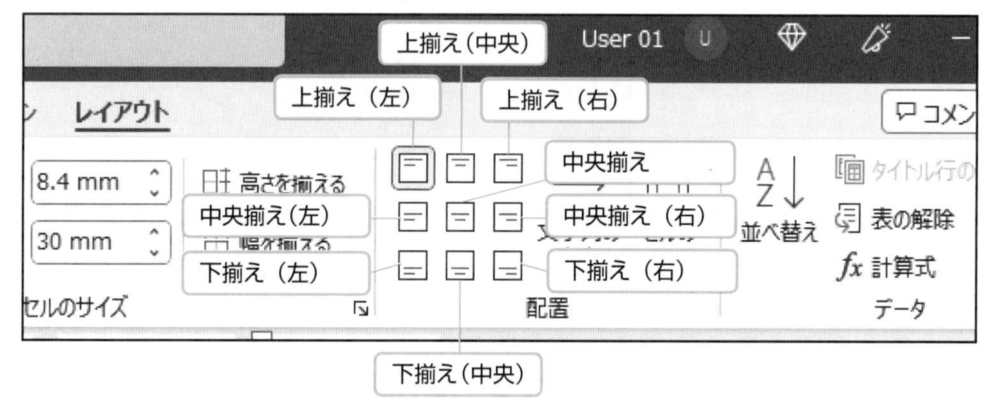

※ 環境によっては表示されるボタンの名称が上記とは異なることがあります。

●セルの余白と間隔の設定

表のセル内の上下左右の余白の幅を指定することができます。セル内のデータを右揃えに配置したときに読みにくい場合などは、右インデントを設定するか、セルの余白を変更します。また、セルの間隔を設定すると、セルとセルとの間に隙間を作ることができます。セルの余白や間隔を設定するには、［レイアウト］タブの［セルの配置］ボタンをクリックし、［表のオプション］ダイアログボックスを表示して設定します。

［表のオプション］ダイアログボックス

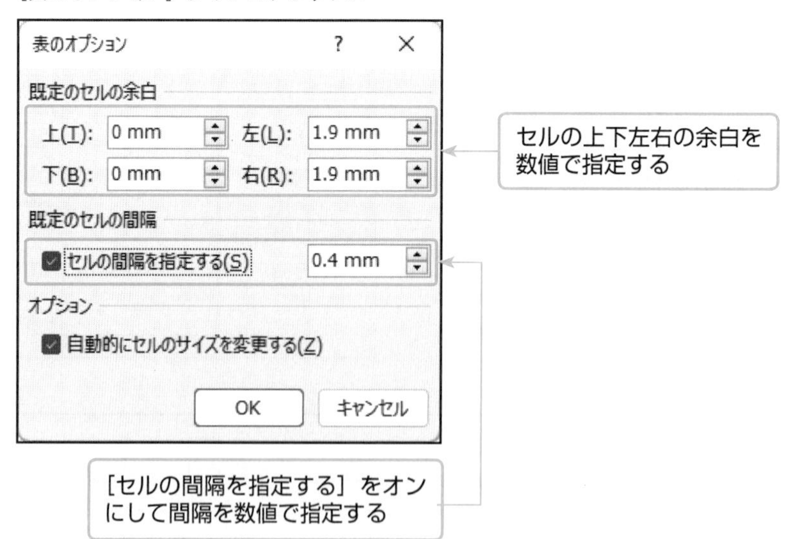

操作手順

ヒント

[中央揃え（右）] ボタン

環境によってボタン名が異なる場合があります。右の図と同じ位置にあるボタンをクリックしてください。

【操作 1】

❶表の単価、単位、金額の下のセルを選択します。

❷［レイアウト］タブの［中央揃え（右）］ボタンをクリックします。

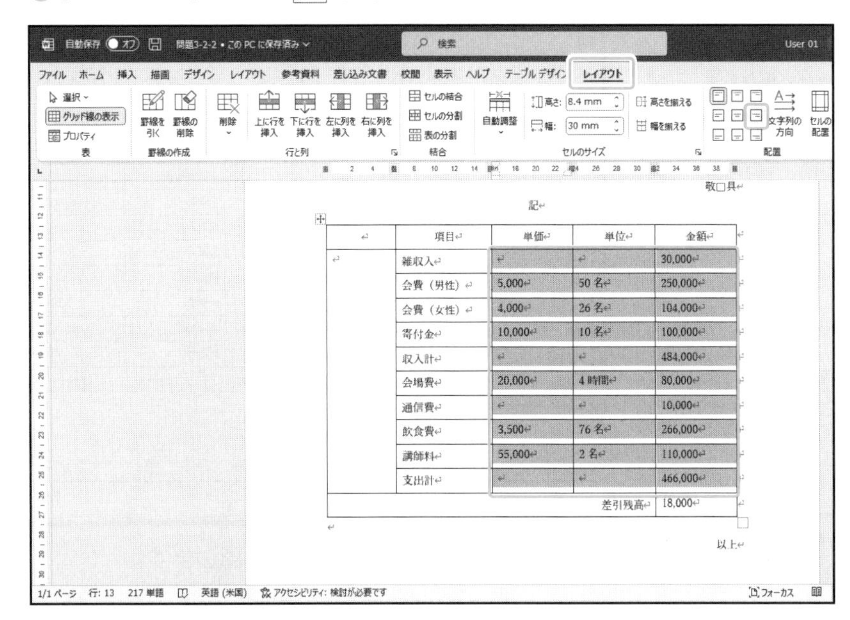

❸選択したセルのデータが中央揃え（右）になります。

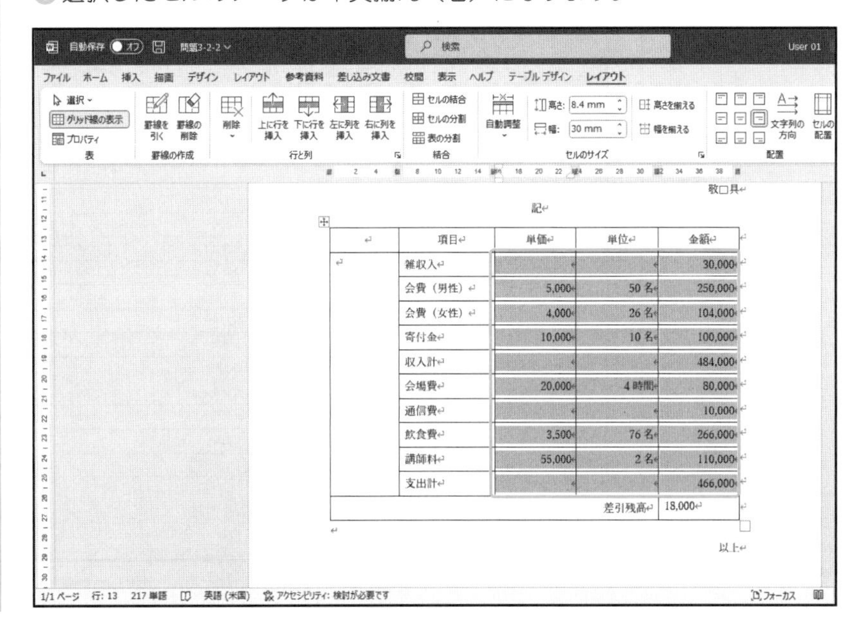

ヒント

配置のボタン

［中央揃え（右）］ボタンなどの配置のボタンは、離れた箇所のセルを選択すると、グレー表示になり使用することができません。この問題では、単価、単位、金額のセルを実行し、次に、差引残高のセルのように分けて操作します。

直前の操作と同じ操作を繰り返すには、**F4** キーを押しても実行できます。

④同様の操作で、差引残高の右のセルを中央揃え（右）にします。

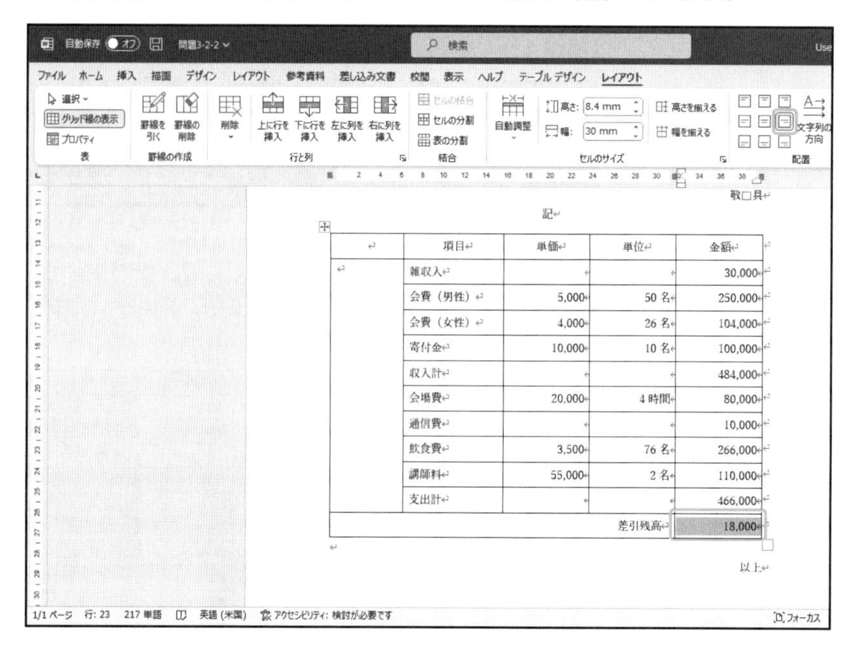

敬□具

記

	項目	単価	単位	金額
	雑収入			30,000
	会費（男性）	5,000	50 名	250,000
	会費（女性）	4,000	26 名	104,000
	寄付金	10,000	10 名	100,000
	収入計			484,000
	会場費	20,000	4 時間	80,000
	通信費			10,000
	飲食費	3,500	76 名	266,000
	講師料	55,000	2 名	110,000
	支出計			466,000
			差引残高	18,000

以上

【操作 2】

⑤表内にカーソルがあることを確認します。

⑥［レイアウト］タブの［セルの配置］ボタンをクリックします。

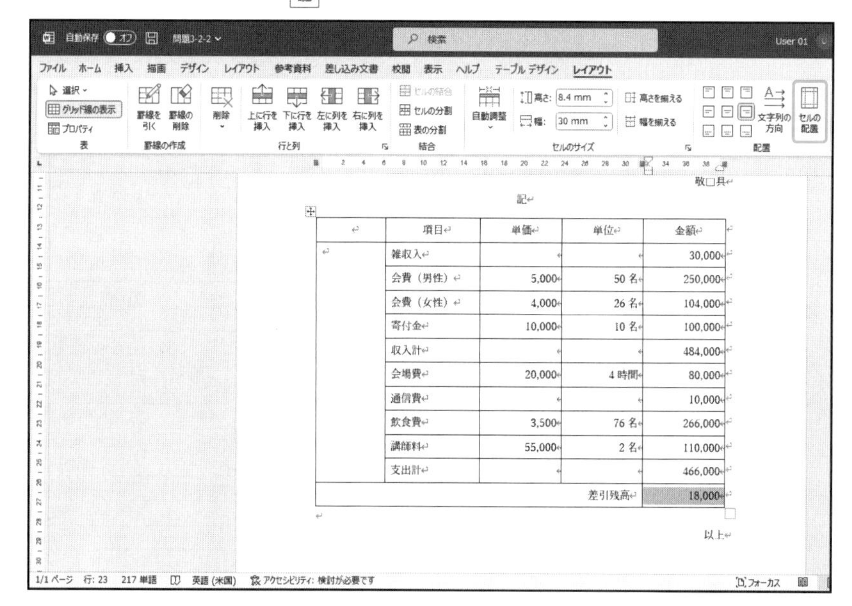

敬□具

記

	項目	単価	単位	金額
	雑収入			30,000
	会費（男性）	5,000	50 名	250,000
	会費（女性）	4,000	26 名	104,000
	寄付金	10,000	10 名	100,000
	収入計			484,000
	会場費	20,000	4 時間	80,000
	通信費			10,000
	飲食費	3,500	76 名	266,000
	講師料	55,000	2 名	110,000
	支出計			466,000
			差引残高	18,000

以上

❼［表のオプション］ダイアログボックスが表示されます。

❽［右］ボックスに「4」と入力するか、▲をクリックして「4mm」に設定します。

❾［セルの間隔を指定する］チェックボックスをオンにします。

❿右のボックスに「0.5」と入力するか、▲をクリックして「0.5mm」に設定します。

⓫［OK］をクリックします。

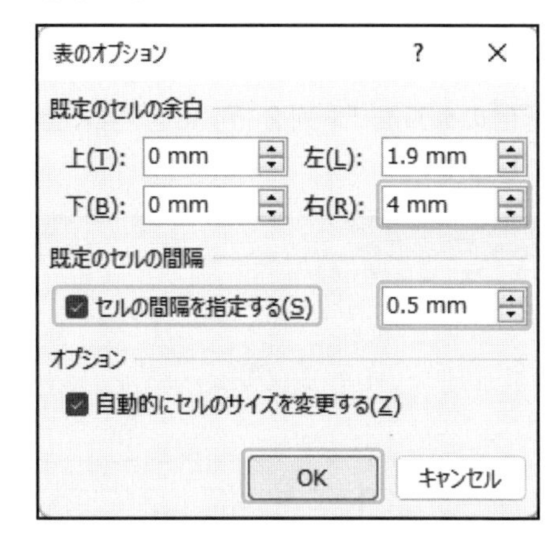

⓬表全体のセルの余白と間隔が変更されます。

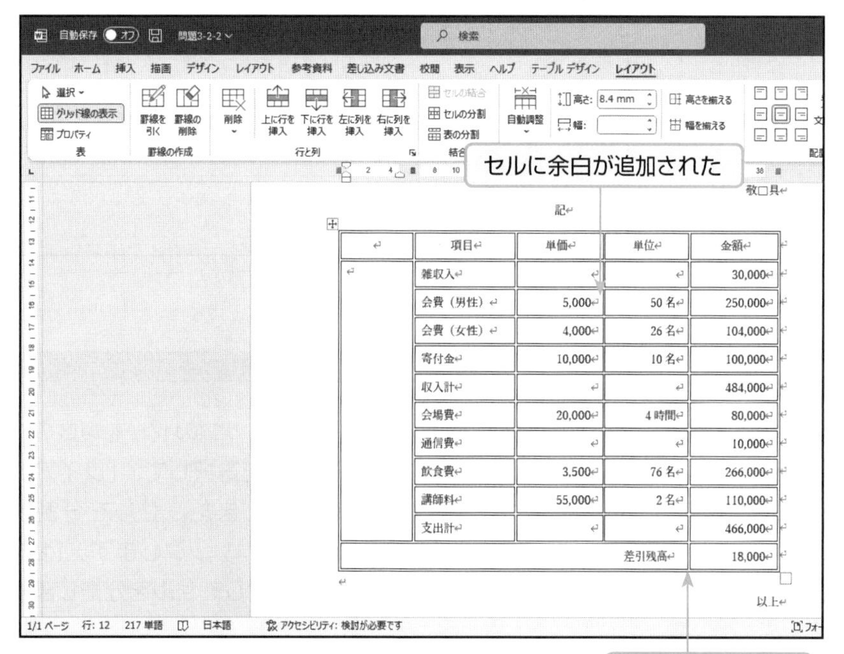

3-2-3 セルを結合する、分割する

練習問題

問題フォルダー
└問題 3-2-3.docx
解答フォルダー
└解答 3-2-3.docx

【操作 1】表の 6 行目の「収入計」と右側の 2 つの空白セルを結合し、文字列を「セルの上下左右の中央」に配置します。11 行目の「支出計」も同様に設定します。

【操作 2】左端の 2 行目のセルを「1 列 2 行」に分割し、上のセルに「収入」、下のセルに「支出」と入力します。

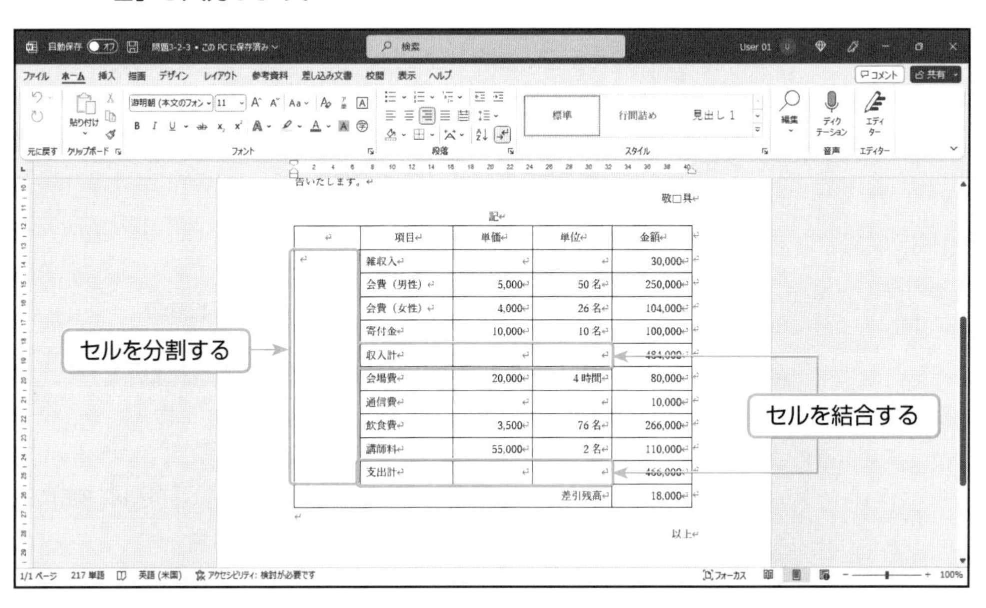

機能の解説

□ セルの結合
□ セルの分割

表では、複数のセルを結合したり、1 つのセルを複数のセルに分割したりすることができます。セルを結合するには、セルを選択して、［レイアウト］タブの セルの結合［セルの結合］ボタンをクリックします。また、セルを分割するには、同じグループにある セルの分割［セルの分割］ボタンをクリックします。［セルの分割］ダイアログボックスが表示されるので、列数と行数を指定してセルを分割します。

［セルの分割］ダイアログボックス

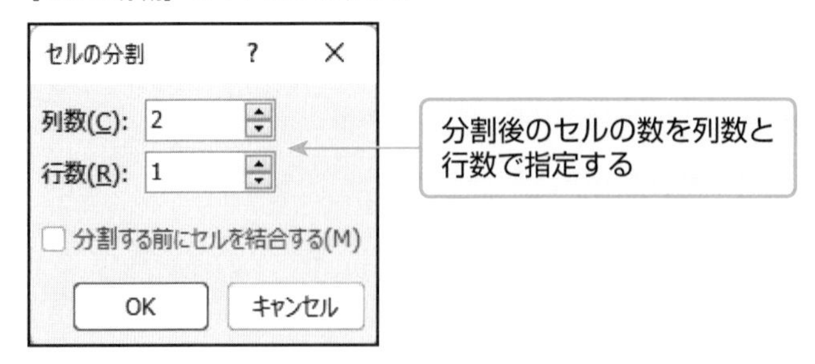

操作手順

【操作 1】

❶ 表の「収入計」から右に 3 つ分のセルを選択します。

❷ [レイアウト]タブの ⊞セルの結合 [セルの結合]ボタンをクリックします。

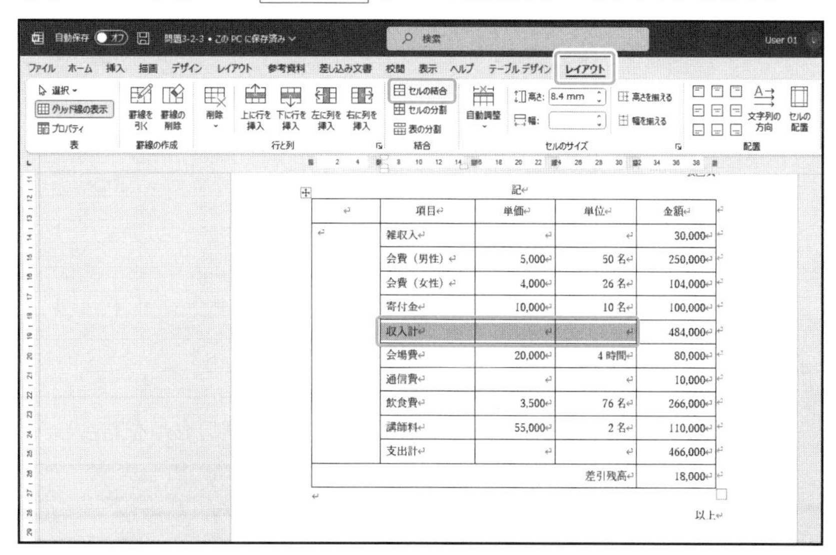

❸ セルが結合されて 1 つのセルになります。

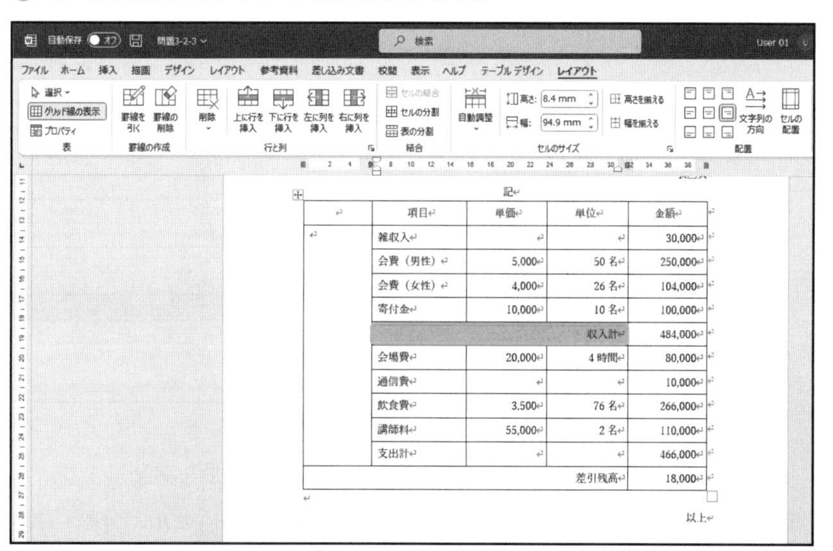

[中央揃え] ボタン

環境によってボタン名が異なる場合があります。右の図と同じ位置にあるボタンをクリックしてください。

❹ [レイアウト] タブの ☰ [中央揃え] ボタンをクリックします。

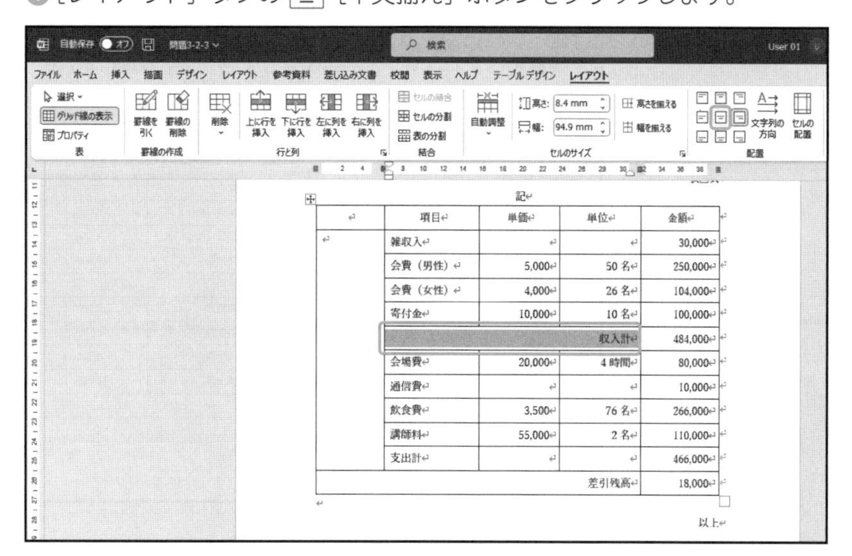

❺セル内の文字の位置が、セルの上下左右の中央に変更されます。

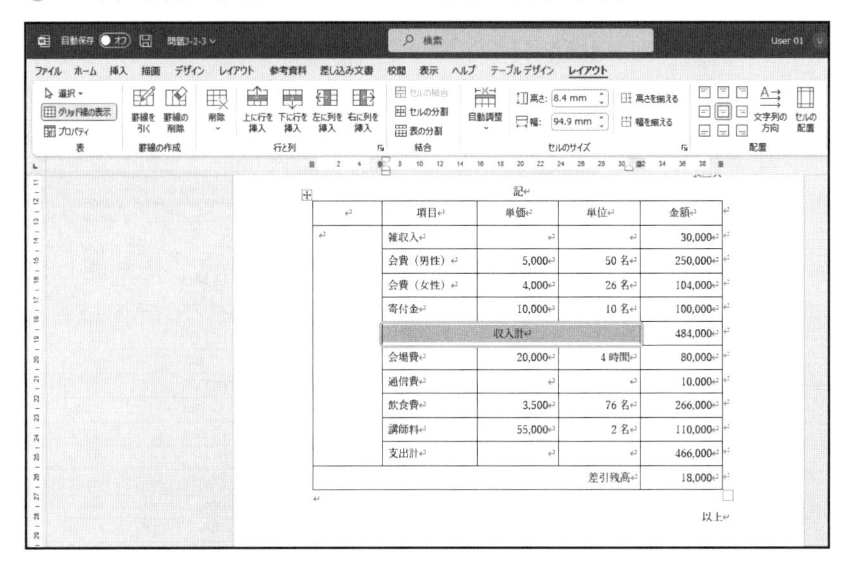

❻同様の操作で、「支出計」と右側のセルを結合し、文字列の位置を変更します。

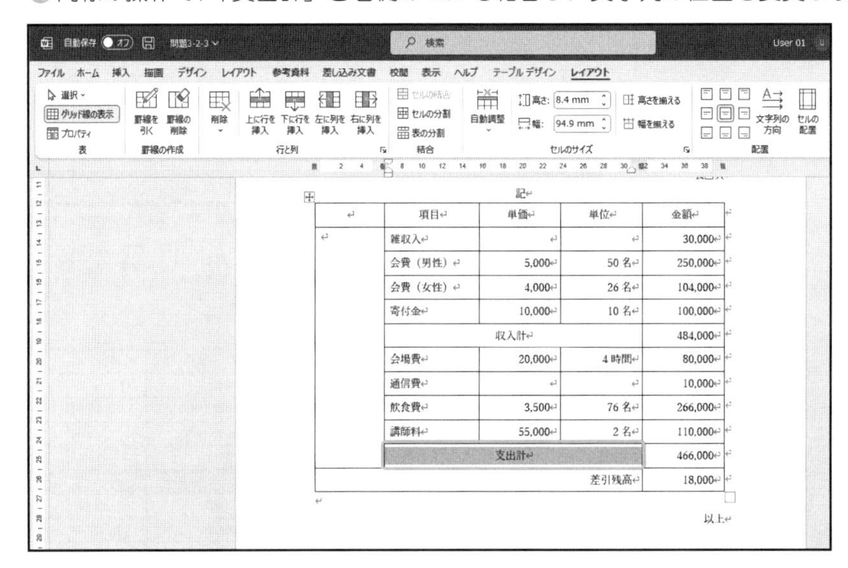

【操作 2】

❼1 列目の 2 行目のセルにカーソルを移動します。

❽［レイアウト］タブの セルの分割 ［セルの分割］ボタンをクリックします。

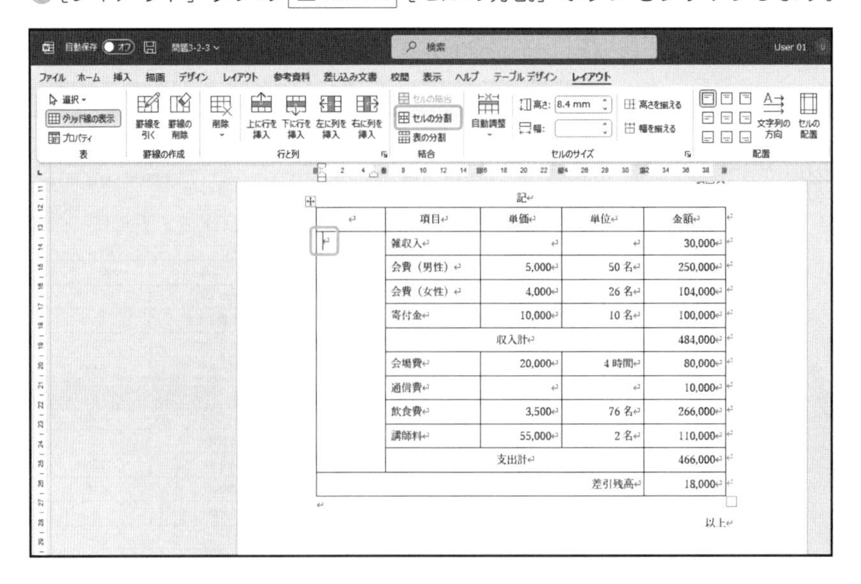

⑨［セルの分割］ダイアログボックスが表示されます。

⑩［列数］ボックスに「1」と入力するか、▼をクリックして「1」に設定します。

⑪［行数］ボックスに「2」と入力するか、▲をクリックして「2」に設定します。

⑫［OK］をクリックします。

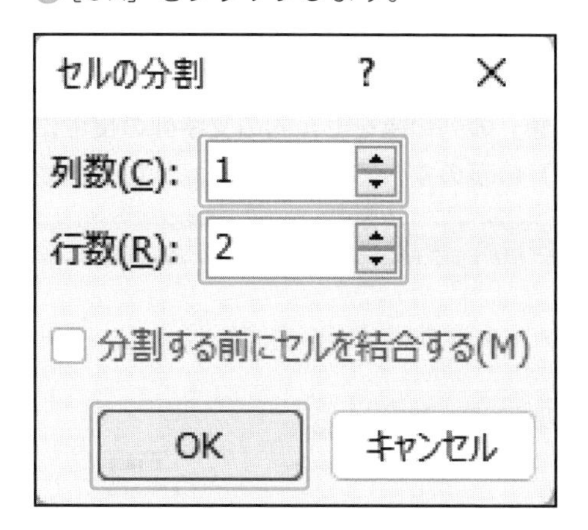

⑬セルが分割されて、2つのセルになります。

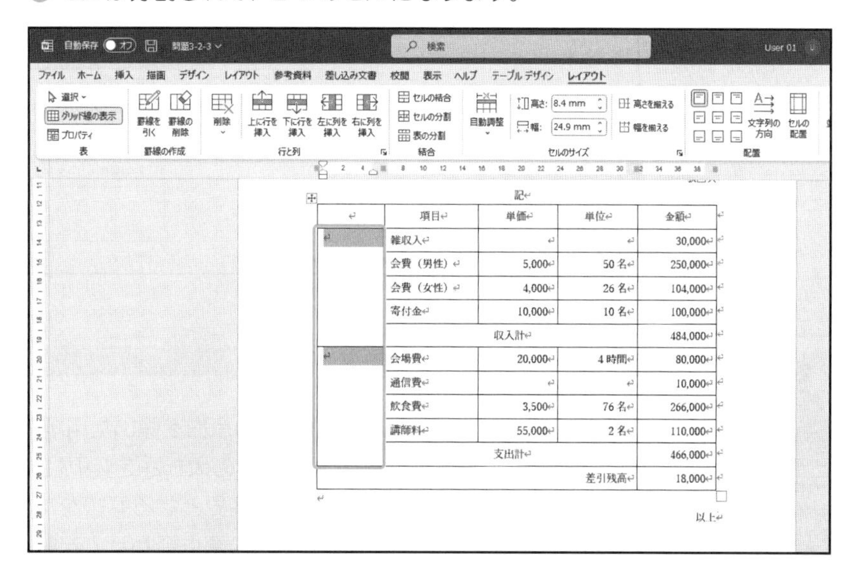

⑭上のセルに「収入」、下のセルに「支出」と入力します。

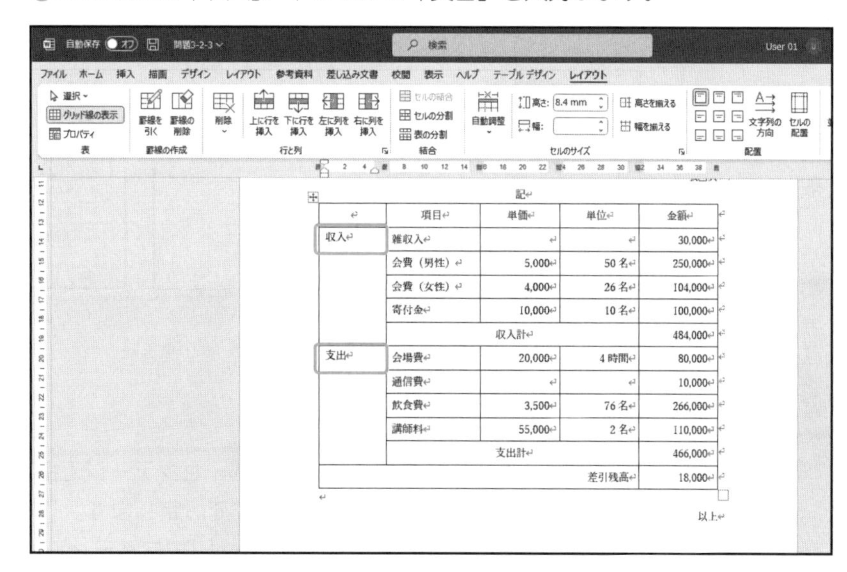

3-2-4 表、行、列のサイズを調整する

練習問題

問題フォルダー
└問題 3-2-4.docx

解答フォルダー
└解答 3-2-4.docx

【操作 1】「花の種類（案）」の表の幅を「90%」に変更します。
【操作 2】「花の種類」の列の幅をセル内の文字列の長さに合わせて自動調整します。
【操作 3】（確認欄）の表のすべての列の幅を均等にします。

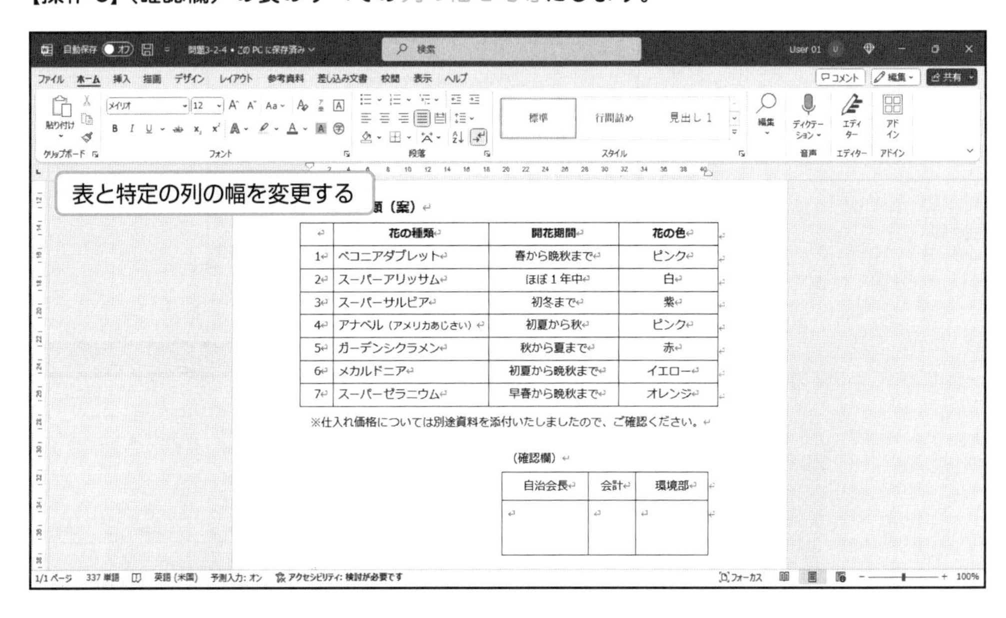

機能の解説

- 表のサイズ
- [表のプロパティ] ダイアログボックス
- 列幅の自動調整
- [高さ] ボックス
- [幅] ボックス
- [高さを揃える] ボタン
- [幅を揃える] ボタン

表を挿入すると、初期設定では左右の余白を除いた用紙の幅の表が挿入されます。必要に応じて、各列の幅や行の高さ、表全体の大きさを変更します。
Word の表の行の高さや列の幅は、境界となる罫線をマウスでドラッグして変更したり、ダブルクリックしてセル内の文字列の幅に合わせて自動調整することができます。また、表の右下に表示されるサイズ変更ハンドルを斜め方向にドラッグすると表全体の拡大縮小が行えます。

境界線をドラッグして行の高さや列の幅を変更する

サイズ変更ハンドルをドラッグして表全体のサイズを変更する

この問題のように表全体のサイズをパーセンテージで指定したい場合は、[表のプロパティ] ダイアログボックスの [表] タブで設定します。[表のプロパティ] ダイアログボックスは、[レイアウト] タブの [プロパティ] ボタンから表示します。

●行の高さや列の幅の指定

表の行の高さは［レイアウト］タブの 高さ: 8.2 mm ［高さ］ボックス、表の列の幅は 幅: 11.6 mm ［幅］ボックスで指定することもできます。ボックス内に直接数値を入力するか、右端の▲や▼をクリックして指定します。また、複数の行の高さや列の幅を均等にすることもできます。複数の行を同じ高さに揃えるには［レイアウト］タブの 高さを揃える ［高さを揃える］ボタン、複数の列の幅を揃えるには 幅を揃える ［幅を揃える］ボタンを使用します。

操作手順

その他の操作方法

［表のプロパティ］ダイアログボックス

［レイアウト］タブの［セルのサイズ］グループ右下の［表のプロパティ］ボタンをクリックしても［表のプロパティ］ダイアログボックスを表示できます。

【操作 1】

❶表内にカーソルを移動します。

❷［レイアウト］タブの プロパティ ［プロパティ］ボタンをクリックします。

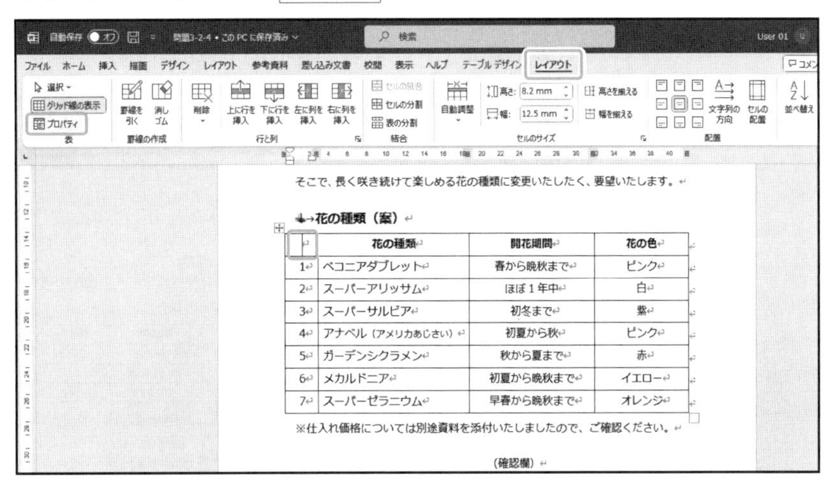

	花の種類	開花期間	花の色
1	ベコニアダブレット	春から晩秋まで	ピンク
2	スーパーアリッサム	ほぼ1年中	白
3	スーパーサルビア	初冬まで	紫
4	アナベル（アメリカあじさい）	初夏から秋	ピンク
5	ガーデンシクラメン	秋から夏まで	赤
6	メカルドニア	初夏から晩秋まで	イエロー
7	スーパーゼラニウム	早春から晩秋まで	オレンジ

❸［表のプロパティ］ダイアログボックスが表示されます。

❹［表］タブを選択します。

❺［幅を指定する］チェックボックスがオンでない場合はオンにします。

❻［基準］ボックスの▼をクリックし、［パーセント（%）］をクリックします。

❼左側のボックスに「90%」と入力します。

❽［OK］をクリックします。

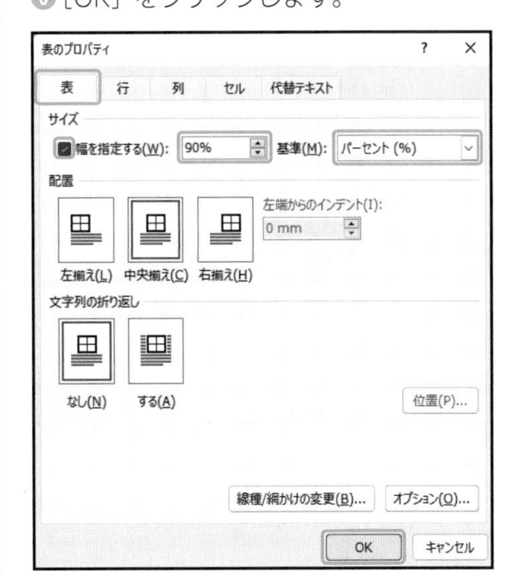

ポイント

表の幅の拡大縮小

［表のプロパティ］ダイアログボックスの［基準］ボックスで［パーセント（%）］を選択すると、余白を除いた用紙幅を100%として拡大縮小されます。［ミリメートル（mm）］の場合は、［幅を指定する］ボックスに入力した数値の長さになります。

ヒント

表の配置

［表のプロパティ］ダイアログボックスの［表］タブの［配置］では、表全体の位置を指定できます。表の位置の指定は、表全体を選択して［ホーム］タブの［段落］グループの各ボタンからも実行できます。

⑨ 表の幅が 90% に縮小されます。

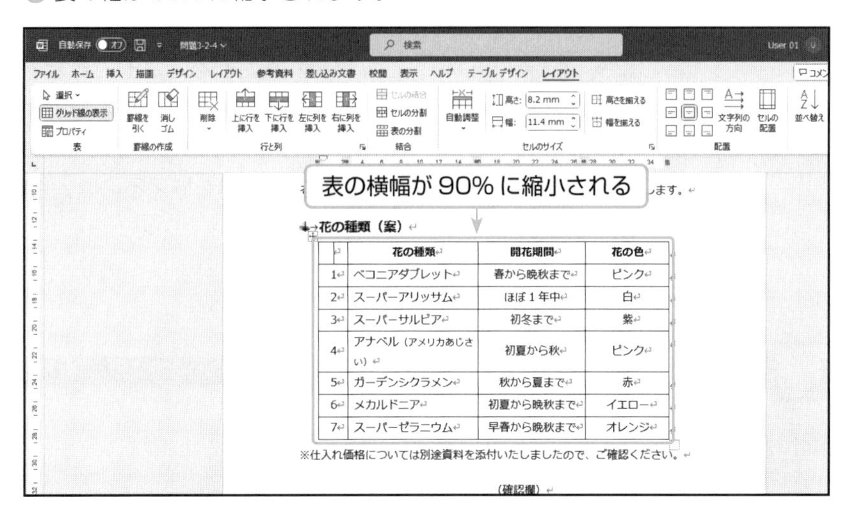

【操作 2】

⑩「花の種類」と「開花期間」の境界の罫線をポイントします。

⑪ ポインターの形状が ◂||▸ に変わったらダブルクリックします。

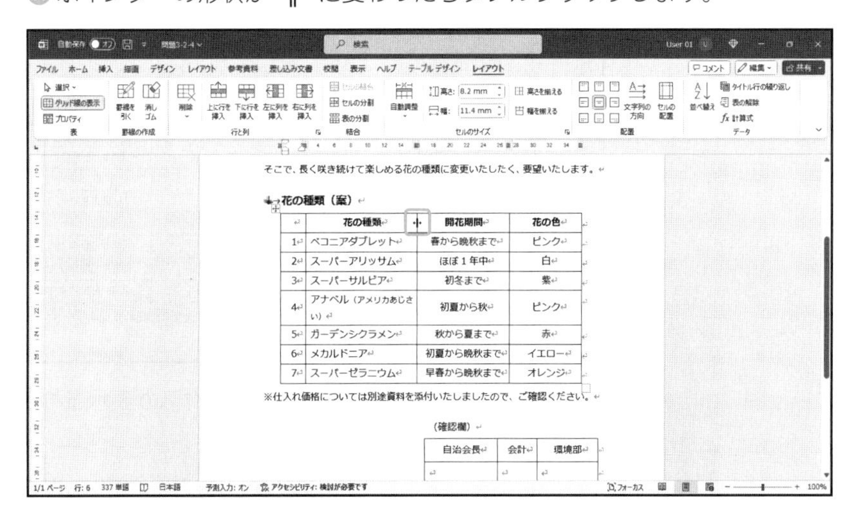

⑫「花の種類」の列の幅がセル内の文字に合わせて自動調整されます。

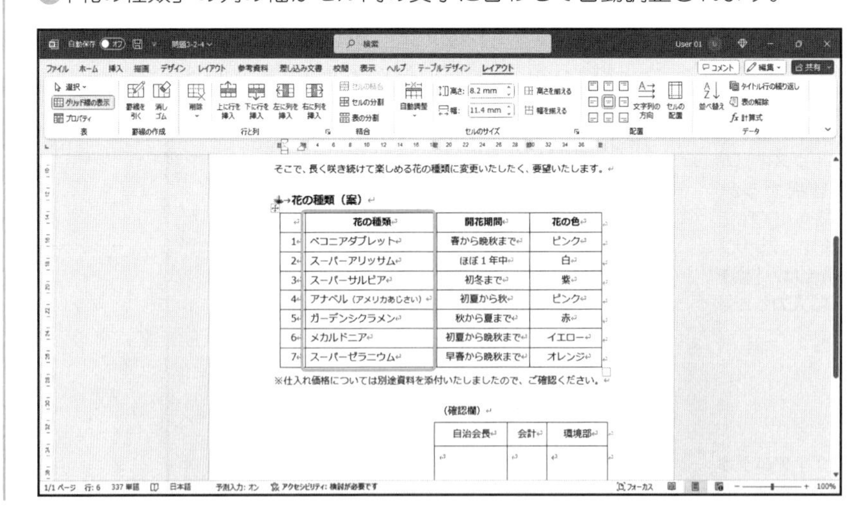

ポイント

列の選択

列の上部をポイントし、マウスポインターが ⬇ の形状になったらクリックすると、その列が選択されます。そのままドラッグすると隣接する複数の列を選択できます。

ヒント

表全体の選択

表内をポイントすると表示される ⊞［表の移動ハンドル］をクリックするとすばやく表全体を選択できます。この問題では３列を選択しても表全体を選択しても操作できます。

【操作 3】

⑬ 文書の末尾にある表のすべての列を選択します。

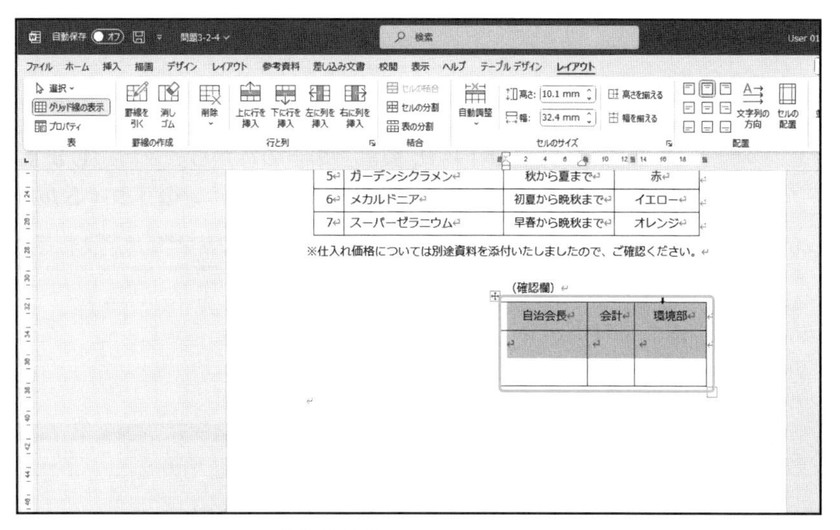

⑭［レイアウト］タブの 幅を揃える［幅を揃える］ボタンをクリックします。

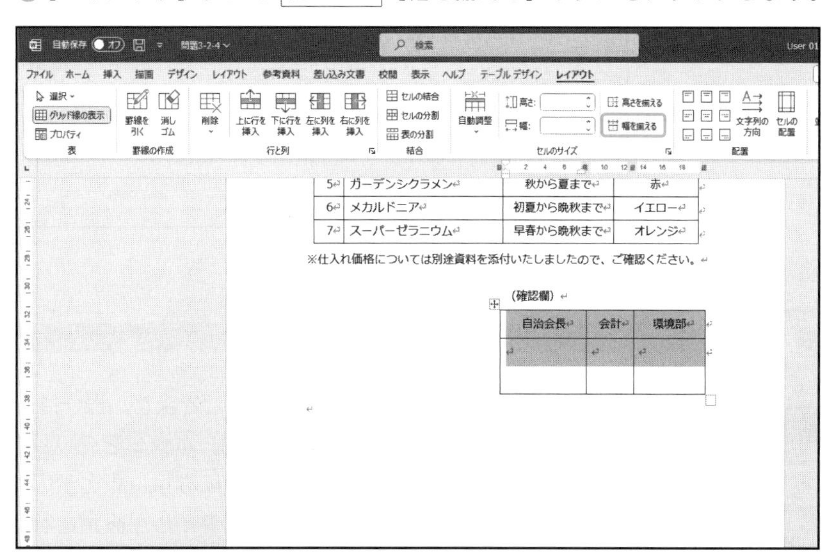

⑮ 選択した列が同じ幅に揃えられます。

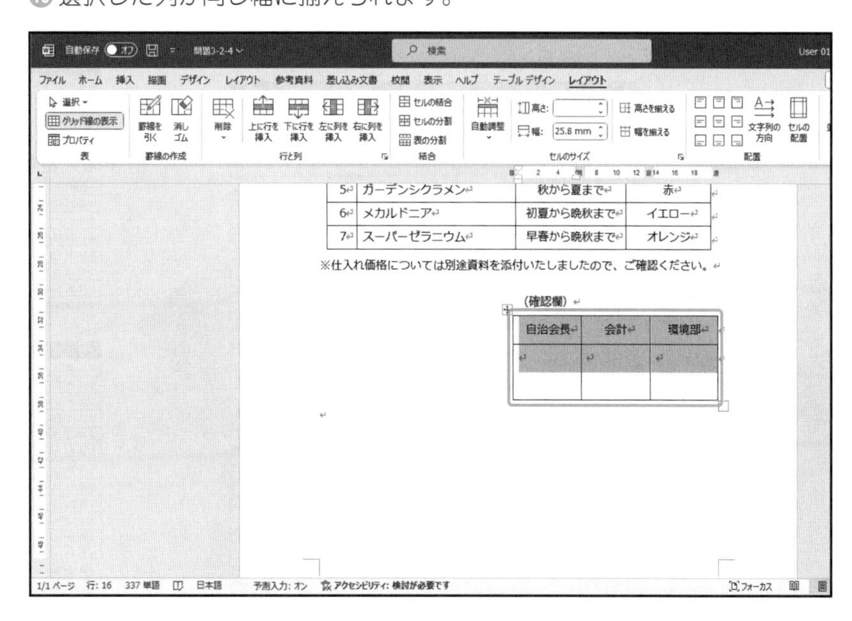

3-2-5 表を分割する

練習問題

問題フォルダー
└問題 3-2-5.docx

解答フォルダー
└解答 3-2-5.docx

【操作 1】表の「1-15 集計」の下の行から表を分割します。
【操作 2】2 つ目の表のスタイルオプションの「タイトル行」を解除します。

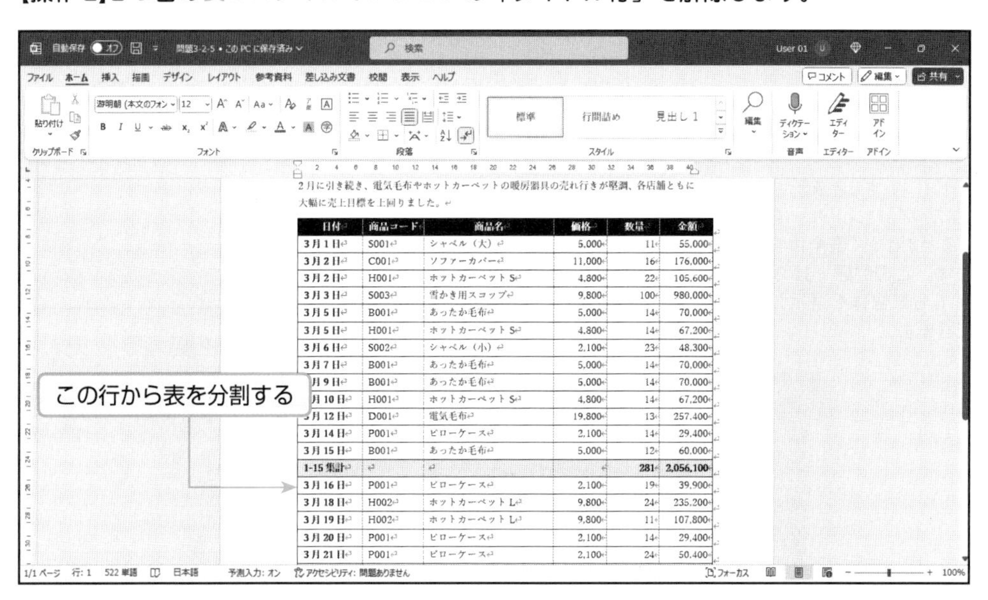

機能の解説

- 表の分割
- 表スタイルのオプション

表を分割して、2 つの表にすることができます。操作は、分割したい位置を指定して、[レイアウト] タブの 表の分割 [表の分割] ボタンをクリックします。カーソルのある行または選択している行が新しい表の先頭行になり、表と表の間には空白行が挿入されます。なお、この問題ファイルのように表にスタイルが設定されている場合は、分割後の新しい表にもスタイルが適用されます。タイトル行の書式が不要な場合など、必要に応じての [レイアウト] タブの [表スタイルのオプション] グループから解除します。

日付	商品コード	商品名	価格	数量	金額
3月1日	S001	シャベル（大）	5,000	11	55,000
3月2日	C001	ソファーカバー	11,000	16	176,000
3月2日	H001	ホットカーペット S	4,800	22	105,600
3月3日	S003	雪かき用スコップ	9,800	100	980,000
3月5日	B001	あったか毛布	5,000	14	70,000
3月5日	H001	ホットカーペット S	4,800	14	67,200
3月6日	S002	シャベル（小）	2,100	23	48,300
3月7日	B001	あったか毛布	5,000	14	70,000
3月9日	B001	あったか毛布	5,000	14	70,000
3月10日	H001	ホットカーペット S	4,800	14	67,200
3月12日	D001	電気毛布	19,800	13	257,400
3月14日	P001	ピローケース	2,100	14	29,400
3月15日	B001	あったか毛布	5,000	12	60,000
1-15 集計				281	2,056,100
3月16日	P001	ピローケース	2,100	19	39,900
3月18日	H002	ホットカーペット L	9,800	24	235,200
3月19日	H002	ホットカーペット L	9,800	11	107,800
3月20日	P001	ピローケース	2,100	14	29,400
3月21日	P001	ピローケース	2,100	24	50,400
3月21日	C001	ソファーカバー	11,000	9	99,000
3月23日	P001	ピローケース	2,100	14	29,400
3月24日	H002	ホットカーペット L	9,800	5	49,000
3月25日	B001	あったか毛布	5,000	12	60,000
3月26日	P001	ピローケース	2,100	19	39,900
3月28日	H002	ホットカーペット L	9,800	11	107,800
3月29日	K001	カーテン（100cm）	2,100	14	29,400
3月30日	K002	カーテン（200cm）	5,000	12	60,000
3月30日	K001	カーテン（100cm）	2,100	10	21,000
16-30 集計				198	937,200

日付	商品コード	商品名	価格	数量	金額
3月1日	S001	シャベル（大）	5,000	11	55,000
3月2日	C001	ソファーカバー	11,000	16	176,000
		ーペット S	4,800	22	105,600
		スコップ	9,800	100	980,000
		毛布	5,000	14	70,000
		ーペット S	4,800	14	67,200
		（小）	2,100	23	48,300
3月7日	B001	あったか毛布	5,000	14	70,000
3月9日	B001	あったか毛布	5,000	14	70,000
3月10日	H001	ホットカーペット S	4,800	14	67,200
3月12日	D001	電気毛布	19,800	13	257,400
3月14日	P001	ピローケース	2,100	14	29,400
3月15日	B001	あったか毛布	5,000	12	60,000
1-15 集計				281	2,056,100

表を分割すると空白行が挿入される

3月16日	P001	ピローケース	2,100	19	39,900
3月18日	H002	ホットカーペット L	9,800	24	235,200
3月19日	H002	ホットカーペット L	9,800	11	107,800
3月20日	P001	ピローケース	2,100	14	29,400
3月21日	P001	ピローケース	2,100	24	50,400
3月21日	C001	ソファーカバー	11,000	9	99,000
3月23日	P001	ピローケース	2,100	14	29,400
3月24日	H002	ホットカーペット L	9,800	5	49,000
3月25日	B001	あったか毛布	5,000	12	60,000
3月26日	P001	ピローケース	2,100	19	39,900
3月28日	H002	ホットカーペット L	9,800	11	107,800
3月29日	K001	カーテン（100cm）	2,100	14	29,400
3月30日	K002	カーテン（200cm）	5,000	12	60,000
3月30日	K001	カーテン（100cm）	2,100	10	21,000
16-30 集計				198	937,200

操作手順

【操作 1】

❶表の「1-15 集計」の下の行を選択します。

❷［レイアウト］タブの 表の分割 ［表の分割］ボタンをクリックします。

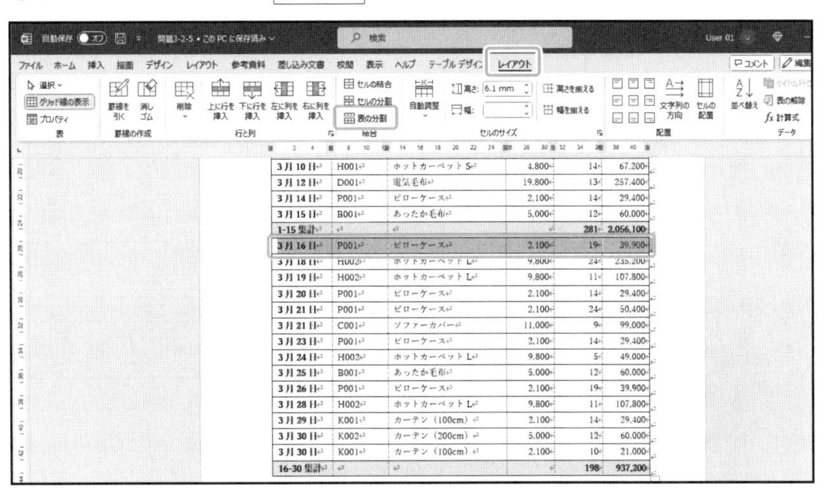

❸表が分割され、選択している行が表の先頭行になります。

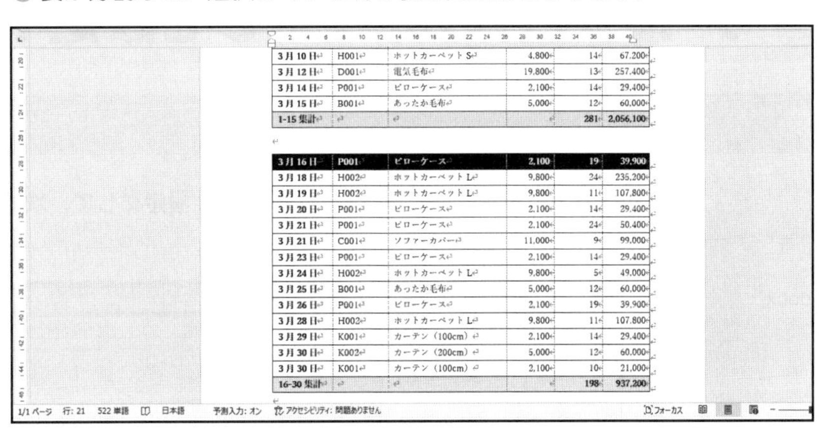

ヒント
表の分割の解除
表と表の間の空白行を削除すると、分割していた表が 1 つの表になります。

【操作 2】

❹2 つ目の表内にカーソルを移動します。

❺［テーブルデザイン］タブの ☑タイトル行 ［タイトル行］チェックボックスをオフにします。

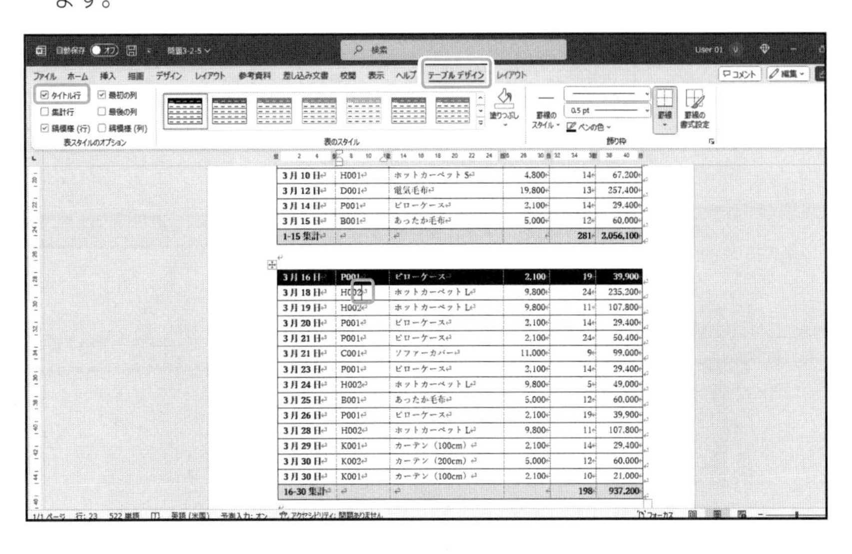

ヒント
タイトル行の設定
この表には［テーブルデザイン］タブの［表のスタイル］の一覧の［一覧（表）3］というスタイルが設定されています。そのため、分割した表にも［タイトル行］が適用されます。

❻表のタイトル行の書式が解除されます。

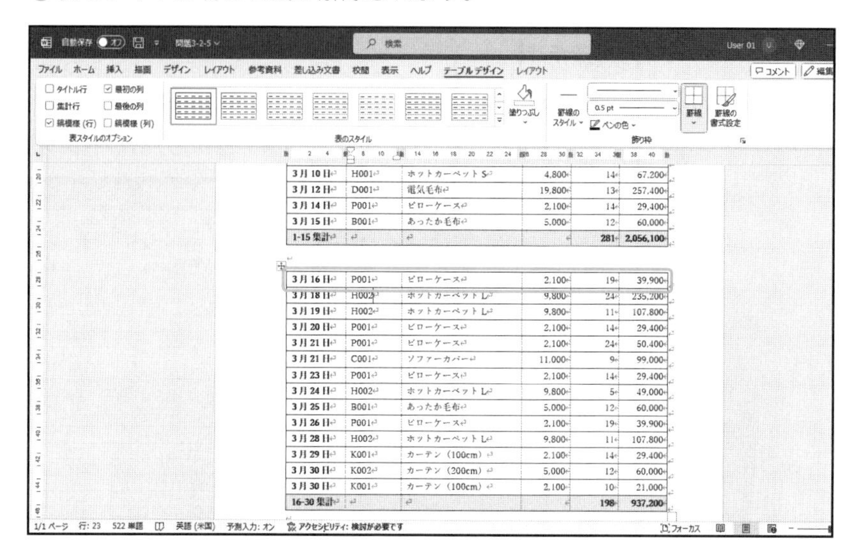

3-2-6 タイトル行の繰り返しを設定する

練習問題

問題フォルダー
└問題 3-2-6.docx

解答フォルダー
└解答 3-2-6.docx

表の1行目をタイトル行として繰り返す設定にして、次ページの表の先頭にも表示されるようにします。

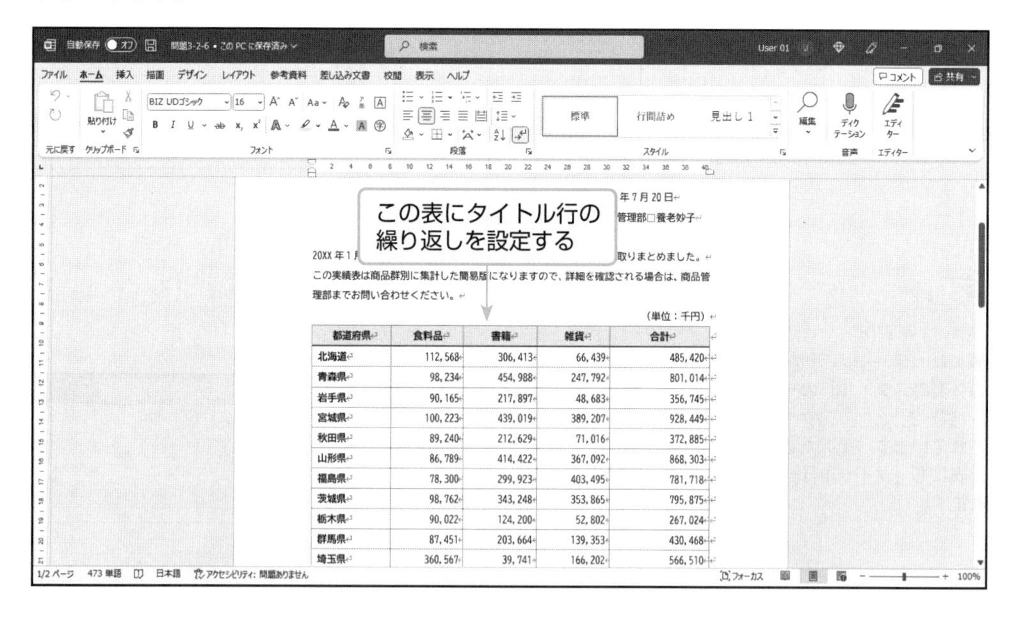

機能の解説

重要用語

- タイトル行
- [タイトル行の繰り返し] ボタン

2 ページ以上にまたがる大きな表の場合に、表の 1 行目をタイトル行として、各ページの先頭に表示されるように設定することができます。表の 1 行目を選択して[レイアウト]タブの [タイトル行の繰り返し] [タイトル行の繰り返し] ボタンをクリックします。2 ページ目以降に続く表の先頭に自動的にタイトル行が表示されます。

1 ページ目

都道府県別売上実績データ

20XX 年 7 月 20 日

商品管理部 養老妙子

20XX … マート商品売上実績を取りまとめました。
この実… …りますので、詳細を確認される場合は、商品管理部までお問い合わせください。

（単位：千円）

都道府県	食料品	書籍	雑貨	合計
北海道	112,568	306,413	66,439	485,420
青森県	98,234	454,988	247,792	801,014
岩手県	90,165	217,897	48,683	356,745
宮城県	100,223	439,019	389,207	928,449
秋田県	89,240	212,629	71,016	372,885
山形県	86,789	414,422	367,092	868,303
福島県	78,300	299,923	403,495	781,718
茨城県	98,762	343,248	353,865	795,875
栃木県	90,022	124,200	52,802	267,024
群馬県	87,451	203,664	139,353	430,468
埼玉県	360,567	39,741	166,202	566,510
千葉県	370,567	404,238	150,827	925,632
東京都	851,870	430,264	58,462	1,340,596
神奈川県	662,729	304,349	188,129	1,155,207
新潟県	76,890	81,103	23,683	181,676
富山県	34,478	238,794	241,939	515,211
石川県	76,451	434,016	344,111	854,578
福井県	90,478	279,387	496,633	866,498
山梨県	207,450	315,665	48,515	571,630
長野県	13,459	10,648	188,717	212,824
岐阜県	340,560	347,632	305,002	993,194

1

2 ページ目

2 ページ目以降の続きの表の先頭に
1 行目と同じ見出しが表示される

都道府県	食料品	書籍	雑貨	合計
静岡県	500,553	217,753	135,177	853,483
愛知県	45,679	90,235	200,984	336,898
三重県	76,990	225,971	241,237	544,198
滋賀県	705,914	207,152	485,004	1,398,070
京都				
大阪				
兵庫				
奈良				
和歌山県	432,610	150,694	94,603	677,907
鳥取県	72,567	306,079	95,516	474,162
島根県	388,346	482,816	157,715	1,028,877
岡山県	608,213	97,250	30,717	736,180
広島県	401,202	292,978	326,391	1,020,571
山口県	328,619	126,336	289,031	743,986
徳島県	460,430	17,440	495,480	973,350
香川県	402,735	120,657	132,272	655,664
愛媛県	570,986	203,986	175,420	950,392
高知県	416,333	131,878	409,334	957,545
福岡県	425,455	350,714	237,331	1,013,500
佐賀県	731,003	491,129	105,995	1,328,127
長崎県	755,774	129,922	244,066	1,129,762
熊本県	229,283	466,509	357,621	1,053,413
大分県	705,150	198,599	152,298	1,056,047
宮崎県	166,296	454,190	409,492	1,029,978
鹿児島県	81,195	142,211	365,548	588,954
沖縄県	186,646	31,372	363,626	581,644

操作手順

ポイント

タイトル行の繰り返し

タイトル行の繰り返しは、表の 1 行目だけでなく、表の先頭から連続する複数行を選択して設定することもできます。表の 1 行目だけの場合は、1 行目にカーソルがある状態でも操作できます。

❶ 表の 1 行目を選択します。

❷ [レイアウト] タブの [タイトル行の繰り返し] [タイトル行の繰り返し] ボタンをクリックします。

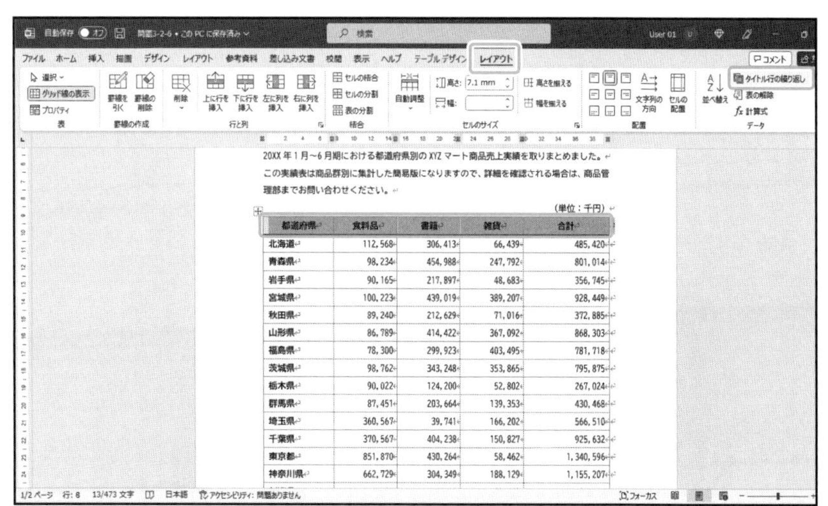

❸タイトル行が設定されます。1ページ目の表は変更がないことを確認します。

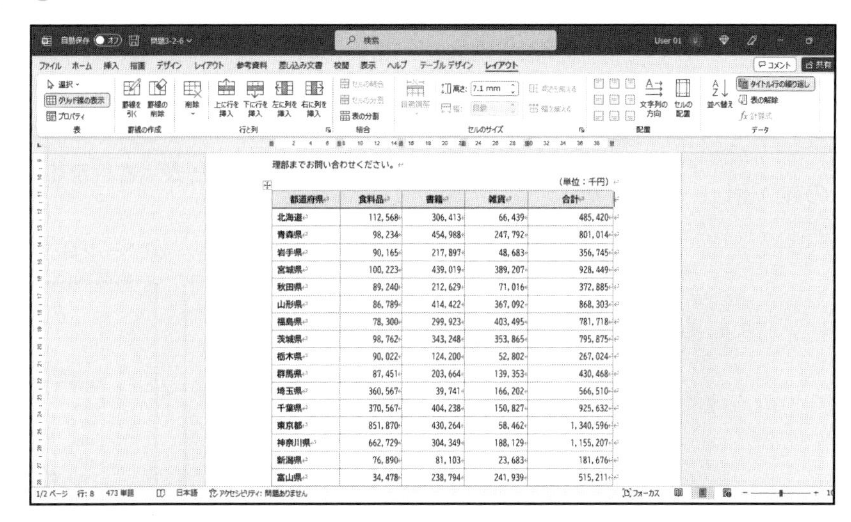

❹次のページにスクロールします。

❺2ページ目の表の先頭にタイトル行が表示されたことを確認します。

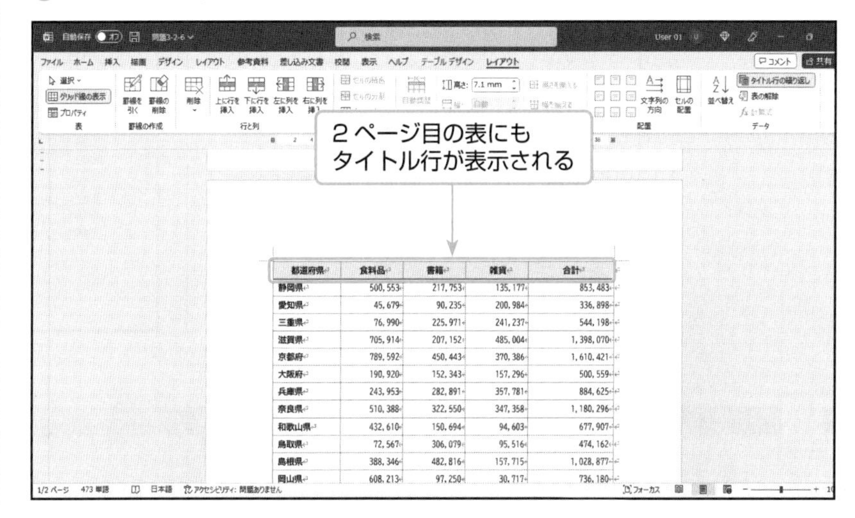

ヒント

タイトル行の繰り返しの解除

タイトル行の繰り返しを解除するには、表の先頭のタイトル行を選択して、同じ［タイトル行の繰り返し］ボタンをクリックします。

3-3 リストを作成する、変更する

箇条書きや段落番号を設定したリストを使用すると、情報が整理された文書を作成することができます。箇条書きには組み込みの行頭文字だけでなく、別の記号や任意の画像などを利用することもできます。また、リストにインデントを設定したり、レベルを切り替えたりすることで、階層構造の読みやすい項目として表示できます。

3-3-1 段落を書式設定して段落番号付きのリストや箇条書きリストにする

練習問題

問題フォルダー
└問題 3-3-1.docx

解答フォルダー
└解答 3-3-1.docx

【操作 1】2 行目「午前の部」と 10 行目「午後の部」の段落に、行頭文字が「◆」の箇条書きを追加します。

【操作 2】「午前の部」と「午後の部」の下の段落に、「1.2.3.」の段落番号を追加します。

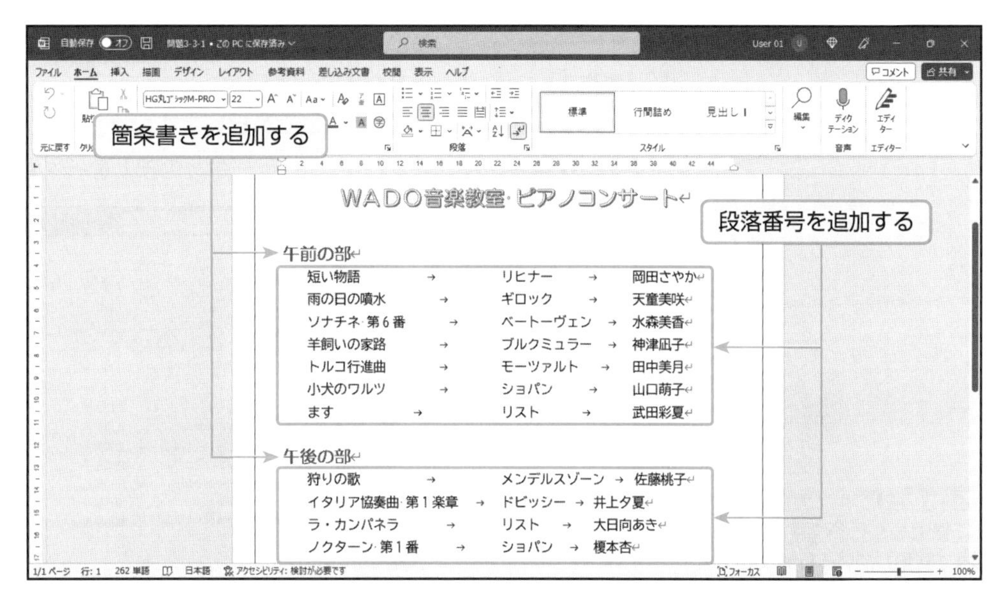

機能の解説

- 箇条書き
- 行頭文字
- 段落番号

同じレベルの情報を併記する場合などに段落を箇条書きにすると見やすくなります。箇条書きを適用するには、対象の段落を選択し、[ホーム] タブの [箇条書き] ボタンをクリックします。初期値では「●」の記号が挿入されます。箇条書きの各行頭に付く記号や文字を行頭文字といい、[箇条書き] ボタンの▼をクリックして表示される [行頭文字ライブラリ] の一覧から選択することができます。

[箇条書き] ボタンの一覧

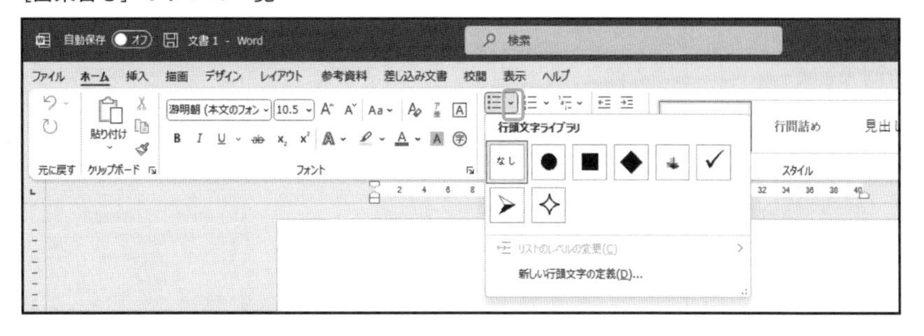

●段落番号

段落番号は、段落の先頭に「1.2.3.」などの番号を挿入して項目の順番をわかりやすくするものです。段落番号は、[ホーム] タブの [段落番号] ボタンの▼をクリックし、[番号ライブラリ] の一覧から選択します。段落の追加や削除をした場合は、自動で段落番号が振り直されます。

[段落番号] ボタンの一覧

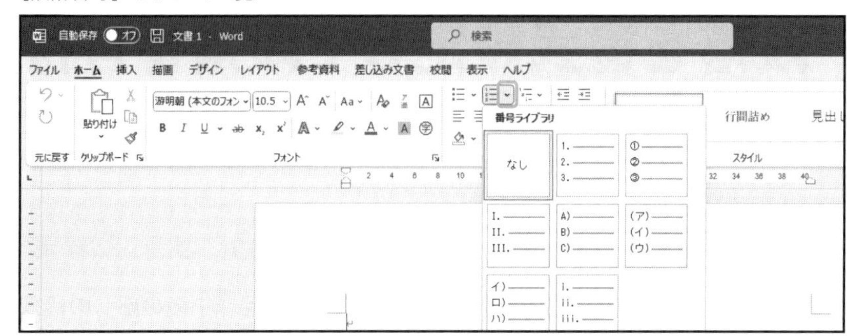

操作手順

【操作 1】

❶ 2 行目「午前の部」を行単位で選択します。

❷ **Ctrl** キーを押しながら、10 行目「午後の部」の行を選択します。

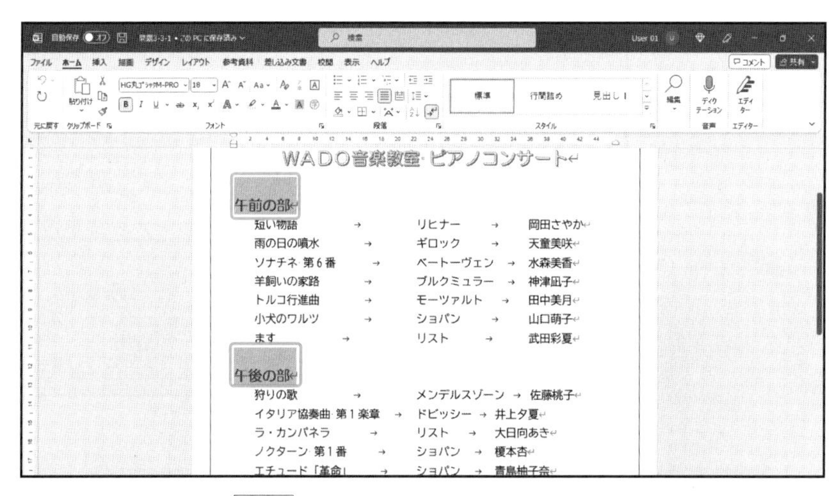

❸ [ホーム] タブの [箇条書き] ボタンの▼をクリックします。

❹ [行頭文字ライブラリ] の一覧から [◆] をクリックします。

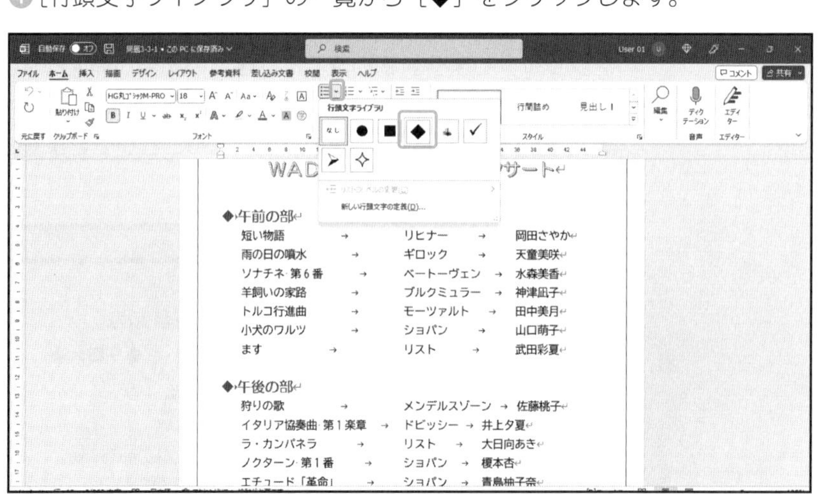

ポイント

過去に使用した行頭文字

文書内で利用している行頭文字は、[行頭文字ライブラリ] の下に [文書の行頭文字] として表示されます。また、最近使用した行頭文字は、[最近使用した行頭文字] として [行頭文字ライブラリ] の上に表示されます。

その他の操作方法

箇条書き

行頭文字にしたい◆などの記号の入力後に **Space** キーか **Tab** キーを押すと、自動的に箇条書きに設定されます。続けて文字を入力し、**Enter** キーで改行すると次の段落の先頭に同じ行頭文字が挿入されます。箇条書きにしたくない場合は、直後に表示される [オートコレクトのオプション] をクリックし、[元に戻す - 箇条書きの自動設定] をクリックするか、**BackSpace** キーで削除します。

ヒント

箇条書きの解除

箇条書きの設定を解除するには、[ホーム] タブの [箇条書き] ボタンをクリックします。または、[箇条書き] ボタンの▼をクリックして一覧の [なし] を選択します。

❺ 選択した段落に箇条書きが設定されます。

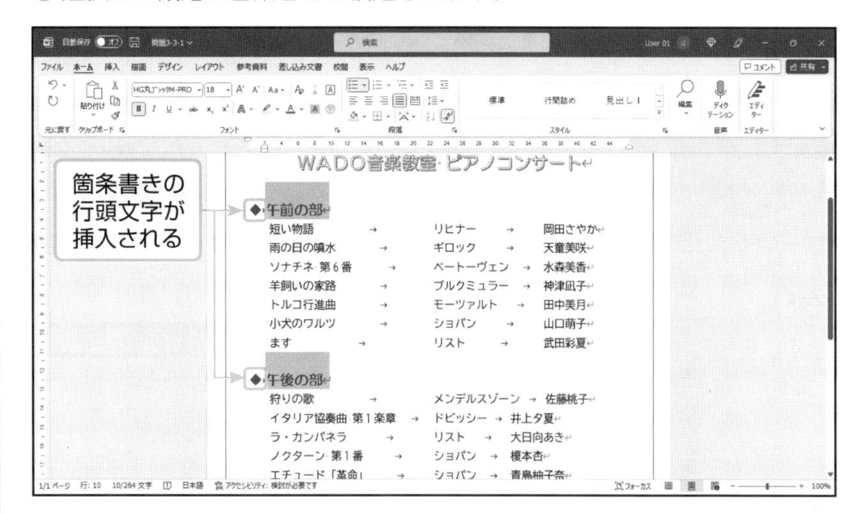

【操作 2】

❻ 3 行目「短い物語…」から 9 行目「ます…」を行単位で選択します。

❼ **Ctrl** キーを押しながら、11 行目「狩りの歌…」の行から 16 行目「ため息…」の行までを選択します。

❽ [ホーム] タブの [段落番号] ボタンをクリックします。

その他の操作方法

段落番号

段落の先頭で「1」の後ろにピリオド (.) を付けて「1.」のように入力し、**Space** キーか **Tab** キーを押すと、自動的に段落番号として設定されます。続けて文字を入力し、**Enter** キーで改行すると連続する段落番号が挿入されます。段落番号にしたくない場合は直後に表示される [オートコレクトのオプション] をクリックし、[元に戻す - 段落番号の自動設定] をクリックするか、**BackSpace** キーで削除します。

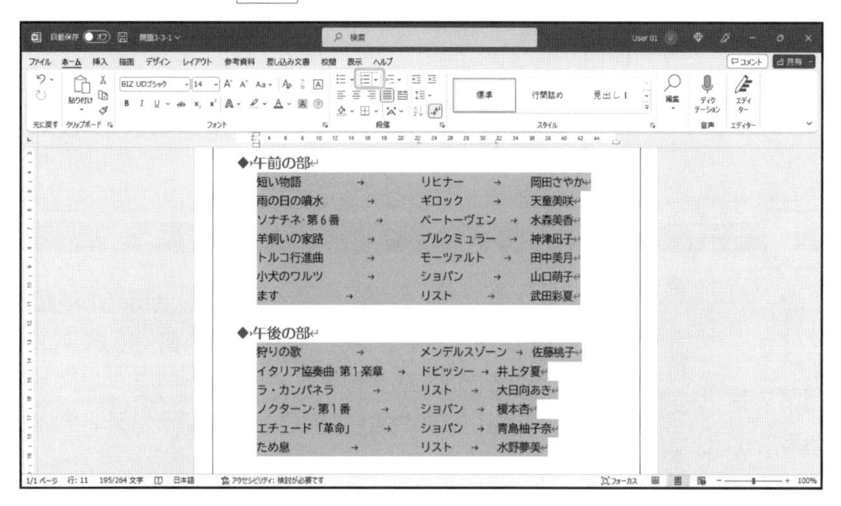

❾ 選択した段落に「1.2.3.」の段落番号が設定されます。

ヒント

段落番号の解除

段落番号の設定を解除するには、[ホーム] タブの [段落番号] ボタンをクリックします。または、[段落番号] ボタンの▼をクリックして一覧の [なし] を選択します。

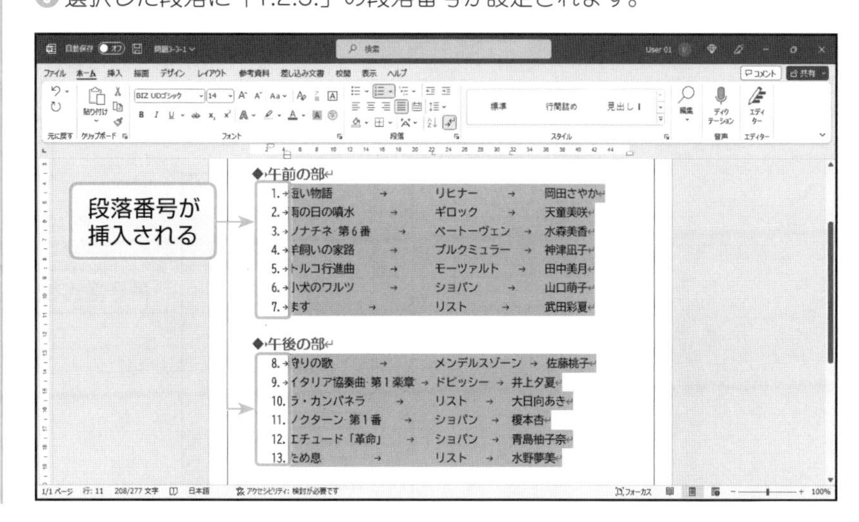

第3章 表やリストの管理

3-3-2 行頭文字や番号書式を変更する

練習問題

問題フォルダー
└問題 3-3-2.docx

解答フォルダー
└解答 3-3-2.docx

【操作 1】「◆午前の部」と「◆午後の部」の下の段落番号の形式を「①②③」に変更します。
【操作 2】「◆講師演奏」の下の箇条書きの行頭文字を「講師 -1, 講師 -2,…」の段落番号に変更します。

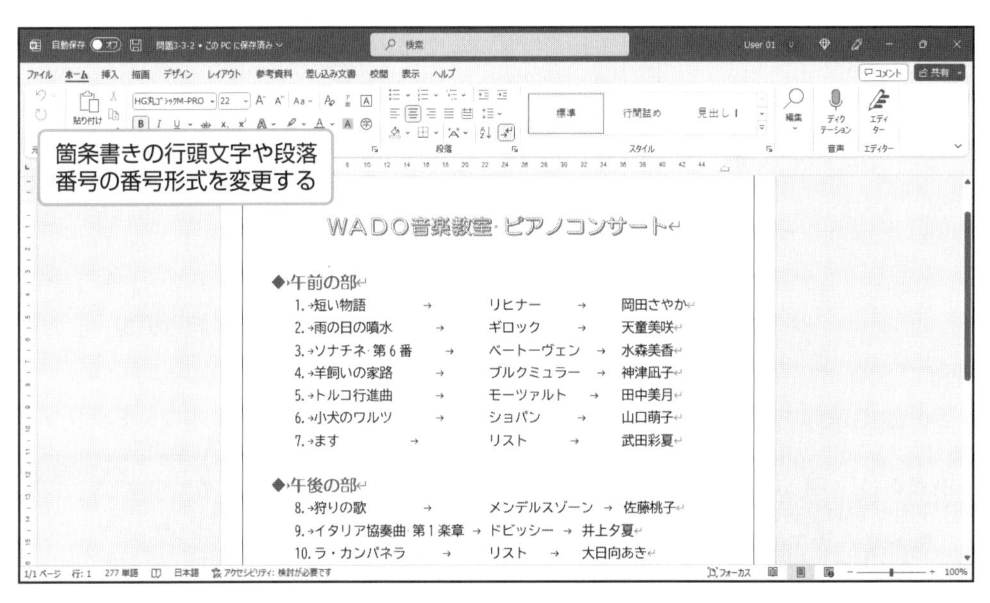

機能の解説

重要用語

- 箇条書きの行頭文字
- 段落番号の番号形式
- リスト
- [新しい番号書式の定義] ダイアログボックス

すでに挿入済みの箇条書きの行頭文字や段落番号の種類を変更するには、[ホーム] タブの [箇条書き] ボタンや [段落番号] ボタンの▼から別の記号や番号を選択します。箇条書きの段落全体をリストといいます。リスト内のいずれかの段落を選択して操作すると、同じ記号や番号が挿入されているリスト全体が変更されます。

●段落番号の番号書式の設定

段落番号では、[番号ライブラリ] の一覧にない番号を挿入することができます。[ホーム] タブの [段落番号] ボタンの▼をクリックし、[新しい番号書式の定義] をクリックします。[新しい番号書式の定義] ダイアログボックスが表示されるので、[番号の種類] ボックスで番号を選択します。

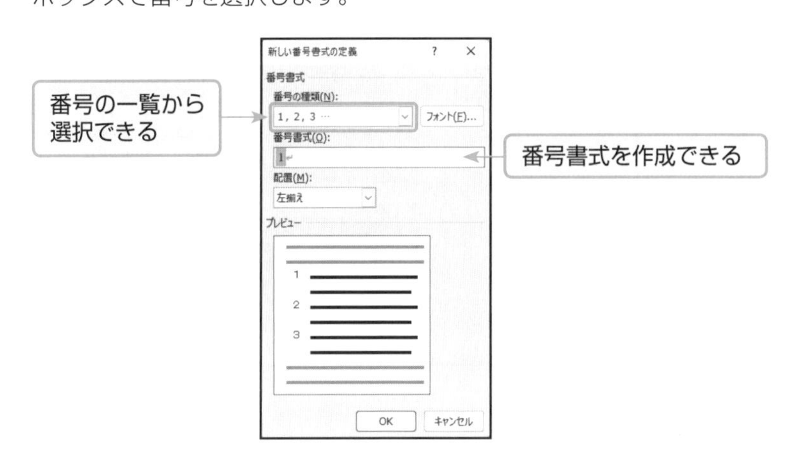

操作手順

ヒント

箇条書きリストの選択

同じ種類の段落番号が挿入されているリスト全体を変更する場合は、リストのいずれかの段落にカーソルを移動しておくだけで操作できます。特定の段落の段落番号を変更したい場合は、対象となる段落を選択します。

【操作 1】

❶「◆午前の部」の下の段落番号のあるいずれかの段落にカーソルを移動します。

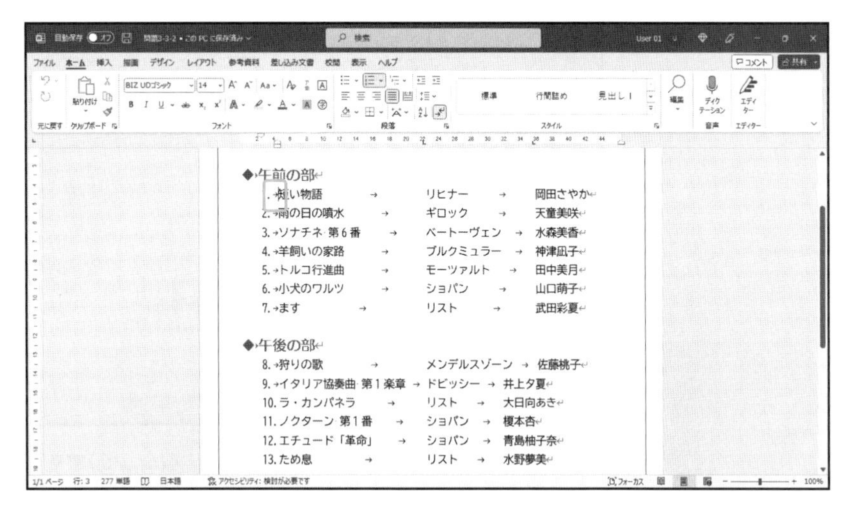

❷［ホーム］タブの［段落番号］ボタンの▼をクリックします。

❸［番号ライブラリ］の一覧の［①②③］をクリックします。

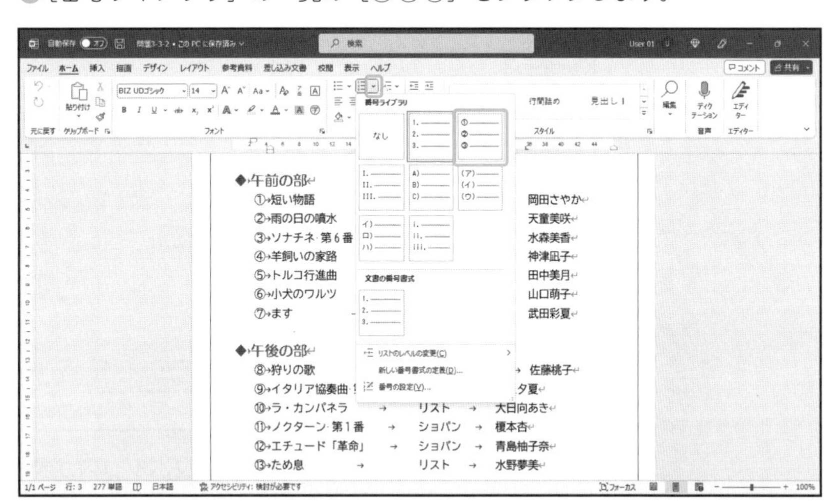

❹リスト全体の段落番号の形式が変更されます。

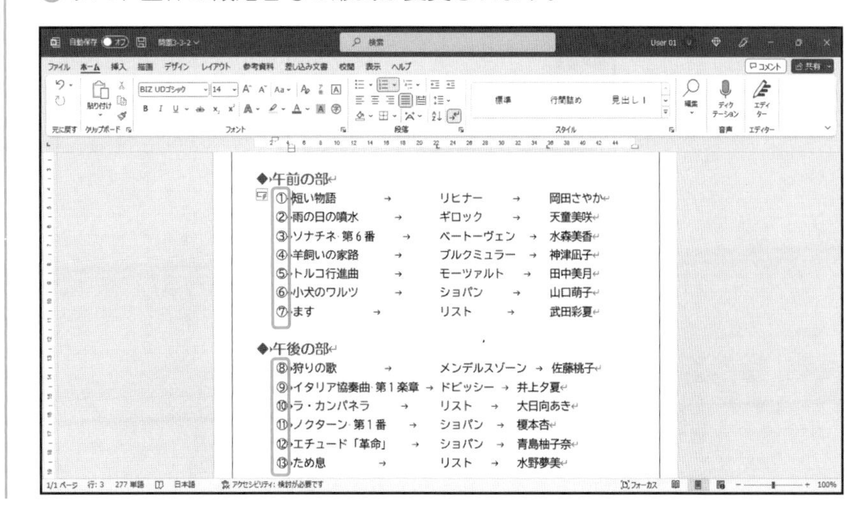

【操作 2】

❺ 18 行目「◆講師演奏」の下の箇条書きの段落内にカーソルを移動します。

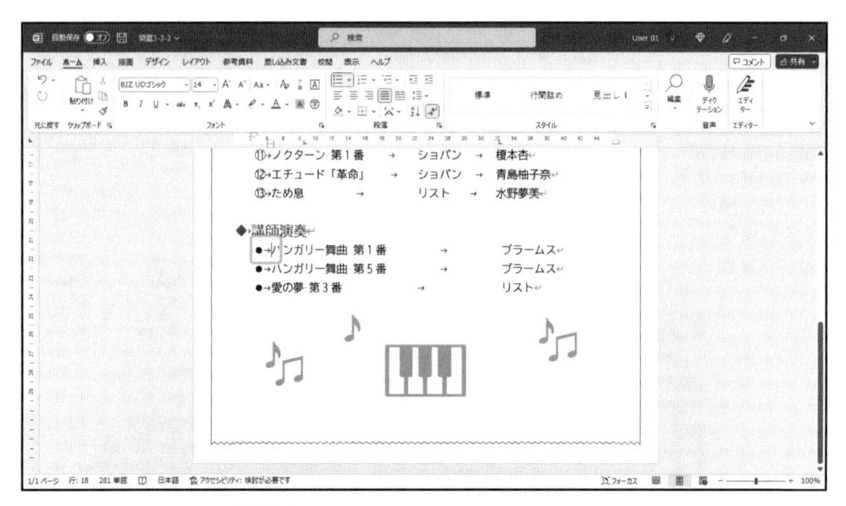

❻［ホーム］タブの ［段落番号］ボタンの▼をクリックします。

❼［新しい番号書式の定義］をクリックします。

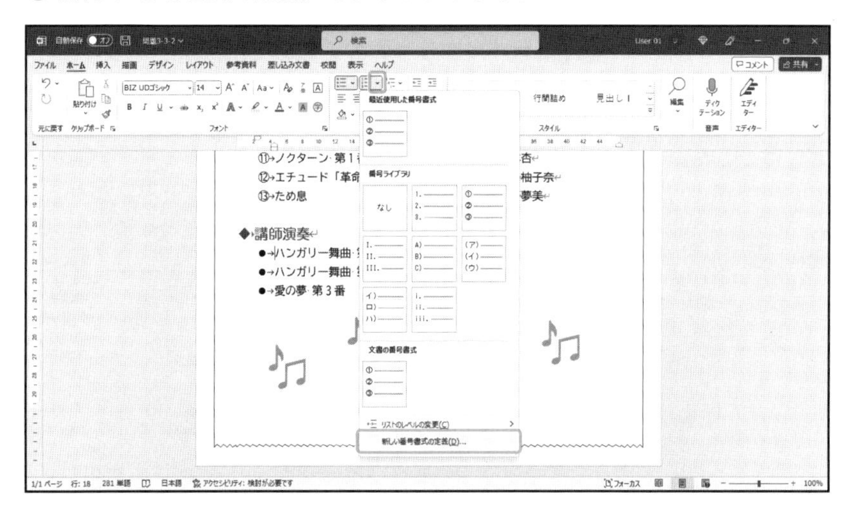

❽［新しい番号書式の定義］ダイアログボックスが表示されます。

❾［番号の種類］ボックスの▼をクリックして、半角の［1,2,3…］を選択します。

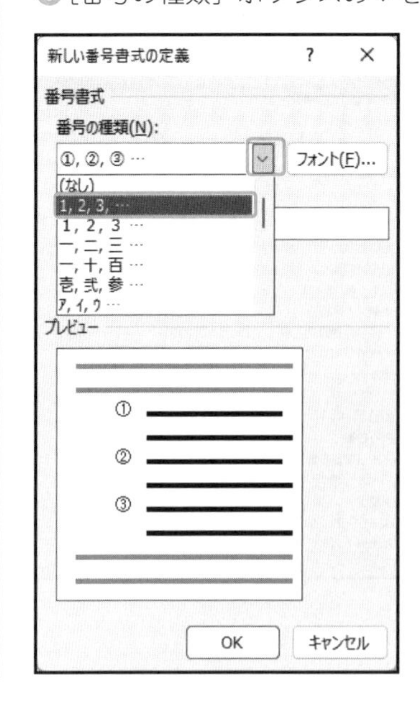

⑩［番号書式］ボックスに「1」と表示されたことを確認し、「1」の前に「講師 -」（- は半角）と入力します。

⑪［プレビュー］を確認します。

⑫［OK］をクリックします。

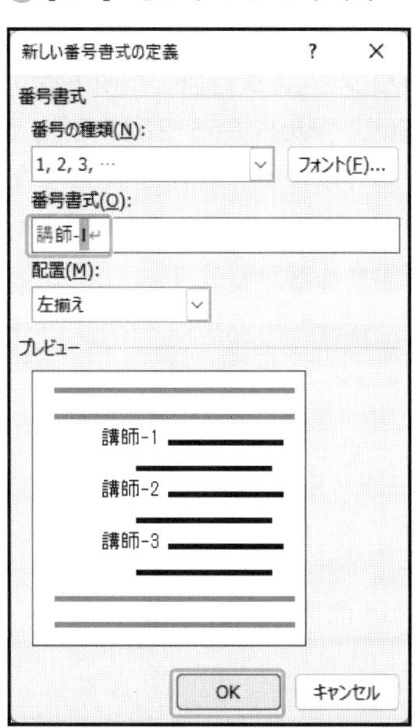

⑬リスト全体の段落番号が変更されます。

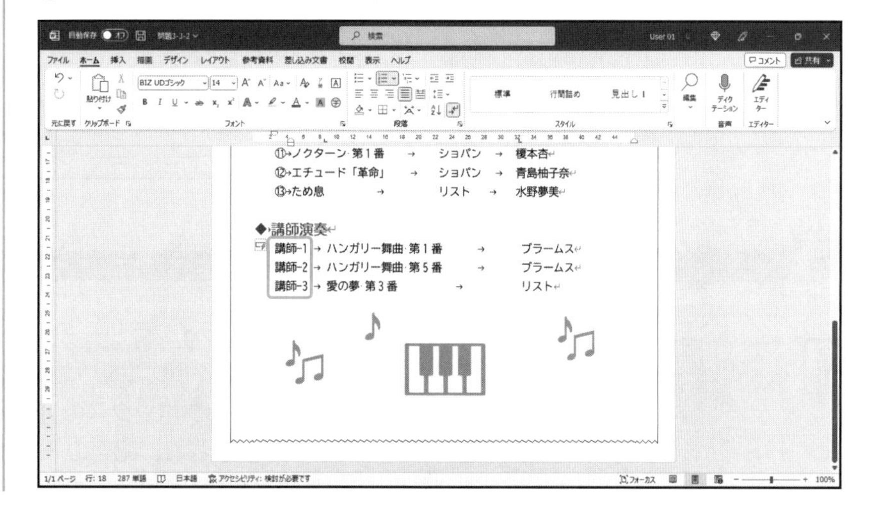

ポイント

番号書式

［番号書式］ボックスの「1」は段落番号の連番を表します。「1」の前後に文言を入力して独自の番号書式を作成できます。「1」の後ろに「.」（ピリオド）が挿入されている場合は「.」を削除してください。

3-3-3 新しい行頭文字や番号書式を定義する

練習問題

問題フォルダー
└問題 3-3-3.docx

Word365_2023年版
(実習用)フォルダー
└ポイント.png

解答フォルダー
└解答 3-3-3.docx

【操作 1】6 行目「カフェラウンジ」、9 行目「ペットケアマンション」、12 行目「スポーツエリア」の段落に、[Word365_2023 年版（実習用）] フォルダーに保存されている画像ファイル「ポイント.png」を行頭文字として箇条書きを設定します。

【操作 2】15 行目「さらに…」の下の 3 行に「Wingdings2」の文字コード「147」を行頭文字として箇条書きを設定します。

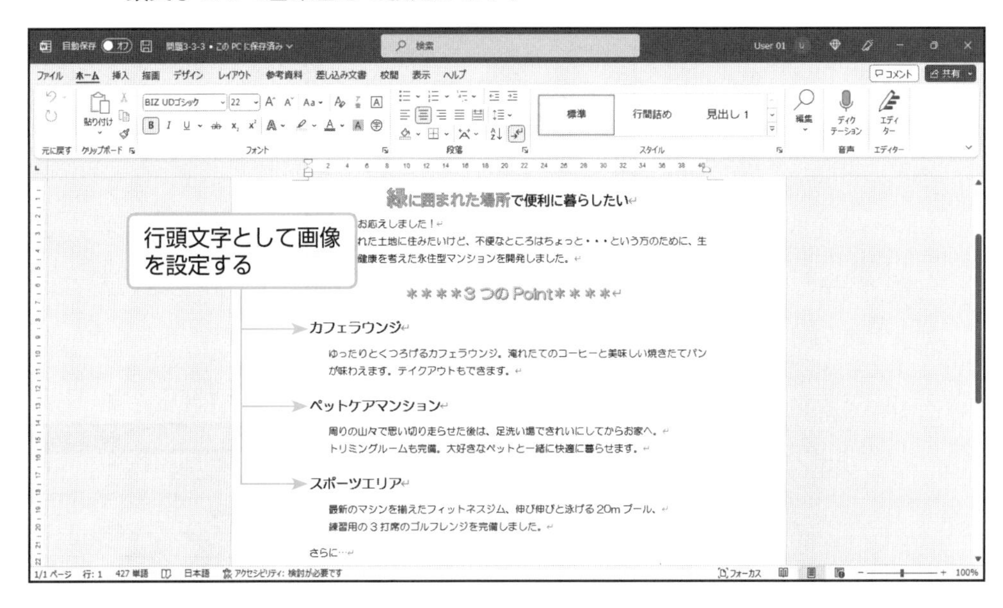

機能の解説

- 行頭文字
- 文字コード
- [新しい行頭文字の定義] ダイアログボックス
- [記号と特殊文字] ダイアログボックス

[箇条書き] ボタンの [行頭文字ライブラリ] の一覧にはない記号や図を行頭文字として挿入したい場合は、[新しい行頭文字の定義] ダイアログボックスを表示して行います。[新しい行頭文字の定義] ダイアログボックスの [記号] をクリックすると、[記号と特殊文字] ダイアログボックスが表示され、記号の一覧から選択できます。[図] をクリックすると [画像の挿入] ダイアログボックスが表示され、コンピューターに保存してある画像や Web 上から検索した画像を選択することがきます。一度行頭文字として設定すると、次からは [行頭文字ライブラリ] の一覧に表示されるのですぐに選択でき、また他の文書でも利用できます。

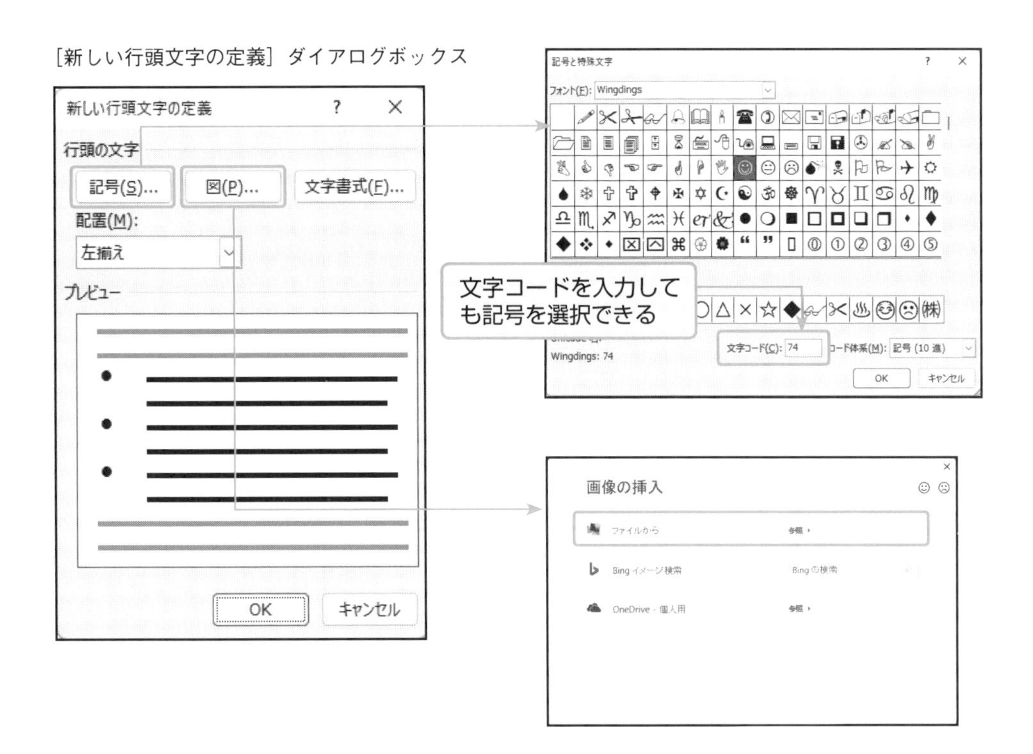

操作手順

【操作 1】

❶6 行目「カフェラウンジ」を行単位で選択します。

❷**Ctrl** キーを押しながら、9 行目「ペットケアマンション」と 12 行目「スポーツエリア」の行を選択します。

❸［ホーム］タブの ［箇条書き］ボタンの▼をクリックします。

❹［新しい行頭文字の定義］をクリックします。

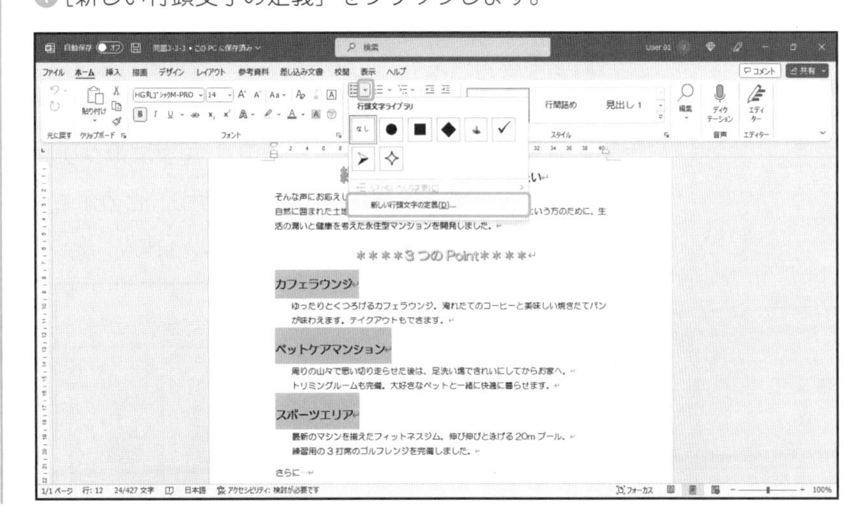

❺［新しい行頭文字の定義］ダイアログボックスが表示されます。

❻［図］をクリックします。

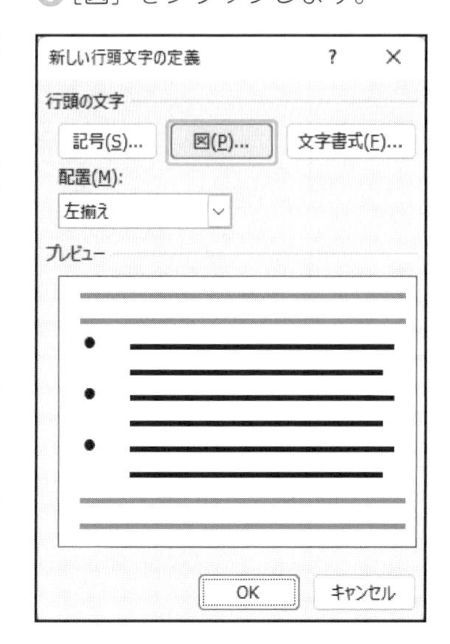

❼［画像の挿入］ダイアログボックスが表示されます。

❽［ファイルから］をクリックします。

❾［図の挿入］ダイアログボックスが表示されます。

❿［ドキュメント］をクリックします。

⓫［Word365_2023年版（実習用）］をダブルクリックし、［ファイルの場所］ボックスに［Word365_2023年版（実習用）］と表示されることを確認します。

⓬一覧から「ポイント」をクリックし、［挿入］をクリックします。

⑬［新しい行頭文字の定義］ダイアログボックスの［プレビュー］に選択した画像が表示されていることを確認し、［OK］をクリックします。

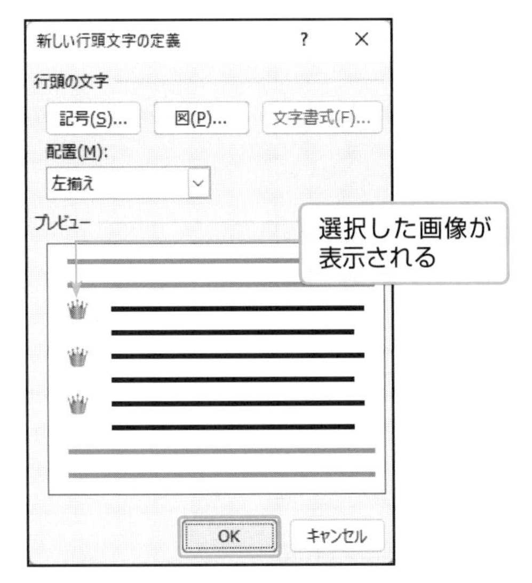

⑭選択した段落の行頭文字に画像が設定されます。

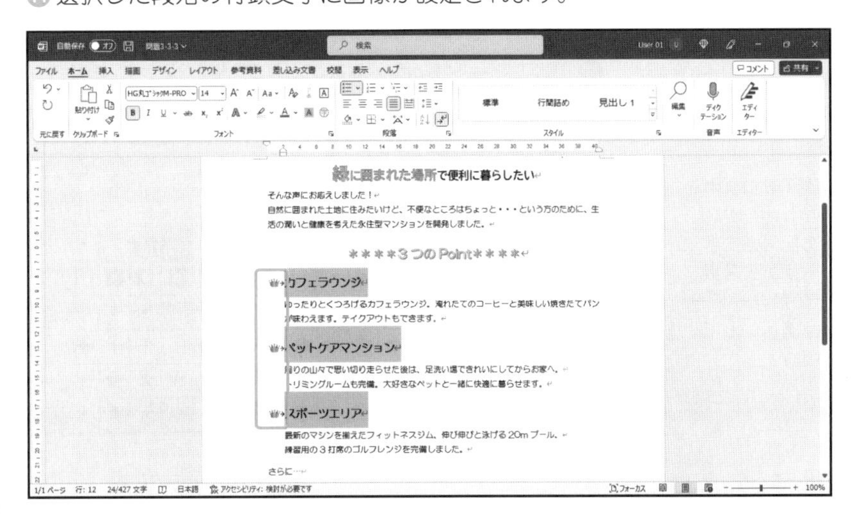

⑮16行目「内科・小児科…」から18行目「頼りになる…」を行単位で選択します。

⑯［ホーム］タブの［箇条書き］ボタンの▼をクリックします。

⑰［新しい行頭文字の定義］をクリックします。

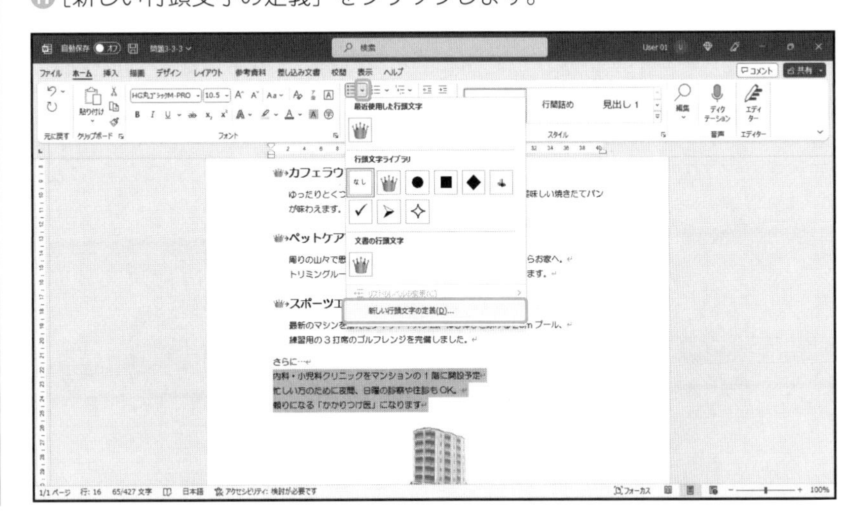

ヒント

追加した行頭文字

追加した行頭文字は、［ホーム］タブの［箇条書き］ボタンの▼をクリックして表示される一覧に表示され、他の文書でも利用できるようになります。

⑱［新しい行頭文字の定義］ダイアログボックスが表示されます。

⑲［記号］をクリックします。

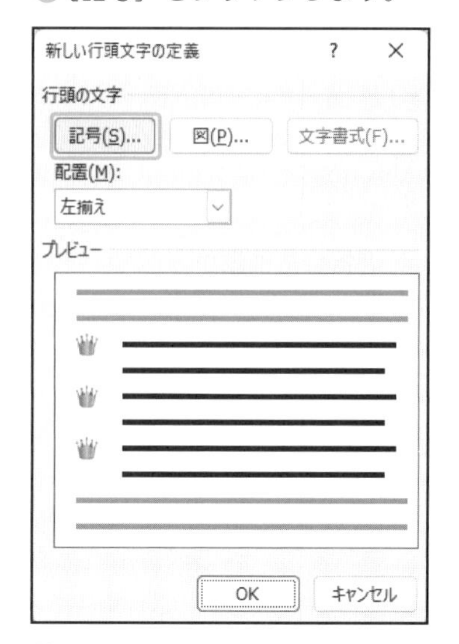

⑳［記号と特殊文字］ダイアログボックスが表示されます。

㉑［フォント］ボックスの▼をクリックし、［Wingdings2］を選択します。

㉒［文字コード］ボックスに「147」と入力します。

㉓文字コード「147」の記号が選択されたことを確認し、［OK］をクリックします。

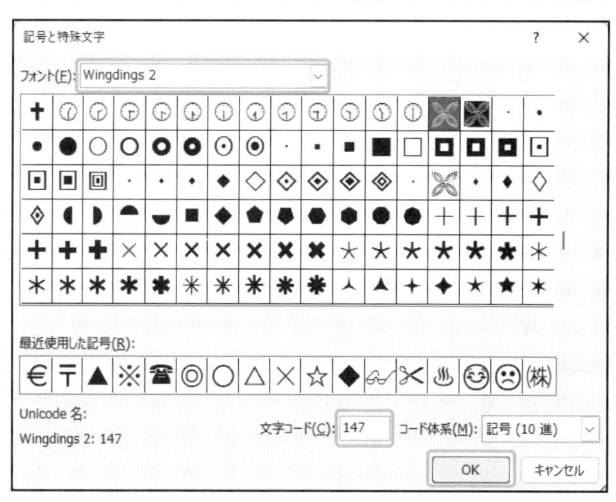

㉔［新しい行頭文字の定義］ダイアログボックスの［プレビュー］に選択した記号が表示されていることを確認し、［OK］をクリックします。

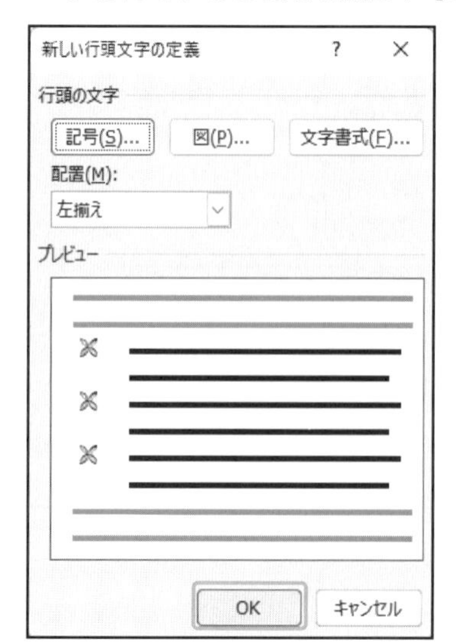

ポイント

記号の選択

［記号と特殊文字］ダイアログボックスでは［フォント］ボックスで指定したフォントの記号や文字が表示されます。一覧から選択するだけでなく、［文字コード］ボックスに文字コードを入力しても記号の指定ができます。

ヒント

定義した行頭文字の削除

追加した行頭文字を一覧から削除するには、[ホーム]タブの［箇条書き］ボタンの▼をクリックし、［行頭文字ライブラリ］の一覧から削除したい行頭文字を右クリックします。ショートカットメニューが表示されるので、［削除］をクリックします。

㉕選択した段落の行頭文字に記号が設定されます。

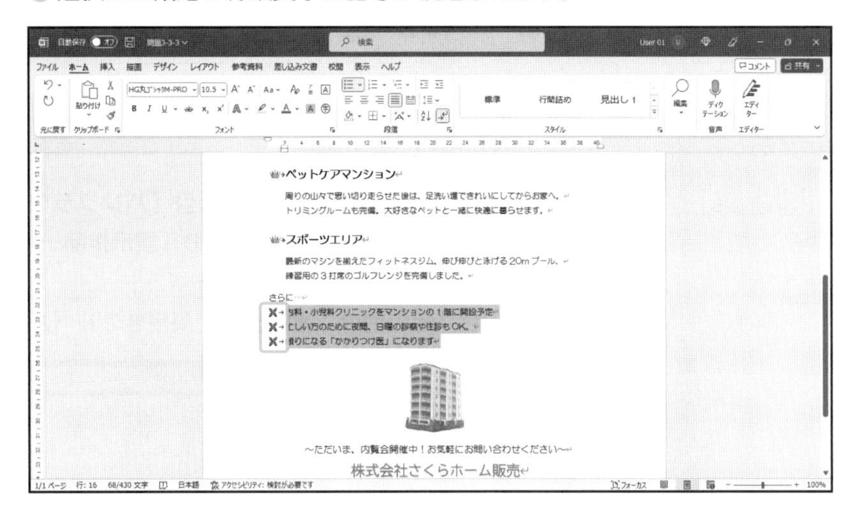

※ 解答操作が終了したら、必要に応じてヒント「定義した行頭文字の削除」を参考に、追加した行頭文字を一覧から削除してください。

3-3-4 リストのレベルを変更する

練習問題

問題フォルダー
└問題 3-3-4.docx
解答フォルダー
└解答 3-3-4.docx

【操作 1】3 行目「ステンドグラス」、5 行目「パンフラワー」、7 行目「陶芸」の箇条書きのレベルをひとつ下げ、その下の「展示作品…」の箇条書きのレベルをふたつ下げます。
【操作 2】13 行目「その他のご案内」の箇条書きのレベルをひとつ上げます。

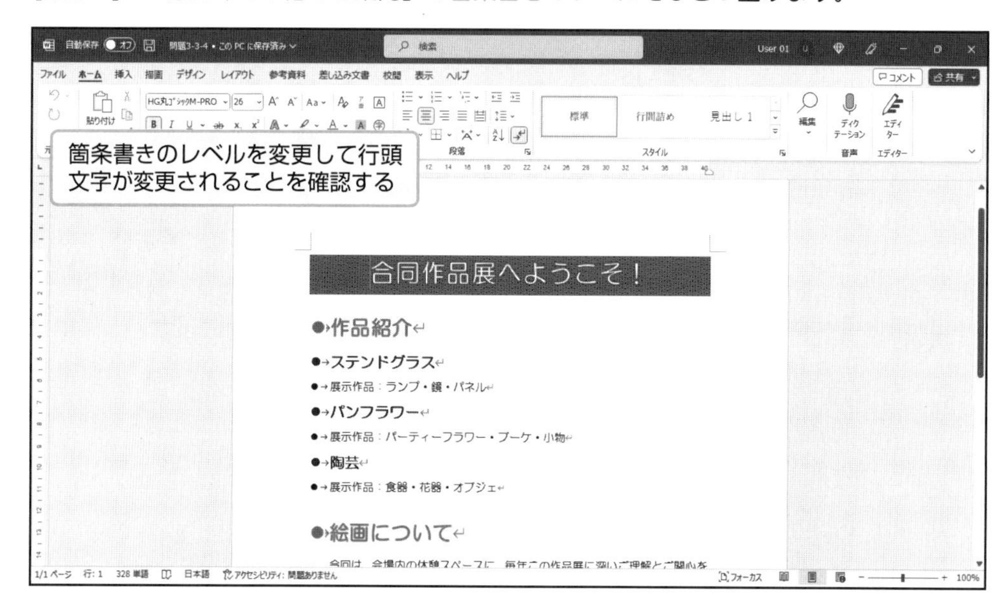

機能の解説

重要用語
- リスト
- 箇条書きや段落番号のレベル
- [インデントを増やす] ボタン
- [インデントを減らす] ボタン
- [リストのレベルの変更]

箇条書きや段落番号を設定した段落はリストと言い、レベルを使用した階層構造で表示することができます。レベルは 9 段階まであり、レベルごとに行頭文字や段落番号の種類が自動的に変わり、左インデントの位置が変更されます。
レベルを設定する最も簡単な方法は、[ホーム] タブの [インデントを増やす] ボタンと [インデントを減らす] ボタンを使用します。レベルが下がるほど、左インデントの位置が右にずれます。

箇条書きのレベルの例

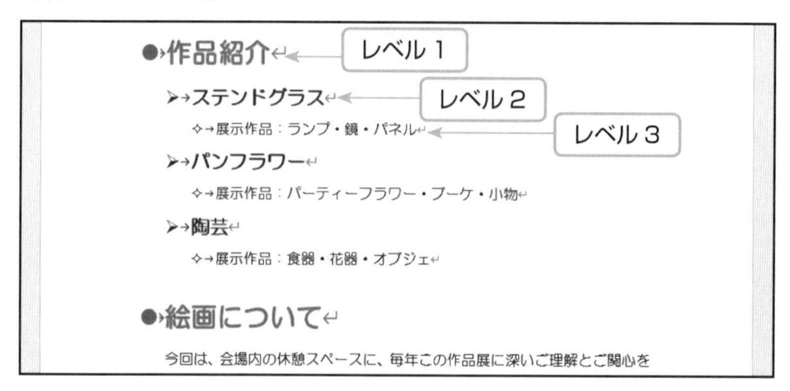

段落番号のレベルの例

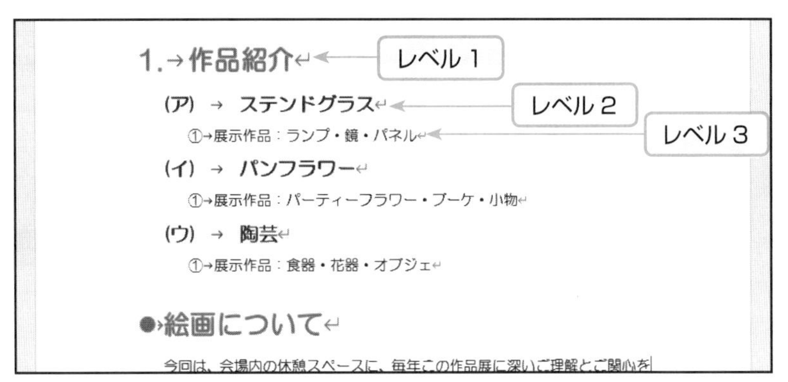

●一覧からリストのレベルを選択

レベルを変更する場合、一覧から目的のレベルを選択することもできます。目的の段落を選択して、[箇条書き] ボタンまたは [段落番号] ボタンの▼をクリックし、[リストのレベルの変更] をポイントして一覧から設定したいレベルを選択します。

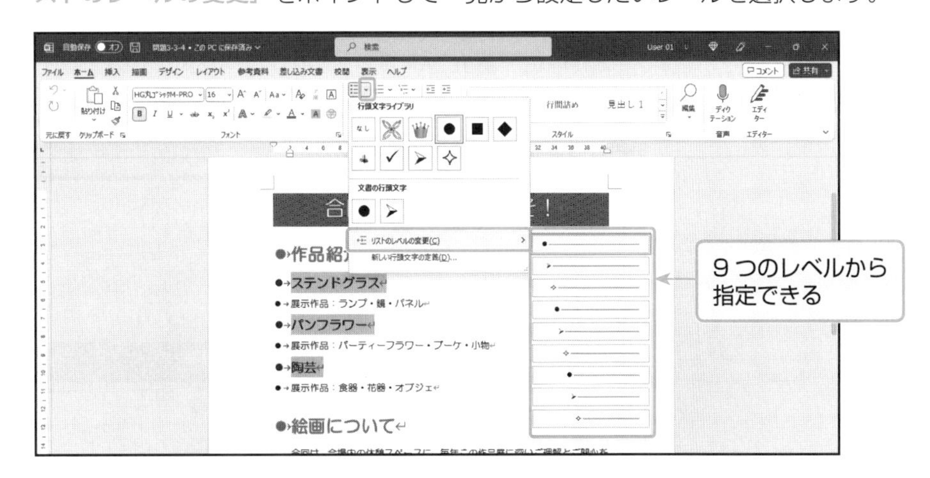

操作手順

【操作 1】

❶ 3 行目「ステンドグラス」を行単位で選択します。

❷ **Ctrl** キーを押しながら、5 行目「パンフラワー」と 7 行目「陶芸」を行単位で選択します。

❸ [ホーム] タブの [インデントを増やす] ボタンをクリックします。

ヒント

この文書の箇条書き

この文書で行頭に「●」がある段落は、あらかじめ箇条書きが設定されています。

その他の操作方法

レベルを下げる

段落を行単位で選択して **Tab** キーを押しても、箇条書きのレベルを下げることができます。

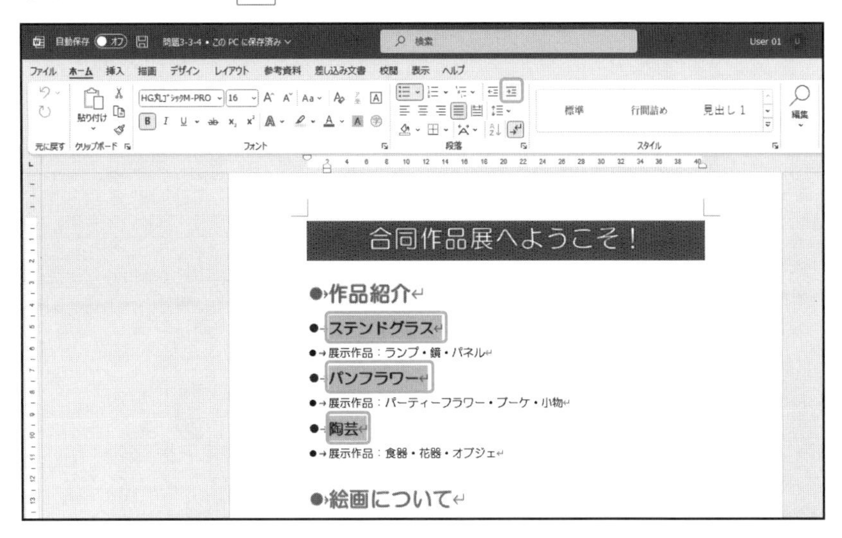

❹選択した段落のレベルがひとつ下がり、行頭文字が変更されます。

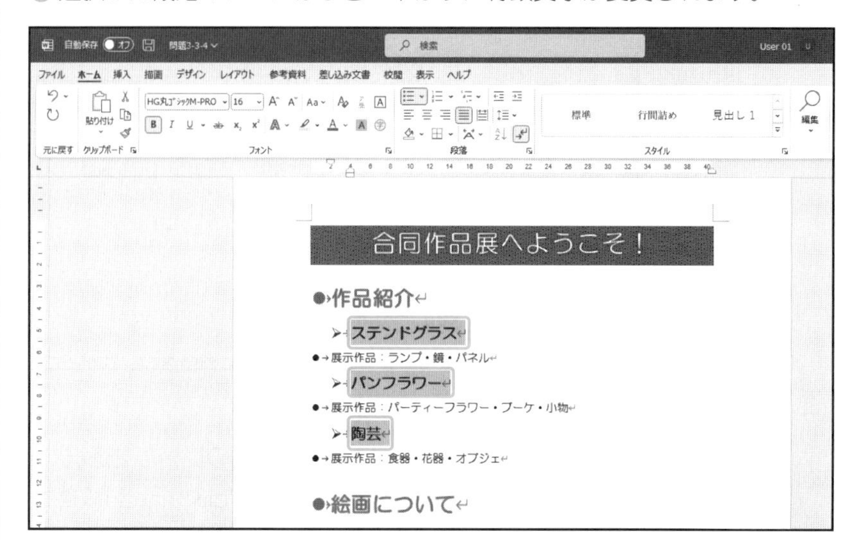

❺同様の操作で、4行目「展示作品…」、6行目「展示作品…」、8行目「展示作品…」を行単位で選択します。

❻［ホーム］タブの ［インデントを増やす］ボタンを2回クリックします。

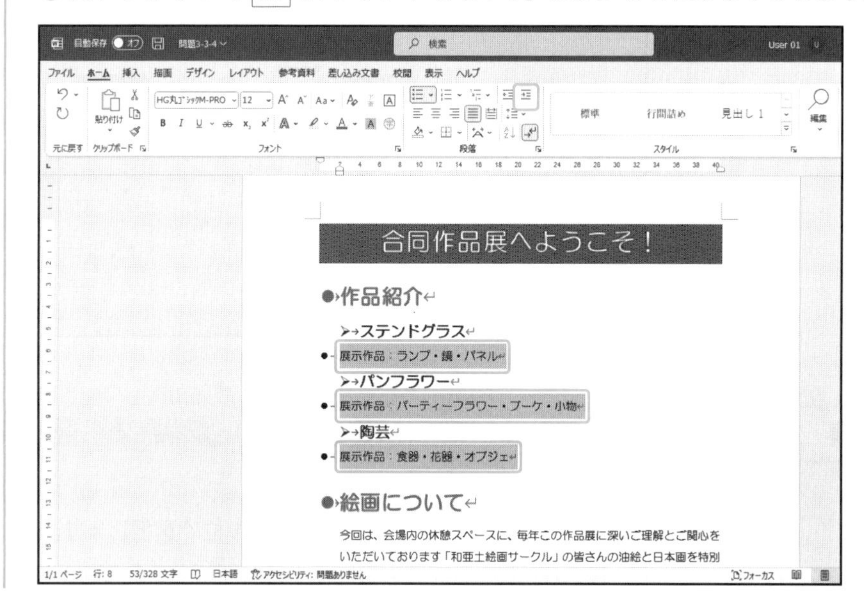

⑦選択した段落のレベルがふたつ下がり、行頭文字が変更されます。

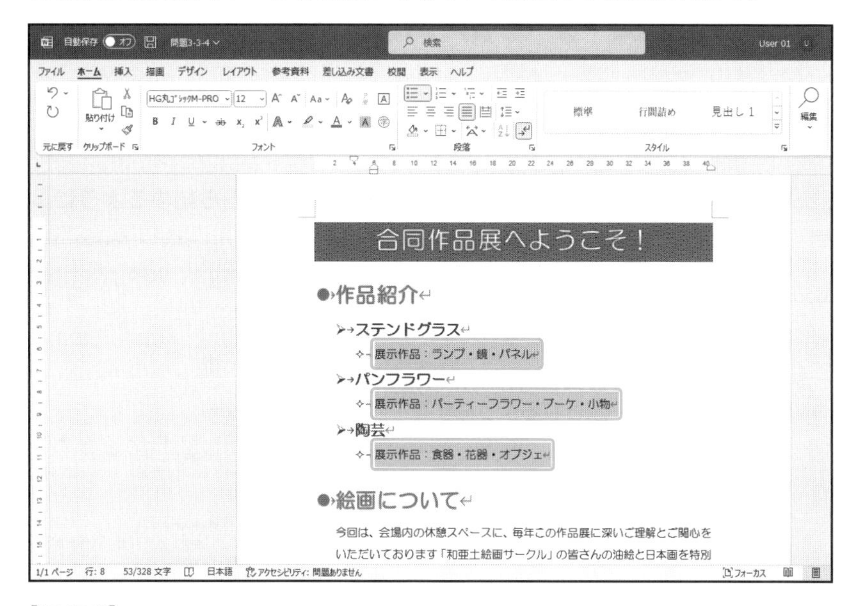

【操作 2】

⑧13 行目「その他のご案内」の段落にカーソルを移動します。

⑨［ホーム］タブの［インデントを減らす］ボタンをクリックします。

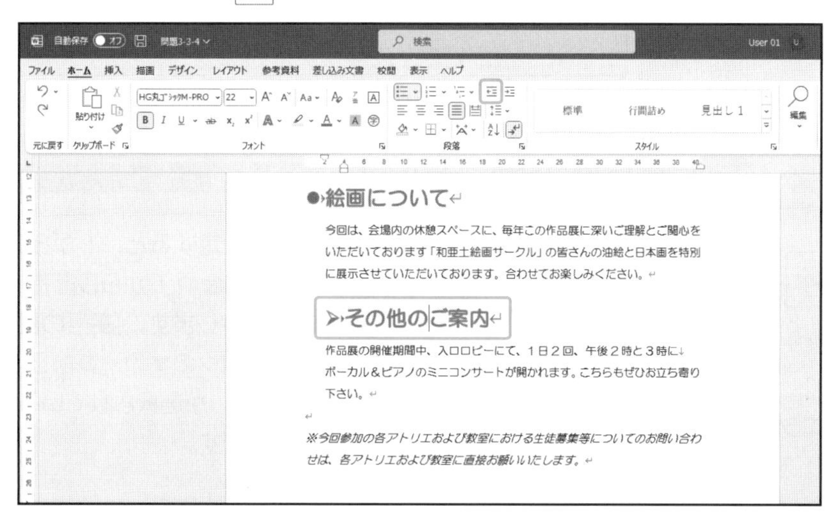

⑩選択した段落のレベルがひとつ上がり、行頭文字が変更されます。

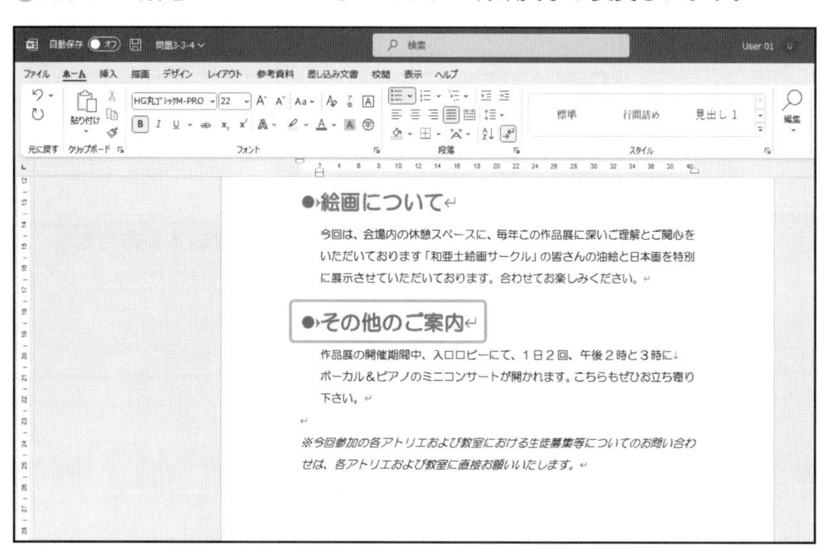

その他の操作方法

レベルを上げる

段落を行単位で選択して **Shift** キーを押しながら **Tab** キーを押しても、箇条書きのレベルを上げることができます。

3-3-5 開始番号を設定する

練習問題

問題フォルダー
└問題 3-3-5.docx
解答フォルダー
└解答 3-3-5.docx

35 行目「蒸し器に…」以降の行が⑦から始まるように段落番号を変更します。

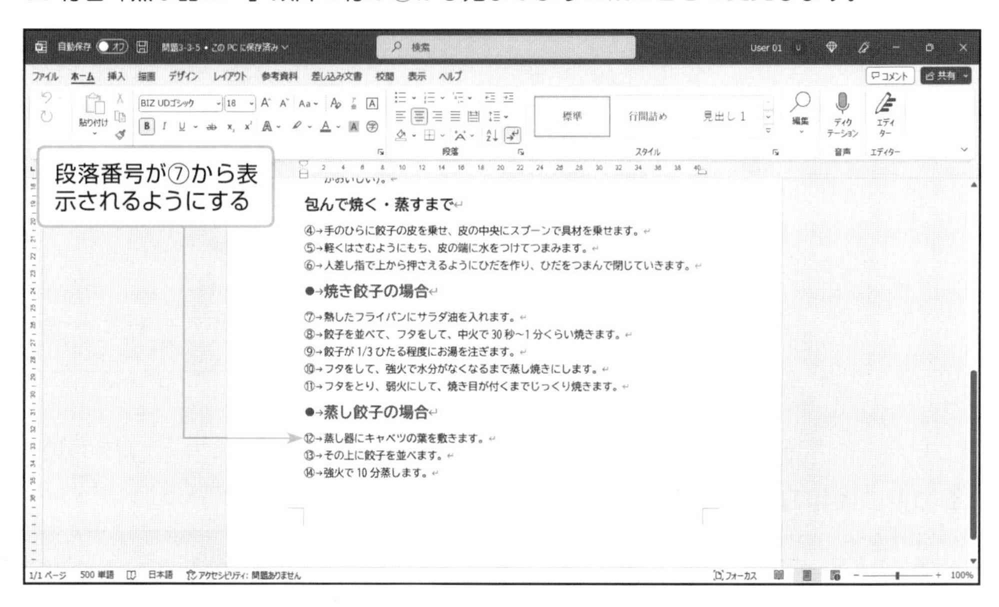

機能の解説

- 段落番号の変更
- [番号の設定] ダイアログボックス

連続した範囲を選択して段落番号を設定すると、1 から連続する番号が段落に挿入されます。途中の段落で番号を変更したい場合や 1 から段落番号を振り直したい場合などは、[番号の設定] ダイアログボックスで設定します。[番号の設定] ダイアログボックスは、[ホーム] タブの [段落番号] ボタンの▼の一覧から [番号の設定] をクリックして表示します。[新しくリストを開始する] が選択されていることを確認して、[開始番号] ボックスで変更後の開始番号を指定します。

[番号の設定] ダイアログボックス

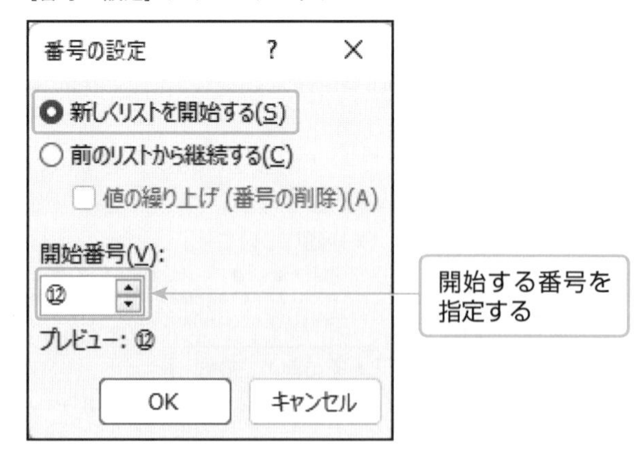

操作手順

その他の操作方法

［番号の設定］ダイアログボックスの表示

段落内を右クリックし、ショートカットメニューの［番号の設定］をクリックしても［番号の設定］ダイアログボックスが表示されます。

❶ 35 行目「⑫蒸し器に…」の段落内にカーソルを移動します。

❷［ホーム］タブの［段落番号］ボタンの▼をクリックします。

❸［番号の設定］クリックします。

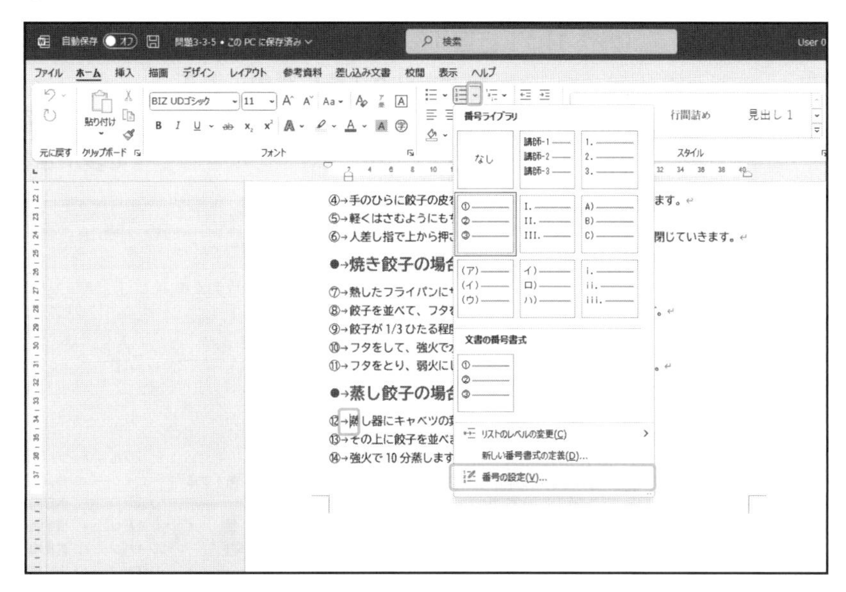

❹［番号の設定］ダイアログボックスが表示されます。

❺［新しくリストを開始する］が選択されていることを確認します。

❻［開始番号］ボックスに「7」と入力するか、▼をクリックして、［⑦］を指定します。

❼［OK］をクリックします。

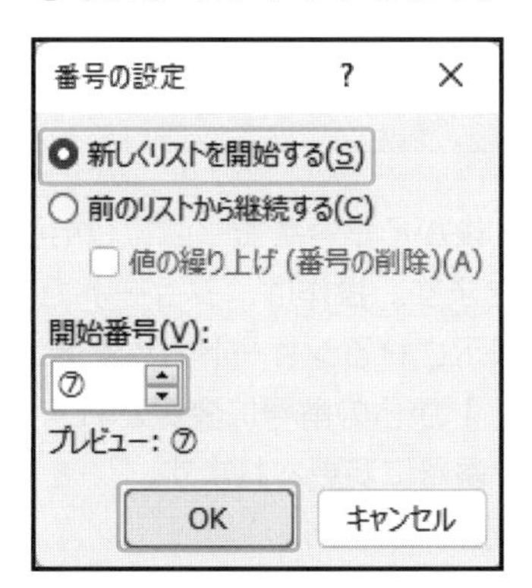

❽ 35 行目以降が⑦から始まる段落番号に変更されます。

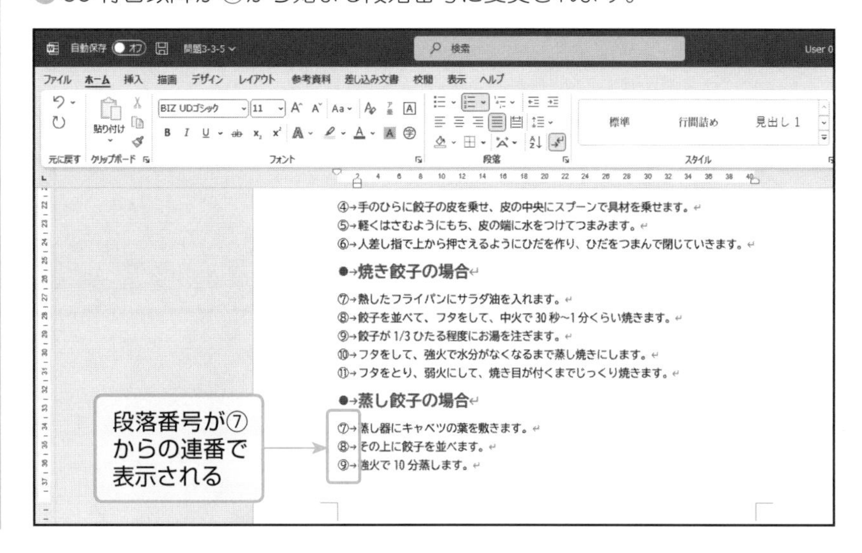

3-3-6 リストの番号を振り直す、続けて振る

練習問題

問題フォルダー
└問題 3-3-6.docx

解答フォルダー
└解答 3-3-6.docx

【操作 1】11 行目「8. 狩りの歌…」から 16 行目「13. ため息…」の行の段落番号を「1.」から表示されるように変更します。

【操作 2】18 行目「ハンガリー舞曲…」から 20 行目「愛の夢…」に文書内と同じ段落番号を追加し、前のリストの続きの番号で表示されるようにします。

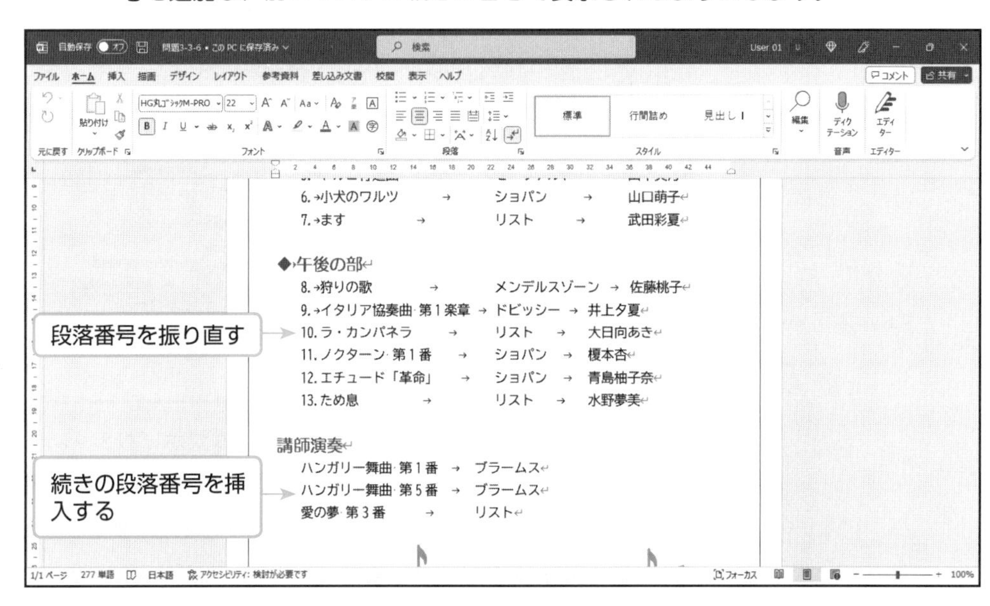

機能の解説

- 段落番号の振り直し
- 連続番号に変更
- [1 から再開]
- [自動的に番号を振る]
- [オートコレクトのオプション] ボタン

段落に追加した段落番号は、後から番号を振り直ししたり、前のリストから続く連続番号に変更したりすることができます。操作は、ショートカットメニューから実行できます。段落内を右クリックすると表示されるショートカットメニューの［1 から再開］を選択すると、新しいリストとなり、1 からの番号に変更されます。［自動的に番号を振る］を選択すると、上の段落から続く番号に変更されます。

段落番号のショートカットメニュー

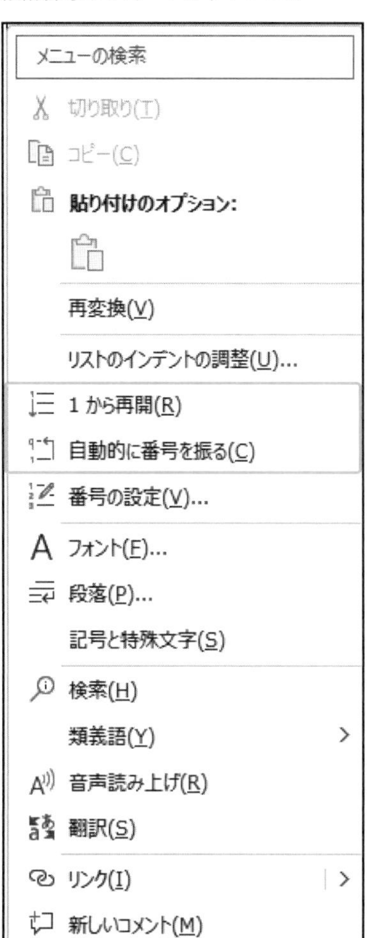

また、段落番号を追加した直後は、余白に表示されるスマートタグの [オートコレクトのオプション] ボタンをクリックして、番号を変更することもできます。

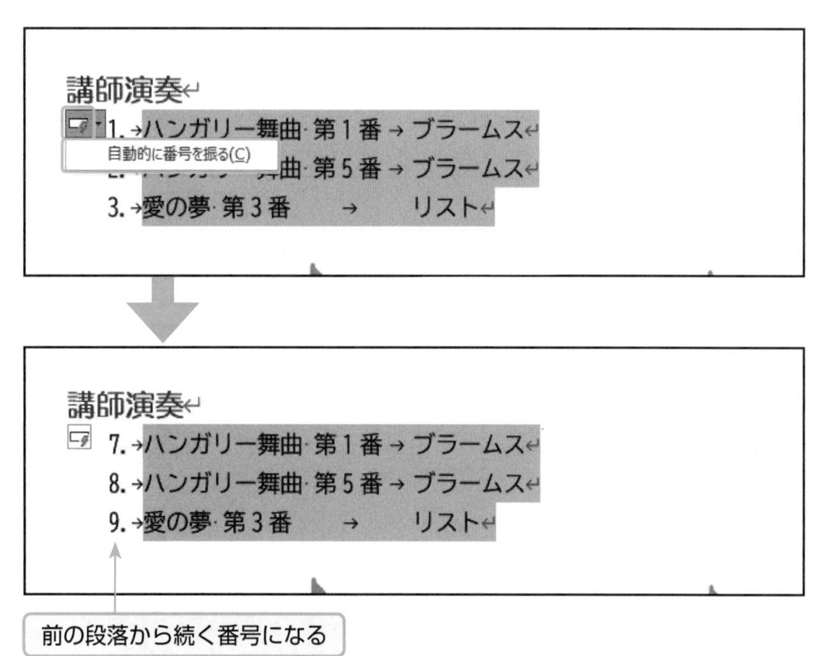

操作手順

【操作 1】

❶ 11 行目「8. 狩りの歌…」の段落内を右クリックします。

❷ ショートカットメニューが表示されるので、［1 から再開］をクリックします。

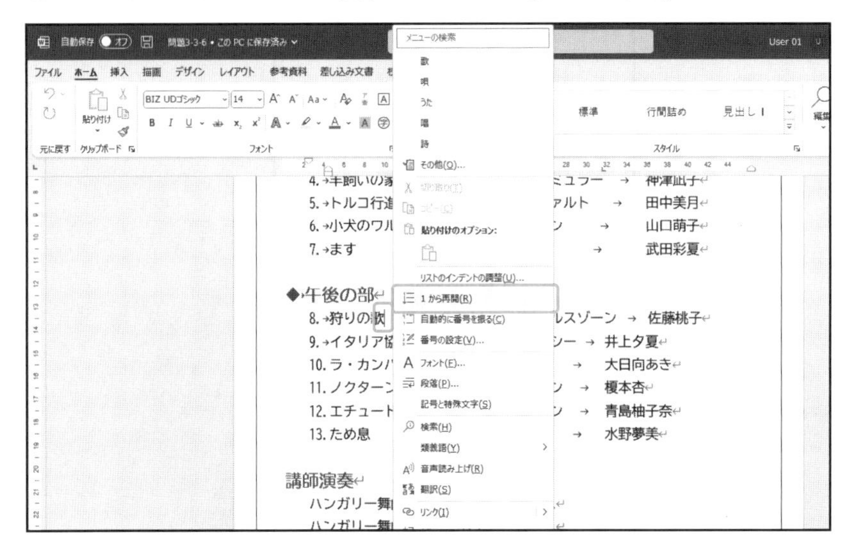

❸ 16 行目までの段落の段落番号が「1.」から「6.」の番号に変更されます。

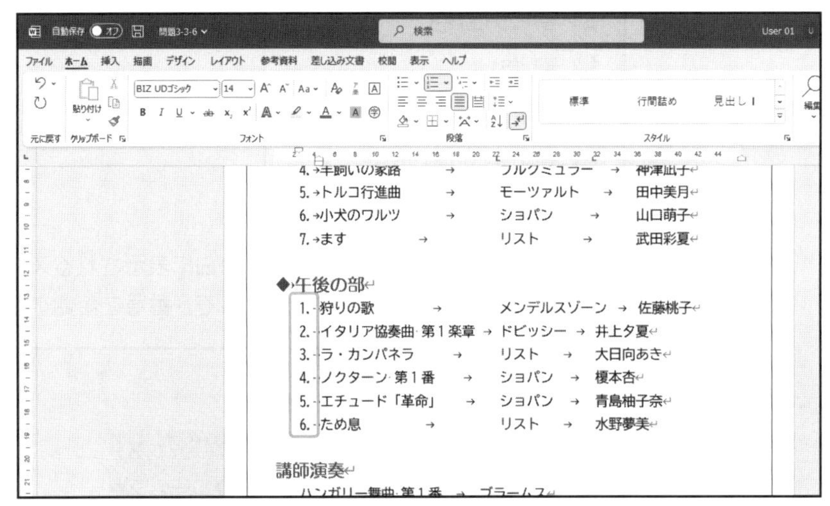

【操作 2】

❹ 18 行目「ハンガリー舞曲…」から 20 行目「愛の夢…」の行を選択します。

❺［ホーム］タブの ☰ ［段落番号］ボタンをクリックします。

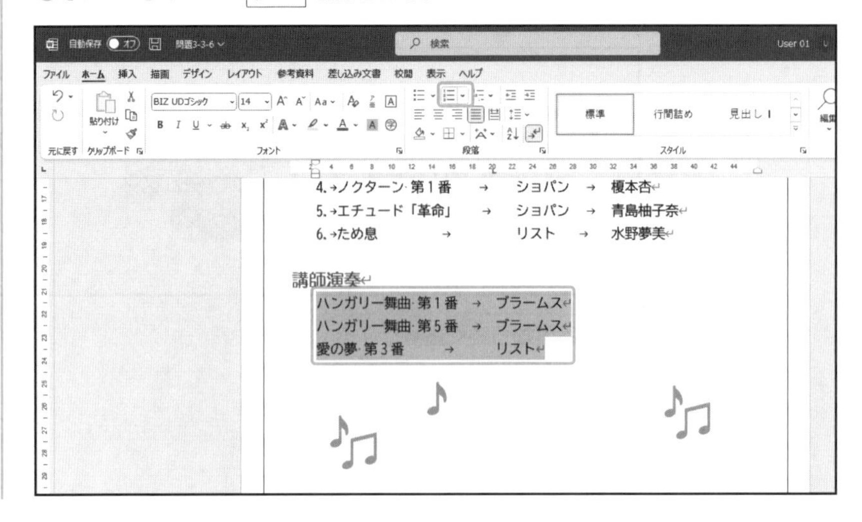

❻ 選択した段落に段落番号が挿入されます。

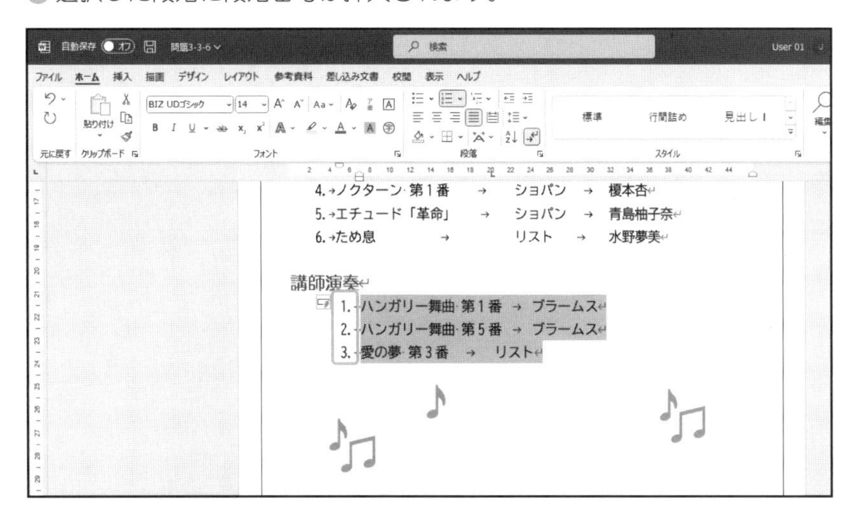

❼ 余白に表示されている ［オートコレクトのオプション］ボタンをクリックします。

❽［自動的に番号を振る］をクリックします。

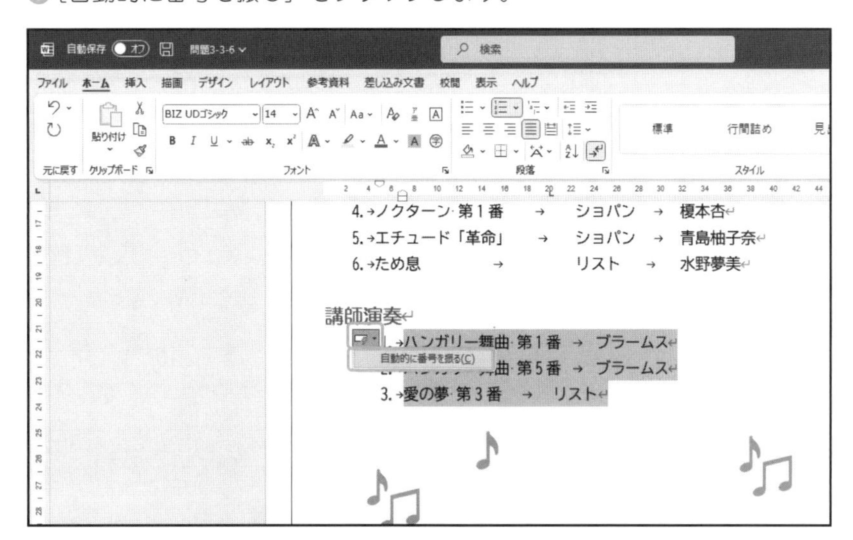

❾ 選択した段落の段落番号が「7.」から始まる番号に変更されます。

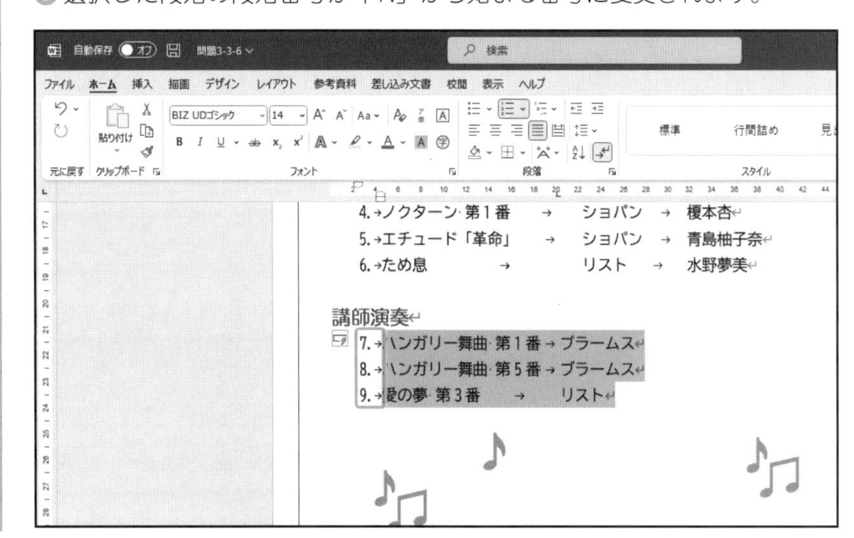

Chapter 4

参考資料の作成と管理

本章で学習する項目

- □ 脚注と文末脚注を作成する、管理する
- □ 目次を作成する、管理する

4-1 脚注と文末脚注を作成する、管理する

ここでは、特定の語句に注釈を加える脚注を学習します。脚注には、各ページの末尾に挿入する脚注と文書の末尾にまとめて挿入する文末脚注の2種類があり、挿入する位置や番号の書式などの詳細を設定することができます。

4-1-1 脚注や文末脚注を挿入する

練習問題

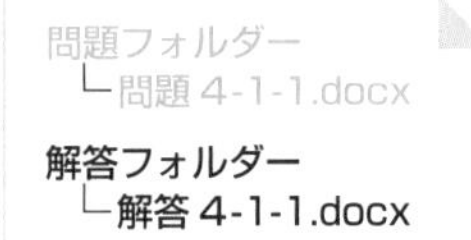
問題フォルダー
└問題 4-1-1.docx
解答フォルダー
└解答 4-1-1.docx

【操作 1】1 ページ 14 行目「約 80% 減」の後ろに「標準モードの場合」、2 ページ 1 行目の行末（「主な仕様」の後ろ）に「今後変更される可能性があります」という文末脚注を設定します。

【操作 2】脚注領域の番号と文字列のフォントを「MS ゴシック」に変更します。

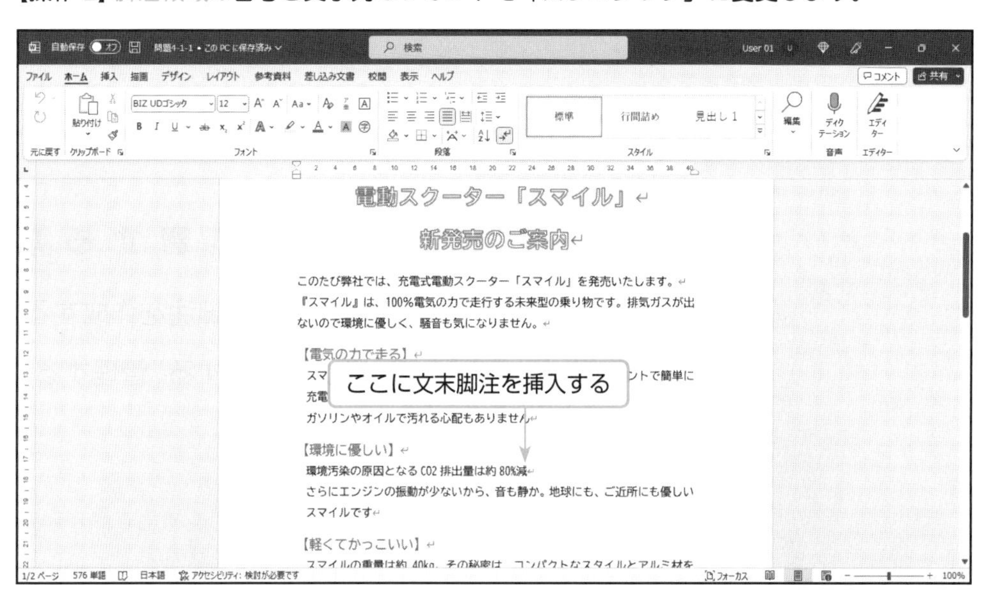

機能の解説

重要用語

- 脚注
- 文末脚注
- ［脚注の挿入］ボタン
- ［文末脚注の挿入］ボタン
- 脚注番号
- 脚注領域

脚注とは、本文中の語句に番号を付けて、その語句に関する短い補足説明や用語解説などの注釈を関連付けて表示する機能です。Word では各ページの下部に表示する脚注と、文書の末尾に文書全体の脚注をまとめて表示する文末脚注が利用できます。ページの下部または文書の末尾に作成される注釈用の領域に、脚注番号で関連付けた注釈文を入力します。脚注を挿入するには、単語の後ろにカーソルを移動し、［参考資料］タブの ［脚注の挿入］ボタン、または 文末脚注の挿入 ［文末脚注の挿入］ボタンをクリックします。カーソルの位置に脚注番号が挿入され、ページの下部または文書の末尾の脚注領域内にカーソルが移動します。入力した脚注の文章には書式を設定することもできます。

脚注

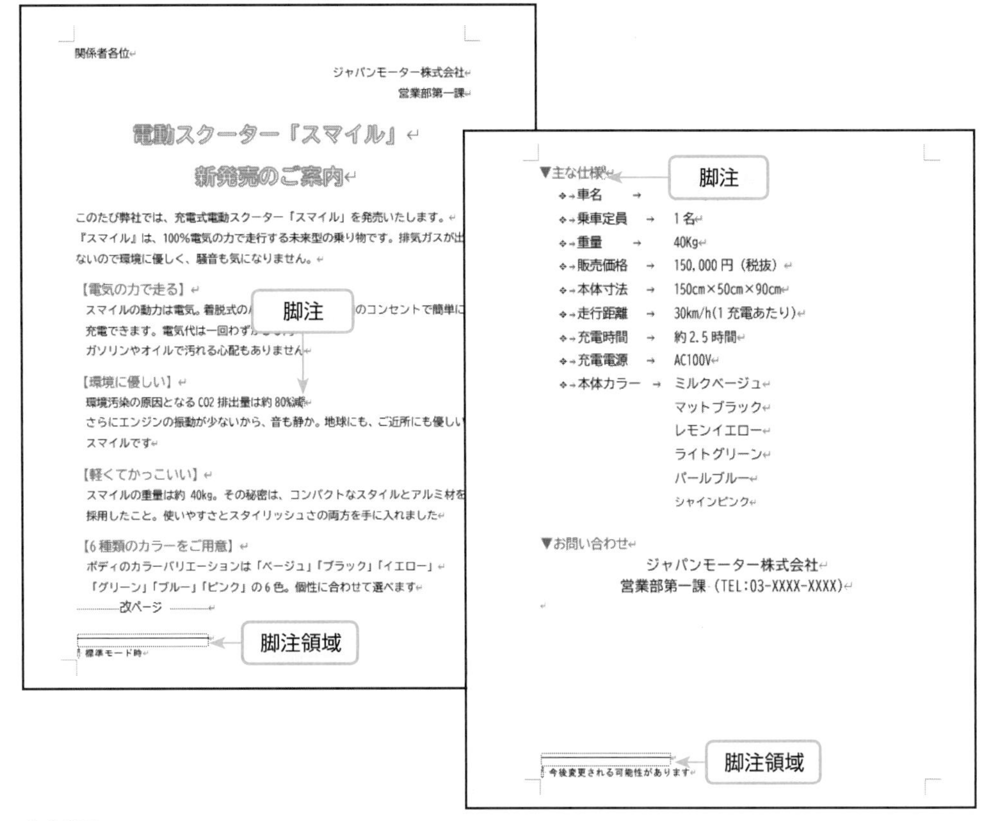

参考資料の作成と管理

文末脚注

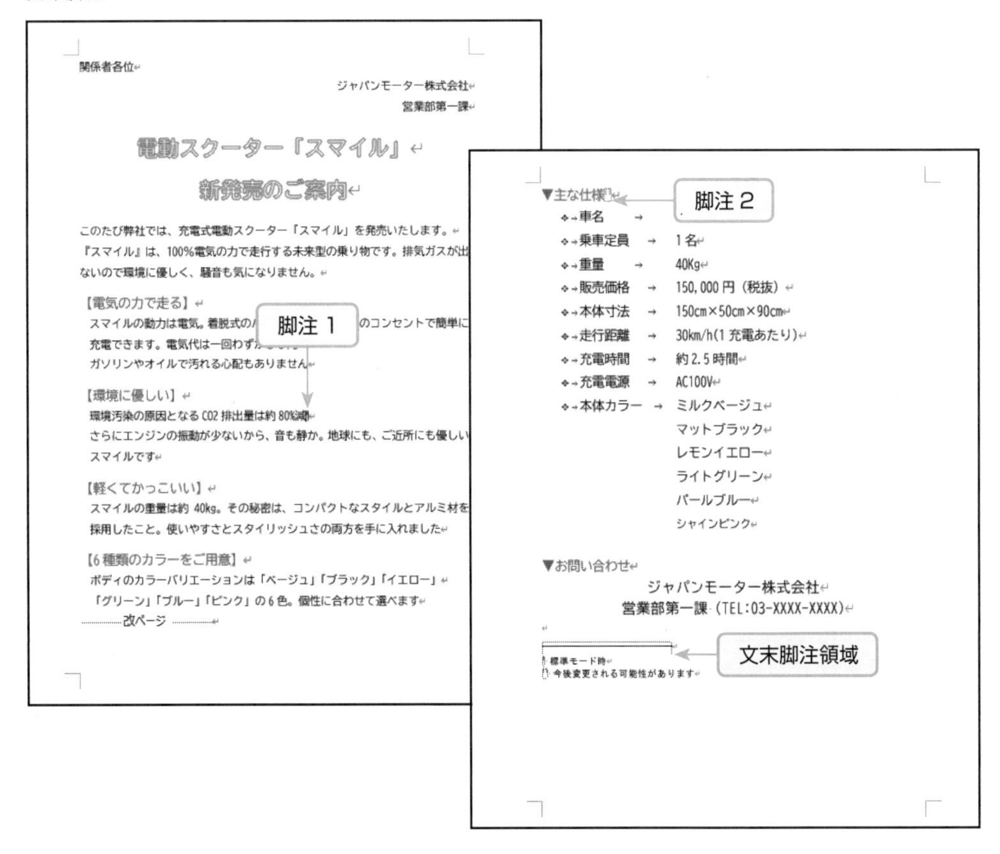

操作手順

その他の操作方法
ショートカットキー
Ctrl+**Alt**+**D** キー
（文末脚注の挿入）
Ctrl+**Alt**+**F** キー
（脚注の挿入）

【操作 1】

❶1 ページ 14 行目「約 80% 減」の後ろにカーソルを移動します。

❷［参考資料］タブの 文末脚注の挿入 ［文末脚注の挿入］ボタンをクリックします。

❸カーソルの位置に脚注番号が挿入されます。

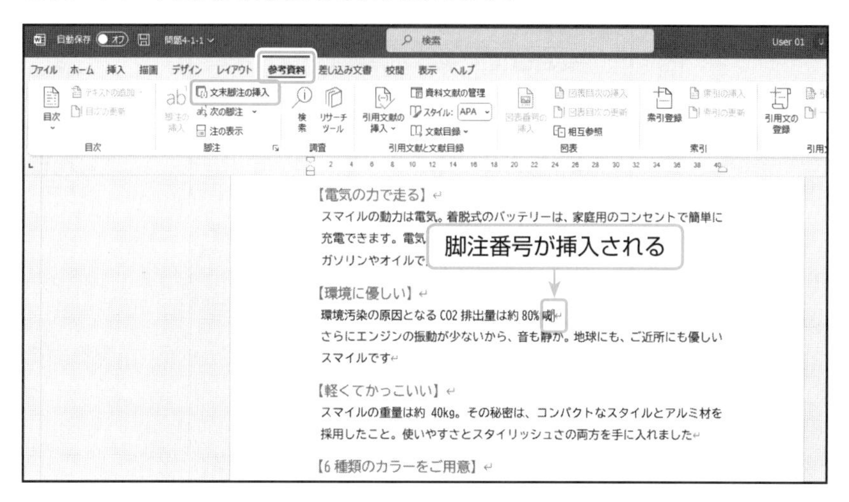

❹同時に文書の末尾に脚注領域が作成されて、その中にカーソルが移動します。

❺「標準モードの場合」と脚注を入力します。

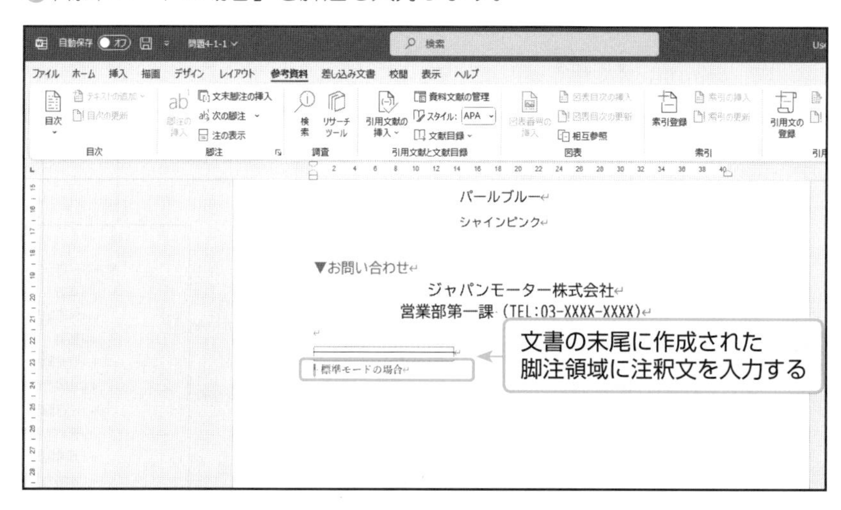

ヒント
脚注番号と脚注
本文中に挿入された脚注番号をポイントすると、対応する脚注の文章がツールチップ形式で表示されます。また、本文中の脚注番号をダブルクリックすると脚注領域にジャンプし、脚注領域の脚注番号をダブルクリックすると本文の脚注番号にジャンプします。

❻2 ページ 1 行目の行末（「主な仕様」の後ろ）にカーソルを移動します。

❼［参考資料］タブの 文末脚注の挿入 ［文末脚注の挿入］ボタンをクリックします。

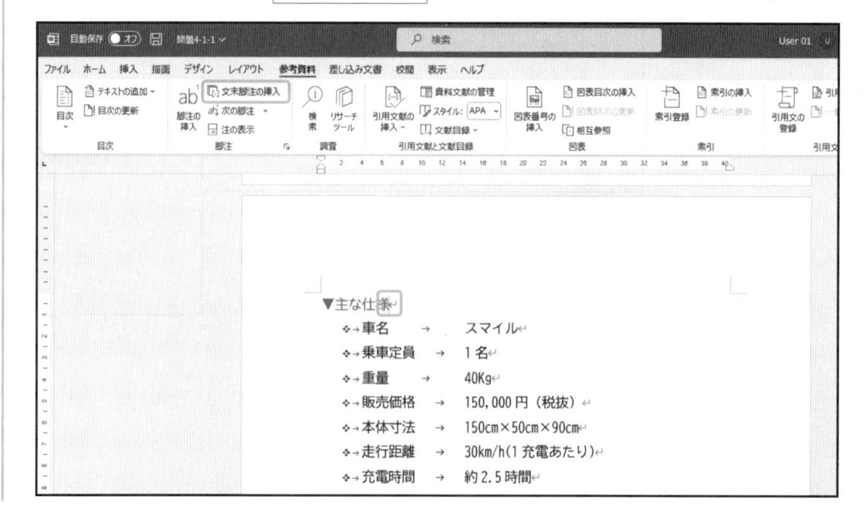

> **ヒント**
> **脚注の削除**
> 脚注を削除するには、本文中の脚注番号をドラッグして選択し、**Delete** キーを押します。

> **ヒント**
> **脚注番号**
> 脚注番号は自動的に文書の先頭ページからの連続番号（初期設定では「i, ii, iii, …」）になります。脚注が設定された文章の位置を入れ替えると、脚注番号は自動的に変更されます。

⑧カーソルの位置に脚注番号が挿入され、文書の末尾の脚注領域にカーソルが移動します。

⑨「今後変更される可能性があります」と脚注を入力します。

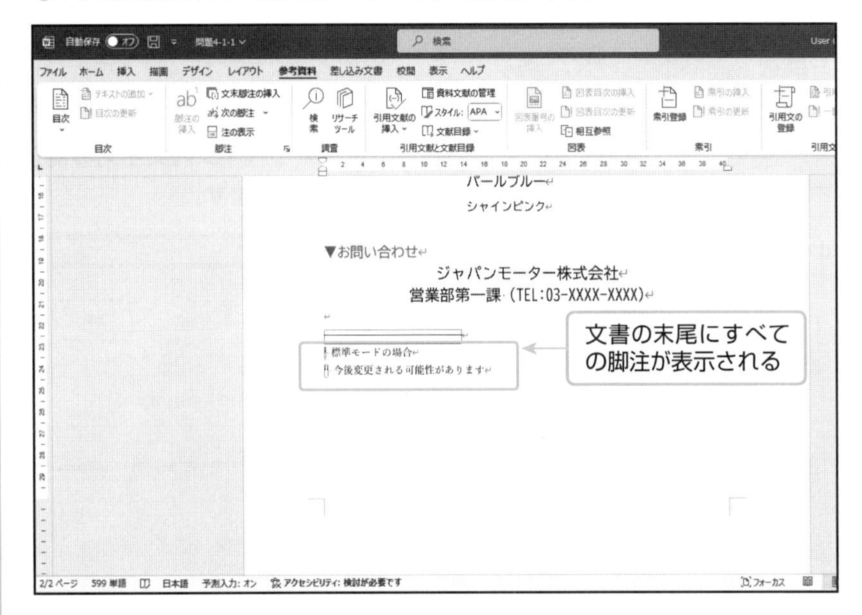

【操作 2】

⑩文末脚注の領域の番号と文字列を選択します。

⑪［ホーム］タブの 游明朝 (本文のフォン ［フォント］ボックスの▼をクリックします。

⑫［MS ゴシック］をクリックします。

⑬脚注の書式が変更されます。

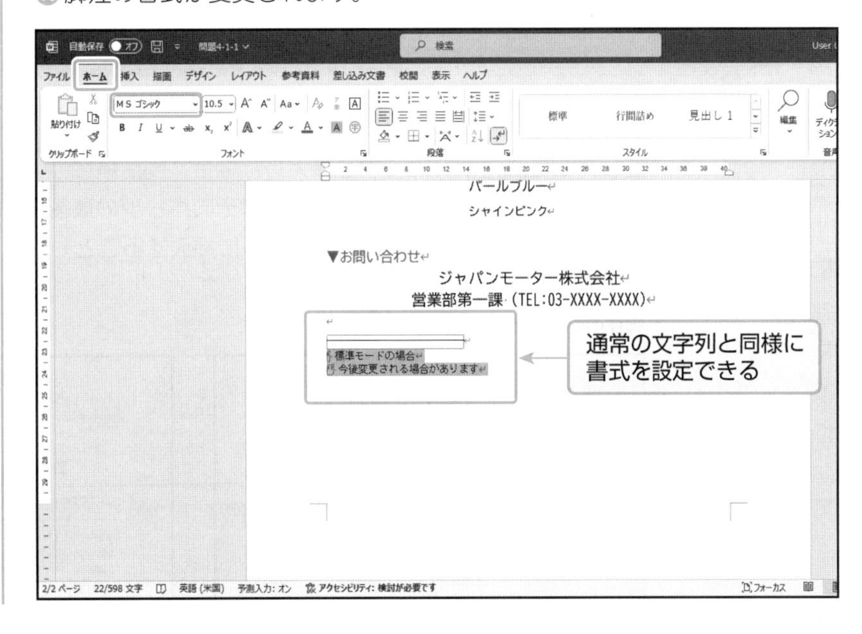

4-1-2 脚注や文末脚注のプロパティを変更する

練習問題

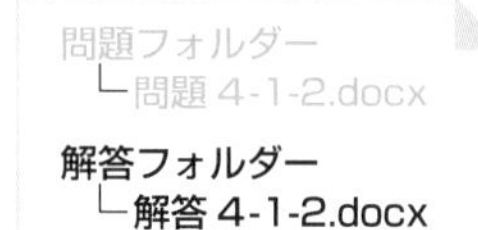

問題フォルダー
└問題 4-1-2.docx

解答フォルダー
└解答 4-1-2.docx

文書に挿入済みの脚注の場所を「ページ内文字列の直後」、番号書式を現在の形式から「①, ②, ③ …」という形式に変更します。

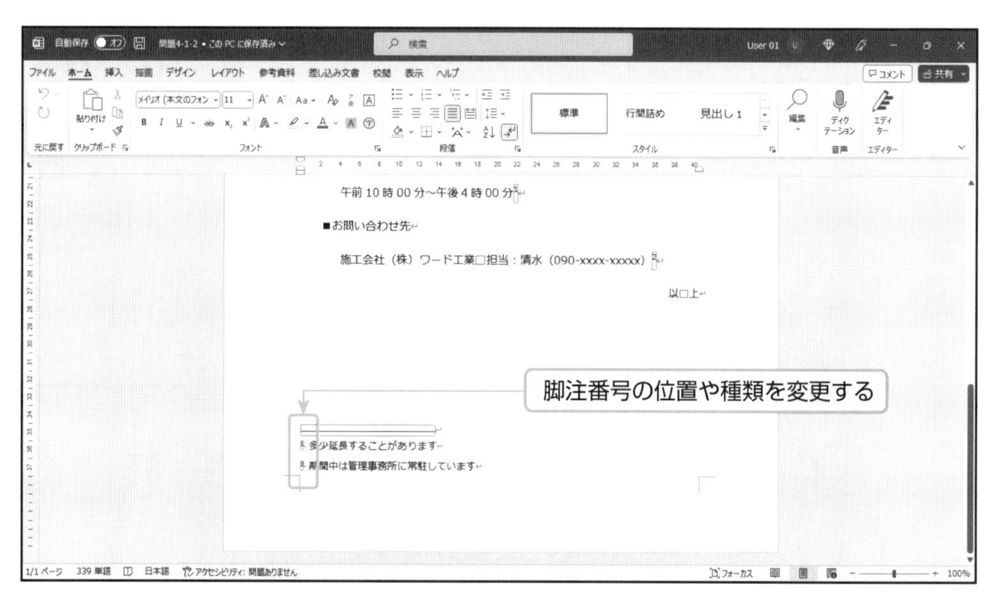

機能の解説

- 脚注の場所
- 脚注の番号書式
- ［脚注と文末脚注］ダイアログボックス
- ［脚注の変更］ダイアログボックス

［参考資料］タブの［脚注の挿入］ボタンや［文末脚注の挿入］ボタンを使用して脚注や文末脚注を挿入した場合、脚注領域の位置や番号の書式は初期設定の形式になります。脚注の場合、既定ではそのページの最後（下余白のすぐ上の位置）に挿入されますが、ページの最終行のすぐ下に挿入することもできます。

脚注の位置の違い

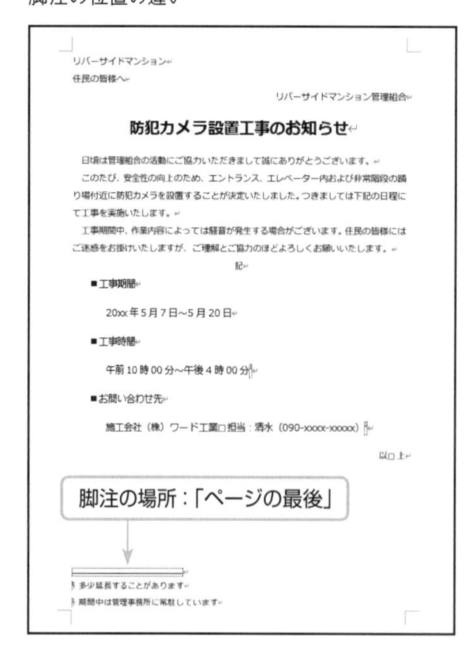

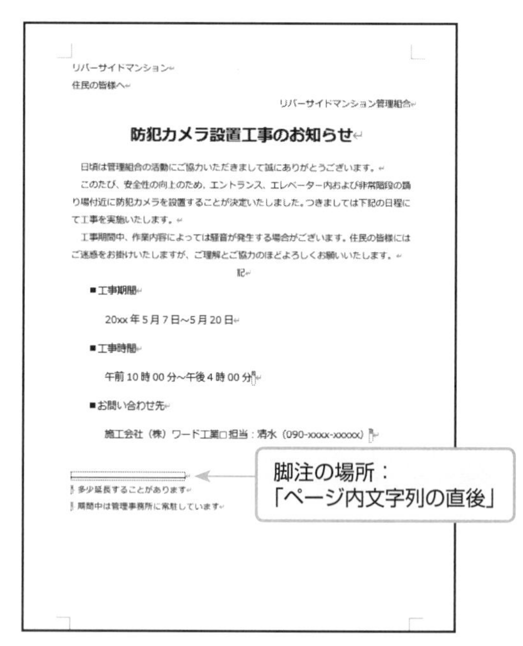

挿入済みの脚注の位置や番号の書式を変更したり、番号の付け方などを設定するには、[脚注と文末脚注] ダイアログボックスを使用します。[脚注と文末脚注] ダイアログボックスでは、挿入済みの脚注を変更できるだけでなく、最初から詳細な設定をして脚注を挿入することもできます。また、[変換] ボタンから [脚注の変更] ダイアログボックスを使用して、挿入済みの脚注を文末脚注に変更したり、その逆も操作することができます。

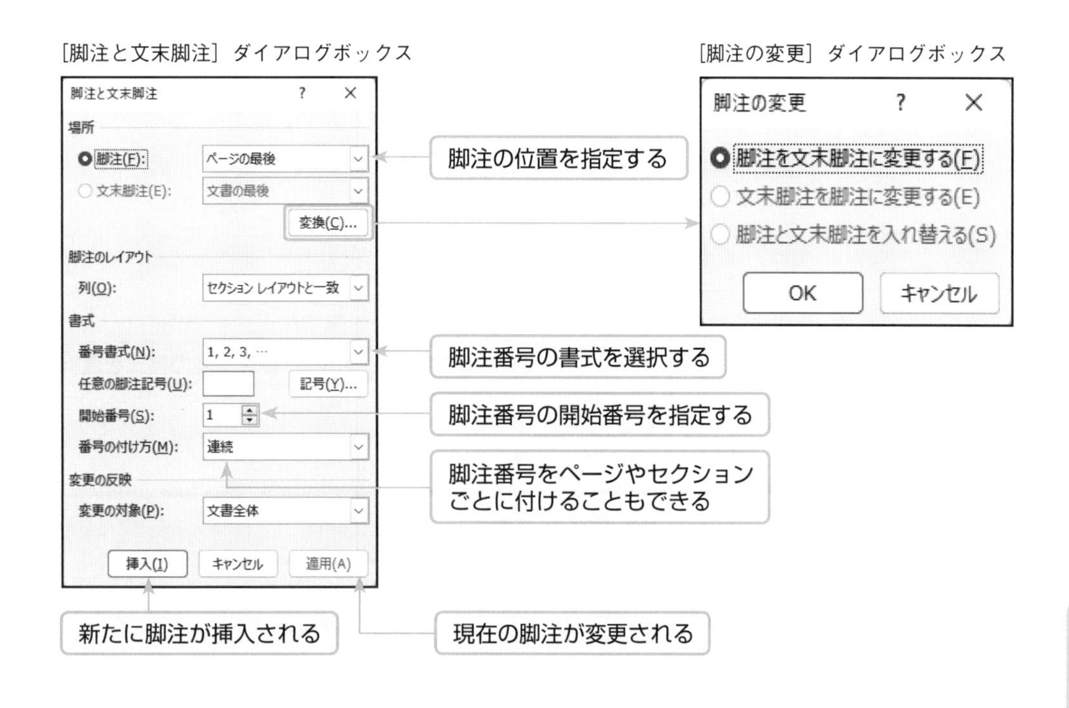

操作手順

❶脚注の位置と番号書式を確認し、脚注の領域にカーソルを移動します。

❷[参考資料] タブの [脚注] グループ右下の [脚注と文末脚注] ボタンをクリックします。

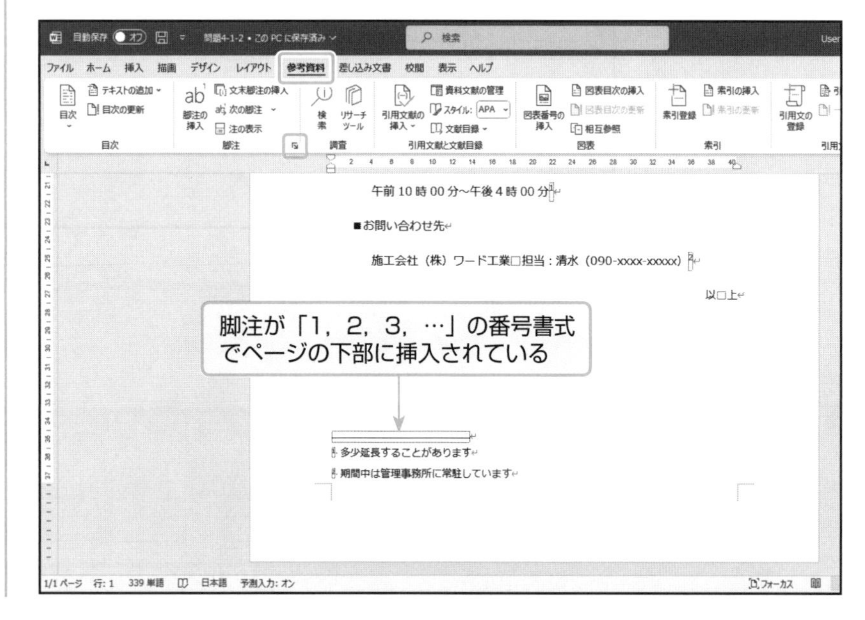

ポイント

脚注を設定して挿入

[脚注と文末脚注] ダイアログボックスで [適用] をクリックすると現在の脚注の場所や番号書式が変更されます。[挿入] をクリックすると、カーソルの位置に設定した形式で新たに脚注番号が挿入されます。

ヒント

文末脚注の場所

文末脚注の場合の挿入位置は、文書の最後かセクションの最後を選択できます。[脚注と文末脚注] ダイアログボックスの [場所] の [文末脚注] をクリックして右側の▼から挿入場所を指定します。

❸ [脚注と文末脚注] ダイアログボックスが表示されます。

❹ [場所] の [脚注] が選択されていることを確認します。

❺ [脚注] の右側の [ページの最後] と表示されているボックスの▼をクリックし、[ページ内文字列の直後] を選択します。

❻ [書式] の [番号書式] ボックスの▼をクリックし、「①, ②, ③ …」を選択します。

❼ [適用] をクリックします。

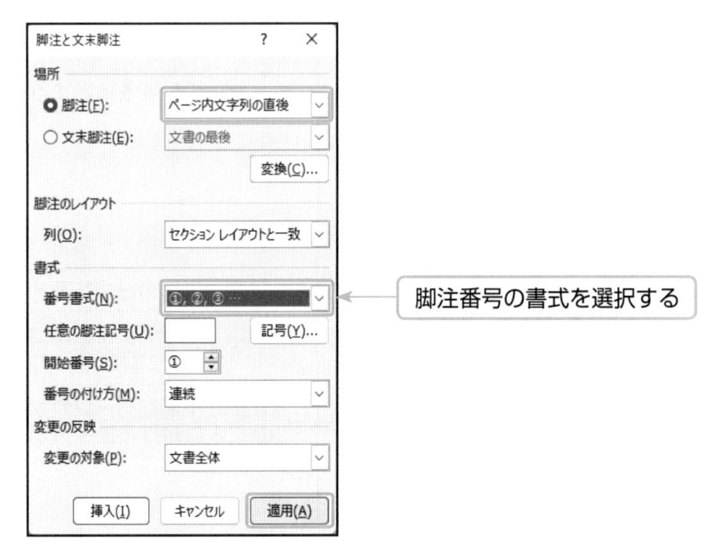

❽ 脚注領域が移動し、番号書式が変更されます。

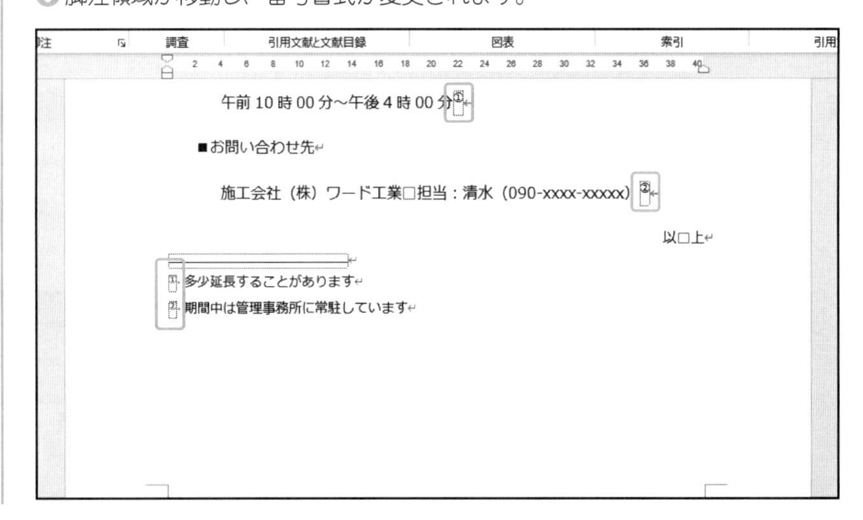

4-2 目次を作成する、管理する

ここでは、目次を挿入する方法を学習します。Wordでは見出しスタイルの段落の情報を基に目次を作成することができます。見出しを修正したり、移動した場合には、最新の目次に更新することができます。目次には、一覧から選択する組み込みの目次と書式やアウトラインのレベルなどをユーザーが設定して作成する目次があります。

4-2-1 目次を挿入する

練習問題

問題フォルダー
└問題 4-2-1.docx
解答フォルダー
└解答 4-2-1.docx

1ページ3行目に自動作成の目次を挿入します。目次のスタイルは「自動作成の目次2」にします。

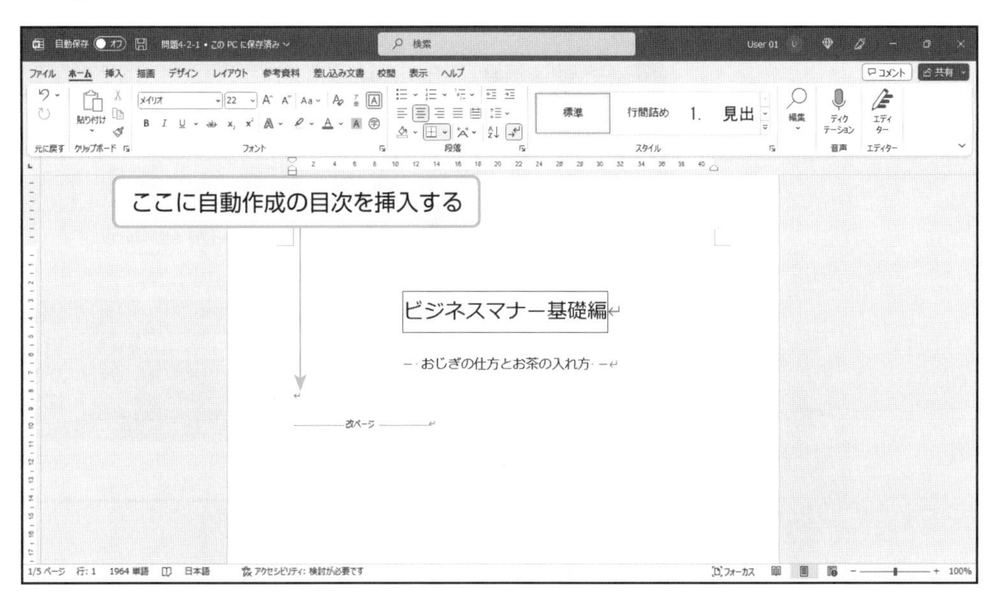

機能の解説

- □ 目次
- □ 自動作成の目次
- □ 見出しスタイル
- □ アウトラインレベル
- □ 目次の更新
- □ 目次の削除

目次とは、指定した段落の文字列を項目名として、ページ番号とともに表示する機能です。Wordでは、文書に設定した見出しスタイル（またはアウトラインレベル）を抽出して、自動的に目次を作成することができます。目次を作成するには、あらかじめ目次の項目にしたい箇所に見出しスタイルを設定しておきます。
目次の挿入は、［参考資料］タブの［目次］ボタンをクリックします。ここに表示される［組み込み］の目次（［自動作成の目次1］または［自動作成の目次2］）はスタイルや書式を細かく指定する必要がなく、選択するだけで目次が挿入されます。

ポイント

見出しスタイル

見出しスタイルは［ホーム］タブの［スタイル］の一覧から選択して設定します。この文書には、右図のように、あらかじめ[見出し 1］スタイルと［見出し 2］スタイルが設定されています。

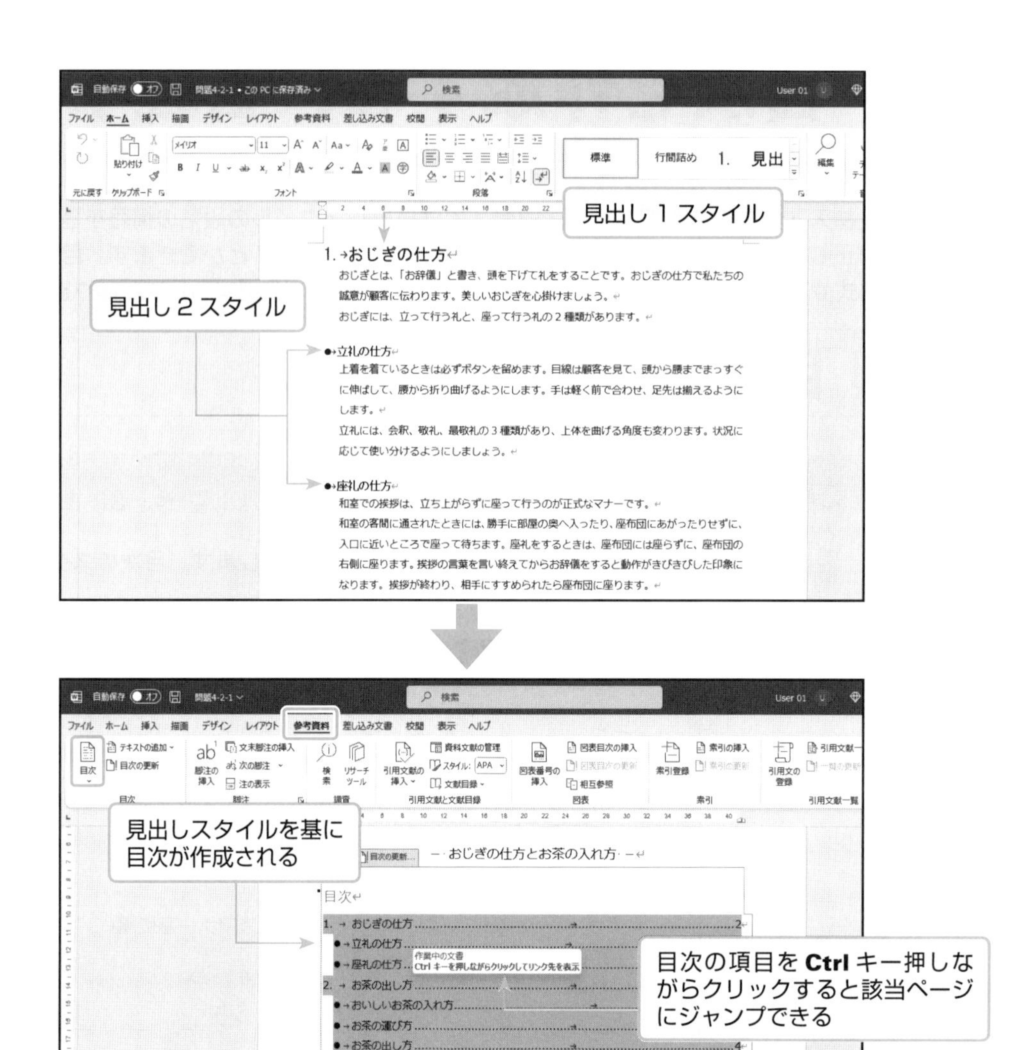

●目次の更新

目次を作成した後に、文章の追加や削除で見出しの位置が変わったり、見出しの語句を変更したりした場合には、目次を最新の内容にすることができます。目次の更新は、［参考資料］タブの 目次の更新［目次の更新］ボタンをクリックします。［目次の更新］ダイアログボックスが表示されるので、ページ番号だけを更新するか、目次の内容すべてを更新するかのどちらかを選択します。

［目次の更新］ダイアログボックス

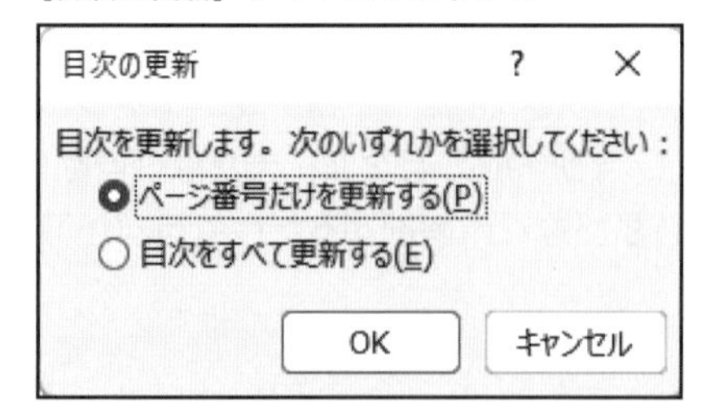

●目次の削除

挿入した目次は通常の行と同様の操作で削除することができますが、目次全体をすばやく削除するには、［参考資料］タブの ［目次］ボタンをクリックし、［目次の削除］をクリックします。

操作手順

❶ 1 ページ 3 行目にカーソルを移動します。

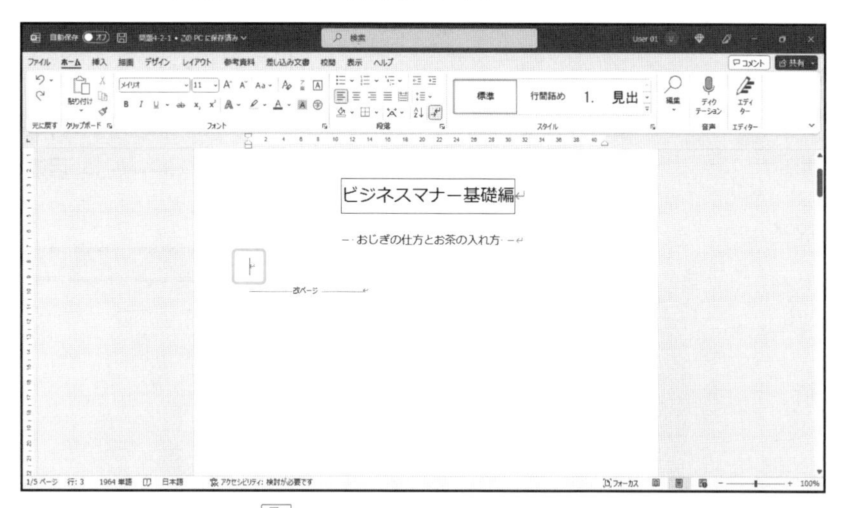

❷［参考資料］タブの［目次］ボタンをクリックします。

❸［組み込み］の一覧から［自動作成の目次 2］をクリックします。

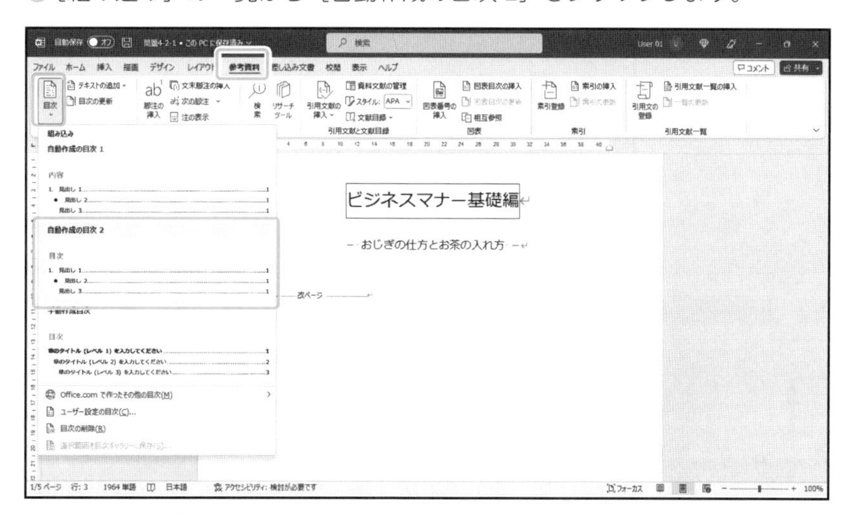

❹ カーソルの位置に目次が挿入されます。

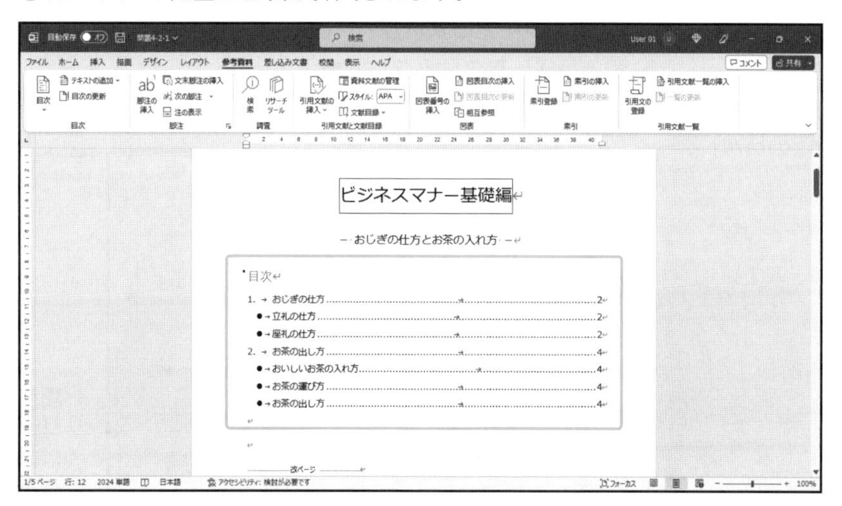

ヒント

［組み込み］の目次の種類

［目次］ボタンに表示される［組み込み］の［自動作成の目次 1］と［自動作成の目次 2］はどちらも自動で目次を作成します。先頭の語句が「内容」か「目次」かの違いだけで、表示される内容は同じです。［手動作成目次］は項目を手入力して目次を作成します。

［目次］ボタン

4-2-2 ユーザー設定の目次を作成する

練習問題

問題フォルダー
└問題 4-2-2.docx

解答フォルダー
└解答 4-2-2.docx

1 ページ 4 行目に、次の設定でユーザー設定の目次を作成します。
書式は「エレガント」、タブリーダーは「--------」、目次のアウトラインレベルは「1」に設定します。

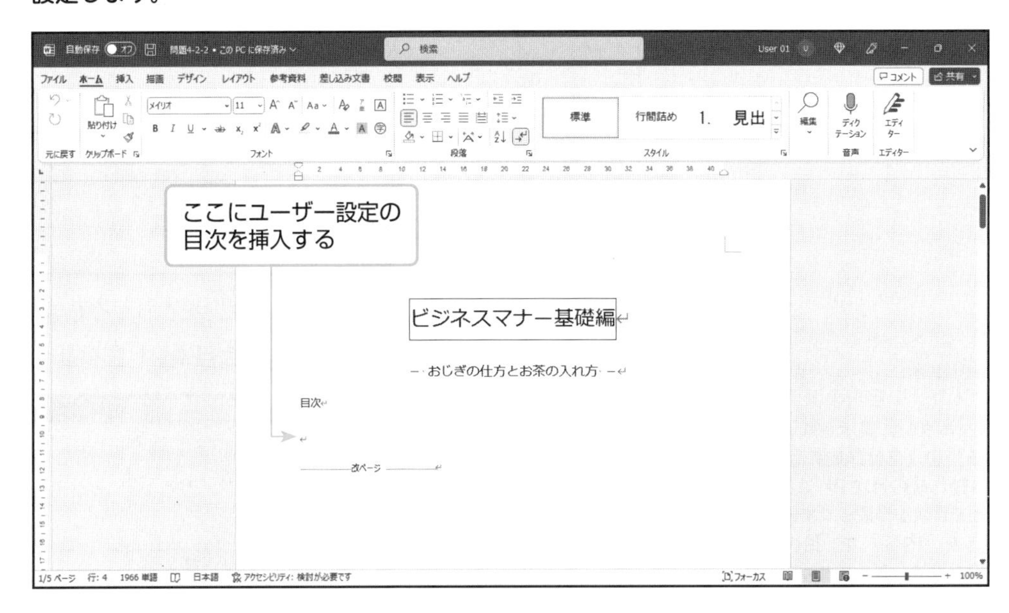

機能の解説

- [目次] ダイアログボックス
- 目次の書式
- アウトラインレベル
- 目次レベル
- [ユーザー設定の目次]

[目次] ダイアログボックスを利用すると、あらかじめ用意されている自動作成の目次スタイルは使わずに、ユーザーが設定した独自の目次を作成することができます。設定できる内容は、ページ番号の位置やタブリーダー（見出しとページ番号の間の線）などの目次の書式や、目次に表示するアウトラインレベルなどが指定できます。アウトラインレベルとは、通常は「見出し」スタイルのレベルのことです。
[目次] ダイアログボックスは、[参考資料] タブの [目次] ボタンから [ユーザー設定の目次] をクリックして表示します。

[目次] ダイアログボックス

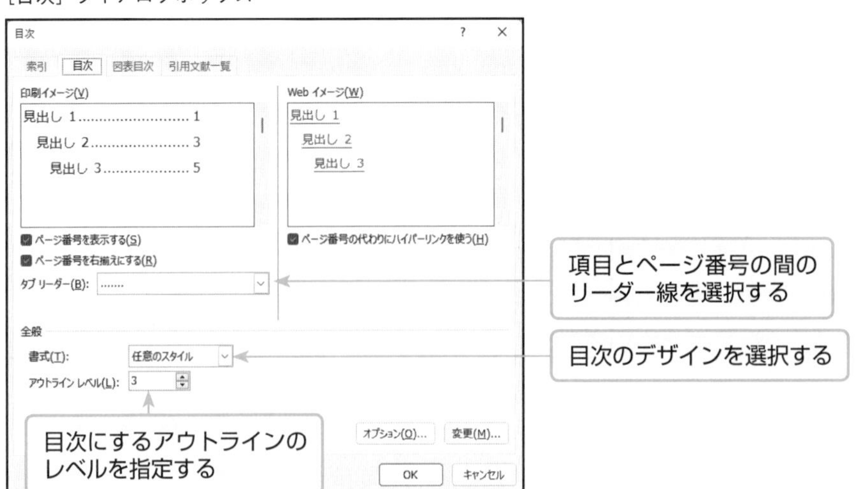

操作手順

❶1ページ4行目の「目次」の下の段落の先頭にカーソルを移動します。

❷［参考資料］タブの［目次］ボタンをクリックします。

❸［ユーザー設定の目次］をクリックします。

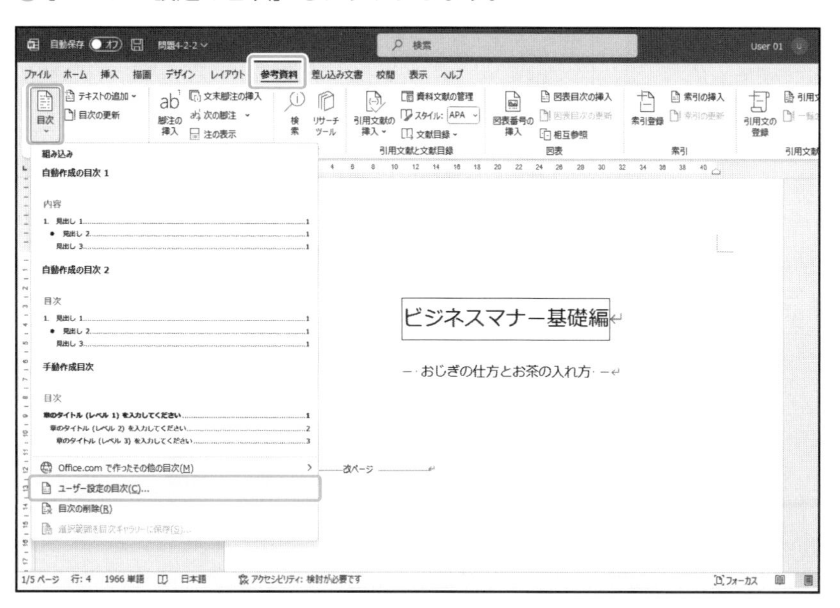

❹［目次］ダイアログボックスが表示されます。

❺［書式］ボックスの▼をクリックして、［エレガント］をクリックします。

❻［タブリーダー］ボックスの▼をクリックして「----------」をクリックします。

❼［アウトラインレベル］ボックスの▼をクリックして、「1」に設定します。

❽［印刷イメージ］ボックスで目次のイメージを確認し、［OK］をクリックします。

ポイント

目次の書式

［書式］ボックスで指定できる目次の書式とは、目次の見出しやページ番号のスタイル、タブリーダーの種類などがセットになったものです。タブリーダーを変更したい場合は、書式を選択した後で［タブリーダー］ボックスで指定します。選択した目次のイメージは、上部の［印刷イメージ］に表示されます。

ヒント

目次の変更

すでに文書に挿入済みの目次も［目次］ダイアログボックスで内容を変更することができます。

❾カーソルの位置に書式が設定された目次が挿入されます。

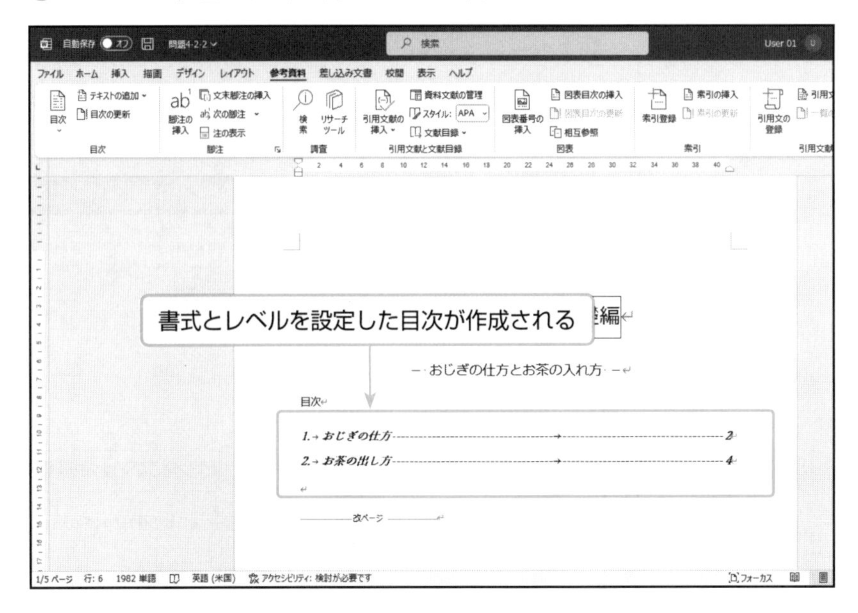

ヒント

目次の削除や更新

目次を削除するには、[参考資料]タブの［目次］ボタンをクリックして、[目次の削除］をクリックします。目次を最新の内容に更新するには、[参考資料］タブの 目次の更新 ［目次の更新］ボタンをクリックし、[目次の更新］ダイアログボックスで更新内容を選択します。

［目次］ボタン

Chapter 5

グラフィック要素の挿入と書式設定

本章で学習する項目

□ 図やテキストボックスを挿入する
□ 図やテキストボックスを書式設定する
□ グラフィック要素にテキストを追加する
□ グラフィック要素を変更する

5-1 図やテキストボックスを挿入する

ここでは、文書内に、図形や図、テキストボックス、スクリーンショットなどを挿入する方法を学習します。必要に応じてこれらのグラフィック要素を挿入することにより、わかりやすく美しい文書が作成できます。

5-1-1 図形を挿入する

練習問題

問題フォルダー
└問題 5-1-1.docx
解答フォルダー
└解答 5-1-1.docx

【操作 1】表の上のスペースに、高さ「30mm」、幅「140mm」程度のサイズの「四角形：角度付き」の図形を作成します。
【操作 2】表の「スタート」の下に「矢印：右」の図形を挿入します。

機能の解説

- 図形
- [図形] ボタン
- サイズ変更ハンドル
- [図形の高さ] ボックス
- [図形の幅] ボックス

図形には、四角形などの基本図形、矢印、吹き出しなどさまざまな種類があります。文書内に図形を挿入するには、[挿入] タブの [図形] ボタンの一覧から目的の図形を選択します。マウスポインターの形状が ＋ に変わるので、始点から終点までドラッグして図形を描画します。

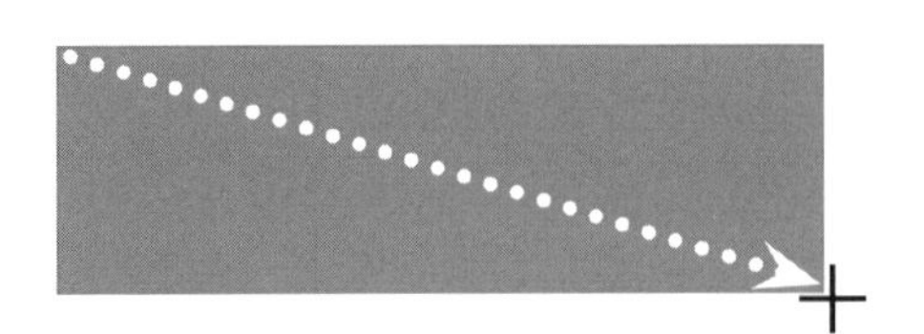

図形のサイズは、図形が選択された状態で表示される白色の ○ サイズ変更ハンドルをドラッグしたり、[図形の書式] タブの [30.99 mm] [図形の高さ] ボックスと [140.99 mm] [図形の幅] ボックスで選択した図形のサイズを確認したり、変更したりすることができます。

操作手順

【操作 1】

❶［挿入］タブの［図形］ボタンをクリックします。

❷［基本図形］の一覧から［四角形：角度付き］をクリックします。

❸マウスポインターの形状が ＋ に変わります。

❹表の上の部分で左上から右下方向にドラッグして、適当な大きさの図形を作成します。

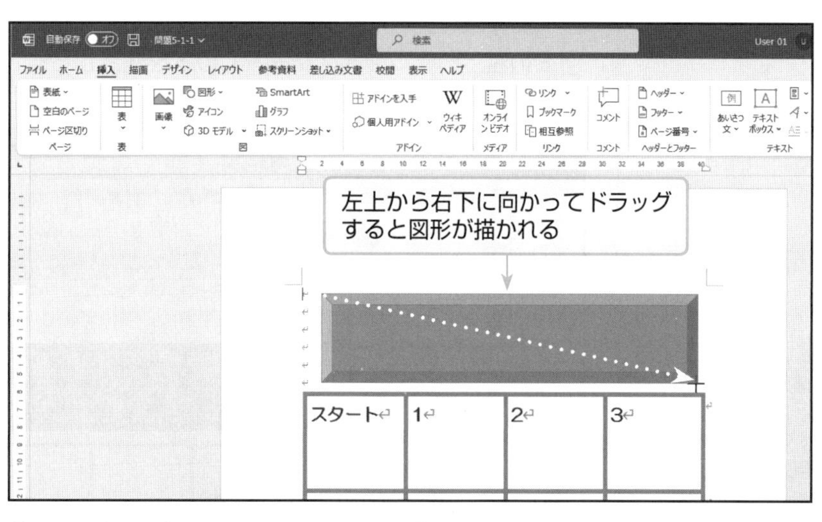

❺図形が挿入されます。図形の高さが 30mm、幅 140mm 程度でない場合は［図形の書式］タブの［サイズ］グループの各ボックスで調整します。

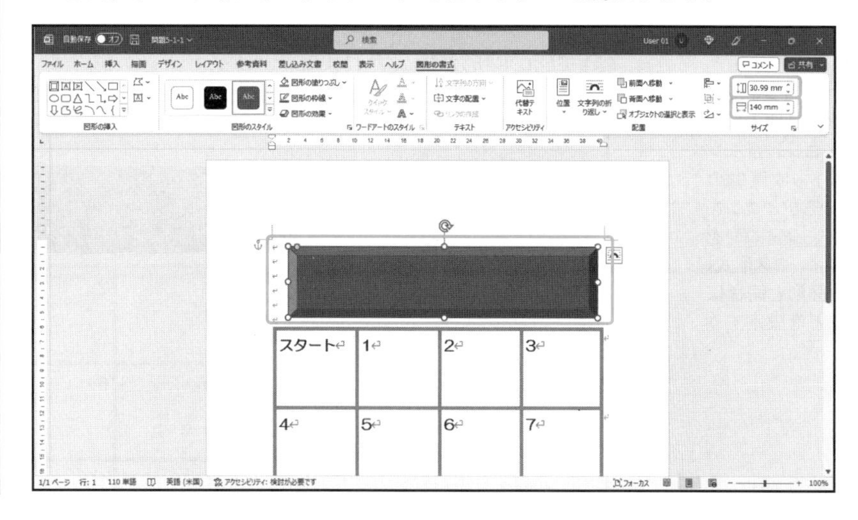

ヒント
連続して描画する
同じ図形を続けて描画したい場合は、図形の一覧で目的の図形を右クリックし、［描画モードのロック］をクリックします。1つ目の図形を描いた後も、続けて同じ図形を描画できます。**Esc** キーを押すと終了します。

ヒント
図形のサイズ変更
図形の大きさを数値で指定するには［図形の書式］タブの［図形の高さ］ボックスと［図形の幅］ボックスに直接数値を入力するか、右端の▲または▼をクリックして指定します。または ○ サイズ変更ハンドルをドラッグします。

【操作 2】

❻ 図形が選択されている状態では、[図形の書式]タブが表示されていることを確認します。

❼ [図形の書式] タブの [図形の挿入] グループの [その他] (または [図形]) ボタンをクリックします。

❽ 一覧から [ブロック矢印] の [矢印：右] をクリックします。

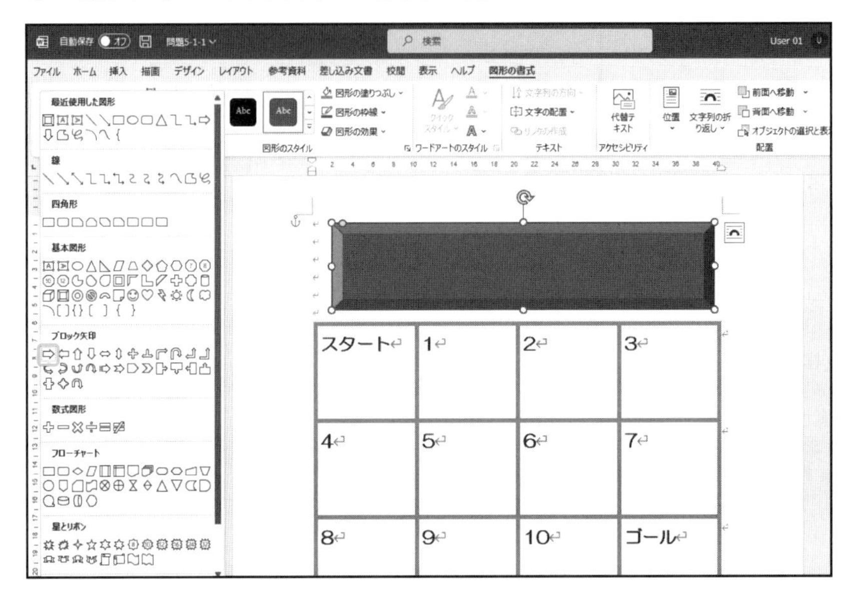

❾ マウスポインターの形状が＋に変わります。

❿ 表の左上のセルの「スタート」の下を左上から右下方向にドラッグして、図形を作成します。

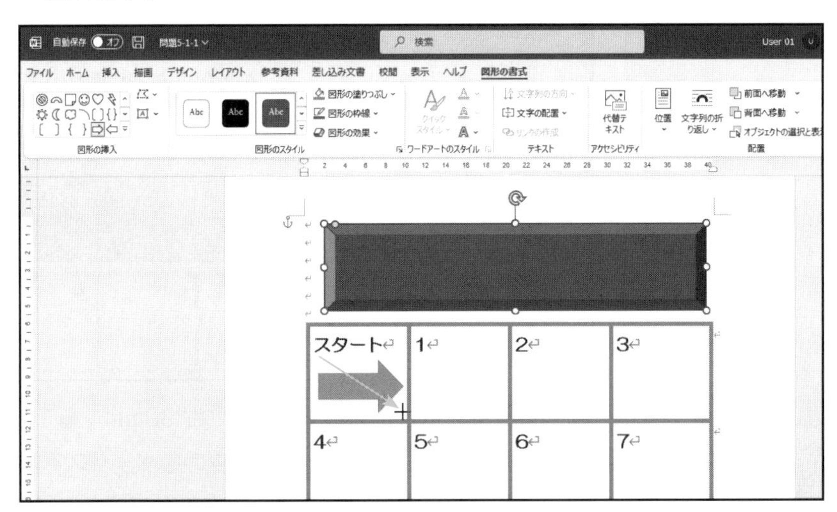

⓫ 矢印の図形が挿入されます。

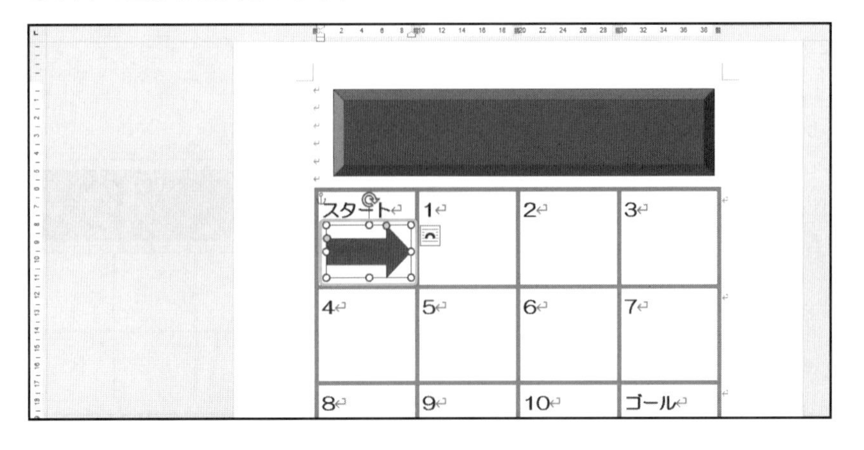

ポイント

図形の作成

既に文書内に別の図形を作成している場合は、その図形を選択すると表示される［図形の書式］タブの［図形の挿入］の一覧からも図形を作成できます。

ヒント

図形の選択

図形の挿入直後は、図形が選択され、周囲に白色の○サイズ変更ハンドルが表示されています。図形以外をクリックすると選択が解除され、図形をクリックすると図形が選択されます。

ヒント

図形への文字の追加

図形内には文字を挿入することができます。詳細は、「5-3-2 図形にテキストを追加する、テキストを変更する」を参照してください。

ヒント

アイコンの挿入

Word では文書にアイコンを挿入することができます。［挿入］タブの［アイコン］ボタンをクリックし、［ストック画像の挿入］ウィンドウからアイコンを選択して挿入します。アイコンを選択すると［グラフィックス形式］タブが表示され、図形と同様に色や枠線、配置などを設定することができます。

5-1-2 図を挿入する

練習問題

問題フォルダー
└問題 5-1-2.docx

Word365_2023 年版（実習用）フォルダー
├海外研修 1.jpg
└海外研修 2.jpg

解答フォルダー
└解答 5-1-2.docx

【操作 1】文書の最終行（11 行目）に、[Word365_2023 年版（実習用）] フォルダーに保存されている画像ファイル「海外研修 1.jpg」を挿入します。

【操作 2】左側の文書パーツのタイトルの下に画像ファイル「海外研修 2.jpg」を挿入します。

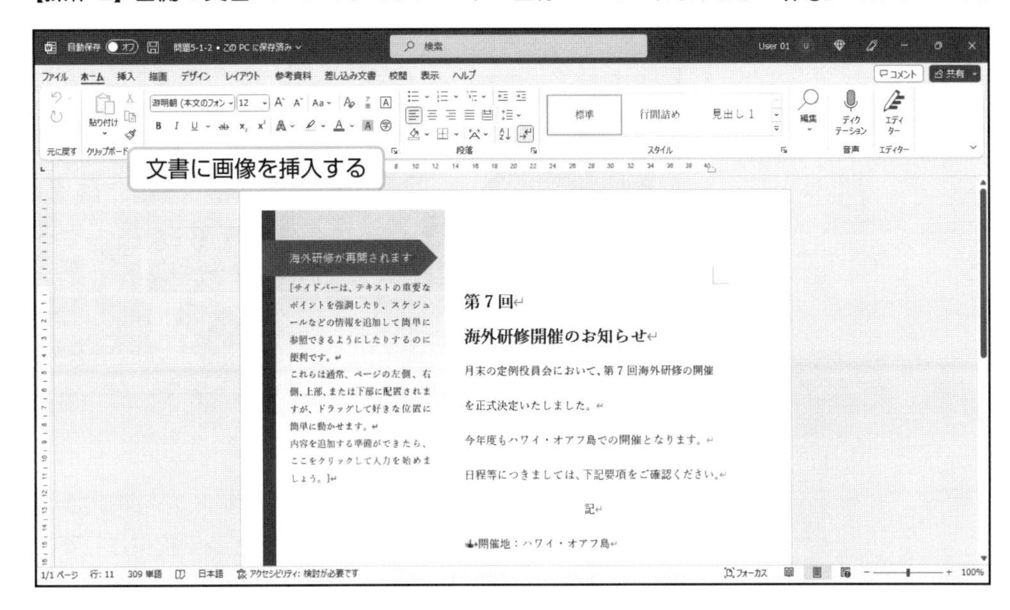

機能の解説

- 画像
- [図の挿入] ダイアログボックス
- [ストック画像] ウィンドウ
- [オンライン画像] ウィンドウ

文書内に必要に応じて画像ファイルを挿入することで、より見栄えのよい文書を作ることができます。Word では、コンピューターに保存してある画像ファイルやインターネット上の画像を検索して、文書内に挿入することができます。

使用しているコンピューターや接続しているネットワーク上のコンピューターにある画像ファイルの挿入は、[挿入] タブの [画像] ボタンから [図の挿入] ダイアログボックスを表示して行います。

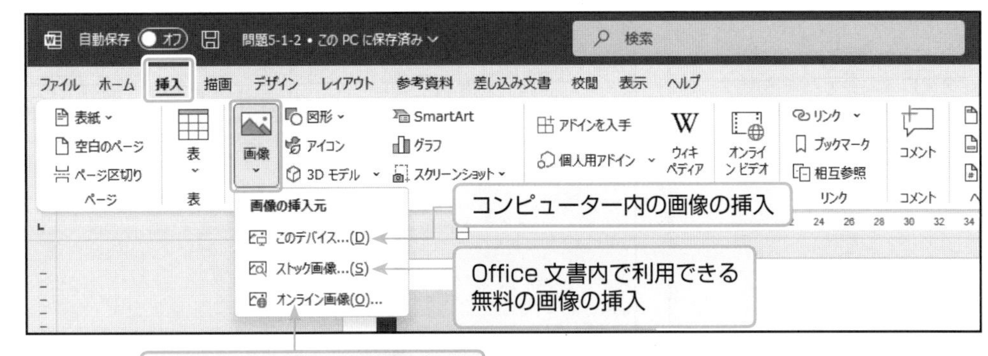

●ストック画像の挿入

ストック画像とは、Office 文書内でのみ利用できる無料の素材データです。画像、アイコン、イラスト、マンガなどの種類があります。[挿入] タブの [画像] ボタンから [ストック画像] をクリックすると次のようなウィンドウが表示されます。上部に表示される分類を切り替えて素材データの一覧を表示して選択したり、キーワードを入力して検索することもできます（インターネットへの接続が必要です）。

●オンライン画像の挿入

[挿入] タブの [画像] ボタンから [オンライン画像] をクリックすると、[オンライン画像] ウィンドウが表示され、オンラインで提供されている写真やイラストなどの素材データを検索して挿入することができます（インターネットへの接続が必要です）。既定では、クリエイティブコモンズによってライセンスされた画像が表示されるので、挿入前にライセンスの内容を確認し、利用方法を守って使用するようにします。

操作手順

【操作 1】

❶ 11 行目（本文の末尾）にカーソルを移動します。

❷ [挿入] タブ [画像] ボタンをクリックします。

❸ [このデバイス…] をクリックします

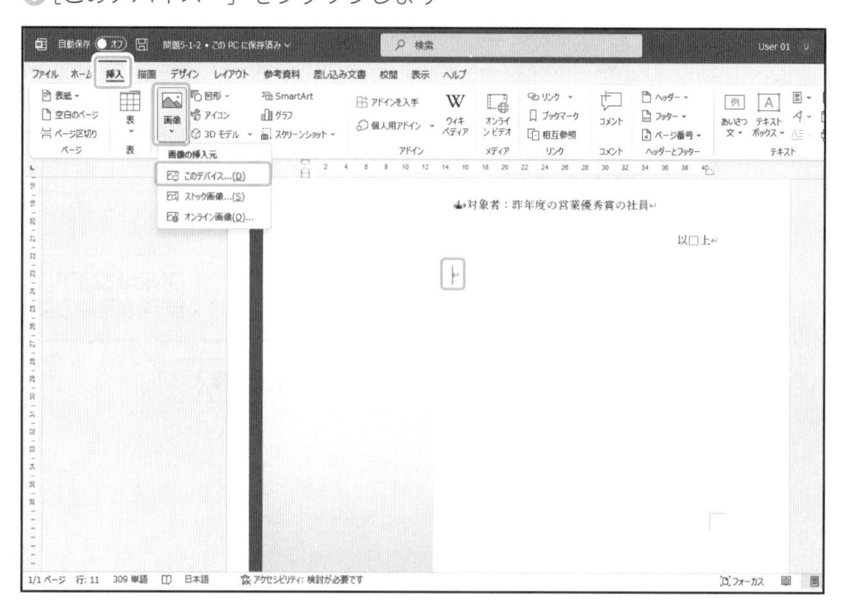

ヒント

[画像] ボタン

環境によっては [画像] ボタンをクリック後に [このデバイス…] が表示されずにすぐに[図の挿入] ダイアログボックスが表示される場合があります。

ヒント
ネットワーク上の画像ファイル
［図の挿入］ダイアログボックスの左側の一覧から［ネットワーク］をクリックすると、ファイル共有が有効になっている接続されているネットワークのドライブが表示され、他のコンピューターにある画像ファイルを選択できます。

ヒント
その他の画像ファイルの挿入
［挿入］タブの［スクリーンショット］ボタンを使用すると、デスクトップ上の別のウィンドウに表示されている内容をそのまま画像として挿入することができます。詳細は「5-1-5　スクリーンショットや画面の領域を挿入する」を参照してください。

ヒント
代替テキストの自動生成
挿入した画像の下部に「代替テキスト：屋外，砂浜…」のような文言が表示される場合があります。これは自動で生成される代替テキストの内容です。しばらくすると非表示になります。

❹［図の挿入］ダイアログボックスが表示されます。

❺左側の一覧から［ドキュメント］をクリックします。

❻一覧から［Word365_2023 年版（実習用）］フォルダーをダブルクリックし、［ファイルの場所］ボックスに［Word365_2023 年版（実習用）］と表示されることを確認します。

❼一覧から「海外研修 1」をクリックし、［挿入］をクリックします。

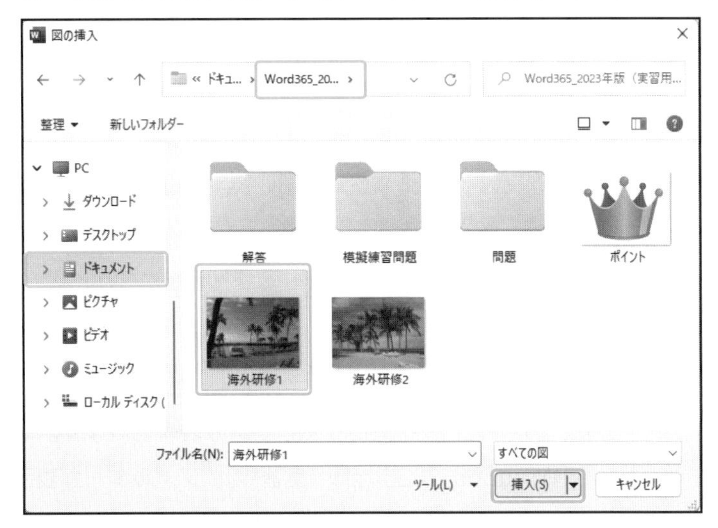

❽カーソルの位置に「海外研修 1」の画像が挿入されます。

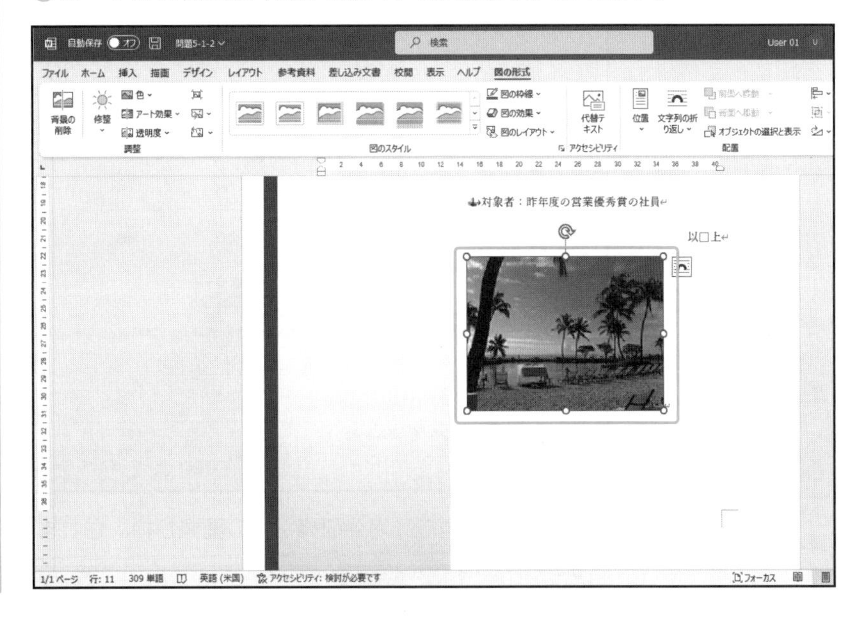

第5章 グラフィック要素の挿入と書式設定

【操作 2】

⑨ 左側の文書パーツの「サイドバーは、テキストの…」という箇所をクリックします。

⑩ 文書パーツの説明文が選択されます。

⑪［挿入］タブの［画像］ボタンをクリックし、［このデバイス…］をクリックします。

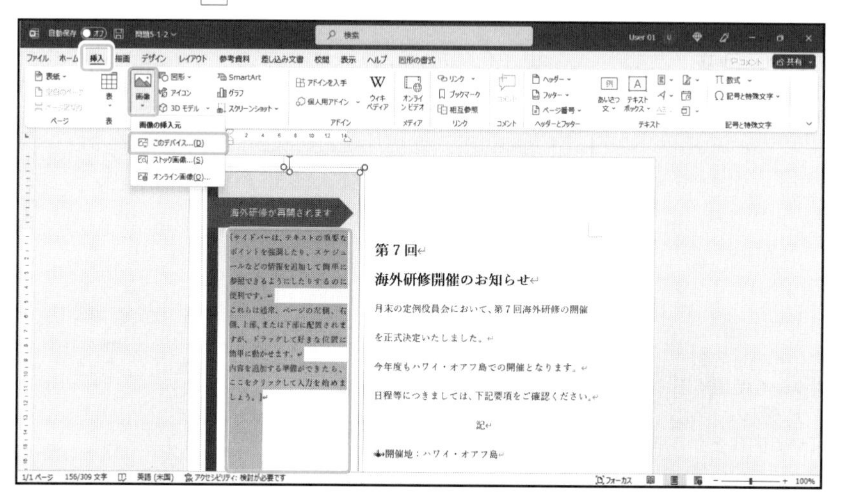

⑫［図の挿入］ダイアログボックスが表示されます。

⑬［Word365_2023 年版（実習用）］フォルダーが表示されていることを確認して、「海外研修 2」をクリックし、［挿入］をクリックします。

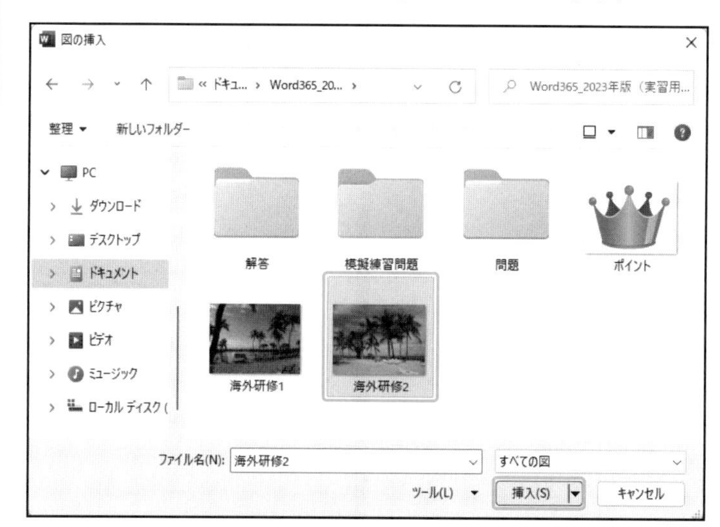

⑭ 文書パーツ内に「海外研修 2」の画像が挿入されます。

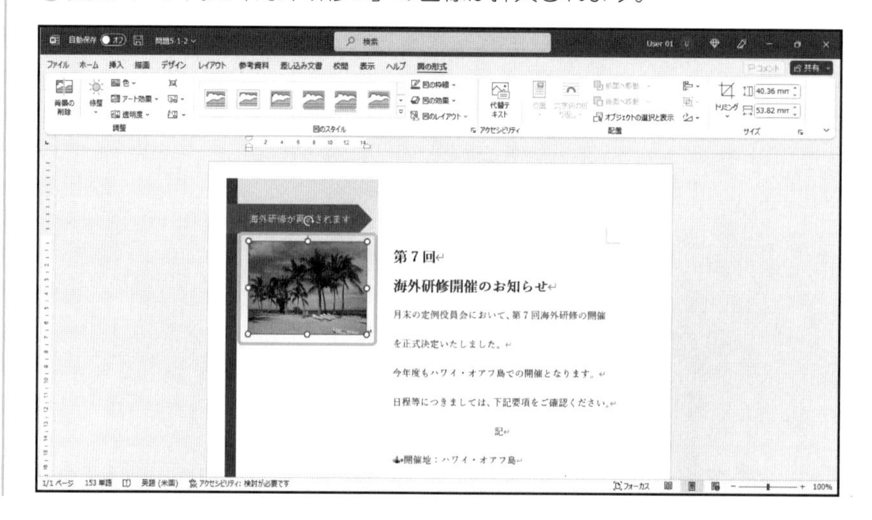

ヒント

文書パーツ

文書パーツとは、デザインや書式が設定されている文書の構成要素です。テキストボックスやヘッダーやフッター、表紙などの種類があります。この文書には、「細い束 - サイドバー」というテキストボックスが挿入されています。

5-1-3 3D モデルを挿入する

練習問題

問題フォルダー
└問題 5-1-3.docx
Word 365_2023年版（実習用）フォルダー
└Mouse.obj
解答フォルダー
└解答 5-1-3.docx

【操作 1】文書の 14 行目の空白行に、[Word365_2023 年版（実習用）] フォルダーに保存されている 3D モデルのファイル「Mouse」を挿入します。

【操作 2】3D モデルの表示方向を、「左上背面」に切り替えます。

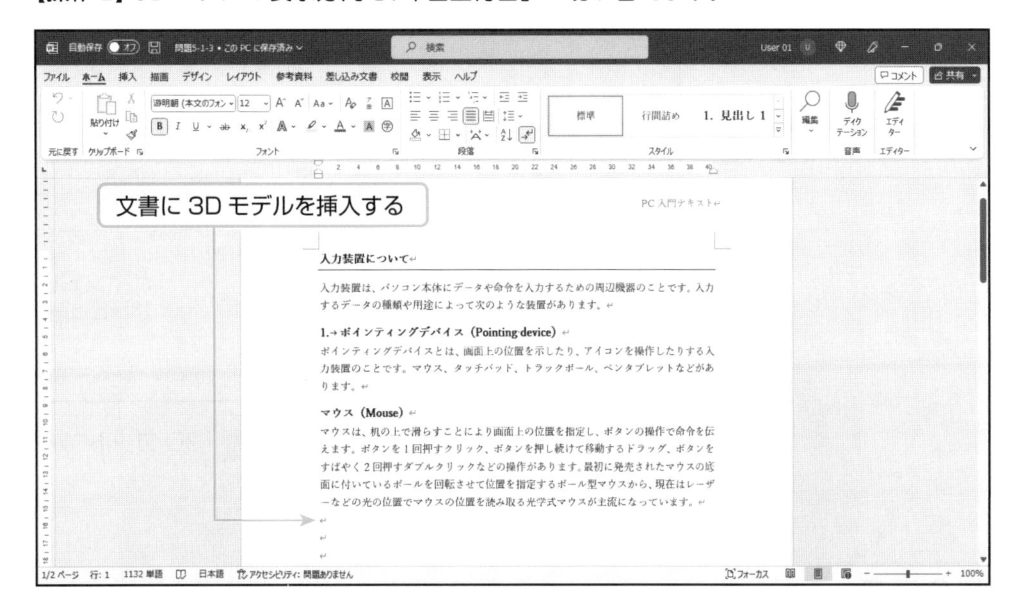

機能の解説

重要用語
- 3D モデル
- 3D モデルビュー

Word では、文書に 3D モデルを挿入することができます。3D モデルとは、3 次元コンピューターグラフィックス（3DCG）の技術を用いて作成された人や動物などの画像です。3DCG は、3 次元の立体をコンピューターの演算によって 2 次元の平面上に表す技術で、映像やコンピューターゲーム、CAD などの分野に利用されています。Word 文書に挿入した 3D モデルは、回転したり、傾けたりして 360 度の全角度から表示させることができます。使用しているコンピューターにある 3D モデルを挿入するには、[挿入] タブの  [3D モデル] ボタンの▼をクリックして、[このデバイス] を選択します。次に [3D モデルの挿入] ダイアログボックスが表示されるので、3D モデルを指定します。

ヒント
3D モデル用の Windows アプリ
3D モデルは、3D 制作専用のソフトウェアを使用して作成しますが、Windows 11 には、標準では付属していません。3D モデルを表示する「3D Viewer」と 3D モデルの表示と作成ができる「ペイント 3D」というアプリなどは Microsoft Store から入手できます。

● 3Dモデルの表示方向

3Dモデルの挿入時は、正面から見た画像として挿入されます。3Dモデルを回転させたり、表示方向を変えて表示するには、3Dモデルを選択すると表示される［3Dモデル］タブの［3Dモデルビュー］を使用します。一覧から上下や左右、斜めなど表示のイメージを確認しながら選択できます。

［3Dモデル］タブの［3Dモデルビュー］の一覧

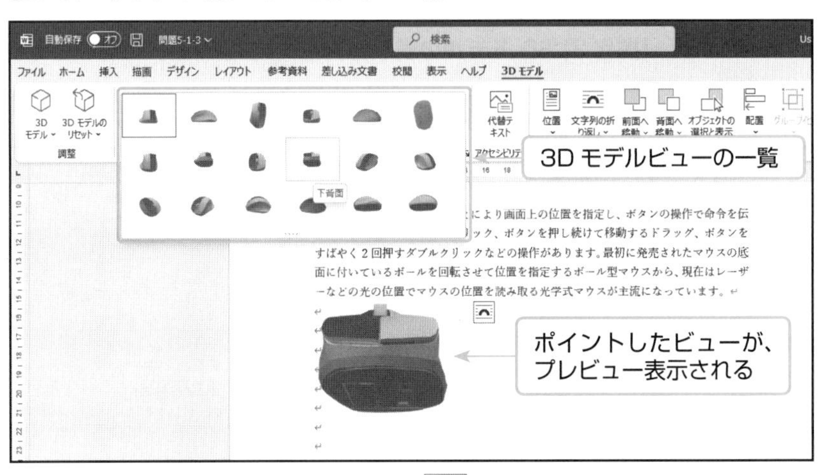

また、3Dモデルの中央に表示される［3Dコントロール］をドラッグして自由に回転させたり、傾きを変えることができます。

操作手順

【操作1】

❶ 14行目にカーソルを移動します。

❷［挿入］タブの［3Dモデル］ボタンの▼をクリックします。

❸［このデバイス…］をクリックします。

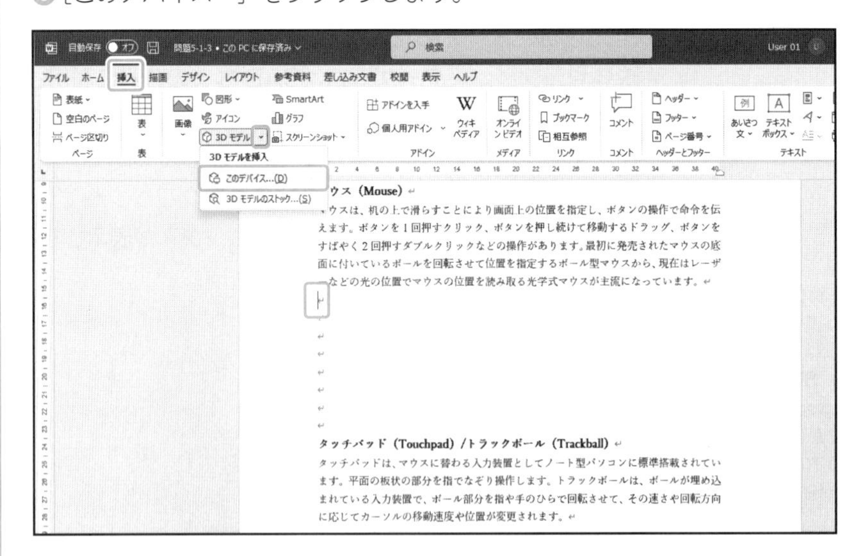

❹［3Dモデルの挿入］ダイアログボックスが表示されます。

❺ 左側の一覧から［ドキュメント］をクリックします。

❻ 一覧から［Word365_2023年版（実習用）］をダブルクリックし、［ファイルの場所］ボックスに［Word365_2023年版（実習用）］と表示されることを確認します。

⑦一覧から「Mouse」をクリックし、［挿入］をクリックします。

⑧カーソルの位置に「Mouse」の3Dモデルが挿入されます。

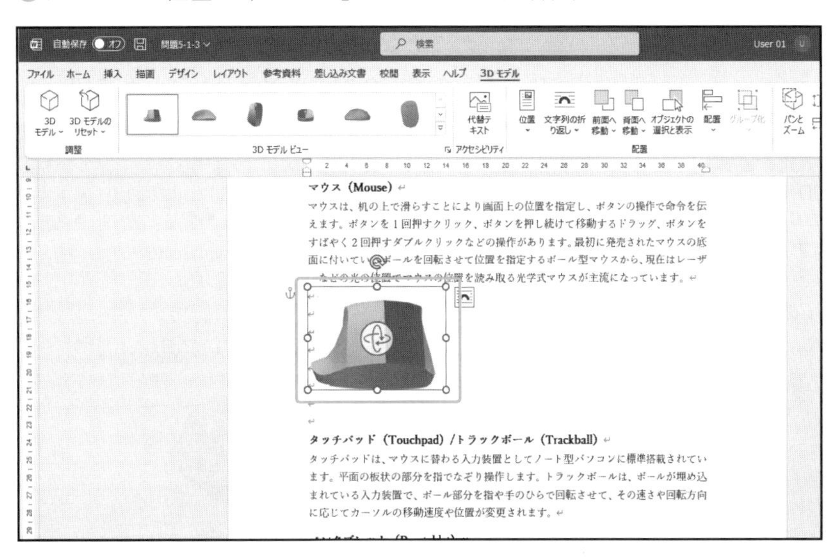

ヒント
3Dモデルのレイアウト
3Dモデルを挿入すると既定では文字の上に配置される［前面］のレイアウトで挿入されます。このレイアウトは変更することができます。「5-4-2 オブジェクトの周囲の文字列を折り返す」を参照してください。

【操作2】

⑨［3Dモデル］タブが表示されていることを確認します。

⑩［3Dモデル］タブの［3Dモデルビュー］の［その他］（または［ビュー］）ボタンをクリックします。

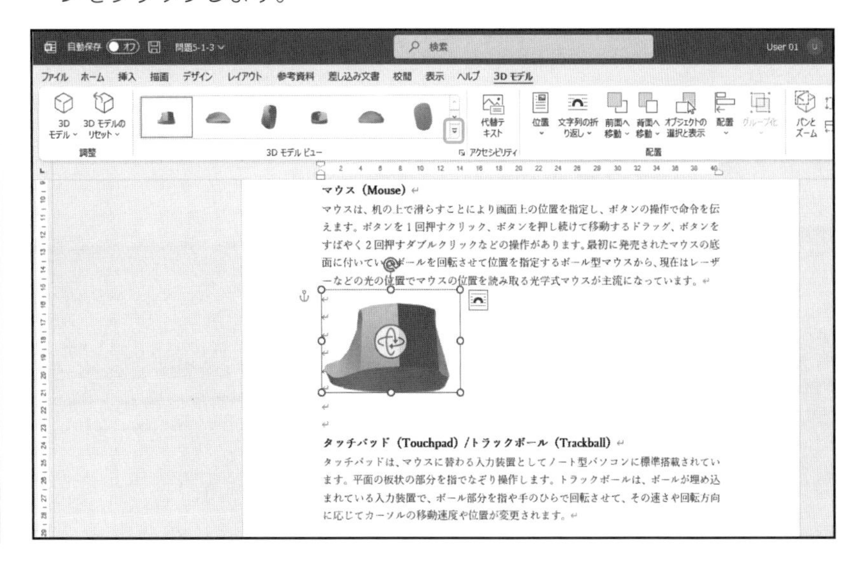

⑪ 3D モデルビューの一覧が表示されるので［左上背面］をクリックします。

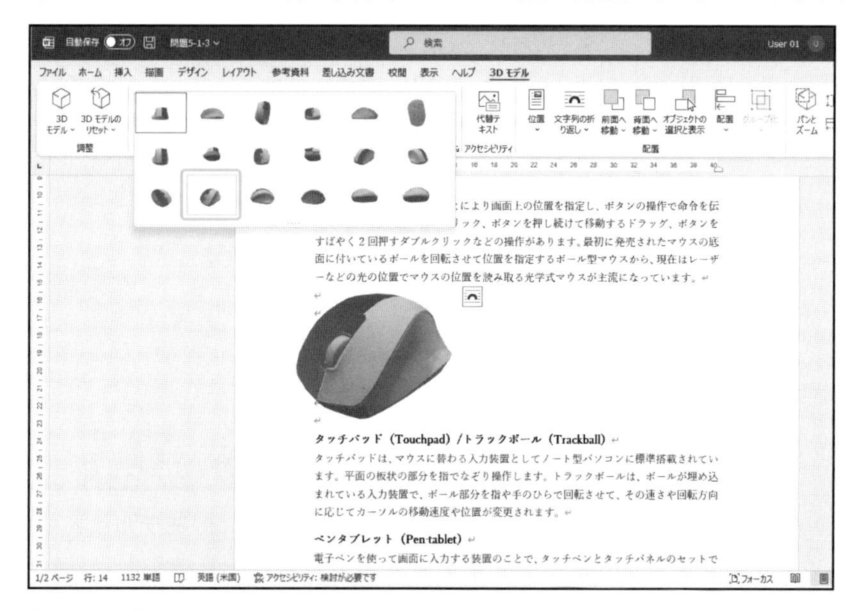

ヒント

3D モデルのリセット

3D モデルに設定した回転や傾きを解除するには、［3D モデルビュー］の一覧の［既定のビュー］を選択するか、［3D モデル］タブの［3D モデルのリセット］ボタンをクリックします。

［3D モデルのリセット］ボタン

⑫ 3D モデルの表示角度が変更されたことを確認します。

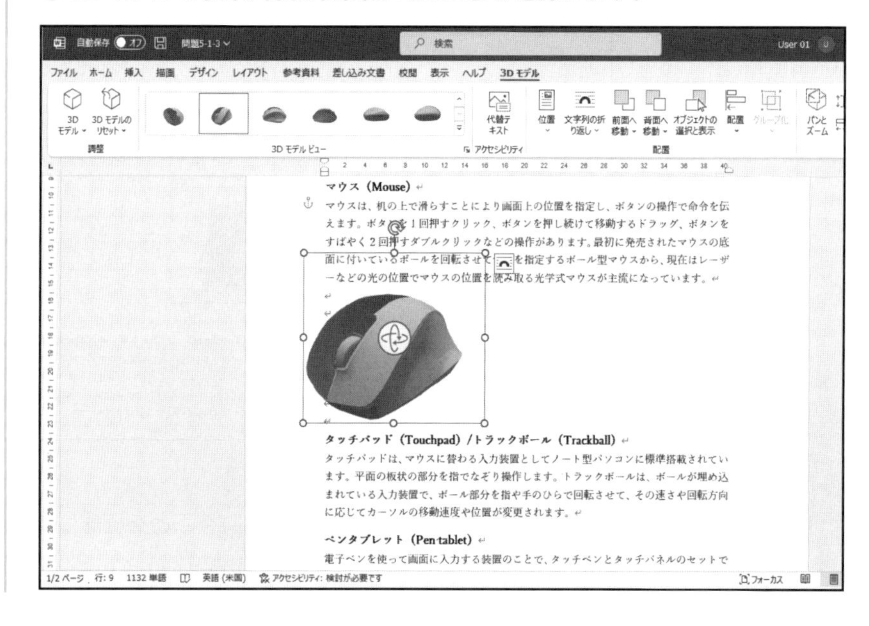

5-1-4 SmartArt を挿入する

練習問題

問題フォルダー
└問題 5-1-4.docx
解答フォルダー
└解答 5-1-4.docx

【操作 1】17 行目の空白行に、「段違いステップ」の SmartArt を挿入します。
【操作 2】SmartArt の各図形に、上から「媒体名」「記事タイトル」「年月日」と入力します。

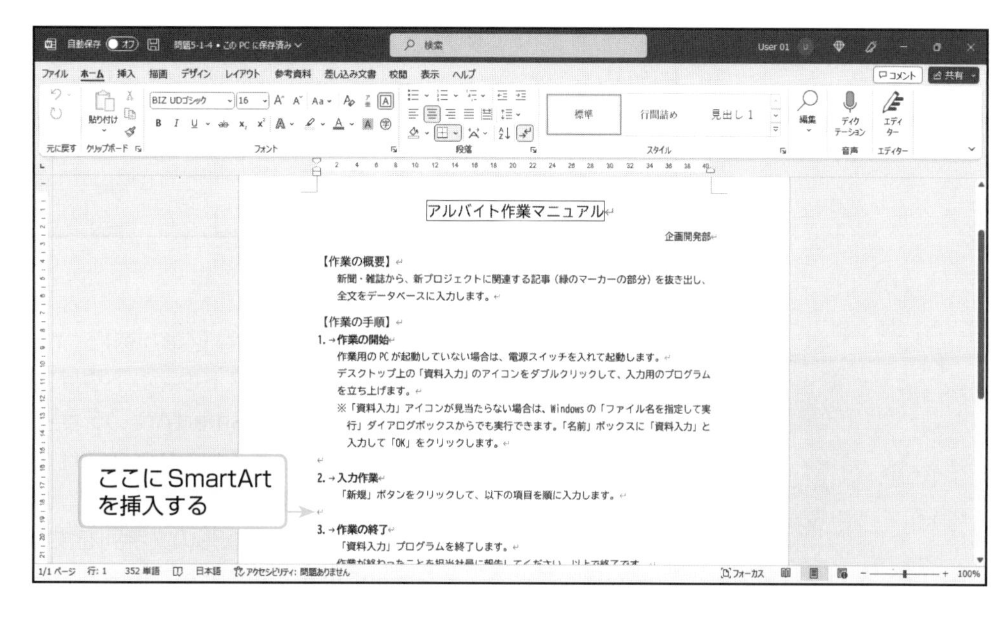

機能の解説

- SmartArt
- [SmartArt グラフィックの選択] ダイアログボックス
- テキストウィンドウ

Word の文書中に手順などの図解を作成したい場合は、SmartArt を利用すると便利です。リストや階層構造、集合関係といったさまざまな種類のデザイン化された図表のレイアウトが用意されており、その中から必要なものを選んで、最小限の手順で表現力のある図解を作成できます。
SmartArt を挿入するには、[挿入] タブの SmartArt [SmartArt] ボタンをクリックし、[SmartArt グラフィックの選択] ダイアログボックスから SmartArt の種類を選択します。

［SmartArt グラフィックの選択］ダイアログボックス

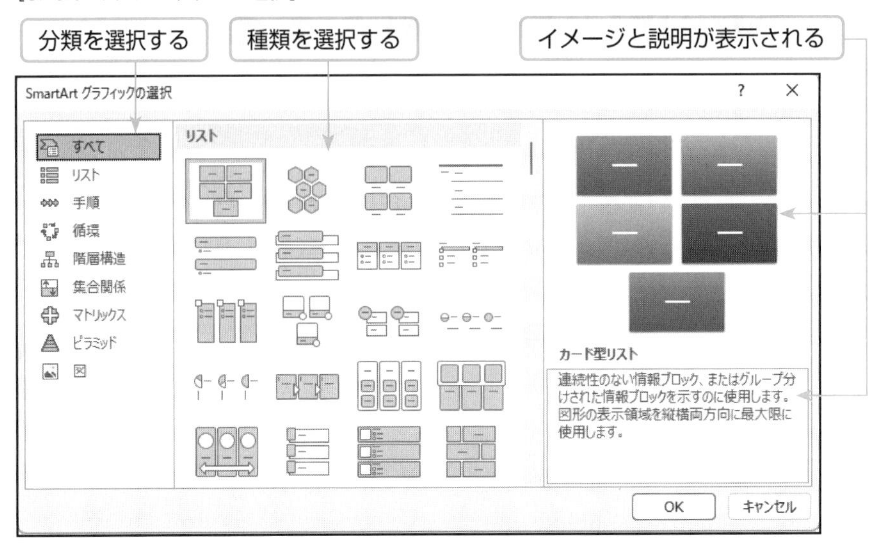

● SmartArt への入力

SmartArt の図形内に文字を挿入するには、図形が選択されている状態で直接入力するか、テキストウィンドウを利用します。テキストウィンドウは、SmartArt を選択すると左側に表示されます。表示されない場合は、［SmartArt のデザイン］タブの［テキストウィンドウ］ボタンをクリックするか、SmartArt の左側の枠線の中央に表示される［<］をクリックすると表示されます。

テキストウィンドウでは、SmartArt の図形の文字列をまとめて入力できるほか、**Enter** キーを押すことで図形を簡単に追加することができます。

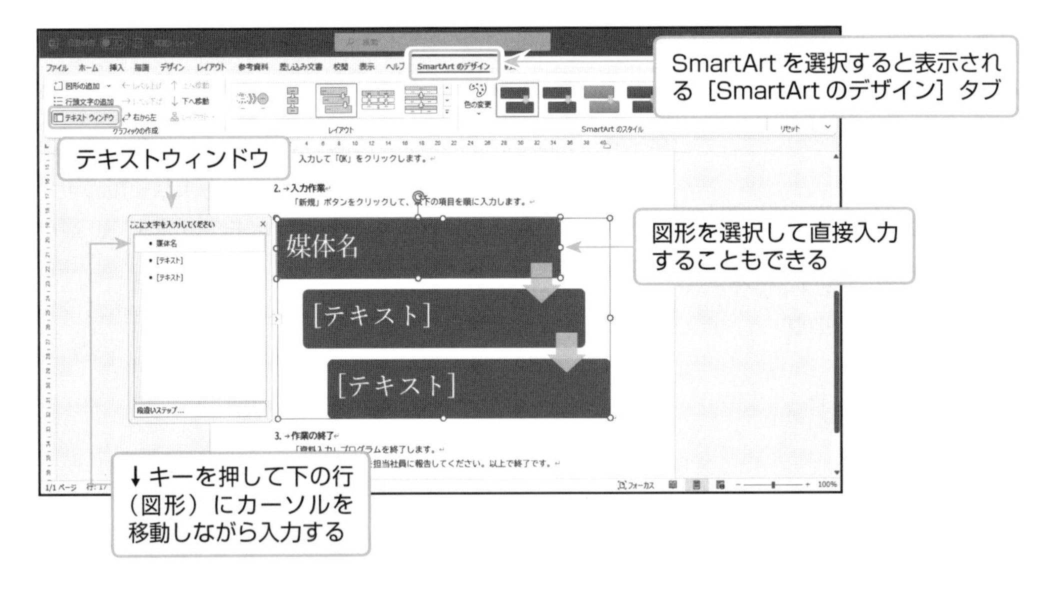

操作手順

【操作 1】

❶ 17 行目の空白行にカーソルを移動します。

❷［挿入］タブの SmartArt［SmartArt］ボタンをクリックします。

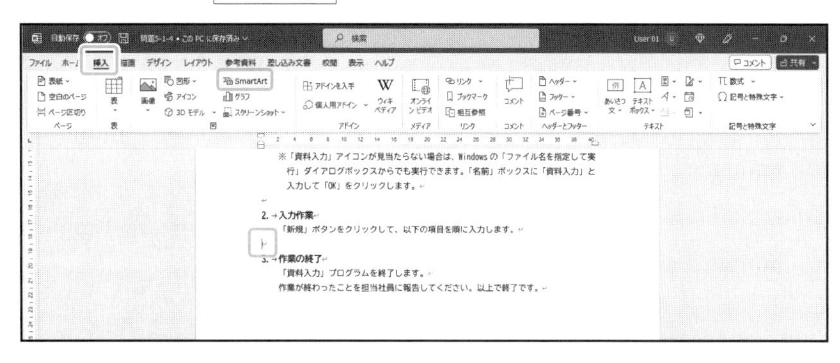

❸［SmartArt グラフィックの選択］ダイアログボックスが表示されます。

❹ 左側の一覧から［手順］をクリックします。

❺［段違いステップ］をクリックします。

❻［OK］をクリックします。

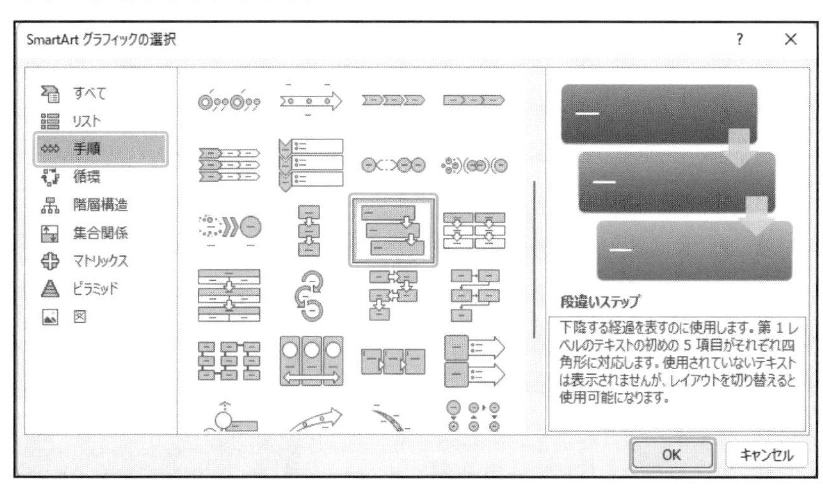

❼ カーソルの位置に、［段違いステップ］の SmartArt が挿入されます。

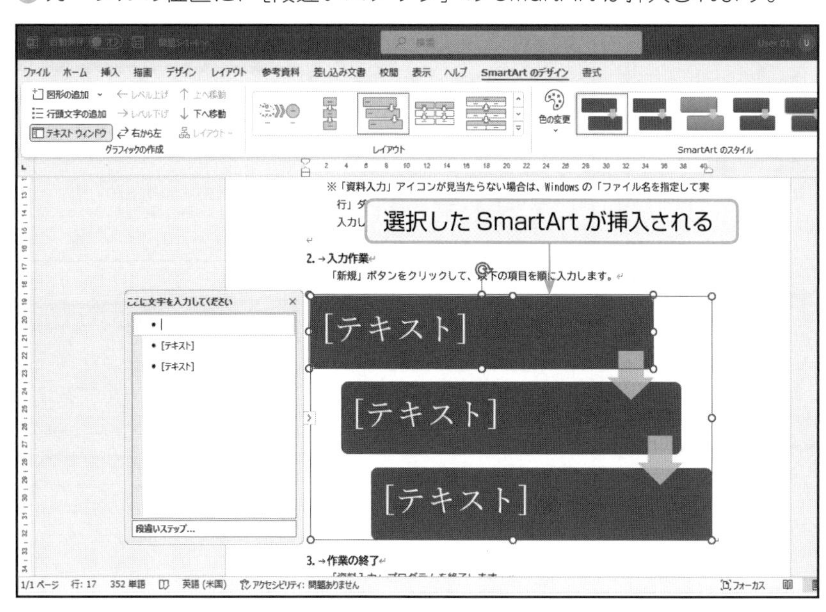

ヒント
SmartArt の分類
ここでは分類から［手順］を選択していますが、［すべて］を選択してすべての SmartArt を表示させ、その中から［段違いステップ］を選択することもできます。

ヒント
画像付きの SmartArt
SmartArt のうち、名称に「画像」とあるものは、SmartArt 内に画像を挿入することができます。挿入した SmartArt のテキストウィンドウ、または図形内の をクリックして、画像を指定できます。

ヒント
テキストウィンドウの表示
SmartArt の左側にテキストウィンドウが表示されていない場合は、［SmartArt のデザイン］タブの［テキストウィンドウ］ボタンをクリックします。

【操作 2】

⑧テキストウィンドウの 1 行目にカーソルが表示されていることを確認して、「媒体名」と入力します。

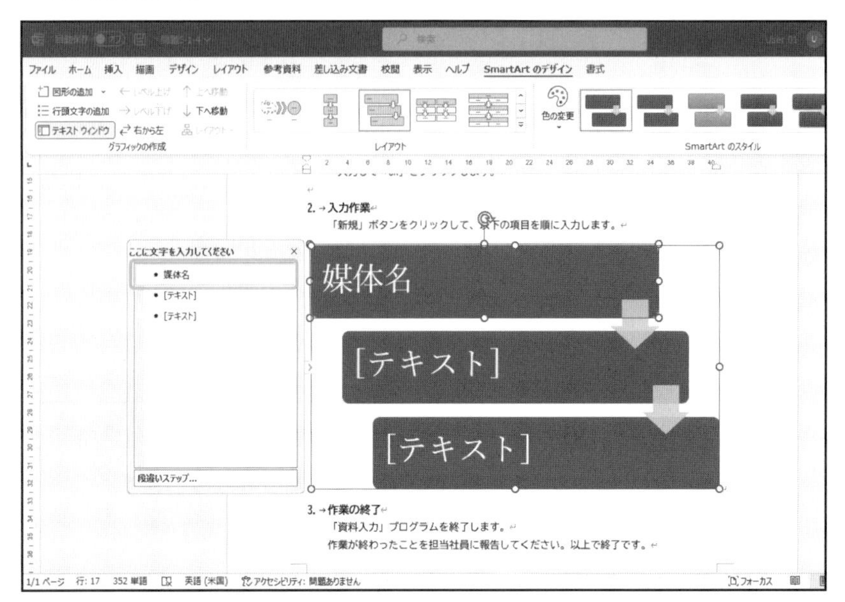

⑨↓キーを押して、テキストウィンドウの 2 行目にカーソルを移動し、「記事タイトル」と入力します。

⑩↓キーを押して、テキストウィンドウの 3 行目に「年月日」と入力します。

⑪SmartArt の図形に文字列が挿入されます。

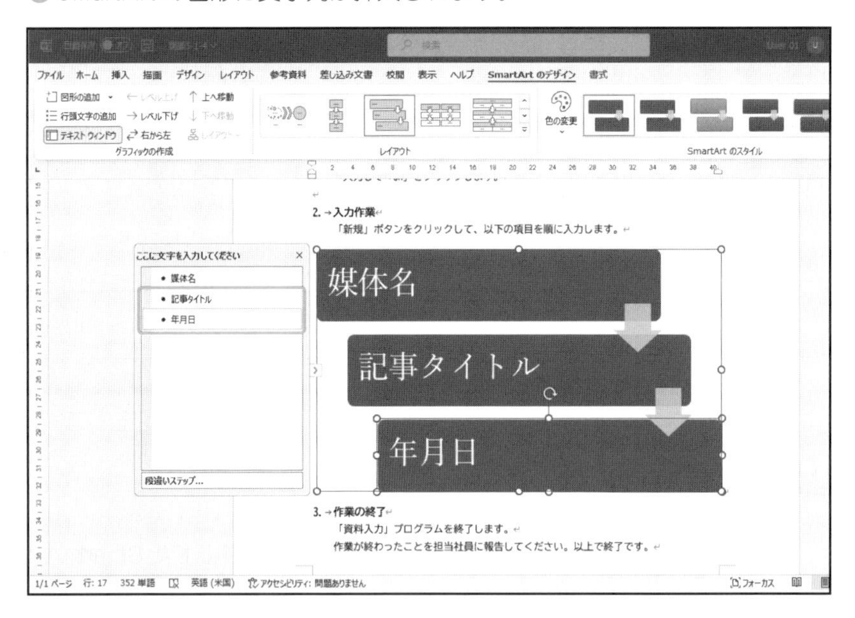

その他の操作方法

図形に直接入力する

SmartArt の図形をクリックして直接文字列を入力することもできます。

ポイント

テキストウィンドウの入力

テキストウィンドウでは↓キーで下の行にカーソルを移動します。**Enter** キーを押すと図形が追加されます。

5-1-5 スクリーンショットや画面の領域を挿入する

練習問題

問題フォルダー
└問題 5-1-5.docx
解答フォルダー
└解答 5-1-5.docx

【操作 1】Windows のシステムツールの機能の「ファイル名を指定して実行」を開きます。
【操作 2】14 行目の空白行（「2　入力作業」の上の行）に、[ファイル名を指定して実行] ダイアログボックスのスクリーンショットを挿入します。

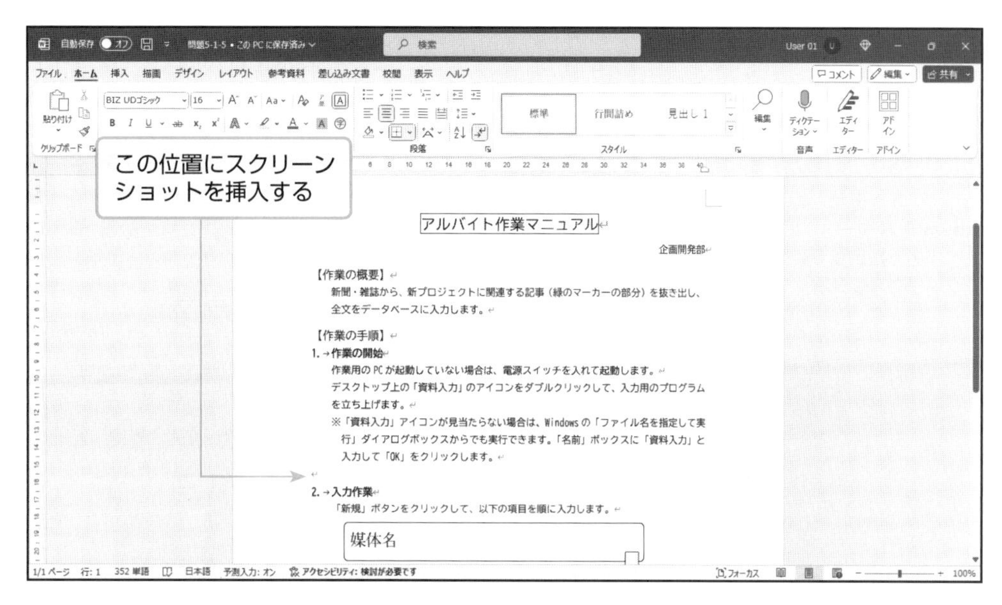

機能の解説

重要用語

□ スクリーンショット
□ [スクリーンショット] ボタン

作業指示書などの文書では、パソコンのウィンドウの内容を、そのまま画像としてページに挿入したい場合があります。このような画像をスクリーンショットといいます。Word では、[挿入] タブの [スクリーンショット] ボタンで、デスクトップに開いているウィンドウのスクリーンショットを現在の文書内に取り込むことができます。スクリーンショットには 2 種類あり、この練習問題のようにウィンドウ全体を取り込む方法と指定した範囲だけを取り込む方法があります。

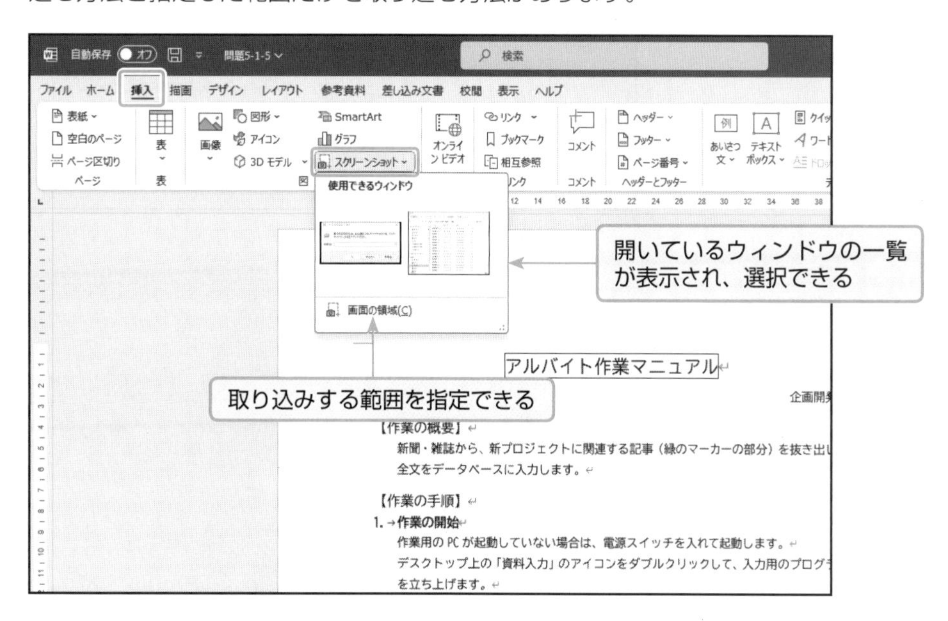

［スクリーンショット］ボタンの［使用できるウィンドウ］には現在開いているウィンドウが表示され、選択したウィンドウ全体のスクリーンショットとなります。［画面の領域］をクリックするとデスクトップ画面が表示されるので、取り込みたい範囲をドラッグで指定します。

操作手順

【操作 1】

❶ Windows の［スタート］ボタンを右クリックします。

❷ ショートカットメニューが表示されるので、［ファイル名を指定して実行］をクリックします。

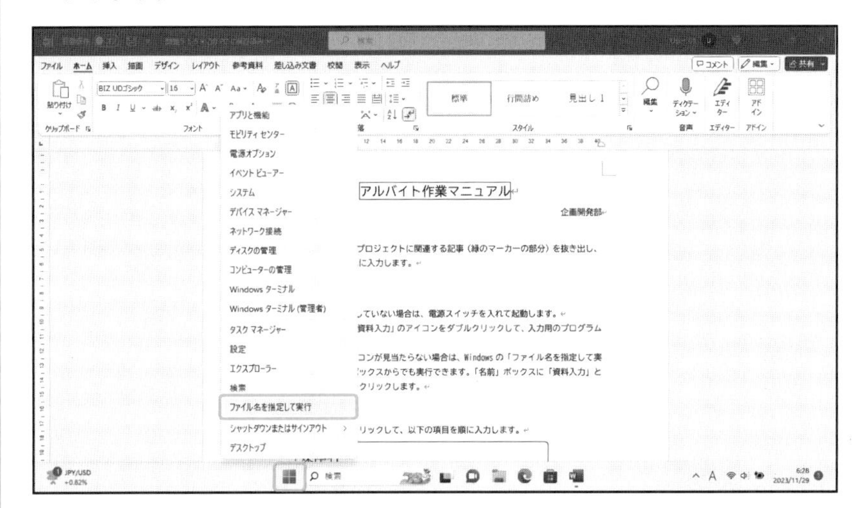

❸［ファイル名を指定して実行］ダイアログボックスが表示されます。

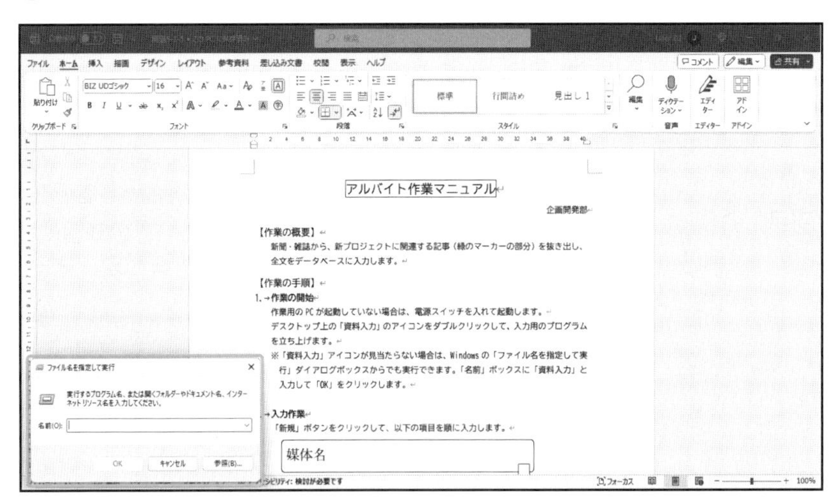

その他の操作方法

ショートカットキー

Windows ＋ R キー

（［ファイル名を指定して実行］ダイアログボックスの表示）

【操作 2】

❹ Word のウィンドウ内をクリックして、文書をアクティブにします。

❺ 14 行目にカーソルを移動します。

❻［挿入］タブの［スクリーンショット］ボタンをクリックします。

❼［使用できるウィンドウ］の一覧から［ファイル名を指定して実行］のウィンドウをクリックします。

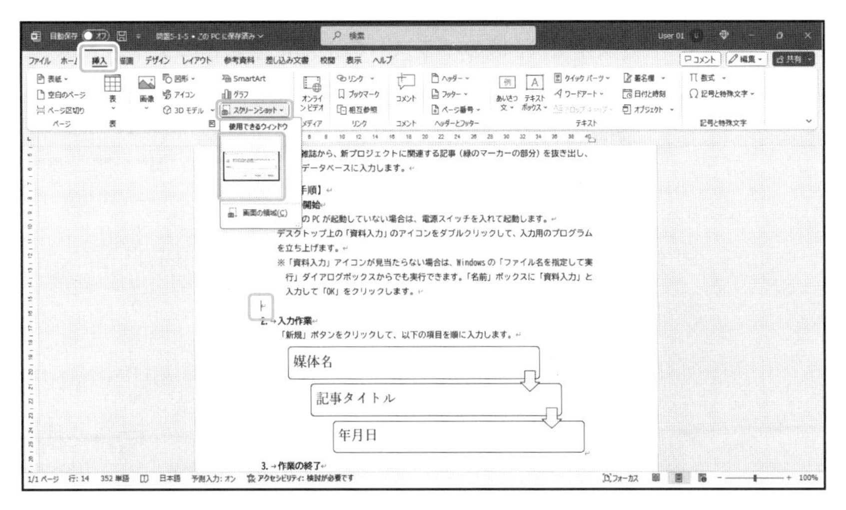

❽ カーソルの位置にスクリーンショットが挿入されます。

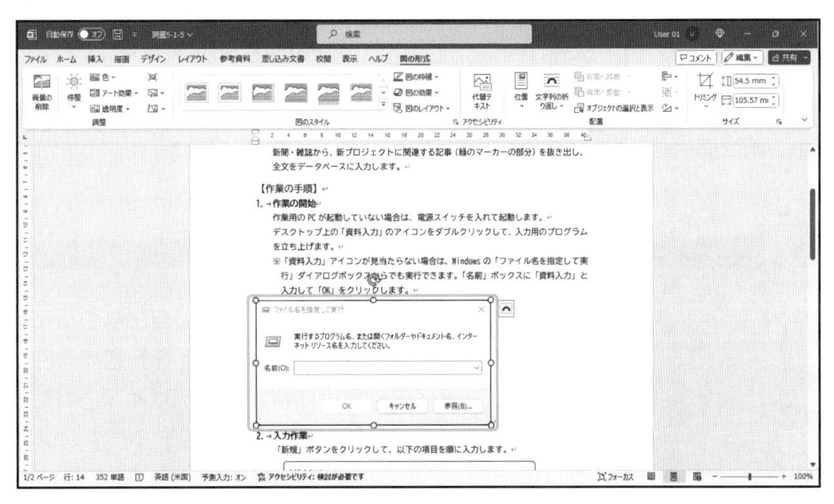

❾ タスクバーから［ファイル名を指定して実行］ダイアログボックスをアクティブにして、閉じるボタンをクリックします。

その他の操作方法

ウィンドウの切り替え

タスクバーの Word のボタンをクリックしても文書をアクティブにできます。

ヒント

使用できるウィンドウ

Word 以外に開いているウィンドウがない場合は、［スクリーンショット］ボタンをクリックしても［画面の領域］以外は表示されません。

その他の操作方法

スクリーンショット

目的のウィンドウを表示している状態で、**Alt** + **PrintScreen** キーを押すとウィンドウのスクリーンショットがクリップボードに取り込まれます。Word 文書に切り替えて、［ホーム］タブの［貼り付け］ボタンなどで挿入することができます。

［貼り付け］ボタン

第5章 グラフィック要素の挿入と書式設定

5-1-6 テキストボックスを挿入する

練習問題

問題フォルダー
└問題 5-1-6.docx
解答フォルダー
└解答 5-1-6.docx

【操作 1】「おすすめメニュー」の上に「オースティン - 引用」という組み込みのテキストボックスを挿入します。

【操作 2】そばのイラストの上部に横書きのテキストボックスを挿入し、中央揃えで「もりそば」と入力します。

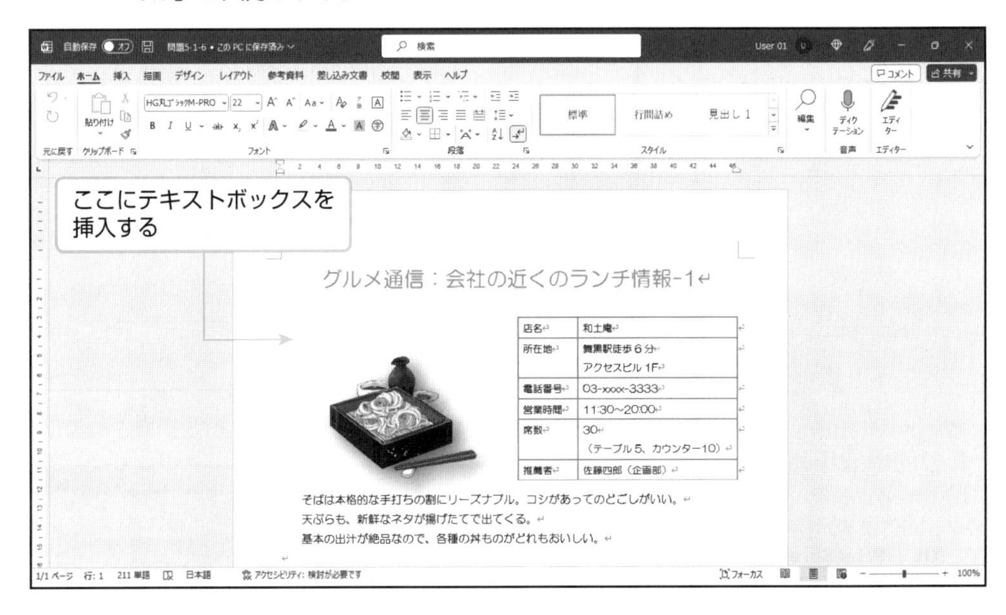

機能の解説

□ テキストボックス
□ ［テキストボックス］ボタン

テキストボックスを利用すると、文書内の自由な位置に文章を配置でき、本文とは異なる書式や文字の方向（横書きまたは縦書き）を設定することができます。
Word には、さまざまな用途に合わせてデザインされた組み込みのテキストボックスが豊富に用意されており、［イオン - サイドバー 1］や［グリッド - 引用］といった名前が付けられています。［挿入］タブの［テキストボックス］ボタンをクリックして表示される一覧から、使用したいテキストボックスを選択して、文書中に挿入します。

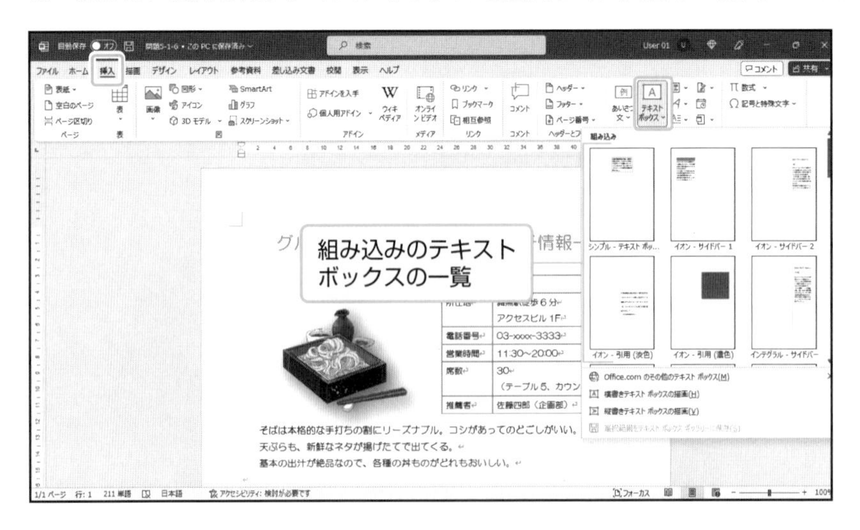

●テキストボックスの作成

デザインや書式の設定されていない、組み込みではないテキストボックスを挿入するには、［挿入］タブの［テキストボックス］ボタンをクリックし、［横書きテキストボックスの描画］（縦書きの場合は［縦書きテキストボックスの描画］）をクリックします。マウスポインターの形状が ＋ に変わったら、テキストボックスを挿入する箇所で左上から右下方向にドラッグします。作成されたテキストボックスボックス内にカーソルが表示されるので、文字を入力します。

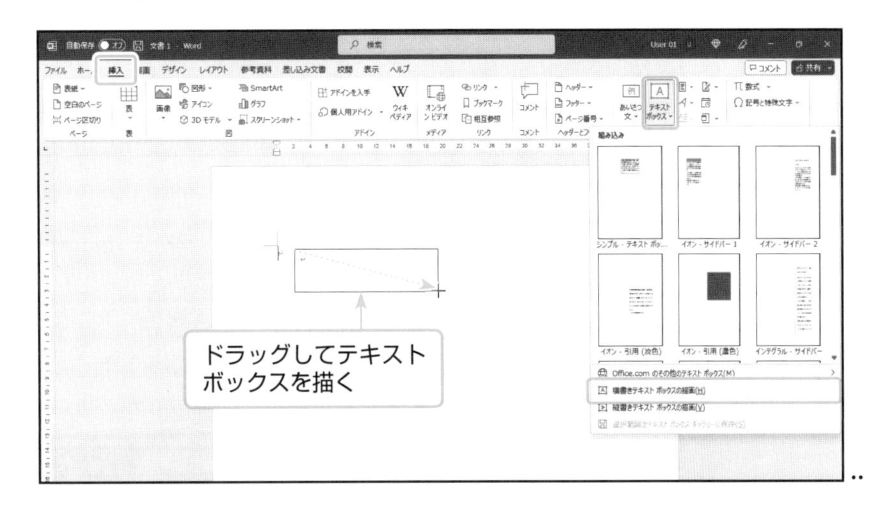

操作手順

【操作 1】

❶「おすすめメニュー」の上の行にカーソルを移動します。

❷［挿入］タブの［テキストボックス］ボタンをクリックします。

❸［組み込み］の一覧から［オースティン - 引用］をクリックします。

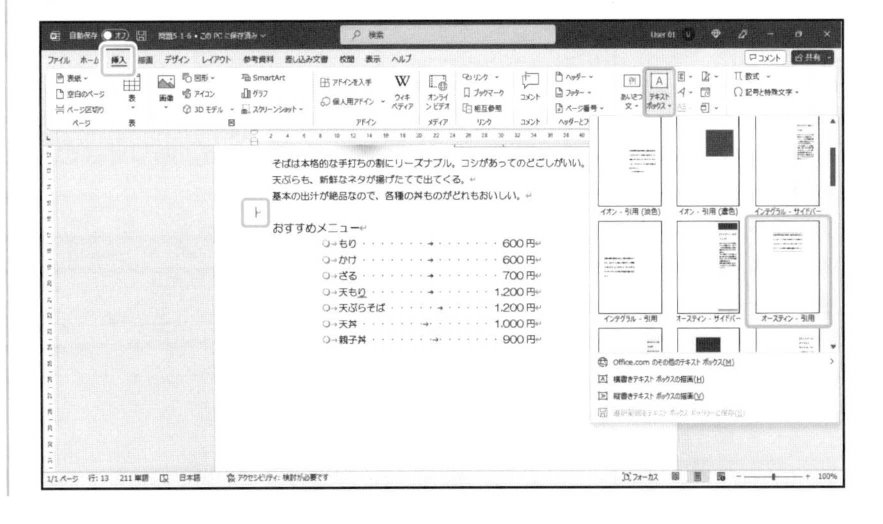

ヒント
テキストボックス内の説明文
組み込みのテキストボックス内にはテキストボックスに関する説明文が挿入されています。選択した状態で**Delete**キーを押すか、そのまま文字を入力すれば自動的に削除されます。テキストボックスへの入力の詳細は「5-3-1　テキストボックスにテキストを追加する、変更する」を参照してください。

❹テキストボックスが挿入され、文字が入力できる状態になります。

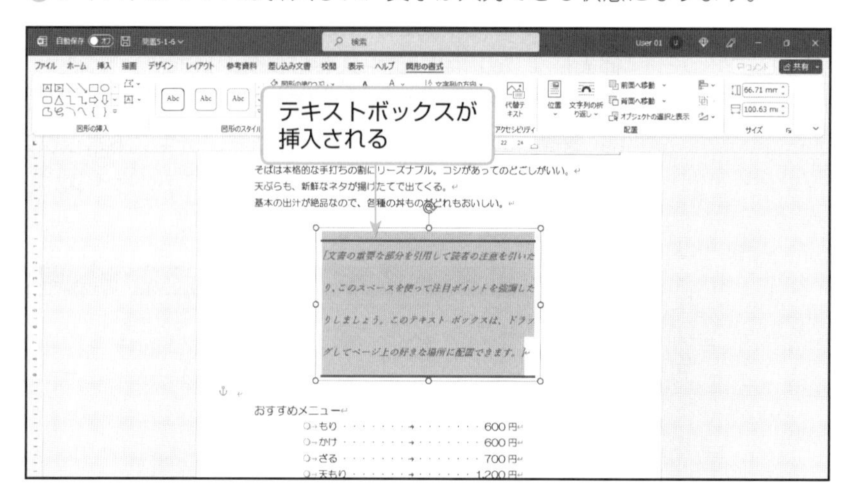

【操作 2】

❺テキストボックス以外をクリックして選択を解除します。

❻［挿入］タブの［テキストボックス］ボタンをクリックします。

❼一覧から［横書きテキストボックスの描画］をクリックします。

❽ポインターの形状が＋に変わったら、もりそばのイラストの上部を左上から右下方向にドラッグします。

ヒント
テキストボックスの挿入
文書内の文字列を利用してテキストボックスにすることもできます。文字を範囲選択して［横書きテキストボックスの描画］をクリックすると、文字の入力されたテキストボックスに変換されます。

❾ 作成されたテキストボックスボックス内にカーソルが表示されるので、「もりそば」と入力します。

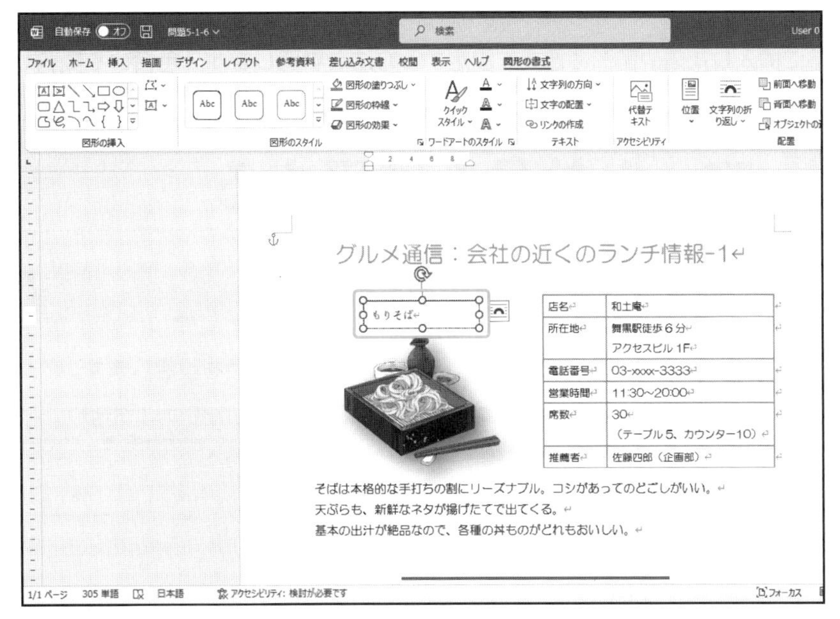

❿［ホーム］タブの［中央揃え］ボタンをクリックして、テキストボックス内の文字を中央揃えにします。

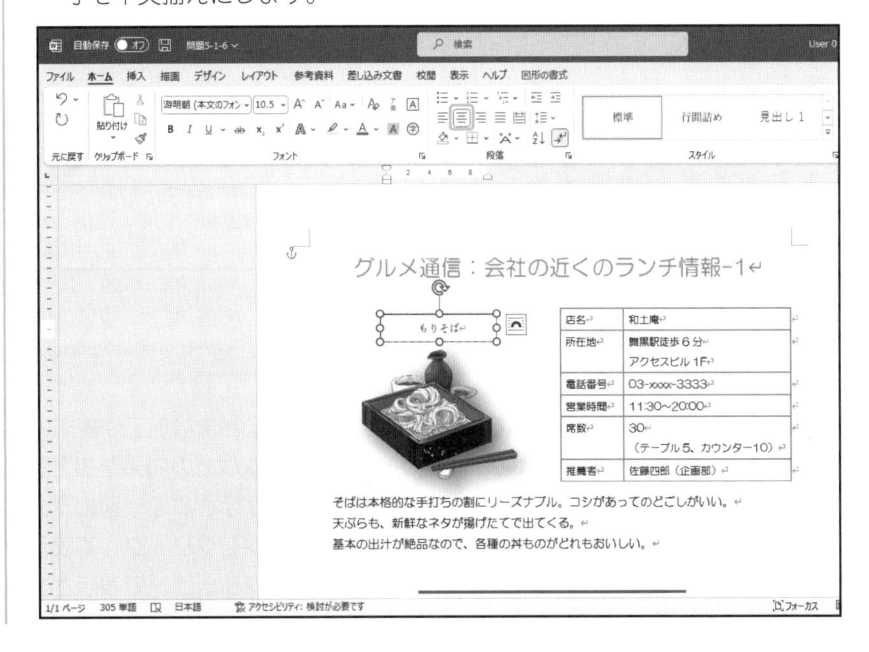

5-2 図やテキストボックスを書式設定する

ここでは、文書に挿入した図や図形の書式を設定する方法を学習します。色合いを変更したり、影、反射、ぼかしなどの効果や面取り、縁取りなどのスタイルを設定したりなど、さまざまな書式が用意されています。

5-2-1 アート効果を適用する

練習問題

問題フォルダー
└問題 5-2-1.docx

解答フォルダー
└解答 5-2-1.docx

トマトの画像に「線画」のアート効果を設定します。

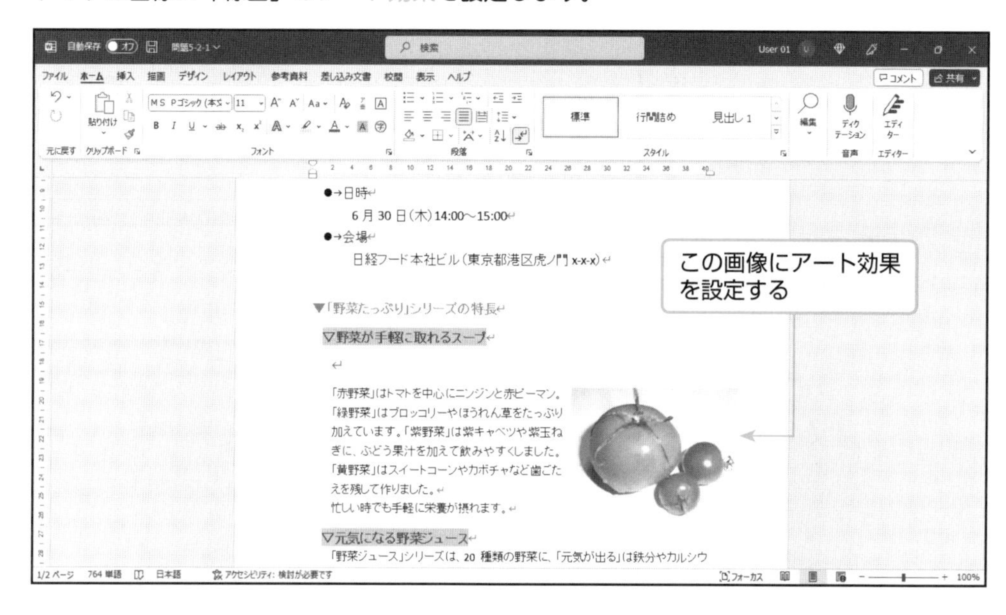

機能の解説

□ 画像
□ アート効果

文書中に挿入された画像に対してさまざまな加工や書式の設定が行えます。
アート効果は画像にぼかしやモザイクなどの効果を加えることや、絵画調に変換することができる機能です。図を選択すると表示される［図の形式］タブの [アート効果] ［アート効果］ボタンから設定します。ボタンをクリックして表示される一覧から候補をポイントすると、図にその効果が適用されたプレビューで表示され、確定する前に効果のイメージを確認できます。

［図の形式］タブの［アート効果］ボタンの一覧

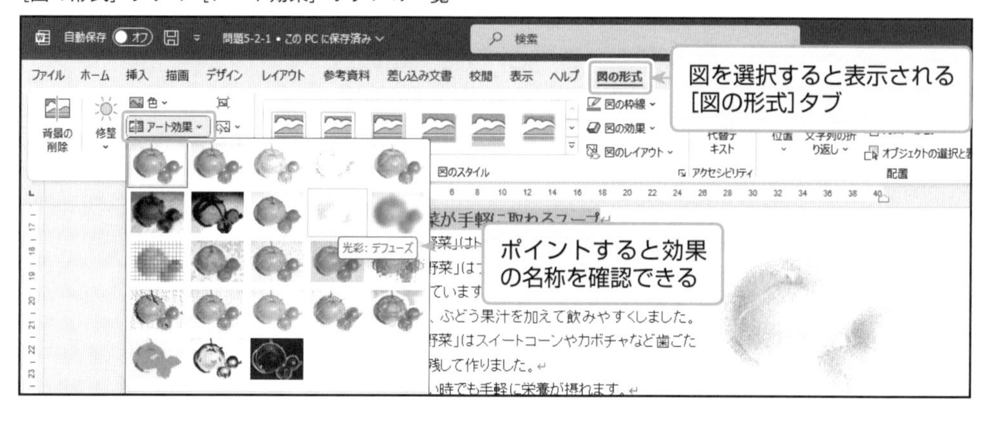

操作手順

ポイント

[図の形式] タブ

[図の形式] タブは、図（画像）を選択すると表示されるタブです。図以外にカーソルがある場合は表示されません。また、画像をダブルクリックすると、自動的に [図の形式] タブが選択された状態になります。

ヒント

アート効果のプレビュー

アート効果の一覧から候補をポイントすると、その効果が画像に適用された状態がリアルタイムプレビューで確認できます。

ヒント

アート効果の解除

図に設定したアート効果を解除するには、アート効果の一覧の左上の [なし] をクリックするか、[図のリセット] ボタンをクリックします。

【操作 1】

❶トマトの画像を選択します。

❷ [図の形式] タブの [アート効果] ボタンをクリックします。

❸一覧から [線画] をクリックします。

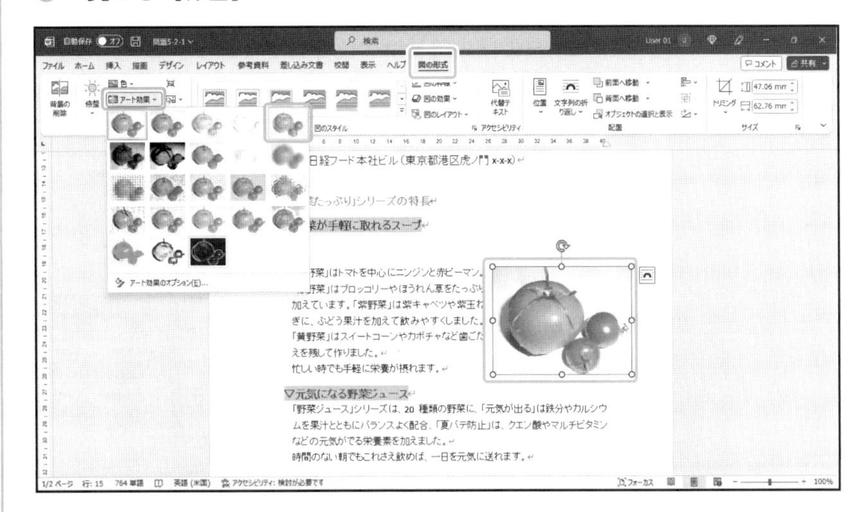

❹選択している画像にアート効果が設定されます。

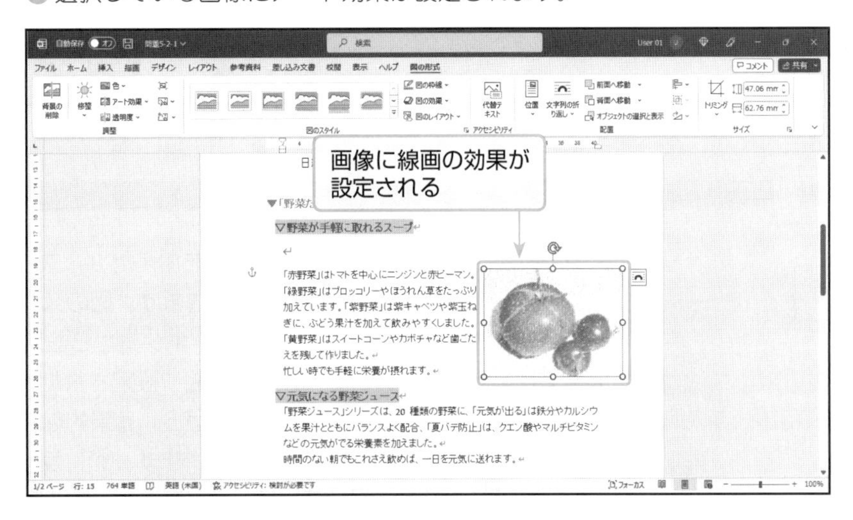

第5章 グラフィック要素の挿入と書式設定

5-2-2 図の効果やスタイルを適用する

練習問題

問題フォルダー
└問題 5-2-2.docx

解答フォルダー
└解答 5-2-2.docx

【操作 1】左の段のドリアの画像に「角丸四角形、メタル」の図のスタイルを設定します。
【操作 2】右の段の焼そばの画像に「面取り」の「角度」の図の効果を設定します。

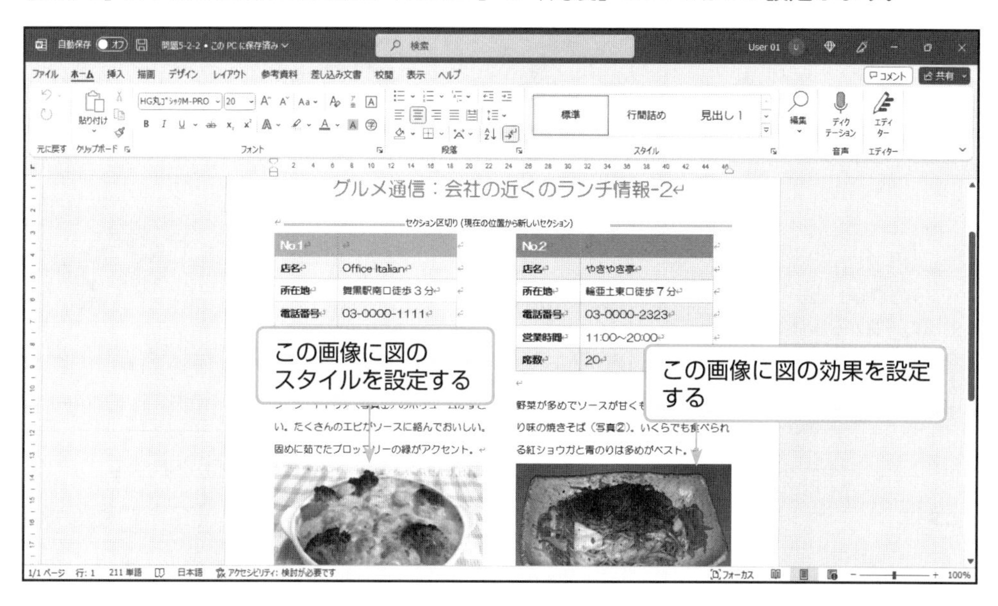

機能の解説

□ 図のスタイル
□ 図の効果

文書中に挿入された図の輪郭に額縁効果を加えたり、立体的に表示したりといった、さまざまな図のスタイルを設定することができます。図のスタイルは、[図の形式] タブの [その他]（または [クイックスタイル]）ボタンから設定します。スタイルの一覧の候補をポイントすると、選択したスタイルが図に設定された状態が表示されます。そのスタイルがどのように表示されるかを確認しながら、効果的なスタイルを選択できます。
また、さまざまな図の効果も用意されています。影、反射、光彩、ぼかし、面取り、3-D 回転の効果があります。図の効果は、[図の形式] タブの 図の効果 [図の効果] ボタンから設定します。

[図の形式] タブの [図の効果] ボタンの一覧

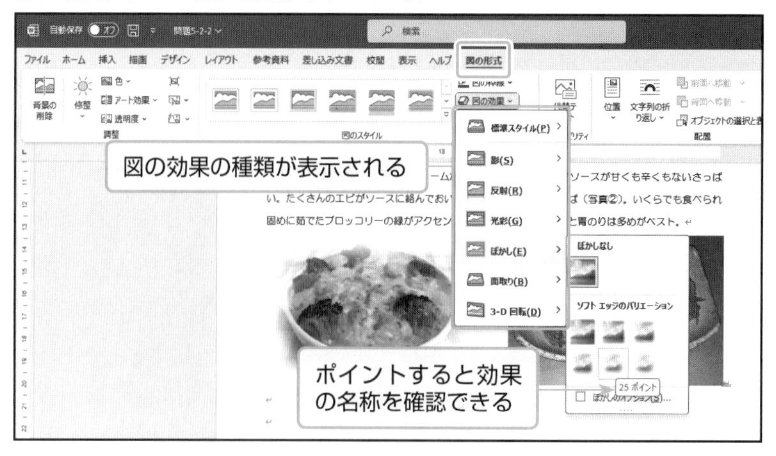

操作手順

【操作 1】

❶ 左の段のドリアの画像を選択します。

❷［図の形式］タブの［図のスタイル］の ▽［その他］（または［クイックスタイル］）ボタンをクリックします。

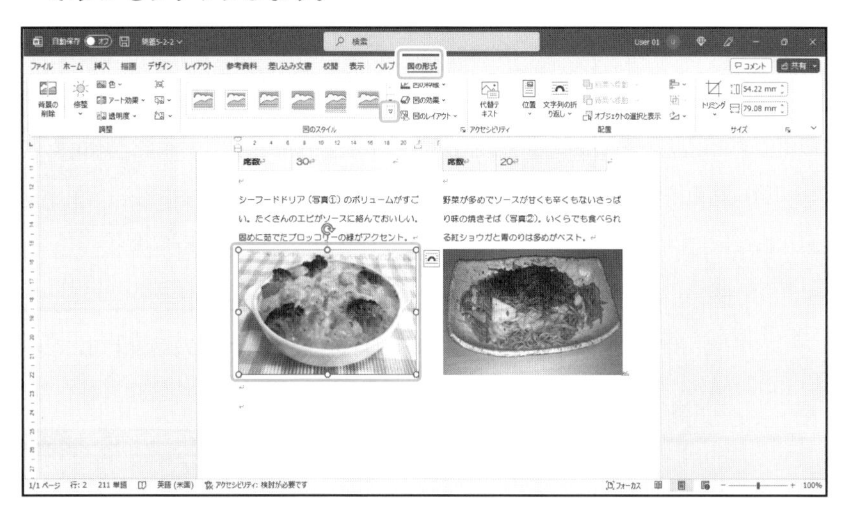

❸ 一覧から［角丸四角形、メタル］をクリックします。

ヒント
図のスタイルのプレビュー
図のスタイルの一覧の候補をポイントすると、選択した画像にスタイルが適用された状態がリアルタイムプレビューで確認できます。

❹ 選択している図に図のスタイルが設定されます。

ヒント
図のスタイルの解除
画像に設定したスタイルを解除するには、［図の形式］タブの ［図のリセット］ボタンをクリックします。

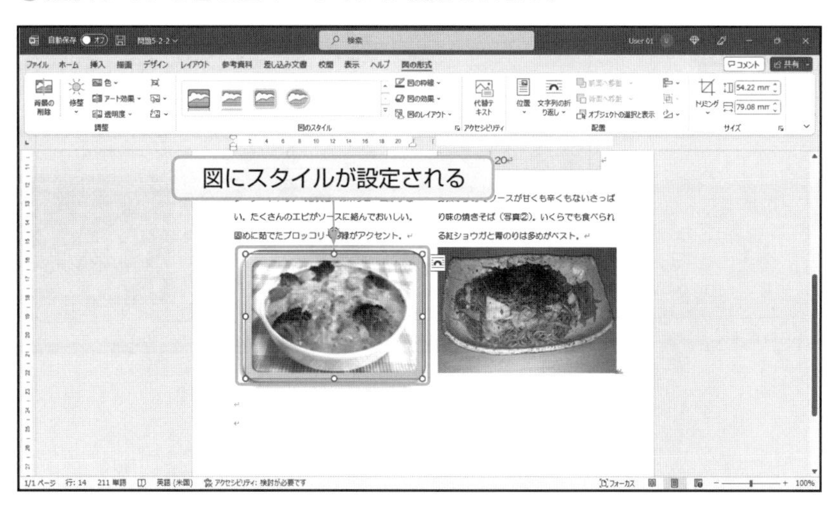

【操作 2】

❺ 右の段の焼そばの画像を選択します。

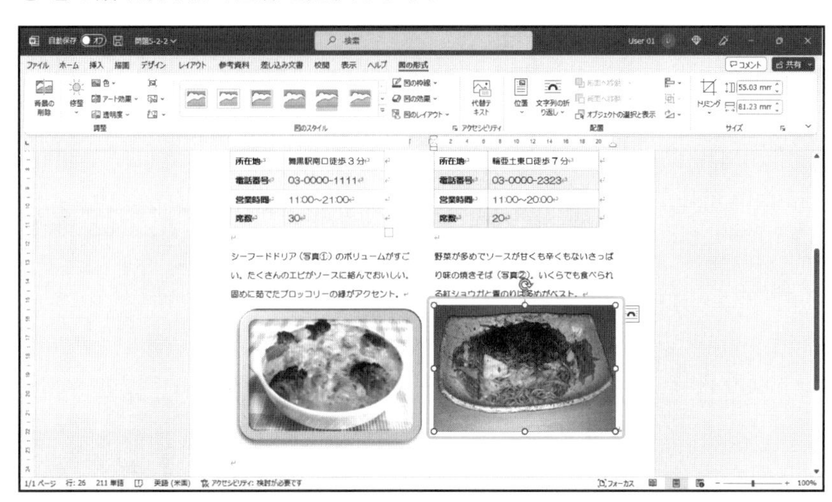

❻ ［図の形式］タブの ［図の効果］ボタンをクリックします。

❼ 一覧から［面取り］をポイントし、［角度］をクリックします。

❽ 選択している画像に図の効果が設定されます。

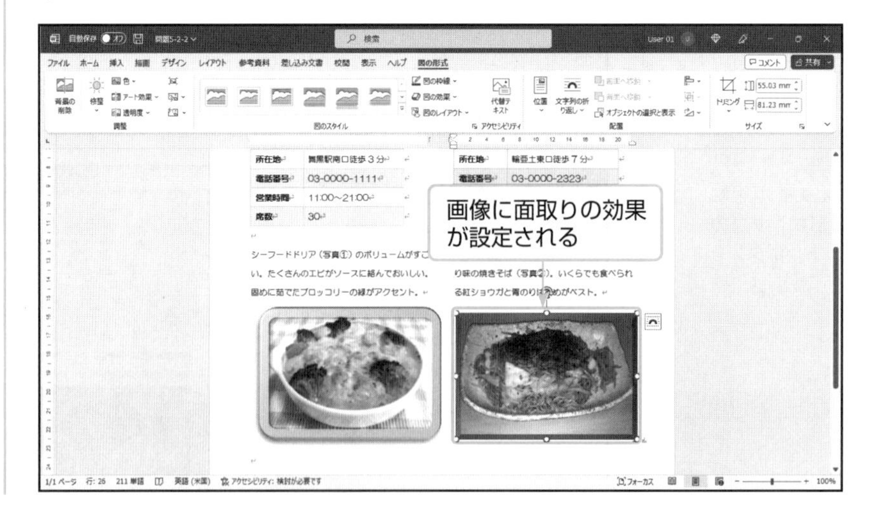

ヒント

図のリセット

画像に設定した図のスタイルや図の効果などの加工をすべて解除して、元の状態の画像に戻したい場合は、対象の画像を選択し、［図の形式］タブの ［図のリセット］ボタンをクリックします。

5-2-3 図の背景を削除する

練習問題

問題フォルダー
└問題 5-2-3.docx
解答フォルダー
└解答 5-2-3.docx

1 ページ目の下部にあるバラの図の背景を削除します。ただし、花がすべて表示されるようにします。

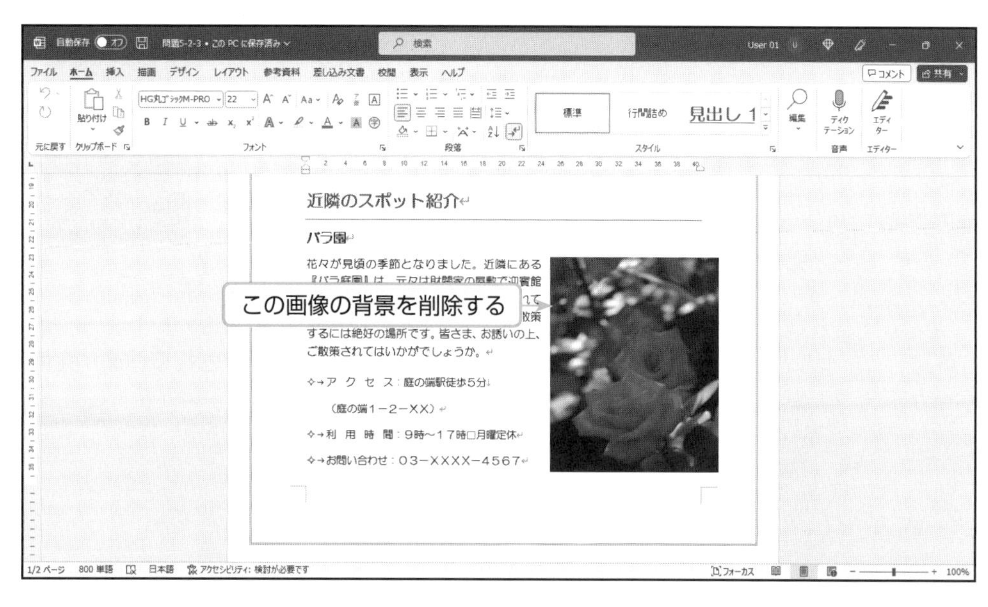

機能の解説

□ 背景の削除
□ ［背景の削除］ボタン
□ ［変更を保持］ボタン

文書内の図の図柄に合わせて不要な背景を削除することができます。図を選択して、［図の形式］タブの［背景の削除］ボタンをクリックすると、Word が自動的に図の背景を判断して、削除対象の領域を紫色で表示します。この時点で削除される領域を変更することもできます。［背景の削除］タブの［保持する領域としてマーク］ボタンまたは［削除する領域としてマーク］ボタンをクリック後に、 でクリック、またはドラッグしてそれぞれの領域を指定できます。［変更を保持］ボタンをクリックすると、背景が削除されます。

［背景の削除］タブ

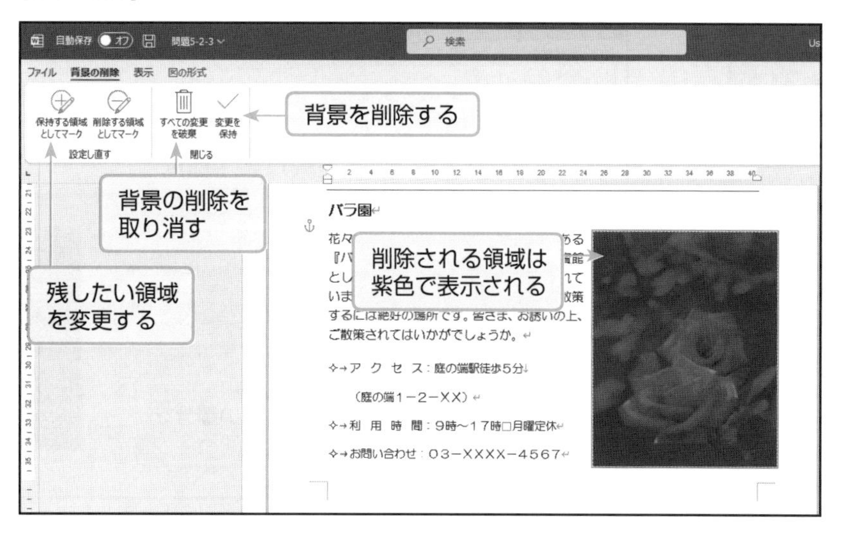

第5章 グラフィック要素の挿入と書式設定

操作手順

❶ 1 ページ目の下部にある花の画像を選択します。

❷［図の形式］タブの［背景の削除］ボタンをクリックします。

❸ 図の背景が自動的に判断され、削除される領域が紫色で表示されます。

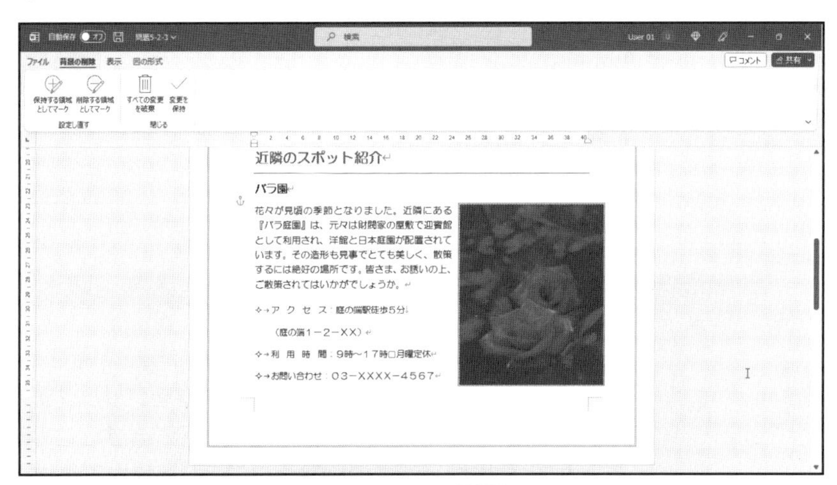

❹［背景の削除］タブが表示されるので［保持する領域としてマーク］ボタンをクリックします。

❺ ポインターが になるので、図の花びらが表示されていない下方をクリックします。

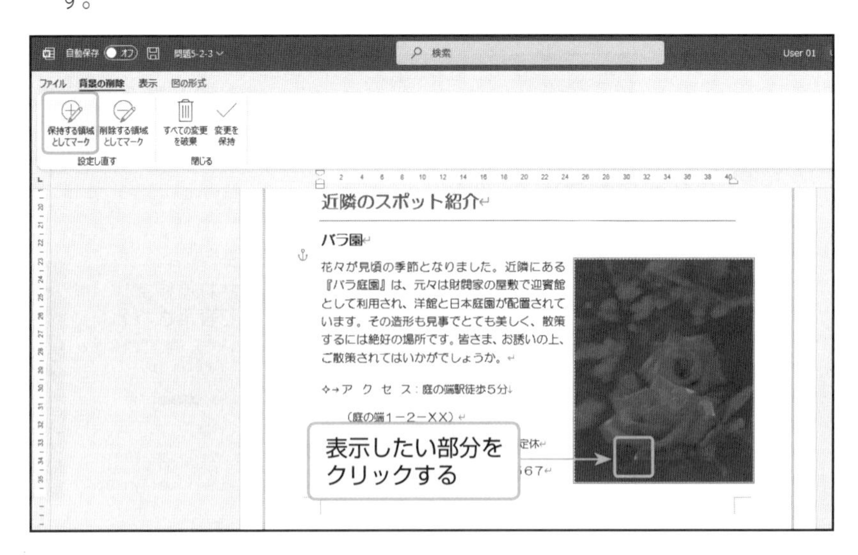

［背景の削除］タブ

［背景の削除］タブは、［背景の削除］ボタンをクリックすると表示されます。［背景の削除］タブのボタンを使用して、削除する領域を変更したり、領域の削除を確定したりします。

［背景の削除］ボタン

ヒント

背景を削除する

表示されている領域で削除したい部分がある場合は、［背景の削除］タブの［削除する領域としてマーク］ボタンをクリックして、削除する部分を囲むようにドラッグします。すると、ドラッグした範囲が削除され、紫色になります。

［削除する領域としてマーク］ボタン

❻花びらが全部表示されない場合は、さらにクリックして領域を広げます。

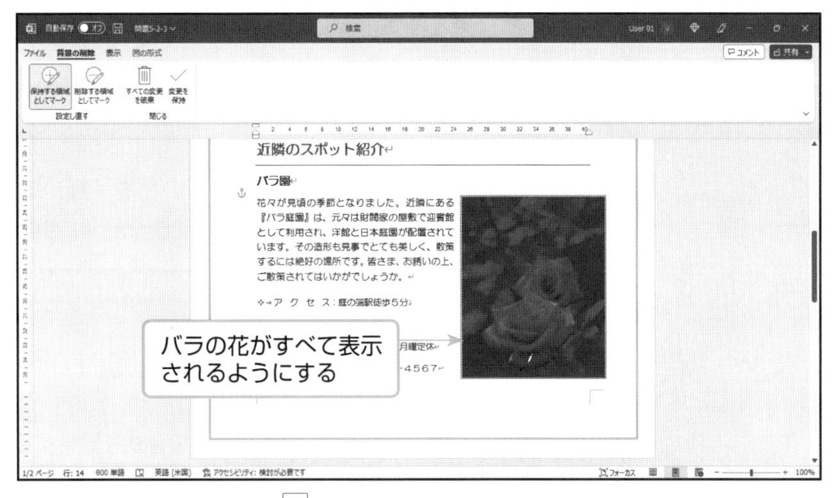

❼［背景の削除］タブの［変更を保持］ボタンをクリックします。

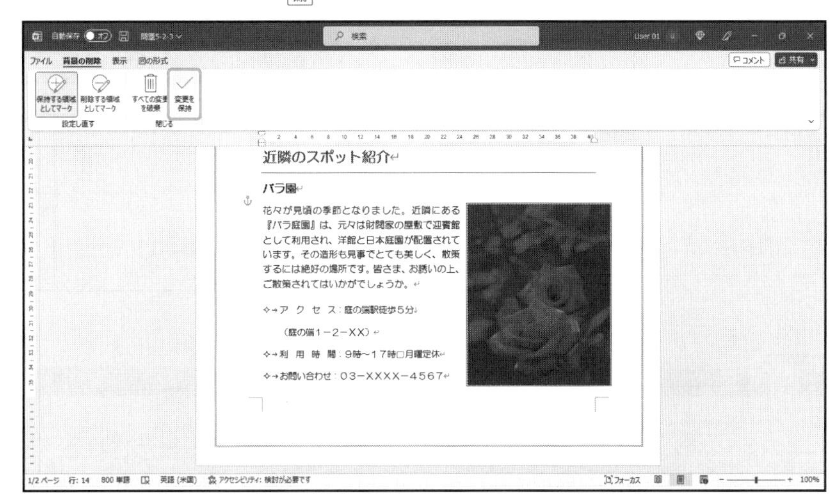

ヒント

背景の削除の取り消し

［背景の削除］タブの［すべての変更を破棄］ボタンをクリックすると、背景の領域に行った操作がすべて取り消されます。

［すべての変更を破棄］ボタン

❽図の背景が削除されます。

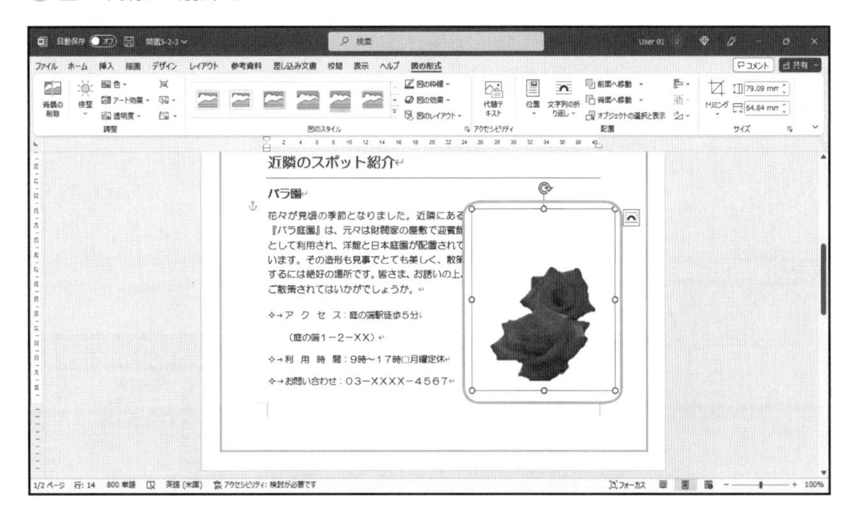

5-2-4 グラフィック要素を書式設定する

練習問題

問題フォルダー
└問題 5-2-4.docx

解答フォルダー
└解答 5-2-4.docx

「スタンプラリー」と入力されている図形の色を「緑、アクセント 6」、枠線の色を「オレンジ」、太さを「4.5pt」、図形の高さを「26mm」に変更します。

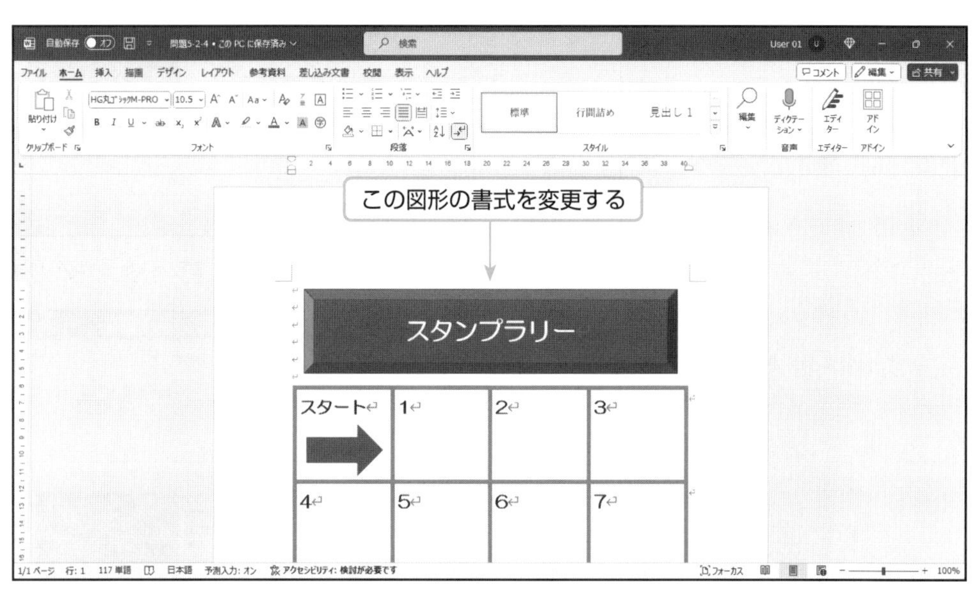

機能の解説

- 図形の色
- 図形の枠線
- 図形のスタイル
- 図形のサイズ
- 図形の効果

文書に挿入した図形は、図形を選択すると表示される［図形の書式］タブのボタンを使用してさまざまな書式設定が行えます。図形の色は 図形の塗りつぶし ［図形の塗りつぶし］ボタン、枠線の種類や色、太さは 図形の枠線 ［図形の枠線］ボタン、図形に影やぼかしなどの効果を設定するには、図形の効果 ［図形の効果］ボタンを使用します。また、これらの複数の書式とフォントの色を組み合わせた図形のスタイルも用意されています。［図形のスタイル］の ［その他］（または［クイックスタイル］）ボタンの一覧から選択します。

図形のサイズは、30.99 mm ［図形の高さ］ボックス、140.99 mm ［図形の幅］ボックスで数値を指定して変更できます。

図形を選択すると表示される［図形の書式］タブ

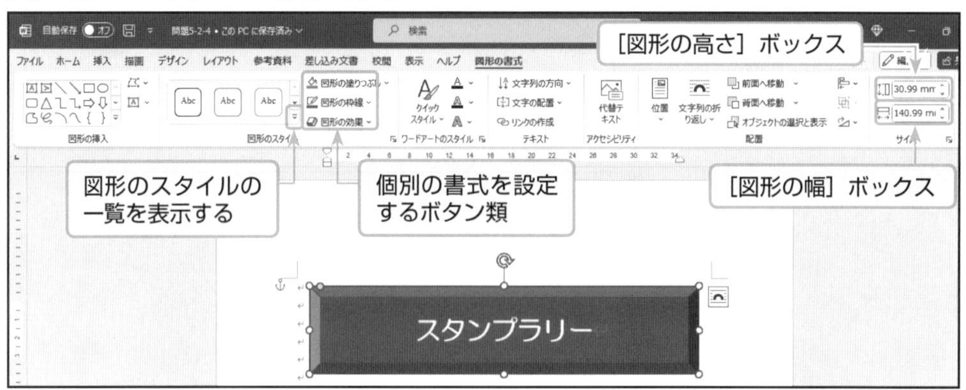

操作手順

❶「スタンプラリー」と入力されている図形を選択します。

❷［図形の書式］タブの［図形の塗りつぶし］ボタンをクリックします。

❸一覧から［テーマの色］の［緑、アクセント 6］をクリックします。

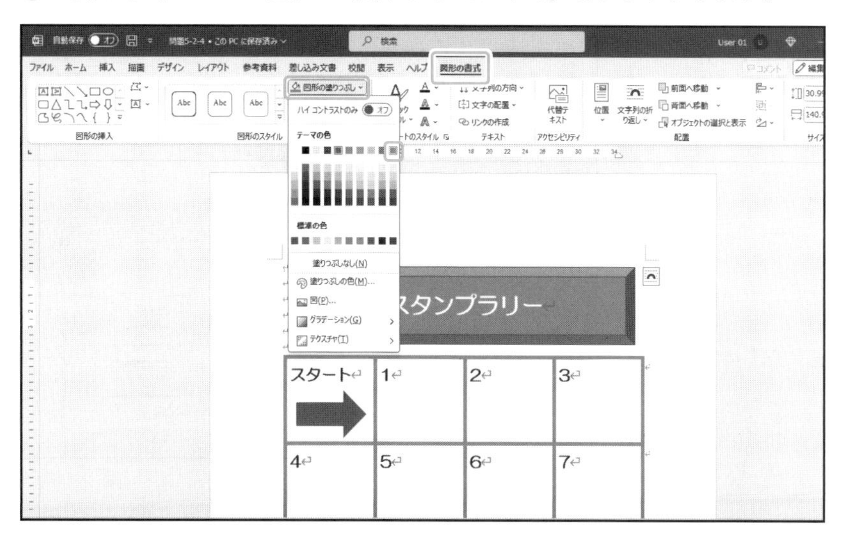

❹図形の色が変更されます。

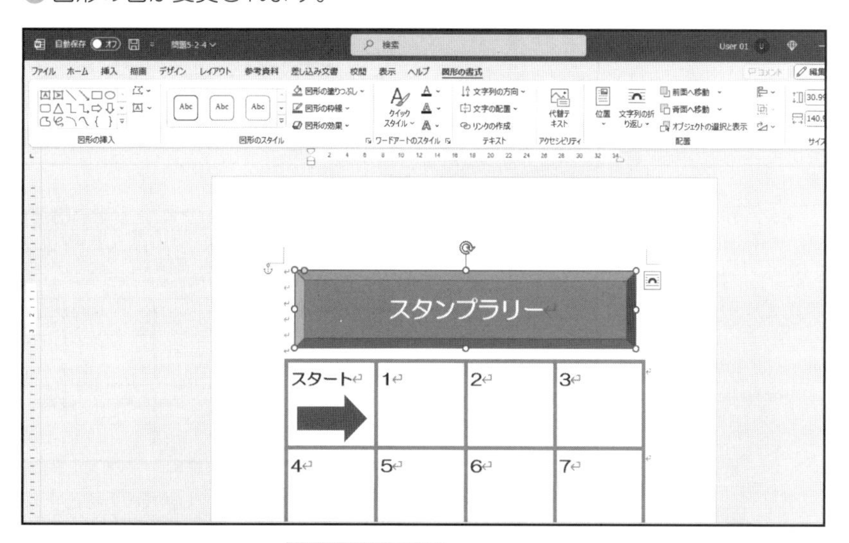

❺［図形の書式］タブの［図形の枠線］ボタンをクリックします。

❻［標準の色］の［オレンジ］をクリックします。

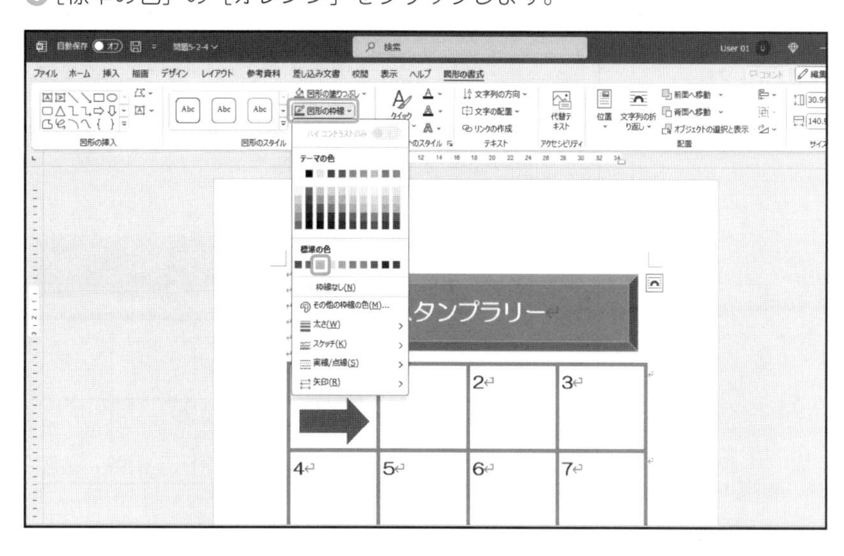

ヒント

図形の書式のプレビュー

図形の書式の一覧から候補をポイントすると、選択した図形に書式が適用された状態がリアルタイムプレビューで確認できます。

ヒント

図形の塗りつぶしの色

［図形の塗りつぶし］ボタンの一覧にない色は、［その他の色］をクリックして［色の設定］ダイアログボックスから色を選択することができます。図形の色をなしにするには、［塗りつぶしなし］を選択します。

❼図形の枠線の色が変更されます。

❽［図形の書式］タブの 図形の枠線 ［図形の枠線］ボタンをクリックします。

❾一覧から［太さ］をポイントし、［4.5pt］をクリックします。

ヒント

図形の枠線

図形の枠線 ［図形の枠線］ボタンの一覧の［実線 / 点線］をポイントすると線の種類を変更できます。枠線をなしにするには、［枠線なし］を選択します。

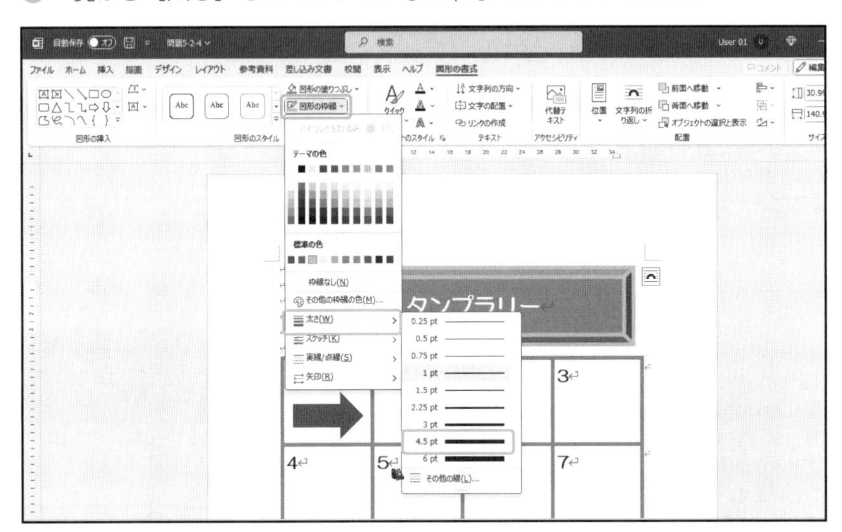

❿図形の枠線の太さが変更されます。

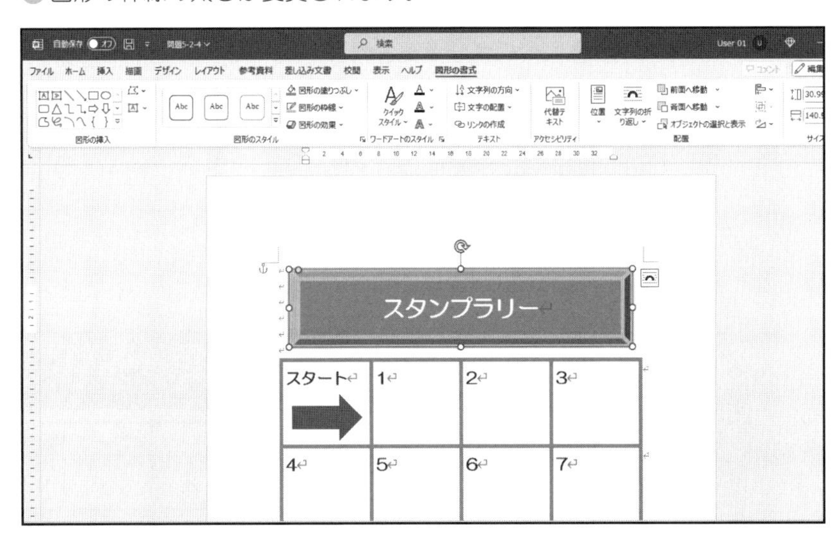

⓫［図形の書式］タブの 30.99 mm ［図形の高さ］ボックスに「26」と入力するか、▼をクリックして「26mm」に設定します。

⓬図形の高さが変更されます。

その他の操作方法

図形のサイズ変更

図形を選択すると表示される○サイズ変更ハンドルをドラッグしても図形のサイズを変更できます。

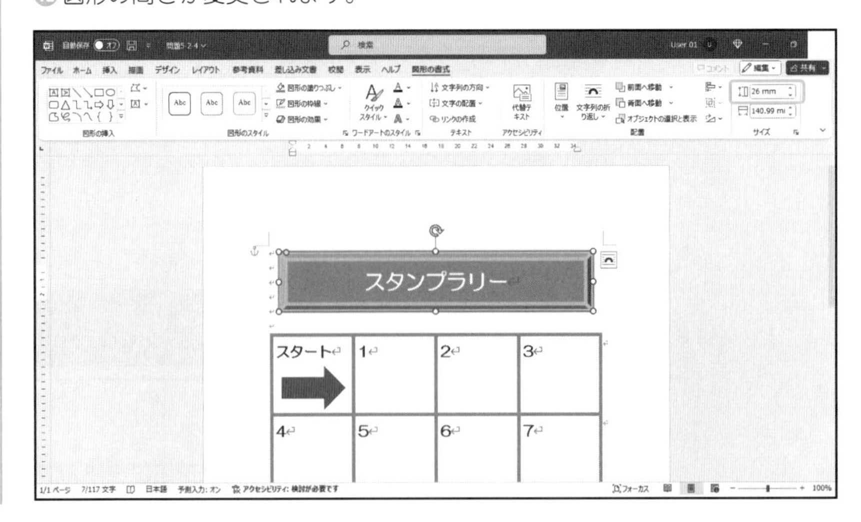

5-2-5 SmartArt を書式設定する

練習問題

問題フォルダー
└問題 5-2-5.docx
解答フォルダー
└解答 5-2-5.docx

【操作 1】文書に挿入されている SmartArt の色を「塗りつぶし - アクセント 2」に変更します。
【操作 2】SmartArt のスタイルを「マンガ」に変更します。
【操作 3】SmartArt のサイズを幅「100 mm」、高さ「65mm」に変更します。

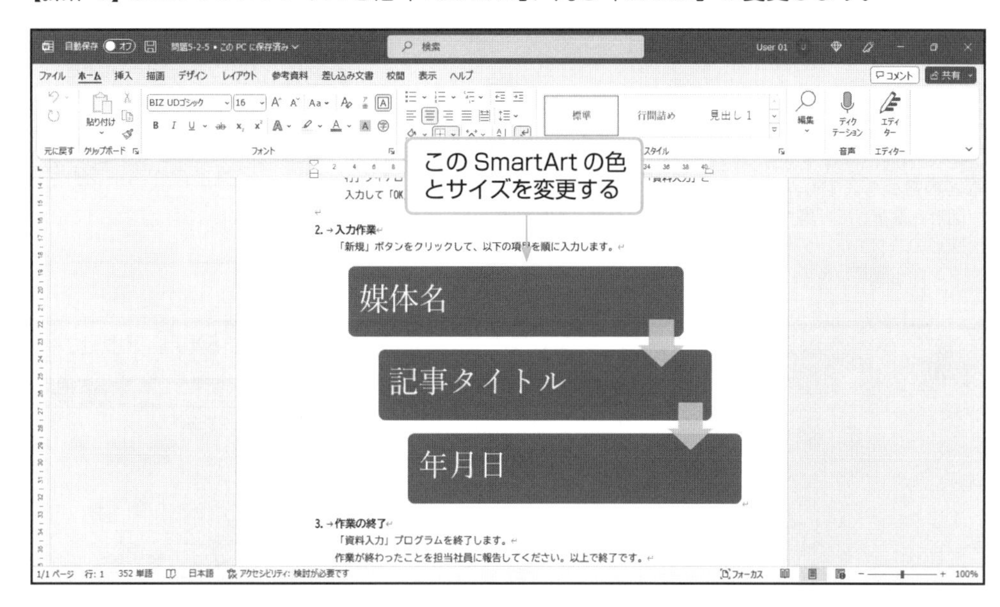

機能の解説

- SmartArt の色の変更
- SmartArt のスタイルの変更
- SmartArt のサイズの変更

文書中に挿入した SmartArt は既定の色とサイズで挿入されます。SmartArt の色やスタイルを変更するには、SmartArt を選択すると表示される［SmartArt のデザイン］タブを使用します。色は［色の変更］ボタンの一覧から色の組み合わせを選択できます。スタイルは［SmartArt のスタイル］の［その他］（または［クイックスタイル］）ボタンの一覧から視覚的なスタイルを選択できます。立体的な 3-D 形式に変更することもできます。

［SmartArt のデザイン］タブ

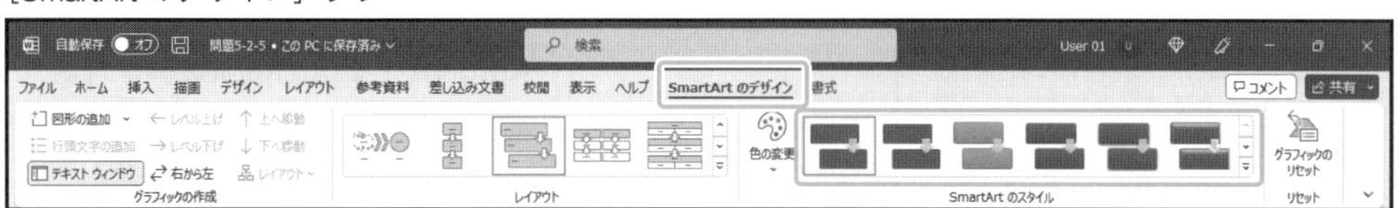

また、SmartArt のサイズを変更するには、［書式］タブの［サイズ］ボタンをクリックすると表示される 高さ: 87.51 mm［高さ］ボックス、幅: 150 mm［幅］ボックスを使用します。

［書式］タブ

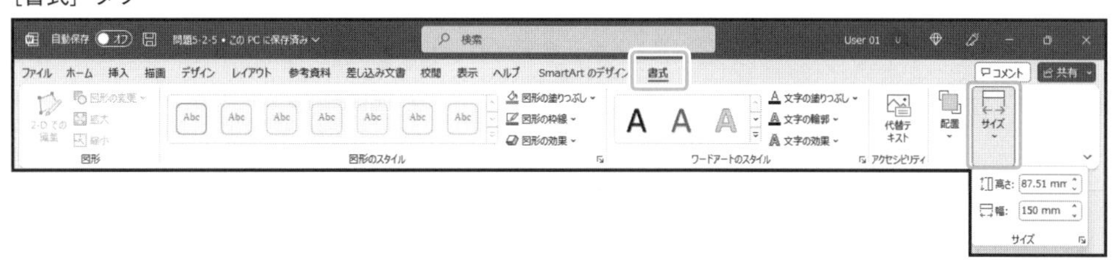

操作手順

ヒント
テキストウィンドウ
右図では SmartArt の選択時に表示されるテキストウィンドは [×] をクリックして非表示にしています。

ヒント
各図形の色の変更
図形ごとに個別に枠線や塗りつぶしなどの書式を設定したい場合は、図形を選択して［書式］タブの［図形のスタイル］グループの各ボタンから設定します。

【操作 1】

❶文書内の SmartArt を選択します。

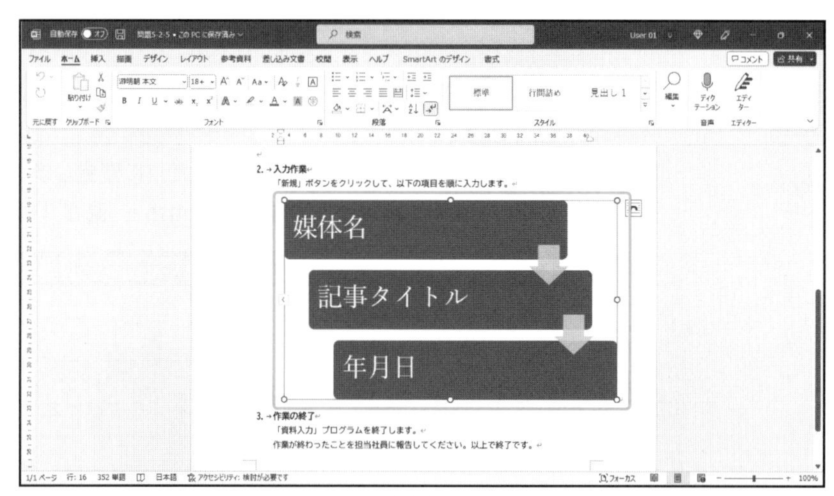

❷［SmartArt のデザイン］タブの [色の変更] ［色の変更］ボタンをクリックします。

❸［アクセント 2］の一覧から［塗りつぶし - アクセント 2］をクリックします。

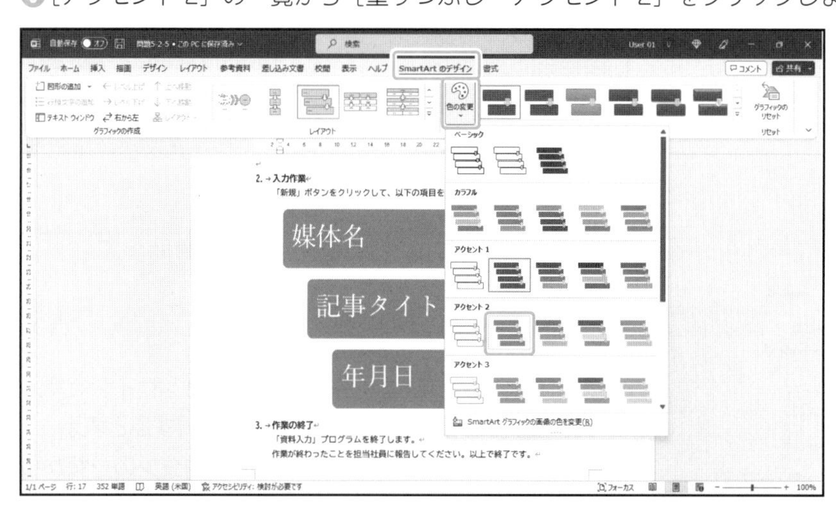

❹SmartArt の色が変更されます。

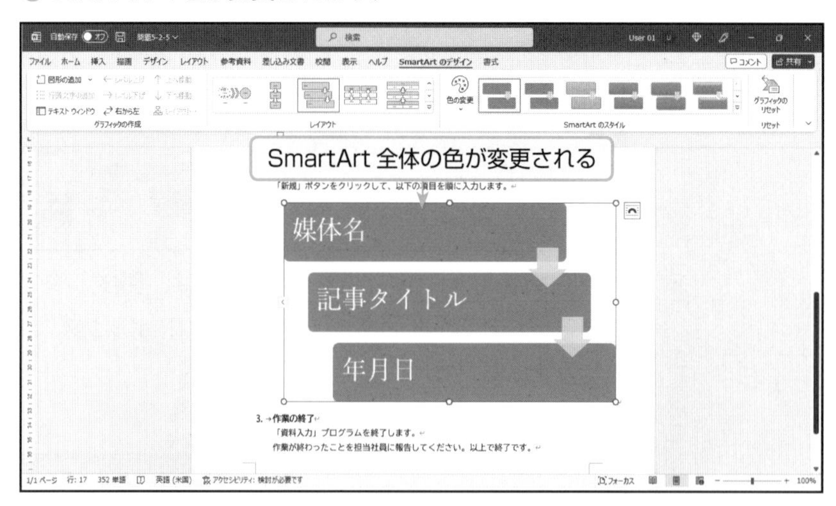

【操作 2】

❺ SmartArt が選択されている状態で、[SmartArt のデザイン] タブの [SmartArt のスタイル] の [その他] (または [クイックスタイル]) ボタンをクリックします。

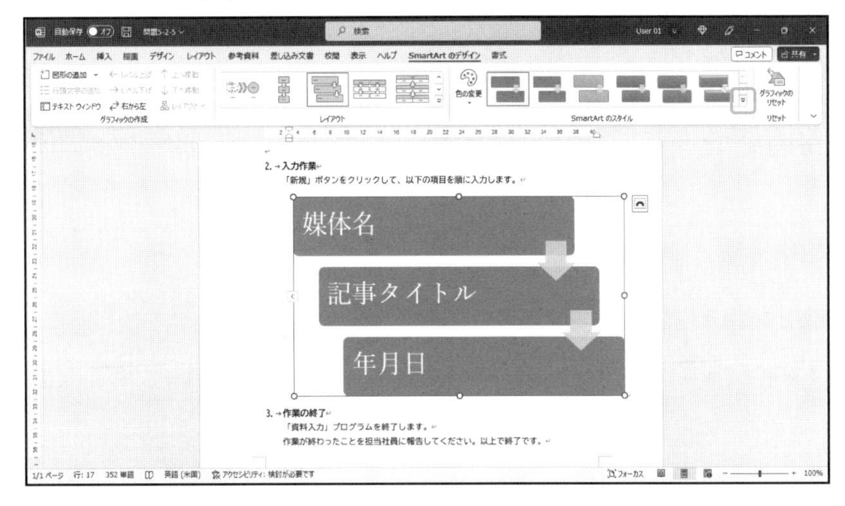

❻ [3-D] の一覧から [マンガ] をクリックします。

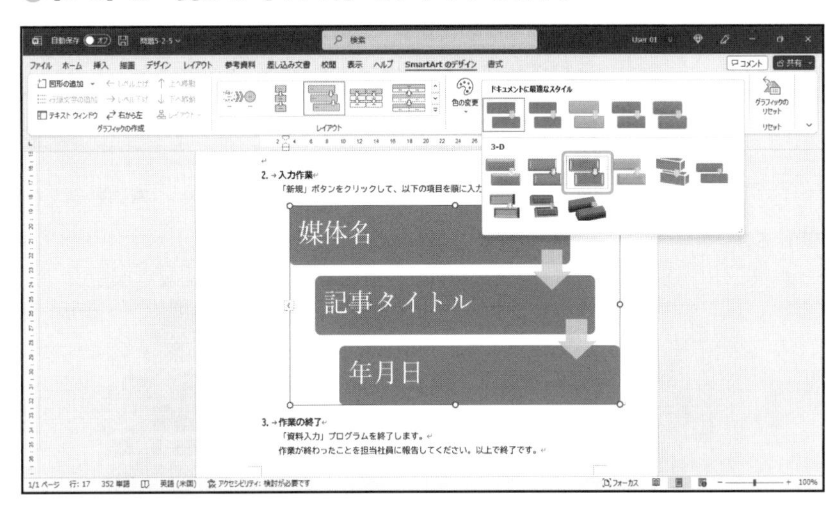

❼ SmartArt のスタイルが変更されます。

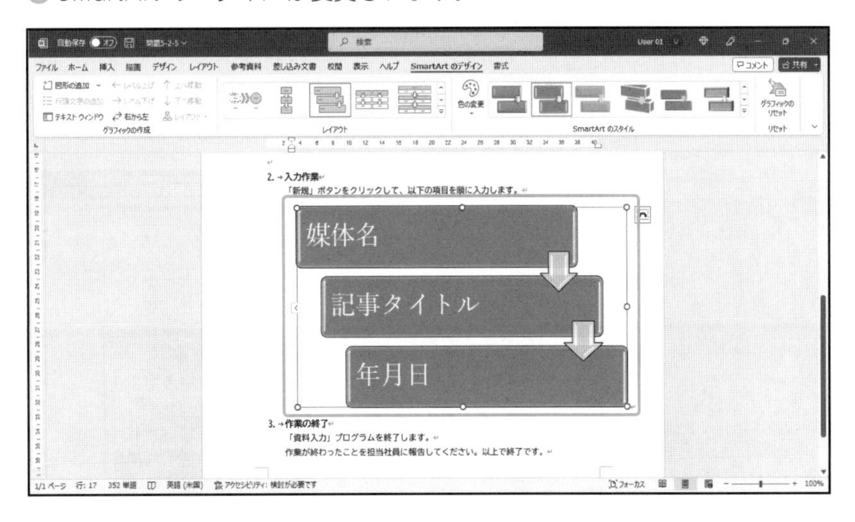

ヒント

色とスタイルの解除

SmartArt に設定した色とスタイルを解除したい場合は、[SmartArt のデザイン] タブの [グラフィックのリセット] ボタンをクリックします。既定の色とスタイルに戻ります。

[グラフィックのリセット] ボタン

【操作 3】

❽ SmartArt が選択されている状態で、［書式］タブの ［サイズ］ボタンをクリックします。

❾［高さ］ボックスと［幅］ボックスが表示されます。

❿ 幅: 150 mm ［幅］ボックスに「100」と入力します。

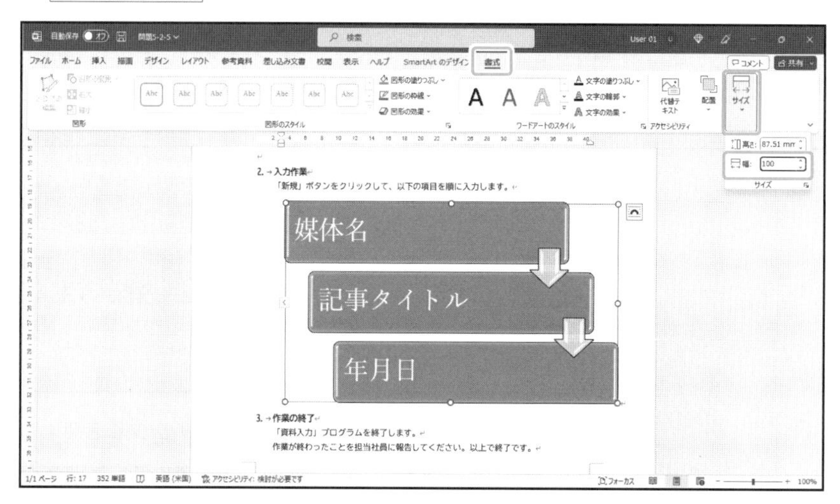

⓫ 高さ: 87.51 mm ［高さ］ボックスに「65」と入力します。

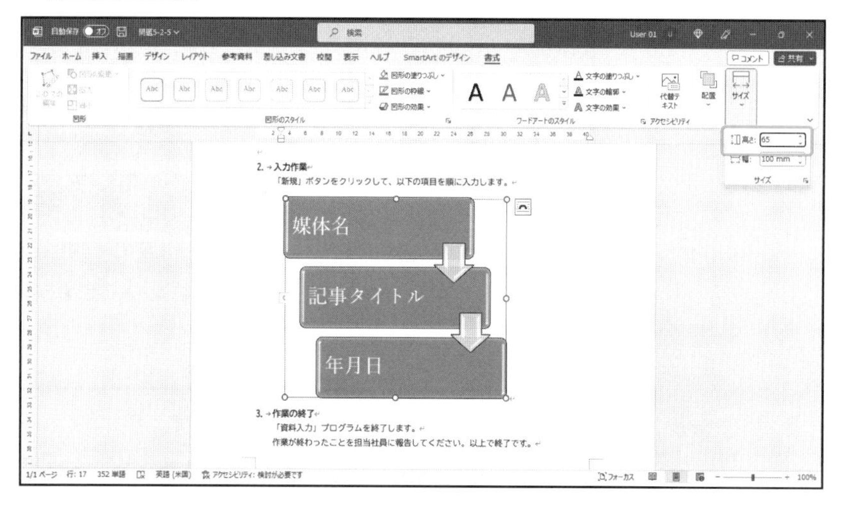

⓬ **Enter** キーを押します。

⓭ SmartArt のサイズが変更されます。

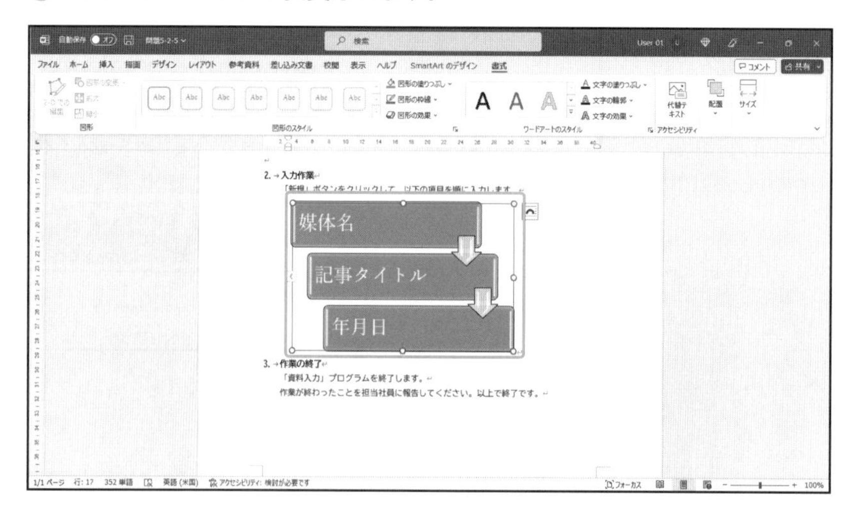

ポイント

［幅］ボックスと［高さ］ボックス

［書式］タブの［サイズ］の［幅］ボックスや［高さ］ボックスの既定の単位は mm です。「100」と入力するか、右側の▼で指定すると、「100mm」になります。

その他の操作方法

SmartArt のサイズ変更

SmartArt を選択すると表示される ○ サイズ変更ハンドルをドラッグしてもサイズを変更できます。

ヒント

図形のサイズ

SmartArt 内の特定の図形のサイズを変更する場合は、その図形を選択して同様の操作を行います。

5-2-6 3Dモデルを書式設定する

練習問題

問題フォルダー
└問題 5-2-6.docx
解答フォルダー
└解答 5-2-6.docx

【操作 1】2ページ目にあるキーボードの3Dモデルのサイズを高さ「52mm」に変更します。
【操作 2】パンとズームの機能を使用して、拡大し、右側のテンキー（数字のキー）が中央に表示されるように位置を移動します。

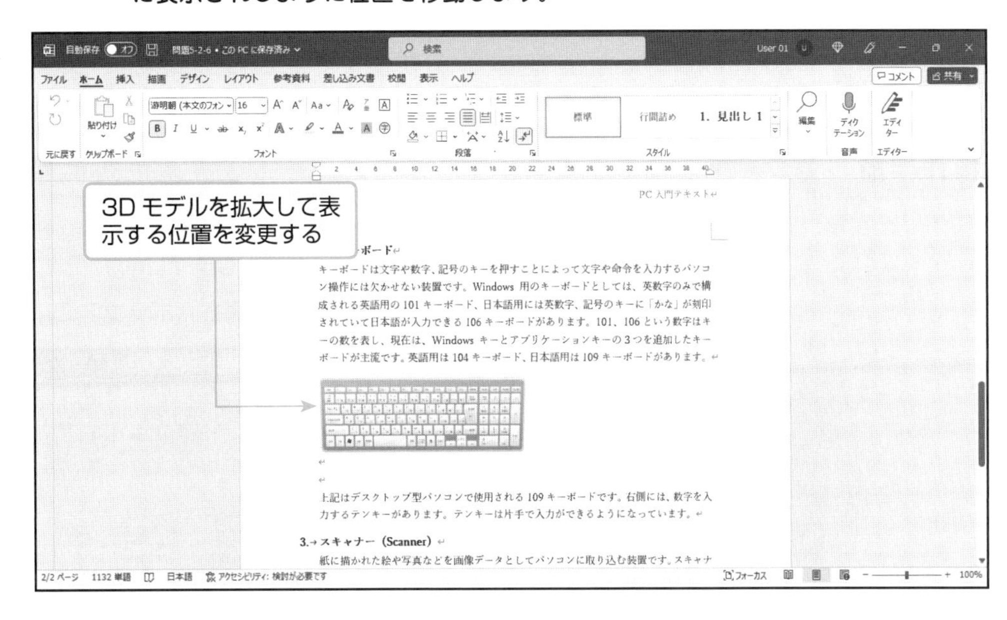

機能の解説

□ 3Dモデルのサイズ
□ パンとズーム

3Dモデルのサイズを変更するには、画像や図形と同様に、選択すると表示される［3Dモデル］タブの［高さ］ボックス、［幅］ボックスに数値で指定したり、○サイズ変更ハンドルをドラッグして変更します。この場合は、3Dモデル全体の拡大、縮小ができます。

●フレーム内で拡大縮小と移動

［3Dモデル］タブの［パンとズーム］ボタンを使用すると、3Dモデルの周りに表示されているフレーム（枠）内でどのように表示されるかを設定できます。3Dモデルの右側に表示される［ズーム］を上にドラッグすると拡大表示し、下にドラッグすると縮小表示されます。また、3Dモデルを の形状でドラッグすると移動し、表示する位置を変えることができます。

3D モデルを拡大して、移動した状態

操作手順

【操作 1】

❶ 2 ページ目にある 3D モデルを選択します。

❷［3D モデル］タブの［高さ］ボックスに「52」と入力します。

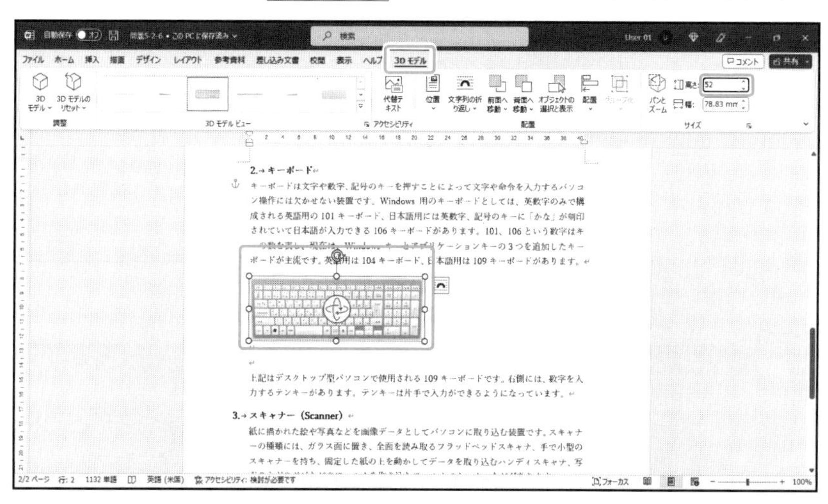

❸ 3D モデルの高さが 52mm に変更され、同時に幅も変更されます。

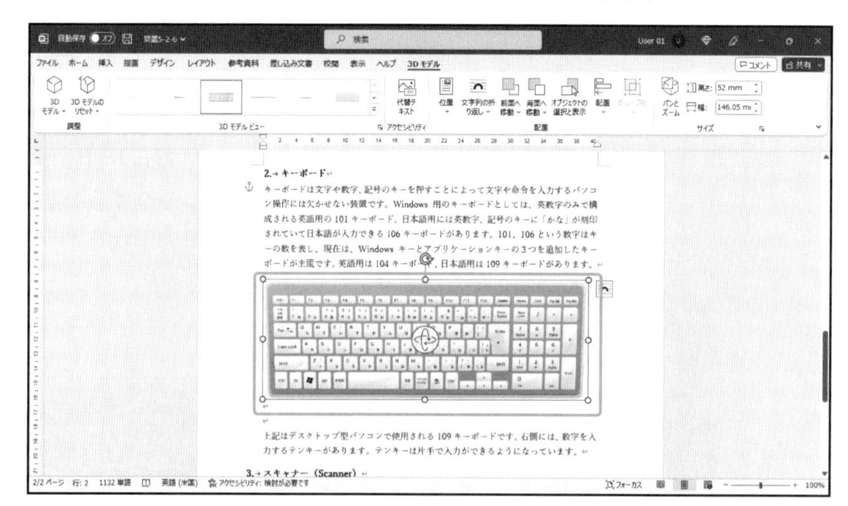

【操作 2】

❹ 3D モデルが選択されている状態のまま、［3D モデル］タブの ［パンとズーム］ボタンをクリックします。

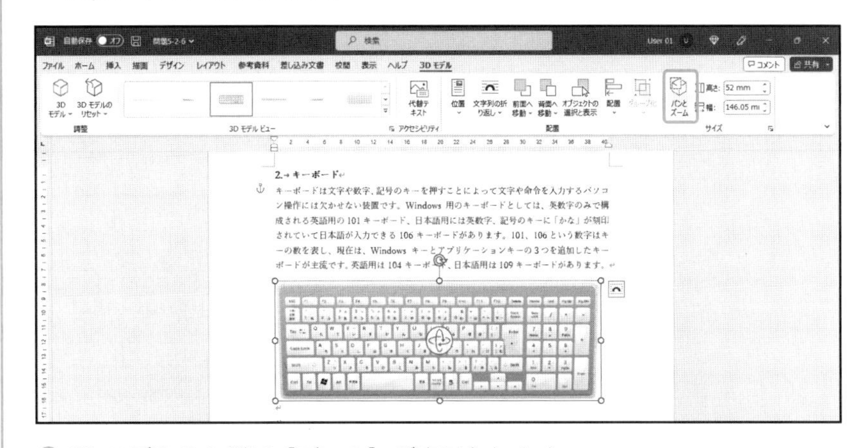

❺ 3D モデルの右側に［ズーム］が表示されます。

❻［ズーム］をポイントし、 の形状で上方向にドラッグします。

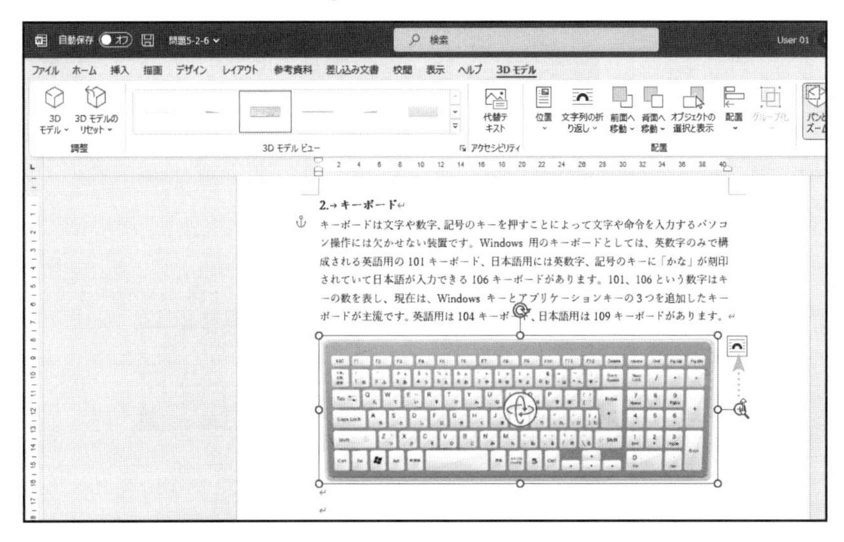

❼ 3D モデルが拡大されます。

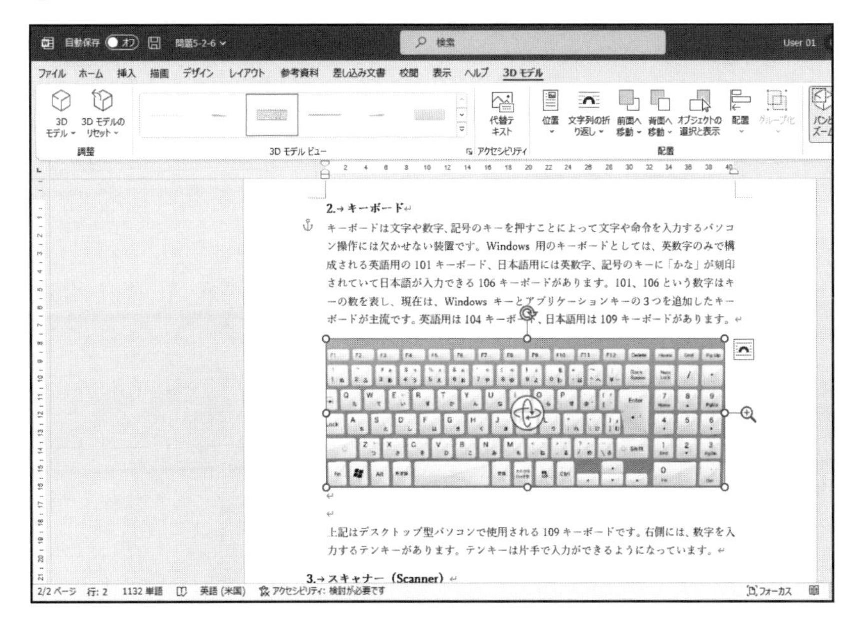

❽ 3D モデル内をポイントし、✥の形状で左方向にドラッグします。

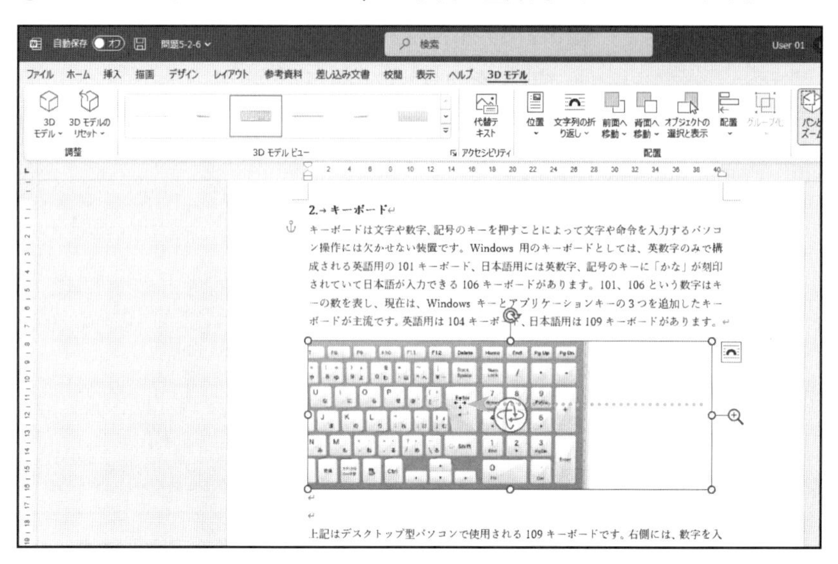

❾ 3D モデルがフレーム内で移動します。

❿［3D モデル］タブの［パンとズーム］ボタンをクリックして終了します。

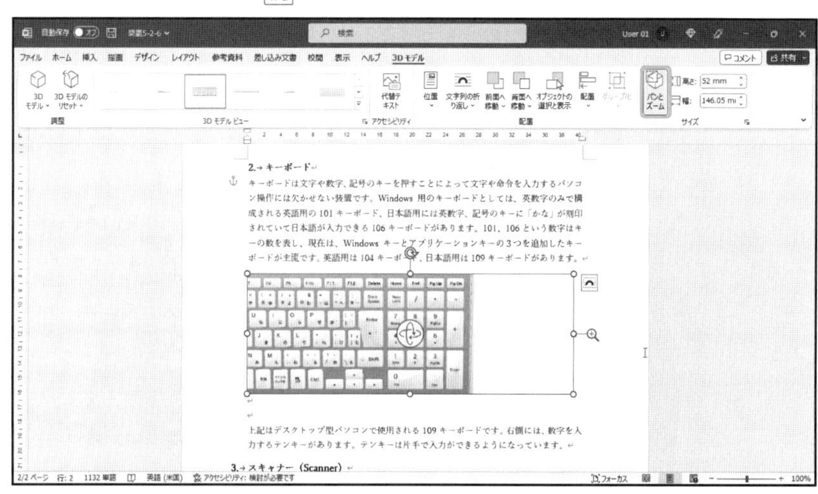

ポイント

パンとズーム

［パンとズーム］ボタンをクリックすると、3D モデルの周りのフレームのサイズは変えずに、拡大縮小、移動が行われ、フレームからはみ出た部分は表示されなくなります。

［パンとズーム］ボタン

5-3 グラフィック要素にテキストを追加する

テキストとは文字列のことです。ここでは、文書に挿入した図形やテキストボックス、SmartArt にテキストを追加したり、編集したりする方法を学習します。

5-3-1 テキストボックスにテキストを追加する、変更する

練習問題

問題フォルダー
└問題 5-3-1.docx

解答フォルダー
└解答 5-3-1.docx

【操作 1】「もりそば」のテキストボックスの先頭に「人気の」という文字列を追加し、文字列の配置を上下中央揃えに変更します。

【操作 2】文書の中央のテキストボックスに、10 行目「そばは…」から 12 行目の「…おいしい。」文字列を移動します。その際の文字列の書式は、テキストボックスの書式に合わせます。

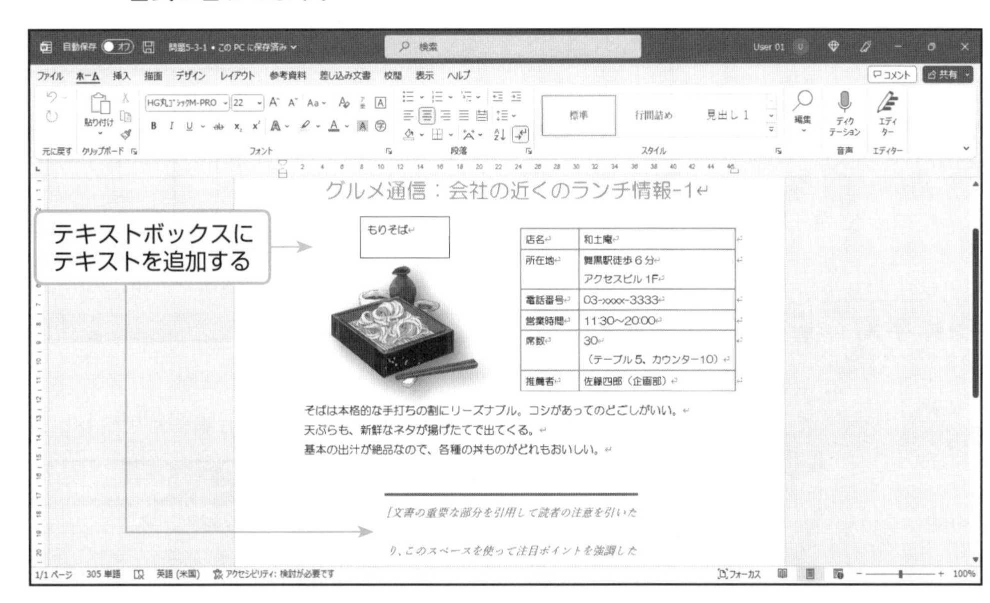

機能の解説

□ テキストボックス
□ 文字の配置

テキストボックスに文字を追加したり、変更したりするには、テキストボックスをクリックし、カーソルを表示して行います。直接入力するほかに、別の位置にある文字列をコピーして貼り付けることもできます。組み込みのテキストボックスは、デザインごとに書式が設定されていますが、横書きテキストボックスの場合、初期値では入力した文字は左上の位置に挿入されます。縦書きテキストボックスでは右上の位置に挿入されます。

●文字列の配置

テキストボックスの文字位置を変更するには、横方向の位置は、［ホーム］タブの ［左揃え］、 ［中央揃え］、 ［右揃え］ボタンで設定できます。縦方向の位置は、［図形の書式］タブの ［文字の配置］ボタンをクリックした一覧から選択します。

縦書きテキストボックスの場合、横方向の位置は、［図形の書式］タブの ［文字の配置］ボタンで設定し、縦方向の位置は［ホーム］タブの ［上揃え］、 ［上下中央揃え］、 ［下揃え］ボタンで設定できます。

横書きテキストボックス

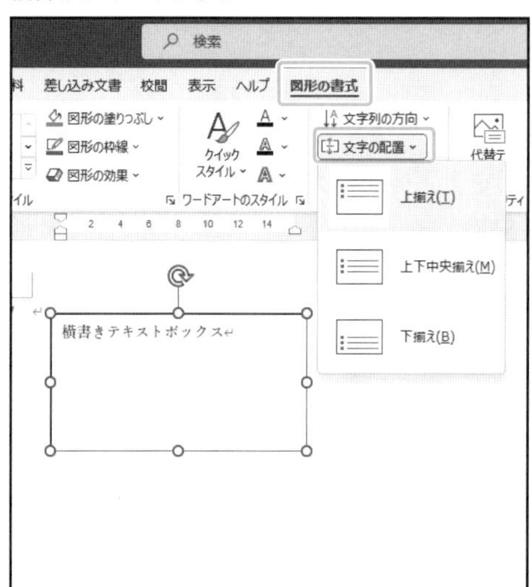

縦書きテキストボックス

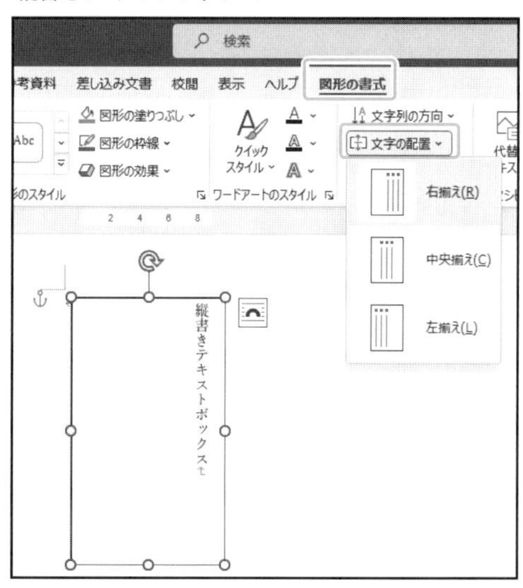

操作手順

【操作 1】

❶「もりそば」のテキストボックスの行頭部分をクリックし、カーソルを表示します。

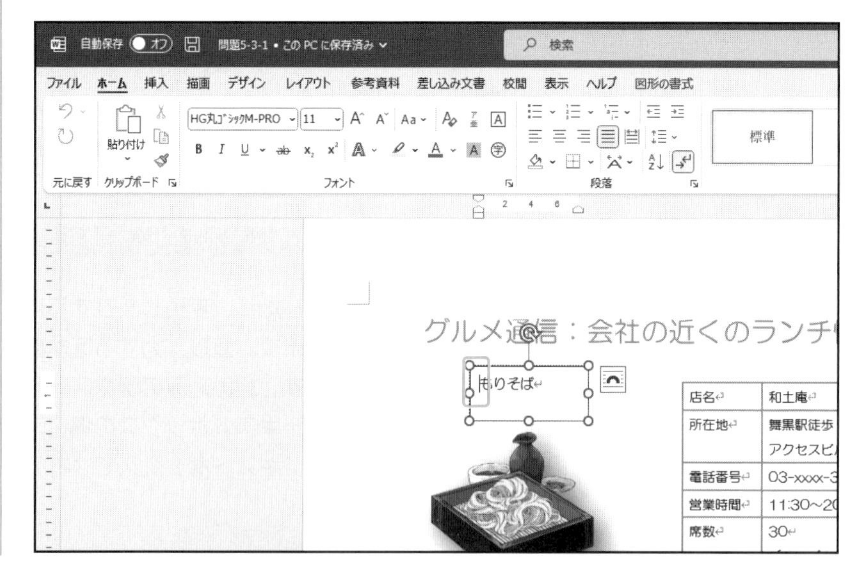

ヒント

テキストボックスのフォント

この練習問題では、テキストボックスの文字位置が確認しやすいように、初期値のフォントの游明朝からHG丸ゴシックM-PROに変更してあります。

❷「人気の」と入力します。

❸ 入力した文字はテキストボックスの左上の位置に表示されます。

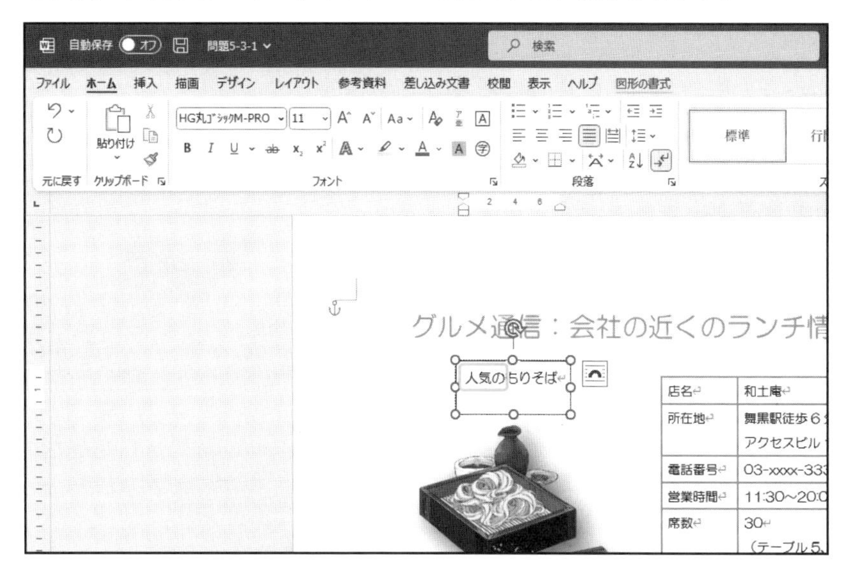

❹ テキストボックスが選択された状態のまま、［図形の書式］タブの［文字の配置］ボタンをクリックし、［上下中央揃え］をクリックします。

❺ テキストボックスの上下の中央の位置に表示されます。

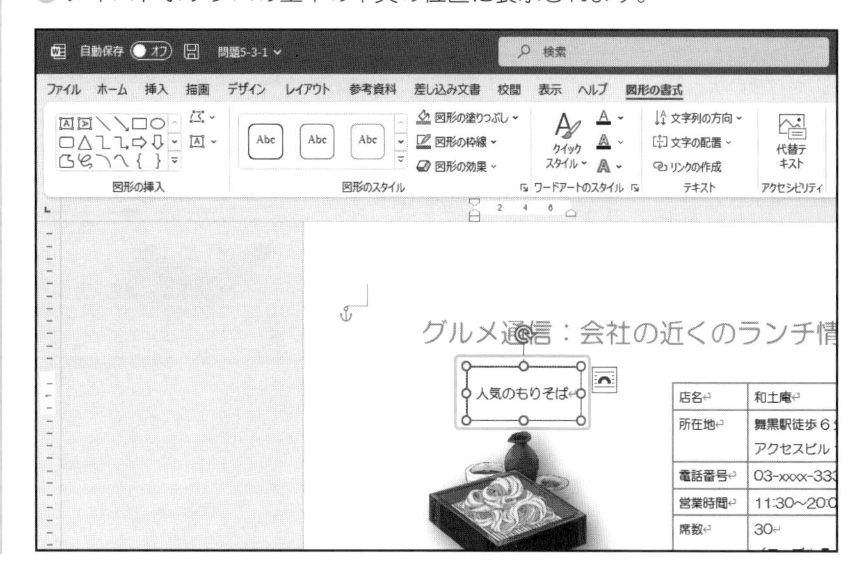

【操作 2】

❻ 10 行目「そばは…」から 12 行目の「…おいしい。」を行単位で選択します。

❼［ホーム］タブの［切り取り］ボタンをクリックします。

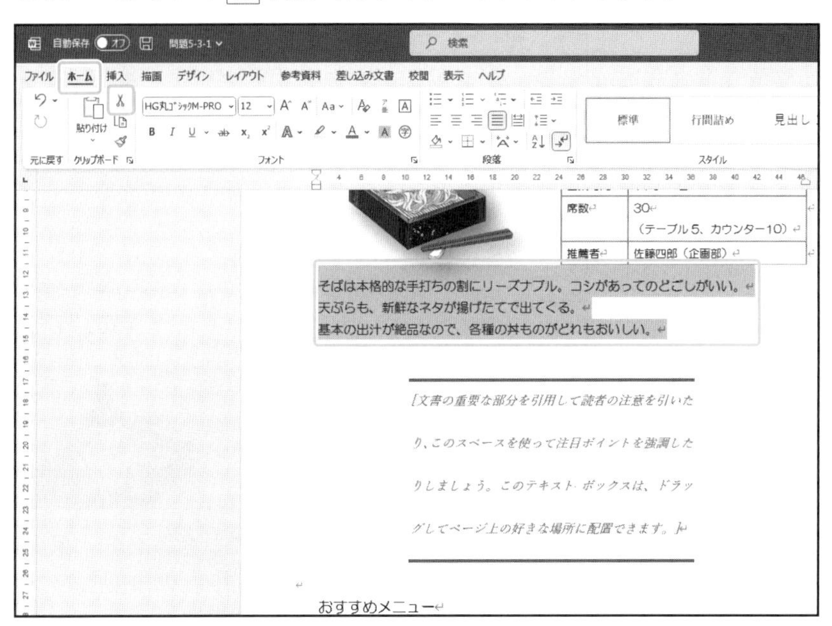

❽ テキストボックスをクリックして選択します。

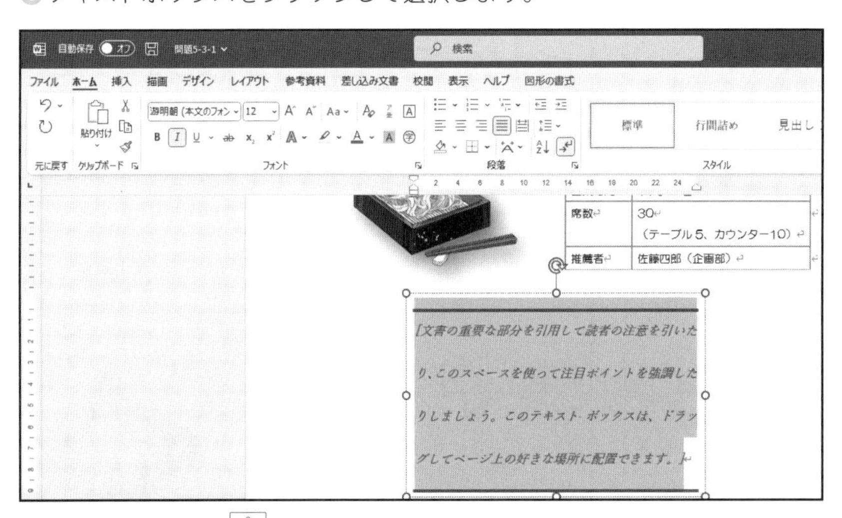

❾［ホーム］タブの［貼り付け］ボタンの▼をクリックし、［貼り付けのオプション］の［テキストのみ保持］（右端）をクリックします。

ヒント

テキストボックス内の説明文

この練習問題には組み込みのテキストボックス「オースティン ー 引用」が挿入されています。テキストボックス内の説明文は、選択した状態で **Delete** キーを押せば削除できますが、そのまま文字を入力しても削除されます。

ポイント

貼り付けのオプション

［貼り付け］ボタンの［貼り付けのオプション］の一覧の候補をポイントすると、貼り付け後の状態をリアルタイムプレビューで確認できます。文字だけを貼り付けるには、［テキストのみ保持］を選択します。行単位で選択していても文字列のみが貼り付けられ、貼り付け先の書式に合わせられます。

その他の操作方法

貼り付けのオプション

貼り付けの操作後に表示されるスマートタグの (Ctrl)▾［貼り付けのオプション］ボタンをクリックしても［貼り付けのオプション］の一覧を表示できます。

⑩ テキストボックス内に文字列が移動して、テキストボックスの書式に合わせて表示されます。

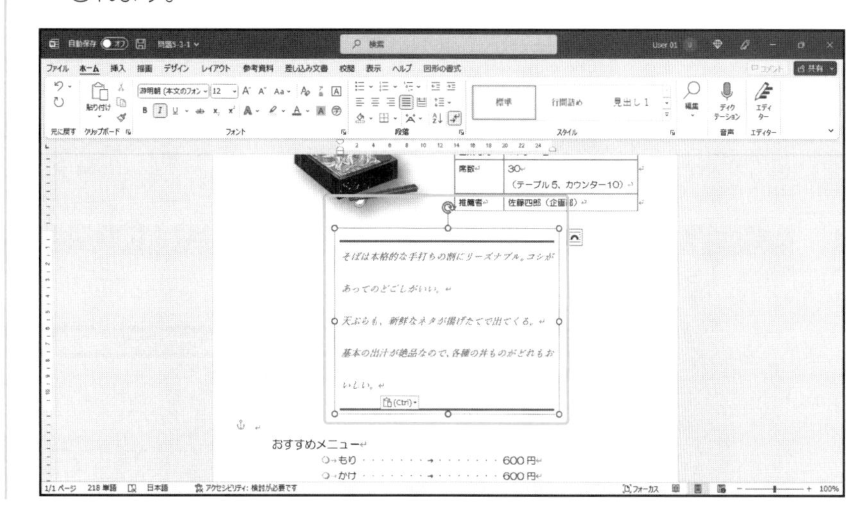

5-3-2 図形にテキストを追加する、変更する

練習問題

問題フォルダー
└問題 5-3-2.docx

解答フォルダー
└解答 5-3-2.docx

文頭にある図形に「スタンプラリー」という文字列を追加し、フォントサイズを 28pt、フォントの色を黄色に変更します。

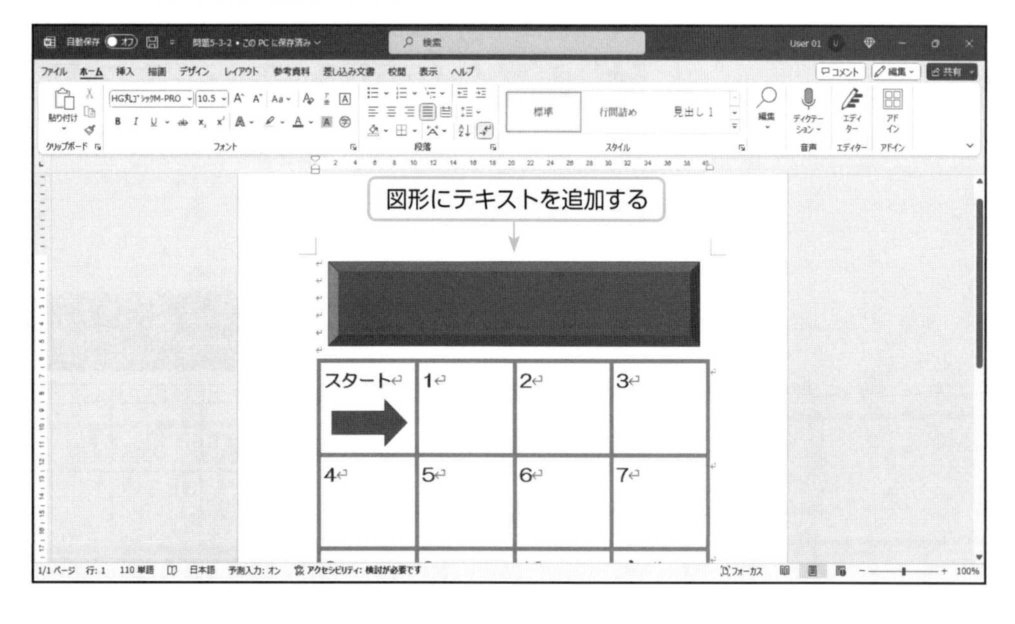

重要用語

図形への文字列の追加

図形を選択して入力するだけで、図形内に文字列を挿入できます。入力した文字列は、図形の上下左右の中央の位置に挿入されます。初期値の塗りつぶしが青色の図形の場合は、白色の文字が挿入されます。必要に応じて、［ホーム］タブの［フォント］グループのボタンなどで文字列の書式を変更します。

操作手順

❶図形を選択します。

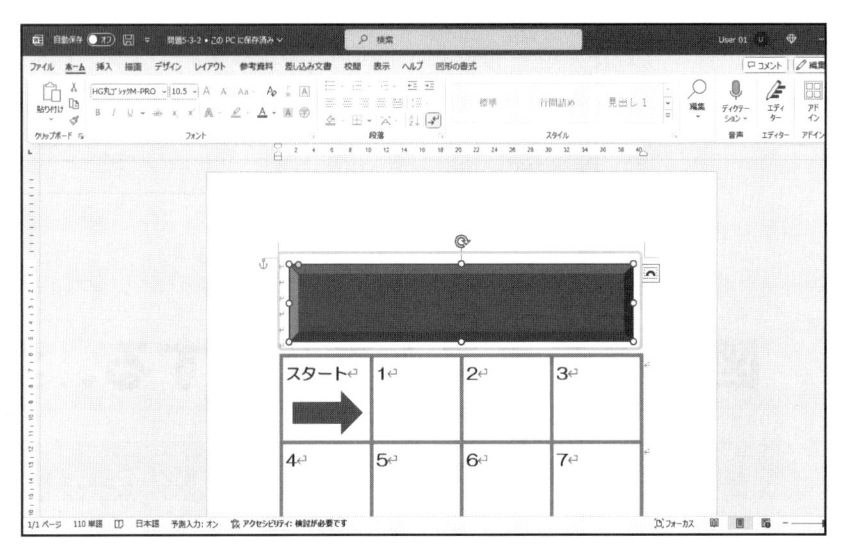

❷「スタンプラリー」と入力します。

❸選択した図形の中央に文字列が挿入されます。

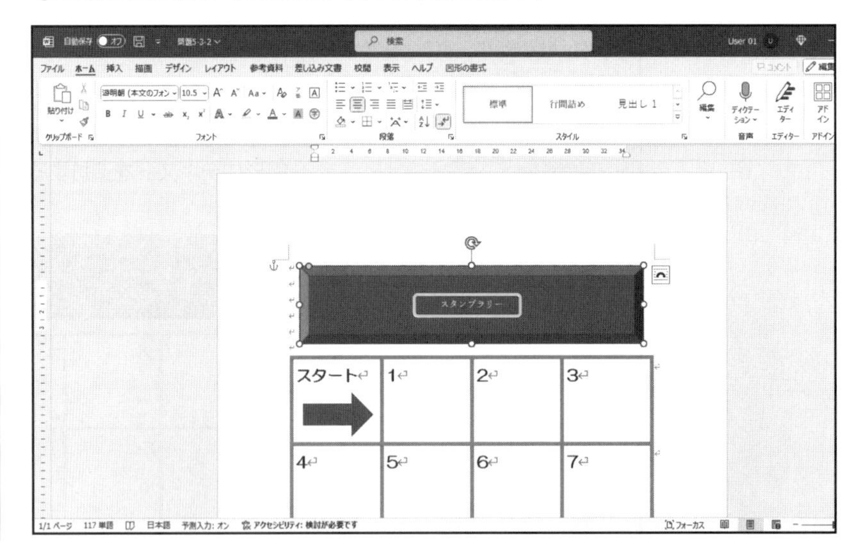

ヒント

図形の選択

図形の枠線をクリックして図形全体を選択しておくと、文字列をドラッグする必要がなく、書式を変更できます。

④図形の枠線をクリックして、図形全体を選択します。

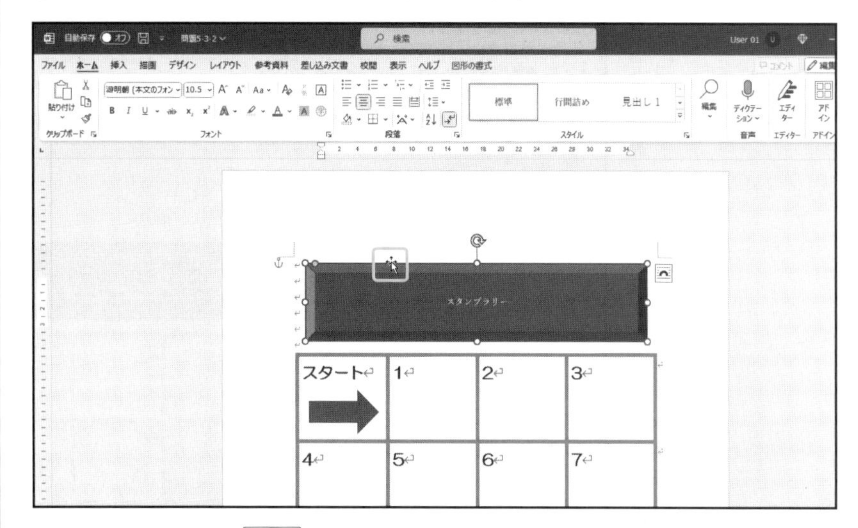

⑤［ホーム］タブの 10.5 ［フォントサイズ］ボックスの▼をクリックし、［28］をクリックします。

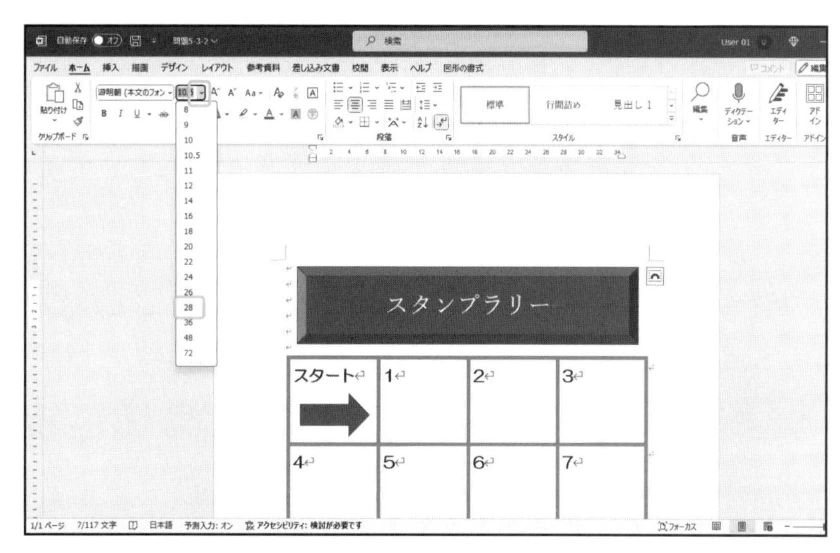

⑥図形内の文字列のフォントサイズが変更されます。

⑦［ホーム］タブの A ［フォントの色］ボックスの▼をクリックし、［標準の色］の［黄］をクリックします。

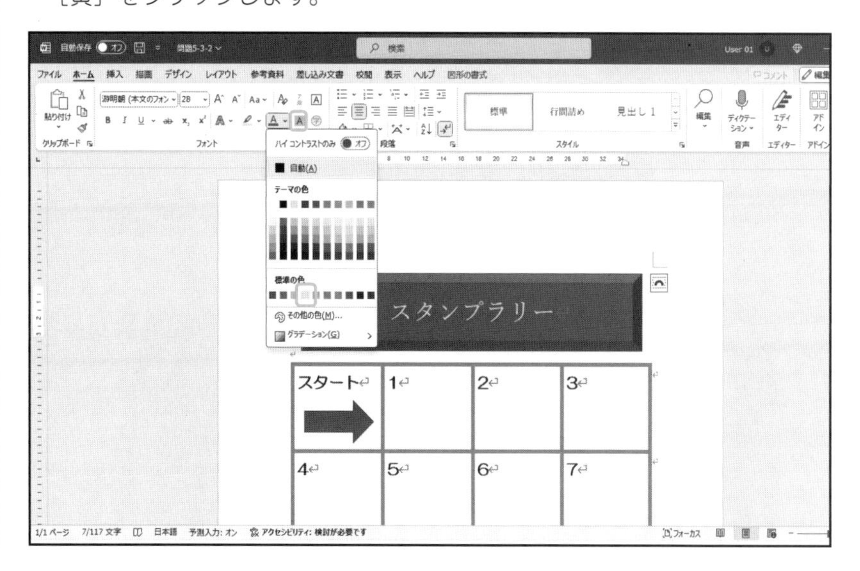

第5章 グラフィック要素の挿入と書式設定

❽図形内のフォントの色が変更されます。

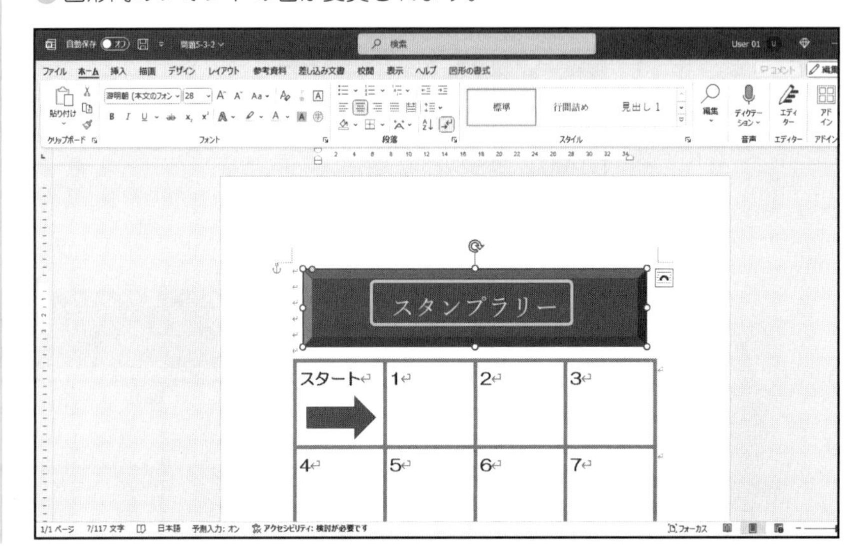

5-3-3 SmartArt の内容を追加する、変更する

練習問題

問題フォルダー
└問題 5-3-3.docx
解答フォルダー
└解答 5-3-3.docx

【操作 1】SmartArt の末尾に図形を追加し、図形に「キーワード」と入力します。
【操作 2】SmartArt の「年月日」（3 番目の項目）の図形を「発行年月日」に修正し、「記事タイトル」（2 番目の項目）の図形の前に移動します。

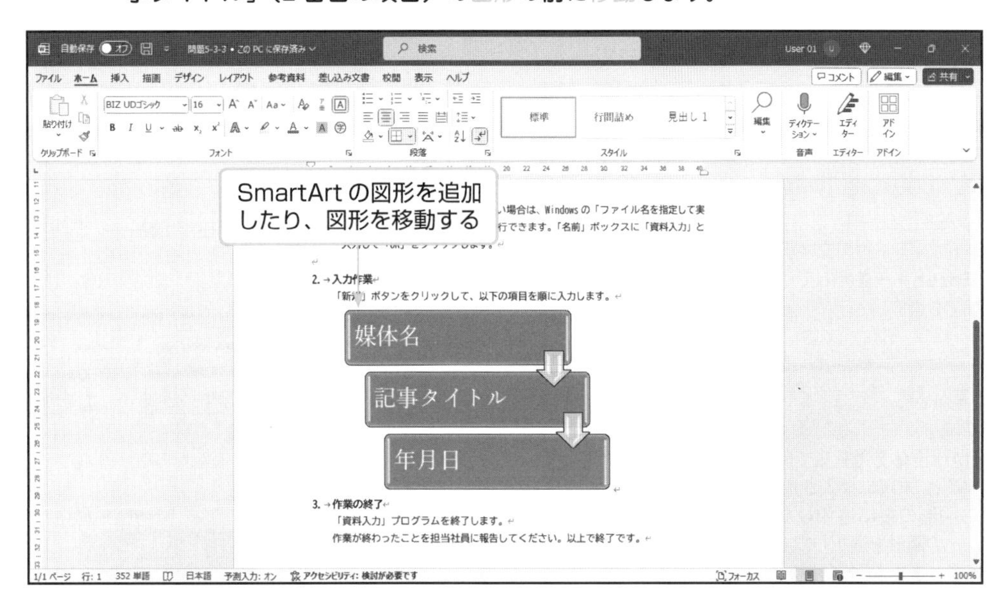

機能の解説

- SmartArt の図形の追加
- SmartArt の図形の削除
- SmartArt の図形の移動
- [図形の追加] ボタン
- [上へ移動] ボタン
- [下へ移動] ボタン
- [右から左] ボタン

SmartArt では、図形の追加や削除、図形の移動、左右の入れ替えなどレイアウトを変更することができます。SmartArt を選択すると表示される [SmartArt のデザイン] タブの [グラフィックの作成] グループの各ボタンを使用します。

●図形の追加と削除

図形を追加するには、[図形の追加] ボタンをクリックします。現在の図形の下に同じ図形が挿入されます。[図形の追加] ボタンの▼をクリックすると、挿入する位置を選択できます。図形を削除するには、図形を選択して **Delete** キーを押すか、テキストウィンドウ内で箇条書きの「・」を削除します。

SmartArt を選択すると表示される [SmartArt のデザイン] タブ

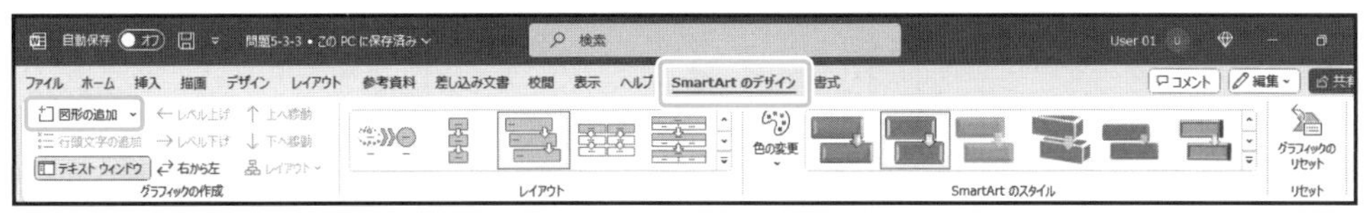

第5章 グラフィック要素の挿入と書式設定

●図形のレベルの変更

SmartArtの図形の順番を変更するには、図形を選択して、［SmartArtのデザイン］タブの ↑上へ移動 ［上へ移動］ボタン、↓下へ移動 ［下へ移動］ボタンを使用します。また、⇄右から左 ［右から左］ボタンをクリックすると、レイアウトの左右が入れ替わります。

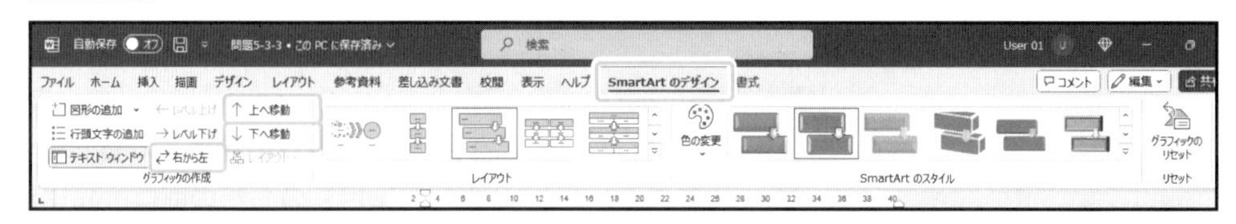

操作手順

【操作 1】

❶文書内の SmartArt を選択します。

❷［SmartArt のデザイン］タブの 図形の追加 ［図形の追加］ボタンをクリックします。

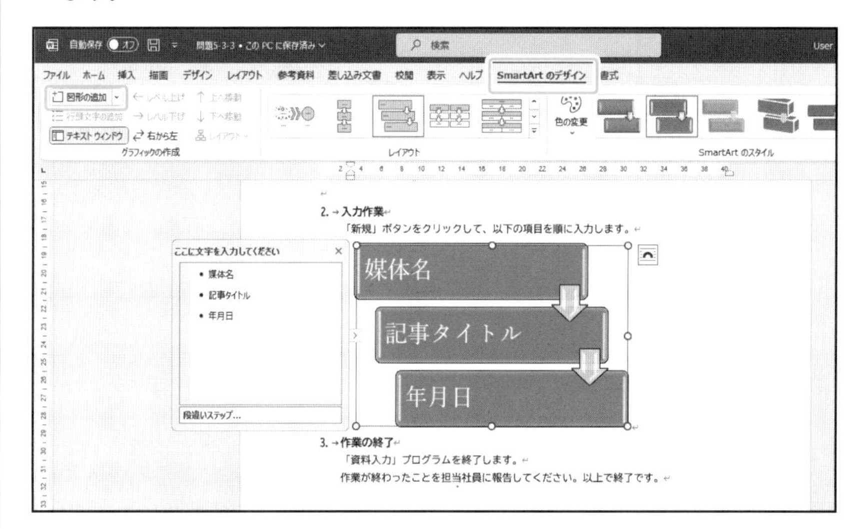

❸SmartArt の一番下に図形が 1 つ挿入されます。

❹図形が選択されていることを確認し、「キーワード」と入力します。

❺SmartArt の図形に文字列が挿入されます。

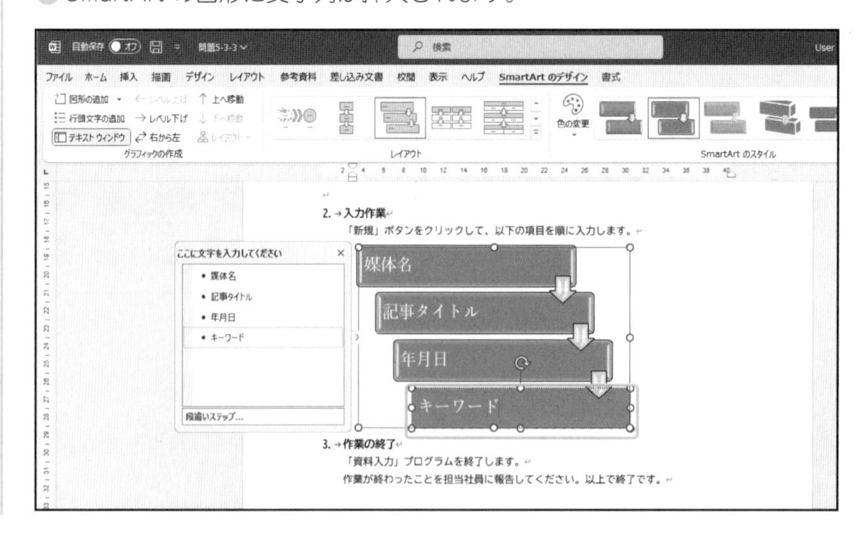

その他の操作方法

図形の追加

テキストウィンドウの文字列の末尾で **Enter** キーを押しても図形を追加できます。

ヒント

図形の追加

SmartArt 全体を選択して図形を追加すると、末尾に挿入されます。特定の図形の後に追加したい場合は、その図形を選択してから操作します。また、図形の追加 ［図形の追加］ボタンの▼をクリックすると、図形の前後や上下など挿入する位置を選択できます。上下は階層関係を示す SmartArt において、上下のレベルに図形を追加するときに選択します。

その他の操作方法

図形への文字の入力

テキストウィンドウの「・」の後ろに入力します。

【操作 2】

⑥ SmartArt の「年月日」（3 番目の項目）の図形を選択します。

⑦ 行頭をクリックしてカーソルを移動し、「発行」と入力します。

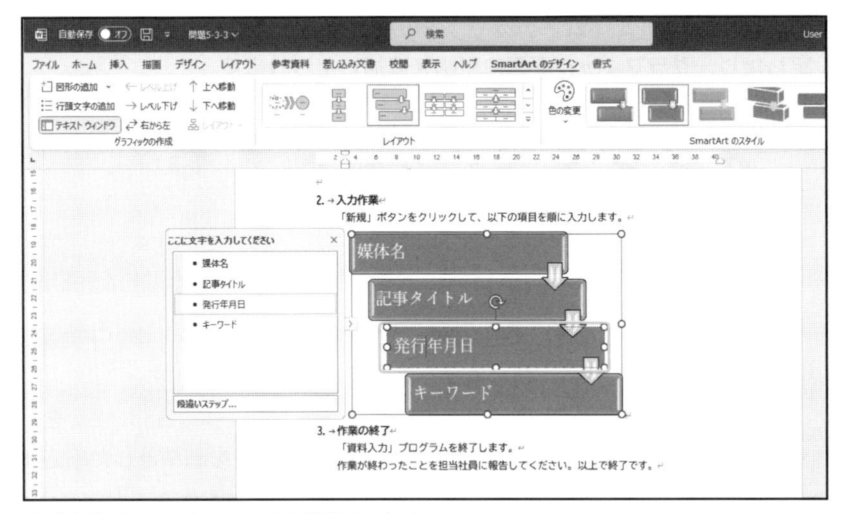

⑧「発行年月日」の図形を選択します。

⑨ [SmartArt のデザイン] タブの [↑ 上へ移動] [上へ移動] ボタンをクリックします。

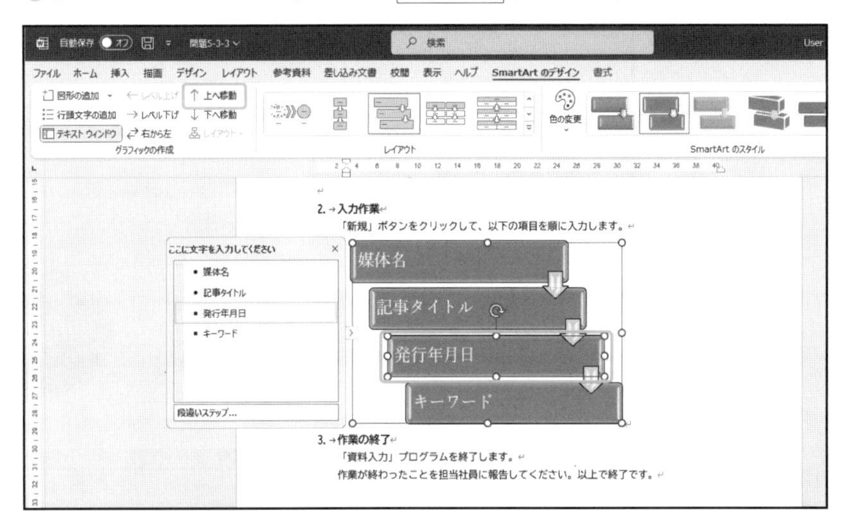

⑩「発行年月日」の図形が 2 番目に移動し、「記事タイトル」の図形が 3 番目になります。

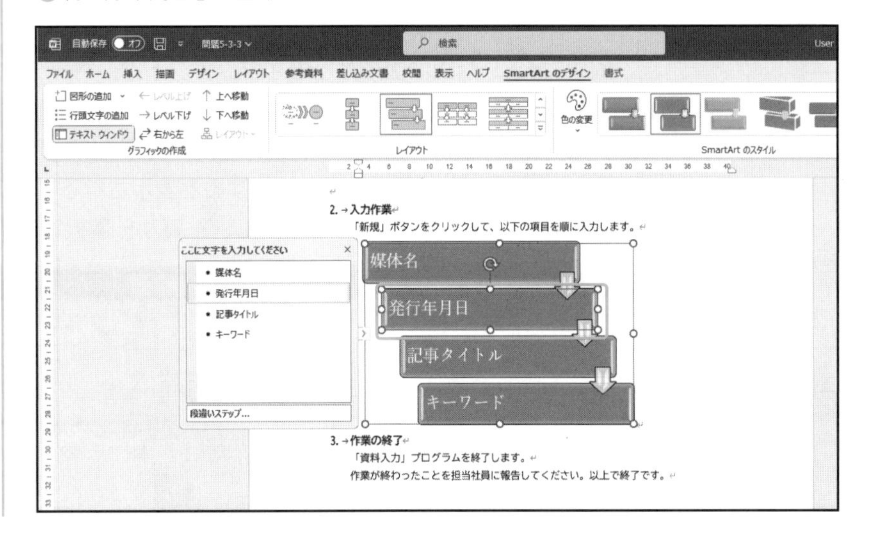

5-4　グラフィック要素を変更する

ここでは、図形、画像、SmartArtなどのグラフィック要素の文書内での配置を変更する方法を学習します。周囲の文字列との配置を設定したり、グラフィック要素に説明を追加したりします。

5-4-1　オブジェクトを配置する

練習問題

解答フォルダー
└解答 5-4-1.docx

【操作 1】ページの左側にある画像の位置を「中央下に配置し、四角の枠に沿って文字列を折り返す」に変更します。

【操作 2】ページの右側にある画像の水平方向の位置を「余白」を基準とした「右揃え」、垂直方向の位置を「ページ」を基準とした下方向の距離「75mm」に変更します。

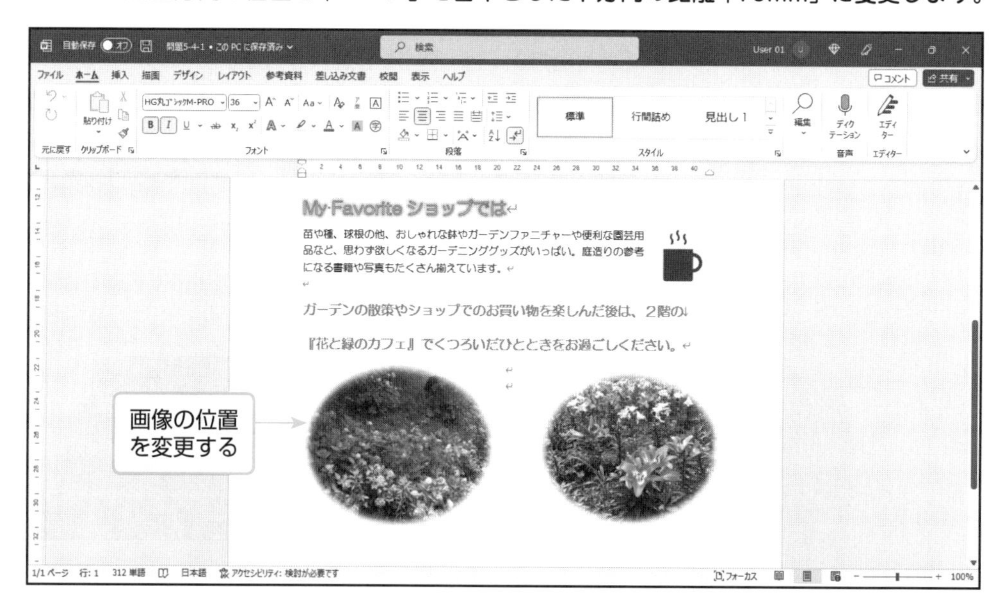

機能の解説

- 図の位置
- ［位置］ボタン
- ［レイアウト］ダイアログボックス

文書内に挿入した図や図形などのオブジェクトは、ページ内の指定した位置に配置することができます。配置できる場所は、行内、ページ内の左上、中央上、右上、左中央、中心、右中央、左下、中央下、右下です。文字列は自動的に図や図形の周囲で折り返されます。配置を変更するには、図や図形を選択すると表示される［図の形式］タブや［図形の書式］タブの［位置］ボタンをクリックし、一覧から選択します。

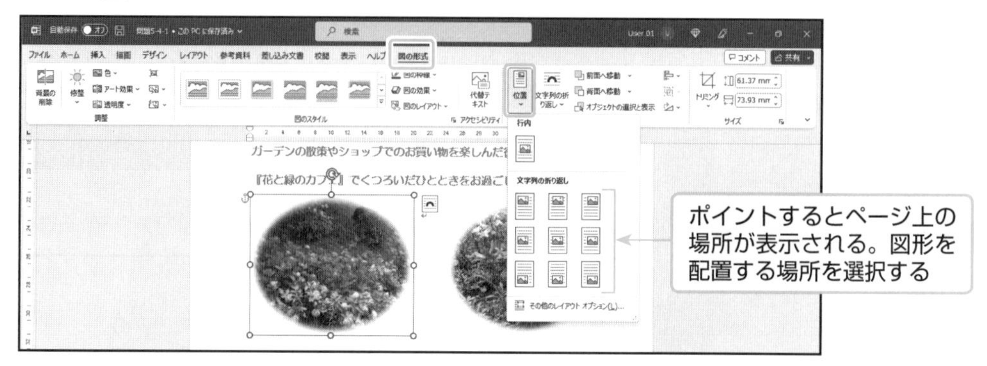

●オブジェクトの詳細な配置

オブジェクトの位置に関して、より詳細に設定したい場合は、[レイアウト] ダイアログボックスを使用します。水平と垂直方向の位置を数値で設定することや、ページの端や余白からの距離や相対的な位置のような詳細な指定をすることができます。[レイアウト] ダイアログボックスは、[文字列の折り返し] ボタンまたは [位置] ボタンの一覧の [その他のレイアウトオプション] をクリックして表示します。

なお、[レイアウト] ダイアログボックスの [位置] タブを使用するには、文字列の折り返しが [行内] 以外である必要があります。

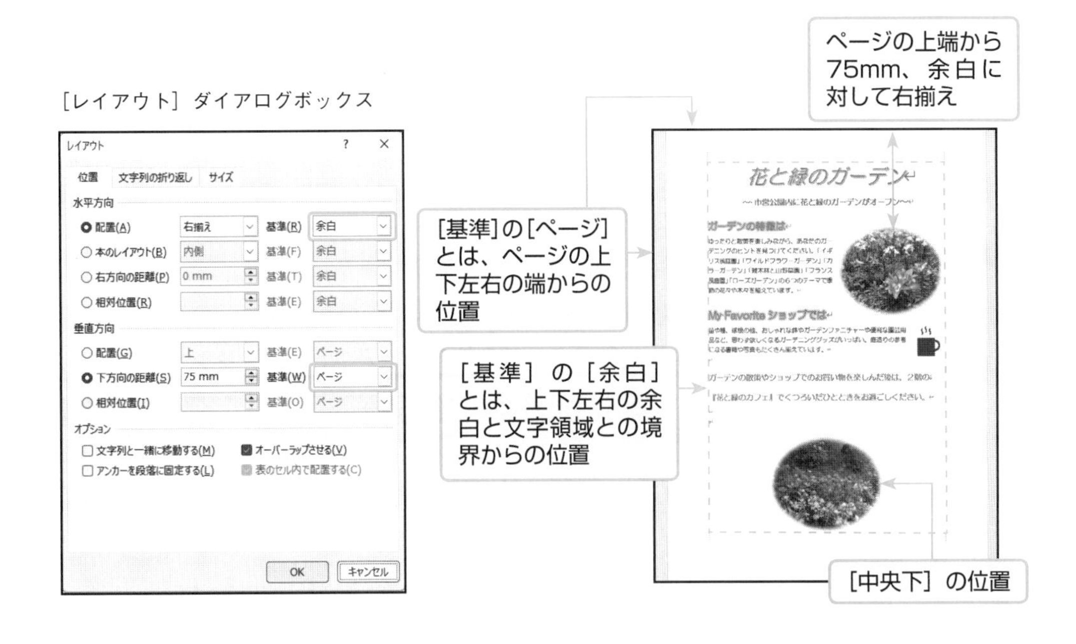

操作手順

【操作 1】

❶左側にある画像を選択します。

❷[図の形式] タブの [位置] ボタンをクリックします。

❸一覧から [中央下に配置し、四角の枠に沿って文字列を折り返す] をクリックします。

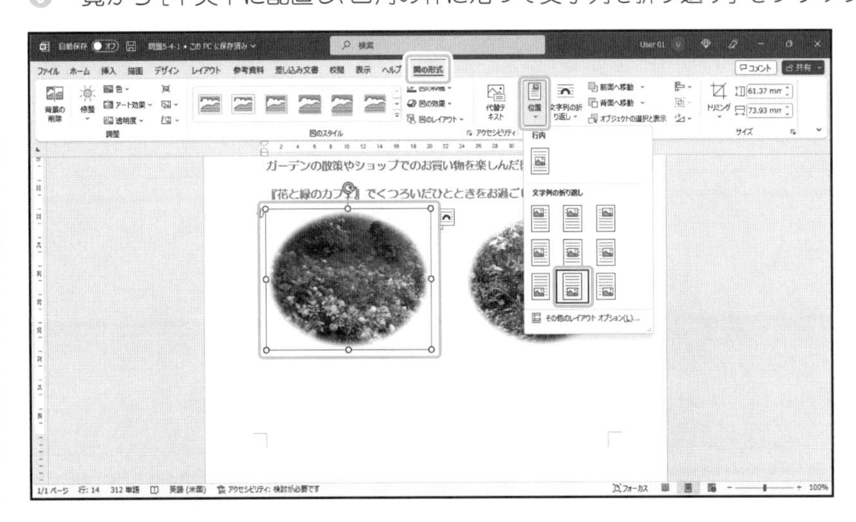

第5章 グラフィック要素の挿入と書式設定

❹画像がページ下の中央に配置され、文字列の折り返しが設定されます。

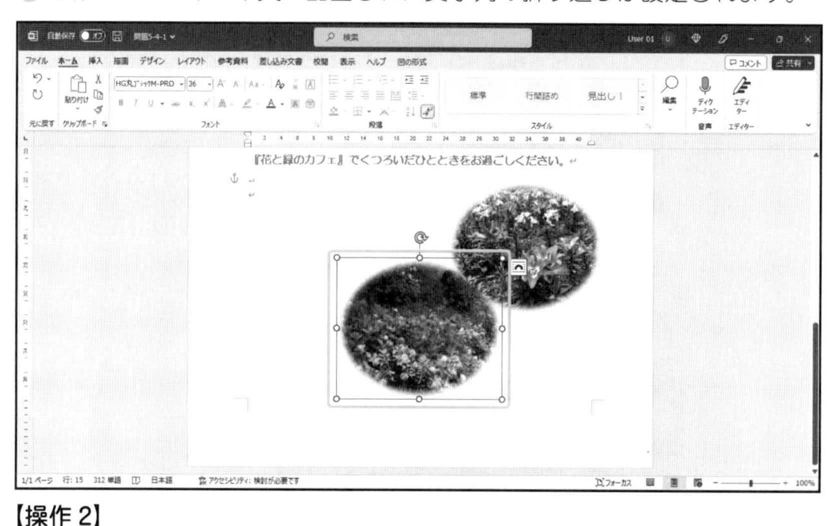

【操作 2】

❺右側にある画像を選択します。

❻［図の形式］タブの［位置］ボタンをクリックします。

❼一覧から［その他のレイアウトオプション］をクリックします。

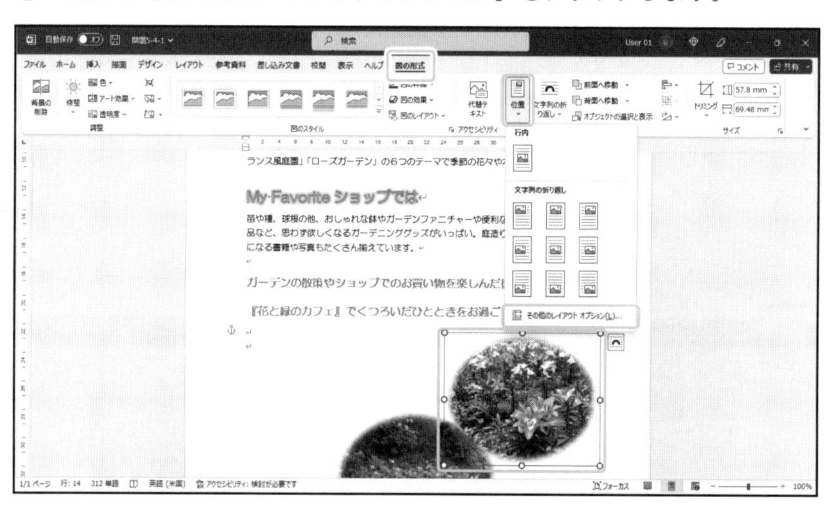

その他の操作方法

［レイアウト］ダイアログボックスの表示

画像を右クリックしてショートカットメニューの［レイアウトの詳細設定］をクリックしても［レイアウト］ダイアログボックスが表示されます。

⑧［レイアウト］ダイアログボックスの［位置］タブが表示されます。

⑨［水平方向］の［配置］を選択し、右端の▼をクリックして［右揃え］をクリックします。

⑩［基準］ボックスの▼をクリックして［余白］に設定します。

⑪［垂直方向］の［下方向の距離］を選択し、「75」と入力するか、右端の▼をクリックして「75mm」に設定します。

⑫［基準］ボックスの▼をクリックして［ページ］に設定します。

⑬［OK］をクリックします。

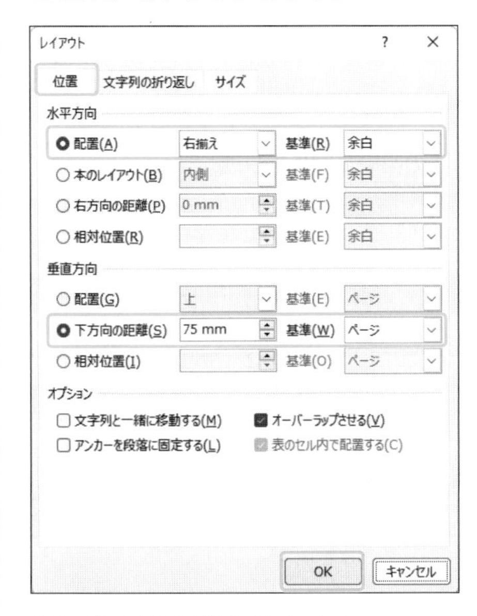

⑭画像の位置が変更されます。

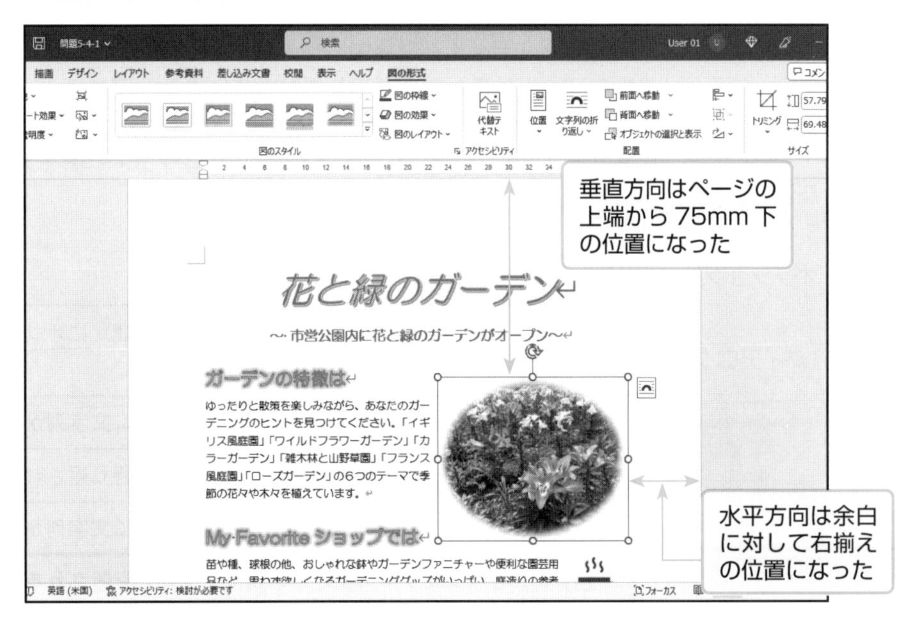

5-4-2 オブジェクトの周囲の文字列を折り返す

練習問題

問題フォルダー
└問題 5-4-2.docx
解答フォルダー
└解答 5-4-2.docx

【操作 1】3 行目に挿入されている図の文字列の折り返しを「四角形」に変更します。
【操作 2】図を「【はじめに】」の下の文章の右側に移動します。

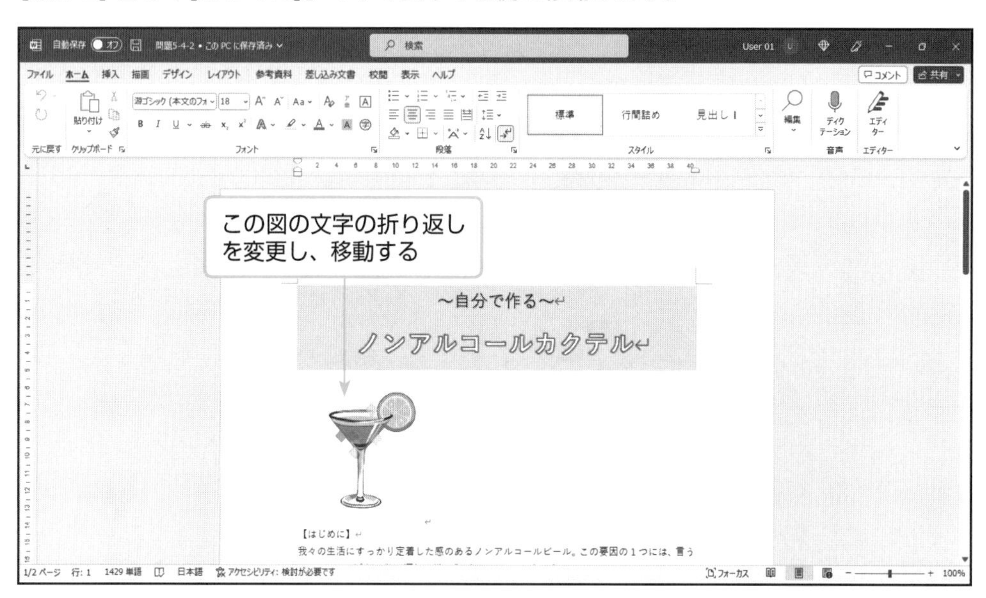

機能の解説

□ 文字列の折り返し
□ [文字列の折り返し] ボタン
□ [レイアウトオプション] ボタン
□ [レイアウト]ダイアログボックス

図形や 3D モデルを文書中に挿入したときの文字列の折り返しの設定は、既定では図形が文字列の上に重なる「前面」になっています。図を挿入した場合は、図の大きさに合わせて行の高さが広がる「行内」になっています。必要に応じて文字列の折り返しを「四角形」や「狭く」などに変更し、文字列とバランスよく配置することができます。文字列の折り返しの種類には以下があります。

文字列の折り返しの種類

行内	行内のカーソルの位置（文字と文字の間）にオブジェクトが配置される 通常、図はこの形式で挿入される
四角形	オブジェクトの周囲を四角で囲むように文字列が折り返される
狭く	オブジェクトの輪郭に沿って文字列が折り返される
内部	オブジェクトの周囲と内部の空白部分に文字列が配置される
上下	オブジェクトの上と下の行に文字列が配置される
背面	オブジェクトと文字列が重なり、オブジェクトが文字列の背面に配置される
前面	オブジェクトと文字列が重なり、オブジェクトが文字列の前面に配置される 通常、図形はこの形式で挿入される

文字列の折り返しを変更するには、図や図形を選択すると表示される［図の形式］タブや［図形の書式］タブの ［文字列の折り返し］ボタンをクリックし、一覧から選択します。また、図や図形を選択すると表示される ［レイアウトオプション］ボタンから変更することもできます。このボタンをクリックすると表示される［文字列の折り返し］の一覧から選択します。

［図の形式］タブから設定する

［レイアウトオプション］ボタンから設定する

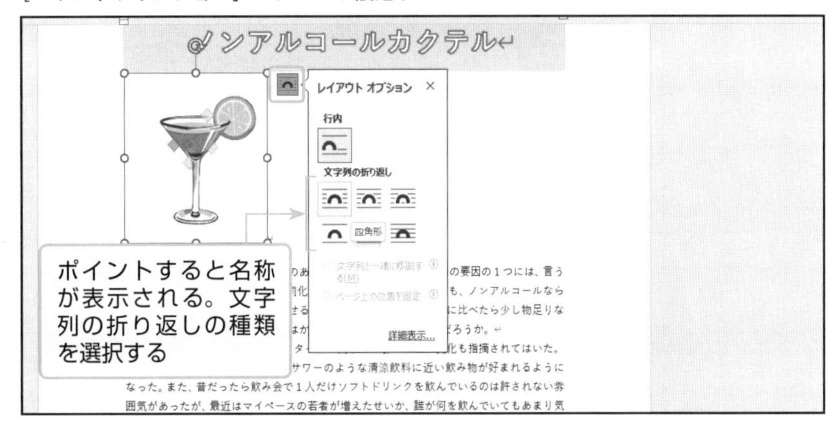

●文字列の折り返しの詳細設定

折り返した文字列を左右どちらかだけに配置したり、図と文字列との間隔を指定したりするには、［レイアウト］ダイアログボックスの［文字列の折り返し］タブ使用します。 ［文字列の折り返し］ボタンの一覧から［その他のレイアウトオプション］を選択すると［レイアウト］ダイアログボックスが表示されます。

［レイアウト］ダイアログボックス

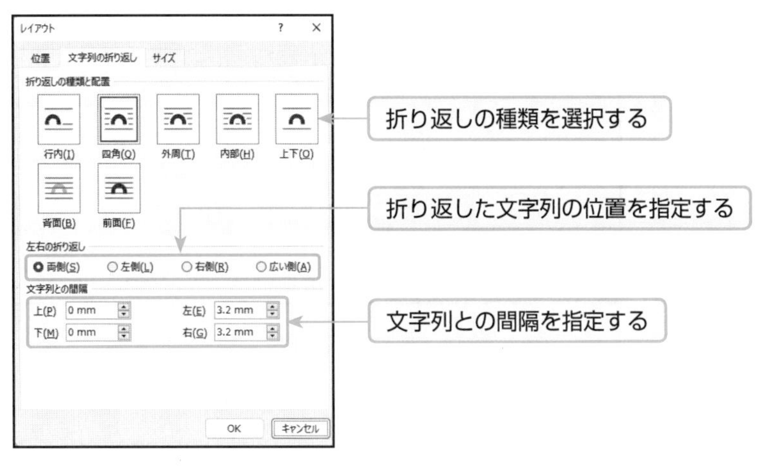

操作手順

【操作 1】

❶ 3 行目に挿入されている図を選択します。

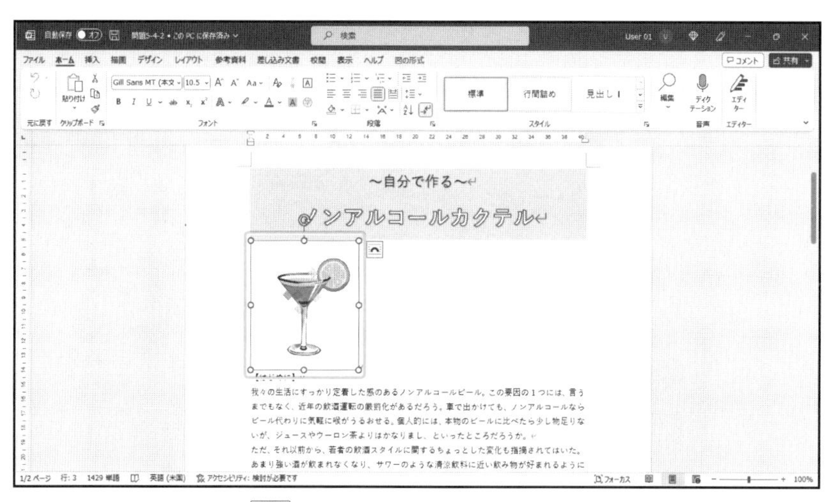

❷［図の形式］タブの［文字列の折り返し］ボタンをクリックします。

❸ 一覧から［四角形］をクリックします。

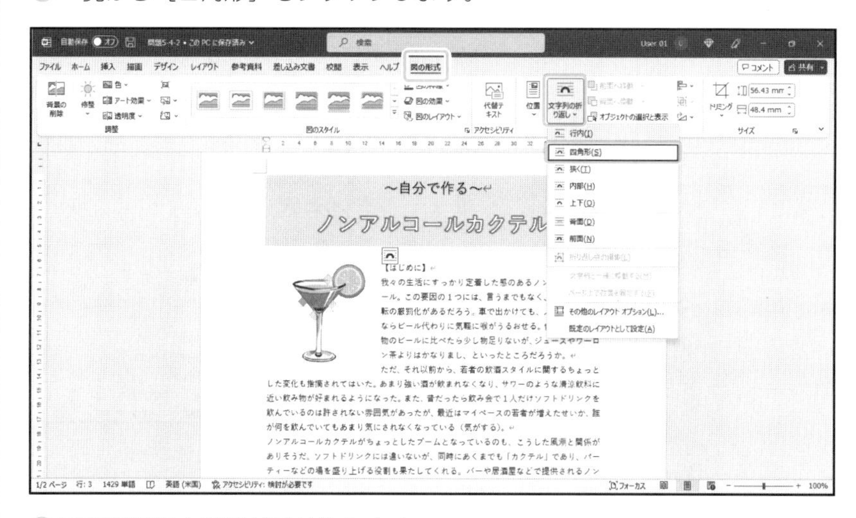

❹ 図の周囲に文字列が回り込みます。

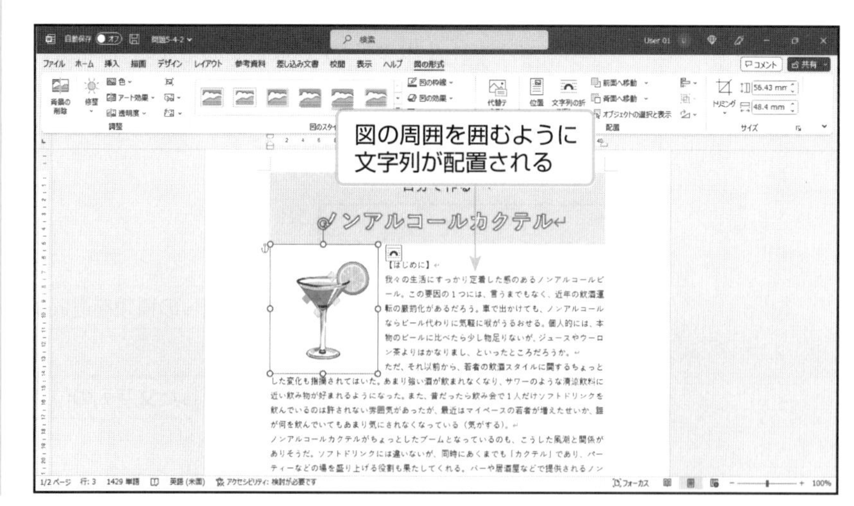

【操作 2】

❺ 図の中または枠線をポイントします。

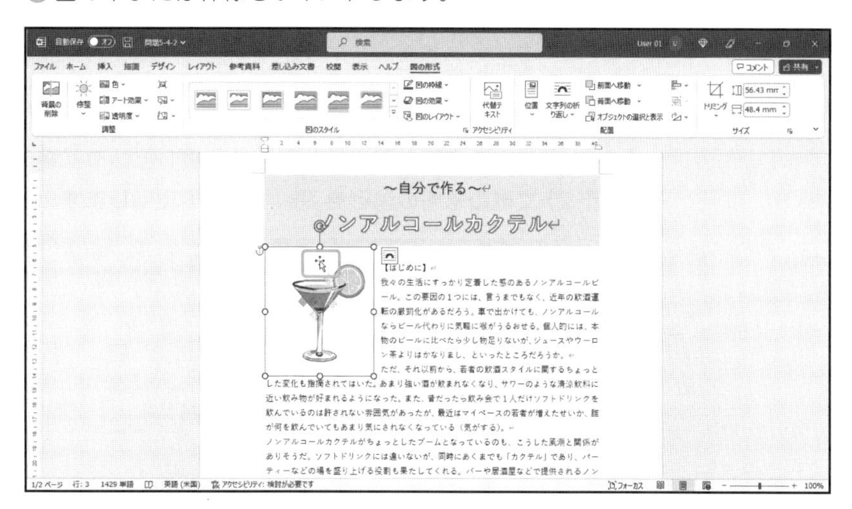

❻ マウスポインターが ✥ の形状になっていることを確認し、右側にドラッグします。

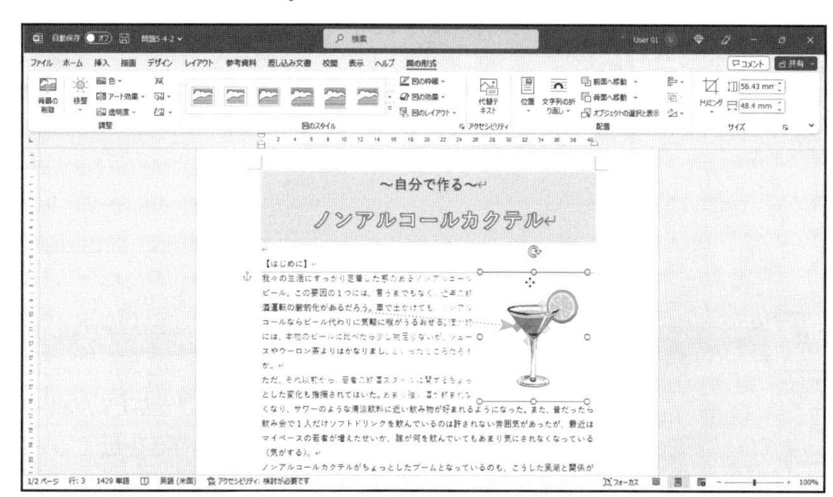

❼ 図が移動し、文字列の右側に配置されます。

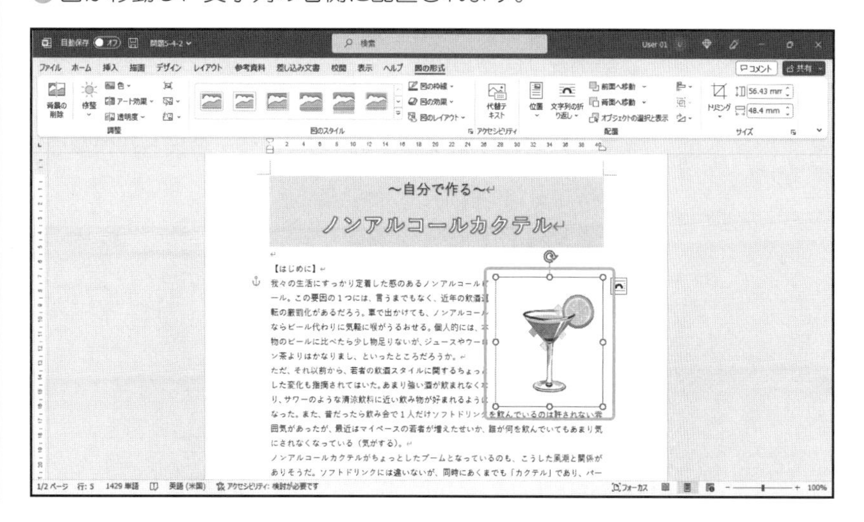

ポイント

図の移動

図の文字列の折り返しが［行内］のままだと自由に図を移動することができません。［四角形］や［狭く］などの［行内］以外に変更すると、ドラッグ操作で図を移動することができます。その際には、図の中または枠線上をポイントし、マウスポインターが ✥ の形状でドラッグします。

5-4-3 オブジェクトに代替テキストを追加する

練習問題

問題フォルダー
└問題 5-4-3.docx

解答フォルダー
└解答 5-4-3.docx

【操作 1】文書の先頭の図に「トマトの写真」という代替テキストに修正します。
【操作 2】文書の末尾の図形を装飾用として設定します。

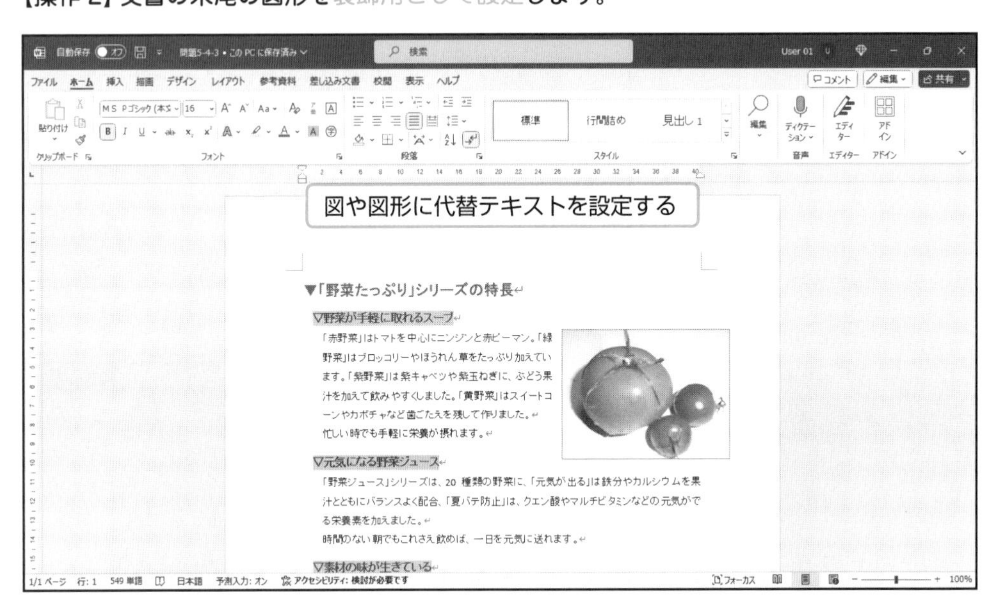

機能の解説

- 代替テキスト
- [代替テキスト]作業ウィンドウ
- 装飾用として設定
- [表のプロパティ]ダイアログボックス

代替テキストとは、画像や表などを表示できないWebブラウザーや音声読み上げソフトを使用している場合に、文書内の要素の内容を伝えるものです。Webページとして保存した文書をWebブラウザーで読み込み中に画像や表の代わりに表示したり、音声読み上げソフトで読み上げに使う言葉として使用します。画像を挿入すると、自動的に代替テキストが作成されますが、ユーザーが追加修正することができます。また、代替テキストが必要のない画像や図形は装飾用として設定することもできます。
画像やイラストなどの図に代替テキストを設定するには、[図の形式]タブの [代替テキスト]ボタンをクリックして[代替テキスト]作業ウィンドウで入力します。

[代替テキスト]作業ウィンドウ

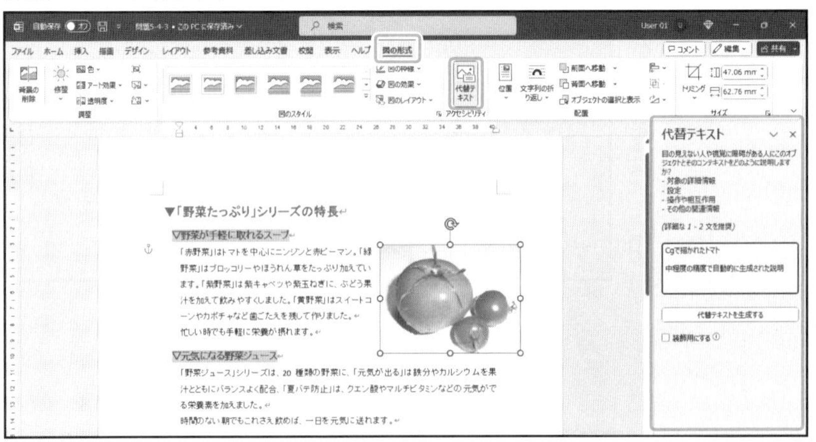

操作手順

その他の操作方法

[代替テキスト] 作業ウィンドウの表示

図を右クリックしてショートカットメニューの［代替テキストを表示］をクリックしても表示できます。

ヒント

説明の生成

[代替テキスト] 作業ウィンドウの［代替テキストを生成する］をクリックすると、自動で説明が作成されて表示されます。

【操作 1】

❶トマトの画像を選択します。

❷［図の形式］タブの［代替テキスト］ボタンをクリックします。

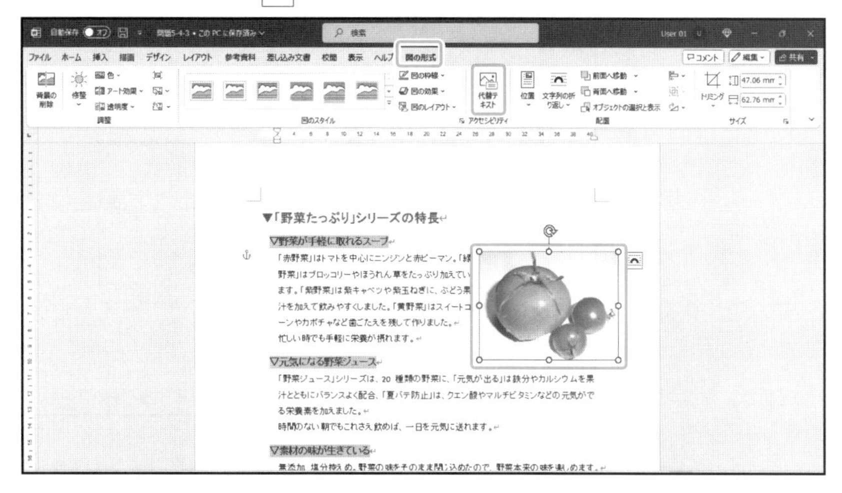

❸［代替テキスト］作業ウィンドウが表示されます。

❹説明用のボックスに自動で生成された内容が表示されていることを確認します。

❺表示されている説明文を削除して、「トマトの写真」と入力します。

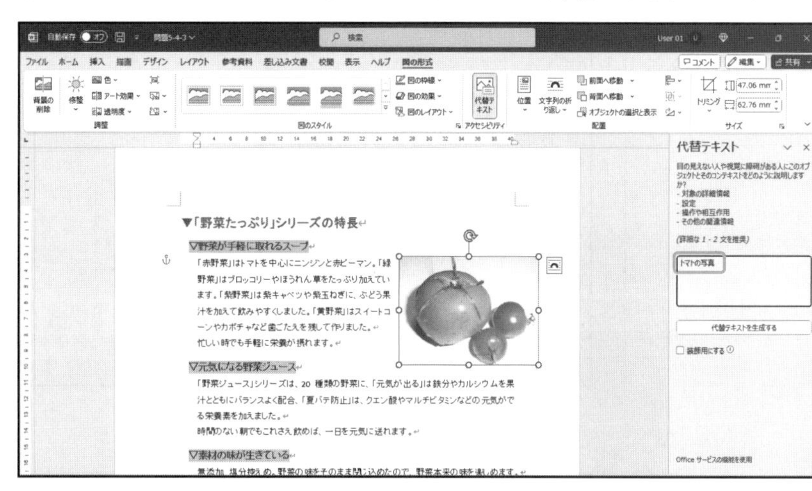

【操作 2】

❻文書の末尾にある図形を選択します。

❼［代替テキスト］作業ウィンドウに選択した図形の内容が表示されます。

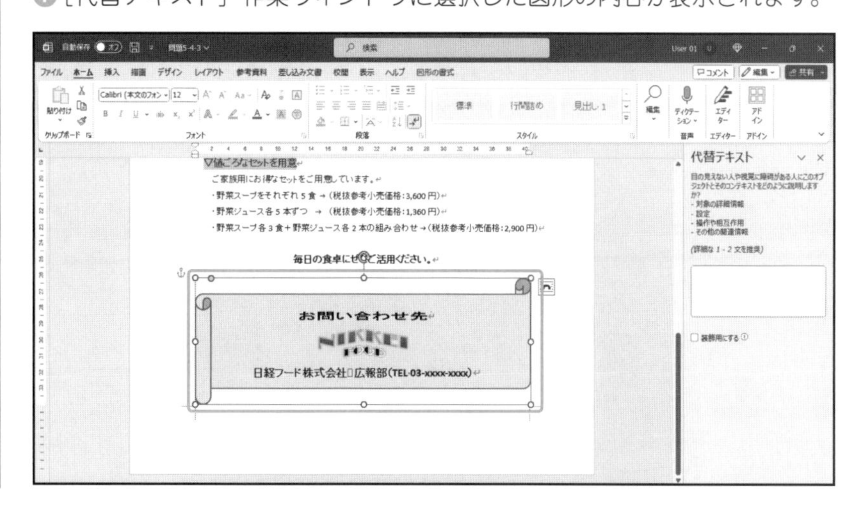

第5章 グラフィック要素の挿入と書式設定

❽［装飾用にする］チェックボックスをオンにします。

❾すぐ上のボックスが灰色になり、「装飾用としてマークされているコンテンツの説明は、スクリーンリーダーに公開されません。」と表示されます。

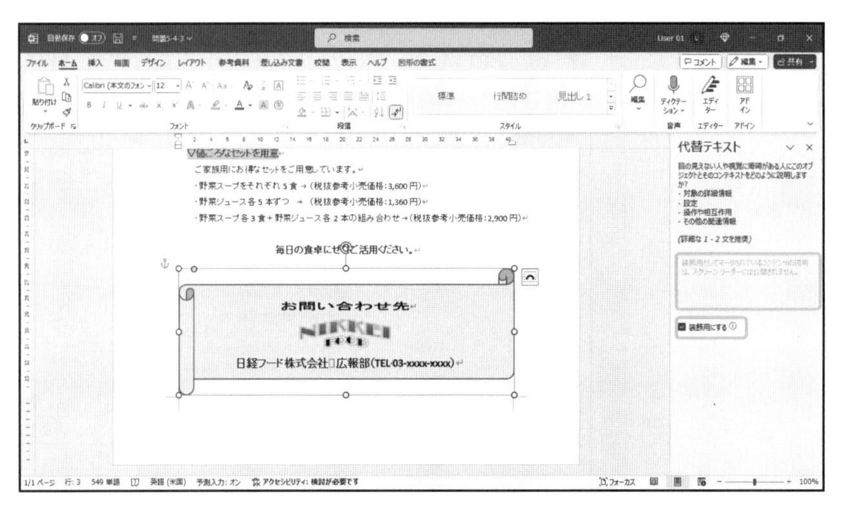

❿図形が装飾用として設定されます。

⓫［代替テキスト］作業ウィンドウの ✕ 閉じるボタンをクリックします。

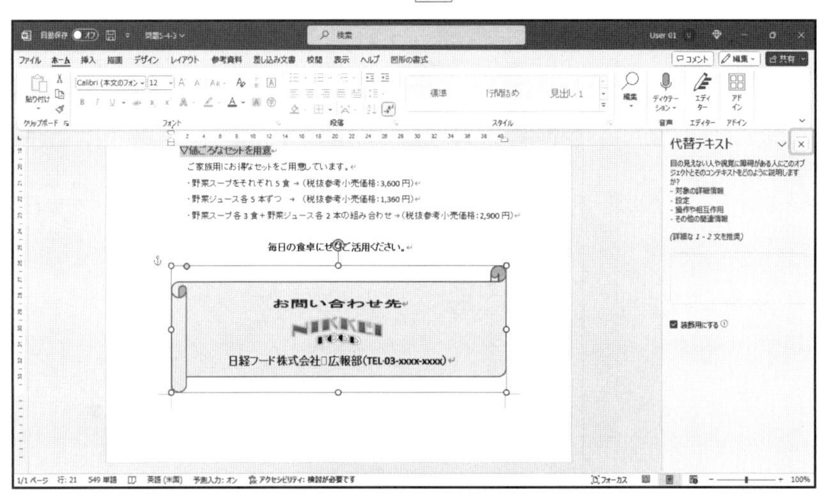

ヒント

表の代替テキスト

画像や図形だけでなく表にも代替テキストを追加できます。［レイアウト］タブの プロパティ［プロパティ］ボタンから［表のプロパティ］ダイアログボックスを表示して［代替テキスト］タブで入力します。

Chapter 6

文書の共同作業の管理

本章で学習する項目

- □ コメントを追加する、管理する
- □ 変更履歴を管理する

6-1 コメントを追加する、管理する

ここでは、補足事項や注意点などのメモを文書内に挿入するコメント機能を学習します。文書を複数の人が編集したり、閲覧したりするときに役立つ機能です。コメントの挿入や削除は自由にできます。また、他の人が書いたコメントに返答したり、コメントに対して解決済みという設定にすることもできます。

6-1-1 コメントを追加する、削除する

練習問題

問題フォルダー
└問題 6-1-1.docx

問題ファイルを開いた時にコメントの表示方法が本誌と異なる場合は［校閲］タブの［変更履歴］の［変更内容の表示］ボックスの▼をクリックして［シンプルな変更履歴／コメント］をクリックしてください。

解答フォルダー
└解答 6-1-1.docx

【操作 1】13 行目「21 時 30 分」に「延長も可能」というコメントを挿入します。
【操作 2】大野のコメント「確認済みです」を削除します。

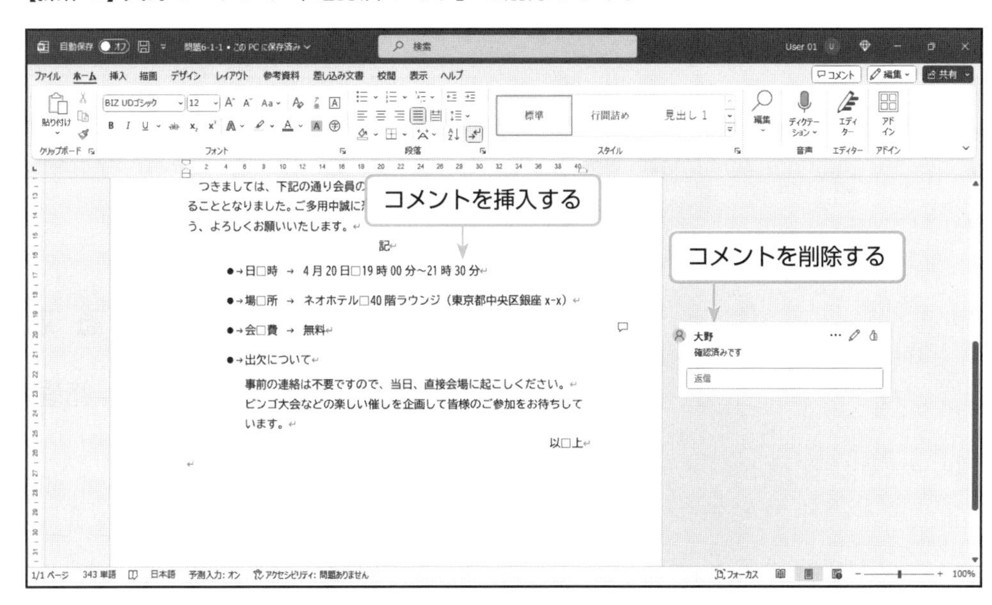

機能の解説

- コメントの挿入
- コメントの削除
- コメントの非表示
- ［コメントの表示］ボタン

文書内に任意の位置にコメントを挿入することができます。コメントは、文書に補足事項や注意点などを付けておけるメモや付箋のようなものです。ひとつの文書を複数の人で校閲するときには伝達事項や質問内容などを書き残しておくことができます。コメントは後から編集や削除ができ、校閲者ごとに表示を切り替えることもできます。
コメントの挿入や削除などの操作は、［校閲］タブの［コメント］グループのコマンドボタンを使用します。

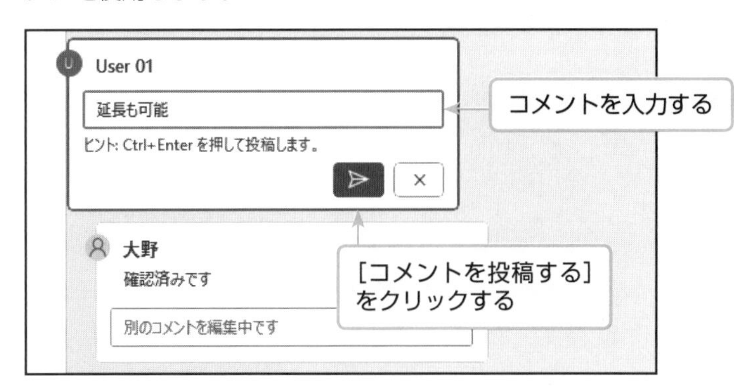

![ヒント] ヒント

宛名付きコメント

コメント入力時に先頭に「@」を付けて、「@ユーザー名」のように入力すると指定したユーザーにコメントが投稿された旨のメールが配信されます（環境によっては動作しない場合があります）。

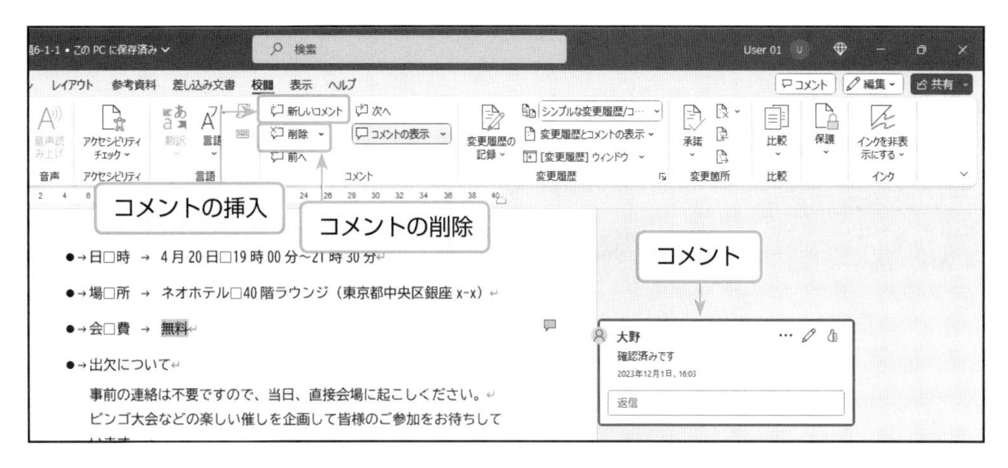

●コメントの表示 / 非表示

文書のコメントの表示が邪魔な場合は、非表示にすることができます。［校閲］タブの［コメントの表示］ボタンをクリックしてオフにすると、右側の領域にコメントアイコンだけが表示されます。をクリックするとコメントが表示されます。

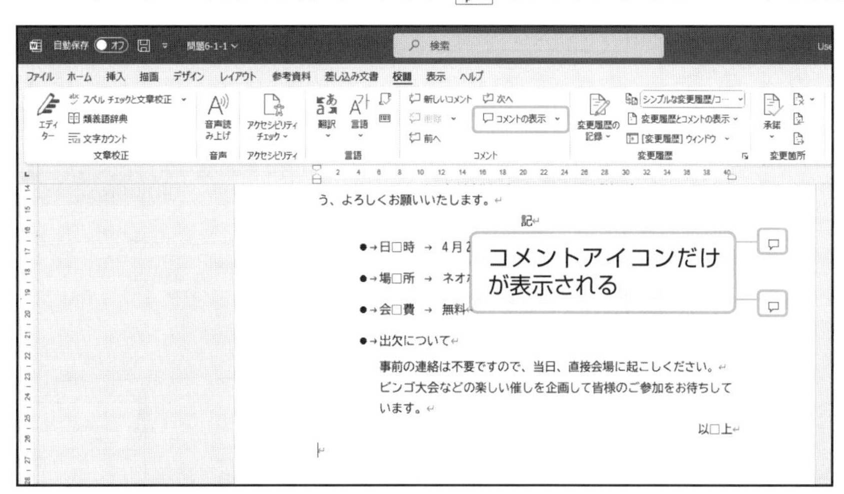

また、リボンの右端にある［コメント］ボタンをクリックすると、［コメント］作業ウィンドウが表示され、すべてのコメントを一覧で表示して、コメントの編集ができます。

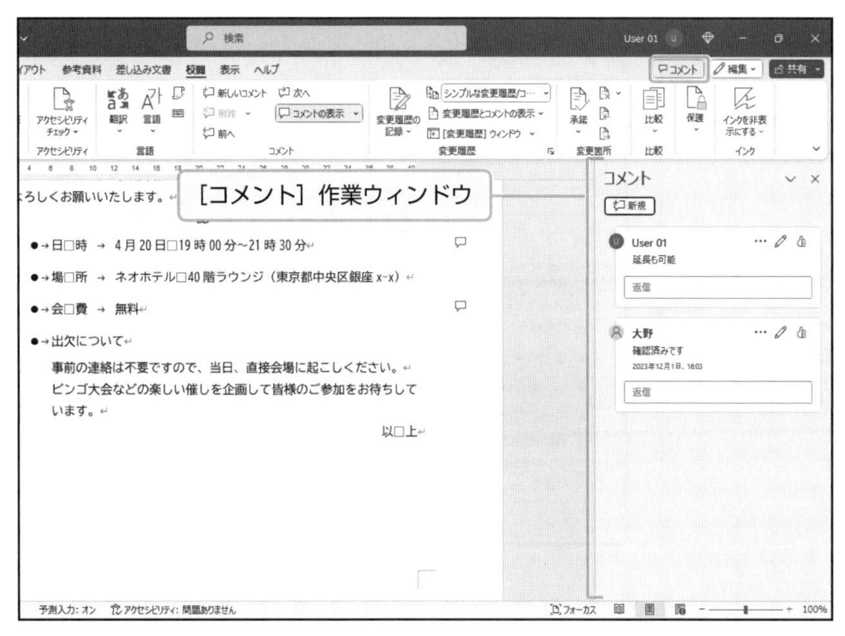

操作手順

その他の操作方法

ショートカットキー

Ctrl + **Alt** + **M** キー
（コメントの挿入）

【操作 1】

❶ 13 行目「21 時 30 分」を選択します。

❷［校閲］タブの［新しいコメント］［新しいコメント］ボタンをクリックします。

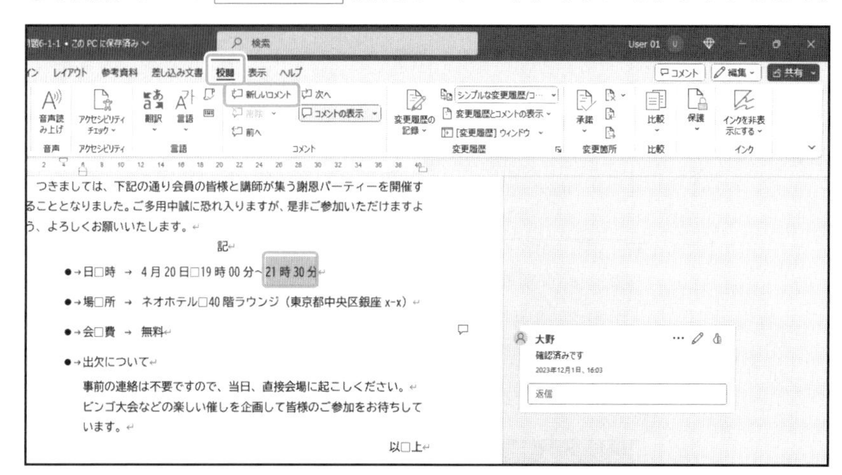

❸ 右側の領域にコメントの吹き出しが表示され、［会話を始める］ボックスにカーソルが表示されていることを確認します。

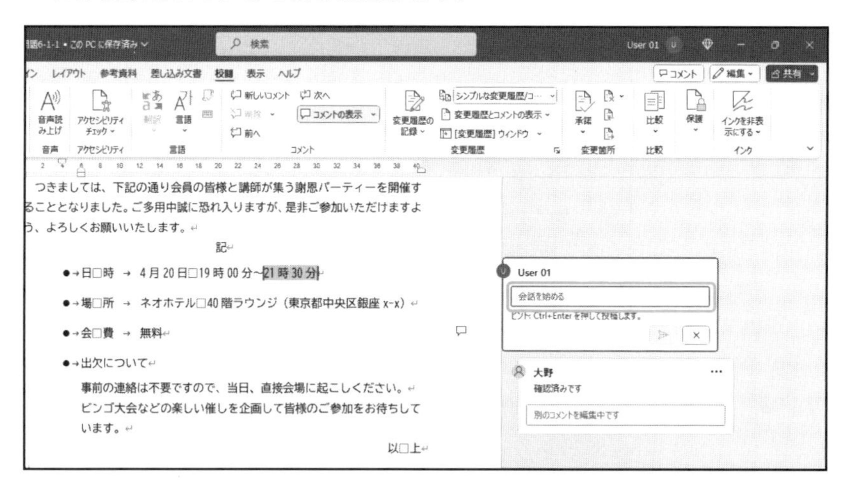

❹「延長も可能」とコメントを入力します。

❺［コメントを投稿する］をクリックします。

その他の操作方法

ショートカットキー

Ctrl + **Enter** キー
（コメントの挿入）

ヒント

コメントの投稿

環境によっては［コメントを投稿する］のボタンが表示されず、コメントを入力するだけで投稿されます。

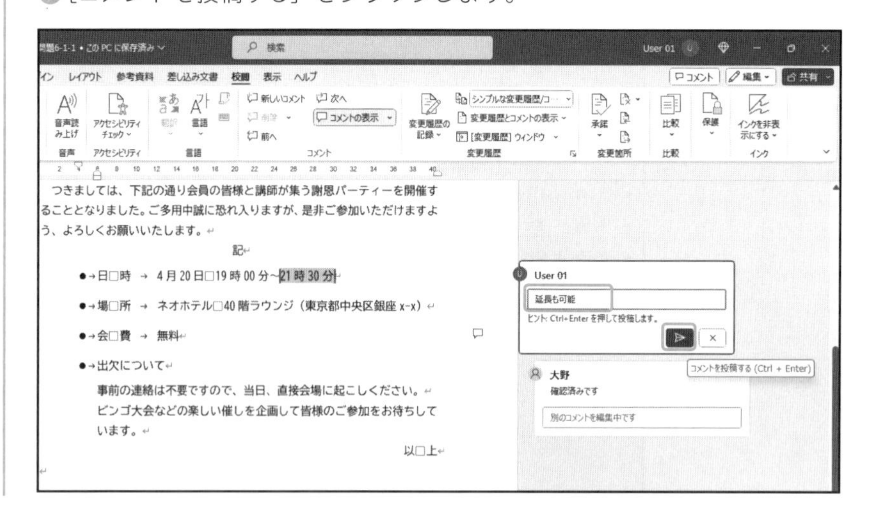

ヒント
コメントの表示
コメントにはユーザー名と投稿日時が表示されます。ユーザー名は、[ファイル] タブの [オプション] をクリックして表示される [Wordのオプション] ダイアログボックスの [全般] の [ユーザー名] ボックスで確認できます。

⑥コメントが投稿されます。

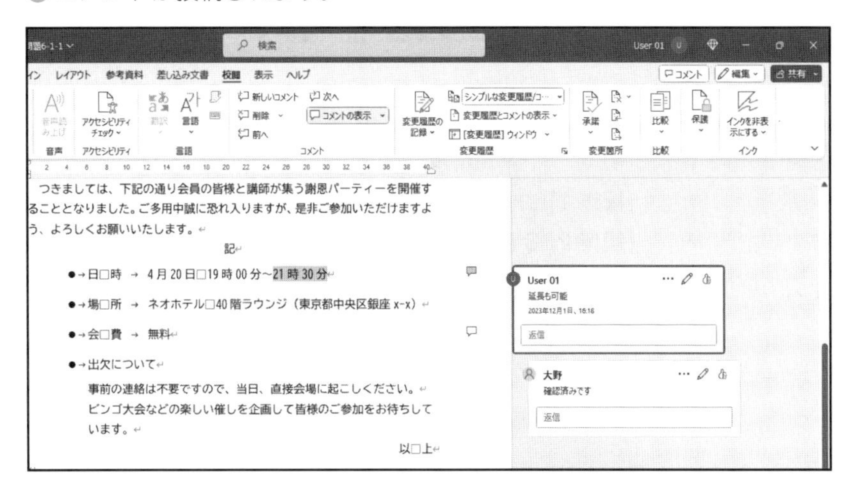

【操作 2】

⑦大野のコメント「確認済みです」をクリックしてコメントを選択します。

⑧[校閲] タブの [削除] ボタンをクリックします。

その他の操作方法
コメントの選択
文書に表示されているコメントアイコンをクリックしてもコメントを選択できます。

その他の操作方法
コメントの削除
コメントの右端にある [...] をクリックして [スレッドの削除] をクリックしてもコメントを削除できます。

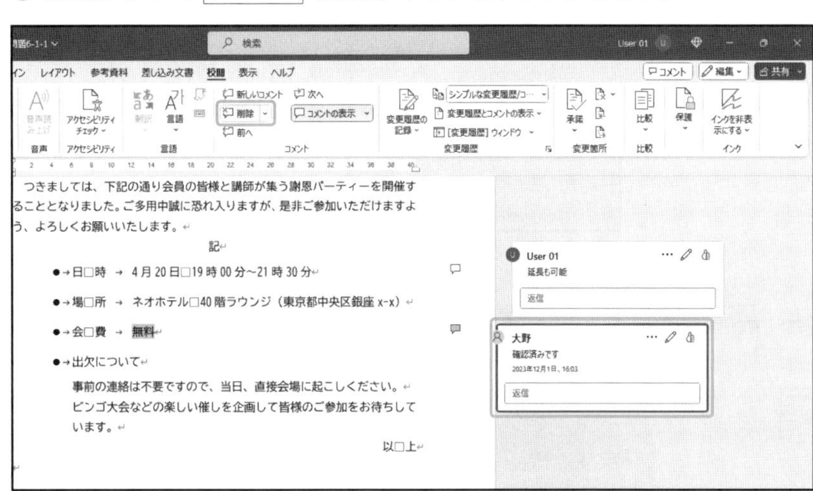

⑨コメントが削除されます。

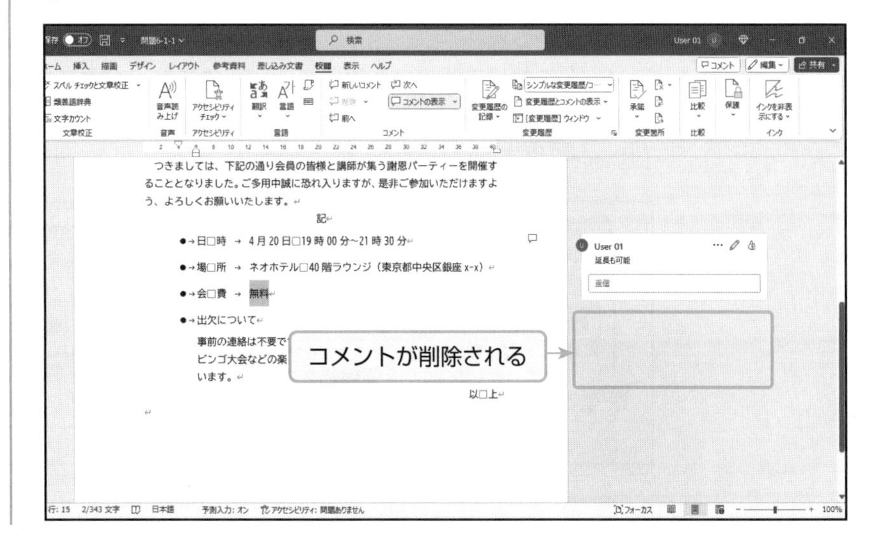

ヒント
すべてのコメントの削除
文書内のすべてのコメントを削除する場合は、[削除] ボタンの▼から [ドキュメント内のすべてコメントを削除] をクリックします。

6-1-2 コメントを閲覧する、返答する

練習問題

問題フォルダー
└問題 6-1-2.docx

解答フォルダー
└解答 6-1-2.docx

【操作 1】コメントを順番に閲覧します。
【操作 2】3 番目のコメントに、「問題ありません」と返答します。

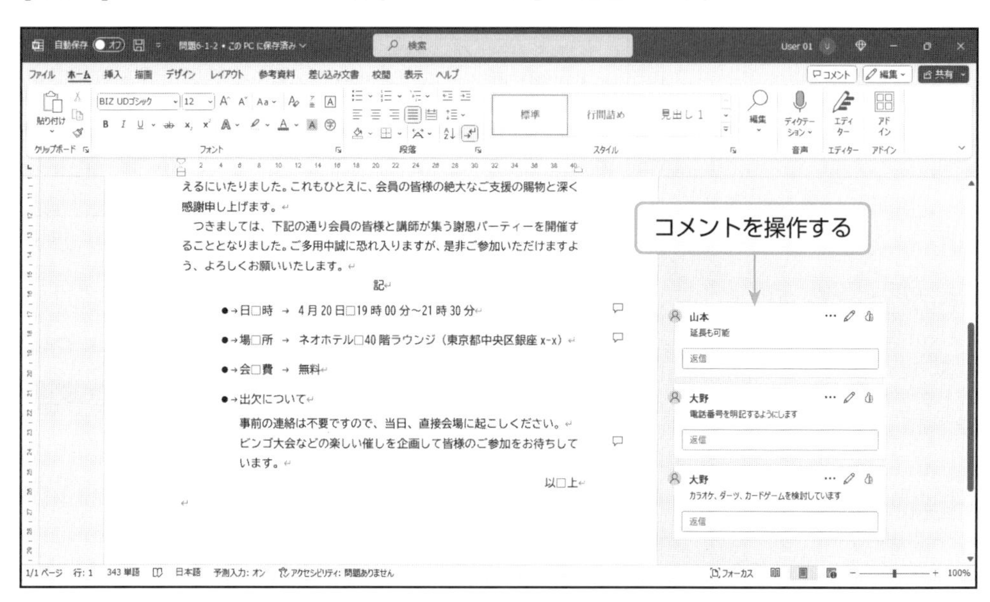

機能の解説

□ [次へ] ボタン
□ [前へ] ボタン
□ コメントの返信

文書に挿入されたコメントは、[校閲] タブの 前へ [前へ] ボタン、次へ [次へ] ボタンをクリックすると、前後のコメントにすばやく移動して内容を確認することができます。確認したコメントは、必要に応じて、返答したり、解決済みにしたり、削除することができます。

●コメントの返答

コメントに対して返答文を書くことができます。文書を複数の校閲者でやり取りするときに便利です。コメントを選択すると表示される [返信] ボックスに返答文を入力し、[返信を投稿する] をクリックして完了します。

操作手順

【操作 1】

❶ 文頭にカーソルがあることを確認して、[校閲] タブの 次へ [次へ] ボタンをクリックします。

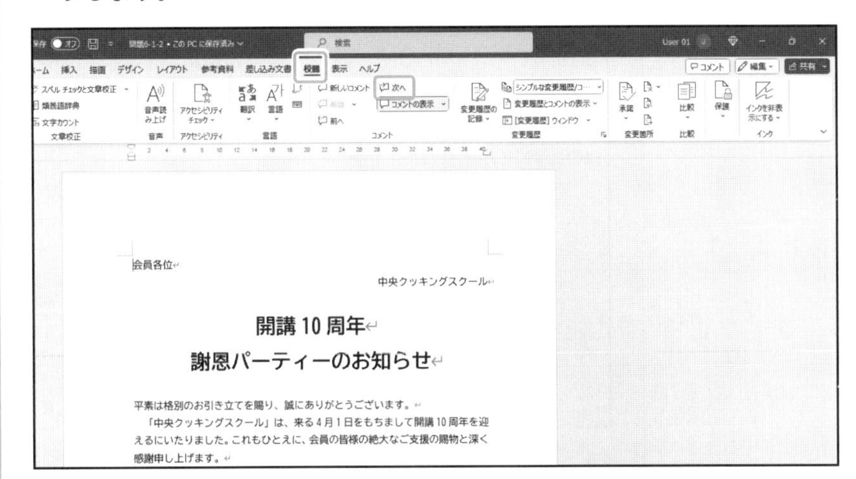

❷ 1 番目のコメントが選択されます。

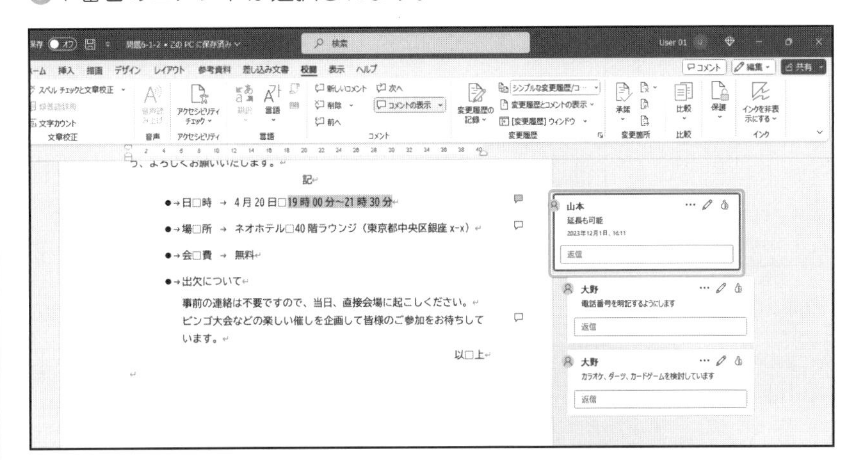

❸ [校閲] タブの 次へ [次へ] ボタンを 2 回クリックします。

❹ 3 番目のコメントが選択されます。

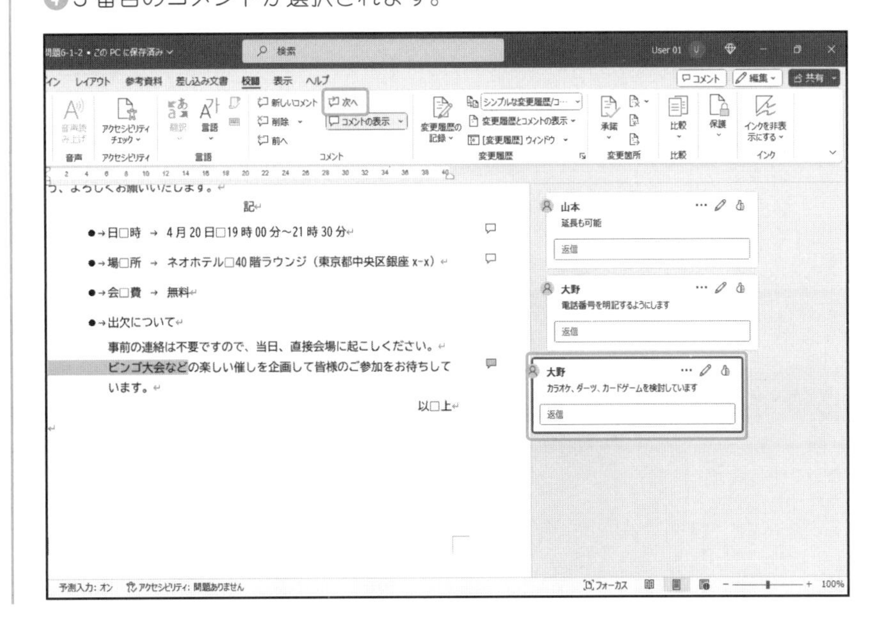

【操作 2】

❺ 3 番目のコメント内の［返信］ボックスが表示されていることを確認します。

❻［返信］ボックスをクリックして「問題ありません」と返信文を入力します。

❼［返信を投稿する］をクリックします。

ヒント
コメントの返信
環境によっては［返信を投稿する］のボタンが表示されず、コメントを入力するだけで投稿されます。

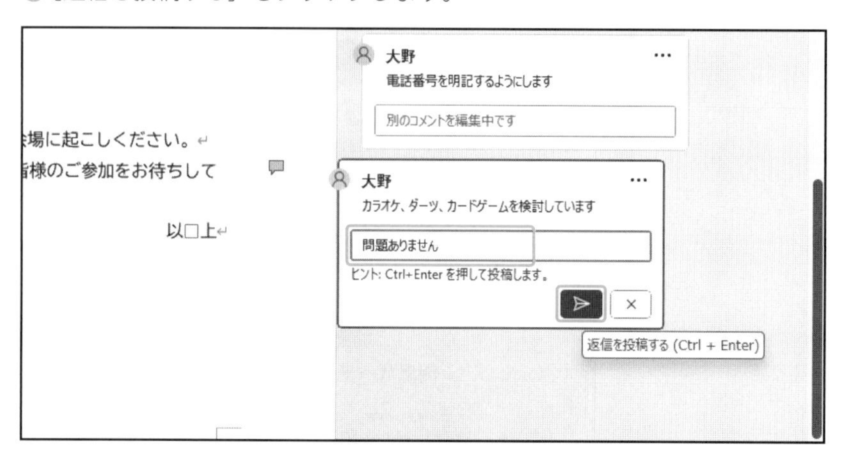

❽ コメントへの返信が投稿されます。

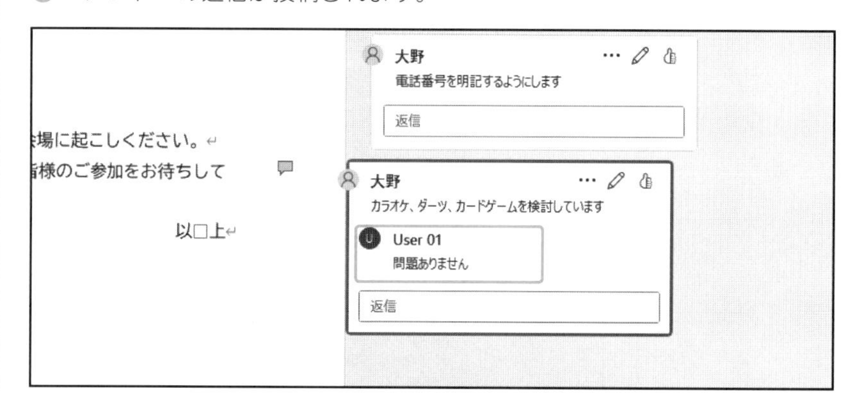

6-1-3 コメントを解決する

練習問題

問題フォルダー
└問題 6-1-3.docx

解答フォルダー
└解答 6-1-3.docx

【操作 1】1 番目のコメントを解決済みにします。
【操作 2】解決済みの 2 番目のコメントをもう一度開いて表示します。

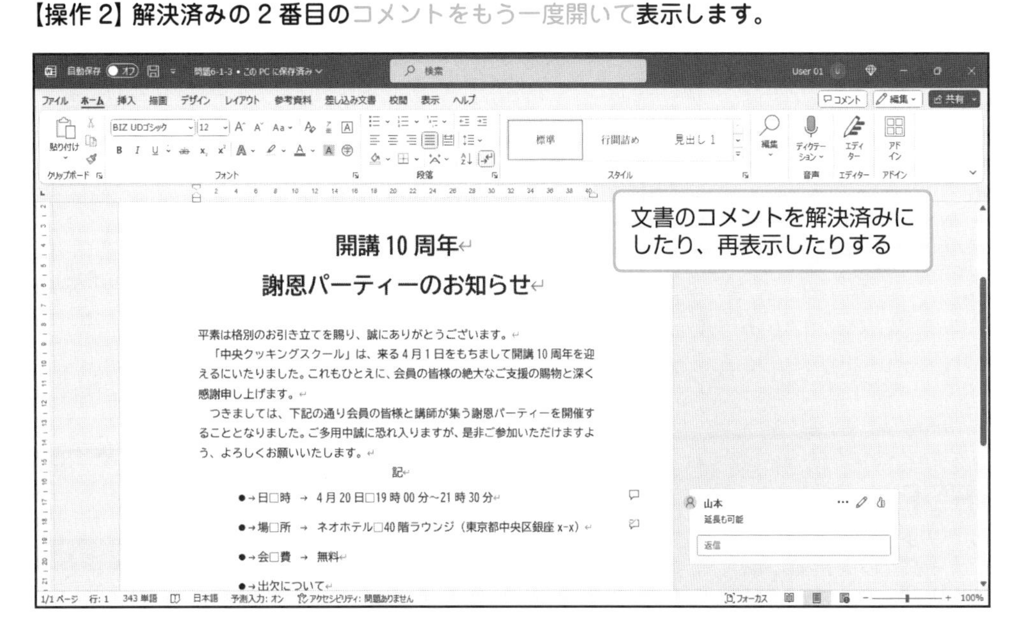

機能の解説

- コメントを解決済み
- [スレッドを解決する]
- [もう一度開く]
- [コメント] 作業ウィンドウ

不要になったコメントを削除せずに、やり取りの流れがわかるように残しておきたい場合は、コメントを解決済みにします。
コメントを解決済みにするには、コメント内の右側に表示されている [その他のスレッドの操作] をクリックして、[スレッドを解決する] をクリックします。コメントは非表示になり、文書の右余白のコメントアイコンが の表示に変わります。

解決済みにしたコメントを復活させたい場合は、[コメント] 作業ウィンドウを表示して行います。コメント内の [もう一度開く] をクリックするとコメントを復活させることができます。

操作手順

【操作 1】

❶［校閲］タブの ［次へ］ボタンをクリックして、1番目のコメントを選択します。

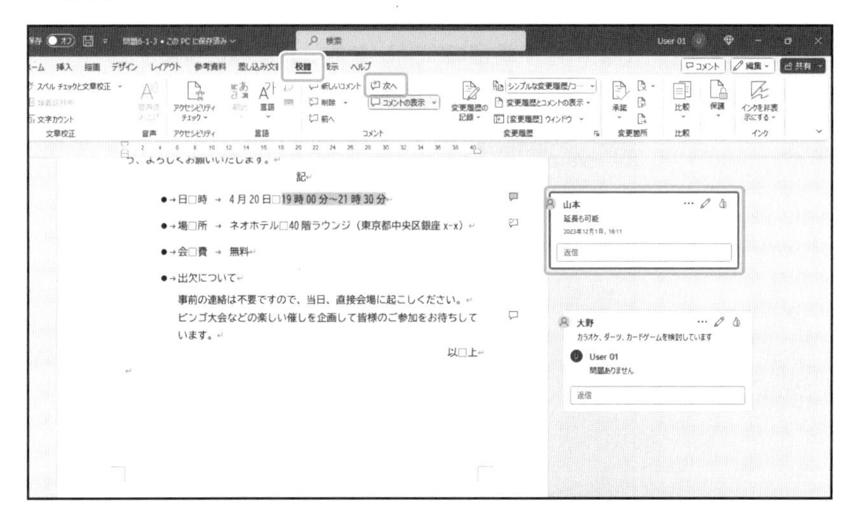

❷コメント内の ［その他のスレッドの操作］をクリックします。

❸［スレッドを解決する］をクリックします。

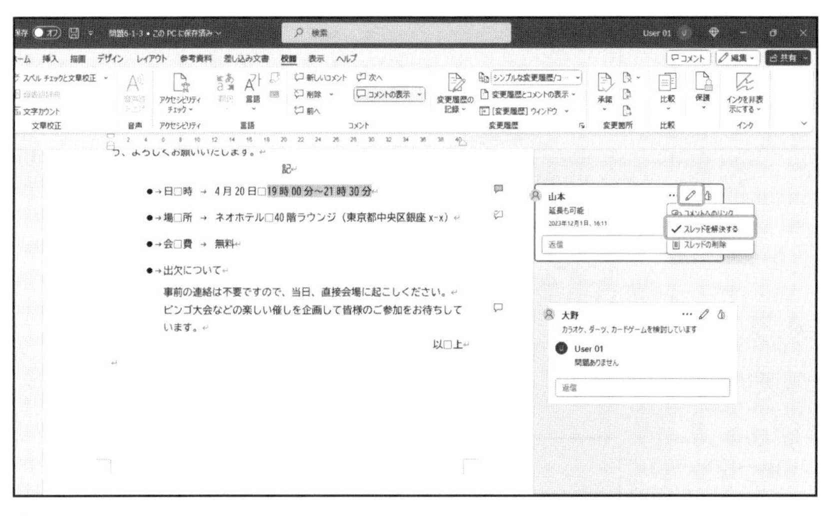

❹コメントが解決済みになり、コメントは非表示になります。文書にはコメントアイコンだけが表示されます。

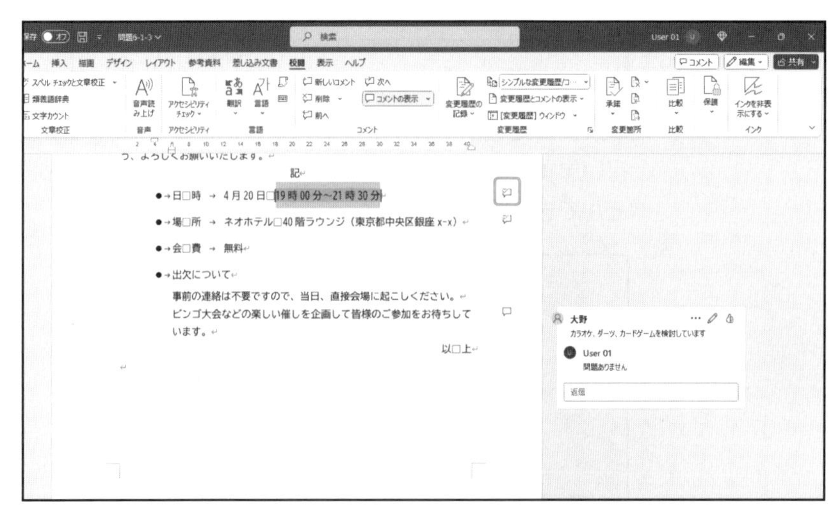

ヒント

スレッドの解決

環境によってはコメント内の［解決］をクリックしてスレッドを解決します。

ポイント

解決済みのコメントの表示

［校閲］タブの 次へ［次へ］ボタン、前へ［前へ］ボタンをクリックすると、解決済み以外のコメント間を移動します。解決済みのコメントを表示するにはコメントアイコンをクリックするか、［コメント］ボタンから［コメント］作業ウィンドウを表示します。

ヒント

［コメント］ウィンドウ

文書中の確認済みのコメントアイコンをクリックしたり、リボン右端にある コメント［コメント］ボタンをクリックすると［コメント］作業ウィンドウが表示され、すべてのコメントを確認できます。

ヒント

解決済みのコメントを開く

環境によってはコメント内の［もう一度開く］をクリックして解決済みのコメントを開くことができます。

【操作2】

❺ 文書の上から2番目のコメントアイコンをクリックします。

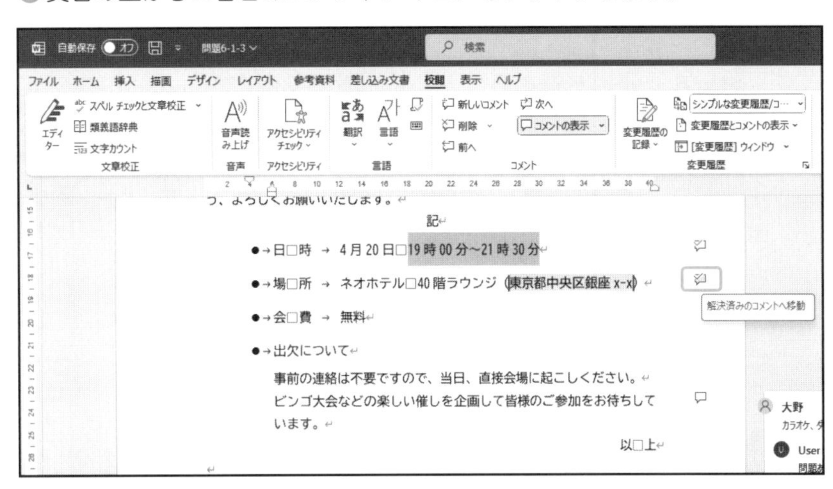

❻ 自動的に［コメント］作業ウィンドウが表示され、上から2番目の［解決済み］のコメントが選択されていることを確認します。

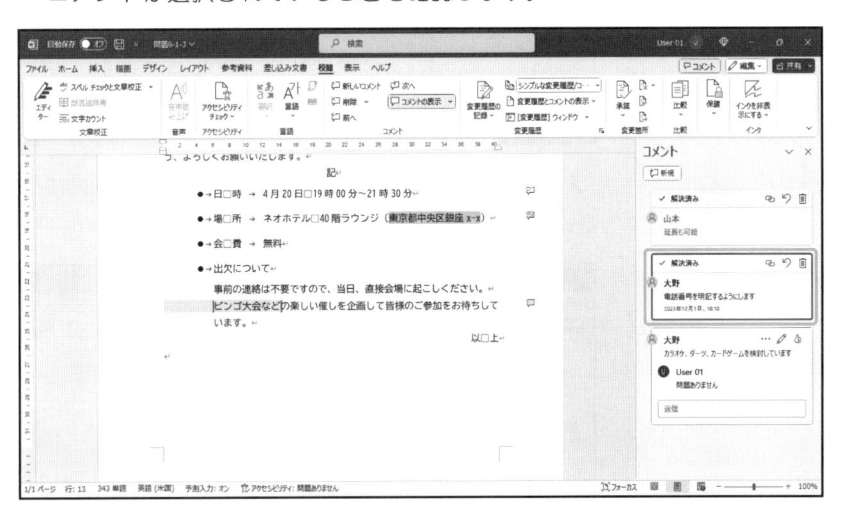

❼ 2番目の確認済みコメントの［もう一度開く］をクリックします。

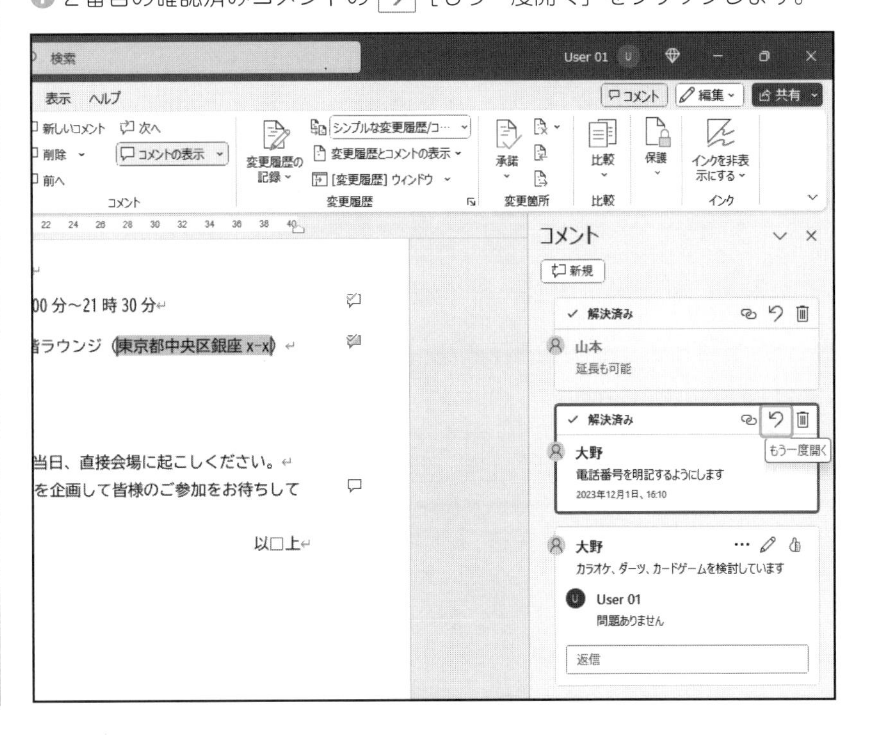

第6章 文書の共同作業の管理

❽コメント内の［確認済み］が非表示になり、編集できる状態になります。

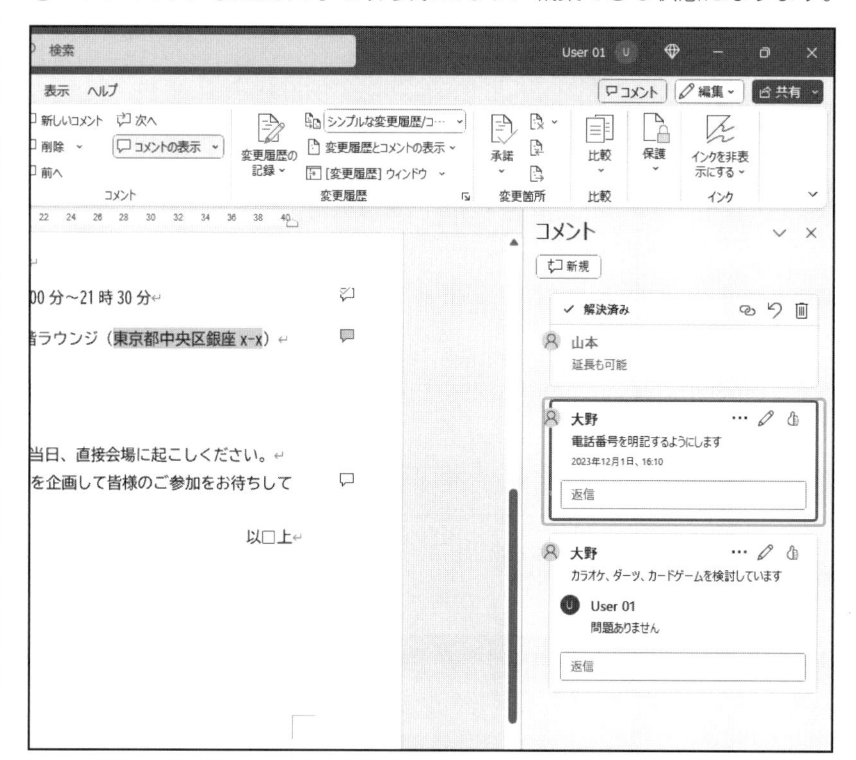

❾［コメント］作業ウィンドウの ✕［閉じる］をクリックます。

❿文書にコメントが表示されたことを確認します。

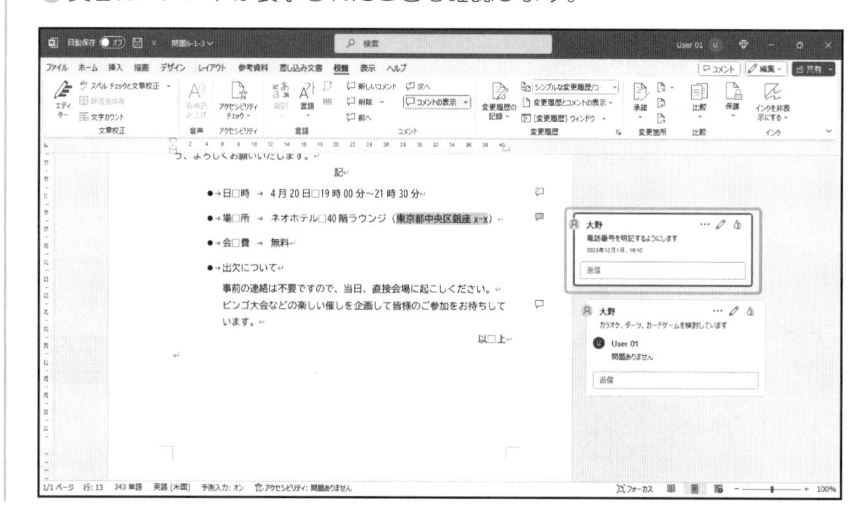

6-2 変更履歴を管理する

変更履歴とは、文書に操作した内容を記録として残す機能です。変更内容は文書内に表示され、内容を確認したうえで変更を反映したり、取り消して変更前の文書に戻すこともできます。編集の過程を確認できるので、文書を校閲するときに利用すると便利な機能です。

6-2-1 変更履歴を記録する、解除する

練習問題

問題フォルダー
└問題 6-2-1.docx

問題ファイルを開いた時に変更履歴の表示方法が本誌と異なる場合は［校閲］タブの［変更履歴］の［変更内容の表示］ボックスの▼をクリックして［シンプルな変更履歴 / コメント］をクリックしてください。

解答フォルダー
└解答 6-2-1.docx

【操作 1】変更履歴の記録をオンにして、次の操作を行います。

- 1 行目「フラワー」の後ろに「アレンジメント」を追加します。
- 6 行目「10 月 18 日まで」に斜体、下線を設定します。
- 9 行目「満席の場合は…」の 1 行を削除します。

【操作 2】変更履歴の記録をオフにします。

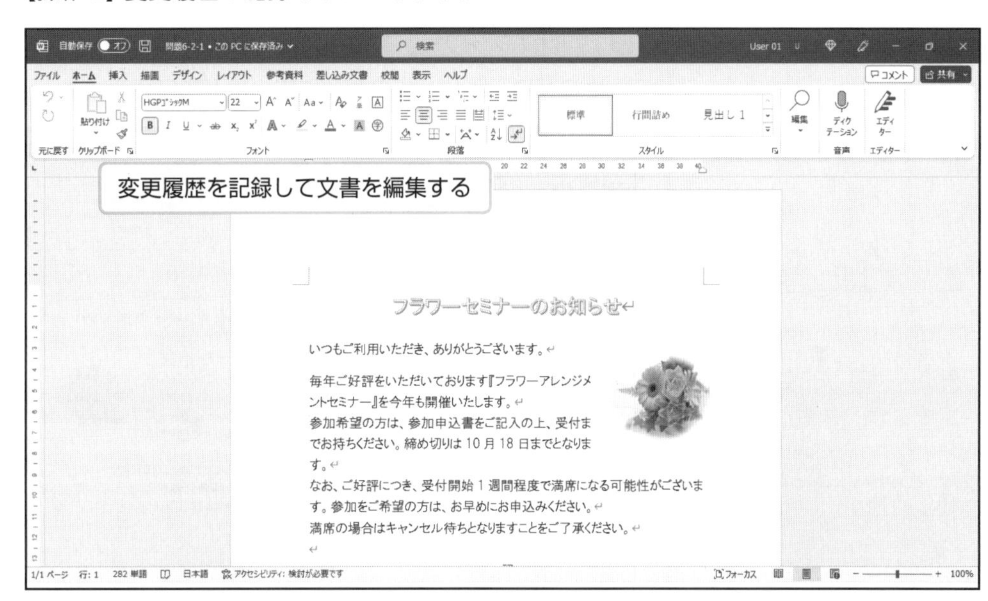

機能の解説

- 変更履歴
- 校閲者
- ［変更履歴の記録］ボタン

変更履歴は、文書に加えた変更を、いつ、誰が、どのように編集したかという履歴を残す機能です。文書に加えた追加や削除、書式変更の箇所が校閲者ごとに色分けして表示させることもできるため、ひとつの文書を複数の人で校閲したりするときなどに利用すると便利です。変更履歴は文書内に表示されるため、内容を確認した上で反映したり、変更前の文章に戻したりして最終的な文書に仕上げることができます。
変更履歴の記録を開始するには、［校閲］タブの［変更履歴の記録］ボタンをクリックしてオンにします。記録を終了するときは、もう一度［変更履歴の記録］ボタンをクリックしてオフにします。

操作手順

【操作 1】

❶［校閲］タブの［変更履歴の記録］ボタンをクリックしてオンにします。

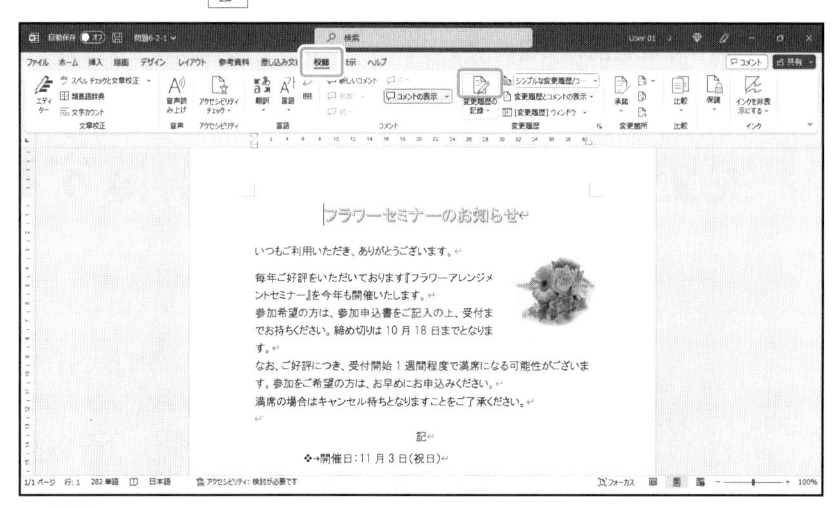

❷［変更履歴の記録］ボタンが灰色になります。

❸1 行目「フラワー」の後ろにカーソルを移動し、「アレンジメント」と入力します。

❹文字が挿入され、行の左側に赤の線が表示されます。

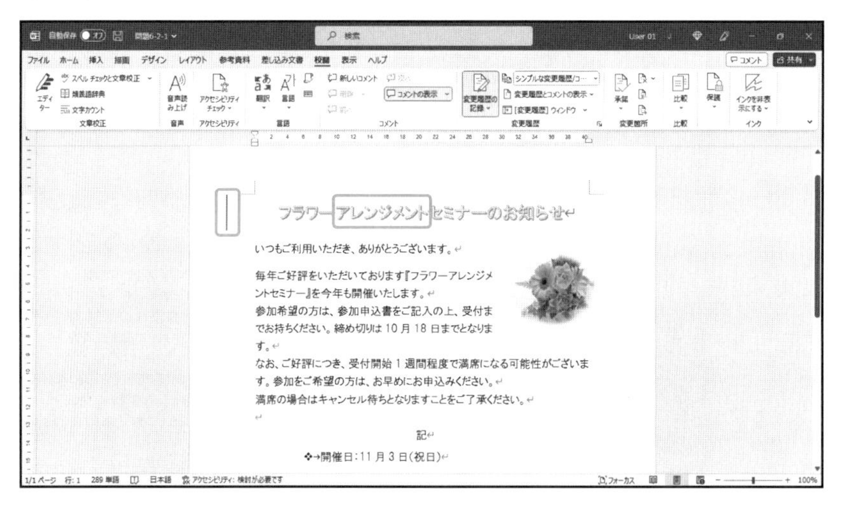

❺6 行目「10 月 18 日まで」を選択して、［ホーム］タブで［斜体］と［下線］を設定します。

❻書式が設定され、行の左側に赤の線が表示されます。

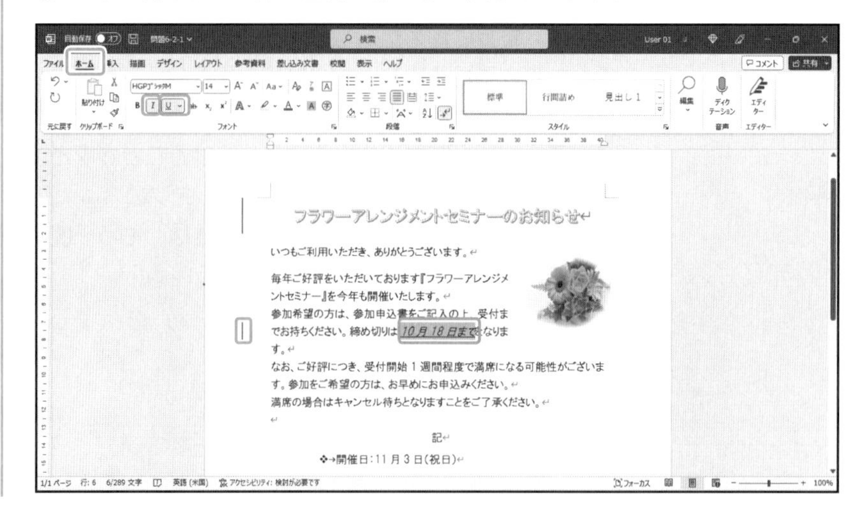

❼9行目「満席の場合は…」から「…ご了承ください。」までを行単位で選択します。

❽**Delete**キーを押します。

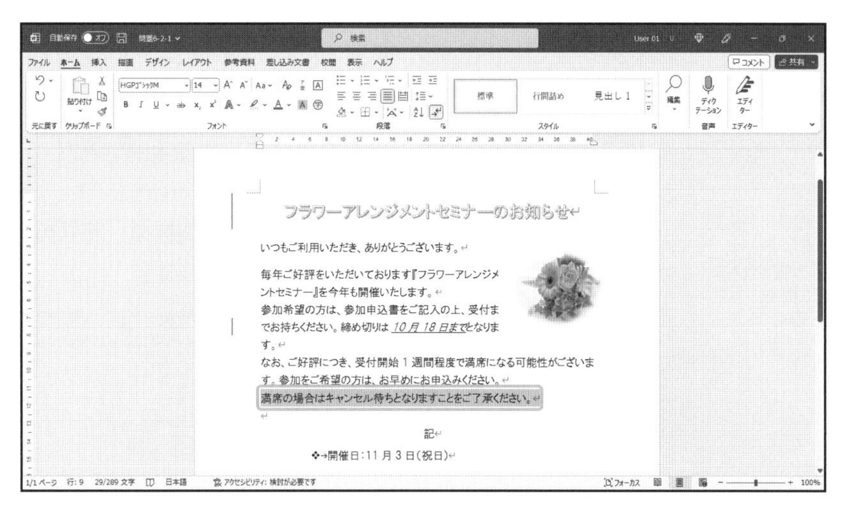

❾選択した行が削除され、同様に赤線が表示されます。

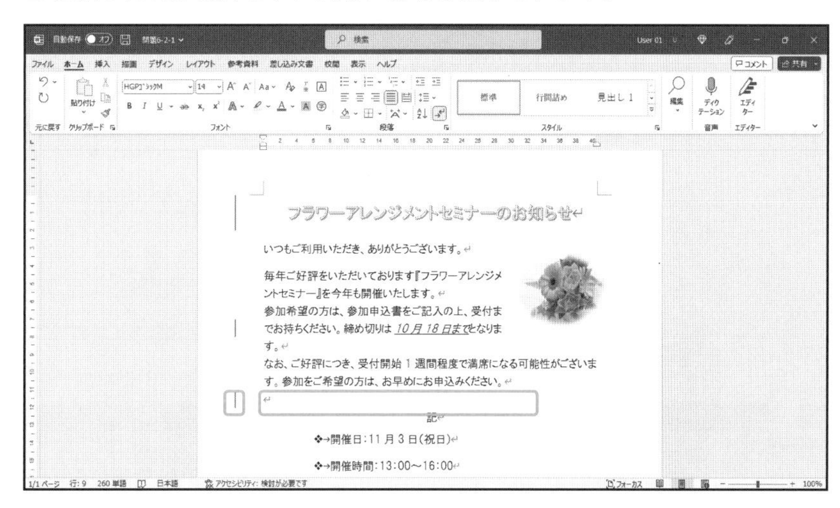

【操作2】

❿［校閲］タブの［変更履歴の記録］ボタンをクリックしてオフにします。

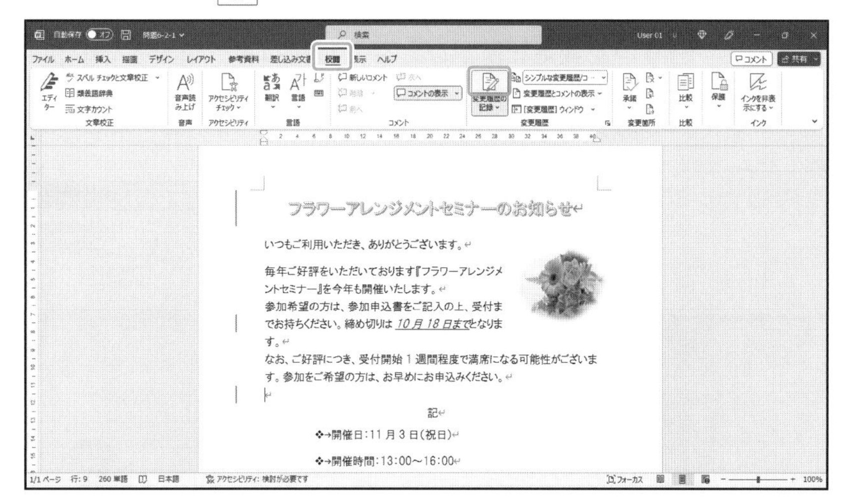

⓫変更履歴の記録が終了します。

ヒント

変更履歴の記録

変更履歴の記録がオンのままファイルを保存すると、次にファイルを開いたときも変更履歴の記録がオンの状態で開かれます。

第6章 文書の共同作業の管理

6-2-2 変更履歴を閲覧する

練習問題

問題フォルダー
└問題 6-2-2.docx

解答ファイルはありません。変更内容の表示の変更はファイルに保存されません。本書に掲載した画面を参照してください。

【操作 1】文書に記録された変更箇所の表示を［すべての変更履歴 / コメント］に変更します。

【操作 2】さらに、変更履歴の表示方法を現在の［書式のみ吹き出しに表示］から［変更履歴を吹き出しに表示］に変更します。

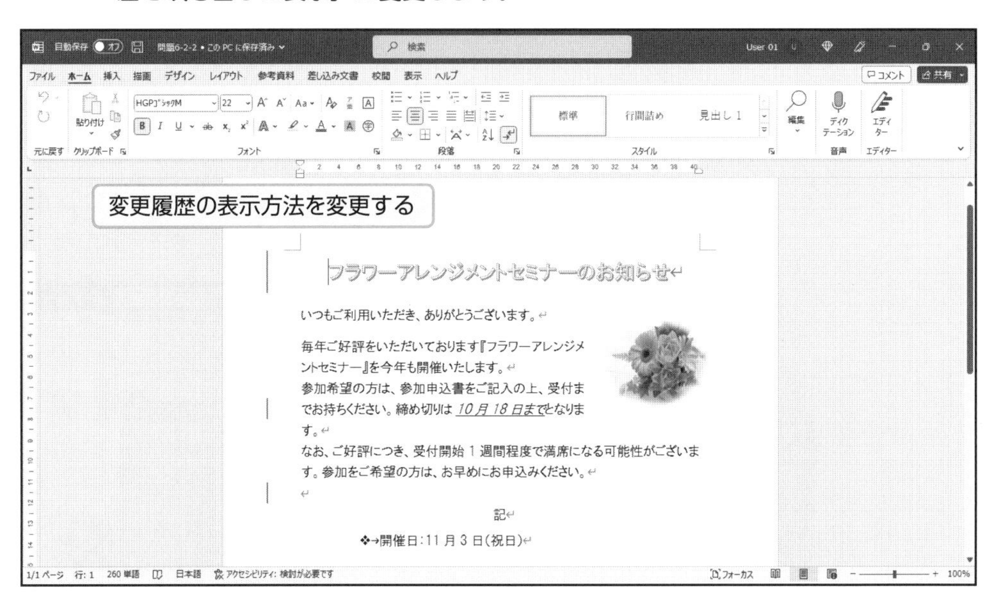

機能の解説

重要用語

- ［変更内容の表示］ボックス
- ［すべての変更履歴 / コメント］
- 変更履歴の表示方法
- ［変更履歴とコメントの表示］ボタン

通常、変更履歴を記録すると変更後の状態が文書に表示され、変更した行の左端に赤色の線が表示されます。これは、変更内容の表示が初期設定の［シンプルな変更履歴 / コメント］になっているためです。変更履歴を確認しやすくするためには、［すべての変更履歴 / コメント］に変更します。既定では変更箇所の文字色が変わり、下線や取り消し線などが付いて変更箇所がひと目でわかるように表示されます。変更内容の表示の変更は、［変更内容の表示］ボックスをクリックして変更します。

初期設定の［シンプルな変更履歴 / コメント］

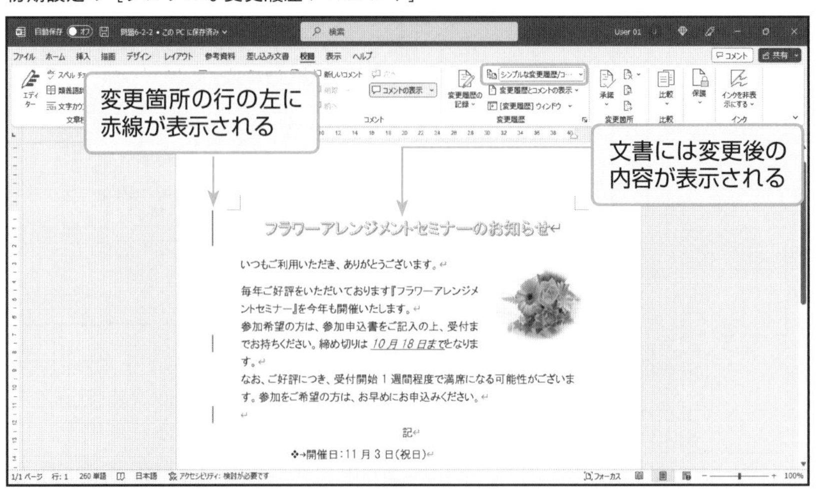

[すべての変更履歴 / コメント]

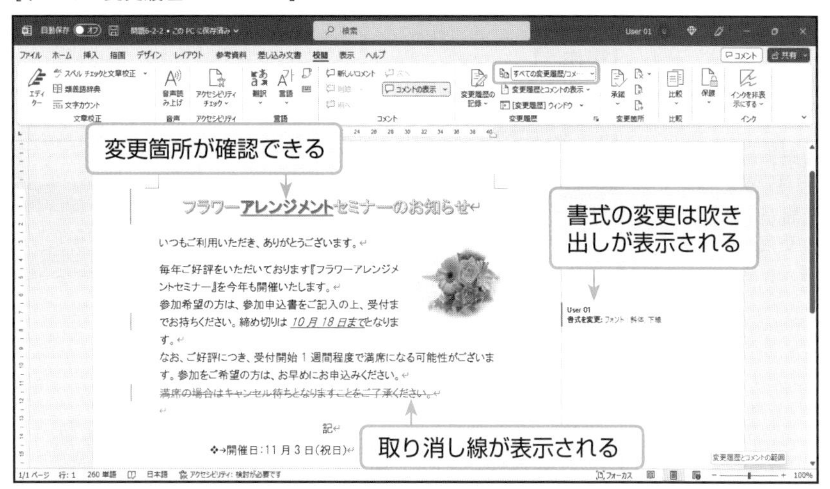

[変更内容の表示] の一覧の [変更履歴 / コメントなし] は、変更履歴とコメントをすべて非表示にして変更後の文書を表示します。[初版] は、変更を加える前の文書の内容を表示します。

●変更履歴とコメントの表示のオプション

[変更履歴とコメントの表示] ボタンの一覧から変更履歴や吹き出しの表示に関する設定が行えます。

変更履歴の表示を [すべての変更履歴 / コメント] にしている場合は、書式の変更が吹き出しとして右側の余白に表示されます。この吹き出しを非表示にしたり、すべての変更履歴を吹き出しに表示するように変更することができます。[変更履歴とコメントの表示] ボタンをクリックして [吹き出し] をポイントすると表示される一覧から選択します。

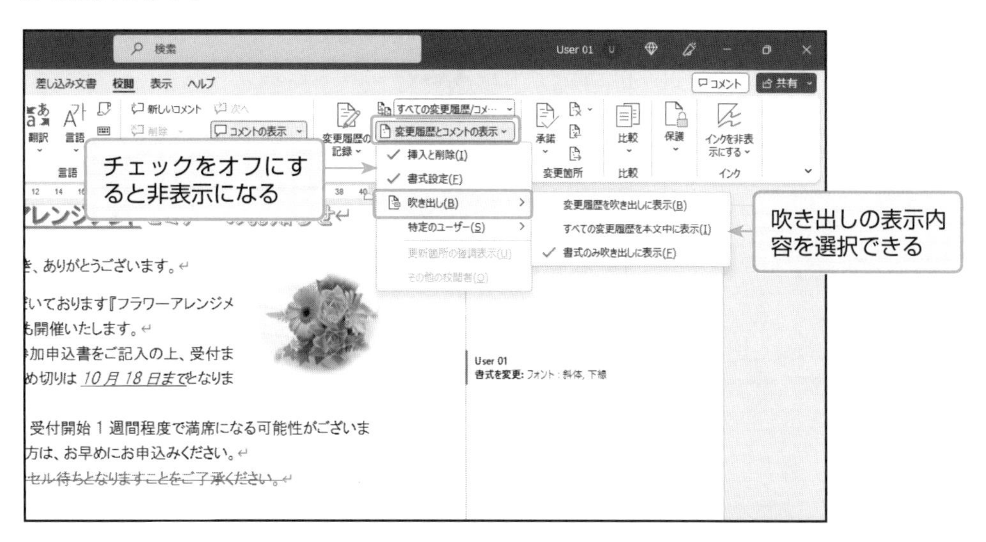

第6章 文書の共同作業の管理

操作手順

その他の操作方法

変更内容の表示

変更箇所の行の左に表示される赤色または灰色の線をクリックすると、[シンプルな変更履歴 / コメント] と [すべての変更履歴 / コメント] の表示切り替えができます。

ポイント

すべての変更履歴 / コメント

[すべての変更履歴 / コメント] に切り替えると、変更箇所には書式が付いて表示されます。初期設定では、文字を挿入した箇所は赤色の文字で表示され、削除した文字の箇所には取り消し線が表示されます。書式を変更した箇所は右余白に吹き出しが表示され、書式内容が表示されます。

【操作 1】

❶ [校閲] タブの [シンプルな変更履歴/コ…] [変更内容の表示] ボックスをクリックします。

❷ 一覧から [すべての変更履歴 / コメント] をクリックします。

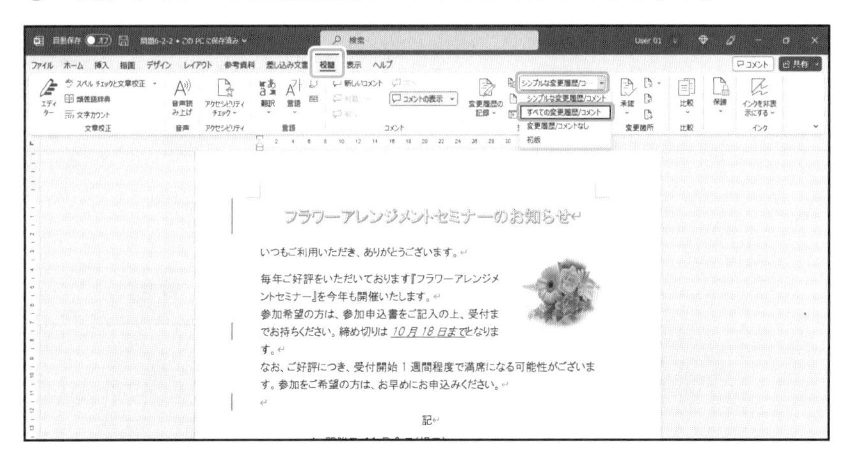

❸ 変更内容の表示が [すべての変更履歴 / コメント] になり、文書に変更内容が表示されます。

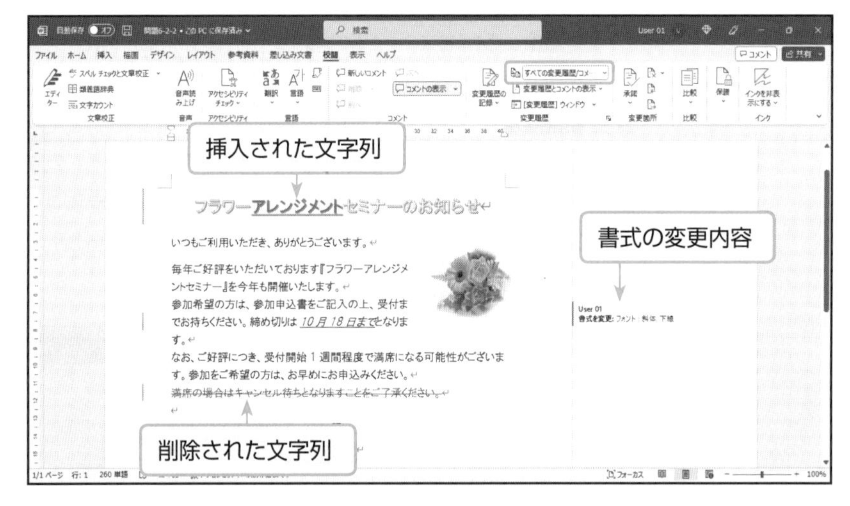

【操作 2】

❹ [校閲] タブの [変更履歴とコメントの表示] [変更履歴とコメントの表示] ボタンをクリックします。

❺ [吹き出し] をポイントし、[変更履歴を吹き出しに表示] をクリックしてオンにします。

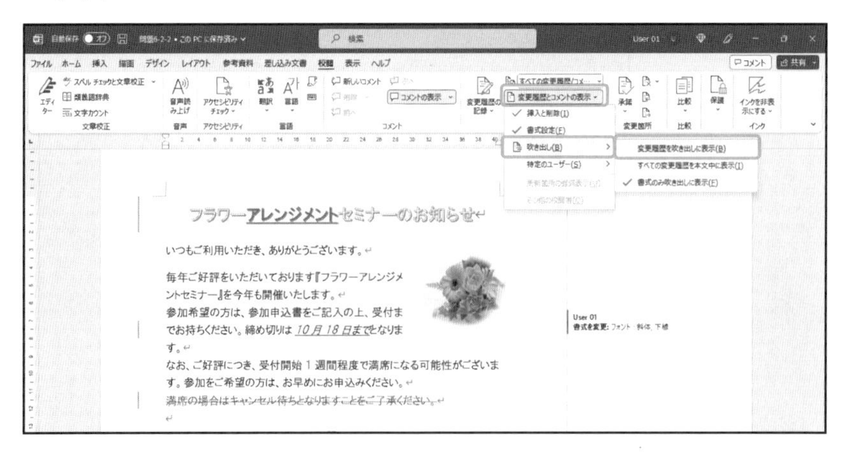

❻削除の箇所が非表示になり、変更内容が右余白の吹き出しに表示されたことを確認します。

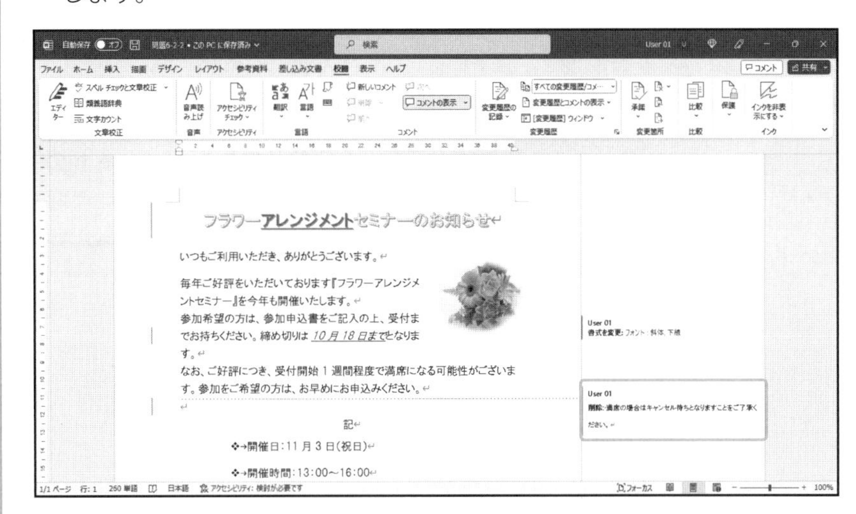

※ 解答操作が終了したら、［変更内容の表示］ボックスを［シンプルな変更履歴 / コメント］の設定に、［変更履歴とコメントの表示］の［吹き出し］を［書式のみ吹き出しに表示］の設定に戻します。

第6章 文書の共同作業の管理

6-2-3 変更履歴を承諾する、元に戻す

練習問題

問題フォルダー
└問題 6-2-3.docx

解答フォルダー
└解答 6-2-3.docx

変更箇所を順番に確認し、1 行目「アレンジメント」の変更を反映し、6 行目「10 月 18 日まで」と 9 行目「満席の場合は…」の変更は元に戻します。

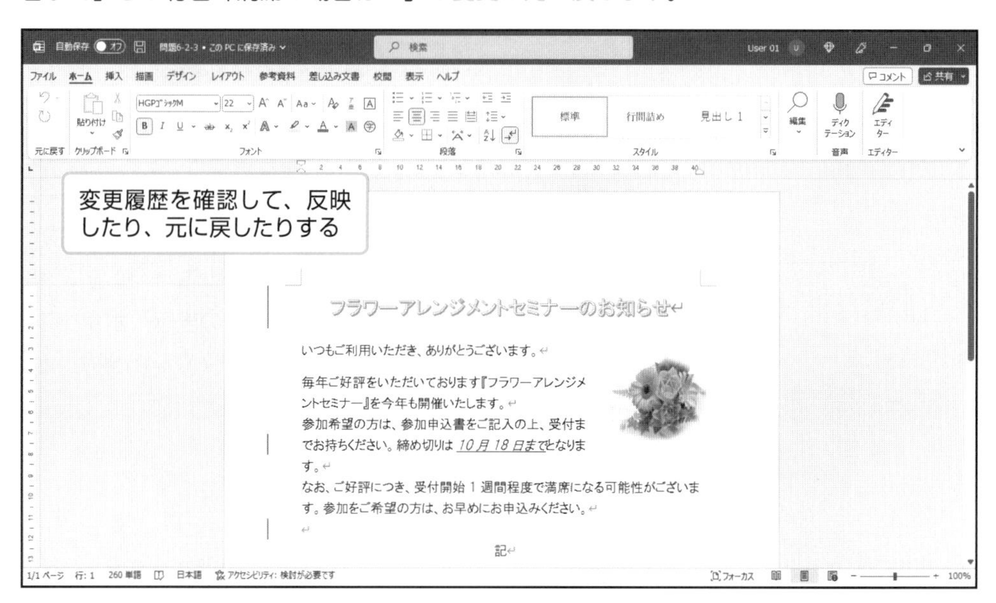

機能の解説

重要用語

- [次の変更箇所] ボタン
- [前の変更箇所] ボタン
- [承諾] ボタン
- [元に戻して次へ進む] ボタン
- [すべての変更を反映]
- [すべての変更を元に戻す]
- [すべての変更を反映し、変更の記録を停止]
- [すべての変更を元に戻し、変更の記録を停止]

変更履歴を使用した文書は、変更箇所の内容を確認して、文書に反映したり、元に戻したりして文書を仕上げることができます。[校閲] タブの [次の変更箇所] ボタンと [前の変更箇所] ボタンをクリックすると、変更箇所を順番に閲覧して確認することができます。変更箇所やコメントがない場合は、[文書には変更履歴が含まれていません。] というメッセージが表示されます。

●変更箇所を反映する、元に戻す

変更内容を文書に反映するには、[校閲] タブの [承諾] ボタンをクリックします。変更内容を反映せずに元に戻すには [元に戻して次へ進む] ボタンをクリックします。どちらのボタンも 反映したり、元に戻したりした操作後に次の変更箇所に移動します。これらのボタンでは複数の変更箇所をまとめて反映したり、元に戻したりすることもできます。[承諾] ボタンまたは [元に戻して次へ進む] ボタンの▼をクリックすると、[すべての変更を反映] または [すべての変更を元に戻す] を選択できます。

[承諾] ボタンの▼

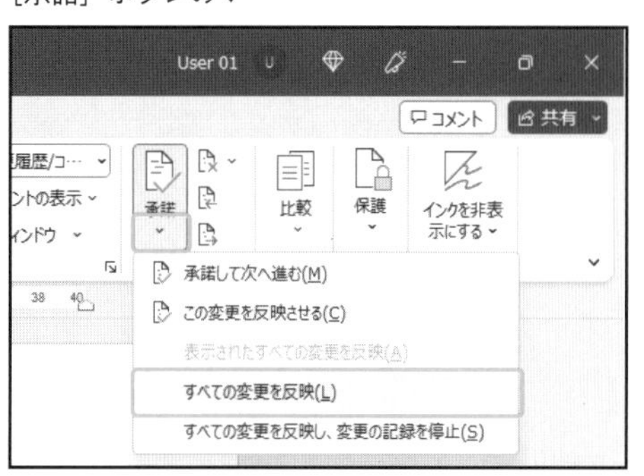

[元に戻して次へ進む] ボタンの▼

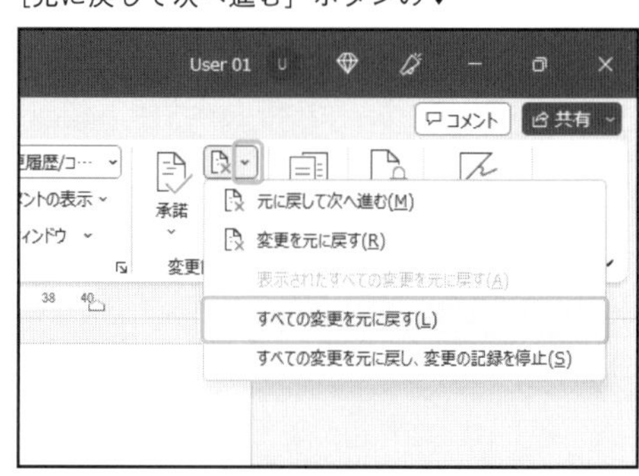

また、[承諾] ボタンの▼の一覧の [すべての変更を反映し、変更の記録を停止] をクリックすると、文書内のすべての変更箇所を反映した後に変更履歴の記録をオフにします。そのため、変更履歴の記録がオンの状態だった場合は、自動的に [変更履歴の記録] ボタンがオフになります。同様に、[元に戻して次へ進む] ボタンの一覧の [すべての変更を元に戻し、変更の記録を停止] は、すべての変更箇所を元に戻した後に変更履歴の記録をオフにします。

操作手順

❶ [校閲] タブの [シンプルな変更履歴/コ…] [変更内容の表示] ボックスをクリックし、[すべての変更履歴 / コメント] を選択します。

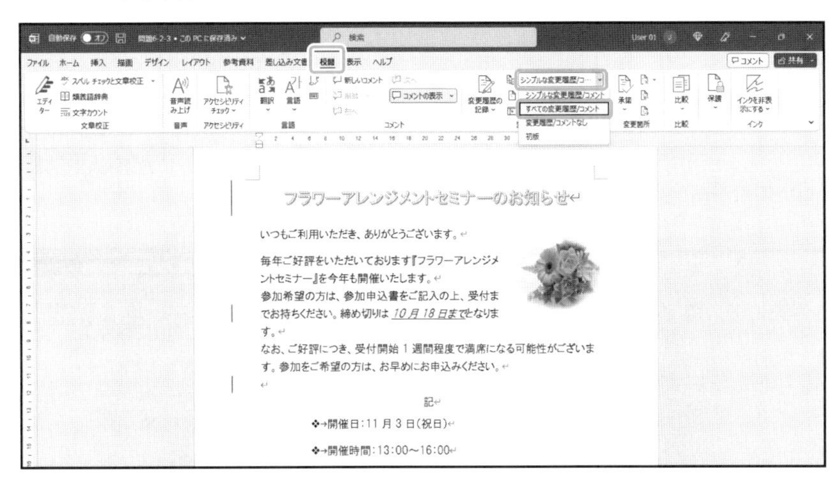

❷ [校閲] タブの [次の変更箇所] ボタンをクリックします。

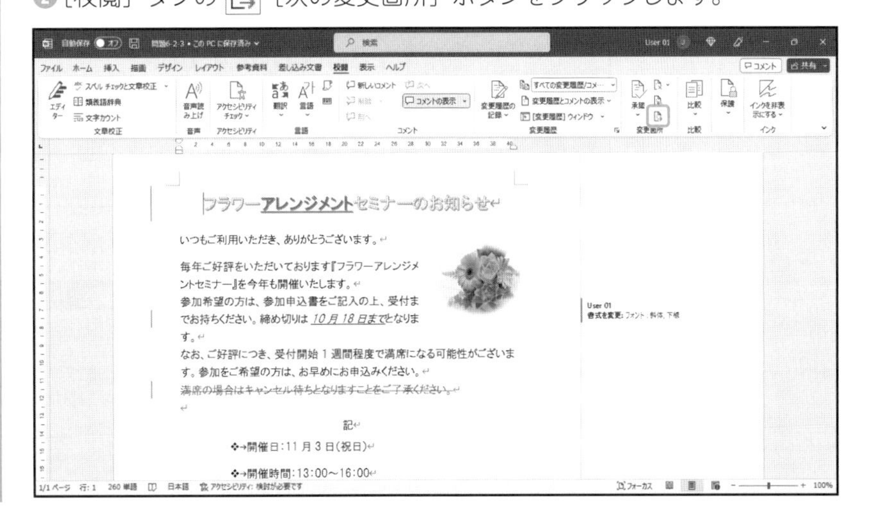

ヒント

変更箇所の確認

[すべての変更履歴 / コメント] の表示に切り替えると、初期設定では、挿入した箇所は色付きの下線、削除の箇所は取り消し線が表示され、書式の設定内容は、右側の吹き出しに表示されています。また、変更を加えた箇所は行の左側に灰色の縦線が表示されています。

❸ 最初の変更箇所が選択されます。

❹［校閲］タブの［承諾］ボタンをクリックします。

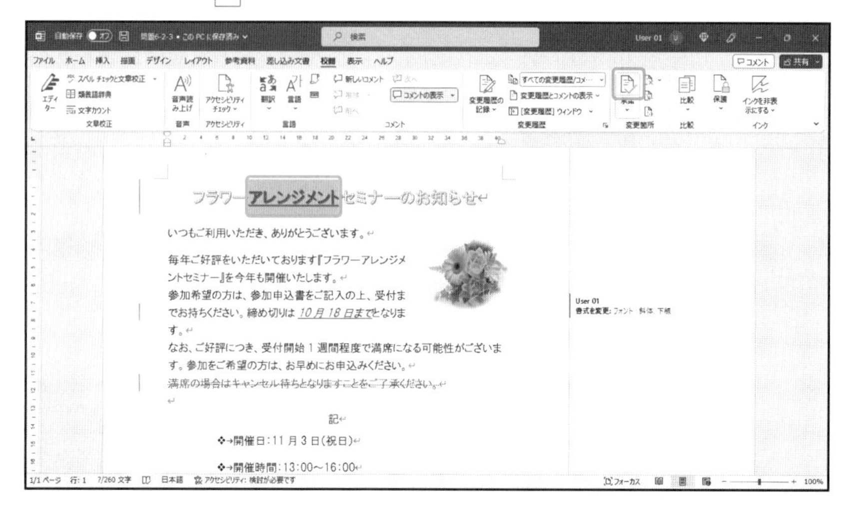

❺ 変更が反映されて「アレンジメント」が挿入され、次の変更箇所（6 行目）が選択されます。

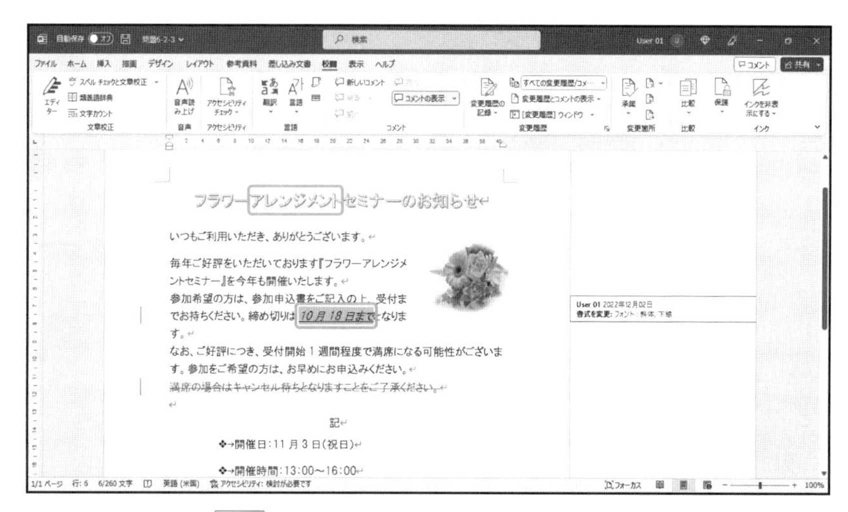

❻［校閲］タブの［元に戻して次へ進む］ボタンをクリックします。

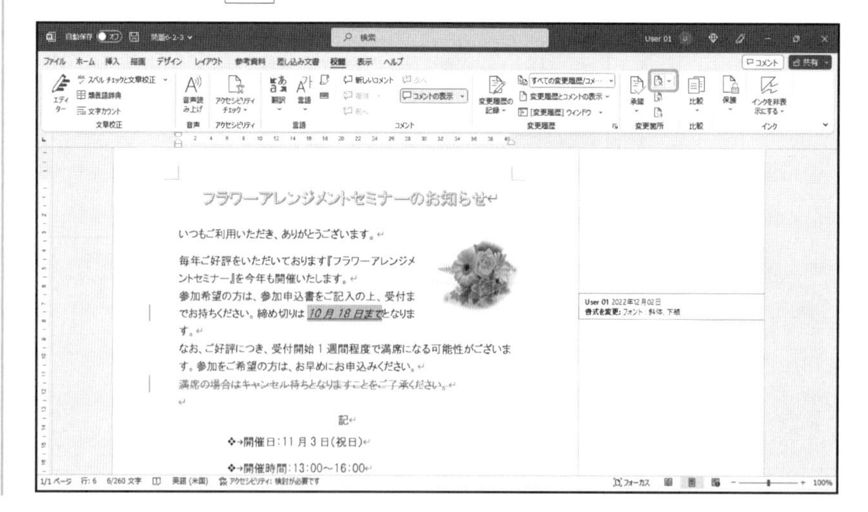

⑦変更が取り消され、斜体と下線が解除されます。変更履歴の吹き出しも非表示になります。

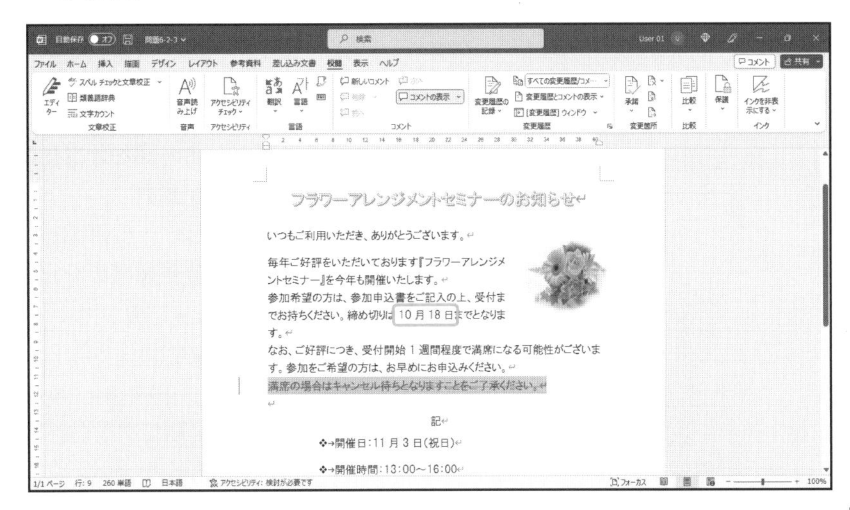

⑧次の変更箇所（9 行目）が選択されていることを確認し、［校閲］タブの ［元に戻して次へ進む］ボタンをクリックします。

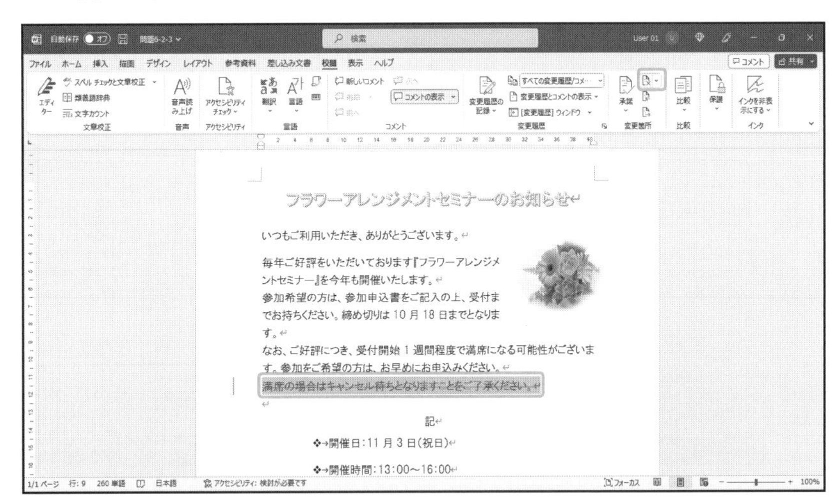

⑨変更が取り消され、元の文字列が表示されたことを確認します。

⑩［文書には変更履歴が含まれていません。］のメッセージが表示されるので［OK］をクリックします。

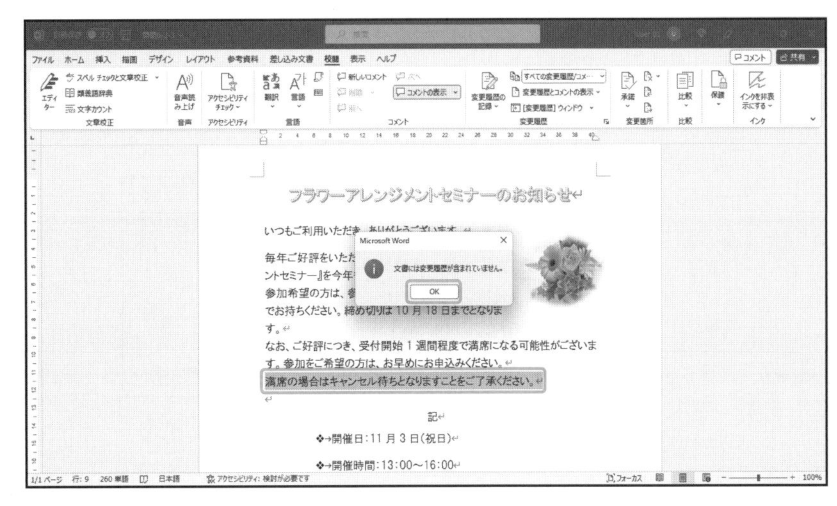

※ 解答操作が終了したら、［変更内容の表示］ボックスを［シンプルな変更履歴 / コメント］の設定に戻します。

6-2-4 変更履歴をロックする、ロックを解除する

練習問題

問題フォルダー
└問題 6-2-4.docx
解答フォルダー
└解答 6-2-4.docx

【操作 1】他のユーザーが文書の変更履歴の記録をオフにできないようにロックします。パスワードは、「624kiroku」にします。
【操作 2】1 行目の「美味しい」を「おいしい」に修正し、変更履歴の記録がオンになっていることを確認します。次に［変更履歴の記録］ボタンをクリックしてオフにできないことを確認します。
【操作 3】変更履歴のロックを解除します。

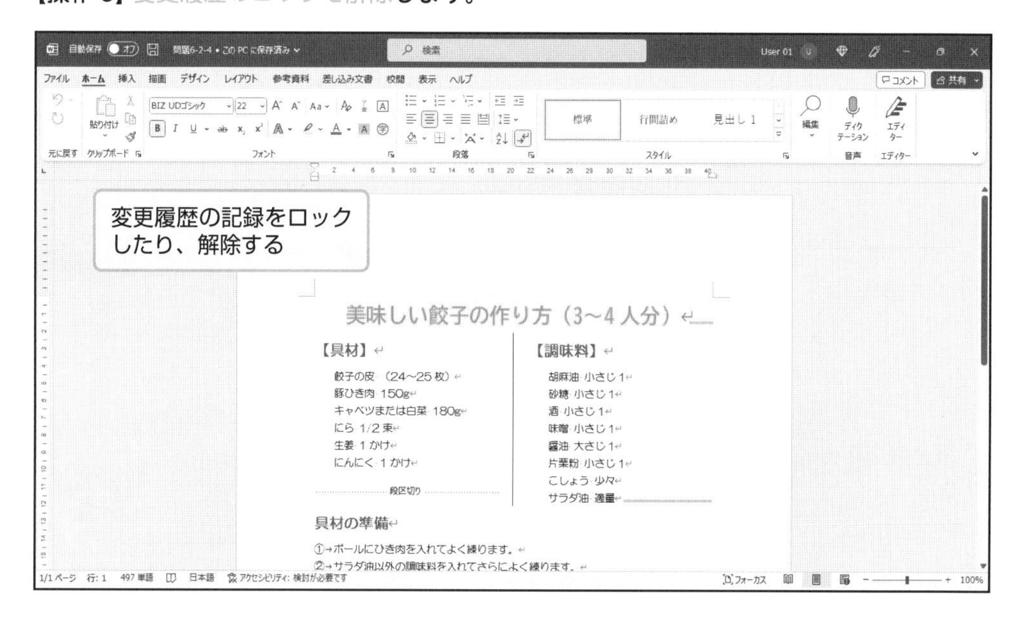

機能の解説

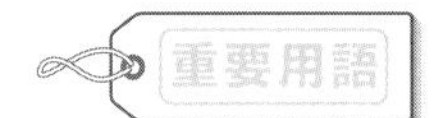

［変更履歴の記録］ボタン
［変更履歴のロック］ダイアログボックス

変変更履歴の記録をオンに設定した文書は、［校閲］タブの［変更履歴の記録］ボタンをクリックすれば変更履歴の記録が簡単に解除できますが、勝手に他のユーザーが変更履歴の記録をオフにできないようにしたい場合は、パスワードを設定することができます。操作は、［変更履歴の記録］ボタンの▼をクリックし、［変更記録のロック］をクリックします。次のような［変更履歴のロック］ダイアログボックスが表示されるので、パスワードを入力します。自動的に文書の変更履歴の記録がオンに設定され、これ以降、パスワードを知らないユーザーは変更履歴の記録を解除できなくなります。

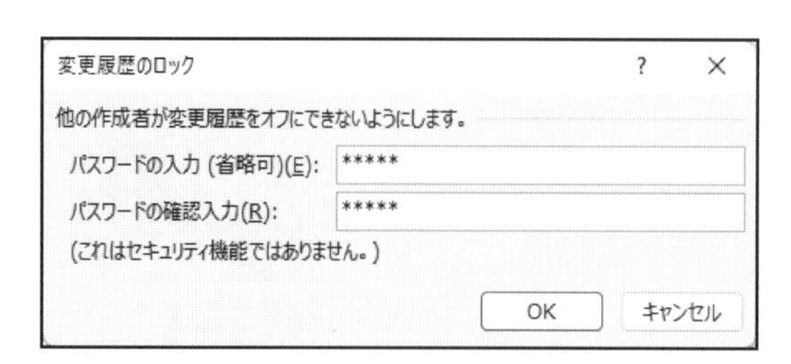

操作手順

【操作 1】

❶［校閲］タブの ［変更履歴の記録］ボタンの▼をクリックします。

❷［変更履歴のロック］をクリックします。

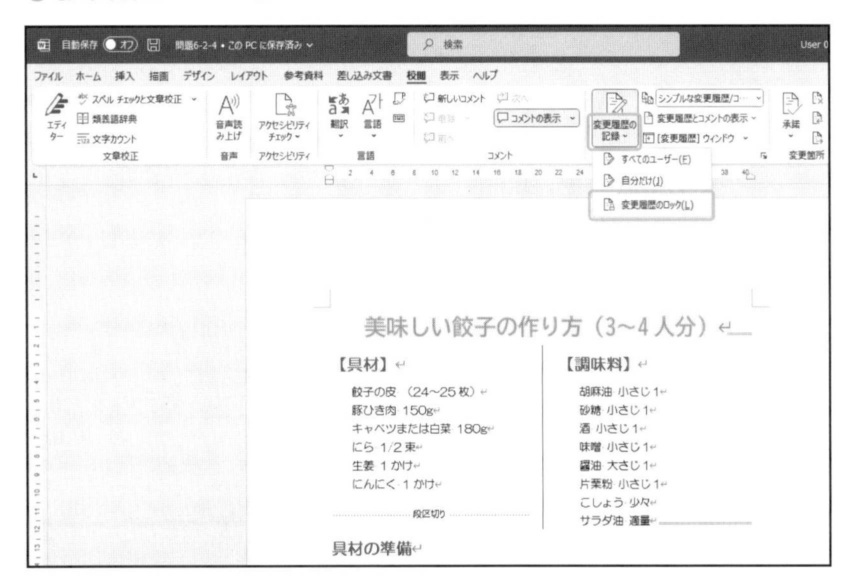

❸［変更履歴のロック］ダイアログボックスが表示されます。

❹［パスワードの入力（省略可）］ボックスに「624kiroku」を入力します。

❺［パスワードの確認入力］ボックスに「624kiroku」を入力します。

❻［OK］をクリックします。

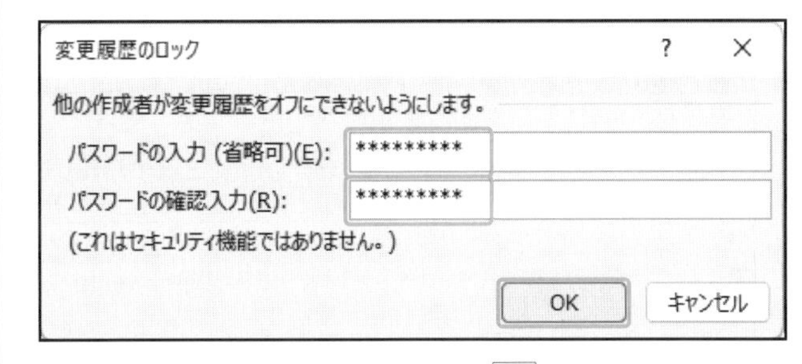

❼変更履歴のロックが設定され、 ［変更履歴の記録］ボタンが灰色に変わります。

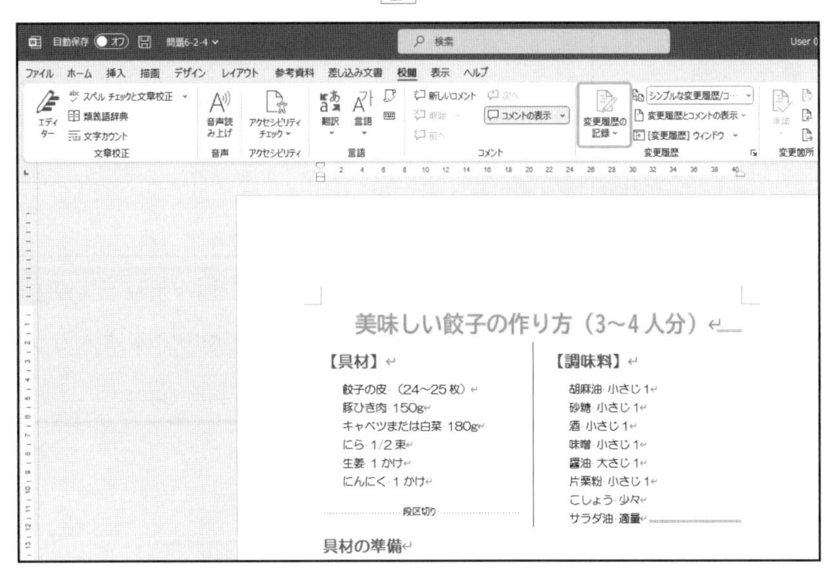

【操作 2】

❽ 1 行目の「美味しい」を削除して「おいしい」と入力します。

❾ 変更履歴が自動的に設定され、1 行目の行の左側に赤の線が表示されることを確認します。

❿［校閲］タブの［変更履歴の記録］ボタンをクリックしてもオフにできないことを確認します。

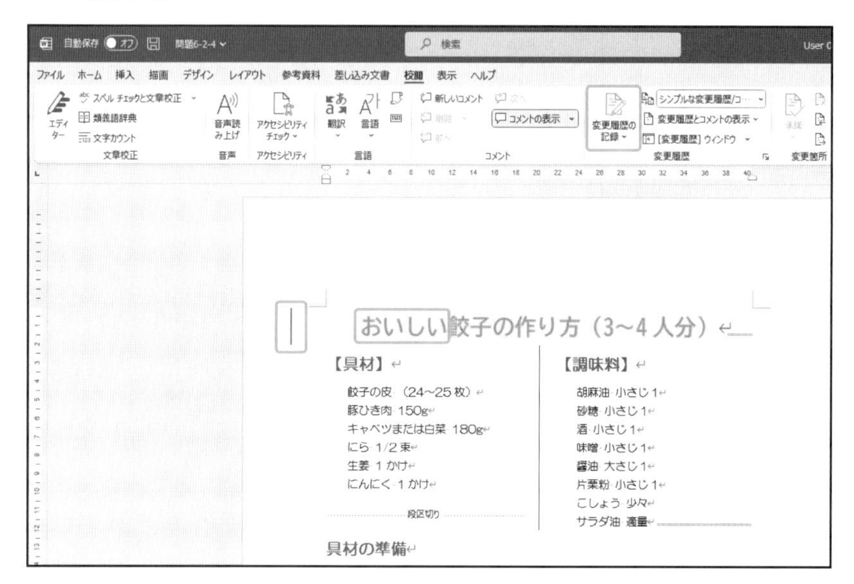

【操作 3】

⓫［校閲］タブの［変更履歴の記録］ボタンの▼をクリックします。

⓬［変更履歴のロック］をクリックします。

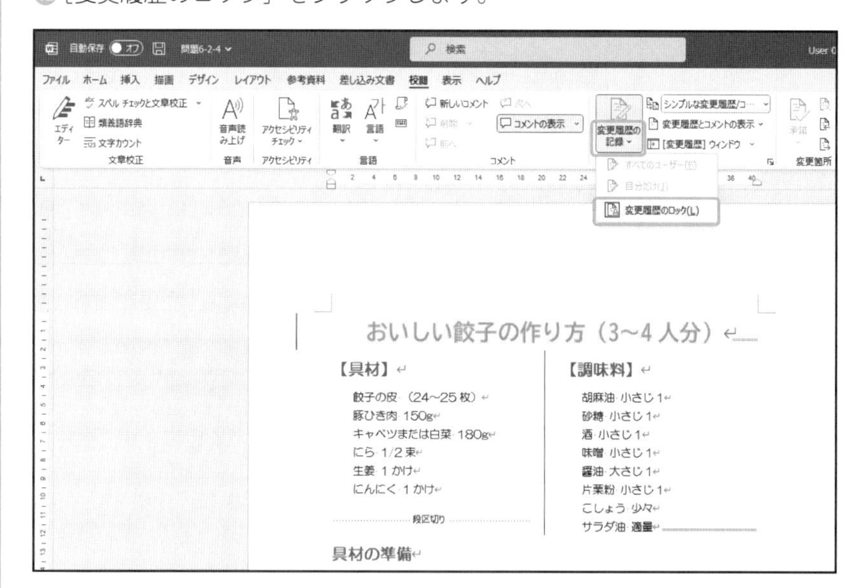

⓭［変更履歴のロック解除］ダイアログボックスが表示されます。

⓮［パスワード］ボックスに「624kiroku」と入力します。

⓯［OK］をクリックします。

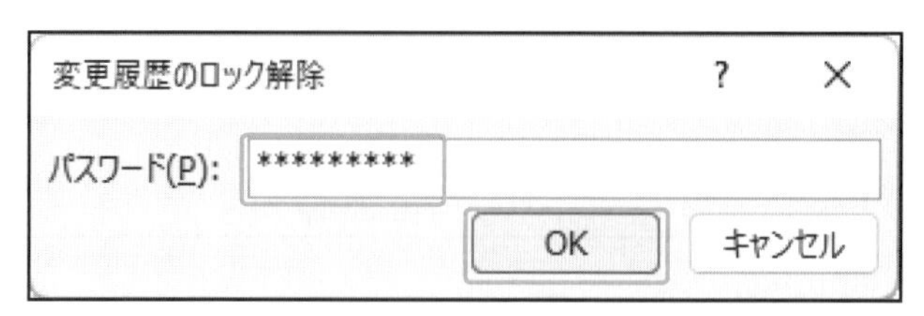

ポイント

変更履歴のロックの解除

変更履歴のロックを解除しても、変更履歴の記録がオンの状態はそのまま残ります。変更履歴の記録をオフにするには、[変更履歴の記録] ボタンをクリックします。

[変更履歴の記録] ボタン

⑯ 変更履歴のロックが解除されます。

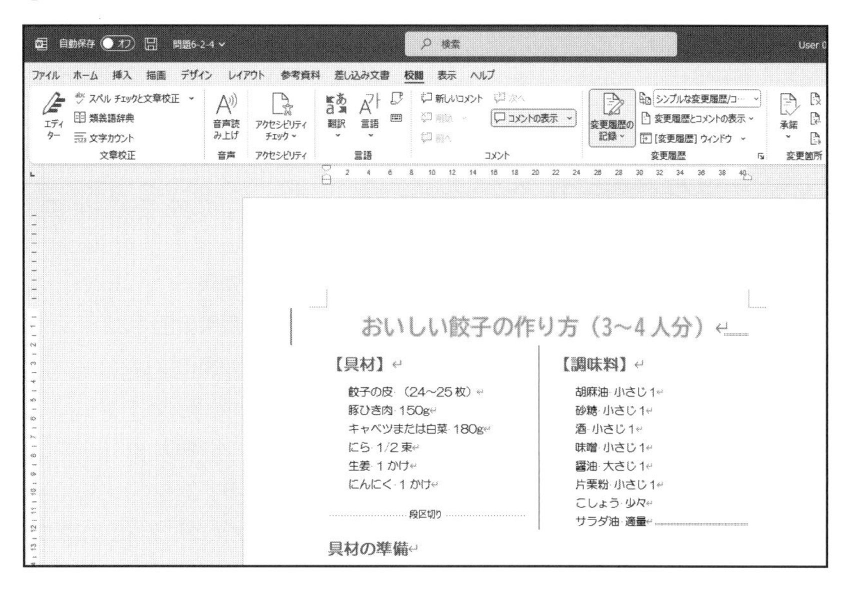

索引

英数字

あ行

か行

さ行

た行

な行

は行

ま行

や行

ら行

模擬練習問題

マルチプロジェクトという試験形式に慣れるための模擬問題です。プロジェクト単位で解答が終了したらファイルを保存し、解答（PDF ファイル）および完成例ファイルと比較し、答え合わせを行ってください。
解答に必要なファイル、解答（PDF ファイル）、完成例ファイルは、［ドキュメント］フォルダーの［Word365_2023 年版（実習用）］フォルダーにある［模擬練習問題］フォルダーに入っています。もしファイルがない場合は、「実習用データ」のインストールを行ってください。解答（PDF ファイル）およびそれを印刷したものは、本書を購入したお客様だけがご利用いただけます。第三者への貸与、賃貸、販売、譲渡は禁止いたします。

●模擬練習問題 1

プロジェクト 1　模擬 1-1_ 写真展 1

ペットの写真展の案内の文書を作成しています。タイトルの図形や文章を編集し、表を挿入しましょう。

【1】文頭の図形に「第 11 回ペット写真展」と入力して、フォントサイズを 36pt に設定します。
【2】変更履歴の記録を開始して、8 行目の文字列「ワンちゃん、ネコちゃん」「ベストショット」のフォントの色を「赤」に設定します。その後、変更履歴の記録はオフにします。
【3】「写真展示内容」の下の「テーマ」から「ギャラリー…」の段落を文字列の幅に合わせた 2 列 3 行の表に変換します。

プロジェクト 2　模擬 1-2_ 健康と食事

健康を維持するためのお勧めの食物の摂り方を説明した文章です。文字や画像に書式を設定し、不要な情報は削除して配布用の文書に仕上げましょう。

【1】1 ページ 15 行目の「青（緑）、赤、黄、白、黒（玄）」の文字列に「強調太字」スタイルを設定します。
【2】1ページ目の画像に図の効果の「反射(弱):オフセットなし」を設定します。
【3】2 ページ目の表全体のセルの間隔を「1mm」に変更します。
【4】4 ページ目の「コンビニで買える…」の下のリスト番号が「1.」から始まるように設定します。
【5】文字列「食事」を検索して、下線を設定します。
【6】ドキュメント検査ですべての項目を検査し、見つかった項目をすべて削除します。

プロジェクト 3　模擬 1-3_ 運動会の回覧

町内対抗の運動会の回覧を作成しています。種目の開始時間やゼッケンについて注目して読んでもらえるように文書を編集しましょう。

【1】「競技プログラム」の下の表のタイトル行以外の行の高さが均等になるように揃えます。
【2】表の下の「※」から始まる 2 つの段落にぶら下げインデント 1 字、段落前の間隔を 0.5 行に設定します。
【3】2 ページ目の「子ども」から「※ 当日の参加…」の段落を境界線付きの 2 段組みに設定し、「大人」の段落が右の段にくるように段区切りを設定します。
【4】1 ページ目の「ゼッケンについて」と「競技プログラム」、2 ページ目の「ゼッケン番号」の段落を「➧」の箇条書きに設定します。
【5】文書のスタイルセットを「白黒（クラシック）」に変更します。

プロジェクト 4　模擬 1-4_PTA 紹介

小学校の年度初めに配布する PTA 紹介についての文書を複数の人で校正しながら作成しています。

【1】文頭にある図形内のフォントの色を「黒、テキスト 1」、図形の色を「薄い緑」に変更します。
【2】文書のコメント「…終わりました」を解決済みにします。
【3】文書の脚注にジャンプし、脚注が挿入されている文字列を太字にします。
【4】文書のタイトルプロパティに「PTA 紹介」、状態プロパティに「修正後」と入力します。

プロジェクト 5　模擬 1-5_ ダンス教室 1

子ども向けのダンス教室の案内を編集中です。SmartArt を挿入したり、箇条書きの行頭文字や段落番号を変更してわかりやすい文書にしましょう。

【1】見出し「【コース概要】」のすぐ下の行に SmartArt の縦方向箇条書きリストを挿入し、上位レベル（色付きの図形）に「幼児コース」「低学年コース」と入力します。
【2】見出し「【教室概要】」の下の「場所：…」の行から「講師：…」の行までを［模擬練習問題］フォルダーの図「行頭マーク .png」を使った箇条書きにします。
【3】見出し「【申込方法】」の下の箇条書きを「A）B）C）」の段落番号に変更します。

プロジェクト 6　模擬 1-6_ 研修テキスト 1

PC 研修用のテキストを編集しています。脚注や画面ショットを挿入し、また誰にでも内容が読み取りやすい文書を目指しましょう。

【1】Word の画像の下の文字列「Word の基本画面」の後ろに「バージョンにより異なります」という脚注を挿入します。
【2】あらかじめ Excel を起動して新規の空白ブックの画面を表示しておきます。3 ページ目の「Excel の基本画面」の上の行に Excel 画面のスクリーンショットを挿入し、画像の幅を「153mm」に変更します。
【3】アクセシビリティに問題がないか文書をチェックし、エラーの項目のうち、「不足オブジェクトの説明」の図表 2 に「文書作成の手順」という代替テキスト設定します。それ以外の警告は無視します。

プロジェクト 7　模擬 1-7_ そば打ち体験 1

そば打ちの体験講座のチラシを編集しています。コメントを返信して、画像の効果や特殊文字を挿入して仕上げ、Word 以外でも開ける文書として保存しましょう。

【1】フッターの文字列「和亜土そば道場」の後ろに「登録商標」の特殊文字を挿入します。
【2】文書のコメント「…お願いします」に「追加しました」と返答します。
【3】そばの写真に「鉛筆：スケッチ」のアート効果を設定します。
【4】SmartArt の「生地を延ばす」の後ろに図形を追加し、「そばをゆでる」を入力します。追加した図形の書式は既定のままにします。
【5】「そば打ち体験チラシ」という名前でリッチテキスト形式で保存します。

プロジェクト 8　模擬 1-8_ 山歩きのすすめ

気軽な山歩きをお勧めする文書を作成しています。背景に文字を表示したり、画像の設定をして仕上げましょう。

【1】文書全体に透かし「サンプル 1」を挿入します。
【2】1 ページ目の「気軽な山歩き」の文字列の書式を解除します。
【3】2 ページ目の末尾にあるイラストの代替テキストを装飾用に変更します。
【4】互換性チェックを実行し、旧バージョンの Word で使用できない機能とその件数を調べます。

プロジェクト 9　模擬 1-9_ スケートの魅力

スケートの魅力について書かれた長文の文書を編集しています。表の表示方法やページのレイアウトを変更した後に目次を最新に更新し、印刷時の設定を変更しましょう。

【1】見出し「2. ジャンプの基礎点」にある表を「種類」の五十音順に並べ替えます。
【2】見出し「2. ジャンプの基礎点」の先頭にページ区切りを挿入し、目次を更新します。
【3】印刷プレビューを実行し、余白を「見開きページ」に変更します。

●模擬練習問題 2

プロジェクト 1　模擬 2-1_ 眼科からのアドバイス

お客様に配布する「目の健康」に関する資料を作成しています。箇条書きや表を使用して読みやすい文書になるように編集しましょう。

【1】互換モードから最新のファイル形式に変換します。
【2】「予防するには？」の下の 7 行に「◆」の箇条書きを設定し、行間の設定を解除して 1.0 行にします。
【3】見出し「対策方法は？」の下の空白行に 3 行 3 列の表を挿入し、1 列目のセルに上から「目の運動」「目のツボ」「目薬」と入力します。

プロジェクト 2　模擬 2-2_ 写真展 2

ペットの写真展の案内文書に記録された変更内容を確認し、3D モデルを挿入したり、画像を編集して文書を仕上げましょう。

【1】変更履歴を順番に確認し、書式の変更は反映し、文字の挿入は破棄します。
【2】表の下の空白行に［模擬練習問題］フォルダーの 3D モデル「dog.fbx」を挿入し、表示方法を「左上」に変更し、表の下の中央にドラッグします。
【3】一番上の猫の画像の背景を削除を実行し、保持する領域と削除する領域をマークして、猫だけが表示されるようにします。

プロジェクト 3　模擬 2-3_ 課題制作について

学生への課題制作に関するレジュメを作成しています。表や見出しを整え、ひな型用のファイルとして保存しましょう。

【1】1 ページ目の「2. 注意点」の下の①から③の段落番号のレベルを 1 つ上げます。
【2】表のタイトル行が次ページも繰り返し表示されるように設定します。
【3】文書の解決済みのコメントをすべて削除します。
【4】文書を「コンセプトシート」という名前で Word テンプレート形式で保存します。その際に［全般オプション］ダイアログボックスを使用して読み取りパスワード「1234」を設定します。

プロジェクト 4　模擬 2-4_ そば打ち体験 2

そば打ちの体験講座のチラシを作成しています。効果的な文書になるように編集し、他の人に確認してもらうためにコメントを付けておきましょう。

【1】1 行目の「そば打ち体験してみませんか？」に文字の輪郭の色を「紫」に変更します。
【2】SmartArtに「工程の確認をお願いします」というコメントを追加します。
【3】8 行目の「簡単に美味しいそばを作るコツ」の文字書式を、すぐ下の行の「手ぶらでご参加」の文字に貼り付けます。

プロジェクト 5　模擬 2-5_ ダンス教室 2

子ども向けのダンス教室の案内を作成しています。箇条書き、SmartArt、画像、表を編集してわかりやすい文書にしましょう。

【1】1 ページ目の末尾にある 6 行の箇条書きを「2 段目が狭い段組み」に設定します。
【2】SmartArt の色を「塗りつぶしーアクセント 1」、スタイルを「パステル」に変更します。
【3】2 ページ目の地図に図のスタイル「シンプルな枠、黒」を設定します。
【4】3 ページ目の表の「〒」のセルを 1 列 2 行に分割します。

プロジェクト 6　模擬 2-6_ 研修テキスト 2

PC 研修用のテキストとして長文の文書を作成しています。目次や画像を挿入し、文言を統一して読みやすいテキストを作成しましょう。

【1】2 ページ目の「目次」の下の空白行に、書式が「ファンシー」、アウトラインレベルが「2」の目次を挿入します。
【2】Word の基本画面の画像の代替テキストを「Word の画面」に修正します。
【3】文書の末尾の空白行に［模擬練習問題］フォルダーのイラスト「研修風景 .png」を挿入し、縦と横のサイズを 55mm に設定します。
【4】文書内の文字列「アプリケーション」をすべて「アプリ」に変換します。
【5】印刷プレビューを実行し、余白を「やや狭い」に変更し、1 枚の用紙に 2 ページ分を並べて縮小印刷する設定にします。

プロジェクト 7　模擬 2-7_ 桜まつり

桜まつりの広報紙用のレイアウトを作成しています。アイコンやフッターを挿入して仕上げて、提出用に用紙サイズを整えましょう。

【1】2 ページ目のピンクのテキストボックスの空白行に「花」の文字で検索したいずれかのアイコンを挿入し、縦と横のサイズを約 32mm に設定します。※ アイコンの挿入はインターネットに接続されていることが必要です。
【2】「イオン（濃色）」というフッターを挿入し、［前と同じヘッダー / フッター］をオフにします。
【3】最初のセクションのみ、用紙サイズを「B5」、左右の余白を「20mm」ずつに変更します。
【4】1 ページの「（下書き）」の文字列を隠し文字に設定し、編集記号を非表示にして確認します。
【5】文書のタイトルプロパティに「桜まつりのご案内」と入力し、フッターに表示されることを確認します。

プロジェクト 8　模擬 2-8_ カルチャー講座の案内

市民講座のカルチャー教室の案内を作成しています。講座内容と申し込み方法が誰にでもわかるような文書にしましょう。

【1】2 行目「※ お申込みは…」の行に「Entry」ブックマークへのハイパーリンクを設定します。
【2】28 行目の「TEL：00-0000-1212」と 31 行目の「FAX：00-0000-1213」の文字列に「強調斜体 2」スタイルを設定します。
【3】表の 1 列目の列の幅を文字列の長さに合わせて自動調整します。
【4】表の「日程」から始まる色付きの行から表を分割します。

プロジェクト 9　模擬 2-9_ 図書館のお知らせ

図書館の臨時休館のお知らせを作成しています。来場者の目に留まるようにレイアウトを工夫し、変更箇所のを記録が解除されないように設定しましょう。

【1】表を「ー」（全角のハイフン）で区切られた文字列に変換します。
【2】「期間：6 月 11 日～ 14 日」の文字列の後ろに「夜間返却ポストは利用できます」という文末脚注を挿入し、文末脚注の番号書式を「①、②、③」に変更します。
【3】文書の上と下だけに、色「赤」、太さ「6pt」のページ罫線を挿入します。
【4】すべての変更履歴が記録されるようにロックします。パスワードは、「Lock94」にします。

模擬テストプログラムの使い方

1．模擬テスト実施前に必ずお読みください

模擬テストプログラム「MOS 模擬テスト Word365（2023 年版）」（以下、本プログラム）をご利用の際は、以下を必ずご確認ください。

● Microsoft Office のインストールを確認する

本プログラムは、Microsoft 365 および Office 2021 日本語版以外のバージョンや Microsoft 以外の互換 Office では動作いたしません。また、複数の Office が混在した環境では、本プログラムの動作を保証しておりません。なお、日本語版 Office であってもストアアプリ版では動作しないことがあります。その場合は、デスクトップアプリ版に入れ替えてご利用ください。くわしくは本書のウェブページ（https://nkbp.jp/050536）を参照してください。

●インストールが進行しない場合

「インストールしています」の画面が表示されてからインストールが開始されるまで、かなり長い時間がかかる場合があります。インストールの進行を示すバーが変化しなくても、そのまましばらくお待ちください。

●起動前に Word を終了する

Word が起動していると、本プログラムを起動できません。事前に Word を終了させてください。

●ダイアログボックスのサイズが大きいとき

Windows で［ディスプレイ］の設定を 100%より大きくしていると、一部の項目や文字が表示されなくなることが あります。その場合は表示の設定を 100%にしてください。

●文字や数値の入力

文字や数値を入力する場合は、問題文の該当する文字（リンクになっています）をクリックすると、クリップボードにコピーできます。自分で入力する場合、特別な指示がなければ、英数字は半角で入力します。入力する文字列が「」で囲むように指示されている問題では、「」内の文字だけを入力します。

●ダイアログボックスは閉じる

Word のダイアログボックスを開いたまま、［採点］、［次のプロジェクト］、［レビューページ］、［リセット］、［テスト中止］をクリックすると、正しく動作しないことがあります。ダイアログボックスを閉じてからボタンをクリックしてください。

●保存したファイルが残る場合

ファイルやテンプレートに名前を付けて保存する問題で、問題の指示と異なる名前で保存したり、異なるフォルダーに保存したりすると、テスト終了後にファイルが残ってしまう場合があります。その場合は、該当する保存先を開いて、作成したファイルを削除してください。［ドキュメント］フォルダーに保存する指示がある場合、OneDrive の［ドキュメント］ではなくコンピューターの［ドキュメント］に保存するよう気をつけてください。

●ディスクの空き容量が少ない場合

本番モードで模擬テストを実施し、［テスト終了］ボタンをクリックすると、「保存先のディスクに十分な空き容量がないか、準備ができていません。」というメッセージが表示されることがあります。成績ファイルを保存するフォルダーの変更は［オプション］ダイアログボックスで行います。

●判定基準

正誤判定は弊社独自の基準で行っています。MOS 試験の判定基準と同じであるという保証はしておりません。

●正しい操作をしているのに不正解と判定される場合

主に Office の更新などに伴い、環境によっては正解操作をしても本プログラムが不正解と判定することがあります。その場合は、正しい操作で解答していることを確認したうえで、判定は不正解でも実際には正解であると判断して学習を進めてください。

●利用環境による影響

本プログラムの正解判定は、利用環境によって変わる可能性があります。Office の各種設定を既定以外にしている場合や、Office が更新された場合などに、正解操作をしても不正解と判定されることや正解操作ができないことがあります。正解操作と思われる場合はご自分で正解と判断し学習を進めてください。

●複数の操作がある場合の判定

解答操作の方法が複数ある場合は、実行した結果が同じであればどの方法で解答しても同じ判定結果になります。［解答を見る］および後ろのページにある「模擬テストプログラム　問題と解答」ではそのうちの一つの操作方法を解答の例として記述しているので、ほかの操作方法で解答しても正解と判定されることがあります。

※ このほか、模擬テストプログラムの最新情報は本書のウェブページ（https://nkbp.jp/050536）を参照してください。

2. 利用環境

本プログラムを利用するには、次の環境が必要です。以下の条件を満たしていても、コンピューターの個別の状態などにより利用できない場合があります。

OS	Windows 10 および 11（ただし S モードを除く）
アプリケーションソフト	Microsoft 365 または Microsoft Office 2021（いずれも日本語版、32 ビットおよび 64 ビット）をインストールし、ライセンス認証を完了させた状態。ただし上記の Office であっても、環境によってストアアプリ版では動作しないことがあります。その場合はデスクトップ版に入れ替える必要があります。くわしくは本書のウェブページ（https://nkbp.jp/050536）をご覧ください。

インターネット	本プログラムの実行にインターネット接続は不要ですが、本プログラムの更新プログラムの適用にはインターネット接続が必要です。
ハードディスク	300MB 以上の空き容量。動画解答をハードディスクにインストールする場合はさらに 1.48GB 以上が必要です。
画面解像度	横 1366 ピクセル以上を推奨します。
DVD-ROM ドライブ	付録ディスクでインストールした場合、本プログラムのインストールが完了していれば不要です。ただし、動画解答をハードディスクにインストールしないで、動画解答を表示したいときは、DVD-ROM ドライブに付録ディスクが挿入されている必要があります。

※ 本プログラムは、Microsoft 365 および Office 2021 以外のバージョンや Microsoft 以外の互換 Office では動作しません。また、複数の Office が混在した環境では、本プログラムの動作を保証しておりません。

※Office のインストールは、本プログラムのインストールより先に行ってください。本プログラムのインストール後に Office のインストールや再インストールを行う場合は、いったん本プログラムをアンインストールしてください。

3. 初回起動時のライセンス認証

本プログラムを利用するには、ライセンス認証が必要です。初めて本プログラムを起動する際、ライセンスキーを入力するよう求められます。画面の質問に従って、ライセンスキーを「答え」の欄に入力し、「次へ」ボタンをクリックしてください。正しいライセンスキーが入力されていれば、本プログラムが起動します。誤った入力をした場合には、起動を中止し、本プログラムは終了します。その場合は本プログラムを再度起動し、ライセンス認証を行ってください。
ライセンス認証には本書が必要です。認証時はお手元にご用意ください。

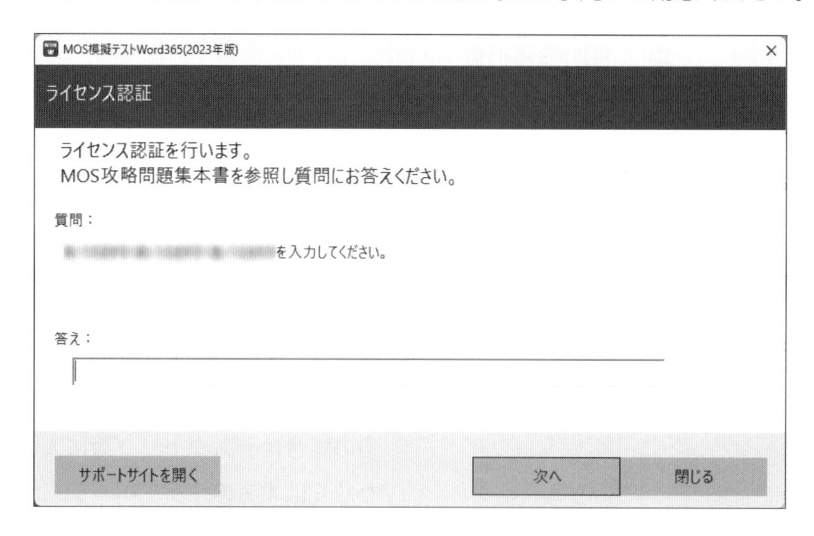

4. プログラムの更新

本プログラムは、問題の正解判定に影響があるようなOfficeの更新が行われた場合や、データの誤りが判明した場合などに、更新プログラムを提供することがあります。コンピューターがインターネットに接続されている場合、更新プログラムがあるとその数を以下のようにかっこで表示します。

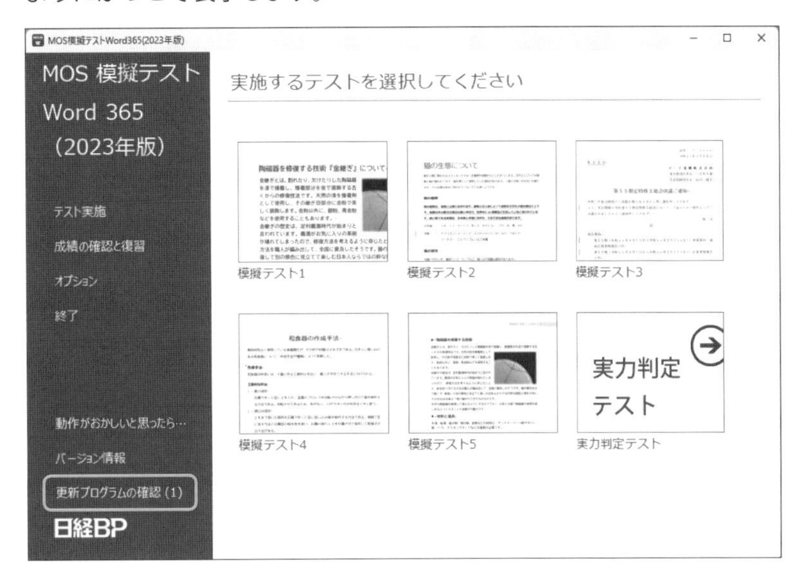

［更新プログラムの確認］をクリックすると、更新内容が確認できますので、必要に応じて［インストール］ボタンをクリックしてください。あとは自動でプログラムが更新されます。その際、Windows の管理者のパスワードを求められることがあります。

5. 模擬テストの実施

① Word が起動している場合は終了します。

②デスクトップの［MOS 模擬テスト Word365（2003 年版）］のショートカットアイコンをダブルクリックします。

③［テスト実施］画面が表示されます。

●［テスト実施］画面

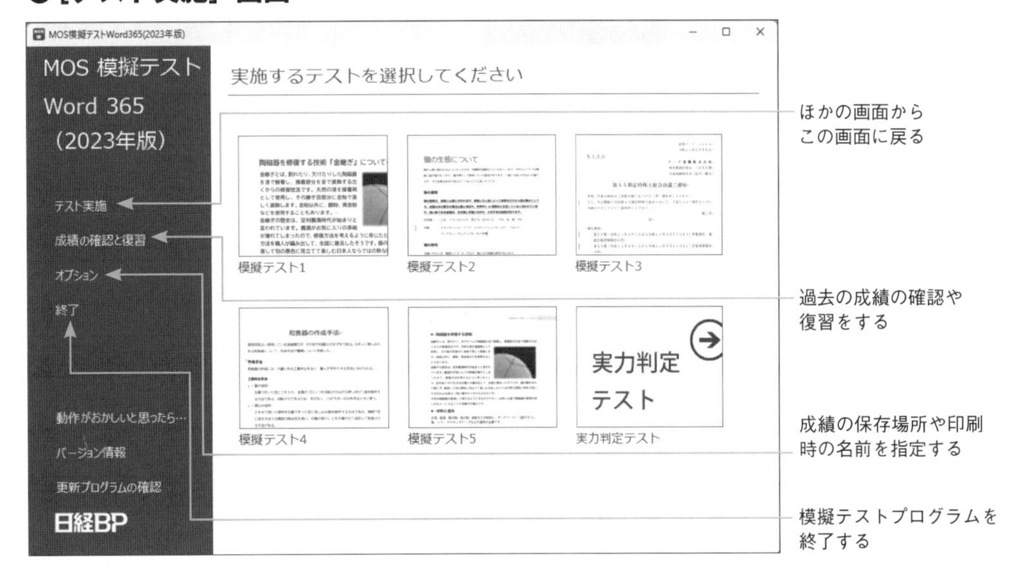

●練習モードで模擬テストを実施

一つのタスクごとに採点するモードです。

出題するタスクを選択する画面が表示されます。チェックボックスを使って出題されるタスクを選択します。

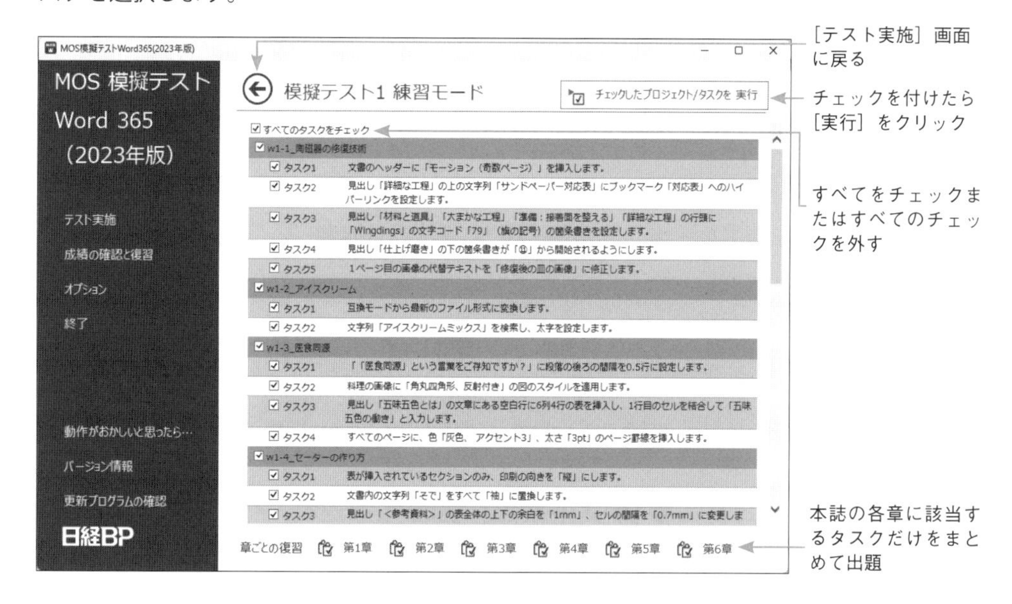

問題文に従って解答操作を行い、［採点］をクリックします。

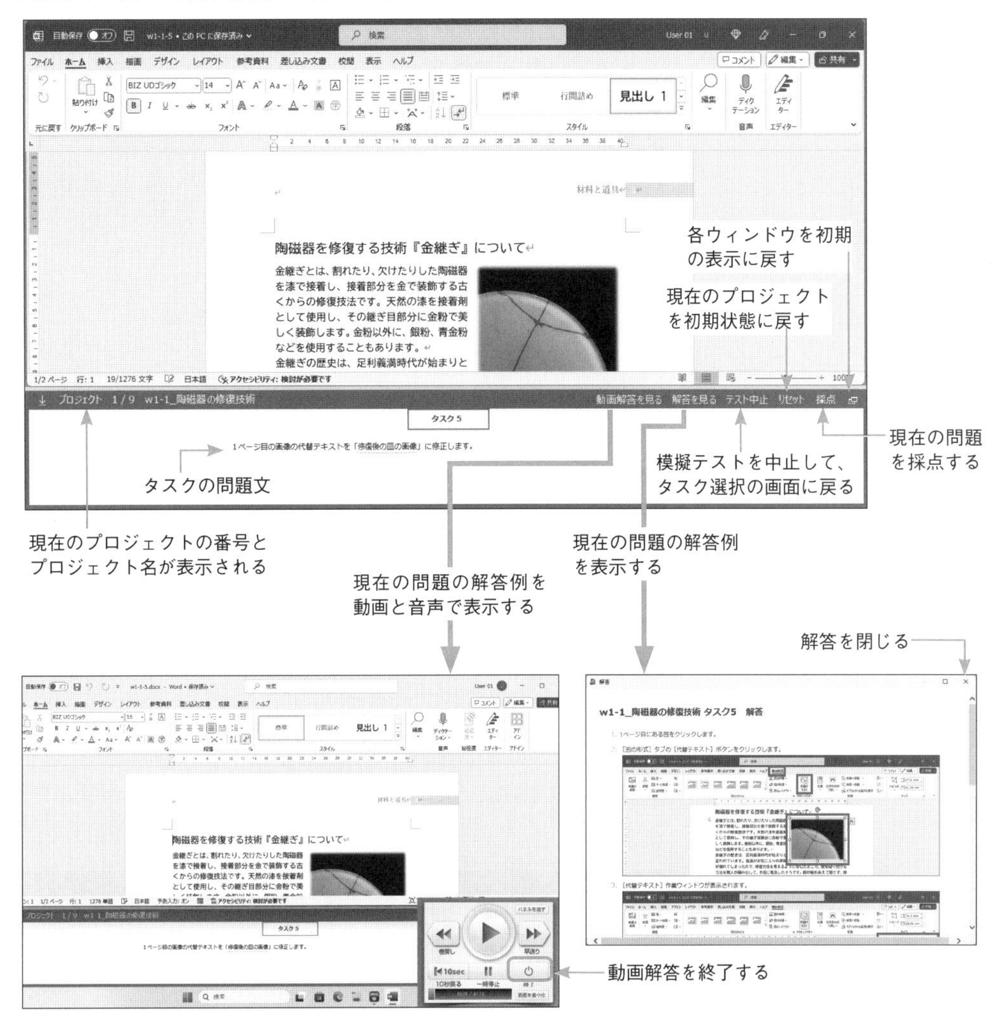

模擬テスト

使い方

●本番モードで模擬テストを実施

MOS 試験と同様、50 分で 1 回分のテストを行い最後に採点するモードです。［実力判定テスト］は毎回異なる問題（プロジェクト）が出題されます。制限時間は 50 分で、制限時間を過ぎると自動的に終了します。

プロジェクト中の全部のタスクを解答またはスキップしたら次のプロジェクトに移行します。

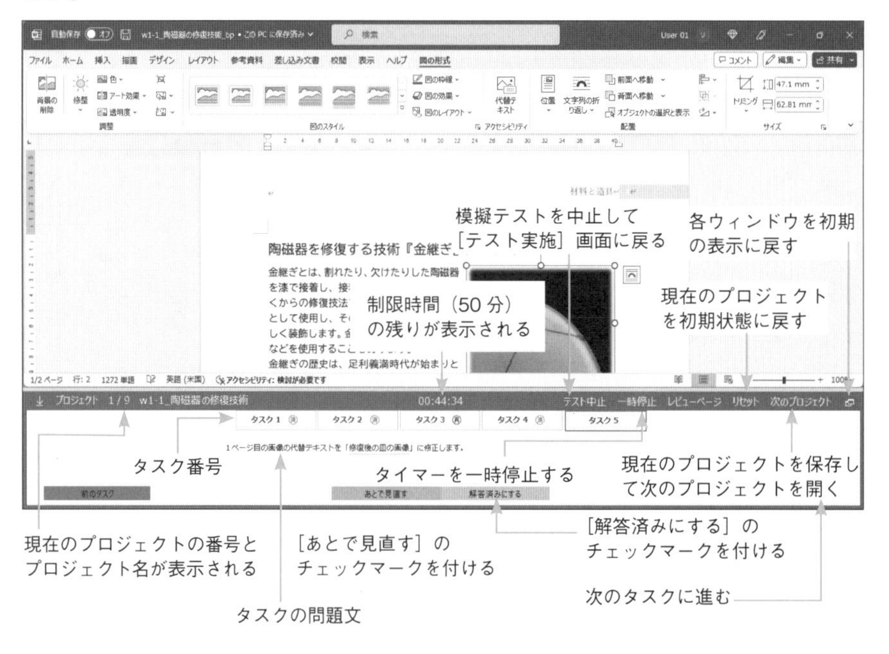

全部のプロジェクトが終了したら、レビューページが表示されます。タスク番号をクリックすると試験の操作画面に戻ります。

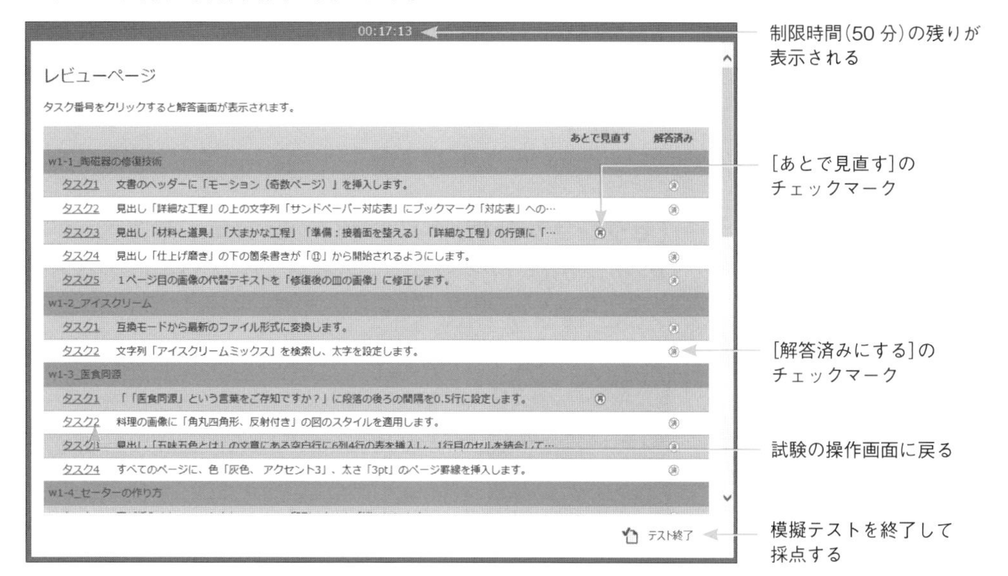

●［結果レポート］画面

本番モードを終了すると、合否と得点、各問題の正解 / 不正解を示す［結果レポート］画面が表示されます。

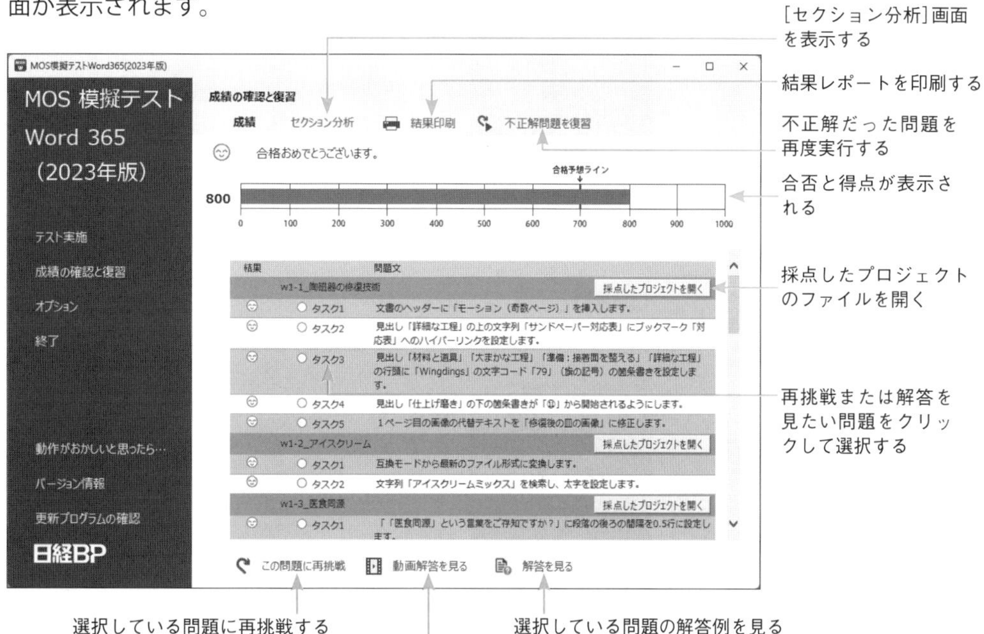

[採点したプロジェクトを開く]

模擬テスト終了時の Word 文書画面が表示され、確認することができます（文書に保存されないオプション設定は反映されません）。ここで開いた文書を保存したい場合は、Word で［名前を付けて保存］を実行し、適当なフォルダーに適当なファイル名で保存してください。Word 画面を閉じると、[結果レポート］画面に戻ります。

[セクション分析]

本誌のどの章（セクション）で説明されている機能を使うかでタスクを分類し、セクションごとの正答率を示します。

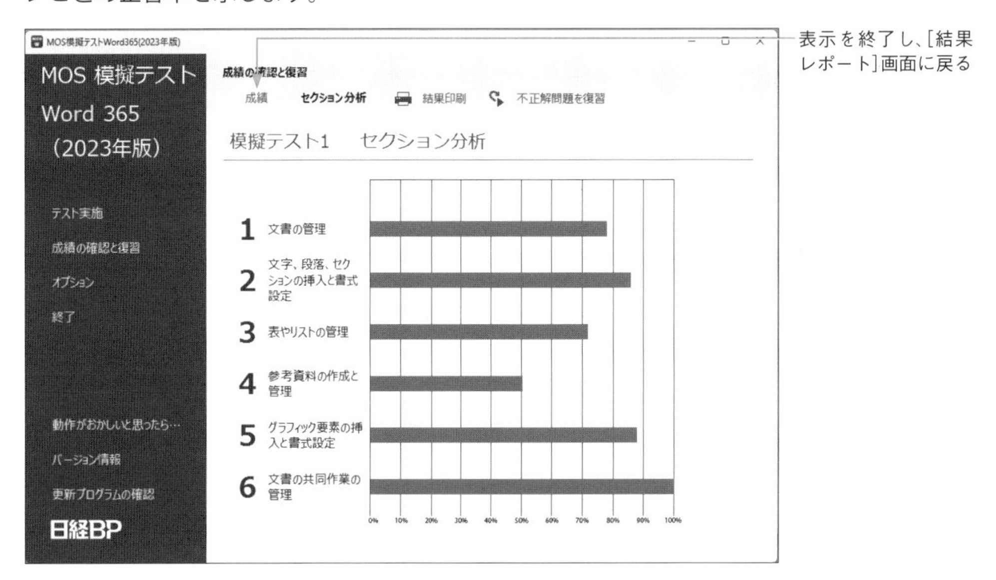

[印刷]

模擬テストの結果レポートを印刷できます。

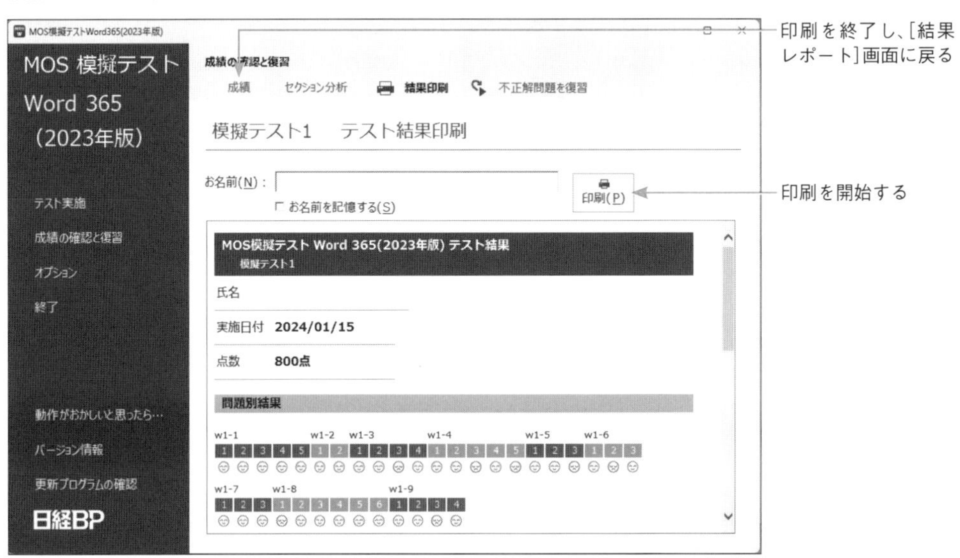

●［成績の確認と復習］画面

これまでに実施した模擬テストの成績の一覧です。問題ごとに正解 / 不正解を確認したり復習したりするときは、各行をクリックして［結果レポート］画面を表示します。成績は新しいものから 20 回分が保存されます。

成績は Windows にサインイン / ログオンしたアカウントごとに記録されます。別のアカウントで模擬テストを実施した場合、それまでの成績は参照できないのでご注意ください。

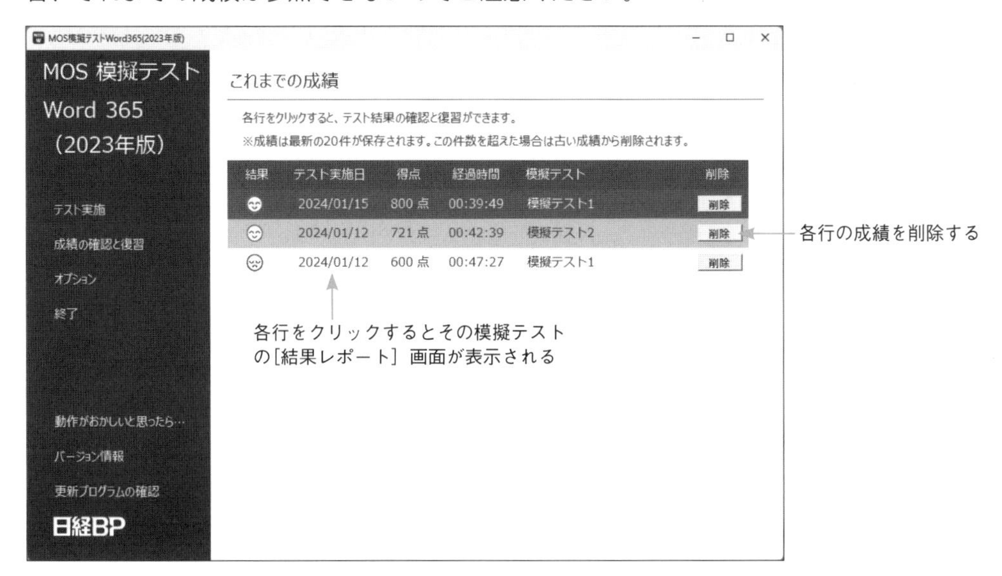

●［オプション］ダイアログボックス

成績ファイルを保存するフォルダーと、成績を印刷する場合の既定のお名前を指定できます。

成績ファイルを保存するフォルダーには、現在のユーザーの書き込み権限と、約 20MB 以上の空き容量が必要です。［保存先フォルダー］ボックスを空白にして［OK］ボタンをクリックすると、既定のフォルダーに戻ります。

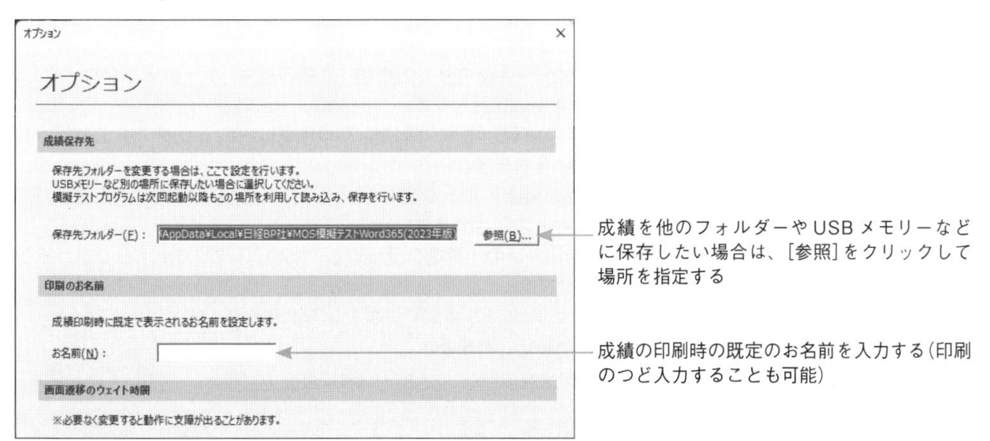

●終了

［テスト実施］画面で［終了］をクリックすると、模擬テストプログラムが終了します。

模擬テストプログラム 問題と解答

解答操作の方法が複数ある場合は、どの方法で解答しても、実行した結果が同じであれば同じ判定結果になります。ここではそのうちの一つの操作方法だけ（解答の例）を記述しているので、ほかの操作方法でも正解と判定されることがあります。

●模擬テスト 1

プロジェクト 1　陶磁器の修復技術

【タスク 1】文書のヘッダーに「モーション（奇数ページ）」を挿入します。

① ［挿入］タブの［ヘッダー］ボタンをクリックし、［組み込み］の［モーション（奇数ページ）］をクリックします。
② ヘッダーが挿入されます。
③ ［ヘッダーとフッター］タブの［ヘッダーとフッターを閉じる］ボタンをクリックします。

【タスク 2】見出し「詳細な工程」の上の文字列「サンドペーパー対応表」にブックマーク「対応表」へのハイパーリンクを設定します。

① 見出し「詳細な工程」の上、1 ページ 22 行目の「サンドペーパー対応表」を選択します。
② ［挿入］タブの［リンク］ボタンをクリックします。
③ ［ハイパーリンクの挿入］ダイアログボックスが表示されます。
④ ［リンク先］の一覧の［このドキュメント内］をクリックします。
⑤ ［ドキュメント内の場所］の［ブックマーク］の下の［対応表］をクリックします。
⑥ ［OK］をクリックします。
⑦ 選択した文字列にブックマークへのリンクが設定され、色付き文字で表示されます。

【タスク 3】見出し「材料と道具」「大まかな工程」「準備：接着面を整える」「詳細な工程」の行頭に「Wingdings」の文字コード「79」（旗の記号）の箇条書きを設定します。

① 1 ページ目の見出し「材料と道具」の行を選択します。
② Ctrl キーを押しながら、見出し「大まかな工程」、「準備：接着面を整える」、「詳細な工程」の行を選択します。
③ ［ホーム］タブの［箇条書き］ボタンの▼をクリックし、［新しい行頭文字の定義］をクリックします。
④ ［新しい行頭文字の定義］ダイアログボックスが表示されます。
⑤ ［記号］をクリックします。
⑥ ［記号と特殊文字］ダイアログボックスが表示されます。
⑦ ［フォント］ボックスの▼をクリックし、［Wingdings］をクリックします。
⑧ ［文字コード］ボックスに「79」と入力します。
⑨ 「⚐」（旗）の記号が選択されます。
⑩ ［OK］をクリックします。
⑪ ［新しい行頭文字の定義］ダイアログボックスの［プレビュー］に選択した記号が表示されていることを確認し、［OK］をクリックします。
⑫ 選択した段落の行頭文字に記号が設定されます。

【タスク 4】見出し「仕上げ磨き」の下の箇条書きが「⑪」から開始されるようにします。

① 見出し「仕上げ磨き」の下の箇条書き「①上塗り漆を…」の段落内を右クリックします。
② ショートカットメニューの［自動的に番号を振る］をクリックします。
③ 選択した段落以降が「⑪」から始まる段落番号に変更されます。

【タスク 5】1 ページ目の画像の代替テキストを「修復後の皿の画像」に修正します。

① 1 ページ目にある図をクリックします。
② ［図の形式］タブの［代替テキスト］ボタンをクリックします。
③ ［代替テキスト］作業ウィンドウが表示されます。
④ 問題文の「修復後の皿の画像」をクリックして、文字列をコピーします。
⑤ ［代替テキスト］作業ウィンドウの説明用のボックスの文字を削除し、Ctrl+V キーを押します。
⑥ 説明用のボックスに「修復後の皿の画像」の文字列が貼り付けられます。
⑦ 図に代替テキストが設定されます。
⑧ ［代替テキスト］作業ウィンドウの閉じるボタンをクリックします。

プロジェクト 2　アイスクリーム

【タスク 1】互換モードから最新のファイル形式に変換します。

① ［ファイル］タブをクリックします。
② ［情報］をクリックして［情報］画面を表示します。
③ ［変換］をクリックします。
④ ［文書は最新のファイル形式にアップグレードされます。…］というメッセージが表示されるので、［OK］をクリックします。
⑤ 互換モードが解除され、Word 365 のファイル形式に変換されます。

【タスク 2】文字列「アイスクリームミックス」を検索し、太字を設定します。

① ［ホーム］タブの［編集］ボタンをクリックし、［検索］ボタンをクリックします。
② ナビゲーションウィンドウが表示されます。
③ 問題文の「アイスクリームミックス」をクリックして、文字列をコピーします。
④ ナビゲーションウィンドウの［文書の検索］ボックスをクリックし、Ctrl+V キーを押します。
⑤ ［文書の検索］ボックスに「アイスクリームミックス」の文字が貼り付けられます。
⑥ ［文書の検索］ボックスの下に「1 件」と表示され、該当箇所がハイライト表示されます。
⑦ ［結果］タブの一覧をクリックし、「アイスクリームミックス」を選択します。
⑧ ［ホーム］タブの［太字］ボタンをクリックします。
⑨ 太字が設定されます。
⑩ ナビゲーションウィンドウの閉じるボタンをクリックして閉じます。

プロジェクト 3　医食同源

【タスク 1】「「医食同源」という言葉をご存知ですか？」に段落の後ろの間隔を 0.5 行に設定します。

① 2 ページ 1 行目の「「医食同源」という言葉をご存知ですか？」の段落内にカーソルを移動します。
② ［レイアウト］タブの［後］ボックスの▲をクリックし、［0.5 行］を選択します。
③ 選択した段落の後ろに 0.5 行の間隔が設定されます。

【タスク 2】料理の画像に「角丸四角形、反射付き」の図のスタイルを適用します。

① 2 ページ目にある料理の画像を選択します。
② ［図の形式］タブの［図のスタイル］の［その他］（または［クイックスタイル］）ボタンをクリックします。

③ 一覧から［角丸四角形、反射付き］をクリックします。
④ 選択した画像に図のスタイルが設定されます。

【タスク 3】見出し「五味五色とは」の文章にある空白行に 6 列 4 行の表を挿入し、1 行目のセルを結合して「五味五色の働き」と入力します。

① 2 ページ目の見出し「五味五色とは」の文章の空白行（「青（緑）、赤、黄、…」の下の行）にカーソルを移動します。
② ［挿入］タブの［表］ボタンをクリックします。
③ 表示されるマス目を 4 行 6 列となるようにポイントします。
④ マス目の上部に［表（4 行 ×6 列）］と表示されていることを確認してクリックします。
⑤ カーソルの位置に 6 列 4 行の表が挿入されます。
⑥ 表の 1 行目のセルを選択します。
⑦ ［レイアウト］タブの［セルの結合］ボタンをクリックします。
⑧ 表の 1 行目のセルが結合されます。
⑨ 問題文の「五味五色の働き」をクリックして、文字列をコピーします。
⑩ 表の 1 行目のセルをクリックし、Ctrl+V キーを押します。
⑪ セルに「五味五色の働き」の文字が貼り付けられます。

【タスク 4】すべてのページに、色「灰色、アクセント 3」、太さ「3pt」のページ罫線を挿入します。

① ［デザイン］タブの［ページ罫線］ボタンをクリックします。
② ［線種とページ罫線と網かけの設定］ダイアログボックスの［ページ罫線］タブが表示されます。
③ 左端の［種類］の［囲む］をクリックします。
④ ［色］ボックスの▼をクリックし、［テーマの色］の［灰色、アクセント 3］をクリックします。
⑤ ［線の太さ］ボックスの▼をクリックし、［3pt］をクリックします。
⑥ ［設定対象］ボックスに［文書全体］と表示されていることを確認し、［OK］をクリックします。
⑦ ページの周囲がページ罫線の枠で囲まれます。

プロジェクト 4　セーターの作り方

【タスク 1】表が挿入されているセクションのみ、印刷の向きを「縦」にします。

① ［ホーム］タブの［編集記号の表示 / 非表示］ボタンがオフの場合は、クリックしてオンにします。
② スクロールして 3 ページ目の［セクション区切り（次のページから新しいセクション）］の編集記号を確認します。
③ それより下のページにカーソルを移動し、［レイアウト］タブの［印刷の向き］ボタンをクリックして［縦］をクリックします。
④ 表のあるセクションだけページの向きが「縦」に設定されます。

【タスク 2】文書内の文字列「そで」をすべて「袖」に置換します。

① 文書のいずれかの段落にカーソルがあることを確認します。
② ［ホーム］タブの［編集］ボタンをクリックし、［置換］ボタンをクリックします。
③ ［検索と置換］ダイアログボックスの［置換］タブが表示されます。
④ 問題文の「そで」をクリックして、文字列をコピーします。
⑤ ［検索する文字列］ボックスをクリックし、Ctrl+V キーを押します。
⑥ ［検索する文字列］ボックスに「そで」の文字が貼り付けられます。
⑦ 問題文の「袖」をクリックして、文字列をコピーします。
⑧ ［置換後の文字列］ボックスをクリックし、Ctrl+V キーを押します。
⑨ ［置換後の文字列］ボックスに「袖」の文字が貼り付けられます。
⑩ ［すべて置換］をクリックします。
⑪ ［完了しました。7 個の項目を置換しました。］と表示されるので、［OK］をクリックします。
⑫ ［検索と置換］ダイアログボックスの［閉じる］をクリックします。

【タスク 3】見出し「<参考資料>」の表全体の上下の余白を「1mm」、セルの間隔を「0.7mm」に変更します。

① 4 ページ目の表内にカーソルを移動します。
② ［レイアウト］タブの［セルの配置］ボタンをクリックします。
③ ［表のオプション］ダイアログボックスが表示されます。
④ ［上］ボックスに「1」と入力するか、▲をクリックして「1mm」に設定します。
⑤ ［下］ボックスに「1」と入力するか、▲をクリックして「1mm」に設定します。
⑥ ［セルの間隔を指定する］チェックボックスをオンにします。
⑦ 右のボックスに「0.7」と入力して「0.7mm」に設定します。
⑧ ［OK］をクリックします。
⑨ 表全体の上下の余白とセルの間隔が変更されます。

【タスク 4】「必要な道具と素材」から「目数段数カウンター」までの段落を「2 段目が狭い段組み」に設定します。

① 1 ページ 5 行目「・必要な道具と素材」から 17 行目「・目数段数カウンター」の段落を選択します。
② ［レイアウト］タブの［段組み］ボタンをクリックし、［2 段目を狭く］をクリックします。
③ 選択した段落に 2 段目が狭い段組みが設定されます。

【タスク 5】アクセシビリティに問題がないか文書をチェックし、エラーの項目のうち、図表 1 に「基本手順の図」という代替テキスト設定します。それ以外の警告は無視します。

① ［校閲］タブの［アクセシビリティチェック］ボタンをクリックします。
② ［アクセシビリティ］作業ウィンドウに検査結果が表示されます。
③ ［エラー］の［不足オブジェクトの説明（1）］をクリックします。
④ 下に表示された［図表 1］をクリックします。
⑤ 対象の図表（SmartArt）が選択されます。
⑥ ［おすすめアクション］の［説明を追加］をクリックします。
⑦ ［代替テキスト］作業ウィンドウが表示されます。
⑧ 問題文の「基本手順の図」をクリックして、文字列をコピーします。
⑨ ［代替テキスト］作業ウィンドウの説明用のボックスをクリックして、Ctrl+V キーを押します。
⑩ 代替テキストが表示されるボックスに「基本手順の図」の文字が貼り付けられます。
⑪ ［代替テキスト］作業ウィンドウの閉じるボタンをクリックします。
⑫ ［アクセシビリティ］作業ウィンドウのエラーの項目に［不足オブジェクトの説明（1）］の表示がなくなります。
⑬ ［アクセシビリティ］作業ウィンドウの閉じるボタンをクリックします。

プロジェクト 5　世界遺産

【タスク 1】2 番目の表を「日本の自然遺産」の行から分割します。

① 2 番目の表の「日本の自然遺産」（2 ページ目）の行にカーソルを移動します。
② ［レイアウト］タブの［表の分割］ボタンをクリックします。
③ 表が分割され、「日本の自然遺産」の行が表の先頭行になります。

【タスク 2】1 行目の文字列に「塗りつぶし（グラデーション）：濃い緑、アクセントカラー 5；反射」の文字の効果を設定します。

① 1 ページ 1 行目の「世界遺産について」を選択します。
② ［ホーム］タブの［文字の効果と体裁］ボタンをクリックし、［塗りつぶし（グラデーション）：濃い緑、アクセントカラー 5；反射］の文字の効果をクリックします。
③ 選択した文字列に文字の効果が設定されます。

【タスク3】「世界遺産の種類」の表全体の行間を「1.2行」に変更します。

① 1番目の表内をポイントし、左上に表示される表の移動ハンドルをクリックします。
② 表全体が選択されます。
③［ホーム］タブの［行と段落の間隔］ボタンをクリックし、一覧から［行間のオプション］をクリックします。
④［段落］ダイアログボックスの［インデントと行間隔］タブが表示されます。
⑤［間隔］ボックスに「1.2」と入力します。
⑥［行間］ボックスに［倍数］と表示されます。
⑦［OK］をクリックします。
⑧ 選択した表全体の行間が1.2行に設定されます。

プロジェクト6　日本茶について

【タスク1】文書にスタイルセット「線（ユニーク）」を設定します。

①［デザイン］タブの［ドキュメントの書式設定］の［その他］（または［スタイルセット］）ボタンをクリックします。
② スタイルセットの一覧から［線（ユニーク）］をクリックします。
③ 文書のスタイルセットが変更されます。

【タスク2】見出し「おいしい入れ方（煎茶の場合）」のすぐ下の段落にSmartArtの基本ステップを挿入し、すぐ下の太字の4行をテキストウィンドウに移動します。余分な図形は削除します。

① 見出し「おいしい入れ方（煎茶の場合）」の下の空白行にカーソルを移動します（見つからない場合は［ホーム］タブの［編集］ボタンから［検索］ボタンをクリックしてナビゲーションウィンドウの［見出し］タブをクリックし、見出しの一覧から選択します）。
②［挿入］タブの［SmartArt］ボタンをクリックします。
③［SmartArtグラフィックの選択］ダイアログボックスが表示されます。
④ 左側の［手順］をクリックします。
⑤ 一覧から［基本ステップ］をクリックします。
⑥［OK］をクリックします。
⑦ カーソルの位置にSmartArtが挿入されます。
⑧ SmartArtのすぐ下の「茶葉を…」から「急須から…」の行を選択します。
⑨［ホーム］タブの［切り取り］ボタンをクリックします（もしくはCtrl+Xキーを押します）。
⑩ 選択した行が切り取られます。
⑪ SmartArtを選択します。
⑫ テキストウィンドウが表示されていない場合は［SmartArtのデザイン］タブの［テキストウィンドウ］ボタンをクリックしてオンにします。
⑬ テキストウィンドウの1行目をクリックしてカーソルを移動します。
⑭ カーソルが表示されていることを確認し、［ホーム］タブの［貼り付け］ボタンをクリックします（もしくはCtrl+Vキーを押します）。
⑮ SmartArtの図形に文字が挿入されます。
⑯ Deleteキーを2回押して余分な図形を削除します。

【タスク3】変更履歴の記録を開始して、見出し「保存方法」を「お茶の上手な保存方法」に修正します。その後、変更履歴の記録はオフにします。

①［校閲］タブの［変更履歴の記録］ボタンをクリックしてオンにします。
②［変更履歴の記録］ボタンが灰色になります。
③ 見出し「保存方法」の行頭にカーソルを移動し、「お茶の上手な」と入力します（見つからない場合は［ホーム］タブの［編集］ボタンから［検索］ボタンをクリックしてナビゲーションウィンドウの［見出し］タブをクリックし、見出しの一覧から選択します）。
④ 文字が挿入され、行の左側に赤色の線が表示されます。
⑤［校閲］タブの［変更履歴の記録］ボタンをクリックしてオフにします。
⑥ 変更履歴の記録が終了します。

プロジェクト7　山のスポーツ

【タスク1】見出し「参考：高山植物」の先頭に現在の位置から開始するセクション区切りを挿入し、そのセクションだけ、印刷の向きを「横」に変更します。

① 見出し「参考：高山植物」の行頭にカーソルを移動します。
②［レイアウト］タブの［区切り］ボタンをクリックし、［セクション区切り］の［現在の位置から開始］をクリックします。
③ カーソルの直前（2ページ目の終わり）に［セクション区切り（現在の位置から新しいセクション）］が挿入されます。
④「参考：高山植物」の行頭にカーソルが表示された状態のまま、［レイアウト］タブの［印刷の向き］ボタンの▼をクリックし、［横］をクリックします。
⑤ 見出し「参考：高山植物」以降が3ページ目になり、印刷の向きが横に変更されたことを確認します。

【タスク2】1ページ目の図形に太さ「4.5pt」の「緑」の枠線を設定します。

① 1ページ目の先頭にある図形を選択します。
②［図形の書式］タブの［図形の枠線］ボタンをクリックします。
③［太さ］をポイントし、［4.5pt］をクリックします。
④ 図形に4.5ptの枠線が表示されます。
⑤［図形の書式］タブの［図形の枠線］ボタンをクリックし、［標準の色］の［緑］をクリックします。
⑥ 図形の枠線の色が「緑」に変更されます。

【タスク3】文書の状態プロパティに「校正後」と入力します。

①［ファイル］タブをクリックします。
②［情報］をクリックして［情報］画面を表示します。
③ 右下の［プロパティをすべて表示］をクリックします。
④ 文書のすべてのプロパティが表示されます。
⑤ 問題文の「校正後」をクリックして文字列をコピーします。
⑥［状態］ボックスをクリックし、Ctrl+Vキーを押します。
⑦［状態］ボックスに「校正後」の文字列が貼り付けられます。

プロジェクト8　家庭菜園

【タスク1】1ページ目の「contents」の下の行に、書式「エレガント」、アウトラインレベル「1」の目次を挿入します。

① 1ページ目の「contents」の下の行にカーソルを移動します。
②［参考資料］タブの［目次］ボタンをクリックし、［ユーザー設定の目次］をクリックします。
③［目次］ダイアログボックスが表示されます。
④［書式］ボックスの▼をクリックし、［エレガント］を選択します。
⑤［アウトラインレベル］ボックスの▼をクリックし、［1］を選択します。
⑥［OK］をクリックします。
⑦ カーソルの位置に目次が挿入されます。

【タスク 2】「肥料の混合」の言葉の後ろに「石灰を多めに混ぜる」という文末脚注を挿入します。

① ［ホーム］タブの［編集］ボタンをクリックし、［検索］ボタンをクリックします。
② ナビゲーションウィンドウが表示されます。
③ 問題文の「肥料の混合」をクリックして、文字列をコピーします。
④ ナビゲーションウィンドウの［文書の検索］ボックスをクリックし、Ctrl+V キーを押します。
⑤ ［文書の検索］ボックスに「肥料の混合」の文字が貼り付けられます。
⑥ 検索結果が 1 件見つかり、ハイライト表示されるので、「肥料の混合」の後ろにカーソルを移動します。
⑦ ［参考資料］タブの［文末脚注の挿入］ボタンをクリックします。
⑧ カーソルの位置に脚注番号が挿入され、文書の末尾の脚注領域にカーソルが移動します。
⑨ 問題文の「石灰を多めに混ぜる」をクリックして、文字列をコピーします。
⑩ 脚注領域をクリックし、Ctrl+V キーを押します。
⑪ 脚注領域に「石灰を多めに混ぜる」の文字が貼り付けられます。
⑫ ナビゲーションウィンドウの閉じるボタンをクリックして閉じます。

【タスク 3】見出し「害虫」の下の行に、［ピクチャ］フォルダーの図「害虫 _bp.png」を挿入します。文字列の折り返しは既定のままとします。

① 3 ページ目の見出し「害虫」のすぐ下の行にカーソルを移動します。（見つからない場合は［ホーム］タブの［編集］ボタンから［検索］ボタンをクリックしてナビゲーションウィンドウの［見出し］タブをクリックし、見出しの一覧から選択します）。
② ［挿入］タブの［画像］ボタンをクリックし、［画像の挿入元］の［このデバイス］をクリックします。
③ ［図の挿入］ダイアログボックスが表示されます。
④ ［ピクチャ］と表示されていることを確認します。
⑤ ファイル名の一覧から「害虫 _bp.png」を選択します。
⑥ ［挿入］をクリックします。
⑦ 「害虫 _bp.png」の図が挿入されます。

【タスク 4】SmartArt の図形に左から「ピーマン」「ナス」「トマト」と入力して、色を「カラフル - アクセント 5 から 6」に変更します。

① 1 ページ目の SmartArt を選択します。
② テキストウィンドウが表示されていない場合は［SmartArt のデザイン］タブの［テキストウィンドウ］ボタンをクリックしてオンにします。
③ 問題文の「ピーマン」をクリックして、文字列をコピーします。
④ テキストウィンドウの 1 行目をクリックし、Ctrl+V キーを押します。
⑤ テキストウィンドウに「ピーマン」の文字が貼り付けられます。
⑥ 同様の操作で、問題文の「ナス」と「トマト」をテキストウィンドウの 2 行目と 3 行目に貼り付けます。
⑦ SmartArt の図形に文字列が挿入されます。
⑧ ［SmartArt のデザイン］タブの［色の変更］ボタンをクリックし、［カラフル］の［カラフル - アクセント 5 から 6］をクリックします。
⑨ SmartArt の色が変更されます。

【タスク 5】1 ページ目の画像の背景を削除し、大きいトマト 2 つだけが表示されるようにします。

① 1 ページ目の画像を選択します。
② ［図の形式］タブの［背景の削除］ボタンをクリックします。
③ 図の背景の削除される領域が紫色で表示されます。
④ ［背景の削除］タブの［保持する領域としてマーク］ボタンをクリックします。
⑤ 領域に含まれていない右下のトマトの部分をクリックします。
⑥ クリックしたトマトの画像が表示されます。
⑦ ［背景の削除］タブの［変更を保持］ボタンをクリックします。
⑧ 図の背景が削除され、大きいトマト 2 つだけが表示されます。

【タスク 6】2 ページ目のじょうろの図に「光彩」の緑色の一番上の図の効果を設定します。

① 2 ページ目のじょうろの図を選択します。
② ［図の形式］タブの［図の効果］ボタンをクリックします。
③ 一覧から［光彩］をポイントし、［光彩の種類］の一番右上の光彩をクリックします。
④ 図に「光彩」の効果が設定されます。

プロジェクト 9　スケート

【タスク 1】文書の 2 番目のコメント「表にしてください」に「了解しました」と返答します。

① 文書にカーソルがあることを確認して、［校閲］タブの［次へ］ボタンを 2 回クリックします。
② 2 番目のコメントが選択されます。
③ 問題文の「了解しました」をクリックして、文字列をコピーします。
④ コメントの［返信］ボックスをクリックし、Ctrl+V キーを押します。
⑤ コメントに「了解しました」の文字が貼り付けられます。
⑥ ［返信を投稿する］ボタンをクリックします（環境によってはこの操作は不要です）。
⑦ コメントへの返信が投稿されます。
※ 余分な返信が追加された場合は削除してください。

【タスク 2】見出し「ジャンプの基礎点」の下の「種類…」の行から「アクセル (*)…」の行の 7 行を文字列の幅に合わせた表に変換します。

① 見出し「ジャンプの基礎点」の下の「種類…」の行から「アクセル (*)…」の 7 行を選択します。（見つからない場合は［ホーム］タブの［編集］ボタンから［検索］ボタンをクリックしてナビゲーションウィンドウの［見出し］タブをクリックし、見出しの一覧から選択します）。
② ［挿入］タブの［表］ボタンをクリックします。
③ ［文字列を表にする］をクリックします。
④ ［文字列を表にする］ダイアログボックスが表示されます。
⑤ ［自動調整のオプション］の［文字列の幅に合わせる］をクリックします。
⑥ ［文字列の区切り］の［タブ］をクリックします。
⑦ ［表のサイズ］の［列数］ボックスに［5］、［行数］ボックスに「7」と表示されること確認します。
⑧ ［OK］をクリックします。
⑨ 選択した文字列が表に変換されます。

【タスク 3】編集記号を表示して、1 ページ目にある隠し文字（2 か所）を削除します。

① ［ホーム］タブの［編集記号の表示 / 非表示］ボタンをクリックして、編集記号を表示します。
② 隠し文字の編集記号（点線の下線）が表示されている箇所を探し、1 ページ目 4 行目の「かっさい」を選択します。
③ Ctrl キーを押しながら、5 行目の「ちゅうけい」を選択します。
④ Delete キーを押します。
⑤ 選択した隠し文字が削除されます。

【タスク 4】見出し「ジャンプの種類」の箇条書きのレベルを「レベル 1」に変更します。

① 1 ページ目の見出し「ジャンプの種類」を選択します。
② ［ホーム］タブの［箇条書き］ボタンの▼をクリックします。

③［リストのレベルの変更］をポイントし、一覧から［●］（一番上）をクリックします。
④ 選択した段落の箇条書きのレベルが［レベル 1］に変更され、行頭文字とインデントの位置が変更されます。

●模擬テスト 2

プロジェクト 1　猫について

【タスク 1】文書の変更箇所をすべて表示する設定にして変更履歴を順番に閲覧し、その後、すべての変更を反映します。

① 文書の先頭にカーソルがない場合は 1 行目の行頭にカーソルを移動します。
②［校閲］タブの［変更内容の表示］ボックスの▼をクリックして、［すべての変更履歴 / コメント］をクリックします。
③ 文書に変更内容が表示されます。
④［校閲］タブの［次の変更箇所］ボタンをクリックします。
⑤ 最初の変更箇所「（チンチラ）」が選択されます。
⑥［校閲］タブの［次の変更箇所］ボタンをクリックします。
⑦ 2 番目の変更箇所「の連絡手段」が選択されます。
⑧［校閲］タブの［次の変更箇所］ボタンをクリックします。
⑨ 3 番目の変更箇所「すごいことに」が選択されます。
⑩［校閲］タブの［次の変更箇所］ボタンをクリックします。
⑪ 最初の変更箇所「（チンチラ）」が選択されたので、すべての変更箇所を閲覧したことを確認します。
⑫［校閲］タブの［承諾］ボタンの▼をクリックし、［すべての変更を反映］をクリックします。
⑬ すべての変更箇所が反映されます。

【タスク 2】見出し「猫の習性」と見出し「猫の身体」のすぐ下の段落の文字列にスタイル「参照 2」を設定します。

① 1 ページ目の見出し「猫の習性」のすぐ下の「毛繕いや…」の行を選択します。
② Ctrl キーを押しながら、2 ページ目の見出し「猫の身体」のすぐ下の「猫はもともと…」から始まる 2 行を選択します。
③［ホーム］タブの［スタイル］の［その他］（または［スタイル］）ボタンをクリックします。
④ スタイルの一覧から［参照 2］をクリックします。
⑤ 選択した文字列に「参照 2」スタイルが設定されます。

【タスク 3】「参照」のスタイルが設定されている文字列「Top へ」に文書の先頭へのハイパーリンクを挿入します。

①［ホーム］タブの［スタイル］の［その他］（または［スタイル］）ボタンをクリックします。
② スタイルの一覧から［参照］を右クリックします。
③ ショートカットメニューが表示されるので［すべて選択］をクリックします。
④ 2 ページ 12 行目の「Top へ」が選択されます。
⑤［挿入］タブの［リンク］ボタンをクリックします。
⑥［ハイパーリンクの挿入］ダイアログボックスが表示されます。
⑦［リンク先］の［このドキュメント内］をクリックします。
⑧［ドキュメント内の場所］の［文書の先頭］をクリックします。
⑨［OK］をクリックします。
⑩ 選択した文字列に文書の先頭へのハイパーリンクが設定されます。

【タスク 4】見出し「毛繕い」のすぐ上の空白行に、［ピクチャ］フォルダーの画像「ネコ _bp.jpg」を挿入します。文字列の折り返しは「上下」に設定します。

① 1 ページ目の見出し「毛繕い」のすぐ上の空白行にカーソルを移動します。
②［挿入］タブの［画像］ボタンをクリックして、［このデバイス］をクリックします。
③［図の挿入］ダイアログボックスが表示されます。
④［ピクチャ］と表示されていることを確認します。
⑤ ファイル名の一覧から「ネコ _bp.jpg」を選択します。
⑥［挿入］をクリックします。
⑦「ネコ _bp.jpg」の画像が挿入されます。
⑧ 画像が選択されている状態で、［図の形式］タブの［文字列の折り返し］ボタンをクリックし、［上下］をクリックします。
⑨ 画像の周りの文字列の折り返しが変更されます。

【タスク 5】3 ページ目のコメント「画像があるとわかりやすいです。」に「承知しました。検討します。」と返答します。

① 3 ページ目の「画像があると…」のコメントを選択します。
② 問題文の「承知しました。検討します。」をクリックして、文字列をコピーします。
③ コメント内の［返信］ボックスをクリックしクリックし、Ctrl+V キーを押します。
④［返信］ボックスに「承知しました。検討します。」の文字が貼り付けられます。
⑤［返信を投稿する］ボタンをクリックします（環境によってはこの操作は不要です）。
⑥ コメントへの返信が投稿されます。

プロジェクト 2　健保ニュース 1

【タスク 1】見出し「チェック表」の下の表をコンマで区切られた文字列に変換します。

① 見出し「チェック表」の下の表内にカーソルを移動します。
②［レイアウト］タブの［表の解除］ボタンをクリックします。
③［表の解除］ダイアログボックスが表示されます。
④［文字列の区切り］の［コンマ］を選択します。
⑤［OK］をクリックします。
⑥ 表が解除され、コンマの挿入された文字列に変換されます。

【タスク 2】脚注の番号書式を「A,B,C」に変更します。

① 1 ページ目の脚注の領域にカーソルを移動します。
②［参考資料］タブの［脚注］グループ右下の［脚注と文末脚注］ボタンをクリックします。
③［脚注と文末脚注］ダイアログボックスが表示されます。
④［場所］の［脚注］が選択されていることを確認します。
⑤［書式］の［番号書式］ボックスの▼をクリックし、「A,B,C,…」をクリックします。
⑥［適用］をクリックします。
⑦ 脚注の番号書式が変更されます。

【タスク 3】見出し「チェック表」の行頭に次のページから始まるセクション区切りを挿入します。

① 2 ページ目の見出し「チェック表」の行頭にカーソルを移動します。
②［レイアウト］タブの［区切り］ボタンをクリックし、［セクション区切り］の［次のページから開始］をクリックします。
③ カーソルの直前（2 ページ目の最終行）に［セクション区切り（次のページから新しいセクション）］の編集記号が表示されます。
④「チェック表」の行以降が 3 ページ目に移動します。

【タスク 4】見出し「チェック表」の末尾のテキストボックス内に「発行元：にこやか健康保険組合」と入力し、文字の配置を「上下中央揃え」にします。

① 問題文の「発行元：にこやか健康保険組合」をクリックして、文字列をコピーします。
② 文書の末尾にあるテキストボックスをクリックし、Ctrl+V キーを押します。
③ テキストボックス内に「発行元：にこやか健康保険組合」の文字が貼り付けられます。
④［図形の書式］タブの［文字の配置］ボタンをクリックし、［上下中央揃え］をクリックします。
⑤ テキストボックス内の文字列が上下の中央に配置されます。

プロジェクト 3　お得意様一覧

【タスク 1】文字列「得意先」と「新規顧客」の段落後の間隔を「0.5 行」に設定します。

① 1 ページ 2 行目の「得意先」を行単位で選択します。
② Ctrl キーを押しながら、3 ページ 1 行目の「新規顧客」を選択します。
③［レイアウト］タブの［後］ボックスの▲をクリックし、「0.5 行」に設定します。
④ 選択した行の段落後の間隔が設定されます。

【タスク 2】文字列「得意先」のすぐ下の表のタイトルが次ページも繰り返し表示されるように設定します。

① 1 ページ目の表の 1 行目を選択します。
②［レイアウト］タブの［タイトル行の繰り返し］ボタンをクリックします。
③ タイトル行の繰り返しが設定され、2 ページ目の先頭にタイトル行が表示されます。

【タスク 3】「新規顧客」のすぐ下の表の「担当者」と「担当者（よみ）」の列幅を文字列の幅に自動調整します。その他の列幅はそのままにします。

① 3 ページ目の表の 3 列目「担当者」の列と右の列との境界の罫線をダブルクリックします。
② 3 列目の列幅が文字列の長さに合わせて変更されます。
③ 4 列目「担当者（よみ）」の列と右の列との境界の罫線をダブルクリックします。
④ 4 列目の列幅が文字列の長さに合わせて変更されます。

【タスク 4】文書全体に透かし「社外秘 2」を挿入します。

①［デザイン］タブの［透かし］ボタンをクリックし、［極秘］の一覧の［社外秘 2］をクリックします。
② 文書の背景に透かしが表示されます。

プロジェクト 4　イタリアンレストラン

【タスク 1】ページの余白を「やや狭い」に設定します。

① 文書のいずれかの段落にカーソルがあることを確認します。
②［レイアウト］タブの［余白］ボタンをクリックします。
③［やや狭い］をクリックします。
④ 文書の余白が変更されます。

【タスク 2】1 ページ目の左側の図の代替テキストを装飾用に変更します。

① 1 ページ目の左側に表示されているテキストボックスをクリックして選択します。
②［図の形式］タブの［代替テキスト］ボタンをクリックします。
③［代替テキスト］作業ウィンドウが表示されます。
④［装飾用にする］チェックボックスをオンにします。
⑤ テキストボックスが装飾用として設定され、すぐ上の説明用ボックスが灰色になり、「装飾用として…スクリーンリーダーに公開されません。」と表示されます。
⑥［代替テキスト］作業ウィンドウの閉じるボタンをクリックします。

【タスク 3】2 ページ目の画像に「フィルム粒子」のアート効果を適用します。

① 2 ページ目の画像を選択します。
②［図の形式］タブの［アート効果］ボタンをクリックします。
③ 一覧の［フィルム粒子］をクリックします。
④ 画像にアート効果が設定されます。

【タスク 4】すべての変更履歴が記録されるように任意のパスワードでロックします。

①［校閲］タブの［変更履歴の記録］ボタンの▼をクリックし、［変更履歴のロック］をクリックします。
②［変更履歴のロック］ダイアログボックスが表示されます。
③［パスワードの入力（省略可）］ボックスに任意のパスワードを入力します。
④［パスワードの確認入力］ボックスに同じパスワードを入力します。
⑤［OK］をクリックします。
⑥ 変更履歴のロックが設定され、［変更履歴の記録］ボタンが灰色になります。

プロジェクト 5　研修申込書

【タスク 1】「申し込み確認書」の下の 2 段落の文字列の書式を解除します。

① 3 行目の「このたびは、…」から 4 行目の「セミナー当日は…」を行単位で選択します。
②［ホーム］タブの［すべての書式をクリア］ボタンをクリックします。
③ 選択した段落の書式がすべて解除されます。

【タスク 2】「■ 5F」の下のリスト番号が「501」から始まるように設定します。

① 12 行目の「306　メール・ビジネス…」の段落内にカーソルを移動します。
②［ホーム］タブの［段落番号］ボタンの▼をクリックし、［番号の設定］をクリックします。
③［番号の設定］ダイアログボックスが表示されます。
④［新しくリストを開始する］が選択されていることを確認します。
⑤［開始番号］ボックスに「501」と入力します。
⑥［OK］をクリックします。
⑦ 12 行目から 14 行目が「501」から始まる段落番号のリストに変更されます。

【タスク 3】文書内の文字列「セミナー」をすべて「研修」に変換します。

①［ホーム］タブの［編集］ボタンをクリックし、［置換］ボタンをクリックします。
②［検索と置換］ダイアログボックスの［置換］タブが表示されます。
③ 問題文の「セミナー」をクリックして、文字列をコピーします。
④［検索する文字列］ボックスをクリックし、Ctrl+V キーを押します。
⑤［検索する文字列］ボックスに「セミナー」の文字が貼り付けられます。
⑥ 問題文の「研修」をクリックして、文字列をコピーします。
⑦［置換後の文字列］ボックスをクリックし、Ctrl+V キーを押します。
⑧［置換後の文字列］ボックスに「研修」の文字が貼り付けられます。
⑨［すべて置換］をクリックします。

⑩「完了しました。12 個の項目を置換しました。」とメッセージが表示されるので、[OK] をクリックします。
⑪ [検索と置換] ダイアログボックスの [閉じる] をクリックします。
⑫ 文書内の文字列「セミナー」がすべて「研修」に変換されていることを確認します。

【タスク 4】文末の「和阿土ビジネススクール」の文字列の後ろに「登録商標」の特殊文字を挿入します。

① 文末の「和阿土ビジネススクール」の後ろにカーソルを移動します。
② [挿入] タブの [記号と特殊文字] ボタンをクリックし、[その他の記号] をクリックします。
③ [記号と特殊文字] ダイアログボックスが表示されます。
④ [特殊文字] タブを選択します。
⑤ [文字] ボックスの [®登録商標] を選択します。
⑥ [挿入] をクリックします。
⑦ カーソルの位置に「®」の記号が挿入されます。
⑧ [記号と特殊文字] ダイアログボックスの [閉じる] をクリックします。

プロジェクト 6　少年自然の家

【タスク 1】3 番目の表を利用可能人数の多い順に並べ替えます。

① 見出し「屋内施設」の下の表内にカーソルを移動します。
② [レイアウト] タブの [並べ替え] ボタンをクリックします。
③ [並べ替え] ダイアログボックスが表示されます。
④ [タイトル行] が [あり] になっていない場合は [あり] をクリックします。
⑤ [最優先されるキー] ボックスの▼をクリックし、[利用可能人数] をクリックします。
⑥ [種類] ボックスの▼をクリックし、[数値] をクリックします。
⑦ [並べ替えの単位] ボックスに [段落] と表示されていることを確認します。
⑧ [降順] をクリックします。
⑨ [OK] をクリックします。
⑩ 表のデータが利用可能人数の多い順に並べ替えられます。

【タスク 2】見出し「主な施設」の下の「本館」「別館」「バンガロー」「テント」の段落を [ピクチャ] フォルダーの図「Leaf_bp.png」を使った箇条書きに変更します。

① 見出し「主な施設」の下の「本館」を選択します。
② Ctrl キーを押しながら 5 行目の「別館」、7 行目の「バンガロー」、9 行目の「テント」の段落を選択します。
③ [ホーム] タブの [箇条書き] ボタンの▼をクリックし、[新しい行頭文字の定義] をクリックします。
④ [新しい行頭文字の定義] ダイアログボックスが表示されます。
⑤ [図] をクリックします。
⑥ [画像の挿入] ウィンドウが表示されます。
⑦ [ファイルから] の [参照] をクリックします。
⑧ [図の挿入] ダイアログボックスが表示されます。
⑨ 左側の一覧から [ピクチャ] をクリックします。
⑩ ファイルの一覧から「Leaf_bp.png」をクリックし、[挿入] をクリックします。
⑪ [新しい行頭文字の定義] ダイアログボックスの [プレビュー] に選択した画像が表示されていることを確認し、[OK] をクリックします。
⑫ 選択した段落の行頭文字が「Leaf_bp.png」の画像の箇条書きに設定されます。

【タスク 3】表紙の次のページの 1 行目に組み込みの「自動作成の目次 2」を挿入します。

① 表紙の次のページの 1 行目にカーソルを移動します。
② [参考資料] タブの [目次] ボタンをクリックし、[自動作成の目次 2] をクリックします。
③ カーソルの位置に目次が挿入されます。

【タスク 4】文書に設定済みのページ番号の種類を「強調線 2」に変更します。

① ページの下部にページ番号が表示されていることを確認します。
② [挿入] タブの [ページ番号] ボタンをクリックします。
③ [ページの下部] をポイントし、一覧から [強調線 2] をクリックします。
④ 文書のページ番号が変更されたことを確認します。
⑤ [ヘッダーとフッター] タブの [ヘッダーとフッターを閉じる] ボタンをクリックします。

【タスク 5】最終ページの画像の背景を削除し、黄色の花のあたりだけが表示されるようにします。

① 文書の末尾にある画像を選択します。
② [図の形式] タブの [背景の削除] ボタンをクリックします。
③ 図の背景が自動的に判断され、削除される領域が紫色で表示されます。
④ 黄色の花の部分が表示されていることを確認して、[背景の削除] タブの [変更を保持] ボタンをクリックします。
⑤ 図の背景が削除され、黄色の花の部分が表示されます。

プロジェクト 7　さつま芋

【タスク 1】文書の 1 番目のコメントを解決済みにし、2 番目の解決済みコメントを削除します。

① 文書の先頭にカーソルを移動します。
② [校閲] タブの [次へ] ボタンをクリックします。
③ 1 番目のコメントが選択されます。
④ コメント内の [その他のスレッドの操作] をクリックし、[スレッドを解決する]（または [解決]）をクリックします。
⑤ コメントが解決済みになり、コメントは非表示になります。文書にはコメントアイコンだけが表示されます。
⑥ [校閲] タブの [次へ] ボタンをクリックします。
⑦ [コメント] 作業ウィンドウが自動的に表示されます（環境によっては表示されません）。
⑧ 2 番目の [解決済み] のコメントを選択します。
⑨ [校閲] タブの [削除] ボタンをクリックします。
⑩ 2 番目のコメントが削除されます。
⑪ [コメント] 作業ウィンドウの [閉じる] をクリックします。

【タスク 2】文字列「さつま芋ほり会のご案内」のフォントサイズを「26pt」に変更し、影の文字の効果「内側：中央」を設定します。

① 1 ページ 5 行目の「さつま芋ほり会のご案内」を選択します。
② [ホーム] タブの [フォントサイズ] ボックスの▼をクリックし、[26] をクリックします。
③ 選択した文字列のフォントサイズが 26pt に変更されます。
④ 選択範囲はそのままの状態で、[ホーム] タブの [文字の効果と体裁] ボタンをクリックし、[影] をポイントします。
⑤ [内側] の一覧の [内側：中央] をクリックします。
⑥ 選択した文字列に影の文字の効果が設定されます。

【タスク 3】1 ページ目の「☺日 時…」の段落書式を、「内 容…」と「費 用…」の段落にコピーします。

① 1 ページ 12 行目の「日時」の段落を選択します。
② ［ホーム］タブの［書式のコピー / 貼り付け］ボタンをクリックします。
③ 1 ページ 15 行目の「内容」から 16 行目の「費用」までの行をドラッグします。
④ 選択した行に「日時」の行と同じ段落書式が設定されます。

【タスク 4】「参加・不参加」の下の空白行に 7 行 2 列の表を挿入し、1 行目の左のセルに「参加者氏名」、右のセルに「続柄」と入力します。

① 2 ページ目の「参加・不参加」の下の空白行にカーソルを移動します。
② ［挿入］タブの［表］ボタンをクリックします。
③ 表示されるマス目を 7 行 2 列となるようにポイントし、クリックします。
④ 指定したサイズの表が挿入されます。
⑤ 問題文の「参加者氏名」をクリックして、文字列をコピーします。
⑥ 表の 1 行 1 列目をクリックし、Ctrl+V キーを押します。
⑦ セルに「参加者氏名」の文字が貼り付けられます。
⑧ 問題文の「続柄」をクリックして、文字列をコピーします。
⑨ 表の 1 行 2 列目をクリックし、Ctrl+V キーを押します。
⑩ セルに「続柄」の文字が貼り付けられます。

プロジェクト 8　健保ニュース 2

【タスク 1】見出し「3 つの栄養素」のすぐ上の空白行に「円型循環」の SmartArt を挿入し、テキストウィンドウの上から「主食」「主菜」「副菜」と入力します。

① 1 ページ目の見出し「3 つの栄養素」のすぐ上の空白行（12 行目）にカーソルを移動します。
② ［挿入］タブの［SmartArt］ボタンをクリックします。
③ ［SmartArt グラフィックの選択］ダイアログボックスが表示されます。
④ 左側の［循環］をクリックします。
⑤ 一覧から［円型循環］をクリックします。
⑥ ［OK］をクリックします。
⑦ カーソルの位置に SmartArt が挿入されます。
⑧ SmartArt のテキストウィンドウにカーソルがあることを確認します。テキストウィンドウが表示されていない場合は［SmartArt のデザイン］タブの［テキストウィンドウ］ボタンをクリックしてオンにします。
⑨ 問題文の「主食」をクリックして、文字列をコピーします。
⑩ テキストウィンドウの 1 行目をクリックし、Ctrl+V キーを押します。
⑪ テキストウィンドウに「主食」の文字が貼り付けられます。
⑫ ↓キーを押して、テキストウィンドウの下の行にカーソルを移動します。
⑬ 同様の操作で、「主菜」と「副菜」の文字列を貼り付けます。

【タスク 2】見出し「3 つの栄養素」の下の SmartArt に「丸」の面取りの図形の効果を設定します。

① 見出し「3 つの栄養素」の下の SmartArt を選択します。
② ［書式］タブの［図形の効果］ボタンをクリックします。
③ 一覧から［面取り］をポイントし、［面取り］の一覧の［丸］をクリックします。
④ 選択した SmartArt に図形の効果が設定されます。

【タスク 3】ジャンプ機能を使ってブックマーク「記事 3」に移動し、すぐ下の 1 行に下線を設定します。

① ［ホーム］タブの［編集］ボタンをクリックします。
② ［検索］ボタンの▼をクリックし、［ジャンプ］をクリックします。
③ ［検索と置換］ダイアログボックスの［ジャンプ］タブが表示されます。
④ ［移動先］の一覧から［ブックマーク］をクリックします。
⑤ ［ブックマーク名］ボックスの▼を選択し、［記事 3］をクリックします。
⑥ ［ジャンプ］をクリックします。
⑦ ブックマーク「記事 3」の箇所にジャンプし、見出し「その他こころがけたいこと」の行頭にカーソルが移動します。
⑧ ［検索と置換］ダイアログボックスの［閉じる］をクリックします。
⑨ 見出し「その他こころがけたいこと」のすぐ下の「栄養面と合わせて…」の行を選択します。
⑩ ［ホーム］タブの［下線］ボタンをクリックします。
⑪ 選択した文字列に下線が設定されます。

【タスク 4】編集記号を表示する設定にして 2 ページ目の隠し文字を解除します。

① ［ホーム］タブの［編集記号の表示 / 非表示］ボタンをクリックして編集記号を表示します。
② 2 ページ目の隠し文字の編集記号（点線の下線）がある箇所を探し、「わざわざ…」から「…行かなくても、」までを選択します。
③ ［ホーム］タブの［フォント］グループ右下の［フォント］ボタンをクリックします。
④ ［フォント］ダイアログボックスが表示されます。
⑤ ［フォント］タブの［文字飾り］の［隠し文字］チェックボックスをオフにします。
⑥ ［OK］をクリックします。
⑦ 選択した範囲の隠し文字の設定が解除されます。

プロジェクト 9　研修案内

【タスク 1】文書を「研修案内のひな型 _bp」という名前で Word テンプレート形式で保存します。その際に［名前を付けて保存］ダイアログボックスを使用して、すべてのパスワードを削除します。

① ［ファイル］タブをクリックします。
② ［エクスポート］をクリックして［エクスポート］画面を表示します。
③ ［ファイルの種類の変更］をクリックします。
④ ［ファイルの種類の変更］の一覧の［テンプレート］を選択し、［名前を付けて保存］をクリックします。
⑤ ［名前を付けて保存］ダイアログボックスが表示されます。
⑥ 問題文の「研修案内のひな型 _bp」をクリックして、文字列をコピーします。
⑦ ［ファイル名］ボックスに入力されている文字列を範囲選択し、Ctrl+V キーを押します。
⑧ ［ファイル名］ボックスに「研修案内のひな型 _bp」の文字が貼り付けられます。
⑨ ［ファイルの種類］ボックスに［Word テンプレート］と表示されていることを確認します。
⑩ ［ツール］をクリックし、［全般オプション］をクリックします。
⑪ ［全般オプション］ダイアログボックスが表示されます。
⑫ ［読み取りパスワード］ボックスの［****］を削除します。
⑬ ［書き込みパスワード］ボックスの［****］を削除します。
⑭ ［OK］をクリックします。
⑮ ［名前を付けて保存］ダイアログボックスの［保存］をクリックします。
⑯ Word テンプレート形式のファイルが作成され、保存されます。

●模擬テスト3

プロジェクト1　株主総会

【タスク1】文書に「縞模様」というヘッダーを挿入します。

① ［挿入］タブの［ヘッダー］ボタンをクリックし、一覧から［縞模様］をクリックします。
② ヘッダーが挿入され、中央に文書のタイトル「株主の皆さまへ」が表示されていることを確認します。
③ ［ヘッダーとフッター］タブの［ヘッダーとフッターを閉じる］ボタンをクリックします。

【タスク2】2行目の日付に「株主総会の日付に変更してください」というコメントを追加します。

① 1ページ2行目の「令和ｘｘ年5月３０日」を選択します。
② ［校閲］タブの［新しいコメント］ボタンをクリックします。
③ 右側の領域にコメントの吹き出しが表示されます。
④ 問題文の「株主総会の日付に変更してください」をクリックして、文字列をコピーします。
⑤ ［会話を始める］ボックスをクリックし、Ctrl+Vキーを押します。
⑥ ［会話を始める］ボックスに「株主総会の日付に変更してください」の文字が貼り付けられます。
⑦ ［コメントを投稿する］ボタンをクリックします（環境によってはこの操作は不要です）。
⑧ コメントが投稿されます。

【タスク3】「配当金のお支払いについてのお知らせ」の段落の前にページ区切りを挿入します。

① 1ページ目の最後の段落「配当金のお支払い…」の行頭にカーソルを移動します。
② ［挿入］タブの［ページ区切り］ボタンをクリックします。
③ カーソルの直前（1ページ目の末尾）にページ区切りが挿入され、「配当金のお支払い…」の行以降は次のページに配置されます。

【タスク4】すべての変更を反映して変更履歴の記録を停止します。

① ［校閲］タブの［変更履歴の記録］ボタンが灰色になっていることを確認します。
② ［校閲］タブの［承諾］ボタンの▼をクリックします。
③ 一覧から［すべての変更を反映し、変更の記録を停止］をクリックします。
④ すべての変更箇所が反映され、変更履歴の記録が停止し、［変更履歴の記録］ボタンがオフになります。

プロジェクト2　研修案内

【タスク1】表紙に挿入されているキーボードの表示方向を「上」に変更します。

① 先頭ページの3Dモデルのキーボードの画像を選択します。
② ［3Dモデル］タブの［3Dモデルビュー］の［その他］（または［ビュー］）ボタンをクリックします。
③ 一覧から［上］をクリックします。
④ 3Dモデルの表示方向が変更されます。

【タスク2】表紙ページのタイトル「研修のご案内」の文字の輪郭を標準の色の「濃い青」、光彩を「光彩:5pt;赤、アクセントカラー1」に設定します。

① 先頭ページのタイトルの「研修のご案内」の文字列を選択します。
② ［ホーム］タブの［文字の効果と体裁］ボタンをクリックします。
③ ［文字の輪郭］をポイントし、［標準の色］の［濃い青］をクリックします。
④ 選択した文字列の輪郭の色が変更されます。
⑤ 文字列を選択した状態のまま、［ホーム］タブの［文字の効果と体裁］ボタンをクリックします。
⑥ ［光彩］をポイントし、［光彩の種類］の［光彩：5pt；赤、アクセントカラー1］をクリックします。
⑦ 選択した文字列に光彩が設定されます。

【タスク3】「●ビジネスマナー研修」から「●ネットワーク研修」の箇条書きを境界線付きの2段組みに変更します。

① 見出し「研修プログラム内容」の下の「●ビジネスマナー研修」から「●ネットワーク研修」までを選択します。
② ［レイアウト］タブの［段組み］ボタンをクリックし、［段組みの詳細設定］をクリックします。
③ ［段組み］ダイアログボックスが表示されます。
④ ［種類］の［2段］を選択します。
⑤ ［境界線を引く］チェックボックスをオンにします。
⑥ ［OK］をクリックします。
⑦ 選択した文字列が境界線付きの2段組みに設定されます。

【タスク4】ジャンプ機能を使って2番目の脚注を検索し、脚注番号とその手前の6文字を選択して書式を解除します。

① ［ホーム］タブの［編集］ボタンをクリックします。
② ［検索］ボタンの▼をクリックし、［ジャンプ］をクリックします。
③ ［検索と置換］ダイアログボックスの［ジャンプ］タブが表示されます。
④ ［移動先］の一覧から［脚注］を選択します。
⑤ ［脚注番号］ボックスに「2」と入力します。
⑥ ［ジャンプ］をクリックします。
⑦ 2番目の脚注番号にカーソルが移動します。
⑧ ［検索と置換］ダイアログボックスの［閉じる］をクリックします。
⑨ 脚注番号の前の「セットコース」から脚注番号までを選択します。
⑩ ［ホーム］タブの［すべての書式をクリア］ボタンをクリックします。
⑪ 選択した文字列の書式がすべて解除されます。

【タスク5】見出し「当スクールの特徴」のSmartArtの色を「カラフルー全アクセント」に変更します。

① 見出し「当スクールの特徴」の下のSmartArtを選択します。
② ［SmartArtのデザイン］タブの［色の変更］ボタンをクリックします。
③ ［カラフル］の一覧から［カラフルー全アクセント］をクリックします。
④ SmartArtの色が変更されます。

プロジェクト3　カルチャー教室

【タスク1】文書のサブタイトルプロパティに「秋の講座」と入力します。

① ［ファイル］タブをクリックします。
② ［情報］をクリックして［情報］画面を表示します。
③ 右下の［プロパティをすべて表示］をクリックします。
④ 文書のすべてのプロパティが表示されます。
⑤ 問題文の「秋の講座」をクリックして、文字列をコピーします。
⑥ ［サブタイトル］ボックスをクリックし、Ctrl+Vキーを押します。
⑦ ［サブタイトル］ボックスに「秋の講座」の文字が貼り付けられます。

【タスク2】SmartArtの「予約確認」（3番目の項目）を一番先頭に移動します。

① 2ページ目のSmartArtの「予約確認」（3番目の項目）の図形を選択します。
② ［SmartArtのデザイン］タブの［上へ移動］ボタンを2回クリックします。
③ 「予約確認」の図形が先頭に移動します。

【タスク 3】「『渓谷散歩』概要」の下の 5 段落の左インデントを「2 字」に設定します。

① 2 ページの「『渓谷散歩』概要」の下の 5 行を選択します。
② ［ホーム］タブの［インデントを増やす］ボタンを 2 回クリックします。
③ 選択した段落に左インデントが設定されます。

【タスク 4】文末の図形に「カルチャー教室」と入力し、フォントを「MS ゴシック」に変更して均等割り付けを設定します。

① 問題文の「カルチャー教室」をクリックして、文字列をコピーします。
② 文末の図形をクリックして選択し、Ctrl+V キーを押します。
③ 図形内に「カルチャー教室」の文字が貼り付けられます。
④ 図形の枠線をクリックして、図形全体を選択します。
⑤［ホーム］タブの［フォント］ボックスの▼をクリックし、［MS ゴシック］をクリックします。
⑥ 文字列のフォントが変更されます。
⑦ 図形全体が選択されていることを確認し、［ホーム］タブの［均等割り付け］ボタンをクリックします。
⑧ 図形内の文字が均等割り付けされます。

プロジェクト 4　学校文書

【タスク 1】文字列「必ず」を検索してすべて削除します。

①［ホーム］タブの［編集］ボタンをクリックし、［検索］ボタンをクリックします。
② ナビゲーションウィンドウが表示されます。
③ 問題文の「必ず」をクリックして、文字列をコピーします。
④［文書の検索］ボックスをクリックし、Ctrl+V キーを押します。
⑤［文書の検索］ボックスに「必ず」の文字が貼り付けられます。
⑥ 検索結果が 2 件表示され、該当箇所がハイライト表示されます。
⑦［結果」タブの一覧の 1 件目をクリックします。
⑧ 1 ページ 7 行目の「必ず」が選択されます。
⑨ Delete キーを押します。
⑩ 選択した文字列が削除されます（削除されない場合は「必ず」を選択して Delete キーを押します）。
⑪ ナビゲーションウィンドウに「検索は一時停止しています」と表示されているので、すぐ横の▼をクリックします。
⑫ 検索が開始され、1 ページ 14 行目の「必ず」が選択されます。
⑬ Delete キーを押します。
⑭ 選択した文字列が削除されます（削除されない場合は「必ず」を選択して Delete キーを押します）。
⑮ ナビゲーションウィンドウの「検索は一時停止しています」のすぐ横の▼をクリックします。
⑯ ナビゲーションウィンドウに「一致なし」と表示されることを確認します。
⑰ ナビゲーションウィンドウの［閉じる］ボタンをクリックします。

【タスク 2】文書全体のフォントを「メイリオ」に変更して「原稿 _bp」という名前で［ドキュメント］フォルダーに Word テンプレート形式で保存します。

①［ホーム］タブの［編集］ボタンをクリックします。
②［選択］ボタンをクリックし、［すべて選択］をクリックします。
③ 文書全体が選択されます。
④［ホーム］タブの［フォント］ボックスの▼をクリックし、［メイリオ］をクリックします。
⑤ 文書全体のフォントが変更されます。
⑥［ファイル］タブをクリックします。
⑦［エクスポート］をクリックして［エクスポート］画面を表示します。
⑧［ファイルの種類の変更］をクリックし、［テンプレート］をクリックします。
⑨［名前を付けて保存］をクリックします。
⑩［名前を付けて保存］ダイアログボックスが表示されます。
⑪ 問題文の「原稿 _bp」をクリックして、文字列をコピーします。
⑫［ファイル名］ボックスに入力されている文字列を範囲選択し、Ctrl+V キーを押します。
⑬［ファイル名］ボックスボックスに「原稿 _bp」の文字が貼り付けられます。
⑭［ファイルの種類］ボックスに［Word テンプレート］と表示されていることを確認します。
⑮［保存］をクリックします。
⑯ 文書が Word テンプレート形式で保存されます。

プロジェクト 5　ワインの豆知識

【タスク 1】見出し「ワイン法による格付け」の下にある「テーブルワイン」の右に「価格が安く日常的に楽しめるワイン」という脚注を挿入します。

① 3 ページ 4 行目の「テーブルワイン」の後ろにカーソルを移動します。
②［参考資料］タブの［脚注の挿入］ボタンをクリックします。
③ カーソルの位置に脚注番号が挿入され、ページの末尾の脚注領域にカーソルが移動します。
④ 問題文の「価格が安く日常的に楽しめるワイン」をクリックして、文字列をコピーします。
⑤ 脚注領域にカーソルを移動し、Ctrl+V キーを押します。
⑥ 脚注領域に「価格が安く日常的に楽しめるワイン」の文字が貼り付けられます。

【タスク 2】2 ページ目の画像の文字列の折り返しを「狭く」に設定します。

① 2 ページ目の上部にある画像を選択します。
②［図の形式］タブの［文字列の折り返し］ボタンをクリックし、［狭く］をクリックします。
③ 画像の周りの文字列の折り返しが変更されます。

【タスク 3】見出し「ワインの飲み頃」の下の表全体のセルの左と右の余白を「5mm」に変更します。

① 5 ページの見出し「ワインの飲み頃」の下の表内にカーソルを移動します。
②［レイアウト］タブの［セルの配置］ボタンをクリックします。
③［表のオプション］ダイアログボックスが表示されます。
④［左］ボックスに「5」と入力するか、▲をクリックして「5mm」に設定します。
⑤［右］ボックスに「5」と入力するか、▲をクリックして「5mm」に設定します。
⑥［OK］をクリックします。
⑦ 表全体のセルの左右の余白が変更されます。

【タスク 4】3 ページ目の「■フランスの格付け」の段落書式を、「イタリアの格付け」と「スペインの格付け」の段落にコピーします。

① 3 ページ 10 行目の「■フランスの格付け」を選択します。
②［ホーム］タブの［書式のコピー / 貼り付け］ボタンをダブルクリックします。
③ 3 ページ 19 行目の「イタリアの格付け」をドラッグします。
④ 書式が貼り付けられます。
⑤ 3ページの末尾から2行目の「スペインの格付け」をドラッグします。
⑥ 書式が貼り付けられます。
⑦ Esc キーを押して書式のコピー / 貼り付けを終了します。

【タスク5】見出し「ワインの保存」の下の太字の段落を行頭が「Wingdings」の文字コード「37」(ベルの記号)の箇条書きにします。

① 5ページ目の見出し「ワインの保存」の下にある「温度が低め…」から「匂いの…」までの行を選択します。
② [ホーム] タブの [箇条書き] ボタンの▼をクリックし、[新しい行頭文字の定義] をクリックします。
③ [新しい行頭文字の定義] ダイアログボックスが表示されます。
④ [記号] をクリックします。
⑤ [記号と特殊文字] ダイアログボックスが表示されます。
⑥ [フォント] ボックスの▼をクリックし、[Wingdings] をクリックします。
⑦ [文字コード] ボックスに「37」と入力します。
⑧「🔔」(ベル) の記号が選択されます。
⑨ [OK] をクリックします。
⑩ [新しい行頭文字の定義] ダイアログボックスの [プレビュー] に選択した記号が表示されていることを確認し、[OK] をクリックします。
⑪ 選択した段落の行頭文字がベルの記号の箇条書きに設定されます。

プロジェクト6 簿記の知識

【タスク1】1ページ目のタイトルの下の枠内に「自動作成の目次2」を挿入します。

① 1ページ目の図形内にカーソルを移動します。
② [参考資料] タブの [目次] ボタンをクリックし、[自動作成の目次2] をクリックします。
③ カーソルの位置に目次が挿入されます。

【タスク2】脚注領域のリストの番号書式が「壱」から始まるように変更します。

① 1ページ目の脚注領域にカーソルを移動します。
② [参考資料] タブの [脚注] グループ右下の [脚注と文末脚注] ボタンをクリックします。
③ [脚注と文末脚注] ダイアログボックスが表示されます。
④ [場所] の [脚注] が選択されていることを確認します。
⑤ [書式] の [番号書式] ボックスの▼をクリックし、一覧から [壱,弐,参…] をクリックします。
⑥ [適用] をクリックします。
⑦ 脚注の番号書式が変更されます。

【タスク3】見出し「貸借対照表と損益計算書」の下の表の「資産」の右のセルを2行に分割し、上のセルに「負債」、下のセルに「資本」と入力します。

① 3ページ目の見出し「貸借対照表と損益計算書」の下の表の「資産」の右のセルにカーソルを移動します。
② [レイアウト] タブの [セルの分割] ボタンをクリックします。
③ [セルの分割] ダイアログボックスが表示されます。
④ [列数] ボックスに「1」と入力するか、▼をクリックして「1」にします。
⑤ [行数] ボックスに「2」と入力するか、▲をクリックして「2」にします。
⑥ [OK] をクリックします。
⑦ セルが2行に分割されます。
⑧ 問題文の「負債」をクリックして、文字列をコピーします。
⑨ 分割した上のセルにカーソルを移動し、Ctrl+Vキーを押します。
⑩ セルに「負債」の文字が貼り付けられます。
⑪ 問題文の「資本」をクリックして、文字列をコピーします。
⑫「負債」の下のセルにカーソルを移動し、Ctrl+Vキーを押します。
⑬ セルに「資本」の文字が貼り付けられます。

【タスク4】文書の余白を「やや狭い」に変更します。

① [レイアウト] タブの [余白] ボタンをクリックし、一覧から [やや狭い] をクリックします。
② 文書全体の余白が変更されます。

プロジェクト7 セーターの作り方

【タスク1】ページの背景色を「オレンジ、アクセント2」に設定します。

① [デザイン] タブの [ページの色] ボタンをクリックし、[テーマの色] の [オレンジ、アクセント2] をクリックします。
② ページの背景色が変更されます。

【タスク2】互換モードから最新のファイル形式に変換します。

① [ファイル] タブをクリックします。
② [情報] をクリックして [情報] 画面を表示します。
③ [変換] をクリックします。
④ [文書は最新のファイル形式にアップグレードされます。…] というメッセージが表示されるので、[OK] をクリックします。
⑤ 互換モードが解除され、Word 365のファイル形式に変換されます。

プロジェクト8 バザーのお知らせ

【タスク1】1ページ目の赤い文字の箇条書きの段落を、①、②…の段落番号に変更します。

① 1ページ12行目の「子供服」を選択します。
② Ctrlキーを押しながら、その下にある赤字の「園の制服」、「生活雑貨類」、「絵本、DVD」、「おもちゃ」、「不要となった手芸用品」を選択します。
③ [ホーム] タブの [段落番号] ボタンの▼をクリックし、[番号ライブラリ] の [①②③] をクリックします。
④ 選択した段落の段落番号が「①②③…」に変更されます。

【タスク2】見出し「4.有志の方募集」の下の表を必要人数の多い順に並べ替えます。

① 2ページ目の見出し「有志の方募集」の下の表内にカーソルを移動します。
② [レイアウト] タブの [並べ替え] ボタンをクリックします。
③ [並べ替え] ダイアログボックスが表示されます。
④ [タイトル行] が [あり] になっていない場合は [あり] をクリックします。
⑤ [最優先されるキー] ボックスの▼をクリックして、[必要人数] を選択します。
⑥ [種類] ボックスに [数値] と表示されたことを確認します。
⑦ 右端の [降順] をクリックします。
⑧ [OK] をクリックします。
⑨ 表のデータが「必要人数」の数値の多い順に並べ替えられたことを確認します。

【タスク3】見出し「6.日程表」を「レベル3」に変更します。

① 3ページ1行目の見出し「6.日程表」を選択します。
② [ホーム] タブの [段落番号] ボタンの▼をクリックします。
③ [リストのレベルの変更] をポイントし、一覧から「❖」をクリックします。
④ 選択した段落の段落番号のレベルが変更され、行頭番号とインデントの位置が変更されます。

【タスク 4】文末のカレンダーのすべての列幅を「22mm」に設定します。

① 文書の末尾にある表内をポイントし、左上に表示される［表の移動ハンドル］をクリックします。
② 表全体が選択されます。
③［レイアウト］タブの［幅］ボックスに「22」と入力するか、▲をクリックして「22mm」に設定します。
④ 表全体の列幅が 22mm に変更されます。

プロジェクト 9　日本の歴史

【タスク 1】1 ページ目のタイトルの図の効果を解除します。

① 1 ページ 1 行目にある図を選択します。
②［図の形式］タブの［図の効果］ボタンをクリックします。
③ 一覧の［影］をポイントし、［影なし］の［なし］が選択されていることを確認します。
④ 同様に一覧の他の項目をポイントし、［なし］が選択されていることを確認します。
⑤ 一覧の［ぼかし］をポイントし、［ソフトエッジのバリエーション］の［10 ポイント］が選択されていることを確認し、［ぼかしなし］の［なし］をクリックします。
⑥ 図に設定されていたぼかしの図の効果が解除されます。

【タスク 2】表の 1 行目だけを解除して段落記号で区切られた文字列にします。

① 2 ページ目の表の 1 行目を選択します。
②［レイアウト］タブの［表の解除］ボタンをクリックします。
③［表の解除］ダイアログボックスが表示されます。
④［文字列の区切り］の［段落記号］を選択されていることを確認します。
⑤［OK］をクリックします。
⑥ 選択した行の表が解除され、文字列に変換されます。

【タスク 3】文書内のすべての「日本人」の文字に「・」の傍点を設定します。

① 文書の先頭（1 ページ 2 行目の行頭）にカーソルを移動します。
②［ホーム］タブの［編集］ボタンをクリックし、［置換］をクリックします。
③［検索と置換］ダイアログボックスの［置換］タブが表示されます。
④ 問題文の「日本人」をクリックして、文字列をコピーします。
⑤［検索する文字列］ボックスをクリックし、Ctrl+V キーを押します。
⑥［検索する文字列］ボックスに「日本人」の文字が貼り付けられます。
⑦［オプション］をクリックします。
⑧ ダイアログボックスが拡張表示されます。
⑨［置換後の文字列］ボックスをクリックしてカーソルを表示します。
⑩［書式］をクリックし、［フォント］をクリックします。
⑪［置換後の文字］ダイアログボックスが表示されます。
⑫［傍点］の▼をクリックし、［・］をクリックます。
⑬［OK］をクリックします。
⑭［検索と置換］ダイアログボックスの［置換後の文字列］ボックスの下に［傍点（ピリオド）］と表示されたことを確認します。
⑮［すべて置換］をクリックします。
⑯「完了しました。3 個の項目を置換しました。」というメッセージが表示されるので、［OK］をクリックします。
⑰［検索と置換］ダイアログボックスの［閉じる］をクリックします。
⑱ 文書内のすべての「日本人」の文字に傍点が設定されていることを確認します。

【タスク 4】文書に挿入されているコメントをすべて解決済みにします。

① 文書の先頭（1 ページ 2 行目の行頭）にカーソルを移動します。
②［校閲］タブの［次へ］ボタンをクリックします。
③ 1 番目のコメントが選択されます。
④ コメント内の［その他のスレッドの操作］をクリックし、［スレッドを解決する］（または［解決］）をクリックします。
⑤ コメントが解決済みになり、コメントは非表示になります。文書にはコメントアイコンだけが表示されます。
⑥［校閲］タブの［次へ］ボタンをクリックして、2 番目のコメントを選択します。
⑦ コメント内の［その他のスレッドの操作］をクリックし、［スレッドを解決する］（または［解決］）をクリックします。
⑧ コメントが解決済みになり、コメントは非表示になります。文書にはコメントアイコンだけが表示されます。
⑨［校閲］タブの［次へ］ボタンをクリックします。
⑩［コメント］作業ウィンドウが自動的に表示されます（環境によっては表示されません）。
⑪ すべてのコメントに「解決済み」と表示されていることを確認します。
⑫［コメント］作業ウィンドウの［閉じる］をクリックします。

【タスク 5】ドキュメント検査を行って、文書内のインクを削除します。それ以外は削除しません。

①［ファイル］タブをクリックします。
②［情報］をクリックして［情報］画面を表示します。
③［問題のチェック］をクリックし、［ドキュメント検査］をクリックします。
④「ドキュメント検査をする前に…」というメッセージのダイアログボックスが表示された場合は、「はい」をクリックします。
⑤［ドキュメントの検査］ダイアログボックスが表示されます。
⑥［インク］のチェックボックスをオンにします。
⑦［検査］をクリックします。
⑧ ドキュメント検査の結果が表示されます。
⑨［インク］の［すべて削除］をクリックします。
⑩ 文書内のインクがすべて削除されたことを確認します。
⑪［閉じる］をクリックします。

●模擬テスト 4

プロジェクト 1　和食器の作成手法

【タスク 1】見出し「工業的な手法」と「手作りの手法」の下の段落番号の形式を「(ア)(イ)(ウ)」に変更します。それぞれ「(ア)」から表示されるようにします。

① 1 ページ 7 行目の「動力成形」を選択します。
② Ctrl キーを押しながら、10 行目の「鋳込み成形」を選択します。
③ [ホーム] タブの [段落番号] ボタンの▼をクリックします。
④ [番号ライブラリ] の一覧の [(ア) (イ) (ウ)] をクリックします。
⑤ 選択した段落の段落番号が「(ア) (イ)」に変更されます。
⑥ 15 行目の「ろくろ挽き」を選択します。
⑦ Ctrl キーを押しながら、19 行目の「手びねり」を選択します。
⑧ [ホーム] タブの [段落番号] ボタンの▼をクリックします。
⑨ [最近使用した番号書式] (または [番号ライブラリ]) の [(ア) (イ) (ウ)] をクリックします。
⑩ 選択した段落の段落番号が「(ア) (イ)」に変更されます。

【タスク 2】2 ページ目の陶器の画像に「影」の「透視投影:左上」の図の効果を設定します。

① 2 ページ目の画像を選択します。
② [図の形式] タブの [図の効果] ボタンをクリックします。
③ [影] をポイントし、[透視投影] の [透視投影：左上] をクリックします。
④ 選択した画像に影の図の効果が設定されます。

【タスク 3】見出し「陶磁器の種類」の下にある「焼成温度」の文字列の書式を解除します。

① 1 ページ 23 行目の「焼成温度」を選択します (見つからない場合は [ホーム] タブの [検索] ボタンをクリックしてナビゲーションウィンドウで検索します)。
② [ホーム] タブの [すべての書式をクリア] ボタンをクリックします。
③ 選択した文字列のすべての書式が解除されます。

【タスク 4】文末の「名　称…」から「丼　鉢…」までの行を 3 列の文字列の幅に合わせた表に変換します。

① 3 ページ 16 行目の「名　称…」から「丼　鉢…」までコンマが挿入されていることを確認し、行単位で選択します。
② [挿入] タブの [表] ボタンをクリックし、[文字列を表にする] をクリックします。
③ [文字列を表にする] ダイアログボックスが表示されます。
④ [表のサイズ] の [列数] に [3] と表示されていることを確認します。
⑤ [自動調整のオプション] の [文字列の幅に合わせる] を選択します。
⑥ [文字列の区切り] の [コンマ] が選択されていることを確認します。
⑦ [OK] をクリックします。
⑧ 選択した行が 3 列の文字列の幅に合わせた表に変換されます。

【タスク 5】ドキュメント検査を使用して、隠し文字を削除します。それ以外は削除しません。

① [ファイル] タブをクリックします。
② [情報] をクリックして [情報] 画面を表示します。
③ [問題のチェック] をクリックし、[ドキュメント検査] をクリックします。
④「ドキュメント検査をする前に…」というメッセージのダイアログボックスが表示された場合は、「はい」をクリックします。
⑤ [ドキュメントの検査] ダイアログボックスが表示されます。
⑥ [検査] をクリックします。
⑦ 検査結果が表示されます。
⑧ [隠し文字] の [すべて削除] をクリックします。
⑨ 文書の隠し文字がすべて削除されたことを確認します。
⑩ [閉じる] をクリックします。

プロジェクト 2　レポート

【タスク 1】3 ページ目の「・H グループ」「・M グループ」「・L グループ」に見出し 3 スタイルを設定し、1 ページ目にある目次を更新します。

① 3 ページ 9 行目の「・H グループ」を選択します。
② Ctrl キーを押しながら、17 行目の「・M グループ」と 26 行目の「・L グループ」を選択します。
③ [ホーム] タブの [スタイル] の [その他] (または [スタイル]) ボタンをクリックします。
④ スタイルの一覧から [見出し 3] をクリックします。
⑤ 選択した段落が「見出し 3」スタイルに設定されます。
⑥ 1 ページ目の目次に「・H グループ」「・M グループ」「・L グループ」が表示されていないことを確認します。
⑦ [参考資料] タブの [目次の更新] ボタンをクリックします。
⑧ [目次の更新] ダイアログボックスが表示されます。
⑨ [目次をすべて更新する] を選択します。
⑩ [OK] をクリックします。
⑪ 目次が更新され、「・H グループ」「・M グループ」「・L グループ」が追加されます。

【タスク 2】見出し「●書籍」にある画像に「白黒コピー」のアート効果を適用します。

① 4 ページ目の見出し「●書籍」にある画像を選択します。
② [図の形式] タブの [アート効果] ボタンをクリックし、一覧から [白黒コピー] をクリックします。
③ 選択した画像にアート効果が設定されます。

【タスク 3】末尾にある表の「学校名」以外の 3 列の列幅を均等にします。「学校名」の列幅はそのままにします。

① 5 ページ目の表の 2 列目から 4 列目を選択します。
② [レイアウト] タブの [幅を揃える] ボタンをクリックします。
③ 選択した列が同じ列幅に揃えられます。

【タスク 4】文書全体に透かし「下書き 2」を挿入します。

① [デザイン] タブの [透かし] ボタンをクリックし、[注意] の [下書き 2] をクリックします。
② 文書の背景に透かしが表示されます。

プロジェクト 3　山のスポーツ

【タスク 1】1 ページ目の画像の代替テキストを「ラフティングに適した広い川の画像」に修正します。

① 1 ページ目の画像を選択します。
② [図の形式] タブの [代替テキスト] ボタンをクリックします。
③ [代替テキスト] 作業ウィンドウが表示されます。
④ 説明用のボックスに自動で生成された内容が表示されていることを確認します。
⑤ 問題文の「ラフティングに適した広い川の画像」をクリックして、文字列をコピーします。
⑥ 説明用のボックスに表示されている説明文を削除して、Ctrl+V キーを押します。
⑦ 説明用のボックスに「ラフティングに適した広い川の画像」の文字が貼り付けられます。
⑧ [代替テキスト] 作業ウィンドウの閉じるボタンをクリックします。

【タスク 2】1 ページ目の「1 位」から「5 位」の段落の行間を「2.0 行」に設定します。

① 1 ページ 4 行目の「1 位…」から 8 行目の「5 位…」を選択します。
② ［ホーム］タブの［行と段落の間隔］ボタンをクリックし、［2.0］をクリックします。
③ 選択した段落の行間隔が 2.0 行に変更されます。

【タスク 3】1 ページ目の文字列「高山植物」に見出し「参考：高山植物」へのハイパーリンクを設定します。

① 1 ページ 17 行目の「高山植物」を選択します。
② ［挿入］タブの［リンク］ボタンをクリックします。
③ ［ハイパーリンクの挿入］ダイアログボックスが表示されます。
④ ［リンク先］の一覧の［このドキュメント内］をクリックします。
⑤ ［ドキュメント内の場所］の［見出し］の［参考:高山植物］をクリックします。
⑥ ［OK］をクリックします。
⑦ 選択した文字列にハイパーリンクが設定されます。

【タスク 4】2 ページ目の画像の文字列の折り返しを「前面」に変更します。

① 2 ページ目の末尾にある画像を選択します。
② ［図の形式］タブの［文字列の折り返し］ボタンをクリックし、［前面］をクリックします。
③ 画像の周りの文字列の折り返しが変更され、「マウンテンバイクで山を下る」という文字列が図の左に表示されます。

【タスク 5】3 ページ目の SmartArt のスタイルを「光沢」に変更します。

① 3 ページ目の SmartArt を選択します。
② ［SmartArt のデザイン］タブの［SmartArt のスタイル］の［その他］（または［クイックスタイル］）ボタンをクリックします。
③ ［ドキュメントに最適なスタイル］の一覧の［光沢］をクリックします。
④ SmartArt のスタイルが変更されます。

プロジェクト 4　研修申込書

【タスク 1】文書の変更箇所のうち、書式の変更は元に戻し、その他の変更はすべて承諾します。その後、変更履歴の記録を停止します。

① ［校閲］タブの［変更履歴の記録］ボタンがオンになっていることを確認します。
② ［校閲］タブの［変更内容の表示］ボックスの▼をクリックし、［すべての変更履歴 / コメント］をクリックします。
③ 変更内容の表示が［すべての変更履歴 / コメント］に変更され、書式の変更は吹き出しが表示されます。
④ 文書の先頭にカーソルを移動し、［校閲］タブの［次の変更箇所］ボタンをクリックします。
⑤ 最初の変更箇所が選択されます。
⑥ 書式のフォントが変更されていることを確認して［校閲］タブの［元に戻して次へ進む］ボタンをクリックします。
⑦ 次の変更箇所が選択されます。
⑧ 書式の段落前の間隔が変更されていることを確認して［校閲］タブの［元に戻して次へ進む］ボタンをクリックします。
⑨ 次の変更箇所が選択されます。
⑩ 文字が削除されていることを確認して［校閲］タブの［承諾］ボタンをクリックします。
⑪ すぐ横の変更箇所が選択されます。
⑫ 文字が追加されていることを確認して［校閲］タブの［承諾］ボタンをクリックします。
⑬ 次の変更箇所が選択されます。
⑭ 文字が追加されていることを確認して［校閲］タブの［承諾］ボタンをクリックします。
⑮ ［文書には変更履歴が含まれていません。］と表示されるので［OK］をクリックします。
⑯ ［校閲］タブの［変更履歴の記録］ボタンをクリックしてオフにします。

【タスク 2】文書のコメント「10 月よりフロアー変更のため、修正しました。」を解決済みにします。

① 11 行目の右に表示されているコメントを選択します。
② コメント内の［その他のスレッドの操作］をクリックし、［スレッドを解決する］（または［解決］）をクリックします。
③ コメントが解決済みになり、コメントは非表示になります。文書にはコメントアイコンだけが表示されます。

【タスク 3】文書のタイトルプロパティの先頭に「ビジネス研修」を追加し、「ビジネス研修申し込み確認書」となるようにします。

① ［ファイル］タブをクリックします。
② ［情報］をクリックして［情報］画面を表示します。
③ 問題文の「ビジネス研修」をクリックして、文字列をコピーします。
④ ［プロパティ］の［タイトル］ボックスをクリックします。
⑤ ［タイトル］ボックスの文字列が選択されるので、さらに行頭をクリックしてカーソルを移動し、Ctrl+V キーを押します。
⑥ ［タイトル］ボックスに「ビジネス研修」が貼り付けられ、「ビジネス研修申し込み確認書」と表示されます。

プロジェクト 5　京都の話

【タスク 1】文書内のすべての「古都」という文字列を蛍光ペンを設定した「京都」の文字列に置換します。

① ［ホーム］タブの［編集］ボタンをクリックし、［置換］ボタンをクリックします。
② ［検索と置換］ダイアログボックスの［置換］タブが表示されます。
③ 問題文の「古都」をクリックして、文字列をコピーします。
④ ［検索する文字列］ボックスをクリックし、Ctrl+V キーを押します。
⑤ ［検索する文字列］ボックスに「古都」の文字が貼り付けられます。
⑥ 問題文の「京都」をクリックして、文字列をコピーします。
⑦ ［置換後の文字列］ボックスをクリックし、Ctrl+V キーを押します。
⑧ ［置換後の文字列］ボックスに「京都」の文字が貼り付けられます。
⑨ ［オプション］をクリックします。
⑩ ダイアログボックスが拡張表示されます。
⑪ ［置換後の文字列］ボックスにカーソルを表示して［書式］をクリックし、［蛍光ペン］をクリックします。
⑫ ［置換後の文字列］ボックスの下に［蛍光ペン］と表示されたことを確認します。
⑬ ［すべて置換］をクリックします。
⑭「完了しました。6 個の項目を置換しました。」というメッセージが表示されるので、［OK］をクリックします。
⑮ ［検索と置換］ダイアログボックスの［閉じる］をクリックします。
⑯「古都」の文字列が蛍光ペンが設定された「京都」に置換されていることを確認します。

【タスク 2】2 ページ目の月のイラストの位置を「右上に配置し、四角の枠に沿って文字列を折り返す」に変更します。

① 2 ページ目の月のイラストの画像を選択します。
② ［図の形式］タブの［位置］ボタンをクリックし、［文字列の折り返し］の［右上に配置し、四角の枠に沿って文字列を折り返す］をクリックします。
③ 選択した画像がページの右上に配置され、周りの文字列が折り返しされます。

【タスク 3】文書にスタイルセット「影付き」を設定します。

① 画像以外にカーソルを移動します。
② [デザイン] タブの [ドキュメントの書式設定] の [その他] (または [スタイルセット]) ボタンをクリックします。
③ スタイルセットの一覧から [影付き] をクリックします。
④ 文書のスタイルセットが変更されます。

【タスク 4】文書のフッターに「オースティン」を挿入します。

① [挿入]タブの[フッター]ボタンをクリックし、一覧から[オースティン] をクリックします。
② フッターに [オースティン] が挿入され、ページ罫線とページ番号が表示されます。
③ [ヘッダーとフッター] タブの [ヘッダーとフッターを閉じる] ボタンをクリックします。
④ フッターが挿入されたことを確認します。

プロジェクト 6 トマトを知ろう

【タスク 1】文書内の文末脚注を脚注に変更します。

① 2 ページ目の末尾の文末脚注の領域にカーソルを移動します。
② [参考資料] タブの [脚注] グループ右下の [脚注と文末脚注] ボタンをクリックします。
③ [脚注と文末脚注] ダイアログボックスが表示されます。
④ [場所] の [文末脚注] が選択されていることを確認し、[変換] をクリックします。
⑤ [脚注の変更] ダイアログボックスが表示されます。
⑥ [文末脚注を脚注に変更する] が選択されていることを確認し、[OK] をクリックします。
⑦ [脚注と文末脚注] ダイアログボックスの [閉じる] をクリックします。
⑧ 文末脚注が脚注に変更され、各ページの末尾に脚注が表示されたことを確認します。

【タスク 2】見出し「トマトのおもな栄養素」の下の「A) ミネラル」から「…遅らせます。」までの段落を 3 段組みに設定します。

① 2 ページ目の見出し「トマトのおもな栄養素」の下の「A) ミネラル」から「…遅らせます。」までを選択します。
② [レイアウト] タブの [段組み] ボタンをクリックし、[3 段] をクリックします。
③ 選択した文字列が 3 段組みに設定されます。

【タスク 3】見出し「トマトのおもな栄養素」の下の箇条書きの段落番号を A) ~ D) になるように変更します。

① 2 ページ目の見出し「トマトのおもな栄養素」の下にある「A) 食物繊維」の段落内を右クリックします。
② ショートカットメニューが表示されるので、[自動的に番号を振る] をクリックします。
③ 段落番号が変更され、「D) 食物繊維」と表示されます。

【タスク 4】見出し「その他のトマトの効能」のすぐ下の段落に SmartArt の集合関係の「フィルター」を挿入し、テキストウィンドウの上から「クエン酸 (疲労回復)」「ビタミン (美肌効果)」「リコピン (視覚機能)」「健康効果」と入力します。

① 2 ページ目の見出し「その他のトマトの効能」の下の空白行にカーソルを移動します。
② [挿入] タブの [SmartArt] ボタンをクリックします。
③ [SmartArt グラフィックの選択] ダイアログボックスが表示されます。
④ 左側の [集合関係] をクリックします。
⑤ 一覧から [フィルター] をクリックします。
⑥ [OK] をクリックします。
⑦ カーソルの位置に [フィルター] の SmartArt が挿入されます。
⑧ テキストウィンドウが表示されていない場合は [SmartArt のデザイン] タブの [テキストウィンドウ] ボタンをクリックしてオンにします。
⑨ 問題文の「クエン酸 (疲労回復)」をクリックして、文字列をコピーします。
⑩ テキストウィンドウの 1 行目をクリックし、Ctrl+V キーを押します。
⑪ テキストウィンドウに「クエン酸 (疲労回復)」が貼り付けられます。
⑫ ↓を押して、テキストウィンドウの 2 行目にカーソルを移動します。
⑬ 同様の操作で、問題文の「ビタミン (美肌効果)」、「リコピン (視覚機能)」、「健康効果」をテキストウィンドウの 2 行目、3 行目、4 行目に貼り付けます。
⑭ SmartArt の図形に文字列が挿入されます。

【タスク 5】フッターの文字列「2023 野菜研究所」の行頭に「コピーライト」の特殊文字を挿入します。

① [挿入] タブの [フッター] ボタンをクリックし、[フッターの編集] をクリックします。
② フッターが編集状態になり、「2023 野菜研究所」の行頭にカーソルが表示されます。
③ [挿入] タブの [記号と特殊文字] ボタンをクリックし、[その他の記号] をクリックします。
④ [記号と特殊文字] ダイアログボックスが表示されます。
⑤ [特殊文字] タブを選択します。
⑥ [文字] ボックスの [© コピーライト] を選択します。
⑦ [挿入] をクリックします。
⑧ カーソルの位置に「©」の記号が挿入されます。
⑨ [記号と特殊文字] ダイアログボックスの [閉じる] をクリックします。
⑩ [ヘッダーとフッター] タブの [ヘッダーとフッターを閉じる] ボタンをクリックします。

プロジェクト 7 日本の歴史

【タスク 1】先頭ページの「目次」の下の行に書式が「エレガント」、アウトラインレベルが「1」の目次を挿入します。

① 1 ページ目の「目次」の下の空白行にカーソルを移動します。
② [参考資料] タブの [目次] ボタンをクリックし、[ユーザー設定の目次] をクリックします。
③ [目次] ダイアログボックスが表示されます。
④ [書式] ボックスの▼をクリックし、[エレガント] を選択します。
⑤ [アウトラインレベル] ボックスの▼をクリックし、[1] を選択します。
⑥ [OK] をクリックします。
⑦ カーソルの位置に目次が挿入されます。

【タスク 2】2 ページ目の末尾にある 3 行「旧石器時代」から「新石器時代」までを「■」の箇条書きに設定します。

① 2 ページ 29 行目の「旧石器時代」から 31 行目の「新石器時代」までを選択します。
② [ホーム] タブの [箇条書き] ボタンの▼をクリックし、[行頭文字ライブラリ] の [■] をクリックします。
③ 選択した段落が行頭文字「■」の箇条書きに設定されます。

【タスク 3】「日本の歴史 _bp」という名前で PDF ファイル形式で保存します。発行後にファイルは開かないようにします。

① ［ファイル］タブをクリックします。
② ［エクスポート］をクリックして［エクスポート］画面を表示します。
③ ［PDF/XPS ドキュメントの作成］をクリックし、［PDF/XPS の作成］をクリックします。
④ ［PDF または XPS 形式で発行］ダイアログボックスが表示されます。
⑤ 問題文の「日本の歴史 _bp」をクリックして、文字列をコピーします。
⑥ ［ファイル名］ボックスに入力されている文字列を範囲選択し、Ctrl+V キーを押します。
⑦ ［ファイル名］ボックスに「日本の歴史 _bp」の文字が貼り付けられます。
⑧ ［ファイルの種類］ボックスに［PDF］と表示されていることを確認します。
⑨ ［発行後にファイルを開く］チェックボックスをオフにします。
⑩ ［発行］をクリックします。
⑪ PDF ファイルが作成され、画面は元の Word 文書の表示に戻ります。

プロジェクト 8　世界遺産

【タスク 1】1 番目の表の 1 行目のセルを結合し、文字列「世界遺産の種類」をセルの中心に配置します。

① 1 番目の表の 1 行目の 2 つのセルを選択します。
② ［レイアウト］タブの［セルの結合］ボタンをクリックします。
③ 選択したセルが結合されて 1 つのセルになります。
④ 1 行目が選択された状態のまま、［レイアウト］タブの［中央揃え］ボタンをクリックします。
⑤ セル内の文字の位置が、セルの上下左右の中央に変更されます。

【タスク 2】見出し「日本の世界遺産」の下にある 1 つ目の表のタイトルが次ページも繰り返し表示されるように設定します。

① 1 ページ目の見出し「日本の世界遺産」の下にある 1 番目の表の 1 行目を選択します。
② ［レイアウト］タブの［タイトル行の繰り返し］ボタンをクリックします。
③ タイトル行が設定されます。1 ページ目の表は変更がないことを確認します。
④ 画面をスクロールして、2 ページ目の表の先頭にタイトル行が表示されたことを確認します。

【タスク 3】見出し「危機遺産について」の下にある段落の文字列「危機遺産リスト」に「最新の件数を調べて記述してください」というコメントを追加します。

① 2 ページ目の見出し「危機遺産について」の下にある「危機遺産リスト」を選択します。
② ［校閲］タブの［新しいコメント］ボタンをクリックします。
③ 右側の領域にコメントの吹き出しが表示されます。
④ 問題文の「最新の件数を調べて記述してください」をクリックして、文字列をコピーします。
⑤ ［会話を始める］ボックスをクリックし、Ctrl+V キーを押します。
⑥ ［会話を始める］ボックスに「最新の件数を調べて記述してください」の文字が貼り付けられます。
⑦ ［コメントを投稿する］ボタンをクリックします（環境によってはこの操作は不要です）。
⑧ コメントが投稿されます。

プロジェクト 9　アイスクリーム

【タスク 1】最初のセクションのみ用紙サイズを「A5」、余白を「やや狭い」に変更します。

① ［ホーム］タブの［編集記号の表示 / 非表示］ボタンがオフの場合は、クリックしてオンにします。
② 1 ページ目にある［セクション区切り（次のページから新しいセクション）］の編集記号を確認し、それより上の行にカーソルを移動します。
③ ［レイアウト］タブの［サイズ］ボタンをクリックし、［A5］をクリックします。
④ ［レイアウト］タブの［余白］ボタンをクリックし、［やや狭い］をクリックします。
⑤ 最初のセクションだけ用紙サイズと余白が変更されます。

【タスク 2】見出し「世界のアイスクリーム」の下の文字列「ジェラート（Gelato）」の書式を「サーレップ（Salep）」と「サループ（Saloop）」にコピーします。

① 2 ページ目の見出し「世界のアイスクリーム」の下の「ジェラート（Gelato）」を選択します。
② ［ホーム］タブの［書式のコピー / 貼り付け］ボタンをダブルクリックします。
③ 2 ページの末尾から 2 行目の「サーレップ（Salep）」をドラッグします。
④ 書式が貼り付けされます。
⑤ 2 ページの末尾の行の「サループ（Saloop）」をドラッグします。
⑥ 書式が貼り付けされます。
⑦ Esc キーを押して書式のコピー / 貼り付けを終了します。

【タスク 3】見出し「アイスクリームとソフトクリームの違い」のすぐ下の行に 2 行 2 列の表を挿入し、1 列目の上のセルに「アイスクリーム」、下のセルに「ソフトクリーム」と入力します。

① 2 ページ目の見出し「アイスクリームとソフトクリームの違い」のすぐ下の空白行にカーソルを移動します。
② ［挿入］タブの［表］ボタンをクリックします。
③ 表示されるマス目を 2 行 2 列となるようにポイントし、クリックします。
④ 指定したサイズの表が挿入されます。
⑤ 問題文の「アイスクリーム」をクリックして、文字列をコピーします。
⑥ 表の 1 行 1 列目をクリックし、Ctrl+V キーを押します。
⑦ セルに「アイスクリーム」の文字が貼り付けられます。
⑧ 問題文の「ソフトクリーム」をクリックして、文字列をコピーします。
⑨ 表の 2 行 1 列目をクリックし、Ctrl+V キーを押します。
⑩ セルに「ソフトクリーム」の文字が貼り付けられます。

●模擬テスト 5

プロジェクト 1　陶磁器の修復技術

【タスク 1】2 ページ目の「表 1 サンドペーパー対応表」の表を、粒度（番手）の列の数値の昇順に並べ替えます。

① 2 ページ目の「表 1 サンドペーパー対応表」の表内にカーソルを移動します。
② ［レイアウト］タブの［並べ替え］ボタンをクリックします。
③ ［並べ替え］ダイアログボックスが表示されます。
④ ［タイトル行］の［あり］が選択されていない場合は［あり］をクリックします。
⑤ ［最優先されるキー］ボックスの▼をクリックし、［粒度（番手）］をクリックします。
⑥ ［種類］ボックスの▼をクリックし、［数値］をクリックします。
⑦ ［並べ替えの単位］ボックスに［段落］と表示されていることを確認します。
⑧ ［昇順］をクリックします。
⑨ ［OK］をクリックします。
⑩ 表のデータが粒度（番手）の数値の昇順に並べ替えられます。

【タスク 2】2 ページ目の「※ 麦漆は…」の段落にぶら下げインデント「1 字」を設定します。

① 2 ページ目の赤字の「※ 麦漆は…」の段落を選択します。
② ［ホーム］タブの［段落］グループ右下の［段落の設定］ボタンをクリックします。
③ ［段落］ダイアログボックスが表示されます。
④ ［インデントと行間隔］タブを選択します。
⑤ ［インデント］の［最初の行］ボックスの▼をクリックし、［ぶら下げ］をクリックします。
⑥ ［幅］ボックスに［1 字］と表示されたことを確認して、［OK］をクリックします。
⑦ 選択した段落にぶら下げインデントが設定されます。

【タスク 3】1 ページ目の画像の図のスタイルを「四角形、右下方向の影付き」に変更します。

① 1 ページ目の画像を選択します。
② ［図の形式］タブの［図のスタイル］の［その他］（または［クイックスタイル］）ボタンをクリックします。
③ 一覧から［四角形、右下方向の影付き］をクリックします。
④ 選択した図に図のスタイルが設定されます。

【タスク 4】アクセシビリティに問題がないか文書をチェックし、エラー項目の「不足オブジェクトの説明」の図に「修復後の皿のイメージ」という代替テキスト設定します。それ以外のエラーや警告は無視します。

① ［校閲］タブの［アクセシビリティチェック］ボタンをクリックします。
② ［アクセシビリティ］作業ウィンドウに検査結果が表示されます。
③ ［エラー］の［不足オブジェクトの説明（1）］をクリックします。
④ 下に表示された［図 3］をクリックします。
⑤ 対象の図が選択されます。
⑥ ［おすすめアクション］の［説明を追加］をクリックします。
⑦ ［代替テキスト］作業ウィンドウが表示されます。
⑧ 問題文の「修復後の皿のイメージ」をクリックして、文字列をコピーします。
⑨ ［代替テキスト］作業ウィンドウの説明用のボックスをクリックして、Ctrl+V キーを押します。
⑩ 代替テキストが表示されるボックスに「修復後の皿のイメージ」の文字が貼り付けられます。
⑪ ［代替テキスト］作業ウィンドウの閉じるボタンをクリックします。
⑫ ［アクセシビリティ］作業ウィンドウのエラーの項目に［不足オブジェクトの説明（1）］の表示がなくなります。
⑬ ［アクセシビリティ］作業ウィンドウの閉じるボタンをクリックします。

【タスク 5】1 行目の見出し「陶磁器を修復する技術『金継ぎ』について」を「表題」スタイルに変更します。

① 1 ページ 1 行目の「陶磁器を修復する技術『金継ぎ』について」の段落を選択します。
② ［ホーム］タブの［スタイル］の［その他］（または［スタイル］）ボタンをクリックします。
③ スタイルの一覧から［表題］をクリックします。
④ 選択した段落に「表題」スタイルが設定されます。

プロジェクト 2　日本茶について

【タスク 1】1 ページ目の四角形の中に「日本茶について」と入力し、フォントサイズを「26pt」に設定します。

① 問題文の「日本茶について」をクリックして、文字列をコピーします。
② 先頭ページの先頭にある四角形の図形を選択し、Ctrl+V キーを押します。
③ 図形内に「日本茶について」の文字列が貼り付けられます。
④ 図形を選択します。
⑤ ［ホーム］タブの［フォントサイズ］ボックスの▼をクリックし、［26］をクリックします。
⑥ 選択した図形内の文字のフォントサイズが変更されます。

【タスク 2】1 ページ 3 行目に「自動作成の目次 2」を挿入します。

① 先頭ページの 3 行目の空白行にカーソルを移動します。
② ［参考資料］タブの［目次］ボタンをクリックし、［自動作成の目次 2］をクリックします。
③ カーソルの位置に目次が挿入されます。

【タスク 3】編集記号を表示する設定にして、見出し「日本茶の種類」の表内の隠し文字（2 か所）を解除します。

① ［ホーム］タブの［編集記号の表示 / 非表示］ボタンをクリックして編集記号を表示します。
② 1 ページの見出し「日本茶の種類」の表内の編集記号（点線の下線）がある箇所の「（せんちゃ）」を選択し、Ctrl キーを押しながら「（ぎょくろ）」を選択します。
③ ［ホーム］タブの［フォント］グループ右下の［フォント］ボタンをクリックします。
④ ［フォント］ダイアログボックスが表示されます。
⑤ ［フォント］タブの［文字飾り］の［隠し文字］チェックボックスをオフにします。
⑥ ［OK］をクリックします。
⑦ 選択した文字列の隠し文字が解除されます。

【タスク 4】茶畑の画像の代替テキストを「茶畑の画像」に修正します。

① 1 ページの右側に表示されている画像をクリックして選択します。
② ［図の形式］タブの［代替テキスト］ボタンをクリックします。
③ ［代替テキスト］作業ウィンドウが表示されます。
④ 問題文の「茶畑の画像」をクリックして、文字列をコピーします。
⑤ ［代替テキスト］作業ウィンドウの説明用のボックスの文字を削除し、Ctrl+V キーを押します。
⑥ 説明用のボックスに「茶畑の画像」の文字列が貼り付けられます。
⑦ 図に代替テキストが設定されます。
⑧ ［代替テキスト］作業ウィンドウの閉じるボタンをクリックします。

【タスク5】見出し「日本茶の種類」の表全体のセルの上下の余白を「2mm」に変更します。

① 1ページの見出し「日本茶の種類」の下の表内にカーソルを移動します。
② [レイアウト] タブの [セルの配置] ボタンをクリックします。
③ [表のオプション] ダイアログボックスが表示されます。
④ [上] ボックスに「2」と入力するか、▲をクリックして「2mm」に設定します。
⑤ [下] ボックスに「2」と入力するか、▲をクリックして「2mm」に設定します。
⑥ [OK] をクリックします。
⑦ 表全体のセルの上下の余白が変更されます。

【タスク6】見出し「お茶の栽培方法」の下の「1月～4月」「5月～6月」「7月～12月」の段落を[ピクチャ]フォルダーの図「お茶の木_bp.png」を使った箇条書きに変更します。

① 2ページ3行目の「1月～4月」を選択します。
② Ctrlキーを押しながら6行目の「5月～6月」、9行目の「7月～12月」の段落を選択します。
③ [ホーム] タブの [箇条書き] ボタンの▼をクリックし、[新しい行頭文字の定義] をクリックします。
④ [新しい行頭文字の定義] ダイアログボックスが表示されます。
⑤ [図] をクリックします。
⑥ [画像の挿入] ウィンドウが表示されます。
⑦ [ファイルから] の [参照] をクリックします。
⑧ [図の挿入] ダイアログボックスが表示されます。
⑨ 左側の一覧から [ピクチャ] をクリックします。
⑩ ファイルの一覧から「お茶の木_bp.png」をクリックし、[挿入] をクリックします。
⑪ [新しい行頭文字の定義] ダイアログボックスの [プレビュー] に選択した画像が表示されていることを確認し、[OK] をクリックします。
⑫ 選択した段落が行頭文字が画像の箇条書きに設定されます。

プロジェクト3　食生活

【タスク1】1ページ1行目の「食生活を見直そう」の行頭と行末に「Wingdings」の文字コード「38」(本の記号) を挿入します。

① 1ページ1行目の「食生活を見直そう」の行頭にカーソルを移動します。
② [挿入] タブの [記号と特殊文字] ボタンをクリックし、[その他の記号] をクリックします。
③ [記号と特殊文字] ダイアログボックスが表示されます。
④ [記号と特殊文字] タブを選択します。
⑤ [フォント] ボックスの▼をクリックし、[Wingdings] をクリックします。
⑥ [文字コード] ボックスに「38」と入力します。
⑦「📖」(本) の記号が選択されます。
⑧ [挿入] をクリックします。
⑨ カーソルの位置に「📖」の記号が挿入されます。
⑩「食生活を見直そう」の後ろをクリックして、カーソルを移動します。
⑪ [記号と特殊文字] ダイアログボックスの [挿入] をクリックします。
⑫ カーソルの位置に「📖」の記号が挿入されます。
⑬ [記号と特殊文字] ダイアログボックスの [閉じる] をクリックします。

【タスク2】1ページ目のそばのイラストを囲むように「楕円」の図形を挿入し、図形の色をなしにします。

① [挿入] タブの [図形] ボタンをクリックし、[基本図形] の [楕円] をクリックします。
② 1ページ目のそばのイラストを囲むようにドラッグします。
③ 楕円が描かれます。
④ 楕円が選択されている状態のまま、[図形の書式] タブの [図形の塗りつぶし] ボタンをクリックし、[塗りつぶしなし] をクリックします。
⑤ 図形の塗りつぶしがなしになり、図形の枠線だけが表示されます。

【タスク3】見出し「3つの食品群」にある表全体の列幅をセル内の文字に合わせて自動調整し、表全体を中央揃えにします。

① 1ページ目の見出し「3つの食品群」の下にある表内をポイントし、左上に表示される表の移動ハンドルをクリックします。
② 表全体が選択されます。
③ 表のいずれかの列と列の境界の罫線をダブルクリックします。
④ 表全体の列幅が自動調整されます。
⑤ 表全体を選択している状態のまま、[ホーム] タブの [中央揃え] ボタンをクリックします。
⑥ 表がページの中央揃えに配置されます。

【タスク4】見出し「6つの基礎食品群」にある表の1行目のセルを3列に分割します。

① 2ページ目の見出し「6つの基礎食品群」の下にある表の1行目を選択します。
② [レイアウト] タブの [セルの分割] ボタンをクリックします。
③ [セルの分割] ダイアログボックスが表示されます。
④ [列数] ボックスに「3」と入力するか、▲をクリックして「3」に設定します。
⑤ [行数] ボックスに [1] と表示されていることを確認します。
⑥ [OK] をクリックします。
⑦ 選択した行が3列に分割され、それぞれのセルに文字列が移動します。

【タスク5】見出し「一日に必要なカロリー量」の下にある「Step1」「Step2」「Step3」の3段落を「●」の箇条書きに設定します。

① 2ページ目の見出し「一日に必要なカロリー量」の下にある「Step1」の段落を選択します。
② Ctrlキーを押しながら、「Step2」の段落と、3ページ目の「Step3」の段落を選択します。
③ [ホーム] タブの [箇条書き] ボタンの▼をクリックし、[行頭文字ライブラリ] の [●] をクリックします。
④ 選択した段落の行頭文字が「●」の箇条書きに設定されます。

【タスク6】見出し「必要なカロリー値」にある「活動…」から「重労働…」までの5行をウィンドウサイズに合わせた表に変換します。

① 3ページ目の見出し「必要なカロリー値」の下にある「活動…」から「重労働…」までの段落を選択します。
② [挿入] タブの [表] ボタンをクリックし、[文字列を表にする] をクリックします。
③ [文字列を表にする] ダイアログボックスが表示されます。
④ [表のサイズ] の [列数] ボックスに [3] と表示されていることを確認します。
⑤ [自動調整のオプション] の [ウィンドウサイズに合わせる] を選択します。

⑥［文字列の区切り］の［タブ］が選択されていることを確認します。
⑦［OK］をクリックします。
⑧ 選択した文字列がウィンドウサイズに合わせた表に変換されます。

プロジェクト4　セーター

【タスク 1】1 行目の「手編みセーターの作り方」に「光彩：8pt；青、アクセントカラー 1」を設定します。

① 1 ページ 1 行目の「手編みセーターの作り方」を選択します。
②［ホーム］タブの［文字の効果と体裁］ボタンをクリックします。
③［光彩］をポイントし、［光彩の種類］の［光彩：8pt；青、アクセントカラー 1］をクリックします。
④ 選択した文字列に光彩の文字の効果が設定されます。

【タスク 2】2 ページ目の見出し「One Point ！！」の下の 2 行を横書きのテキストボックスに変換し、塗りつぶしの色を「青、アクセント 5」に変更します。

① 2 ページ目の見出し「One Point ！！」の下の 2 行を選択します。
②［挿入］タブの［テキストボックス］ボタンをクリックし、［横書きテキストボックスの描画］をクリックします。
③ 選択した 2 行がテキストボックスに変換されます。
④ テキストボックスを選択した状態のまま、［図形の書式］タブの［図形の塗りつぶし］ボタンをクリックし、［テーマの色］の［青、アクセント 5］をクリックします。
⑤ テキストボックスの塗りつぶしの色が変更されます。

【タスク 3】文書の最終行に［ピクチャ］フォルダーにある 3D モデル「handmade_bp」を挿入し、文字列の折り返しを「内部」に設定します。

① 3 ページ目の最終行にカーソルを移動します。
②［挿入］タブの［3D モデル］の▼をクリックし、［このデバイス］をクリックします。
③［3D モデルの挿入］ダイアログボックスが表示されます。
④ 左側の一覧から［ピクチャ］をクリックします。
⑤ 一覧から「handmade_bp」を選択して［挿入］をクリックします。
⑥ カーソルの位置に「handmade_bp」の 3D モデルが挿入されます。
⑦ 3D モデルが選択されていることを確認して、［3D モデル］タブの［文字列の折り返し］ボタンをクリックし、［内部］をクリックします。
⑧ 3D モデルの周りの文字列の折り返しが変更されます。

【タスク 4】3 ページ目の「編み糸の種類」の後ろに脚注を挿入し、「編み糸には天然繊維と化学繊維があり、素材によって出来上がりのボリュームや質感が変わります」と入力します。

① 3 ページ 2 行目の［編み糸の種類］の後ろにカーソルを移動します。
②［参考資料］タブの［脚注の挿入］ボタンをクリックします。
③ カーソルの位置に脚注番号が挿入され、3 ページ目の末尾の脚注領域にカーソルが移動します。
④ 問題文の「編み糸には天然繊維と化学繊維があり、素材によって出来上がりのボリュームや質感が変わります」をクリックして、文字列をコピーします。
⑤ 脚注領域をクリックし、Ctrl+V キーを押します。
⑥ 脚注領域に「編み糸には天然繊維と化学繊維があり、素材によって出来上がりのボリュームや質感が変わります」の文字が貼り付けられます。

プロジェクト5　芋ほり会

【タスク 1】変更履歴の記録を開始して、箇条書きの「子供と家族の計 3 名まで」に太字と下線を設定します。その後、変更履歴の記録はオフにします。

①［校閲］タブの［変更履歴の記録］ボタンをクリックします。
②［変更履歴の記録］ボタンが灰色になります。
③ 1 ページ 14 行目の「子供と家族の計 3 名まで」を選択します。
④［ホーム］タブの［太字］ボタンをクリックします。
⑤［ホーム］タブの［下線］ボタンをクリックします。
⑥ 選択した文字列に太字と下線が設定され、変更履歴が記録されます。
⑦［校閲］タブの［変更履歴の記録］ボタンをクリックしてオフにします。
⑧ 変更履歴の記録が終了します。

【タスク 2】すべてのページに、色「オレンジ」、太さ「1.5pt」の「影」のページ罫線を挿入します。

①［デザイン］タブの［ページ罫線］ボタンをクリックします。
②［線種とページ罫線と網かけの設定］ダイアログボックスの［ページ罫線］タブが表示されます。
③ 左端の［種類］の［影］をクリックします。
④ 中央の［種類］ボックスの一番上の線の種類が選択されていることを確認します。
⑤［色］ボックスの▼をクリックし、［標準の色］の［オレンジ］をクリックします。
⑥［線の太さ］ボックスの▼をクリックし、［1.5pt］を選択します。
⑦［設定対象］ボックスに［文書全体］と表示されていることを確認し、［OK］をクリックします。
⑧ すべてのページの周囲が影付きのページ罫線で囲まれます。

プロジェクト6　スケート

【タスク 1】文書の用紙サイズを「リーガル（Legal）」に設定します。

① 1 行目のドロップキャップが選択されている場合は、いずれかの段落にカーソルを移動します。
②［レイアウト］タブの［サイズ］ボタンをクリックし、［リーガル］（環境によって［Legal］と表示される場合もあります）をクリックします。
③ 文書の用紙サイズが変更されます。

【タスク 2】3 ページ目のイラストの位置を「左上に配置し、四角の枠に沿って文字列を折り返す」に変更します。

① 3 ページ目にある図を選択します。
②［図の形式］タブの［位置］ボタンをクリックし、［左上に配置し、四角の枠に沿って文字列を折り返す］をクリックします。
③ 図の位置がページの左上の位置に変更されます。

【タスク 3】すべてのページの下部に「番号のみ 2」のページ番号を挿入します。

①［挿入］タブの［ページ番号］ボタンをクリックします。
②［ページの下部］をポイントし、［シンプル］の一覧から［番号のみ 2］をクリックします。
③ ページの下部中央にページ番号が挿入されます。
④［ヘッダーとフッター］タブの［ヘッダーとフッターを閉じる］ボタンをクリックします。

【タスク 4】すべての変更履歴が記録されるように任意のパスワードでロックします。

① [校閲] タブの [変更履歴の記録] ボタンの▼をクリックし、[変更履歴のロック] をクリックします。
② [変更履歴のロック] ダイアログボックスが表示されます。
③ [パスワードの入力 (省略可)] ボックスに任意のパスワードを入力します。
④ [パスワードの確認入力] ボックスに同じパスワードを入力します。
⑤ [OK] をクリックします。
⑥ 変更履歴のロックが設定され、[変更履歴の記録] ボタンが灰色に変わります。

プロジェクト 7　桜まつり

【タスク 1】文書を「さくら祭りの案内 _bp」という名前でWord 文書形式で保存します。

① [ファイル] タブをクリックします。
② [名前を付けて保存] をクリックして [名前を付けて保存] 画面を表示します。
③ [参照] をクリックします。
④ [名前を付けて保存] ダイアログボックスが表示されます。
⑤ 問題文の「さくら祭りの案内 _bp」をクリックして、文字列をコピーします。
⑥ [ファイル名] ボックスに入力されている文字列を範囲選択し、Ctrl+V キーを押します。
⑦ [ファイル名] ボックスに「さくら祭りの案内 _bp」の文字が貼り付けられます。
⑧ [ファイルの種類] ボックスに [Word 文書] と表示されていることを確認します。
⑨ [保存] をクリックします。
⑩ ファイル名が変更された Word 文書形式のファイルとして保存されます。

【タスク 2】文書内の文字列「桜まつり」を「さくら祭り」に置換します。

① [ホーム] タブの [編集] ボタンをクリックし、[置換] ボタンをクリックします。
② [検索と置換] ダイアログボックスの [置換] タブが表示されます。
③ 問題文の「桜まつり」をクリックして、文字列をコピーします。
④ [検索する文字列] ボックスをクリックし、Ctrl+V キーを押します。
⑤ [検索する文字列] ボックスに「桜まつり」の文字が貼り付けられます。
⑥ 問題文の「さくら祭り」をクリックして、文字列をコピーします。
⑦ [置換後の文字列] ボックスをクリックし、Ctrl+V キーを押します。
⑧ [置換後の文字列] ボックスに「さくら祭り」の文字が貼り付けられます。
⑨ [すべて置換] をクリックします。
⑩「完了しました。8 個の項目を置換しました。」とメッセージが表示されるので、[OK] をクリックします。
⑪ [検索と置換] ダイアログボックスの [閉じる] をクリックします。

プロジェクト 8　山歩きのすすめ

【タスク 1】文書のすべてのコメントを削除します。

① [校閲] タブの [削除] ボタンの▼をクリックし、[ドキュメント内のすべてのコメントを削除] をクリックします。
② 文書内のすべてのコメントが削除されます。

【タスク 2】セクション 2 のみ余白を「広い」に変更します。

① [ホーム] タブの [編集記号の表示 / 非表示] ボタンをクリックして編集記号を表示します。
② 画面をスクロールして 2 ページ目の末尾に [セクション区切り (次のページから新しいセクション)] の編集記号が表示されていることを確認します。
③ 3 ページ目にカーソルを移動します。
④ [レイアウト] タブの [余白] ボタンをクリックし、[広い] をクリックします。
⑤ セクション 2 だけ余白が変更されます。

プロジェクト 9　ワインの豆知識

【タスク 1】見出し「ワイン法による格付け」にある画像の背景を削除し、葡萄のイラストだけが表示されるようにします。葡萄がすべて表示されない場合は、領域をマークして調整します。

① 3 ページ目の画像を選択します。
② [図の形式] タブの [背景の削除] ボタンをクリックします。
③ 図の背景の削除される領域が紫色で表示され、葡萄のイラストだけが表示されていることを確認します。
④ 葡萄のイラストがすべて表示されない場合は [背景の削除] タブの [保持する領域としてマーク] ボタンをクリックし、表示されていない部分をクリックします。
⑤ [背景の削除] タブの [変更を保持] ボタンをクリックします。
⑥ 図の背景が削除されます。

【タスク 2】1 番目の表を「◆赤ワインのおもな品種と特長」の行から分割します。

① 1 番目の表の「◆赤ワインのおもな品種と特長」の行を選択します。
② [レイアウト] タブの [表の分割] ボタンをクリックします。
③ 表が分割され、選択していた行が表の先頭行になります。

【タスク 3】1 ページ目の「ワインをおいしく飲む方法」に見出し「ワインをおいしく飲むために」へのハイパーリンクを挿入します。

① 1 ページ 8 行目の「ワインをおいしく飲む方法」を選択します。
② [挿入] タブの [リンク] ボタンをクリックします。
③ [ハイパーリンクの挿入] ダイアログボックスが表示されます。
④ [リンク先] の [このドキュメント内] をクリックします。
⑤ [ドキュメント内の場所] ボックスの [見出し] の [ワインをおいしく飲むために] をクリックします。
⑥ [OK] をクリックします。
⑦ 選択した文字列に文書の見出しへのハイパーリンクが設定されます。

【タスク 4】文書にスタイルセット「線 (シンプル)」を設定します。

① [デザイン] タブの [ドキュメントの書式設定] の [その他] (または [スタイルセット]) ボタンをクリックします。
② スタイルセットの一覧から [線 (シンプル)] をクリックします。
③ 文書のスタイルセットが変更されます。

模擬テストプログラムの使用許諾契約について

以下の使用許諾契約書は、お客様と株式会社日経BP（以下、「日経BP」といいます）との間に締結される法的な契約書です。本プログラムおよびデータ（以下、「プログラム等」といいます）を、インストール、複製、ダウンロード、または使用することによって、お客様は本契約書の条項に拘束されることに同意したものとします。本契約書の条項に同意されない場合、日経BPは、お客様に、プログラム等のインストール、複製、アクセス、ダウンロード、または使用のいずれも許諾いたしません。

●使用許諾契約書

1. 許諾される権利について
日経BPは、本契約に基づき、以下の非独占的かつ譲渡不可能な使用権をお客様に許諾します。
(1) プログラム等のコピー1部を、1台のコンピューターへインストールし、1人が当該コンピューター上で使用する権利。
(2) 保存のみを目的とした、プログラム等のバックアップコピー1部を作成する権利。

2. 著作権等
(1) プログラム等およびプログラム等に付属するすべてのデータ、商標、著作、ノウハウおよびその他の知的財産権は、日経BPまたは著作権者に帰属します。これらのいかなる権利もお客様に帰属するものではありません。
(2) お客様は、プログラム等およびプログラム等に付属する一切のデータは、日経BPおよび著作権者の承諾を得ずに、第三者へ、賃貸、貸与、販売、または譲渡できないものとします。
(3) 本許諾契約の各条項は、プログラム等を基に変更または作成されたデータについても適用されます。

3. 保証の限定、損害に関する免責
(1) プログラム等を収録した媒体に物理的損傷があり、使用不能の場合には、日経BPは当該メディアを無料交換いたします。ただし、原則として、交換できるのは購入後90日以内のものに限ります。
(2) 前項の場合を除いては、日経BPおよび著作権者は、プログラム等およびプログラム等に付属するデータに関して生じたいかなる損害についても保証いたしません。
(3) 本契約のもとで、日経BPがお客様またはその他の第三者に対して負担する責任の総額は、お客様が書籍購入のために実際に支払われた対価を上限とします。

4. 契約の解除
(1) お客様が本契約に違反した場合、日経BPは本契約を解除することができます。その場合、お客様は、データの一切を使用することができません。またこの場合、お客様は、かかるデータの複製等すべてを遅滞なく破棄する義務を負うものとします。
(2) お客様は、プログラム等およびそれに付属するデータ、プログラム等の複製、プログラム等を基に変更・作成したデータの一切を破棄することにより、本契約を終了することができます。ただし、本契約のもとでお客様が支払われた一切の対価は返還いたしません。

5. その他
(1) 本契約は、日本国法に準拠するものとします。
(2) 本契約に起因する紛争が生じた場合は、東京簡易裁判所または東京地方裁判所のみをもって第1審の専属管轄裁判所とします。
(3) お客様は事前の承諾なく日本国外へプログラム等を持ち出すことができないものとします。日経BPの事前の承諾がない場合、お客様の連絡・通知等一切のコンタクトの宛先は、日本国内に限定されるものとします。

■ 本書についての最新情報、訂正、重要なお知らせについては下記Webページを開き、書名もしくはISBNで検索してください。ISBNで検索する際は-（ハイフン）を抜いて入力してください。

https://bookplus.nikkei.com/catalog/

■ 本書に掲載した内容および模擬テストプログラムについてのお問い合わせは、下記Webページのお問い合わせフォームからお送りください。電話およびファクシミリによるご質問には一切応じておりません。なお、本書の範囲を超えるご質問にはお答えできませんので、あらかじめご了承ください。ご質問の内容によっては、回答に日数を要する場合があります。

https://nkbp.jp/booksQA

装　　　丁●折原カズヒロ
編 集 協 力●株式会社ZUGA
D T P 制 作●真壁 みき
模擬テスト
プログラム開発●エス・ビー・エス株式会社

MOS攻略問題集 Word 365（2023年リリース版）
2024年　2月26日　初版第1刷発行

著　　　者：佐藤 薫
発　行　者：中川 ヒロミ
発　　　行：株式会社日経BP
　　　　　　〒105-8308　東京都港区虎ノ門4-3-12
発　　　売：株式会社日経BPマーケティング
　　　　　　〒105-8308　東京都港区虎ノ門4-3-12
印　　　刷：大日本印刷株式会社

ISBN978-4-296-05053-6　Printed in Japan